DARWIN ET LE TOP END
Pages 258-269

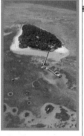

LE QUEENSLAND DU NORD ET L'OUTBACK
Pages 240-249

AU SUD DE TOWNSVILLE
Pages 226-239

BRISBANE
Pages 210-225

• Cairns

SYDNEY
Pages 56-147

DES BLUE MOUNTAINS À BYRON BAY
Pages 156-173

QUEENSLAND

• Brisbane

LA SOUTH COAST ET LES SNOWY MOUNTAINS
Pages 174-181

NOUVELLE-GALLES DU SUD

• Port Augusta

• Adélaïde

• Sydney

CANBERRA ET ACT

VICTORIA

• Melbourne

TASMANIE

• Hobart

LA TASMANIE
Pages 440-459

CANBERRA ET L'ACT
Pages 182-199

D1380111

GUIDES 👁 VOIR

AUSTRALIE

GUIDES 👁 VOIR

AUSTRALIE

HACHETTE

CE GUIDE VOIR A ÉTÉ ÉTABLI PAR
Louise Bostock Lang, Jan Bowen, Helen Duffy,
Paul Kloeden, Jacinta le Plaistrier,
Sue Neales, Ingrid Ohlsson, Tamara Thiessen

HACHETTE TOURISME
43, quai de Grenelle, 75905 Paris Cedex 15

DIRECTION
Frédérique Sarfati

DIRECTION ÉDITORIALE
Catherine Marquet

ÉDITION
Catherine Laussucq
Paulina Nourissier

TRADUIT ET ADAPTÉ DE L'ANGLAIS PAR
Dominique Brotot
avec la collaboration d'Isabelle de Jaham
et de Lene Lasry

MISE EN PAGES (PAO)
Anne-Marie Le Fur

Publié pour la première fois en Grande-Bretagne
en 1998 sous le titre :
Eyewitness Travel Guides : Australia
© Dorling Kindersley Limited, London 2001
© Hachette Livre (Hachette Tourisme)
2001 pour la traduction et l'édition française
Cartographie © Dorling Kindersley 2001

Imprimé et relié en Chine par South China Co. Ltd.

DÉPÔT LÉGAL : 14844 février 2002
ISBN : 2-01-243634-X
ISSN : 1246-8134
Collection 32 - Édition 01
N° DE CODIFICATION : 24-3634-3

Aussi soigneusement qu'il ait été établi, ce guide
n'est pas à l'abri des changements de dernière heure.
Faites-nous part de vos remarques, informez-nous
de vos découvertes personnelles : nous accordons
la plus grande attention au courrier de nos lecteurs.

SOMMAIRE

Éléphant du Taronga Zoo de Sydney

SYDNEY

Sur la côte sud de la Nouvelle-Galles du Sud au Ben Boyd National Park

**Rippon Lea
à Melbourne**

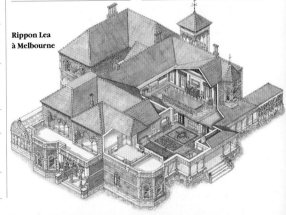

COMMENT UTILISER CE GUIDE

Ce guide a pour but de vous aider à profiter de votre séjour en Australie. L'introduction, *Présentation de l'Australie,* situe ce pays-continent dans son contexte historique et culturel. Dans les dix-sept chapitres régionaux, y compris ceux consacrés aux grandes villes, textes, plans et illustrations présentent en détail les principaux sites et monuments et dévoilent les particularismes locaux. Les *Bonnes adresses* conseillent hôtels et restaurants et les *Renseignements pratiques* faciliteront votre vie quotidienne. Les cités de Sydney, Melbourne et Brisbane possèdent leurs propres rubriques pratiques.

SYDNEY

Nous avons divisé le centre de la plus grande ville australienne en quatre quartiers. À chacun correspond un chapitre. Des numéros localisent clairement les sites présentés sur un *plan du quartier.* Ils correspondent à l'ordre dans lequel les sites sont décrits en détail dans le corps du chapitre.

Le quartier d'un coup d'œil donne une liste par catégories des centres d'intérêt : rues et bâtiments historiques, musées, parcs et jardins, etc.

Un repère rouge signale toutes les pages concernant Sydney.

1 Plan général du quartier
Des numéros désignent sur ce plan les monuments et sites de chaque quartier. Ceux-ci apparaissent aussi sur les plans des Atlas des rues de Sydney (p. 140-147) *et* Melbourne (p. 404-411).

Une carte de situation montre la place du quartier dans le centre-ville.

2 Plan du quartier pas à pas
Il offre une vue aérienne détaillée du quartier.

Le meilleur itinéraire de promenade apparaît en rouge.

Des étoiles signalent les sites à ne pas manquer.

3 Renseignements détaillés
La rubrique consacrée à chaque site de Sydney fournit notamment les informations pratiques telles qu'adresse, numéros de téléphone et heures d'ouverture. La légende de tous les symboles utilisés se trouve sur le rabat de couverture en fin de volume.

1 Introduction
Elle présente les principaux attraits touristiques de chacune des régions du guide et décrit ses paysages et sa personnalité en montrant l'empreinte de l'histoire.

L'AUSTRALIE RÉGION PAR RÉGION
Ce guide divise l'Australie (hors Sydney) en seize régions. Il consacre à chacune un chapitre comportant au début une *carte illustrée* où sont recensés les localités et les sites les plus intéressants.

Un repère de couleur correspond à chaque région. Le premier rabat de couverture en donne la liste complète.

2 La carte illustrée
Elle offre une vue de toute la région et de son réseau routier. Des numéros situent les principaux centres d'intérêt. Des informations sur les modes de transport sont fournies.

3 Renseignements détaillés
Les localités et sites importants sont décrits individuellement dans l'ordre de la numérotation de la carte illustrée. Les notices présentent en détail les édifices importants et les sites à ne pas manquer.

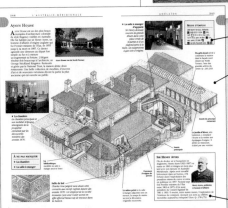

Un mode d'emploi vous aide à organiser votre visite.

4 Les principaux sites
Deux pleines pages, ou plus, leur sont réservées. La représentation des édifices historiques en dévoile l'intérieur. Les cartes des parcs nationaux indiquent les sentiers. Les monuments des plus grandes villes apparaissent sur un plan.

Des encadrés approfondissent des sujets spécifiques.

PRÉSENTATION DE L'AUSTRALIE

Australie, la terre des antipodes

Seul continent habité situé entièrement dans l'hémisphère Sud, entre le Pacifique, à l'est, et l'océan Indien, l'Australie possède une superficie de 7 772 535 km², y compris la Tasmanie, grande île au sud de la terre principale. La fédération australienne a une population de dix-huit millions d'habitants, installés pour la plupart sur le littoral, plus hospitalier que l'intérieur des terres. Elle a pour capitale Canberra mais la ville la plus peuplée est Sydney.

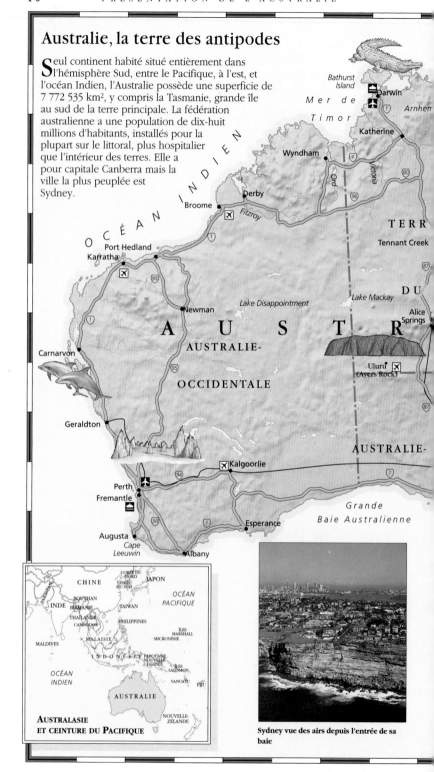

Bathurst Island
Darwin
Mer de Timor
Arnhem
Katherine
Wyndham
Victoria
80
Ord
96
Derby
Broome
Fitzroy
TERR
Tennant Creek
Port Hedland
Karratha
95
DU
Lake Disappointment
Lake Mackay
Newman
Alice Springs
AUSTRALIE-
Carnarvon
95
Uluru
(Ayers Rock)
OCCIDENTALE
87
Geraldton
AUSTRALIE-
Kalgoorlie
94
Perth
Grande
Fremantle
Baie Australienne
30
Augusta
Esperance
Cape Leeuwin
Albany

CHINE
CORÉE DU NORD
JAPON
CORÉE DU SUD
INDE
BHOUTAN
OCÉAN PACIFIQUE
BIRMANIE
TAIWAN
THAÏLANDE
PHILIPPINES
CAMBODGE
MALAISIE
ÎLES MARSHALL
MALDIVES
MICRONÉSIE
INDONÉSIE
PAPOUASIE-NOUVELLE-GUINÉE
ÎLES SALOMON
OCÉAN INDIEN
VANUATU
FIDJI
AUSTRALIE
NOUVELLE-ZÉLANDE

AUSTRALASIE ET CEINTURE DU PACIFIQUE

Sydney vue des airs depuis l'entrée de sa baie

Mer d'Arafura

Détroit de Torres
Cape York

Land

Golfe
Groote
Eylandt   de
Carpentarie

Mornington
Island

Cooktown

Cairns

Vue aérienne de Melbourne en
regardant vers le casino

TOIRE

Flinders

Townsville

Grande Barrière de corail

OCÉAN

Mount Isa

Mackay

ORD

QUEENSLAND

A L I É

Diamantina

Longreach

Blackall

Rockhampton

PACIFIQUE

Charleville

Fraser
Island

Toowoomba

Brisbane

Coolangatta

Lake
Eyre
Coober
Pedy

Moree

ÉRIDIONALE

Bourke

Darling

Lake Torrens

Lake
Gairdner

NOUVELLE-

Coffs Harbour

Ceduna

Broken Hill

GALLES
DU SUD

Dubbo

Whyalla

Maitland

Newcastle

Murray

SYDNEY

Port
Lincoln

Mildura

Wollongong

Adelaide

Wagga Wagga

CANBERRA

Kangaroo
Island

TERRITOIRE
DE LA CAPITALE
AUSTRALIENNE

VICTORIA

Melbourne

Geelong

King
Island

Détroit de Bass

Flinders
Island

LÉGENDE

Mer de Tasman

Launceston

TASMANIE

Hobart

Aéroport international

Aéroport domestique

Port de passagers

Autoroute

Voie ferrée

Frontière d'État

0   500 km

UNE IMAGE DE L'AUSTRALIE

Aux antipodes de l'Europe, l'Australie est le plus vieux continent du monde. Les Aborigènes qui le peuplent depuis plus de 40 000 ans ne sont plus qu'une petite minorité dans une nation de plus de dix-huit millions d'habitants marquée par son héritage anglo-saxon. Près de neuf Australiens sur dix vivent dans les grandes villes de la côte, laissant l'intérieur au désert et aux moutons.

Aussi vaste que les États-Unis ou la totalité du continent européen, l'Australie possède près de 18 000 km de côte et offre des paysages contrastés, forêts tropicales et récifs de corail du Nord, terres rouges et désertiques de l'intérieur et reliefs verdoyants de la Tasmanie. La principale chaîne de montagne, le Great Dividing Range, ne dépasse guère 1 500 m d'altitude et court le long du littoral oriental, séparant la bande fertile en bord de mer de l'immense zone aride de l'Outback.

Image aborigène de Namerredje

L'Australie, à cause de son isolement, abrite une flore particulière dominée par l'eucalyptus ou gommier, dont il existe quelque 500 espèces. Ici, les arbres perdent leur écorce plutôt que leurs feuilles, les fleurs n'ont pas de parfum et, en dehors de l'acacia, ne s'épanouissent que brièvement. La faune est tout aussi exceptionnelle car les marsupiaux tels que le kangourou et le koala l'emportent sur les mammifères placentaires. L'ornithorynque et l'échidné sont les seuls animaux de la planète à pondre des œufs mais à allaiter leurs petits.

L'ancienneté géologique du continent n'apparaît nulle part de manière plus évidente que dans l'immense territoire intérieur désertique ou semi-désertique appelé Outback.

Le Sydney Opera House dominant le port de Sydney

◁ **Sol rouge et herbes spinifex, un paysage typique de l'Outback**

Les reliefs sculptés par l'érosion des monts Olga dans l'Uluṟu-Kata Tjuṯa National Park, Territoire du Nord

Là s'étendait jadis une mer intérieure et l'aridité a préservé en Australie-Occidentale des fossiles âgés de 350 millions d'années, les plus vieilles formes de vie connues de la planète.

LES ABORIGÈNES

Les premiers habitants de l'Australie représentent aujourd'hui environ 1,6 % de la population nationale. Leur place au sein de la société constitue un des grands enjeux actuels du pays.

La colonisation européenne a coûté la vie à des centaines de milliers d'Aborigènes décimés par les tueurs à gage et les maladies infectieuses. En les privant de leurs territoires ancestraux

Aborigène australien

et de leurs sites sacrés, fermiers et éleveurs ont ôté aux survivants le cadre qui donne un sens à leur existence. L'aide qu'on leur apporta ensuite avait pour but de les assimiler, les obligeant ainsi à renier leur culture, que ce soit dans des réserves dirigées par des missionnaires au XIXe siècle ou dans les banlieues où on les déplaça de force après la Seconde Guerre mondiale. Depuis le référendum de 1967 qui leur accorda la citoyenneté, la situation commence à s'améliorer. Les Australiens en général reconnaissent désormais l'identité et la spécificité des Aborigènes. En 1992, la Haute Cour de justice a dénoncé le concept de *terra nullius* (l'Australie n'appartenait à personne à l'arrivée des Anglais) qui régissait auparavant toute la jurisprudence. Le gouvernement a alors voté le Native Title Act, qui permet aux Aborigènes de revendiquer le contrôle d'une terre qu'ils ont occupée de façon ininterrompue. Mais les Aborigènes doivent encore affronter les lobbys miniers.

Le kangourou, l'un des symboles de l'Australie

Nourri des mythes du Temps du Rêve *(p. 26-27),* l'art aborigène a trouvé un large écho sur la scène internationale, tandis que des écrivains s'imposaient au premier rang de la littérature australienne. Les jeunes générations se battent pour l'égalité des droits et des chances, mais les Aborigènes ont encore un revenu moyen inférieur de moitié à celui de leurs compatriotes, une espérance de vie (56 ans) de vingt ans plus courte et un taux de mortalité infantile quatre fois supérieur.

SOCIÉTÉ

Malgré une colonisation du territoire à partir d'implantations très éloignées les unes des autres, la société australienne possède une homogénéité remarquable. On ne distingue même pas d'accents régionaux réellement marqués.

Chez un producteur de vin de liqueur dans la Barossa Valley en Australie-Méridionale

La principale différence de mode de vie sépare en fait les citadins des habitants des zones rurales. Près de neuf Australiens sur dix vivent dans les villes du littoral, ou plutôt dans les banlieues résidentielles très étendues qui les entourent. Ils y jouissent en majorité d'un revenu confortable dans un pays très égalitaire qui compte peu de riches et de pauvres. 70 % de la population travaille dans le secteur tertiaire et 25 % pour une administration.

Les habitants de l'Outback mènent une existence plus rude et plus conservatrice. Ils vivent en petites communautés isolées par de longues distances. Si l'on a longtemps dit que l'Australie « avançait à dos de mouton », la laine n'est plus aujourd'hui la principale source de revenus du pays. Elle reste néanmoins un important produit d'exportation à côté du charbon, des diamants et du blé, tandis que le tourisme et la production viticole jouent un rôle croissant dans l'économie.

Après avoir longtemps cherché à l'occulter, les Australiens revendiquent aujourd'hui le passé pénitentiaire de leur pays qui serait à l'origine de leur société peu hiérarchisée. Pourtant, contrairement à une opinion répandue, très peu d'Australiens comptent un bagnard parmi leurs ancêtres.

Église perdue dans l'Outback à Silverton, Nouvelle-Galles du Sud

En fait, vingt-cinq ans après l'arrivée de la Première Flotte en 1788, l'Australie était une nation d'immigrants libres. Au début, ces immigrants venaient presque exclusivement des îles britanniques. Aujourd'hui, un Australien sur trois a une autre origine. Après la dernière guerre, l'ouverture des frontières à des réfugiés du continent européen, en particulier des Italiens, des Grecs, des Polonais et des Allemands, puis, depuis quelques années, à des ressortissants de l'Asie du Sud-Est a diversifié l'origine des immigrants. Malgré quelques réactions racistes, ce mélange de cultures s'est révélé dans l'ensemble un succès et l'Australie tire une fierté justifiée de l'harmonie qui règne entre ses différents groupes ethniques.

Étal de brochettes indonésiennes au Parap Market de Darwin dans le Territoire du Nord

VIE POLITIQUE

L'Australie est depuis 1901 une fédération. Elle se compose de six États et deux territoires et a pour capitale Canberra, ville créée de toutes pièces afin d'accueillir les structures gouvernementales au sein de l'Australian Capital Territory (ACT), territoire qui la rend indépendante des États. Son parlement comprend le Sénat, où chaque État envoie douze délégués, et la Chambre des représentants qui comporte 147 députés élus dans tout le pays au prorata de la population. C'est elle qui nomme le Premier ministre.

Chaque État possède aussi un parlement et un gouvernement, calqué sur ceux de la fédération. Deux grands pôles dominent la vie politique : l'Australian Labor Party travailliste et la coalition conservatrice formée du Liberal Party et du National Party. L'Australie reste en outre un membre du Commonwealth et la reine d'Angleterre, représentée par un gouverneur général, demeure officiellement le chef de l'État. Le pays compte cependant de plus en plus de partisans d'une réforme constitutionnelle qui instaurerait la république. D'autant que les liens historiques avec l'Europe se sont distendus pour être remplacés par des échanges avec les autres nations du Pacifique, en particulier celles de l'Asie du Sud-Est. Le Japon est ainsi devenu le premier partenaire commercial de l'Australie.

Le quartier du Parlement et le lac Burley Griffin à Canberra

ART ET CULTURE

Les Australiens jouissent d'un climat ensoleillé et vivent au bord de la mer, ce qui explique la faveur des activités de plein air et de la plage. Ils vouent une grande passion aux sports, notamment au football australien, au rugby, au cricket, au tennis et au golf. Mais les Australiens ne sont pas seulement sportifs, ils consacrent beaucoup de leur temps et de leur argent aux occupations artistiques. Chaque état a son propre orchestre symphonique et sa compagnie théâtrale. Aussi n'est-ce pas un hasard si le Sydney Opera House offre au pays l'un de ses emblèmes les plus célèbres.

Match de rugby à Melbourne

Nellie Melba et Joan Sutherland sont de grandes chanteuses lyriques et l'Australian Ballet de Sydney jouit d'une très bonne réputation. Tous les États possèdent d'excellents musées riches en œuvres du monde entier et une multitude de galeries privées exposent les créations de peintres nationaux créatifs, où les Aborigènes sont largement représentés.

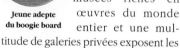

Jeune adepte
du boogie board

La fondation en 1970 de l'Australian Film Corporation a permis l'émergence de solides structures de production. À côté de grands succès commerciaux tels la série des *Mad Max* (1979, 1981 et 1985) et *Crocodile Dundee* (1985), le cinéma australien peut ainsi s'illustrer avec des films à plus petits budgets tels que *Shine* (1996) et

Affiche du film *Shine* (1996)
de Scott Hicks

Muriel (1995), régulièrement primés dans des festivals internationaux. Ses vedettes ou ses réalisateurs ne résistent cependant pas toujours aux attraits de Hollywood. Mel Gibson s'y est établi et le réalisateur Peter Weir, par exemple, y tourna *Le Cercle des poètes disparus* (1992). Les productions australiennes ne sont pas toujours aussi culturelles, mais les feuilletons télévisés à petit budget comme *Neighbours* sont des produits d'exportation très rentables.

La musique populaire et le rock australiens ont également conquis un public planétaire avec des groupes comme les Bee Gees, Midnight Oil, INXS et des chanteuses comme Kylie Minogue et Olivia Newton-John.

Dans presque tous les registres, semble-t-il, l'Australie se montre à la hauteur de son surnom de « pays chanceux », et rares sont ses habitants à ne pas être convaincus que leur nation est la plus belle du monde.

Les paysages australiens

Les paysages du plus vieux, du plus plat et du plus sec des continents habités sont marqués par sa stabilité géologique. En effet, depuis le soulèvement du Great Dividing Range, il y a 80 millions d'années, l'Australie sommeille, tandis que l'érosion rabote ses montagnes jusqu'à rendre difficile la formation de nuages de pluie. Mais bien que des déserts occupent des régions jadis verdoyantes et que l'aridité règne sur plus de 70 % du territoire, les paysages australiens ne sont pas uniformes, allant de formes étranges taillées dans certains des plus anciens rochers de la planète jusqu'à des plages de rêve et des forêts tropicales.

La dérive de l'Australie vers l'équateur a entraîné un climat de mousson ; ici le Kakadu National Park (p. 268-269).

La Cradle Mountain (p. 455), située au sud-ouest de la Tasmanie, offre des paysages sans équivalent en Australie. Ses gorges et ses lacs ont été creusés par le ravinement et d'anciens glaciers.

KATA TJUTA (MONTS OLGA)

Vestiges d'un lit de roches sédimentaires presque entièrement recouvert de sable, les Kata Tjuta formaient jadis une entité unique beaucoup plus grande que l'Ayers Rock d'Uluru *(p. 278-281)*.

Plateau occidental

Plaine centrale

Great Dividing Range

Il existe trois principales régions géologiques en Australie : le littoral, qui inclut le massif du Great Dividing Range, la plaine centrale et le plateau occidental. Relativement récent à l'échelle géologique, le Great Dividing Range présente les plus hauts sommets australiens. Les fractures engendrées par la dérive du continent ont entraîné l'affaissement de la plaine centrale et le soulèvement de ses pourtours. Formé de roches parmi les plus vieilles de la Terre, le plateau occidental abrite une grande partie des vastes déserts australiens.

À la fin de l'ère glaciaire, l'inondation de la région à l'est du Queensland créa les conditions qui permirent l'apparition d'une merveille de la nature : la Grande Barrière de corail (p. 204-209).

La Nullarbor Plain (p. 359) *fut créée par la remontée d'un ancien fond marin. Au sud, d'abruptes falaises plongent dans l'océan depuis le désert, donnant à l'Australie une de ses côtes les plus spectaculaires.*

LE CONTINENT AUSTRALIEN

Depuis qu'il s'est séparé de l'Antarctique il y a 40 millions d'années, le continent australien a connu une longue période d'isolement qui a permis à la flore et à la faune de suivre une évolution sans équivalent *(p. 20-21).* Venus d'Asie du Sud-Est, les Aborigènes (dont la civilisation est la plus ancienne de la planète) purent y vivre en paix pendant au moins 40 000 ans jusqu'à l'arrivée des Européens en 1770 *(p. 42-47).*

Il y a 200 millions d'années, ce qui forme aujourd'hui l'Australie appartenait à la moitié sud de l'unique masse émergée de la Terre, la Pangée.

Il y a 65 millions d'années, la Pangée a fini de se diviser en deux supercontinents, le Gondwana au sud et la Laurasie au nord.

Il y a 50 millions d'années, la fragmentation du Gondwana a créé les divers continents du sud mais l'Antarctique et l'Australie restent attachés.

Aujourd'hui, la dérive des continents se poursuit et l'Australie se dirige au nord vers l'équateur à la vitesse de 8 cm par an.

La flore et la faune

L e continent, qui fut isolé de toute autre masse terrestre pendant 40 millions d'années abrite une faune et une flore uniques au monde. Certains animaux et certaines plantes ont dû suivre de curieuses évolutions pour survivre sur des sols pauvres et secs. Ces conditions difficiles ont entraîné une incroyable diversité biologique. Deux mille espèces végétales (sur les 25 000 qui poussent en Australie) et la plus grande concentration de reptiles différents de la planète vivent dans le centre désertique. Peu de forêts sur la planète ont une flore aussi riche que celles de la côte est.

L'ornithorynque vit dans l'eau comme un poisson, a un bec de canard, pond des œufs et allaite ses petits !

La forêt pluviale abrite de nombreuses espèces indigènes.

Épiphytes, fougères et lianes abondent près des cours d'eau.

Au moins 30 espèces d'herbes spinifex poussent dans le désert.

FORÊTS PLUVIALES
Les forêts pluviales de la côte est font partie des plus anciens écosystèmes terrestres et abritent 18 000 espèces végétales descendant souvent de celles du Gondwana *(p. 19).* Certains arbres ont plus de 2 500 ans.

RÉGIONS ARIDES
Les vastes étendues arides et semi-arides grouillent de vie car plantes et animaux ont acquis des caractéristiques physiques et des comportements qui leur permettent de survivre à ces conditions extrêmes.

L'oiseau à berceau doit son nom aux structures en brindilles, parfois longues de plus de 2 m, qu'il construit pour accueillir ses parades nuptiales.

Le baobab est un arbre qui perd ses feuilles à la saison sèche pour survivre.

L'herbe spinifex du désert a besoin de fréquents incendies pour prospérer.

Le pin Wollemi découvert en 1994 fit sensasion car il appartient à un genre que l'on croyait disparu depuis au moins 65 millions d'années.

Le moloch épineux ne se nourrit que de fourmis, plus de 3 000 en un repas.

MAMMIFÈRES

Deux groupes rares ou sans représentants dans le reste du monde dominent la population de mammifères. Les monotrèmes comme l'ornithorynque vivent uniquement en Australie et en Nouvelle-Guinée. Les marsupiaux, très rares ailleurs, sont représentés par 180 espèces en Australie. En revanche, depuis l'extinction de nombreuses espèces il y a 20 000 ans, les placentaires, omniprésents sur le reste de la planète, ne sont représentés que par des chauves-souris, des rongeurs et le dingo importé récemment.

Le kangourou est un marsupial très répandu. Il existe plusieurs espèces.

Le dingo fut introduit par l'homme il y a environ 5 000 ans.

Les eucalyptus nourrissent opossums et koalas.

Les fougères du sous-bois cachent petits mammifères et insectes.

Les récifs de corail abritent de nombreux mollusques, crustacés et poissons.

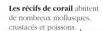

FORÊT CLAIRSEMÉE
Les bois du littoral oriental, du sud-est et du sud-ouest portent le nom de *bush*. Les eucalyptus dominent une végétation qui a dû évoluer pour survivre aux incendies, à la sécheresse et à la pauvreté des sols.

FONDS MARINS
Bien que pauvres en substances nutritives, les fonds possèdent de riches flores et faunes, écosystèmes complexes créant de splendides paysages sous-marins. Sur les côtes nichent de nombreux oiseaux de mer.

Les koalas qui se nourrissent de feuilles d'eucalyptus peu énergétiques dorment vingt heures par jour pour compenser.

Dans les lits d'algues vit une riche faune marine. La Shark Bay abrite le plus grand nombre de mammifères marins du monde (p. 318-319).

Chez les kookaburras, un jeune reste au nid pour s'occuper de la portée suivante. Les deux parents peuvent ainsi chercher de la nourriture.

L'otarie australienne a un cycle de reproduction plus long qui lui permet de se contenter de faibles réserves de nourriture.

Les sites du Patrimoine mondial en Australie

Depuis 1972, la convention du Patrimoine mondial de l'Unesco a pour but de protéger des sites à l'importance culturelle ou naturelle universelle. L'Australie compte onze sites enregistrés, notamment des formations rocheuses inhabituelles, des forêts primitives et des zones à la diversité biologique exceptionnelle. Quatre appartiennent à l'histoire des Aborigènes : le Kakadu National Park, les Willandra Lakes, la forêt de Tasmanie et l'Uluru National Park.

Les fossiles de Riversleigh (p. 249) et Naracoorte datent de phases cruciales de l'évolution en Australie.

Le Kakadu National Park protège une superbe jungle tropicale et de très nombreuses peintures rupestres aborigènes (p. 268-269).

TERRITOIRE DU NORD

AUSTRALIE-OCCIDENTALE

AUSTRALIE-MÉRIDIONALE

Fossiles de mammifères australiens de Naracoorte (p. 347)

Shark Bay abrite de nombreux mammifères marins. Les stromatolithes (rochers couverts d'algues) sont la plus ancienne forme de vie (p. 318-319).

L'Uluru-Kata Tjuta National Park renferme deux sites majeurs pour les Aborigènes, dont le plus gros monolithe du monde (p. 278-281).

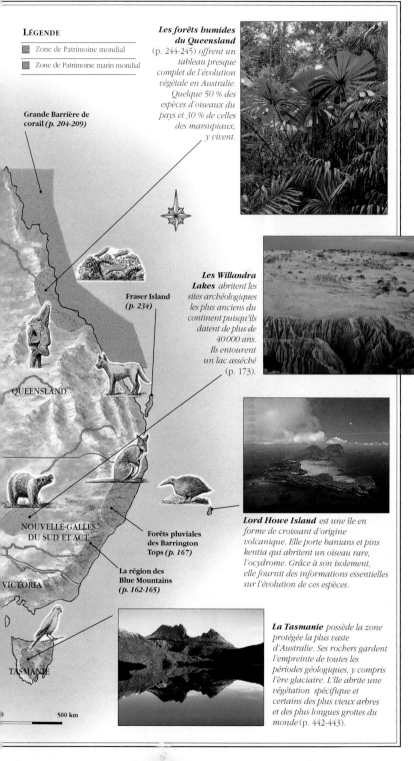

LÉGENDE

- Zone de Patrimoine mondial
- Zone de Patrimoine marin mondial

Les forêts humides du Queensland (p. 244-245) offrent un tableau presque complet de l'évolution végétale en Australie. Quelque 50 % des espèces d'oiseaux du pays et 30 % de celles des marsupiaux, y vivent.

Grande Barrière de corail *(p. 204-209)*

Fraser Island *(p. 234)*

QUEENSLAND

Les Willandra Lakes abritent les sites archéologiques les plus anciens du continent puisqu'ils datent de plus de 40 000 ans. Ils entourent un lac asséché (p. 173).

NOUVELLE-GALLES DU SUD ET ACT

Forêts pluviales des Barrington Tops *(p. 167)*

La région des Blue Mountains *(p. 162-165)*

VICTORIA

Lord Howe Island est une île en forme de croissant d'origine volcanique. Elle porte banians et pins kentia qui abritent un oiseau rare, l'ocydrome. Grâce à son isolement, elle fournit des informations essentielles sur l'évolution de ces espèces.

TASMANIE

500 km

La Tasmanie possède la zone protégée la plus vaste d'Australie. Ses rochers gardent l'empreinte de toutes les périodes géologiques, y compris l'ère glaciaire. L'île abrite une végétation spécifique et certains des plus vieux arbres et des plus longues grottes du monde (p. 442-443).

L'Outback australien

Varan de l'Outback

L'Outback forme le cœur du continent australien, un cœur où parfois il ne pleut pas pendant plusieurs années. Un ciel d'un bleu éclatant met en valeur les tons ocre, rouges et pourpres de roches qui sont parmi les plus vieilles de la planète. Les « villes » ne comportent que quelques édifices au confort sommaire et des centaines de kilomètres séparent parfois une station-service de la suivante. Cependant, partir à la découverte de l'Outback est une expérience enrichissante. Équipez-vous bien *(p. 550)* ou participez à un voyage organisé.

CARTE DE SITUATION

☐ *Outback australien*

Les dromadaires *furent importés du Moyen-Orient vers 1870 pour servir de montures. L'Outback est le dernier endroit au monde où vivent des dromadaires à l'état sauvage. Les touristes peuvent participer à des safaris.*

Le *saltbush* (buisson de sel) doit son nom à sa capacité à supporter des taux de salinité élevés.

LA VIE DANS L'OUTBACK

L'Outback reste dans sa majeure partie une terre de pionniers à l'écart de la nation moderne. Son image traditionnelle, une bicoque en bois entourée jusqu'à perte de vue d'un désert de poussière rouge, n'a rien perdu de sa justesse. Cependant, quelques localités ont vu le jour au cours de ce dernier siècle et les principales routes entre États n'exigent plus de véhicule tout-terrain.

Camper dans le bush, *la brousse australienne, seul ou en groupe, constitue un des grands plaisirs d'une expédition dans l'Outback. Pour jouir d'un confort relatif sous les étoiles, prévoyez un matériel de couchage protégé, une moustiquaire et un bon réchaud.*

L'industrie
cinématographique apprécie depuis longtemps les vastes espaces et les couleurs violentes de l'Outback. La comédie Priscilla, reine du désert, *fit en 1994 un usage spectaculaire des paysages arides et poussiéreux du Red Centre.*

Les « hôtels » de l'Outback ne sont souvent que des bars qui ont pris cet intitulé pour contourner des lois jadis strictes.

Un débit de boissons isolé dans le désert, une image de l'Outback qui reste actuelle.

PIONNIERS ET EXPLORATEURS

Plusieurs explorateurs européens tels qu'Edward Eyre et John Stuart se risquèrent dans l'Outback au XIXᵉ siècle. Ironie de l'histoire, ce sont les équipes envoyées au secours de la tragique expédition conduite depuis Victoria jusqu'au golfe de Carpentarie par l'inexpérimenté Robert O'Hara Burke (p. 49) qui ouvrirent réellement l'intérieur du continent.

Robert O'Hara Burke (1820-1861)

Les Birdsville Races *du Queensland sont les courses de chevaux les plus importantes de l'Outback.*

Les opales *extraites dans des villes comme Coober Pedy (p. 360) sont une des richesses de l'Outback. Les touristes peuvent acquérir une licence pour se transformer en prospecteurs.*

La culture aborigène

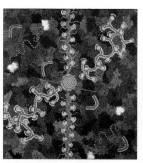

Men's Dreaming par Clifford
Possum Tjapaltjarri

Loin de constituer une ethnie homogène, les quelque 750 000 Aborigènes, selon une estimation, qui peuplaient l'Australie à l'arrivée des Européens au XIXᵉ siècle parlaient au moins 200 langues distinctes et avaient des modes de vie très éloignés. Par exemple, les tribus de la côte Nord comme les Tiwi entretenaient des contacts avec des étrangers d'Indonésie et possédaient une culture très différente des Pitjantjatjara des déserts de l'intérieur ou des Koorie du Sud-Est. Cependant, des traits communs aux différentes ethnies aborigènes ont franchi les siècles pour nourrir les traditions actuelles.

Hache de pierre

Outils et objets aborigènes ornés de motifs
traditionnels

MODES DE VIE TRADITIONNELS DES ABORIGÈNES

Pendant des milliers d'années, les premiers habitants de l'Australie menèrent une existence de chasseurs et de cueilleurs nomades. Ils fabriquaient des outils légers aux usages multiples comme le boomerang et dormaient à la belle étoile ou sous des abris temporaires. L'ampleur des déplacements dépendait des régions ; les territoires abondant en eau et nourriture permettaient aux tribus de se sédentariser. Malgré l'unité de leur culture, les Aborigènes vivaient en tribus aux langues et coutumes différentes. Les tribus étaient elles-mêmes partagées en groupes familiaux de vingt à quarante personnes, qui se retrouvaient régulièrement pour célébrer les cérémonies religieuses, décider des mariages et régler les disputes entre clans. Le commerce jouait un rôle important dans la vie sociale. Coquillages, ocre et bois circulaient le long de routes d'échanges à travers tout le continent.

Le nomadisme cessa presque complètement quand les colons anglais accaparèrent de vastes territoires, mais d'autres coutumes ont survécu. Les anciens sont toujours très respectés. Ce sont eux qui font observer les lois et décident du châtiment des coupables. Ils révèlent également les secrets des rituels qui transmettent l'histoire de chaque tribu depuis le Dreamtime, le Temps du Rêve où le monde spirituel a donné naissance à l'univers matériel.

LE DREAMTIME

« Dreamtime » ou « Dreaming » sont les termes anglais appliqués à la croyance aborigène en un monde spirituel d'où sont issus les « ancêtres de la création ». Ceux-ci, tel le serpent arc-en-ciel, par leurs chants et leurs déplacements sur la terre, formèrent les vallées, les rivières et les montagnes et donnèrent naissance aux plantes, aux animaux et aux humains. Ils léguèrent aussi aux tribus leurs lois et leurs rites. Ces êtres fondateurs subsistent sous la forme de forces surnaturelles qui continuent d'insuffler la vie et d'influer sur les éléments.

Chaque clan tire son origine d'un ancêtre du Temps du Rêve qui a laissé son empreinte en des sites sacrés toujours vénérés aujourd'hui.

LE BOOMERANG

Contrairement à la croyance populaire, tous les boomerangs ne reviennent pas à leur point de départ. Le mot signifie à l'origine « bâton de lancer » et les premiers boomerangs, qui servaient à chasser, n'avaient pas besoin de revenir puisqu'ils devaient blesser suffisamment leurs cibles pour les immobiliser. Utilisé également pour combattre et remuer les braises d'un feu afin de l'entretenir, ou encore pour des jeux traditionnels, le boomerang prit avec le temps la forme élaborée qui lui permet d'effectuer la courbe le ramenant jusqu'au lanceur. Sous cette forme, il n'a toutefois que des fonctions limitées : jeu, chasse aux oiseaux et rabattage de gibier vers des pièges.

Boomerang aborigène

Pour les Aborigènes, tout être vivant possède deux âmes, l'une mortelle et l'autre reliée à l'esprit ancestral, ou totem, et destinée à le rejoindre après la disparition du corps. Les esprits et les ancêtres assurent le bien-être du clan. Un événement malheureux ne peut découler que d'un manquement dans l'observation des lois et des rites, en particulier de ceux concernant les sites sacrés.

Les rites liés au Dreamtime déterminent les déplacements des clans dans leur territoire, contigu à d'autres territoires, et ils dessinent à travers tout le continent les « lignes de chants », voies d'échange entre les tribus, sans rapport avec les routes des Blancs.

Le blanc repousse les esprits mauvais

CHANTS ET DANSES ABORIGÈNES

Accompagnés par des instruments simples comme le *didgeridoo*, tube de bois long d'un mètre au son grave, les chants transmettent les traditions issues du Temps du Rêve et sont intimement associés au culte des esprits. Les paroles souvent incompréhensibles protègent le secret de certains rites ou mythes. Les danses permettent de communiquer avec les ancêtres. Elles connaissent aujourd'hui un nouvel élan avec de jeunes compagnies qui interprètent danses traditionnelles et œuvres modernes.

LES ABORIGÈNES AUJOURD'HUI

Peu d'Aborigènes ont conservé un mode de vie nomade, mais tous restent attachés aux coutumes, aux croyances et à l'art à la base de leur culture. À l'intérieur des réserves *(p. 254-255),* beaucoup suivent les cérémonies et pratiques médicales d'antan.

Les Anglais colonisèrent l'Australie comme si le continent n'appartenait à personne avant leur

Écorce peinte à l'ocre naturelle

arrivée. Aussi la question de la propriété foncière fut-elle rapidement cruciale pour un peuple qui se sent responsable de l'entretien du territoire de la tribu et des sites sacrés de ses ancêtres. Le Land Rights Act de 1976 a commencé à prendre en compte leurs revendications. Si les terres dont les Aborigènes ont récupéré la jouissance sont principalement désertiques, le gouvernement a accepté que certaines puissent être régies par les lois aborigènes et les lois du gouvernement australien.

La majorité des Aborigènes, souvent déplacés de force, ont perdu leurs racines rurales. Ils habitent aujourd'hui les grandes villes, généralement au sein de communautés qui s'efforcent de résoudre de fréquents problèmes d'alcoolisme et de toxicomanie.

Les Australiens blancs reconnaissent pour la plupart la qualité de l'art aborigène. Des artistes contemporains comme Emily Kngwarreye, qui utilise aussi bien de la toile et des acryliques que des matériaux traditionnels, écorce et ocre, pour illustrer les mythes du Dreaming dans un langage moderne font rayonner cette culture.

Mais si la reconnaissance de leur identité et de la richesse de leur civilisation commence à faciliter une coexistence plus harmonieuse, les Aborigènes sont encore désavantagés par rapport aux autres Australiens, en particulier en matière de logement, de santé et d'éducation.

Danse rituelle au coucher du soleil

L'art aborigène

Peinture rupestre

Nomades qui ne s'encombraient que du minimum, les Aborigènes ont longtemps utilisé comme support d'expression des éléments naturels, rochers et grottes *(p. 43-44)*. Beaucoup de sites portent des peintures vieilles de milliers d'années dont certaines ont été maintes fois recouvertes. Les œuvres rupestres représentent les rites et mythes du Temps du Rêve ou figurent des animaux aujourd'hui disparus ou des visages humains aux yeux bleus et aux armes étranges accompagnés de chevaux : les premiers Européens. On peut aussi admirer l'art aborigène sur des objets tels que ceintures ou paniers.

La peinture sur écorce, ici un poisson, ne se pratique plus dans le Sud mais reste florissante dans l'Arnhem Land et sur les îles Melville et Bathurst.

Les parois des grottes étaient très utilisées, notamment quand les tribus y trouvaient refuge pendant la saison des pluies.

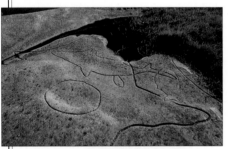

La gravure sur roc est la plus riche près de la Hawkesbury River à côté de Sydney (p. 122) grâce à de vastes affleurements de grès meuble. Plus de 4 000 images ont été recensées. Certaines sont gigantesques, comme celle qui représente une baleine de plus de 20 m de long. Des groupes de figures peuvent couvrir plus d'1 ha.

Les silhouettes représentant l'anatomie humaine ont souvent des formes stylisées exagérées.

Darwin

Brisbane

Perth

Sydney

Adelaide

Melbourne

Hobart

PRINCIPAUX SITES D'ART ABORIGÈNE

▢	Arnhem Land, Territoire du Nord
▢	Désert central
▢	Uluṟu-Kata Tjuṯa National Park
▢	Laura, Queensland
▢	Îles Melville et Bathurst
▢	Région de Sydney-Hawkesbury

Les quinkans, *personnages émaciés de la région de Laura dans le nord du Queensland, représentent des esprits habitués à jaillir brutalement de crevasses pour rappeler aux humains que les fautes entraînent un rapide châtiment.*

Les poteaux funéraires *sont typiques du goût du décor des Aborigènes. Ces poteaux du peuple Tiwi des îles Melville et Bathurst (p. 266) sont utilisés pour la cérémonie pukumani qui marque la fin du deuil six mois après l'enterrement.*

Le crocodile incarne la force de la nature mais symbolise aussi le rapport de l'homme à son environnement. Ces deux thèmes sont très fréquents dans l'art aborigène.

Bush Plum Dreaming
(1991) de Clifford Possum Tjapaltjarri offre un exemple moderne des techniques traditionnelles des Papunya.

La technique
« du rayon X »
montre, comme ici sur le Nourlangie Rock du Kakadu National Park (p. 268-269), le squelette et les organes du sujet représenté.

ART RUPESTRE DE L'ARNHEM LAND
Vaste territoire aborigène qui s'étend de l'est de Darwin au golfe de Carpentarie *(p. 254-255),* l'Arnhem Land abrite de magnifiques peintures rupestres qui comptent parmi les plus vieilles du continent. Elles datent de 16 000 av. J.-C. *(p. 43).*

L'art totémique d'Uluru
(p. 278-281) serait une représentation des êtres mythiques qui auraient créé le monolithe.

Les artistes et écrivains australiens

Frederick McCubbin

L es premiers peintres qui prirent l'Australie comme sujet étaient des Européens arrivés avec l'*Endeavour* *(p. 46-47),* mais il fallut attendre la prospérité créée par les ruées vers l'or vers 1850 pour que les artistes jouissent d'une reconnaissance publique. La première école spécifiquement australienne s'est imposée à la fin du XIXe siècle. En littérature aussi, cent ans s'écoulent entre les journaux intimes des premiers colons et la publication en 1888 de *Robbery under arms* de Rolf Boldrewood (1826-1915). Ce récit héroïque qui se déroule dans le *bush* marque la naissance d'une véritable tradition.

Sir Russel Drysdale

ARTISTES

N ommée d'après une localité de la région de Melbourne, l'école de Heidelberg est à la fin du XIXe siècle le premier mouvement pictural original. Les jeunes peintres, Tom Roberts (1856-1931), Charles Conder (1868-1909), Frederick McCubbin (1855-1917) et Arthur Streeton (1867-1943) s'inspirent des techniques de peinture en plein air qui en France déboucheront sur l'impressionnisme. Elles leur permettent de rendre la lumière particulière et l'immensité du territoire australien. Au début du XXe siècle, Hans Heysen suscite l'intérêt avec ses paysages aux couleurs délicates, mais ce sont ceux

de sir Sydney Nolan (1917-1992) qui propulsent pour la première fois l'art australien sur la scène internationale. L'artiste exécute également dans les années quarante une célèbre série de « Ned Kelly » inspirée par le plus connu des *bushrangers (p. 386).*

Membre d'une famille talentueuse, Arthur Boyd (né en 1920) acquiert une renommée mondiale en 1960 avec sa série de l'« Half-Caste Bride ». Personne, peut-être, n'a mieux réussi à décrire la dureté de l'Outback que sir Russell Drysdale (1912-1981). Brett Whiteley (1939-1992) a produit des œuvres sensuelles où s'affirme une vision personnelle du monde.

Lauréat de l'Archibald Prize, un prix de portrait, William Dobell (1899-1970) est souvent considéré comme la tête de proue du mouvement moderniste de Sydney. Il dut toutefois une grande part de sa notoriété au procès que lui intentèrent en 1944 deux concurrents. Ceux-ci estimaient que son portrait de Joshua Smith « n'était pas un portrait mais une caricature ». Dobell gagna le procès mais son travail fit ensuite l'objet d'une publicité déplacée.

Aujourd'hui, le peintre australien le plus populaire est Ken Done. Ses toiles aux couleurs éclatantes, souvent

jugées trop commerciales, atteignent des prix de vente très élevés.

La plus riche collection d'art australien, qui comprend un beau choix d'œuvres aborigènes, anciennes et contemporaines, est exposée à la National Gallery de Canberra *(p. 194-195)*

Toberua **(1994) par Ken Done**

LES « ANTIPODIENS »

S ept artistes modernes nés dans les années vingt : Charles Blackman, Arthur Boyd, David Boyd, John Brack, Robert Dickerson, John Perceval et Clifton Pugh, fondèrent à Melbourne en 1959 le groupe des « Antipodiens » dans le but de défendre la peinture figurative face à l'abstraction. Le nom d'« Antipodiens » fut choisi car le groupe à la recherche d'une reconnaissance internationale ne voulait pas apparaître comme un mouvement pictural uniquement australien. Ironie de l'histoire, le mot *antipodean* s'appliqua plus tard à l'art australien en général.

Kelly in Spring **(1956) de la série** **« Ned Kelly » de sir Sydney Nolan**

Miles Franklin peinte par Marie McNiven

ÉCRIVAINS

La fiction australienne a deux thèmes principaux : les difficultés des colons face à une nature inhospitalière et les relations entre Blancs et Aborigènes. Ils apparaissent déjà dans l'œuvre de Henry Handel Richardson, *alias* Ethel Robertson (1870-1946), nominée au prix Nobel de littérature pour sa trilogie, *The Fortunes of Richard Mahoney* (1929). Ces deux thèmes restent au cœur des préoccupations de l'auteur contemporain David Malouf dans *Je me souviens de Babylone* (1993), récompensé par le prix Baudelaire, et *Dernière Conversation dans la nuit* (1996). Un prix Nobel obtenu en 1973 pour *L'Œil du cyclone* a fait de Patrick

Affiche du film de Steven Spielberg *La Liste de Schindler*

White (1912-1990) le romancier le plus renommé d'Australie. Ces œuvres plus récentes comprennent *Une ceinture de feuilles* (1976) et *Les Incarnations d'Eddie Twyborn* (1979). Il n'est toutefois pas le seul auteur à avoir atteint la célébrité. Thomas Keneally remporta en 1982 le Booker Prize pour un roman dont l'adaptation valut à Steven Spielberg l'un de ses grands succès : *La Liste de Schindler*.

Bien que le film *Crocodile Dundee* ait donné de l'Australie l'image d'un pays d'hommes rudes façonnés par le *bush*, les femmes ne furent pas absentes de sa scène littéraire. Rédigé entre 1888 et 1905, le journal de Louisa Lawson (1848-1920), *Dawn*, relate ses efforts de suffragette. À la même époque, une autre féministe, Miles Franklin (1879-1954), refusait le rôle traditionnel alors imparti aux femmes en menant une vie indépendante en Australie, en Angleterre et aux États-Unis. Elle l'a décrite dans une série d'autobiographies qui commence par *Ma brillante carrière* (1901). Ruth Pak (née en 1922) peint très bien les quartiers pauvres de Sydney dans des romans comme *Harp in the South* (1948) et Sally Morgan (née en 1951) ouvre une porte sur la sensibilité aborigène avec son autobiographie *My Place* (1988).

POÈTES

Les premiers poètes australiens écrivirent principalement des ballades sur la rude vie menée par les pionniers dans le *bush*. Les œuvres d'A.B. « Banjo » Paterson (1864-1941), *The Man from Snowy River* et *Clancy of the Overflow*, sont des grands classiques appris

par tous des écoliers du continent. Son contemporain, Henry Lawson, évoqua aussi le *bush* mais produisit entre la fin du XIXe siècle et sa mort en 1922 une œuvre plus politique. Son premier poème publié en 1887 dans le magazine littéraire *Bulletin* était le chant de ralliement *Song for the Republic*.

Judith Wright (née en 1945) et, surtout, Oodgeroo Noonuccal (1920-1993) ont su par leurs poèmes exprimer avec puissance et sensibilité la détresse du peuple aborigène.

Henry Lawson

THÉÂTRE

Né en 1942, David Williamson est le plus prolifique des auteurs dramatiques contemporains d'Australie. Il porte un regard satirique sur les mœurs et les valeurs de la classe moyenne australienne et certaines de ces pièces, comme *Dead White Males*, sont jouées à Londres et à New York.

Ray Lawler a atteint la renommée en 1955 avec *Summer of the Seventeenth Doll*, qui remettait en cause le mythe de l'amitié virile célébré par ses compatriotes. Le compositeur Richard Meale a écrit la musique de l'opéra qui en fut tiré. Nick Enright, Stephen Sewell et Louis Nowra, auteurs contemporains, doivent également être cités.

Les vins australiens

L a vigne fut implantée en Australie peu de temps après l'arrivée de la Première Flotte en 1788 *(p. 46-47)*. En 1827, des éleveurs de bétail, John et Elizabeth MacArthur, devinrent les premiers viticulteurs professionnels d'Australie en mettant en vente 90 000 litres de vin issu de leur ferme de Sydney *(p. 123)*. Quelques années plus tard, James Busby jetait les bases de la vocation vinicole de la Hunter Valley. En

Vin du Ballan-dean Estate 1859, la Nouvelle-Galles du Sud, le Victoria, l'Australie-Méridionale, la Tasmanie, l'Australie-Occidentale et le Queensland possédaient tous des vignobles. Ces dernières années, la production n'a cessé de gagner en qualité et en quantité, passant de 53 millions de litres en 1960 à 500 millions de litres aujourd'hui.

CARTE DE SITUATION

☐ *Principales régions viticoles d'Australie*

Le domaine Mount Hurtle *propose d'intéressants blancs de table dans le McLaren Vale* (p. 330-331).

Le Leeuwin Estate *de Margaret River, en Australie-Occidentale (p. 306-307), est l'un des plus grands producteurs de vins de qualité, avec notamment des chardonnays et des cabernets sauvignons.*

• PERTH

ADELAÏDE

0   500 km

LÉGENDE

☐ Australie-Occidentale

☐ Tasmanie

☐ Australie-Méridionale

☐ Queensland

☐ Victoria

☐ Nouvelle-Galles du Sud et ACT

LE PÈRE DU VIN AUSTRALIEN

Souvent considéré comme le fondateur de l'industrie viticole australienne, James Busby, né en Écosse, arriva à Sydney en 1824 après avoir transcrit dans un livre pendant le voyage ce qu'il savait des vignobles français. Il créa un domaine à Kirkton, dans la Hunter Valley de la Nouvelle-Galles du Sud, puis retourna en Europe en 1831 pour rassembler en France et en Espagne une collection de 570 marcottes de vigne. Elle furent ensuite cultivées à Kirkton et dans les jardins botaniques de Sydney et d'Adélaïde. En 1833, après avoir donné à l'Australie sa première région viticole, James Busby émigra en Nouvelle-Zélande.

James Busby

Le Ballandean Estate est réputé pour ses sémillons et ses sauvignons blancs. Des visites de caves sont organisées. Le climat frais du sud-ouest du Queensland permet une production de vin excellente mais limitée.

LES CÉPAGES DE L'AUSTRALIE

En Australie-Occidentale, les meilleurs rouges sont issus du cabernet sauvignon et les blancs du chardonnay, du sémillon, du chenin blanc et du verdelho. Le pinot noir apprécie le climat frais de la **Tasmanie.** La Granite Belt du **Queensland** convient, pour les rouges, au cabernet sauvignon, au shiraz, au pinot noir et au merlot ; pour les blancs, au sémillon, au chardonnay, au marsanne et au sauvignon. En **Nouvelle-Galles du Sud,** les principaux cépages sont le cabernet sauvignon, le sémillon et le chardonnay. Le climat varié de l'**Australie-Méridionale** convient à des cépages de rouges comme merlot et le grenache et, pour les vins blancs, au riesling et au frontignac. Le **Victoria** est surtout connu pour le marsanne.

BRISBANE

Darling River

Murray River

Brown Brothers, *fondé en 1889 par John Graham Brown, est un des premiers vignobles du Victoria (p. 370-371). Il produit un cabernet sauvignon de classe internationale.*

SYDNEY

CANBERRA

MELBOURNE

HOBART

PIPERS BROOK VINEYARD

1988 CHARDONNAY

Tasmania

Pipers Brook, *qui produit de bons chardonnays, existe en Tasmanie depuis 1973.*

La Balmoral House fait partie du Rosemount Estate de l'Upper Hunter Valley (p. 154-155) et a donné son nom à l'excellent balmoral shiraz vinifié au domaine.

Le surf et la plage

**Sauveteur
et sa planche**

L'Australie, qui possède des milliers de kilomètres de littoral, a développé une véritable « culture de la plage ». Rares sont les Australiens à vivre à plus de deux heures de voiture de la mer. Pendant les chaudes journées ensoleillées, tout le pays semble n'avoir plus qu'une idée en tête : « the beach », qu'il s'agisse de longues bandes de sable où déferlent les rouleaux ou de criques plus intimes.

Le cliché de l'australien bronzé n'a plus cours même si les plages populaires sont toujours bondées de corps bronzés sur le sable ou dans le grand bleu. Un comportement jugé peu convenable est condamné à l'amende, ce qui garantit la sécurité des plages à toute heure. Le surf, sport national australien, a régulièrement des compétitions sur la côte. Un séjour en Australie offre une merveilleuse occasion de s'initier.

Corps bronzés et cheveux décolorés par le soleil ne caractérisent plus les adeptes de la plage.

Aux **surf carnivals,** *des milliers de spectateurs assistent à des compétitions variées, y compris en canots de sauvetage.*

SURFEUR EN ACTION
Surfer sur les vagues est un vrai « travail », les passionnés n'hésitent pas à parcourir de longues distances pour rejoindre la plage où les médias ont annoncé que déferleraient les meilleures vagues.

S'accroupir augmente la stabilité
sur la planche.

OÙ FAIRE DU SURF

Le littoral de la Nouvelle-Galles du Sud *(p. 170-171)* et les côtes méridionales de l'Australie-Occidentale *(p. 304-305)* et du Queensland sont les plus appropriés. Ce dernier État possède deux zones balnéaires très réputées : Surfer's Paradise et la Sunshine Coast *(p. 230-231)*. Il existe aussi quelques plages propices au surf à la pointe nord-ouest de la Tasmanie *(p. 454-455)*. Dans le nord du Queensland, la Grande Barrière de corail arrête les rouleaux bien avant qu'ils n'atteignent le rivage. En été, des méduses aux piqûres redoutables rendent la baignade impossible dans de nombreux endroits.

Des sauveteurs, *bénévoles entraînés, reconnaissables à leurs bonnets de bain rouge et jaune, interviennent régulièrement sur les plages australiennes et s'assurent que les nageurs ne sortent pas des zones de sécurité marquées par des drapeaux.*

ACTIVITÉS DE PLAGE

La plupart des régions côtières jouissent de températures clémentes en hiver, ce qui permet de pratiquer toute l'année de nombreuses activités de loisirs. Le week-end, des milliers d'embarcations de plaisance, du modeste dériveur jusqu'au yacht, s'affrontent en régate ou sortent en promenade. Les véliplanchistes sortent les jours de vent et le cerf-volant est devenu une forme d'art que le Festival of the Winds célèbre en septembre sur Bondi Beach à Sydney *(p. 36)*. Enfin, le volley-ball, à l'origine simple distraction entre amis, a désormais sa place aux Jeux olympiques.

Festival of the Winds

Les plats à emporter *disponibles à la plage sont d'une grande variété et comprennent* fish and chips *(beignets de poisson et frites), brochettes et hamburgers.*

Les planches de surf jadis taillées dans le bois sont désormais fabriquées dans des matériaux légers comme la fibre de verre.

Le crawl australien *révolutionna la natation à la fin du XIXᵉ siècle. La plupart des Australiens apprennent à nager dès leur plus jeune âge et pratiquent ce sport tous les jours.*

SÉCURITÉ

Les plages sont sûres à condition de respecter quelques règles :
- *Rester « entre les drapeaux ».*
- *Ne pas nager seul.*
- *Tenir compte des panneaux signalant courants ou méduses.*
- *En cas de problème dans l'eau, ne pas agiter frénétiquement les bras mais tenir un bras dressé en l'air.*
- *Se protéger du soleil avec un filtre solaire, une chemise et un chapeau.*

L'Australie
au jour le jour

L'Australie a des saisons inversées par rapport à l'hémisphère Nord. Dans la moitié sud du pays, le printemps commence en septembre, l'été dure de décembre à février, l'automne lui succède de mars à mai et l'hiver débute en juin. Le climat tropical de la côte nord est plus simplement divisé entre une saison humide, le

**Participants au
Melbourne Festival**

wet, de novembre à avril, et une saison sèche, le *dry.* Le temps ne varie guère dans l'intérieur désertique du continent : journées torrides et nuits fraîches se succèdent toute l'année.

Partout, les températures demeurent en toutes saisons suffisamment élevées pour permettre l'organisation de manifestations en plein air.

PRINTEMPS

Alors que les températures se réchauffent, les jardins et les parcs nationaux se couvrent de fleurs. Les festivals artistiques, musicaux et culinaires se succèdent. La saison des jeux de ballon s'achève, celle du cricket débute et les champs de course attendent les parieurs.

**L'Australian Football League
Grand Final de septembre**

SEPTEMBRE

Open Garden Scheme
(sept.-mai), Victoria. Les plus beaux jardins privés de l'État s'ouvrent au public *(p. 366-367).*
Mudgee Wine Festival *(du 1er au 21 sept.).* Fête du vin et danses du *bush (p. 169).*
Festival of the Winds
(2e dim.), Bondi Beach *(p. 35).* Danse et musique pour la fête du cerf-volant.

Royal Melbourne Show
(2 der. sem.). Foire agricole, spectacles et attractions.
Australian Contemporary Art Fair *(der. sem. de sept. et 1re sem. d'oct.),* Sydney. Biennale d'art moderne.
Australian Football League Grand Final *(der. sam. de sept.),* Melbourne. Match de football australien *(p. 389).*
Australian Rugby League Grand Final *(der. week-end),* Sydney. Rugby à treize.
Henley-on-Todd Regatta
(der. week-end), Alice Springs. Course de bateaux sans fond sur une rivière à sec.

OCTOBRE

Melbourne Marathon
(1er week-end). Course à pied pour amateurs au centre de la ville.
Lygon Street Festa
(1er week-end), Melbourne. Carnaval exubérant dans la grand-rue du quartier italien

**Parterre coloré de la Floriade,
floralies d'octobre de Canberra**

de la cité *(p. 387).*
Floriade *(3 premières sem.),* Canberra. Superbes floralies dans le Commonwealth Park *(p. 187).*
Tulip Festival *(2 premières sem.),* Bowral. Les Corbett Gardens se couvrent de tulipes *(p. 178).*
Leura Garden Festival
(du 2e au 3e week-end), Blue Mountains. Fête de village et jardins fleuris *(p. 164).*
**Melbourne Writers'
Festival** *(2e et 3e sem.).*

La Henley-on-Todd Regatta d'Alice Springs

Lectures et débats littéraires.
Melbourne Festival
(2 der. sem.). Festival d'arts
vivants *(p. 388)*.
Carnival of Flowers
(der. sem.), Toowoomba.
Fête des fleurs marquée par
de magnifiques expositions
(p. 232).
Rose and Rodeo Festival
(der. week-end), Warwick. Le
plus ancien rodéo d'Australie
attire des centaines de
spectateurs et des cavaliers
du monde entier *(p. 232)*.
Jacaranda Festival *(der.
sam.)*, Grafton. Les plus
anciennes floralies
d'Australie donnent lieu à un
« carnaval vénitien » et à un
défilé de chars *(p. 170)*.

Spectateurs costumés pour la
Melbourne Cup de novembre

NOVEMBRE

Rose Festival *(2 premières
sem.)*, Benalla. Célébration
de la rose *(p. 439)*.
**Great Mountain Race of
Victoria** *(1er sam.)*,
Mansfield. Course de cross
à cheval *(p. 436)*.
Melbourne Cup *(1er mar.)*.
Tout le pays s'arrête le temps
de cette course hippique.
Maldon Folk Festival
(1er week-end). Musique folk
dans une ville rurale.

ÉTÉ

L e début des vacances
scolaires de Noël marque
le commencement de l'été
et les célébrations
se poursuivent jusqu'au

Célébration de Noël sur Bondi Beach à Sydney

26 janvier, date de l'Australia
Day. Ponctuée de nombreux
festivals d'art et de musique,
la saison permet de s'initier
au cricket et d'assister à
des compétitions de tennis
et de surf.

DÉCEMBRE

Carols by Candlelight
(24 déc.), Melbourne.
Musiciens locaux et de
renom fêtent Noël.
Noël à Bondi Beach
(25 déc.). Les vacanciers
organisent des soirées sur la
célèbre plage *(p. 122)*.
Régate Sydney-Hobart
(26 déc.). Carnaval pour
l'arrivée de la régate *(p. 448)*.
**Match international de
cricket** *(26 déc.)*,
Melbourne.
Veille du nouvel an
(31 déc.), port de Sydney.
Fêtes et feux d'artifice.

JANVIER .

**Hanging Rock Picnic
Races** *(1er et 26 janv.)*.
Grande course de chevaux
en campagne *(p. 423)*.
Australian Open
(2 der. sem.), Melbourne.
Tournoi de tennis du Grand
Chelem.
Country Music Festival
(2 der. sem.), Tamworth.
Principal festival de musique
country d'Australie et remise
des Golden Guitars Awards
(p. 169).
Midsumma Festival *(de mi-
janv. à mi-fév.)*, Melbourne.
Fête annuelle des
homosexuels de Melbourne.
Opera in the Alps

(der. ven.), Mount Buffalo
(p. 437).
Tunarama Festival
(der. week-end), Port Lincoln.
Concours de lancer de thon
et feux d'artifice *(p. 358)*.
Australia Day Concert
(26 janv.), Sydney. Un
concert gratuit commémore
la fondation de l'Australie
(p. 52).
Nouvel an chinois *(fin
janv. ou déb. fév.)*, Sydney.
Match de cricket, Sydney.

Feux d'artifice à Sydney
pour l'Australia Day

FÉVRIER

**Gay and Lesbian Mardi
Gras Festival** *(tout le mois)*,
Sydney. Manifestations et
défilés exubérants.
Festival of Perth *(de mi-fév.
à mi-mars)*. Le plus vieux
festival d'arts vivants du pays.
**Leeuwin Estate Winery
Music Concert** *(mi-fév.)*,
Margaret River. Grand
concert *(p. 306)*.
Adelaide Festival
(de mi-fév. à mi-mars).
Années paires seulement.

Le Grand Prix d'Australie a lieu en mars à Melbourne

AUTOMNE

Après l'humidité de l'été, matins frais et journées moins chaudes se succèdent en automne. Un temps idéal pour les spectacles en plein air et la randonnée, le vélo ou la pêche. De nombreux domaines viticoles ouvrent leurs portes pour les vendanges et organisent dégustations et fêtes culinaires. Pâques donne lieu à de somptueux défilés dans toutes les principales villes.
Le 25 avril, l'Anzac Day commémore depuis 1916 les milliers d'Australiens qui périrent en tentant de prendre le détroit des Dardanelles pendant la Première Guerre mondiale.

Vin de la Yarra Valley

MARS

Grand Prix d'Australie *(1er week-end)*, Melbourne. Prestigieuse course automobile de Formule 1 et réjouissances en ville *(p. 395)*.
Yarra Valley Grape Grazing *(1er week-end)*. Foulage du raisin, courses de tonneaux, plats bien arrosés.
Begonia Festival *(2 premières sem.)*, Ballarat. Exposition de bégonias aux Botanical Gardens *(p. 425)*.
Moomba Festival *(2e week-end)*, Melbourne. Courses internationales sur la Yarra River *(p. 392-393)* et manifestations culturelles.
St Patrick's Day Parade

(17 mars ou dim. précédent), Sydney. Défilé dans le Hyde Park et bière verte dans les pubs pour la fête des Irlandais.

AVRIL

Royal Easter Show *(sem. précédant le ven. saint)*, Sydney. Foire agricole, attractions foraines, artisanat et rencontres sportives.
International Surfing Competition *(week-end de Pâques)*, Bells Beach. Cette rencontre attire les surfeurs amateurs et professionnels du monde entier *(p. 418)*.
Easter Fair *(week-end de Pâques)*, Maldon. Défilé et carnaval coloré pour Pâques dans ce village pittoresque *(p. 422)*.

International Flower and Garden Show *(5 jours à Pâques)*, Melbourne. Floralies organisées dans les Exhibition Gardens *(p. 387)*.
Melbourne International Comedy Festival *(3 premières sem.)*. Des comiques du monde entier se produisent dans des théâtres, des pubs et en plein air.
Bright Autumn Festival *(der. sem.)*, Bright. Défilés, expositions d'art et visites de caves viticoles *(p. 437)*.
Anzac Day *(25 avr.)*. Ce jour férié donne lieu dans tout le pays à des défilés de vétérans et à des services religieux à la mémoire des soldats morts au combat.

MAI

Australian Celtic Festival *(1er week-end)*, Glenn Innes. Cette petite ville célèbre son héritage celte *(p. 168)*.
Kernewek Lowender Cornish Festival *(1er week-end)*, Little Cornwall. Tous les deux ans, en souvenir des émigrants des Cornouailles qui exploitèrent les mines de cuivre vers 1860 *(p. 355)*.
Torres Strait Cultural Festival *(der. week-end)*, Thursday Island. Des Aborigènes célèbrent leurs traditions spirituelles par des danses, des chants et des expositions d'art.

Cérémonie à Canberra pour l'Anzac Day

La Camel Cup d'Alice Springs

HIVER

En hiver, les températures suffisamment fraîches dans l'Est imposent un manteau, tandis qu'il gèle au Victoria et en Tasmanie. L'Outback, plus tempéré, permet des manifestations en plein air. Certaines manifestations célèbrent cette « rigueur » du climat, d'autres, tels les festivals du film de Sydney et de Melbourne, se déroulent dans des salles.

JUIN

Three Day Equestrian Event *(1er week-end)*, Gawler. La plus vieille rencontre équestre d'Australie donne lieu à des démonstrations d'adresse.
Sydney Film Festival *(2 sem. vers la mi-juin)*. Des rétrospectives aux dernières superproductions.
Melbourne Film Festival *(2 sem. vers la mi-juin)*. Un grand festival international de cinéma.
Aboriginal Dance Festival,

Cape York. Célébration biannuelle de la culture aborigène.
Darling Harbour Jazz Festival *(de mi-juin à mi juil.)*, Sydney. Le festival de musique le plus populaire d'Australie.

JUILLET

Yulefest *(tout juillet)*, Blue Mountains. Des hôtels, des pensions et quelques restaurants proposent un « Noël traditionnel » d'hiver avec feu de cheminée, sapins, guirlandes, etc.
Brass Monkey Festival *(1er week-end)*, Stanthorpe. L'intérieur du Queensland célèbre les basses températures hivernales *(p. 232)*.
Alice Springs Show *(1er week-end)*. Ce salon de l'agriculture donne lieu à des expositions d'art et d'artisanat et à des démonstrations culinaires.
Cairns Show *(2e week-end)*. Célébration culturelle de la vie d'aujourd'hui et d'antan en Australie tropicale *(p. 246)*.

Camel Cup *(der. week-end)*, Alice Springs. Course de dromadaires dans un oued.

Le Mount Isa Rodeo

AOÛT

Almond Blossom Festival *(1re sem.)*, Mount Lofty. Fête de l'amande et concours de cassage de coquilles.
City to Surf Race *(2e dim.)*, Sydney. Course de 14 km du centre-ville à Bondi Beach.
Shinju Matsuri Festival *(der. week-end)*, Broome. Fête asiatique de la perle.
Mount Isa Rodeo *(der. week-end)*. Le plus grand rodéo d'Australie *(p. 249)*.

Barques décorées pour le Shinju Matsuri de Broome

Les climats de l'Australie

Les trois quarts du continent ont un climat aride marqué par des pluies faibles et irrégulières. Les journées sont chaudes dans l'immense désert de l'intérieur mais les nuits peuvent se révéler très froides. La côte sud et la Tasmanie jouissent d'étés chauds et d'hivers doux. Les différences saisonnières s'estompent en remontant vers la côte nord. Soumise aux pluies de mousson et parfois aux cyclones, celle-ci ne connaît que deux saisons : la sèche et l'humide.

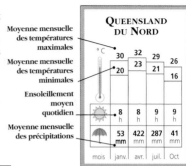

QUEENSLAND DU NORD

Moyenne mensuelle des températures maximales
Moyenne mensuelle des températures minimales
Ensoleillement moyen quotidien
Moyenne mensuelle des précipitations

°C				
max	30	32	29	26
min	20	23	21	16
☀	8 h	8 h	9 h	9 h
☂	53 mm	422 mm	287 mm	41 mm
mois	janv.	avr.	juil.	Oct

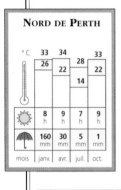

NORD DE PERTH

°C				
max	33	34	28	33
min	26	22	14	22
☀	8 h	9 h	7 h	9 h
☂	160 mm	30 mm	5 mm	1 mm
mois	janv.	avr.	juil.	oct.

DARWIN ET LE TOP END

°C				
max	32	33	31	34
min	25	24	19	25
☀	6 h	8 h	10 h	10 h
☂	386 mm	97 mm	0 mm	51 mm
mois	janv.	avr.	juil.	oct.

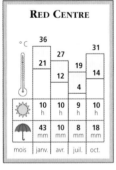

RED CENTRE

°C				
max	36	27	19	31
min	21	12	4	14
☀	10 h	10 h	9 h	10 h
☂	43 mm	10 mm	8 mm	18 mm
mois	janv.	avr.	juil.	oct.

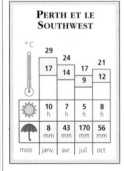

PERTH ET LE SOUTHWEST

°C				
max	29	24	17	21
min	17	14	9	12
☀	10 h	7 h	5 h	8 h
☂	8 mm	43 mm	170 mm	56 mm
mois	janv.	avr.	juil.	oct

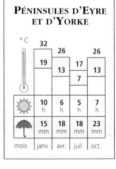

PÉNINSULES D'EYRE ET D'YORKE

°C				
max	32	26	17	26
min	19	13	7	13
☀	10 h	6 h	5 h	7 h
☂	15 mm	18 mm	18 mm	23 mm
mois	janv.	avr.	juil.	oct.

ADÉLAÏDE ET LE SOUTHEAST

°C				
max	30	23	15	23
min	16	13	7	11
☀	10 h	6 h	4 h	7 h
☂	20 mm	46 mm	66 mm	43 mm
mois	janv.	avr.	juil.	oct.

Darwin

TERRITOIRE DU NORD

AUSTRALIE-OCCIDENTALE

AUSTRALIE-MÉRIDIONALE

Perth

Adéla

DES BLUE MOUNTAINS À BYRON BAY

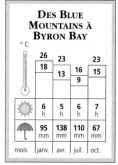

°C				
max	26	23	16	23
min	18	13	9	15
☀	6 h	5 h	6 h	7 h
☂	95 mm	138 mm	110 mm	67 mm
mois	janv.	avr.	juil.	oct.

AU SUD DE TOWNSVILLE

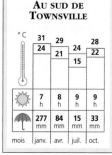

°C				
max	31	29	24	28
min	24	21	15	22
☀	7 h	8 h	9 h	9 h
☂	277 mm	84 mm	15 mm	33 mm
mois	janv.	avr.	juil.	oct.

CANBERRA ET L'ACT

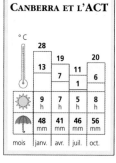

°C				
max	28	19	11	20
min	13	7	1	6
☀	9 h	7 h	5 h	8 h
☂	48 mm	41 mm	46 mm	56 mm
mois	janv.	avr.	juil.	oct.

BRISBANE

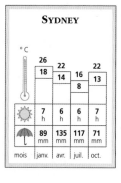

°C				
max	29	26	20	27
min	21	16	9	16
☀	8 h	7 h	7 h	8 h
☂	163 mm	94 mm	56 mm	64 mm
mois	janv.	avr.	juil.	oct.

SYDNEY

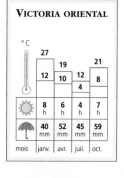

°C				
max	26	22	16	22
min	18	14	8	13
☀	7 h	6 h	6 h	7 h
☂	89 mm	135 mm	117 mm	71 mm
mois	janv.	avr.	juil.	oct.

SOUTH COAST ET SNOWY MOUNTAINS

°C				
max	24	21	14	22
min	19	15	8	15
☀	7 h	5 h	6 h	6 h
☂	85 mm	140 mm	122 mm	75 mm
mois	janv.	avr.	juil.	oct.

VICTORIA ORIENTAL

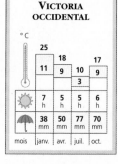

°C				
max	27	19	12	21
min	12	10	4	8
☀	8 h	6 h	4 h	7 h
☂	40 mm	52 mm	45 mm	59 mm
mois	janv.	avr.	juil.	oct.

VICTORIA OCCIDENTAL

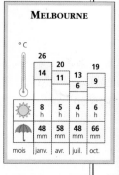

°C				
max	25	18	10	17
min	11	9	3	9
☀	7 h	5 h	5 h	6 h
☂	38 mm	50 mm	77 mm	70 mm
mois	janv.	avr.	juil.	oct.

MELBOURNE

°C				
max	26	20	13	19
min	14	11	6	9
☀	8 h	5 h	4 h	6 h
☂	48 mm	58 mm	48 mm	66 mm
mois	janv.	avr.	juil.	oct.

TASMANIE

°C				
max	22	17	11	17
min	12	9	4	8
☀	8 h	5 h	4 h	6 h
☂	48 mm	48 mm	53 mm	58 mm
mois	janv.	avr.	juil.	oct.

QUEENSLAND

Brisbane •

NOUVELLE-GALLES DU SUD

• Sydney

• Canberra

VICTORIA

Melbourne •

TASMANIE

• Hobart

HISTOIRE DE L'AUSTRALIE

L'Australie est une jeune nation sur une terre très ancienne que les Aborigènes furent seuls à parcourir pendant des milliers d'années. Pour exploiter ses richesses, les premiers colons européens durent affronter une nature difficile. La société qu'ils créèrent resta longtemps très anglo-saxonne avant de se tourner résolument vers l'Asie et le Pacifique.

Le socle rocheux de l'Australie actuelle commença à se former il y quatre milliards et demi d'années et, bien que des couches plus récentes l'aient recouvert depuis, dans les lieux comme la

Armoiries australiennes

région de Pilbara *(p. 320)*, l'érosion a mis à nu des strates vieilles de trois milliards et demi d'années. Il y a 500 millions d'années, l'Australie appartenait, avec l'Amérique du Sud, l'Afrique, l'Inde et l'Antarctique, à un supercontinent appelé Gondwana. En se divisant, il traversa diverses zones climatiques ; l'intérieur désertique du continent fut pendant un temps une mer peu profonde *(p. 18-19)*.

LES PREMIERS IMMIGRANTS

Les premiers hommes à atteindre l'Australie arrivèrent d'Asie par la mer il y a plus de 60 000 ans à une époque où les masses émergées étaient beaucoup plus rapprochées. Ils mirent 25 000 ans à se répandre dans tout le continent et à atteindre la Tasmanie. Ils ne pratiquèrent jamais l'agriculture ni l'élevage et restèrent des chasseurs, des pêcheurs et des cueilleurs. Leurs premiers outils étaient des plus rudimentaires, souvent de simples

éclats de roche à peine retouchés. Cependant, vers 8000 av. J.-C., les Aborigènes avaient inventé le boomerang capable de revenir vers son lanceur *(p. 26)* et, probablement, les premières pointes denticulées du monde.

Malgré l'apparente simplicité d'un mode de vie resté à l'âge de pierre, les Aborigènes vivaient dans une société complexe basée sur un réseau de clans, pour la plupart nomades, qui comptaient de 50 à 100 membres étroitement apparentés. Il n'existait aucun système formel de gouvernement mais chaque groupe obéissait à des règles et des coutumes strictes sous la direction des hommes les plus respectés, généralement des anciens. La pluralité des cultures aborigènes, 200 langues et environ 800 dialectes, s'appuie sur une tradition homogène qui fait remonter les règles de la société à l'époque de la création du monde, le Dream Time, ou Temps du Rêve *(p. 26-29)*. Des fouilles au Lake Mungo ont permis de découvrir les traces de rites funéraires très anciens, y compris ce qui apparaît

CHRONOLOGIE

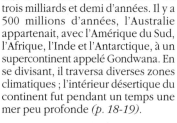

Diprotodon, 20000 av. J.-C

60000 av. J.-C.	50000	40000 av. J.-C.	30000	20000 av. J.-C.	10000

43000-38000 av. J.-C. Les outils trouvés dans une tombe près de la Nepean River sont l'une des premières preuves datées d'occupation humaine de l'Australie

35000 av. J.-C. Les Aborigènes atteignent la Tasmanie

13000 Fin de l'ère glaciaire

170-60 000 av. J.-C. Des Aborigènes atteignent sans doute l'Australie

42000 av. J.-C. Gravures aborigènes d'Olary, Australie-Méridionale

25000 av. J.-C. La crémation d'une femme au Lake Mungo est la plus ancienne crémation connue

20000 av. J.-C. Des hommes habitent les Blue Mountains malgré l'ère glaciaire. Le plus grand des marsupiaux, le diprotodon, existe encore

◁ **Desmond, *A New South Wales Chief*** (vers 1825) par Augustus Earle

**Estampe d'un « Antipode »
(1493)**

comme la plus vieille crémation du monde, pratiquée il y 25 000 ans *(p. 173).*

LES THÉORIES D'UNE TERRE DES ANTIPODES

En Europe, on supposait dès l'Antiquité l'existence d'un continent inconnu au sud de l'équateur. Au Ve siècle av. J.-C., 2 000 ans avant la découverte de l'Australie par des Occidentaux, le mathématicien grec Pythagore avança qu'il devait exister des terres australes pour équilibrer celles de l'hémisphère Nord. Vers 150 apr. J.-C., le géographe Ptolémée d'Alexandrie poussa cette spéculation jusqu'à dessiner une carte où figurait un continent entourant l'océan Atlantique et l'océan Indien. La légende alla jusqu'à peupler cette terre des antipodes, située à l'opposé de nos pieds, d'hommes pourvus de pieds à l'envers.

L'Église elle-même n'échappa pas à la polémique. Saint Augustin (354-430) affirma catégoriquement que l'hémisphère Sud ne contenait aucune terre et que tout avis contraire était hérétique. Six siècles plus tard, cependant, en 1086, l'*Osma Beatus,* une série de cartes illustrant le travail du moine Beatus, représentait sous l'équateur une hypothétique contrée peuplée.

Il fallut attendre le XVe siècle et le début des grandes explorations européennes pour que ces théories pussent se vérifier. Financés par le prince Henri le Navigateur (1394-1460), les marins portugais franchirent pour la première fois l'équateur en 1470. En 1488, ils contournèrent le cap de Bonne-Espérance, pointe sud de l'Afrique et, en 1502, ils affirmèrent avoir localisé une terre australe lors d'un voyage d'exploration de l'Amérique du Sud. Le navigateur italien Amerigo Vespucci la décrivit comme un paradis empli d'arbres et d'oiseaux colorés, mais il ne s'agissait pas de l'Australie.

En 1519, une nouvelle expédition portugaise commandée par Ferdinand Magellan fut la première à faire le tour du monde. Aucun dessin des terres explorées n'a survécu, mais des cartes ultérieures montrent la Terre de Feu à la pointe d'une terre au sud des Amériques. Mais celle-ci n'apparaît pas sur les cartes de l'Anglais Francis Drake qui fit lui aussi le tour du monde entre 1577 et 1580. D'autres cartes, dessinées en France, à Dieppe, entre 1544 et 1560, représentaient quant à elles un continent, Java la Grande, au sud-est de l'Indonésie.

LA DÉCOUVERTE HOLLANDAISE

Au XVIIe siècle, la puissance portugaise en Asie du Sud-Est commençait à décliner face à celle des Pays-Bas

Première carte connue de l'Australie datant de 1530-1536

CHRONOLOGIE

5000 av. J.-C.	1000 av. J.-C.	1 apr. J.-C.	1000
5000 av. J.-C. Le dingo venu d'Asie du Sud-Est est le premier animal domestiqué qui atteint l'Australie	**500 av. J.-C.** Pythagore spécule sur l'existence de terres australes	**150 apr. J.-C.** Ptolémée pense que la terre australe entoure l'Atlantique et l'océan Indien	**450** Macrobe envisage une terre australe inhabitée dans son commentaire sur *Le Songe de Scipion*
	Gravure sur cuivre d'un dingo	**400** Saint Augustin rejette toute idée d'habitants des antipodes	**1086** Beatus montre sur sa *Mappa mundi* une terre australe habitée par un monstre à un seul pied

Les navires du Hollandais Abel Tasman

qui contrôlaient les Indes orientales (Indonésie). En 1606, Willem Jansz, capitaine du *Duyfken,* longea la péninsule du cap York alors qu'il cherchait la Nouvelle-Guinée qui avait la réputation de regorger d'or. Il trouva cette côte inhospitalière et s'en éloigna rapidement. En 1616, Dirk Hartog, commandant de l'*Eendracht,* dérouté

alors qu'il se dirigeait vers les Indes orientales, accosta une île de l'Australie-Occidentale et y cloua une plaque en étain sur un poteau pour signaler son passage *(p. 318)*. Entre 1642 et 1644, Abel Tasman découvrit l'île qui portera finalement son nom, mais qu'il baptisa d'abord Terre de Van Diemen en l'honneur du gouverneur général des Indes orientales, ainsi que la Nouvelle-Zélande et les côtes nord de l'Australie. Les Hollandais explorèrent la région pendant encore plus d'un siècle mais, malgré l'intérêt géographique de leurs découvertes, ils n'en retirèrent aucun bénéfice économique et ne cherchèrent pas à connaître l'intérieur des terres.

LE PREMIER ANGLAIS

Le premier Anglais qui foula le sol de l'Australie fut le flibustier William Dampier en 1688. Le Britannique ne manifesta pas plus d'enthousiasme pour ce nouveau territoire que ses rivaux hollandais mais relata tout de même son périple en 1697 dans *Le Grand Voyage*. La Couronne lui confia alors le *Roebuck* avec lequel il explora en détail la côte nord-ouest de l'Australie. Son navire coula dans l'Atlantique au cours du retour. William Dampier, rapatrié en 1700, fut condamné pour s'être conduit de façon cruelle envers son équipage.

Portrait de William Dampier

L'ESPAGNOL OUBLIÉ

En 1606, l'année où Willem Jansz posait le pied sur le sol australien, un amiral espagnol, Luis Vaez de Torres, dirigeait une expédition à la recherche de la « Terra Australis » et franchissait le détroit qui sépare l'Australie de la Nouvelle-Guinée et porte aujourd'hui son nom *(p. 266)*. Sa découverte resta toutefois ignorée pendant 150 ans, sans doute parce qu'il mourut peu après avoir envoyé son rapport au roi Philippe III d'Espagne. L'importance de ses cartes fut également négligée, probablement à cause de ce décès prématuré.

Relief en bronze de Luis Vaez de Torres

Sir Francis Drake

Plaque de Hartog

Compas de Dampier

1577-1580 Sir Francis Drake fait le tour du monde mais n'évoque aucune région australe en dessous de l'Amérique du Sud

1688 William Dampier foule le sol australien

| 1200 | 1400 | 1600 |

1300 Marco Polo décrit une terre du Sud que les cartes de la Renaissance ajoutèrent plus tard à l'imaginaire *Terra Australis*

1616 Dirk Hartog, parti d'Amsterdam, débarque sur une île de la côte ouest de l'Australie et laisse une plaque

1756 Dernier voyage en Australie du *Buis* hollandais

La colonisation de l'Australie

Chapeau en palme tressée

Au milieu du XVIIIe siècle, l'Angleterre était la première puissance maritime du globe. Elle envoya en 1768 le capitaine James Cook explorer les mers du Sud à bord de l'*Endeavour*. En 1770, Cook prit possession au nom du roi Georges III de la côte est australienne qu'il baptisa Nouvelle-Galles du Sud. La perte de ses colonies américaines et la surpopulation qui régnait dans ses geôles incitèrent la couronne britannique à fonder une colonie pénitentiaire sur cette nouvelle terre. La Première Flotte constituée de deux vaisseaux de guerre et de neuf bateaux de transport atteignit la Sydney Cove en 1788. Elle débarqua 750 prisonniers, 210 soldats et 40 femmes et enfants.

Capitaine James Cook *(v. 1800)*
Le navigateur anglais dressa les cartes de l'Australie orientale entre 1770 et 1771.

Bateau en construction

Aborigènes représentés près de la colonie blanche.

Prise de possession
En hissant l'Union Jack sur la côte est de l'Australie en 1770, les Anglais revendiquèrent la possession du continent récemment découvert.

Sir Joseph Banks
*Le botaniste Joseph Banks, qui accompagnait Cook sur l'*Endeavour, *proposa Botany Bay comme site de la première implantation.*

UNE VUE DE LA SYDNEY COVE

Ce tableau idyllique dressé par Edward Dayes et gravé par F. Jukes en 1804 montre les Aborigènes vivant en paix à l'intérieur de la jeune colonie fondée à Port Jackson (baie qui fut plus tard rebaptisée Sydney Cove) et où prospèrent les activités industrielles et navales. En réalité, à la fin du XVIIIe siècle, les premiers occupants de l'Australie étaient déjà systématiquement spoliés de leurs terres.

First Fleet Ship (*v. 1787*)
*Cette peinture par Francis Holman
montre trois vues du* Borrowdale, *l'un des
trois ravitailleurs de la Première Flotte.*

Scrimshaw
*Pour occuper le
temps des longues
traversées, les
matelots
gravaient os ou
ivoire.*

Les édifices
étaient construits
de façon hâtive.

Logement de forçats

Maison du gouverneur Phillip, Sydney
*Cette maison coloniale au jardin à la
française abrita le premier gouvernement
d'Australie.*

**Caserne du Rum
Corps**

Prison flottante
*De vieux navires hors d'usage servirent
à emprisonner des forçats jusqu'au
milieu du XIXᵉ siècle.*

CHRONOLOGIE

1768 James Cook part
d'Angleterre pour
Tahiti sur l'*Endeavour*

1775 Grave
surpopulation dans
les geôles anglaises

Bennelong

1788 L'Aborigène Bennelong
est retenu pendant cinq mois puis
envoyé en Angleterre pour
rencontrer le roi George III

1770	1780	1790

1770 Cook débarque
sur la côte est de l'Australie
et en prend possession
pour l'Angleterre

1779 Le botaniste
Joseph Banks conseille
Botany Bay pour une
colonie pénitentiaire

*Mouton
mérinos*

1797 John Macarthur
introduit le mouton
mérinos du cap de
Bonne-Espérance
(*p. 123*)

L'EXPLORATION DE LA CÔTE

Une fois la survie de la première colonie assurée, et après que des immigrants libres l'eurent rejointe, le gouvernement et les pionniers se lancèrent dans l'exploration de ce vaste continent inconnu. Le littoral offrait l'accès le plus facile et, entre 1798 et 1799, l'enseigne de vaisseau Matthew Flinders et le chirurgien George Bass dressèrent la carte de la majeure partie de la côte australienne au sud de Sydney. Ils firent aussi le tour de la Tasmanie appelée à l'époque Terre de Van Diemen (*p. 45*). En 1801, Flinders, à qui l'on confia le commandement du sloop *Investigator,* reconnut tout le littoral australien, devenant le premier homme à faire le tour complet du continent.

John Batman parlant avec des Aborigènes

L'EXPLORATION DE L'INTÉRIEUR

L'intérieur du pays s'ouvrit à la colonisation en 1813 quand George Blaxland, William Wentworth et William Lawson réussirent à trouver un passage à travers les Blue Mountains (*p. 162-165*). En 1824, les explorateurs Hamilton Hume et William Hovell rejoignirent par voie de terre le site de l'actuelle Melbourne alors baptisée Port Phillip Bay.

Entre 1828 et 1830, Charles Sturt, un ancien secrétaire du gouverneur de l'État, conduisit deux expéditions le long du réseau fluvial australien. La première lui permit de découvrir la Darling River. Au cours de la seconde, il longea la Murray River et atteignit l'océan en Australie-Méridionale. Les épreuves endurées par Sturt fragilisèrent sa santé pour le reste de sa vie.

L'expédition de Sturt attaquée par des Aborigènes sur la Murray River

NOUVELLES COLONIES

Tout au long du XIXe siècle, de nouvelles communautés s'implantèrent d'un bout à l'autre du continent. Colonisée à partir de 1804, la Tasmanie obtint son autonomie en 1825. En 1829, l'Australie-Occidentale connut une première existence légale avec la fondation de Perth. Les colons libres, à l'origine de sa création, acceptèrent bientôt l'envoi de bagnards.

En 1835, un fermier tasmanien, John Batman, signa un contrat avec des Aborigènes locaux qui lui permit d'aquérir 250 000 ha de terre en bordure de Port Phillip Bay (*p. 373*) où il fonda Melbourne. La colonie fut reconnue en 1837, l'État du Victoria fut établi en 1851, au début de la ruée vers l'or qui allait lui donner sa prospérité (*p. 50-51*). Le Queensland se sépara de la Nouvelle-Galles du Sud en 1859.

Reconnue en 1836, l'Australie-Méridionale était la seule colonie à se

1798-1799 Matthew Finders et George Bass font le tour de la Tasmanie	1808 Le major Johnston dirige la Rum Rebellion	1825 La Terre de Van Diemen (future Tasmanie) devient autonome	1840-1841 Edward John Eyre est le premier Européen à traverser la Nullarbor Plain

E.J. Eyre

1800	1810	1820	1830	1840

1801-1803 Finders fait le tour de l'Australie	1804 Fondation de Hobart			1833 Ouverture du pénitencier de Port Arthur. Il ne fermera qu'en 1877

1813 Premières monnaies : le *boley dollar* et le *dump*

Holey dollar *et* dump *tirés de pièces espagnoles*

1829 L'Australie-Occidentale est colonisée grâce au travail des bagnards

Maison coloniale typique de Hobart, en Tasmanie, en 1856

passer de forçats car, selon une théorie formulée par des réformateurs anglais, elle finançait les aménagements publics et le transport de travailleurs libres par des ventes de terrain. Elle devint un asile pour des dissidents religieux, tradition qui perdure aujourd'hui.

LA TRAVERSÉE DU CONTINENT

En 1840, un éleveur de moutons arrivé d'Angleterre en 1833, Edward John Eyre, fut le premier Européen à rejoindre l'Australie-Occidentale depuis Adélaïde en passant par la Nullarbor Plain. En 1859, le gouvernement de l'Australie-Méridionale offrit une récompense à celui qui réussirait l'exploit de traverser le continent du sud au nord. Une expédition d'une vingtaine d'hommes et de dromadaires, conduite par un policier, Robert O'Hara Burke, et un géomètre, William Wills, partit de Melbourne en 1860. L'équipe installa un camp de base à Cooper Creek, dans le Queensland, d'où Burke, Wills et deux compagnons partirent en direction du golfe de Carpentarie. Ils s'épuisè-

LA RÉVOLTE DU RHUM

En 1808, les militaires, sous le commandement du major George Johnston et de John Macarthur *(p. 123),* déposèrent le gouverneur William Bligh (1754-1817), déjà victime d'une mutinerie en 1789 en tant que capitaine du *Bounty,* et s'emparèrent du pouvoir pour garder le contrôle de la contrebande du rhum. Les soldats restèrent à la tête de la colonie 23 mois jusqu'à l'arrivée d'Angleterre d'un régiment dirigé par le gouverneur Lachlan Macquarie.

William Bligh

rent dans des marécages, perdirent un homme et revinrent avec tellement de retard au campement que le reste de leur troupe l'avait quitté quelques heures auparavant. Burke et Wills moururent de faim et d'épuisement. Finalement, John McDouall Stuart fut le premier à réussir la traversée sud-nord en 1862 mais il revint à Adélaïde diminué par le scorbut et presque aveugle.

Le retour de Burke et Wills à Cooper Creek en 1860

La ruée vers l'or des années 1850

**Ornement en
or du XIXᵉ siècle**

En 1851, la découverte d'or près de
Bathurst en Nouvelle-Galles du Sud,
à Ballarat et à Bendigo dans le Victoria
vida presque toutes les villes du pays,
tandis qu'affluaient des immigrants venus
d'Europe et de Chine. Certains de ces
prospecteurs devinrent extrêmement
riches mais d'autres quittèrent les régions
aurifères les mains vides. L'Australie, à la fin du siècle,
était devenue un pays prospère aux villes ornées
d'élégants édifices, dont certains furent construits par
les dernières vagues de forçats. Mais malgré l'or
découvert vers 1890 en Australie-
Occidentale, le pays connut à la fin du
siècle une période de récession
économique causée par l'écroulement du
cours de la laine et une grave sécheresse.

Edward Hargraves,
*Hargraves devint célèbre en
1851 en découvrant de l'or
à Bathurst.*

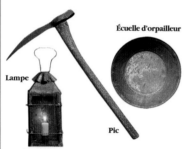

Écuelle d'orpailleur

Lampe

Pic

Outils de prospecteur
*L'extraction de l'or était au début un
travail ingrat et dur qui nécessitait trois
ustensiles : un pic pour dégager le
minerai, une écuelle pour le filtrer par
décantation et une lampe pour percer
l'obscurité.*

À LA RECHERCHE DE L'OR
Australian Gold Diggings (1855) d'Edwin
Stocqueler montre les diverses méthodes
d'extraction de l'or et le dur travail fourni
par des milliers de prospecteurs. Ces
hommes et leurs familles, venus du monde
entier à la recherche d'or, firent du Victoria
une région prospère. Les modestes villages
de tentes du début se transformèrent en de
véritables villes au sein de contrées
désertiques.

Eureka Stockade
*En 1854, des mineurs se révoltèrent
contre le prix trop élevé des licences
de prospection et élevèrent une barricade
à la sortie de la ville de Ballarat* (p. 424).

Might versus Right *(v. 1861)*
Ce tableau de S.T. Gill intitulé La Force
contre le droit *a pour sujet les émeutes
qui éclatèrent en 1861 sur les champs
aurifères de Lambing Flag en Nouvelle-
Galles du Sud. Des chercheurs d'or
chinois furent victimes des violences
racistes de colons européens.*

Des villages de tentes
couvrirent le Victoria vers 1850.

L'orpaillage était la
méthode d'extraction
la plus populaire.

Prospérité à Bendigo
*Williamson Street, à Bendigo
(p. 422), doit son élégance aux
fortunes bâties grâce à l'extraction
de l'or dans le Victoria.*

**Médaille de
mineurs chinois**
*Le racisme envers
les mineurs
chinois s'atténua et
ils offrirent cette
médaille au
district de
Braidwood
(Victoria) en 1881.*

Chapeaux et épais
pantalons protégeaient les
mineurs du soleil.

Le débourbeur était une
gouttière garnie de barres de
bois qui retenaient l'or.

**Chercheurs d'or à dos
de dromadaire**
*Alors que les filons s'épuisaient au
Victoria vers 1890, la découverte d'or
en Australie-Occidentale incita des
mineurs à traverser le continent.*

Mouchoir célébrant la Fédération australienne

PREMIERS PAS FÉDÉRAUX

Après les années de dépression de la fin du XIXe siècle, l'Australie aborda le XXe siècle sur une note optimiste : ses six colonies se fédérèrent en une seule nation le 1er janvier 1901. Cette union se fit autour d'une idée forte : l'Australie doit rester « européenne » et étroitement liée à la Grande-Bretagne. L'un des premiers actes de son parlement fut de promulguer l'Immigration Restriction Bill (loi de restriction de l'immigration), fondement d'une politique qui resta longtemps en vigueur : la « politique de l'Australie blanche ».

Affiche électorale du Labor Party

Tout candidat à l'immigration devait passer une épreuve de dictée dans une langue européenne et ceux que l'on désirait écarter étaient interrogés dans des idiomes peu usités comme le gaélique. Neuf gouvernements dirigés par cinq Premiers ministres différents se succédèrent entre 1901 et 1910 car les trois principales formations politiques, les Protectionnists, les Free Traders et le Labor Party, ne parvinrent pas à conserver une majorité. À partir de 1910, les électeurs purent choisir entre un parti conservateur (Liberal) et un parti travailliste (Labor) à qui ils confièrent alternativement le pouvoir.

Invitation à s'engager

PREMIÈRE GUERRE MONDIALE

L'entrée en guerre du Royaume-Uni en 1914, entraîna à sa suite l'Australie qui voulut défendre la « mère patrie ». Le pays paya très cher sa fidélité. Sur 331 781 hommes engagés, tous volontaires (un référendum repoussa un projet de conscription en 1916), 64 % périrent ou furent blessés. Dans tout le pays, des monuments aux morts, du plus simple au plus imposant, tel l'Australian War Memorial de Canberra *(p. 192-193),* rendent depuis hommage à leur sacrifice. Celui-ci joua un rôle fondateur dans la construction de l'identité australienne et, plus que l'Australia Day, c'est l'Anzac Day qui est considéré comme la véritable fête nationale. L'Anzac Day commémore le débarquement de l'Australian and New Zealand Army Corps sur la presqu'île

CHRONOLOGIE

1900	1905	1910	1915	1920

1901 Création du Commonwealth of Australia. Le vote de l'Immigration Restriction Bill légalise la « politique de l'Australie blanche »

Drapeau australien

1919 Le mouvement du « Grand Frère » permet l'accueil d'immigrants adolescents

1921 Edith Cowan est la première femme député du pays

1902 Droit de vote des femmes

1912 Walter Burley Griffin est choisi pour concevoir Canberra *(p. 183)*

1920 Création de Qantas, compagnie aérienne encore locale

1914-1918 Première Guerre mondiale

Logo de Qantas

turque de Gallipoli le 25 avril 1915. La tentative de prendre le contrôle du détroit des Dardanelles échoua mais les soldats australiens, qui se montrèrent héroïques, combattaient pour la première fois sous leurs propres couleurs.

L'ENTRE-DEUX-GUERRES

L'Australie connut après la guerre une période de grand dynamisme nourri par l'arrivée de quelque 300 000 immigrants. La société Qantas (Queensland and Northern Territory Aerial Service Ltd) fut créée en 1920. Le premier vol intercontinental de la future compagnie aérienne internationale eut lieu en 1943. L'année 1923 marqua le début de la construction du Sydney Harbour Bridge (p. 76-77). En 1925, le pays comptait déjà six millions d'habitants.

La Grande Dépression mit un terme à cet élan. Les cours du blé et de la laine, principales ressources à l'exportation, s'effondrèrent et, en 1931, le chômage touchait un tiers de la population. Des gens dormaient dans des tentes dressées dans les jardins

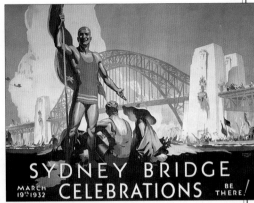
Inauguration du Sydney Harbour Bridge

publics et des *swagmen* (vagabonds) prenaient la route pour chercher du travail hors des villes. La reprise commença à se faire sentir dès 1933 mais la population, à la veille d'une nouvelle guerre, n'eut guère le temps d'en profiter.

SECONDE GUERRE MONDIALE

Au départ, les Australiens participèrent à la Seconde Guerre mondiale pour défendre à nouveau la liberté et la « mère patrie » britannique mais l'enjeu changea soudain quand les Japonais entrèrent dans le conflit. L'Australie connut le premier acte de guerre sur son propre territoire quand les Japonais bombardèrent en 1942 Darwin, Broome et Townsville. Elle vota la conscription et décida alors de conserver toutes ses forces pour se défendre et arrêter les Japonais qui progressaient vers Port Moresby en Nouvelle-Guinée. Le pays refusa aussi d'envoyer de nouveaux renforts à la Grande-Bretagne. Cette implication de l'Australie dans le Pacifique marqua un profond changement de la politique étrangère du pays.

Swagmen (vagabonds) pendant la Grande Dépression

Pot de Vegemite

| 1923 Premiers pots de Vegemite | 1932 Ouverture du Sydney Harbour Bridge | 1933 L'Australie-Occidentale vote la sécession du Royaume-Uni. Refus du Parlement | 1939-1945 Seconde Guerre mondiale |
| | | | 1941 Inauguration de l'Australian War Memorial à Canberra |

| 1925 | 1930 | 1935 | 1940 | 1945 |

| 1927 Première réunion du Parlement à Canberra dans un édifice temporaire | 1929 La Grande Dépression frappe l'Australie | | 1948 La Holden est la première voiture entièrement fabriquée en Australie |
| 1928 Début des Royal Flying Doctors | | *Première voiture australienne* |

L'Australie s'allia en effet aux États-Unis pour repousser les Japonais et accueillit sur son territoire environ 250 000 soldats américains pendant le conflit. Cette alliance conduisit en 1951 au premier traité de défense signé par l'ancienne colonie britannique, l'ANZUS, conclu entre l'Australie, la Nouvelle-Zélande et les États-Unis. À la fin de la guerre, près d'un million d'Australiens, sur une population de sept millions d'habitants, avaient combattu, 34 000 étaient morts et 180 000 avaient été blessés.

Affiche de promotion du tourisme en Australie dans les années cinquante

l'Italie et la Grèce. L'Australie, qui vivait une époque de reconstruction, avait besoin de matières premières. Les immigrants stimulèrent l'économie de leur nation d'accueil et lui donnèrent un esprit plus ouvert. Le statut de « résident permanent » permit à des non-Européens de demander la citoyenneté dès 1956. Cependant, en 1966, quinze ans de résidence étaient encore nécessaires aux non-Européens pour l'obtenir contre cinq aux Européens.

L'IMMIGRATION D'APRÈS-GUERRE

La Seconde Guerre mondiale avait fait prendre conscience à l'Australie de sa vulnérabilité, aussi le pays lança-t-il un vaste programme d'immigration sur le thème « peupler ou périr » et accueillit près de deux millions de nouveaux arrivants en vingt ans. Ceux-ci étaient européens mais n'étaient pas tous d'origine britannique. En effet, 800 000 personnes arrivèrent de pays comme

Sydney 1967 : premier contact d'immigrants britanniques avec leur nouveau pays

L'ÈRE MENZIES

Entre 1949 et 1966, le Premier ministre conservateur Robert Menzies remporta huit élections consécutives. L'aug-

LE MABO RULING

En 1982, Edward Koiki (Eddie) Mabo, un insulaire du détroit de Torres, attaqua l'État du Queensland en revendiquant pour son peuple un droit sur sa terre. La Haute Cour de justice prit un arrêt,

Edward Koiki Mabo

dit le *Mabo ruling*, qui reconnaissait aux communautés aborigènes le droit de réclamer la propriété d'un territoire sur lequel elles avaient maintenu une présence traditionnelle. Cette décision annulait le concept de *terra nullius* (l'Australie n'appartenait à personne à l'arrivée des Européens), fondement de la jurisprudence depuis deux siècles.

CHRONOLOGIE

1955 Troupes australiennes en Malaisie

1966-1972 Manifestations contre la guerre du Viêt-nam

1958 La dictée n'est plus imposée aux immigrants

1967 Un référendum donne la citoyenneté aux Aborigènes

1973 Ouverture de l'opéra de Sydney (p. 80-81)

Sydney Opera House

| 1955 | 1960 | 1965 | 1970 | 1975 |

1956 Jeux olympiques de Melbourne

1965 Des appelés australiens sont envoyés au Viêt-nam

Neville Bonner

1971 Neville Bonner devient le premier député aborigène

1972 Edward Gough Whitlam est le 1er Premier ministre travailliste depuis 1949

1976 *Advance Australia Fair* devient l'hymne national

Manifestations contre la guerre du Viêt-nam lors de la venue de L.B. Johnson

mentation de la population et les exportations de matières premières nourrissaient une croissance élevée. Les Australiens jouissaient d'un haut niveau de vie et aspiraient à la paix pour en profiter. Menzies leur donna la stabilité qu'ils désiraient, mais les entraîna aussi dans trois guerres en Corée (1950), en Malaisie (1955) et au Viêt-nam (1965) où, pour la première fois, l'Australie ne se battit pas aux côtés de la Grande-Bretagne.

AGITATION SOCIALE ET CHANGEMENT
À la fin des années soixante, l'opposition à la conscription et à la guerre du Viêt-nam donna lieu à de grandes manifestations dans les principales villes du pays. Dans le même temps, de plus en plus de voix s'élevèrent pour protester contre le sort des Aborigènes victimes depuis la fin de la guerre d'une politique d'assimilation forcée. En 1967, un référendum leur accorda à une écrasante majorité,

soit 90,8 % des voix, la nationalité australienne. Il donna aussi au gouvernement fédéral le pouvoir de légiférer dans les domaines qui les concernaient, mettant fin aux différences entre États. Les travaillistes dirigés par Edward Gough Whitlam remportèrent les élections en 1972 avec un programme de réformes sociales. Ils abolirent la conscription, instaurèrent la gratuité de l'enseignement universitaire, abaissèrent l'âge du droit de vote de 21 ans à 18 ans et accordèrent quelques droits territoriaux aux Aborigènes. En 1974, la politique d'immigration perdit ses clauses discriminatoires. L'augmentation de l'inflation entretint toutefois des rumeurs de mauvaise gestion économique.

L'AUSTRALIE AUJOURD'HUI
En 1975, le conservateur Malcolm Fraser remporte les élections. Son gouvernement, comme les suivants, s'intéresse plus à l'économie qu'aux enjeux sociaux. Il en résulte un boom économique dans les années 80 suivi d'une récession dans les années 90. Durant cette période l'Australie se tourne vers l'Asie et en 1986 les liens législatifs avec la Grande-Bretagne sont rompus. En 2000, le pays reçoit les Jeux Olympiques d'été, une occasion d'aborder l'avenir avec un grand optimisme.

Les Aborigènes se voient reconnaître leurs droits territoriaux en 1975

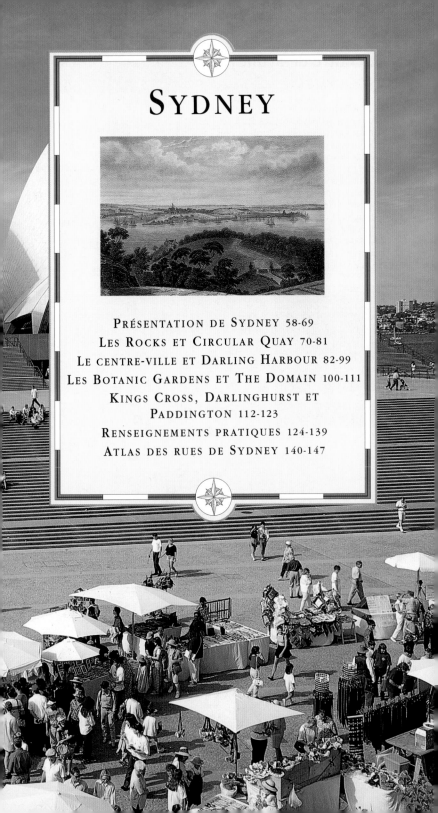

SYDNEY

Le centre de Sydney

Ce guide divise le centre de Sydney
en quatre quartiers qui renferment
les principaux monuments et sites de la
ville. Sur la Sydney Cove, les Rocks et
Circular Quay forment la partie la plus
ancienne du cœur de la cité près du
quartier des affaires. À l'ouest s'étendent
Darling Harbour et son Chinatown.
À l'est des Botanic Gardens et du
Domain qui créent une oasis de verdure
en centre-ville, Kings Cross et
Darlinghurst ont bâti leur réputation sur
l'animation de leurs cafés,
tandis que Darlington
conserve beaucoup de son
charme victorien.

Le Lord Nelson Hotel, *pub
traditionnel des Rocks
(p. 467), ouvrit ses portes en
1834. Il propose ses propres
bières à la pression.*

Légende

▢	Site exceptionnel
▢	Site intéressant
🚈	Gare du CityRail
🚝	Station du monorail
🚟	Station du Sydney Light Rail
🚌	Terminus de bus
🚐	Gare routière
⛴	Embarcadère de ferries
⛴	Embarcadère de JetCat/RiverCat
🚔	Poste de police
🅿	Parc de stationnement
ℹ	Informations touristiques
✚	Hôpital de garde
✝	Église
✡	Synagogue

Le Queen Victoria Building,
*ancienne halle construite vers
1890, fait partie d'un beau
groupe de bâtiments victoriens
du centre (p. 86). Il abrite une
galerie marchande et
conserve beaucoup de ses
traits originaux, y compris
les statues du toit.*

◁ **Les habitants de Sydney profitent du soleil sur les marches du Sydney Opera House**

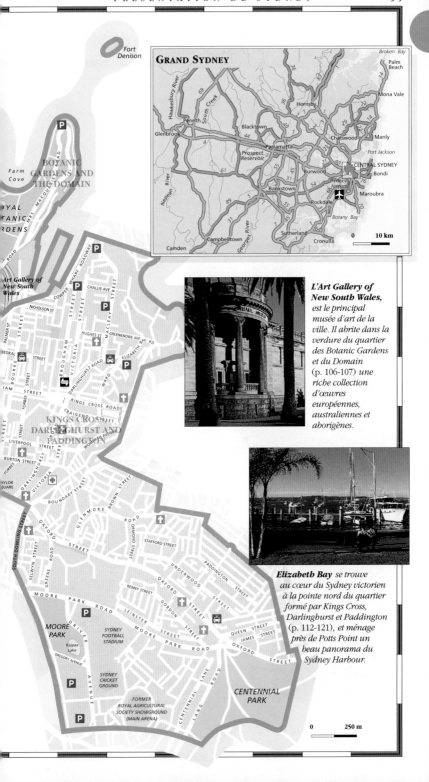

GRAND SYDNEY

Fort Denison

Broken Bay
Palm Beach
Mona Vale
Hawkesbury River
South Creek
Hornsby
Chatswood
Manly
Penrith
Blacktown
Glenbrook
Parramatta
Port Jackson
Prospect Reservoir
CENTRAL SYDNEY
Bondi
Nepean River
Burwood
Sydney Airport
Bankstown
Maroubra
Rockdale
Botany Bay
Georges River
Campbelltown
Sutherland
Cronulla
Camden

0   10 km

BOTANIC GARDENS AND THE DOMAIN

Farm Cove

ROYAL BOTANIC GARDENS

Art Gallery of New South Wales

NICHOLSON ST

KINGS CROSS, DARLINGHURST AND PADDINGTON

BOUNDARY STREET

GLENMORE ROAD

OXFORD STREET

MOORE PARK ROAD

MOORE PARK

Kippax Lake

SYDNEY FOOTBALL STADIUM

SYDNEY CRICKET GROUND

FORMER ROYAL AGRICULTURAL SOCIETY SHOWGROUND (MAIN ARENA)

STAFFORD STREET

UNDERWOOD STREET

PADDINGTON STREET

QUEEN STREET

JAMES STREET

OXFORD STREET

CENTENNIAL PARK

0   250 m

L'Art Gallery of New South Wales, est le principal musée d'art de la ville. Il abrite dans la verdure du quartier des Botanic Gardens et du Domain (p. 106-107) une riche collection d'œuvres européennes, australiennes et aborigènes.

Elizabeth Bay se trouve au cœur du Sydney victorien à la pointe nord du quartier formé par Kings Cross, Darlinghurst et Paddington (p. 112-121), et ménage près de Potts Point un beau panorama du Sydney Harbour.

Les meilleurs musées et galeries de Sydney

Sydney regorge de musées et galeries, dont la
plupart accordent une large place aux modes de
vie, passés et actuels, des habitants de la ville. Des
petits musées permettent de découvrir des maisons
historiques restaurées datant de l'époque coloniale.
Les grandes collections d'art, en revanche, occupent
pour la plupart des édifices imposants et
monumentaux, depuis l'Art Gallery of New South
Wales de style néo-classique

Figurine, Powerhouse Museum

jusqu'au Museum of
Contemporary Art (MCA)
de Circular Quay, qui a
redonné vie à un bâtiment Art déco
datant des années cinquante.

Au Museum of Sydney,
*The Edge of the Trees est
une exposition interactive,
située à côté de l'entrée*
(p. 88).

LES ROCKS ET
CIRCULAR QUAY

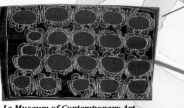

**L'Australian Centre for
Craft and Design,** *installé
dans le* Customs House,
*présente de l'art et du
design australien et
international* (p. 79).

CENTRE-VILLE
ET DARLING
HARBOUR

Le Museum of Contemporary Art
*comprend une excellente section aborigène
avec des œuvres telles que* Mud Crabs *de Tony
Dhanyula Nyoka* (p. 74).

**Le National Maritime
Museum** *propose une
réplique de l'*Endeavour,
*navire sur lequel le
capitaine Cook dressa la
carte de la côte est de
l'Australie en 1770*
(p. 96-97).

**Le Powerhouse
Museum,**
*installé dans une
ancienne centrale
électrique, utilise des
moyens traditionnels et
interactifs pour faire
découvrir les innovations
australiennes en science
et technologie* (p. 98-99).

0   500 m

L'Art Gallery of New South Wales
*possède des aquarelles de l'époque
coloniale, visibles quelques semaines par
an pour être préservées. La collection
australienne comprend aussi des tableaux
récents comme* Australian Beach Pattern
(1940) de Charles Meere (p. 106-109).

L'Elizabeth Bay House
*abrite un élégant mobilier
datant de 1840 environ, époque
où la maison fut brièvement
occupée par le secrétaire colonial
Alexander Macleay*
(p. 116).

BOTANIC
GARDENS ET
THE DOMAIN

KINGS CROSS,
DARLINGHURST
ET
PADDINGTON

Les Hyde Park Barracks, *prison
bâtie par des bagnards, servirent
ensuite à l'accueil d'immigrants.
L'exposition évoque la vie quotidienne
de leurs anciens occupants* (p. 110).

Le Sydney Jewish Museum
*retrace la longue histoire
de la communauté juive
de la ville. Elle est
illustrée entre autres
par des reconstitutions,
ici George Street et ses
commerces en 1848*
(p. 117).

L'Australian Museum, *le plus important
des musées d'histoire naturelle
d'Australie, a pour principale attraction
ses squelettes d'animaux disparus comme
le diprotodon* (p. 90-91).

L'architecture à Sydney

Malgré sa jeunesse, Sydney présente une grande diversité de styles architecturaux, de la simplicité des bâtiments georgiens de Francis Greenway (*p. 161*) jusqu'à l'expressionnisme ambitieux de l'Opera House de Jørn Utzon (*p. 80-81*). Dans la seconde moitié du siècle dernier, les revenus des ruées vers l'or ont permis la construction d'édifices victoriens tels que le Sydney Town Hall. Le style Federation spécifiquement australien s'est ensuite imposé.

Les constructions des bagnards *s'inspiraient, à l'instar du Cadman's Cottage, des maisons anglaises des premiers colons (p. 74).*

Les édifices contemporains *abondent, telle la Governor Phillip Tower qui abrite à sa base le Museum of Sydney (p. 88).*

LES ROCKS ET CIRCULAR QUAY

De style georgien colonial, *St James Church (p. 111), conçue par Peter Greenway, était à l'origine un tribunal.*

L'American Revivalism *utilisa beaucoup vers 1890 les galeries reliant différentes rues. Le Queen Victoria Building en offre un bon exemple (p. 86).*

Victorien, *le Sydney Town Hall renferme un plafond en métal qui résiste mieux aux vibrations d'un orgue qu'un plafond en plâtre.*

CENTRE-VILLE ET DARLING HARBOUR

L'expressionnisme contemporain *a apporté une dimension novatrice à des stades et des musées comme le National Maritime Museum (p. 96-97).*

L'Art déco *marque l'architecture de l'entre-deux-guerres comme le montre l'Anzac Memorial de Hyde Park (p. 89).*

0   500 m

L'expressionnisme moderne
a donné au xxᵉ siècle certains de ses plus
beaux monuments. La construction
du Sydney Opera House de Jørn Utzon
débuta en 1959. Malgré la démission
de l'architecte en 1966, il ouvrit
en 1973 (p. 80-81).

L'Australian Regency, style populaire
vers 1830 fut superbement représenté par
John Verge. La magnifique Elizabeth Bay
House est considérée comme son chef-
d'œuvre (p. 116).

BOTANIC
GARDENS ET
THE DOMAIN

**Les débuts
de l'ère coloniale**
marquent les bâtiments
gouvernementaux, ici les
Hyde Park Barracks (p. 110).

KINGS CROSS,
DARLINGHURST
ET PADDINGTON

L'architecture militaire connut quelques
réussites à l'ère coloniale ; par exemple les
élégantes Victoria Barracks georgiennes qui
furent dessinées par des ingénieurs (p. 120).

**Les styles inspirés de
la Grèce** comme le Greek
Revival ont marqué de
nombreux édifices publics
entre 1820 et 1850.
Le Darlinghurst Court
House (p. 117) en est
un bon exemple.

**Les ferronneries
victoriennes** incorporaient
des éléments en fonte
préfabriqués. Elles parent
notamment les terrasses de
Paddington (p. 118-119),
superbe exemple de ce style
en vogue vers 1880.

Les plus beaux parcs et réserves de Sydney

Des parcs nationaux encerclent presque entièrement le centre-ville, et la ceinture de banlieues formant le Grand Sydney abrite plusieurs réserves naturelles où les paysages restent proches de ce qu'ils étaient avant l'arrivée des Européens. Les parcs urbains qui ont été aménagés font se côtoyer plantes indigènes et exotiques et abritent une faune riche. De nombreux oiseaux, en particulier, ont su s'adapter à

Fleur cotonneuse l'environnement citadin. L'un des intérêts d'un séjour à Sydney est ainsi l'incroyable diversité des oiseaux que l'on peut y voir, depuis de grands rapaces comme le pyrargue et le milan jusqu'à des espèces plus timides telles que le roitelet et la minuscule fringille.

Le Garigal National Park fournit avec sa forêt pluviale et ses ravines un abri aux oiseaux-lyres et aux sucriers.

Le North Arm Walk se couvre en automne de grevilleas et de fleurs cotonneuses.

Le Lane Cove National Park protège une forêt d'eucalyptus, de gommiers rouges et bleus et de xanthorrhées où viennent se percher des perruches.

Au Bicentennial Park situé sur Homebush Bay (p. 139), une mangrove attire de nombreux oiseaux aquatiques, dont le pélican.

Le Hyde Park est situé en bordure du centre-ville (p. 89). Le parc offre un cadre verdoyant propice à la détente au milieu, entre autres, d'iris indigènes. L'ibis, oiseau aquatique, s'y montre souvent.

Le Middle Head et Obelisk Bay conservent des plate-formes d'artillerie et des casemates bâties dans les années 1870 pour protéger Sydney. On aperçoit parfois le dragon d'eau, prenant le soleil sur les rochers.

Le North Head est couvert de landes. Des banksies, des leptospermums et des casuarinas dominent les falaises. Sur le côté à l'abri du vent, la forêt entoure de petites plages abritées.

Au Grotto Point, callistemons, grevilleas et fleurs cotonneuses bordent les sentiers qui serpentent jusqu'au phare.

Le Bradleys Head, où nichent des opossums et où l'on entend fréquemment des volées de loriquets arc-en-ciel, ménage une vue spectaculaire de Sydney.

Le South Head abrite des plantes rares comme la drosera.

Le Nielsen Park abrite des kookaburras rieurs au cri caractéristique.

The Domain est planté de palmiers et de ficus macrophylla. Il reçoit souvent la visite de pies australiennes au plumage noir et blanc (p. 105).

Au Moore Park, les roussettes apprécient les énormes ficus macrophylla.

Le Centennial Park est composé d'espaces dégagés et de bosquets de mélaleucas et d'eucalyptus fréquentés par de très nombreux cacatoès. Des opossums, oiseaux très craintifs, sortent la nuit (p. 121).

0   4 km

De Garden Island à la Farm Cove

Nénuphar des Royal Botanic Gardens

Également appelée Port Jackson, du nom d'un secrétaire de cabinet de l'amirauté britannique, la vaste baie de Sydney occupe une vallée fluviale engloutie. La topologie complexe de ses anses et de ses caps ne permet pas de se repérer facilement, même si l'on connaît bien Sydney. Depuis la toute première colonie qui dépendait pour sa survie de l'approvisionnement envoyé par la Grande-Bretagne, un lien étroit unit la ville à l'océan. Sydney tira un grand profit de ses activités maritimes ; des témoignages de ses périodes de prospérité et de récession sont encore visibles en bord de mer.

Le centre-ville *s'est développé sans plan directeur et des gratte-ciel se dressent au milieu d'édifices victoriens.*

Deux phares du port, *qui compte quelque 350 balises en service, doivent à leur forme de porter le surnom de « gâteaux de mariage ». Ils fonctionnent à l'énergie solaire.*

La caserne de la garnison navale date de 1888.

Garden Island occupe un terrain de 12 ha qui a été gagné sur la mer dans les années quarante.

Faire de la voile *dans le port n'est pas réservé à une élite huppée. Parmi les centaines de milliers de bateaux de plaisance enregistrés, certains peuvent se louer, d'autres embarquent des passagers.*

0   250 m

Mrs Macquaries Chair, *un siège sculpté dans le rocher, se trouve sur Mrs Macquaries Road (p. 104). Les premiers colons cultivèrent ici des légumes jusqu'en 1805.*

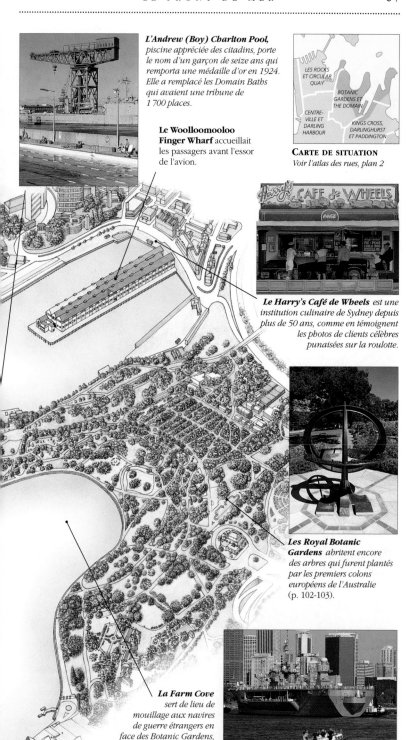

L'Andrew (Boy) Charlton Pool,
*piscine appréciée des citadins, porte
le nom d'un garçon de seize ans qui
remporta une médaille d'or en 1924.
Elle a remplacé les Domain Baths
qui avaient une tribune de
1 700 places.*

**Le Woolloomooloo
Finger Wharf** accueillait
les passagers avant l'essor
de l'avion.

CARTE DE SITUATION
Voir l'atlas des rues, plan 2

*Le **Harry's Café de Wheels** est une
institution culinaire de Sydney depuis
plus de 50 ans, comme en témoignent
les photos de clients célèbres
punaisées sur la roulotte.*

**Les Royal Botanic
Gardens** abritent encore
des arbres qui furent plantés
par les premiers colons
européens de l'Australie
(p. 102-103).

La Farm Cove
*sert de lieu de
mouillage aux navires
de guerre étrangers en
face des Botanic Gardens,
un terrain cultivé depuis
plus de 200 ans.*

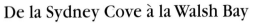

De la Sydney Cove à la Walsh Bay

Selon les estimations, le terrain gagné sur la mer depuis le milieu du XIXᵉ siècle a fait disparaître plus de 70 km de plage et de laisse dans la baie de Sydney. Le simple fait qu'il ne subsiste que huit des treize îles existant en 1788 quand arriva la Première Flotte donne une indication de l'ampleur de ce bouleversement géographique. De l'avis général, l'avenir architectural de la ville repose sur une relation encore plus intime avec son port, son plus grand atout naturel. Les aménagements entrepris depuis les années quatre-vingt près de Circular Quay et de la Walsh Bay ont ouvert le front de mer à un usage public.

Détail d'une balustrade de Circular Quay

Conservatorium of Music

Man O'War Steps (1857)

Le Sydney Opera House
construit dans un site spectaculaire se découpe entre terre et mer comme un paysage visionnaire avec ses toits qui brillent pendant la journée et semblent luire la nuit (p. 80-81).

La Government House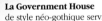
de style néo-gothique servit de résidence aux gouverneurs de l'État jusqu'en 1996.

Les bateaux-promenades qui partent de Circular Quay de jour comme de nuit offrent un moyen incomparable de découvrir la ville et ses voies d'eau.

Le Sydney Harbour Bridge prit le surnom de « poumon d'acier » à sa construction car, en pleine dépression, il fournit, rien que sur le site, du travail à environ 1 400 ouvriers (p. 76-77).

0   250 m

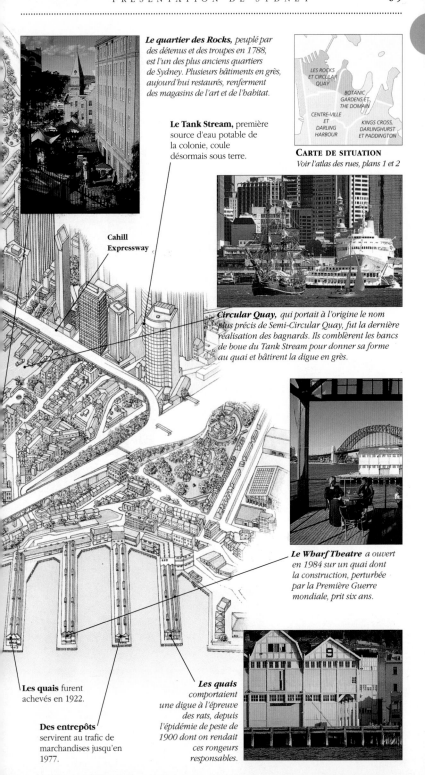

Le quartier des Rocks, peuplé par des détenus et des troupes en 1788, est l'un des plus anciens quartiers de Sydney. Plusieurs bâtiments en grès, aujourd'hui restaurés, renferment des magasins de l'art et de l'habitat.

Le Tank Stream, première source d'eau potable de la colonie, coule désormais sous terre.

CARTE DE SITUATION
Voir l'atlas des rues, plans 1 et 2

LES ROCKS ET CIRCULAR QUAY

BOTANIC GARDENS ET THE DOMAIN

CENTRE-VILLE ET DARLING HARBOUR

KINGS CROSS, DARLINGHURST ET PADDINGTON

Cahill Expressway

Circular Quay, qui portait à l'origine le nom plus précis de Semi-Circular Quay, fut la dernière réalisation des bagnards. Ils comblèrent les bancs de boue du Tank Stream pour donner sa forme au quai et bâtirent la digue en grès.

Le Wharf Theatre a ouvert en 1984 sur un quai dont la construction, perturbée par la Première Guerre mondiale, prit six ans.

Les quais furent achevés en 1922.

Des entrepôts servirent au trafic de marchandises jusqu'en 1977.

Les quais comportaient une digue à l'épreuve des rats, depuis l'épidémie de peste de 1900 dont on rendait ces rongeurs responsables.

LES ROCKS ET CIRCULAR QUAY

On dit souvent que Circular Quay, jadis appelé Semi-Circular Quay, est le « lieu de naissance de l'Australie ». En effet, c'est ici que la Première Flotte débarqua en 1788 sa cargaison de forçats, de soldats et de fonctionnaires pour fonder la colonie anglaise de la Nouvelle-Galles du Sud. Depuis l'époque où les pionniers s'y pressaient à l'arrivée des navires d'approvisionnement, la Sydney Cove reste un lieu de rassemblement populaire les jours de célébrations nationales ou festives. Circular Quay est ainsi un des grands pôles des réjouissances du nouvel an et une foule immense s'y rassembla en 1994 quand Sydney remporta l'organisation des Jeux olympiques de l'an 2000. Le quartier des Rocks offre aux visiteurs un aperçu du Sydney d'antan, mais on est loin de l'époque où la majorité de ses habitants vivaient dans des taudis infestés de rats. Aujourd'hui restaurés et briqués, ses immeubles s'intègrent dans la promenade aérée qui s'étend du Harbour Bridge au spectaculaire Sydney Opera House.

Sculpture de l'AMP Building, Circular Quay

LES ROCKS ET CIRCULAR QUAY D'UN COUP D'ŒIL

Musées et galeries
Justice and Police Museum 15
Les Rocks Toy Museum 5
Museum of Contemporary Art 2
National Trust Centre 11
Sailors' Home 4
Susannah Place 1

Opéra
Sydney Opera House *p. 80-81* 17

Rues et bâtiments historiques
Cadman's Cottage 3
Campbell's Storehouses 6
Customs House 14
Hero of Waterloo 8
Macquarie Place 13
Sydney Harbour Bridge *p. 76-77* 7
Sydney Observatory 10
Writers' Walk 16

Églises
Garrison Church 9
St Philip's Church 12

COMMENT Y ALLER
Bacs et trains s'arrêtent à Circular Quay où passent la plupart des bus de la ville. Le Sydney Explorer et les bus des lignes 431, 432, 433 et 434 desservent les Rocks.

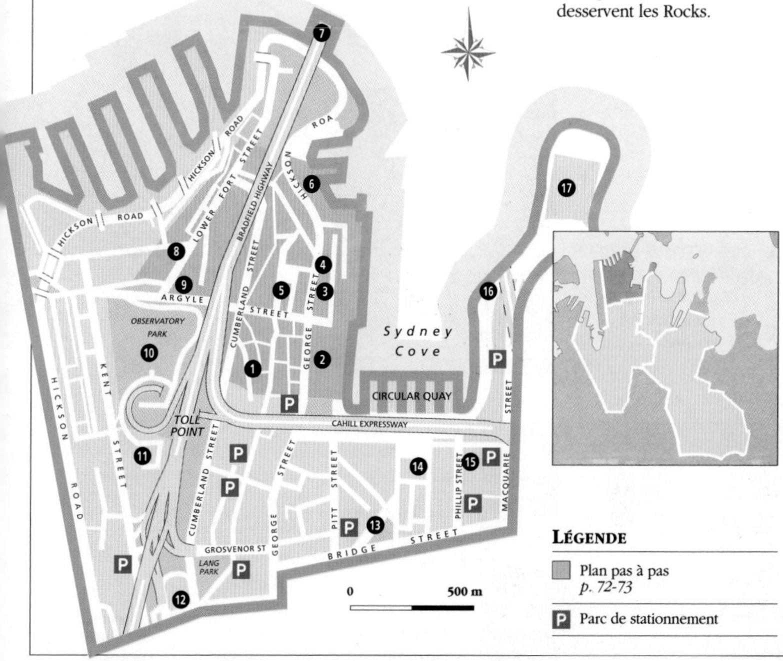

LÉGENDE
Plan pas à pas *p. 72-73*
[P] Parc de stationnement

◁ **Façade blanche du Sailors' Home qui abrite le Sydney Visitors' Centre**

Les Rocks pas à pas

« Berceau de la nation », le quartier des Rocks s'étend sur le promontoire gréseux où les hommes de la Première Flotte érigèrent des abris de fortune sous le commandement du gouverneur Phillip. Les bagnards y construisirent ensuite des bâtiments plus permanents le long de rues grossièrement taillées dans le rocher. L'Argyle Cut demanda dix-huit ans de travaux à partir de 1843. Insalubre au tournant du siècle, le quartier n'eut pas toujours l'aspect soigné que lui a donné sa réhabilitation, au point que la rue appelée Suez Canal portait jadis le nom de Sewer's Canal (canal de l'égout).

Le gouverneur Arthur Phillip

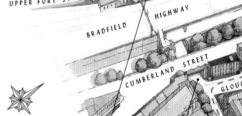

Hero of Waterloo
Sous ce pub historique passe un tunnel qui servait à la contrebande ❽

★ Le Sydney Observatory
À l'emplacement d'un moulin à vent, l'ancien observatoire abrite les premiers instruments astronomiques apportés en Australie ❿

Garrison Church
Les insignes des troupes anglaises stationnées ici jusqu'en 1870 ornent l'« église de la Garnison » ❾

★ Le Museum of Contemporary Art
Derrière une façade des années cinquante, ce musée présente une exposition constamment renouvelée d'art australien et international ❷

Hero of Waterloo

WATSON ROAD

ARGYLE STREET

UPPER FORT STREET

BRADFIELD HIGHWAY

TRINITY AVENUE

LOWER

CUMBERLAND STREET

GLOUCESTER

HARRINGTON STREET

ARGYLE STREET

PLACE

GEORGE STREET

Argyle Cut

Suez Canal

Promenade de Circular Quay West

Le Rocks Market
propose
le week-end des
étals de souvenirs
aux thèmes
australiens, de la
feuille de gommier
au koala *(p. 129)*.

CARTE DE SITUATION
Voir l'atlas des rues, plan 1

Les Rocks Toy Museum
*Une collection
de plus de
10 000 poupées
et jouets exposés
dans une remise
restaurée des
années 1850* ❺

★ **Le Cadman's Cottage**
*Cette caserne désaffectée servit
d'habitation à John Cadman, un
ancien bagnard qui fit fonction
de préfet maritime. Son épouse,
Elizabeth, serait la première
femme à avoir voté en Nouvelle-
Galles du Sud* ❸

0   100 m

LÉGENDE

— — —   Itinéraire conseillé

À NE PAS MANQUER

★ **Cadman's Cottage**

★ **Museum of
Contemporary Art**

★ **Sydney Observatory**

**L'Overseas
Passenger Terminal**
est l'endroit
où accostent des
paquebots de luxe
tels que le *Queen
Elizabeth II*.

Épicerie à l'ancienne, Susannah Place

Susannah Place ❶

58-64 Gloucester St, The Rocks. **Plan** 1 B2. 【 *(02) 9241 1893*. 🚌 *Sydney Explorer, 431, 432, 433, 434*. ⊙ *janv. : 10 h-17 h, t.l.j. ; fév.-déc. : 10 h-17 h, sam. et dim.* ⬤ *ven. saint, 25 déc.* 🏷️ ✅

Cette rangée de *(terrace)* de quatre maisons de brique et de grès bâtie en 1844 resta occupée jusqu'en 1990. Elle abrite désormais un musée consacré aux conditions de vie de ses anciens habitants. L'exposition ne retrace pas une période unique mais décrit les améliorations et rénovations successives apportées aux maisons.

Construites pour Edward et Mary Riley qui arrivèrent d'Irlande avec leur nièce Susannah en 1838, les maisons possèdent des cuisines en sous-sol et des jardins dotés de remises. L'eau courante et le tout-à-l'égout furent probablement installés vers 1855.

Susannah Place échappa aux démolitions qui suivirent l'épidémie de peste de 1900 et à celles qu'entraînèrent la construction du Harbour Bridge *(p. 76-77)* et de la Cahill Expressway. Elle dut ensuite sa sauvegarde à la Builders Labourers' Federation qui s'opposa dans le quartier des Rocks à tout projet immobilier risquant de détruire le patrimoine.

Museum of Contemporary Art ❷

Circular Quay West, The Rocks. **Plan** 1 B2. 【 *(02) 9252 4033*. 🚌 *Sydney Explorer, 431, 432, 433, 434*. ⊙ *10 h-18 h, t.l.j.* ⬤ *25 déc.* ♿ ✅

Quand le collectionneur d'art John Power mourut en 1943, il légua toutes ses œuvres et un capital à l'université de Sydney. En 1991, cette collection s'installa sur Circular Quay West dans un édifice datant des années cinquante, au pseudo-style Art déco. Elle comprenait alors des œuvres d'Andy Warhol, David Hockney, Roy Lichtenstein et Christo. Le musée accueille également des expositions temporaires. Sa boutique vend des cadeaux dessinés par des stylistes australiens.

Cadman's Cottage ❸

110 George St, The Rocks. **Plan** 1 B2. 【 *(02) 9247 8861*. 🚌 *431, 432, 433, 434*. ⊙ *9 h-17 h, t.l.j.* ⬤ *ven. saint, 25 déc.*

Bâtie en 1816 pour héberger les équipages des chaloupes du gouverneur, la plus ancienne demeure de Sydney renferme aujourd'hui le centre de renseignements et la boutique du Sydney Harbour National Park.

Le cottage porte le nom de John Cadman, un *convict* condamné pour vol de chevaux et déporté en 1798. Pilote d'un bateau de transport de bois en 1813, il devint ensuite le patron de la chaloupe du gouverneur. Amnistié, il emménagea en 1827 en tant qu'officier de marine en chef du gouverneur.

Cadman épousa en 1830 Elizabeth Mortimer qui avait été condamnée à sept ans de bagne pour le vol d'une brosse à cheveux. Ils habitèrent le cottage jusqu'en 1846. Celui-ci se dressait alors au bord de l'océan mais le développement du port de Sydney l'a depuis éloigné de l'eau.

Façade d'inspiration Art déco du Museum of Contemporary Art

Sailors' Home ❹

106 George St, The Rocks. **Plan** 1 B2.
📞 *(02) 9255 1788.* 🚌 *Sydney Explorer, 431, 432, 433, 434.*
🕐 *9 h-18 h, t.l.j.* ♿

Le centre d'information touristique, le Sydney Visitors' Centre, occupe depuis 1994 un édifice élevé en 1864 pour proposer aux marins de passage une alternative aux hôtels borgnes et aux maisons de passe du quartier. Résider au Sailors' Home réduisait aussi les risques de tomber entre les griffes des *crimps*, ces escrocs qui attendaient les matelots fraîchement débarqués pour les entraîner dans les bars. Lorsqu'elles dessoûlaient, leurs victimes se réveillaient en pleine mer sur des navires où elles n'avaient jamais songé à s'enrôler.

Le Sailors' Home perdit sa fonction de foyer en 1980, mais la reconstitution d'une alcôve du XIXᵉ siècle au deuxième étage donne un aperçu des conditions de vie spartiates des gens de mer.

Les Rocks Toy Museum ❺

2-6 Kendall Lane, The Rocks.
Plan 1 B2. 📞 *9251 9793.* 🚌 *Sydney Explorer, 431, 432, 433, 434.*
🕐 *10 h-18 h, t.l.j.* 🏛

Ce musée, logé dans une remise restaurée des années 1850, est la maison de plus de 10 000 jouets datant des XIXᵉ et XXᵉ siècles. Cette collection a été réunie par un passionné local, Ken Hinds, qui continue à y rajouter de nouvelles trouvailles, modernes comme anciennes.

Parmi les bonheurs, des trains électriques qui occupent deux étages où on remarque un modèle Bing, des années 20, très détaillé. À l'étage supérieur se trouve des poupées rares et inhabituelles d'Australie, réunies par le Doll Collectors Club de la Nouvelle-Galles du Sud. Quelques unes sont en porcelaine, d'autres en papier mâché, en celluloïd ou encore en bois et en tissus.

Terrasses de restaurants aux Campbell's Storehouses

Campbell's Storehouses ❻

7-27 Circular Quay West, The Rocks.
Plan 1 B2. 🚌 *Sydney Explorer, 431, 432, 433, 434.* ♿

Personnage influent d'origine écossaise, Robert Campbell fut le seul négociant qui réussit au début de la colonisation australienne à déjouer le monopole détenu par la Compagnie des Indes orientales britannique. Il acquit en 1799 un terrain en bordure de la Sydney Cove et commença en 1802 la construction d'un quai privé et d'entrepôts pour stocker le thé, le sucre et les boissons alcoolisées qu'il importait des Indes. L'édification des cinq premiers magasins s'étala de 1839 à 1844, celle des sept suivants de 1854 à 1861. L'ensemble des constructions ne fut achevé qu'en 1890.

Une partie de la vieille digue et onze des entrepôts ont survécu au temps et à la décrépitude dans laquelle tomba le quartier du début du XXᵉ siècle avant d'être rénové par la Sydney Cove Redevelopment Authority dans les années soixante-dix. Les bâtiments, qui conservent près du toit les poulies servant à hisser les marchandises, abritent aujourd'hui des petites galeries d'art et des restaurants variés, cuisine australienne contemporaine, spécialités chinoises ou italiennes, entre autres.

Les panoramas que ménagent leurs terrasses du Sydney Opera House *(p. 80-81)* et du Sydney Harbour Bridge *(p. 76-77)* sont aussi populaires auprès des hommes d'affaires locaux que des touristes.

Sydney Harbour Bridge ❼

Voir p.76-77.

Le Hero of Waterloo, pub de 1844

Hero of Waterloo ❽

81 Lower Fort St, Millers Point. **Plan** 1 A2. 📞 *(02) 9252 4553.* 🚌 *431, 432, 433, 434.* 🕐 *10 h-23 h, lun-sam., 10 h-22 h, dim.* ⬤ *25 déc.* ♿

Des feux de cheminée rendent ce vieux pub pittoresque (1844) particulièrement accueillant en hiver.

Débit de boissons apprécié des soldats de la garnison voisine, le Hero of Waterloo aurait aussi servi a enrôler de force des matelots. Les clients trop éméchés passaient à la trappe dans les caves reliées par des tunnels aux quais où les attendaient les navires en mal d'équipage.

Le Sydney Harbour Bridge ❼

Achevé en 1932, et financé avec des crédits dont le remboursement dura jusqu'en 1988, le Sydney Harbour Bridge occupe une place particulière dans le cœur des habitants de Sydney. Véritable exploit technique, il a de plus fourni de nombreux emplois en période de dépression économique. Avant son ouverture, il fallait soit emprunter des bacs, soit faire 20 km de route et franchir cinq ponts pour aller du centre-ville, au sud du port, jusqu'aux quartiers résidentiels du Nord. Sa construction, y compris la voie ferrée, dura huit ans. Son arche unique, qui fut fabriquée par morceaux sur le site de l'actuel Luna Park, vaut à l'ouvrage d'art le surnom affectueux de « Cintre ».

Ciseaux de cérémonie

Inauguration en 1932
Un royaliste fervent, Francis de Groot, se précipita pour couper le ruban au nom, affirma-t-il, du roi et de l'empire.

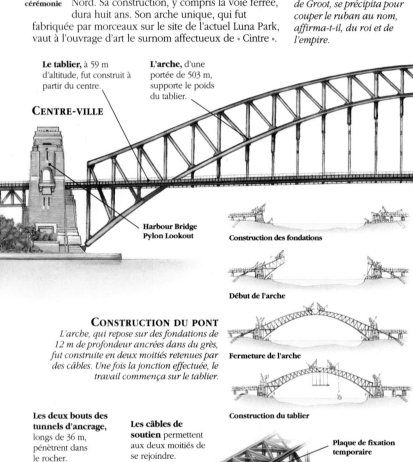

Le tablier, à 59 m d'altitude, fut construit à partir du centre.

L'arche, d'une portée de 503 m, supporte le poids du tablier.

CENTRE-VILLE

Harbour Bridge Pylon Lookout

Construction des fondations

Début de l'arche

CONSTRUCTION DU PONT
L'arche, qui repose sur des fondations de 12 m de profondeur ancrées dans du grès, fut construite en deux moitiés retenues par des câbles. Une fois la jonction effectuée, le travail commença sur le tablier.

Fermeture de l'arche

Construction du tablier

Les deux bouts des tunnels d'ancrage, longs de 36 m, pénètrent dans le rocher.

Les câbles de soutien permettent aux deux moitiés de se rejoindre.

Plaque de fixation temporaire

Conception du pont
L'arche supporte le tablier et, à chacune de ses extrémités, des charnières transmettent le poids du pont aux fondations. Ces charnières absorbent les mouvements dus au vent ou aux variations de température.

The Bridge in Curve (1930)
Le pont a inspiré de nombreux artistes, ici Grace Cossington Smith.

Plus de 150 000 véhicules traversent le pont chaque jour, quinze fois plus qu'en 1932.

Ouvriers
1 400 personnes travaillèrent à la construction du pont, qui coûta la vie à seize d'entre elles.

RIVE NORD

Entretien
« Peindre le pont » désigne, à Sydney, une tâche sans fin. Il faut 30 000 l de peinture pour chaque couche, assez pour recouvrir l'équivalent de 60 terrains de football.

Des poutres verticales soutiennent les traverses qui portent le tablier.

Péage
Le péage qui aida à rembourser les emprunts sert maintenant à financer l'entretien du pont et les travaux du Sydney Harbour Tunnel ouvert en 1992.

LE PÈRE DU PONT

L'ingénieur John Bradfield supervisa pendant plus de vingt ans tous les aspects de la conception et de la construction du pont. La route qui emprunte le pont porte son nom en son honneur. La photo montre ici John Bradfield serrant la main du conducteur du premier train à franchir l'ouvrage d'art.

DRAPEAU SUR BANCS DE SABLE

Sur Loftus Street, près de la Customs House, un mât porte le drapeau britannique, l'Union Jack. C'est ici que, le 26 janvier 1788, date que célèbre l'Australia Day *(p. 39)*, le capitaine Arthur Phillip dirigea la cérémonie de salut au drapeau qui marquait officiellement la fondation de la colonie. Le mât se dressait alors sur le rivage de la Sydney Cove, le terrain gagné sur la mer au fil du développement de Sydney le sépare aujourd'hui du bord de l'eau.

The Founding of Australia par Algernon Talmage

Garrison Church ❾

Angle d'Argyle St et Lower Fort St, Millers Point. **Plan** 1 A2. 🛈 *(02) 9247 2664.* 🚌 *431, 433.* ⏰ *9 h-18 h, t.l.j.* ♿

Officiellement consacré à la sainte Trinité, ce sanctuaire devint la première église militaire de la colonie, ce qui lui valut d'être appelé « église de la Garnison ».

Henry Ginn dessina l'édifice, commencé en 1840 et agrandi en 1855 de manière qu'il puisse accueillir 600 personnes.

À l'intérieur, vous remarquerez le vitrail de la fenêtre est, la chaire sculptée en cèdre rouge et les insignes de régiments qui décorent les murs. Un musée expose des objets militaires et historiques.

Fenêtre est de la Garrison Church

Sydney Observatory ❿

Watson Rd, Observatory Hill, The Rocks. **Plan** 1 A2. 🛈 *(02) 9217 0485.* 🚌 *Sydney Explorer, 343, 431, arrêt 22.* ⏰ *10 h-17 h, t.l.j.* **Observations nocturnes** ⏰ *20 h 30, t.l.j. (réserver).* ● *25 déc.* 📷 ♿ 🎫

Après avoir servi de centre d'étude et de recherche pendant 125 ans, l'observatoire de Sydney devint en 1982 un musée d'astronomie où expositions interactives et jeux permettent aux visiteurs d'approfondir leur culture scientifique.

Il propose aussi des séances d'observation nocturne (réservation obligatoire).

À l'origine, au milieu du XIXᵉ siècle, l'édifice portait à son sommet une balle qui signalait chaque jour l'heure exacte en tombant à 13 h, tandis qu'était tiré un coup de canon du Fort Denison *(p. 104)*. La tradition du coup de canon a d'ailleurs été maintenue.

L'observatoire de Sydney acquit vers 1880 une réputation internationale en prenant certaines des premières photos du ciel de l'hémisphère Sud. De 1890 à 1962, il dressa la carte de quelque 750 000 étoiles, permettant d'élaborer un atlas de la totalité du ciel nocturne.

National Trust Centre ⓫

Observatory Hill, Watson Rd, The Rocks. **Plan** 1 A3. 🛈 *(02) 9258 0123.* 🚌 *Sydney Explorer, 343, 431, 432, 433, 434.* ⏰ *9 h-17 h, lun.-ven.* **Galerie** ⏰ *11 h-17 h, mar.-ven. ; 12 h-17 h, sam. et dim.* ● *certains jours fériés.* ♿

Le siège du National Trust of Australia, organisme national de défense du patrimoine, occupe les bâtiments d'un hôpital militaire édifié en 1815 par le gouverneur Macquarie. Ils abritent des salons de thé, la boutique du National Trust et la SH Ervin Gallery qui

expose les œuvres d'artistes australiens des XIXᵉ et XXᵉ siècle comme Margaret Preston et Conrad Martens.

St Philip's Church ⓬

3 York St (entrée par Jamison St). **Plan** 1 A3. 🛈 *(02) 9247 1071.* 🚌 *Lignes de George St.* ⏰ *9 h-17 h, mar.-ven. (s'inscrire au bureau).* ● *26 janv., 25 avr.* 🎫

Cette église victorienne néo-gothique paraît aujourd'hui écrasée par les bâtiments modernes qui l'entourent. Pourtant, son clocher servait jadis de point de repère dans la ville.

Commencée en 1848 sur des plans d'Edmund Blacket, elle fut achevée en 1856 malgré une interruption en 1851 due à la ruée vers l'or. Le carillon reçu en 1888 pour le centenaire de Sydney appelle toujours les fidèles à l'office.

Grand orgue de l'église néo-gothique St Philip's Church

Macquarie Place ⑬

Plan 1 B3. 🚌 *lignes de Circular Quay.*

L e gouverneur Macquarie
créa ce parc en 1810 sur le
site de l'ancien jardin potager
de la première Government
House. L'obélisque en grès
dessiné par Francis Greenway
(p. 161) et érigé en 1818
marquait le point de départ de
toutes les routes de la colonie.
Les lampes à gaz rappellent
que le premier lampadaire fut
allumé ici en 1826.

Sur la place subsistent aussi
les vestiges d'un canon et de
l'ancre de proue du *Sirius*, le
vaisseau amiral de la Première
Flotte. La statue de Thomas
Mort, un industriel du
XIXᵉ siècle, sert de point de
ralliement aux coursiers à
bicyclette de la ville.

Customs House ⑭

Alfred St, Circular Quay. **Plan** 1 B3.
🔳 *(02) 9247 2285.* 🚌 *lignes de
Circular Quay.* 🔳 **djamu shop**
9 h 30-17 h, t.l.j. **Objects Gallery
and Store** *10 h-17 h, t.l.j.,*
🔳 *ven. saint, 25 déc.* 📷 🖥 ♿

S ur le site
qu'occupait
déjà une douane,
l'architecte colonial
James Barnet érigea
en 1885 ce bâtiment
en grès d'inspiration
classique. Il évoque
l'époque révolue où les
navires de commerce
déchargeaient leurs **Détail de la**
marchandises à Circular Quay. **Customs House**

L'édifice, remarquable par les
hautes colonnes en granit poli
du porche et ses armoiries
sculptées, se dresse près de
l'embouchure du Tank Stream
qui alimentait en eau potable la
jeune colonie. Le cadran
d'horloge orné de tridents et
de dauphins fut ajouté en 1897.
Aujourd'hui on y trouve
l'Australian Centre for Craft
and Design ainsi que des
boutiques, des cafés et une
salle de spectacle. Le City
Exhibition Space fait découvrir
l'architecture de Sydney et ses
projets pour l'avenir. Des livres,
des objets et de l'art des
communautés indigènes sont
proposés dans le djamu Shop.

Photos de criminels au **Justice and
Police Museum**

Justice and Police Museum ⑮

8 Phillip St. **Plan** 1 C3. 🔳 *(02) 9252
1144.* 🚌 *lignes de Circular Quay.*
🔳 *10 h-17 h, sam. et dim.* 🔳 *ven.
saint, 25 déc.* 📷 ♿

I nstallé dans des bâtiments
qui comprennent l'ancien
tribunal de police de la
navigation dessiné par
Edmund Blacket en 1856, le
poste de police de la
navigation (1858) d'Alexander
Dawson et le tribunal de
police (1885) de James
Barnet, le musée de la
Justice et de la Police
fait revivre un passé
turbulent.
Mineurs ou
violents, les délits
commis par la pègre
de Circular Quay
étaient ici promptement
jugés. La salle
d'audience, restaurée,
permet d'imaginer le
formalisme du système
judiciaire de la fin de l'ère
victorienne. Une exposition
réunit les souvenirs macabres
de crimes célèbres tels que
coups-de-poing américains ou
matraques. La salle
d'accusation, la cellule de
détention préventive, des
uniformes de prisonniers et
un diaporama illustrent les
modes de répression de
l'époque. Des expositions
temporaires mettent en relief
certains aspects particuliers
de l'histoire du maintien
de l'ordre.

Writers' Walk ⑯

Circular Quay. **Plan** 1 C2. 🚌 *lignes
de Circular Quay.*

L a « promenade des
Écrivains », où se
succèdent des plaques
scellées à intervalles réguliers
dans le trottoir de Circular
Quay offre l'occasion de lire
en flânant les observations de
célèbres auteurs australiens
sur leur pays natal, ainsi que
les réflexions de quelques
personnalités littéraires
étrangères qui y séjournèrent.

Consacrée à un écrivain
particulier, chaque plaque
porte une citation et une
brève note biographique.
Les Australiens ainsi honorés
comprennent les romanciers
Miles Franklin et Peter Carey,
les poètes Oodgeroo
Noonuccal et Judith Wright
(p. 31), les humoristes Barry
Humphries et Clive James et
l'essayiste féministe Germaine
Greer. Parmi les étrangers qui
séjournèrent à Sydney
figurent Mark Twain, Charles
Darwin et Joseph Conrad.

Promenade sur la Writers' Walk de Circular Quay

Le Sydney Opera House ⑰

Affiche publicitaire

L'opéra de Sydney est un édifice très particulier, connu pour ses coquilles (certains préfèrent y voir des voiles) qui abritent quatre salles de spectacle. La gestation fut longue et compliquée et la construction, commencée en 1959, dura quatorze ans, son architecte, Jørn Utzon, démissionnant en 1966. L'argent récolté par des loteries permit d'achever l'édifice et d'assumer son coût final de 102 millions de dollars australiens. Le centre culturel, parmi les plus actifs du monde, offre une riche programmation d'opéra, de musique, de ballet, de théâtre et de cinéma. Il est aussi devenu l'attraction touristique la plus populaire de Sydney.

★ L'Opera Theatre
*Cette salle de 1 547 places accueille principalement des ballets et des opéras comme l'*Aïda *de Verdi.*

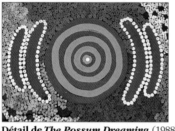

Détail de *The Possum Dreaming* (1988)
Le panneau mural du hall de l'Opera Theatre est de Michael Tjakamarra Nelson, un artiste du désert central.

L'Opera Theatre
possède des murs et un plafond peints en noir.

Promenades de l'opéra
De larges promenades publiques offrent de beaux points de vue autour du bâtiment.

À NE PAS MANQUER

★ Le Concert Hall

★ L'Opera Theatre

★ Les toits

Halls du nord
Le Reception Hall et les grands halls d'entrée de l'Opera Theatre et du Concert Hall ménagent des panoramas spectaculaires et peuvent se louer pour des congrès ou des mariages.

★ Le Concert Hall
La plus grande salle compte 2690 places. Elle accueille des concerts symphoniques, de musique de chambre, de rock et de jazz, des opéras, des ballets et même des défilés de mode.

L'escalier et l'avant-cour sont réservés aux spectacles gratuits.

Bennelong Restaurant
Une coque abrite l'une des meilleures tables de Sydney
(p. 500).

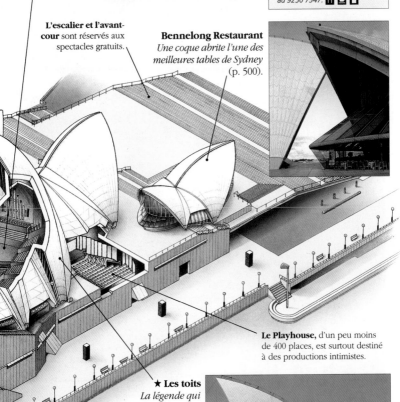

Le Playhouse, d'un peu moins de 400 places, est surtout destiné à des productions intimistes.

★ Les toits
La légende qui affirme que Jørn Utzon pelait une orange quand il imagina ces conques de béton culminant à 67 m est fausse, bien qu'elle soit drôle.

Curtain of the Moon *(1972)*
L'œuvre et son pendant, Curtain of the Sun *de John Coburn, ornaient le Drama Theatre et l'Opera Theatre. Pour les protéger, il a fallu les décrocher.*

Le centre-ville vu depuis le Habourside Shopping Centre

LE CENTRE-VILLE ET DARLING HARBOUR D'UN COUP D'ŒIL

LE CENTRE-VILLE ET DARLING HARBOUR

George Street, la première rue d'Australie, courait à l'origine entre des huttes de branchages et de boue. Après la ruée vers l'or, elle vit se multiplier magasins et banques. Le premier gratte-ciel fut achevé en 1913. Le paisible Hyde Park occupe près du centre-ville l'emplacement d'un ancien champ de courses. Elizabeth Street, la rue qui le borde, regorgeaient à l'époque de tavernes où

**Détail du pavement
St Mary's Cathedral**

les paris allaient bon train.

C'est à Darling Harbour que l'Australie bascula dans l'ère industrielle en 1815 avec l'ouverture d'un moulin à vapeur. Pourtant, ce quartier de docks sombra ensuite dans une désolante décrépitude. Un gigantesque projet de réhabilitation urbaine en a fait dans les années quatre-vingt une espèce d'immense parc de loisirs qui renferme d'excellents musées.

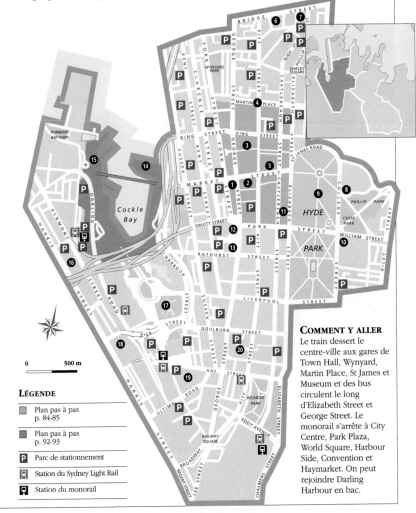

COMMENT Y ALLER

Le train dessert le centre-ville aux gares de Town Hall, Wynyard, Martin Place, St James et Museum et des bus circulent le long d'Elizabéth Street et George Street. Le monorail s'arrête à City Centre, Park Plaza, World Square, Harbour Side, Convention et Haymarket. On peut rejoindre Darling Harbour en bac.

LÉGENDE

Plan pas à pas p. 84-85

Plan pas à pas p. 92-93

P Parc de stationnement

Station du Sydney Light Rail

Station du monorail

0   500 m

Le centre-ville pas à pas

Sculpture du
MLC Centre

Malgré la concurrence de Melbourne, Sydney reste la capitale économique et commerciale de l'Australie. La vie qui anime ses rues pendant la journée tend toutefois à s'assoupir le soir quand ses habitants retournent dans leurs villas de banlieue. Immense métropole aux faubourgs résidentiels très étendus, Sydney ne possède en fait qu'un centre relativement réduit. La croissance anarchique de la cité a malgré tout suivi les axes tracés depuis le port par des convois de bêtes de charge. Ces axes anciens limitèrent ainsi son expansion. De plus en plus de Sydneysiders reviennent vivre au centre-ville et fréquentent ses cafés, ses restaurants, ses cinémas et ses théâtres.

★ Le Queen Victoria Building
Il occupe tout un pâté de maisons et abrite une magnifique galerie marchande ❶

State Theatre
Bâti en 1929, le cinéma jadis salué comme la « plus grande salle de l'empire » rappelle l'âge d'or du septième art ❷

Vers le Sydney Town Hall

La statue de la reine Victoria qui se dressait devant le parlement irlandais, fut enlevée en 1947 ; elle fut finalement retrouvée dans un petit village au terme d'une quête qui s'acheva seulement en 1983.

YORK STREET
STREET
GEORGE
MARKE
PITT STREET
CASTLEREAGH
PARK STREET
ELIZABETH

À NE PAS MANQUER

★ L'AMP Tower

★ Martin Place

★ Le Queen Victoria Building

0　　　　　　　　100 m

LÉGENDE

– – – Itinéraire conseillé

Le Marble Bar, bar de l'hôtel Tattersalls ouvert en 1893, a été remonté à l'identique en 1973 dans le Sydney Hilton.

Strand Arcade

Cette galerie marchande soigneusement restaurée fait partie des élégants édifices victoriens dont Sydney tirait fierté à la fin du siècle dernier ❸

CARTE DE SITUATION
Voir l'atlas des rues, plans 1 et 4

MLC Centre

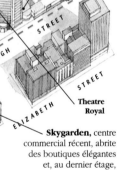

Theatre Royal

Skygarden, centre commercial récent, abrite des boutiques élégantes et, au dernier étage, des cafés et des restaurants.

Pointe nord du Hyde Park

★ **Martin Place**
Pôle des cérémonies de l'Anzac Day, le cénotaphe Art déco de Martin Place date de 1929 ❹

★ **L'AMP Tower**
Le plus haut édifice de l'hémisphère Sud ménage une vue extraordinaire de l'ensemble de la ville. Il mesure 305 m de haut et peut se voir de très loin ❺

Queen Victoria Building ❶

455 George St. **Plan** 1 B5. 📞 *(02)
9264 9209.* 🚌 *lignes de George St.*
⏰ *9 h-18 h, lun.-mer. et ven.-sam. ;
9 h-21 h, jeu. ; 11 h- 17 h, dim et jours
fériés.* ♿ 🛍 *Voir Faire des achats
p. 128-131.*

Foyer du State Theatre

L e styliste français Pierre
Cardin a qualifié le Queen
Victoria Building, appelé QVB,
de « plus beau centre
commercial du monde ».
Pourtant, cet édifice victorien,
au décor extérieur chargé,
dominé par des coupoles en
cuivre fut d'abord une halle
aux produits agricoles. Achevé
en 1898 sur les plans de
l'architecte George McRae,
il possède une grande
verrière qui laisse
entrer un flot de
lumière à l'intérieur.
   La halle ferma
à la fin de la
Première Guerre
mondiale et le
bâtiment faillit
être démoli
dans les années
cinquante. Restauré pour plus
de 75 millions de dollars
australiens, il rouvrit en 1986 et
abrite plus de 190 boutiques.
Une fontaine ornée de
sculptures de la reine Victoria
et de son chien Islay incorpore
une pierre de Blarney Castle.
   Dans la galerie marchande,
la Royal Clock dessinée en
1982 par Neil Glasser arbore,
au-dessus d'une copie des
quatre cadrans de Big Ben,
une partie du château
écossais de Balmoral. À
chaque heure, une parade
montre des scènes de la vie
de divers monarques anglais.

**Statues du toit du Queen
Victoria Building**

State Theatre ❷

49 Market St. **Plan** 1 B5. 📞 *(02)
9373 6655.* **Tours** *(02) 9231 4629.*
🚌 *lignes de George St.* **Billetterie**
⏰ *9 h-17 h 30, lun.-ven. ; 10 h-14 h,
sam.* 🔴 *ven. saint, 25 déc.* ♿ 🛍
réservation nécessaire.

L e State Theatre, dont
l'inauguration eut lieu en
1929, est l'un des plus
somptueux cinémas anciens
d'Australie. Il accueille
aujourd'hui de nombreux
concerts et manifestations.
Le haut plafond, le sol en
mosaïque et les colonnes
et les statues de marbre
du foyer illustrent
un style baroque
triomphant.
   Un lustre de
20 000 pièces
éclaire la salle
et un magnifique
orgue Wurlitzer
sous la scène est
sorti juste avant
la représentation.

Strand Arcade ❸

412-414 George St. **Plan** 1 B5.
📞 *(02) 9232 4199.* 🚌 *lignes de
George St.* ⏰ *9 h-17 h 30, lun.-mer
et ven. ; 9 h-21 h, jeu. ; 9 h-16 h, sam. ;
11 h-16 h, dim.* 🔴 *la plupart des
jours fériés.* ♿ *Voir Faire des achats
p. 128-131.*

L e Sydney victorien de la fin
du XIXᵉ siècle était réputé
pour ses vastes galeries
marchandes. La plus belle, la
Strand Arcade, dessinée par

**Entrée sur Pitt Street de l'élégante
Strand Arcade**

l'architecte anglais John
Spencer, fut inaugurée en
avril 1892. Elle relie George
Street et Pitt Street. Des lustres
s'allumaient quand sa verrière
ne suffisait plus à l'éclairer.
   Une restauration a rendu
à l'édifice, ravagé par
un incendie en 1976, sa
splendeur originelle. Le Harris
Coffe and Tea près de l'entrée
de Pitt Street est une pause
agréable.

Martin Place ❹

Plan 1 B4. 🚌 *ligne de George St et
Elizabeth St.*

C ette voie ouverte en 1891
est devenue piétonnière
en 1971. Elle s'anime à midi
quand les employés du
quartier viennent y manger un
sandwich en regardant des
spectacles gratuits dans
l'amphithéâtre proche de
Castlereagh Street.
   Chaque année, l'Anzac Day
(p. 38) donne lieu à l'aube
à un service religieux et un
dépôt de gerbes au
cénotaphe situé du côté de
George Street. Œuvre de
Bertram McKennal, ce
monument aux morts date
de 1929.
   Au sud s'élève la façade
inspirée de la Renaissance du
General Post Office (1866)
considéré comme la plus
grande réussite de l'architecte
colonial James Barnet.
   Assemblage de cubes en
acier, la Dobell Memorial
Sculpture créée par Bert
Flugelman en 1979 rend
hommage à l'artiste australien
William Dobell.

L'AMP Tower [5]

Appelée à l'origine Sydney Tower, elle devait s'intégrer dans le centre commercial de Centrepoint entrepris dans les années soixante-dix. Mais le plus haut point d'observation de l'hémisphère Sud ne fut achevé qu'en 1981. Plus d'un million de personnes empruntent chaque année les ascenseurs ultrarapides pour la vue spectaculaire de la ville. Skytour, au même niveau, propose un voyage virtuel à travers l'Australie.

MODE D'EMPLOI

100 Market St. **Plan** 1 B5.
☎ *(02) 9231 1000.* 🚌 *Sydney Explorer, toutes les lignes urbaines.* ⛴ *Darling Harbour.* 🚆 *St James, Town Hall.* 🚝 *City Centre.*
🕘 *9 h-22 h 30, lun.-ven. et dim. ; 9 h 30-23 h 30, sam.* **Der. entrée :** *45 mn avant la fermeture.*
⛔ *25 déc.* ♿ 🎧 🍴 ☕ 🛍

Étage panoramique
Du niveau 4, la vue montre le port s'ouvrant sur l'océan et porte jusqu'à Pittwater au nord, Botany Bay au sud et les Blue Mountains à l'ouest.

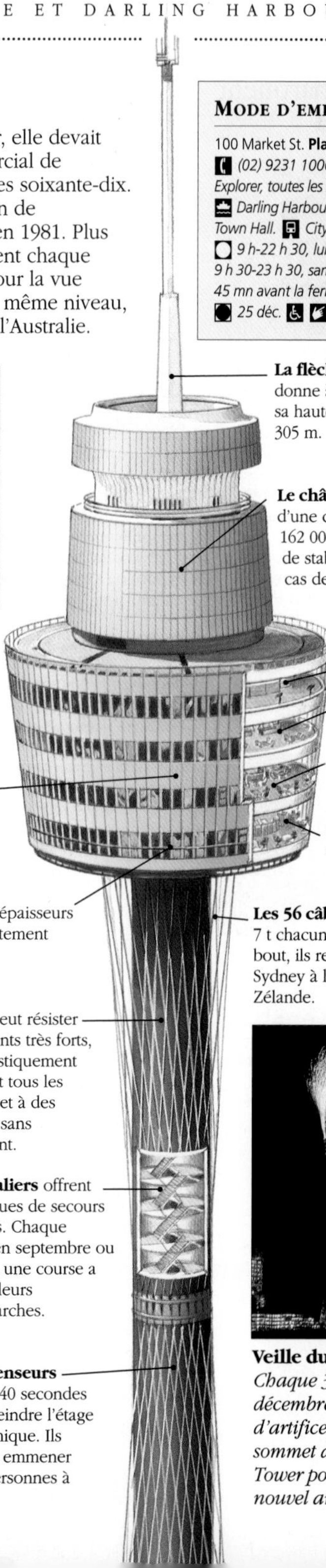

La flèche de 30 m, donne à la tour sa hauteur totale de 305 m.
Le château d'eau d'une capacité de 162 000 l, fait office de stabilisateur en cas de vent violent.
Niveau 4 : panorama
Niveau 3 : café
Niveau 2 : buffet
Niveau 1 : restaurant
La tourelle, d'une capacité de près de 1 000 personnes, abrite deux restaurants pivotants, un café et l'étage panoramique.
Les fenêtres comportent trois épaisseurs et celle de l'extérieur a un revêtement de poudre d'or.
Les 56 câbles pèsent 7 t chacun. Mis bout à bout, ils relieraient Sydney à la Nouvelle-Zélande.
Le fût peut résister à des vents très forts, qui statistiquement soufflent tous les 500 ans et à des séismes sans précédent.
Les escaliers offrent deux issues de secours séparées. Chaque année, en septembre ou octobre, une course a lieu sur leurs 1 474 marches.
Les ascenseurs mettent 40 secondes pour atteindre l'étage panoramique. Ils peuvent emmener 2 000 personnes à l'heure.

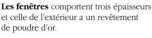

Construction de la tourelle
Assemblés à la base de la tour, les huit étages de la tourelle furent hissés par des vérins hydrauliques.

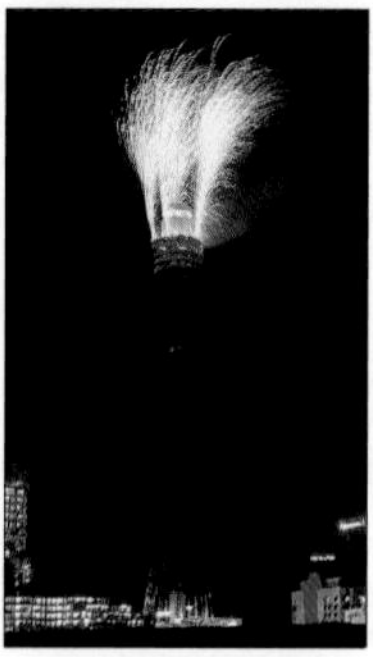

Veille du nouvel an
Chaque 31 décembre, des feux d'artifice partent du sommet de l'AMP Tower pour fêter le nouvel an.

Lands Department Building ❻

23 Bridge St. **Plan** 1 B3. 🚌 325, lignes de George St. ⏰ seul. 2 sem. par an, dates variables. ♿

Dessiné par l'architecte colonial James Barnet, cet édifice victorien édifié entre 1877 et 1890 présente un parement en grès de Pyrmon similaire à celui de la poste centrale. Le partage des terres agricoles d'une grande part de l'Australie orientale se décida ici.

Vingt-cinq des quarante-huit niches de la façade restent vides. Les autres abritent les statues de législateurs et d'explorateurs qui « promurent le peuplement ». Parmi les plus célèbres figurent Hovell et Hume, sir Thomas Mitchell, Blaxland, Lawson et Wentworth, Ludwig Leichhardt, Bass, Matthew Flinders et le botaniste sir Joseph Banks.

Belvédère du niveau 3 du Museum of Sydney

Museum of Sydney ❼

Angle de Phillip St. et Bridge St. **Plan** 1 B3. 📞 (02) 9251 5988. 🚌 lignes de Circular Quay. ⏰ 9 h 30-17 h, t.l.j. ⏰ ven. saint, 25 déc. 📷 ♿

Le musée de Sydney est installé à la base de la Governor Phillip Tower à l'emplacement de la Government House qui servit de résidence et de siège administratif aux neuf premiers gouverneurs de la Nouvelle-Galles du Sud entre 1788 et aujourd'hui. Ouvert en 1995, il

Sol en mosaïque de granito de la crypte de St Mary's Cathedral

retrace l'histoire de la ville depuis l'arrivée des colons britanniques en 1788 jusqu'en 1850. Site archéologique et exposition s'intègrent dans un immeuble moderne.

Les Eora

Une nouvelle galerie fait découvrir la culture, l'histoire, la continuité et la place des premiers habitants de Sydney à travers des objets usuels tels que silex et ocre. Dehors, la sculpture *The Edge of the Trees (p. 60)* symbolise le premier contact entre Aborigènes et Européens. Les signatures des membres de la Première Flotte et les noms d'espèces végétales écrits en aborigène et en latin sont gravés dans le bois.

Colonisation européenne

Hors du musée, un tracé sur le sol marque l'emplacement de la première Government House. On peut voir ses fondations, sous le niveau de la rue, à travers une fenêtre. Un pan de mur a été reconstruit avec le grès d'origine.

Rendue plus vivante grâce à des moyens multimédias, hologrammes et vidéos notamment, l'exposition s'appuie sur des documents provenant aussi de musées étrangers. Des images panoramiques de la ville en train de grandir leur donnent un arrière-plan éloquent.

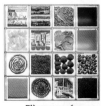

Pièces exposées au niveau 3

St Mary's Cathedral ❽

Cathedral St. **Plan** 1 C5. 📞 (02) 9220 0400. 🚌 lignes d'Elizabeth St. ⏰ 6 h 30-18 h 30, lun.-ven. ; 8 h-19 h 30, sam. ; 6 h 30-19 h 30, dim. ♿ en prévenant à l'avance. 📷 dim. midi.

Les bagnards de la Première Flotte comptaient des catholiques mais les gouverneurs britanniques interdirent jusqu'en 1820 la nomination de prêtres et la célébration de la messe. Ils craignaient d'entretenir le nationalisme des Irlandais. La cathédrale Sainte-Marie se dresse sur le site où le gouverneur Macquarie posa en 1821 la première pierre de St Mary's Chapel sur le premier terrain concédé à l'Église catholique.

La partie initiale de l'église actuelle, de style néo-gothique, ouvrit en 1882 et fut achevée en 1928, mais sans les deux flèches de la façade sud prévues par son architecte, William Wardell. Deux œuvres de Bertram MacKenneal, se dressent près de l'entrée : les statues du cardinal Moran, le premier cardinal d'Australie, et de l'archevêque Kelly qui ouvrit officiellement en 1913 les travaux de la dernière partie. La réalisation du pavement en mosaïque de granito de la crypte prit quinze ans.

Hyde Park ❾

Plan 1 B5. 🚌 lignes d'Elizabeth St.

Le gouverneur Macquarie donna en 1810 au premier parc créé à Sydney le nom du plus célèbre espace vert de Londres. Lieu d'entraînement de la garnison, le Hyde Park renferma plus tard un champ de course et un terrain de cricket. Beaucoup plus petit aujourd'hui, il reste cependant un havre de paix en plein cœur de la cité.

Haut de 30 m, l'Anzac Memorial de style Art déco rend hommage aux Australiens morts au combat. Inauguré en 1934, il renferme au rez-de-chaussée une exposition sur le passé militaire du pays.

La reine Élisabeth II inaugura en 1954 le Sandringham Garden dédié aux rois anglais Georges V et Georges VI et empli de glycine.

Commandée par J.F. Archibald, l'un des fondateurs du magazine littéraire *Bulletin,* et achevée en 1932, l'Archibald Fountain en bronze et en granit commémore l'alliance de la France et de l'Australie pendant la Première Guerre mondiale.

À l'angle de College Street et de Liverpool Street, un canon célèbre une action navale menée dans les îles Cocos. Le 9 novembre 1914, le *Sydney* y détruisit le bateau corsaire allemand *Emden* et fit à cette occasion 180 prisonniers.

Chandelier de la Great Synagogue

Partie en cours sur l'échiquier géant du Hyde Park

Australian Museum ❿

Voir p. 90-91.

Great Synagogue ⓫

187 Elizabeth St. **Plan** 1 B5.
📞 (02) 9267 2477. 🚌 394, 396, 380, 382. ⏱ offices et visites guidées seul. ♿ 📷 mar. et jeu. midi.

Des juifs arrivèrent avec la Première Flotte mais ils n'obtinrent la liberté de culte que vers 1820. La Grande synagogue consacrée en 1878 accueille la plus ancienne congrégation juive orthodoxe d'Australie (plus de 900 familles). Avec son porche aux colonnes sculptées et ses portes en fer forgé, l'édifice est peut-être la plus belle réalisation de Thomas Rowe, l'architecte du Sydney Hospital *(p. 109).* À l'intérieur, de minuscules étoiles dorées parent un plafond lambrissé.

Sydney Town Hall ⓬

483 George St. **Plan** 4 E2. 📞 (02) 9265 9333. 🚌 lignes de George St. ⏱ 8 h 30-18 h, lun.-ven. ⏱ jours fériés. ♿ 📷 (02) 9231 4629.

Depuis l'inauguration en 1869 de l'hôtel de ville de Sydney sur le site d'un ancien cimetière, ses escaliers sont un des grands lieux de

Grand orgue du Centennial Hall

rendez-vous de la ville.

L'édifice offre un exemple exubérant du style victorien. J.H. Wilson en dessina les plans initiaux mais ceux-ci dépassaient les possibilités des constructeurs et d'autres architectes lui succédèrent pour mener l'ouvrage à terme. Le vestibule, élégant salon éclairé par des vitraux et un lustre en cristal, est ainsi l'œuvre d'Albert Bond, tandis que les frères Bradbridge achevèrent la tour de l'horloge en 1884. D'autres architectes intervinrent encore pour le Centennial Hall où trône un orgue de plus de 8 500 tuyaux. Le Sydney Town Hall prête aujourd'hui son cadre imposant à des concerts et à des bals.

St Andrew's Cathedral ⓭

Sydney Square, angle de George St et Bathurst St. **Plan** 4 E3. 📞 (02) 9265 1661. 🚌 lignes de George St. ⏱ contacter la cathédrale pour les horaires. ♿ 📷

Dessinée par Edmund Black, la plus ancienne cathédrale anglicane d'Australie, consacrée en 1868, s'inspire de la cathédrale gothique d'York. L'intérieur abrite des mémoriaux dédiés aux pionniers, une Bible de 1539 et des perles taillées dans les noyaux d'olives de Terre sainte. Le mur sud incorpore des pierres de la cathédrale Saint-Paul de Londres, de l'abbaye de Westminster et de la Chambre des lords.

L'Australian Museum ❿

Tête de
Tyrannosaurus Rex

Fondé en 1827, le premier musée créé en Australie est également le principal musée de sciences naturelles du continent. Le bâtiment principal, imposante construction en grès dotée d'un escalier en marbre, fait face à Hyde Park. Son premier architecte, Mortimer Lewis, dut démissionner quand le coût des travaux commença à dépasser largement le budget prévu. James Barnet acheva la construction dans les années 1860. L'exposition propose un voyage visuel et sonore à travers la géologie, la botanique, la zoologie, la préhistoire, l'environnement et l'héritage culturel de l'Australie et du Pacifique proche. La galerie d'art aborigène accueille des danses et autres spectacles. Le musée présente aussi des expositions temporaires.

Entrée du musée
Des pilastres corinthiens animent la façade.

Rhodochrosite   Cuprite

Planet of Minerals
Cette section comprend une exposition de pierres et minéraux dans une mine reconstituée.

**Mésolite avec de   Centre
l'apophyllite verte   pédagogique**

Peuples d'Australie
Du Dreaming à la lutte pour l'autodétermination et un territoire, l'exposition nous livre les contes des premiers australiens.

Rez-de-chaussée

À NE PAS MANQUER

★ **Kid's Island**

★ **More than dinosaurs**

★ **Search and Discover**

SUIVEZ LE GUIDE
Le rez-de-chaussée abrite la section Aborigène et la collection de squelettes, le 1er étage les minéraux, le 2e étage les expositions consacrées aux oiseaux, aux insectes, à l'évolution humaine, Kids' Island, Biodiversity, Search and Discover et More than Dinosaurs.

Entrée principale

La Galerie des Squelettes, au rez-de-chaussée, donne une nouvelle perspective de l'histoire naturelle.

★ **Search and Discover**
Les Sydneysiders viennent ici faire identifier insectes, roches ou os et consulter des cédéroms.

2e étage

Évolution humaine : Traces dans le Temps

★ **Kid's Island**
Exposition spécialement conçue pour les enfants âgés de cinq ans ou moins, qui est très appréciée par eux et leurs familles.

1er étage

Biodiversity: Life Supporting Life montre comment les plantes, les animaux et l'écosystème travaillent ensemble.

★ **More than Dinosaurs**
Découvrez la faune australienne préhistorique dans cette exposition qui commence sa représentation il y a 4 600 millions d'années, qui comprend quelques squelettes de dinosaures très impressionnants à côté de gigantesques parents des marsupiaux australiens.

Oiseaux et insectes
À découvrir : la plus venimeuse des araignées australiennes. Elle ne vit que dans la région de Sydney.

LÉGENDE DU PLAN

	Environnements australiens
	Kid's Island
	Dinosaures
	Peuples d'Australie
	Expositions temporaires
	Circulations et services

« WELCOME STRANGER »

Dans le cadre d'une exposition consacrée aux conséquences de la ruée vers l'or, le musée présente un moulage de la plus grosse pépite, surnommée « Bienvenue étranger », jamais trouvée en Australie. Découverte en 1869 au Victoria, elle pesait 71 kg.

← 67,5 cm de largeur →

Darling Harbour pas à pas

Bateau-phare, National Maritime Museum

Darling Harbour est le cadeau que s'est fait la Nouvelle-Galles du Sud à l'occasion de son bicentenaire. Un parc de loisirs a pris la place d'une zone portuaire de 54 ha en déclin malgré l'exportation de laine, de céréales et de charbon. Quand le trafic des conteneurs s'essouffla à son tour, rien ne semblait pouvoir lui rendre une viabilité commerciale et elle commença à tomber en ruine jusqu'à la création en 1984 de la Darling Harbour Authority. Le complexe qui ouvrit en 1988 comprenait déjà de nombreux restaurants et magasins et plusieurs musées dont le National Maritime Museum et le Sydney Aquarium, deux des principales attractions touristiques de la ville.

Le Harbourside Complex comporte des restaurants et des cafés offrant des superbes vues de la ville et de l'eau. On y trouve également quantités de boutiques spécialisées dans les cadeaux et objets insolites.

Passage vers le Motor World Museum and Gallery (p. 94)

Le Convention and Exhibition Centre achevé en 1988 accueille des foires commerciales, internationales ou locales, aux thèmes très variés qui vont de la décoration d'intérieur aux robes de mariée.

DARLING DRIVE

WESTERN DISTRIBUTOR

WESTERN DISTRIBUTOR

Les Tidal Cascades (Cascades de la marée), fontaine dessinée par Robert Woodward qui conçut aussi El Alamein Fountain (p. 116), ont une forme qui reflètent les courbes du Convention Centre.

IMAX cinéma à grand écran

À NE PAS MANQUER

★ **Le Sydney Aquarium**

★ **Le National Maritime Museum**

Le Chinese Garden of Friendship est un hâvre de paix au cœur de Sydney. Ses jardins aux chemins sinueux, avec des cascades, lacs et pavillons donne un aperçu de la riche culture chinoise

Le Pyrmont Bridge, inauguré en 1902, était le premier pont basculant électrique du monde. Comme lui, la piste du monorail peut s'ouvrir pour laisser le passage aux bateaux de 14 m.

CARTE DE SITUATION
Voir l'atlas des rues, plans 3 et 4

Les supports du pont basculant s'enfoncent de 10 m dans le fond du port.

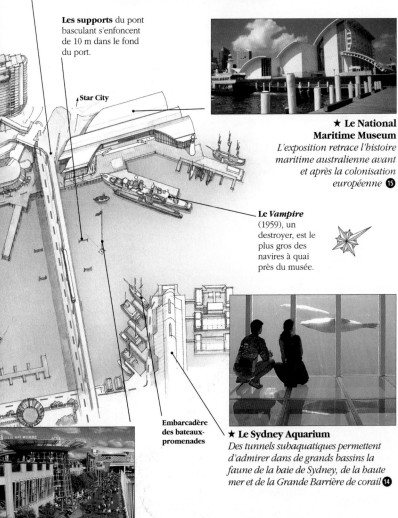

Star City

★ **Le National Maritime Museum**
L'exposition retrace l'histoire maritime australienne avant et après la colonisation européenne **15**

Le *Vampire* (1959), un destroyer, est le plus gros des navires à quai près du musée.

Embarcadère des bateaux-promenades

★ **Le Sydney Aquarium**
Des tunnels subaquatiques permettent d'admirer dans de grands bassins la faune de la baie de Sydney, de la haute mer et de la Grande Barrière de corail **14**

Cockle Bay Wharf est pittoresque et plein de vie. Son centre commercial comprend des restaurants et des divertissements sensationnels.

0   100 m

LÉGENDE

– – – Itinéraire conseillé

Sydney Aquarium ⓮

Aquarium Pier, Darling Harbour.
Plan 4 D2. 📞 *(02) 9262 2300.*
🚌 *Sydney Explorer.* 🚢 *Darling Harbour.* 🚆 *Town Hall.* 🅿 *Darling Park.* ⏰ *9 h 30-22 h, t.l.j. (der. entrée 21 h).* ♿ 📷

L'aquarium de Sydney abrite la plus riche collection de créatures aquatiques du pays. Plus de 11 000 représentants d'environ 650 espèces, de mer et d'eau douce, y vivent dans des environnements reconstitués.

Le clou de la visite consiste à « marcher au fond de l'océan » le long de tunnels transparents d'une longueur totale de 150 m. Ceux-ci permettent d'observer de près des requins (le plus gros pèse 300 kg), des raies pastenagues et des bancs de poissons. Les phoques possèdent un bassin spécial.

L'aquarium permet, entre autres, de découvrir la faune colorée de la Grande Barrière de corail, le plus grand récif de corail du monde *(p. 204-209).* La Touch Pool contient des invertébrés tels qu'oursins, escargots de mer et bernard-l'ermite que les visiteurs peuvent toucher. La direction

Un chirurgien de la Grande Barrière

de l'établissement, très sensible aux problèmes écologiques et aux risques courus par les fonds marins, assure que ces contacts avec les humains ne causent aucun dommage aux poissons ou crustacés présentés.

National Maritime Museum ⓯

Voir p. 96-97.

Motor World Museum and Gallery ⓰

320 Harris St, à l'angle d'Allen St, Pyrmont, dans l'immeuble Secure Parking. **Plan** 3 C3. 📞 *(02) 9552 3375.* 🚌 *Convention Centre.* ⏰ *10 h-17 h, t.l.j.* ⏰ *jours fériés.* 📷 ♿

Célébrant un siècle d'histoire de l'automobile dans un dépôt de laine de la fin du siècle dernier, ce musée présente plus de 200 voitures, motocyclettes et véhicules commerciaux. La collection compte parmi ses fleurons une Serpollet à vapeur d'Édouard VII, une Delorean, une Ford T à citerne et la Chevrolet modèle 1959 de l'acteur Anthony Quinn. L'exposition retrace

Chevrolet d'Anthony Quinn, Harris Street Motor Museum

aussi les parcours de grands concepteurs automobiles, évoquant leurs succès mais aussi leurs échecs.

Long de 67 m, un circuit de voitures miniatures électriques comporte deux fois huit voies. Les « pilotes » y courent contre la montre.

Chinese Garden ⓱

Darling Harbour. **Plan** 4 D3. 📞 *(02) 9281 6863.* 🚆 *Haymarket.* ⏰ *9 h 30, t.l.j. ; fermeture variable.* 📷 ♿ *(à 60 %).*

Également appelé le jardin de l'Amitié (Garden of Friendship), ce jardin chinois aménagé en 1984 offre un cadre paisible à une promenade. Il fut offert à Sydney par le Guandong, la province chinoise de Canton jumelée à la Nouvelle-Galles du Sud. Dans la partie la plus basse, lotus et nénuphars recouvrent pendant la majeure partie de l'année le lac de la Clarté, qu'un monstre de pierre protège des esprits mauvais.

Le Sydney Aquarium et son quai de conception structuraliste

Le Twin Pavilion orné de fleurs sculptées au Chinese Garden

Les deux dragons émaillés qui ornent le Dragon Wall proche du lac représentent le Guandong et la Nouvelle-Galles du Sud. Au centre du mur, la perle soulevée par des vagues symbolise la prospérité. De l'autre côté de l'eau s'élève le Twin Pavilion (pavillon jumeau). Son décor sculpté montre des waratahs (symbole floral de la Nouvelle-Galles du Sud) et des abricotiers.

La maison de thé, située au sommet de l'escalier de la Tea House Courtyard, propose du thé chinois et des gâteaux traditionnels, ainsi que des rafraîchissements occidentaux.

Powerhouse Museum ⑱

Voir p. 98-99.

Paddy's Market ⑲

À l'angle de Thomas St et de Hay St, Haymarket. **Plan** 4 D4. 🛈 *1300 361 589.* 🚉 *Haymarket.* ⏰ *10 h-18 h, jeu. ; 9 h-16 h 30, ven.-dim. et jours fériés.* ● *25 avr., 25 déc.* ♿ *Voir aussi **Faire des achats** p. 128-131.*

Près de Chinatown, le quartier de Haymarket abrite le plus vieux et le plus connu des marchés de Sydney :

le Paddy's Market. Bien qu'il ait occupé plusieurs sites depuis 1869, il n'a connu en plus d'un siècle qu'une interruption de cinq ans. L'origine de son nom demeure incertaine. Selon les deux principales explications, il proviendrait soit des Chinois qui assuraient une grande part de son approvisionnement, entre autres en riz non décortiqué, soit des Irlandais (surnommés Paddy en anglais) qui comptaient parmi ses principaux clients.

Le Market City Shopping Centre a doté le quartier, jadis modeste, de magasins de mode à prix réduit, de marchés de nourriture asiatique et d'un cinéma multisalles. Le marché n'a toutefois rien perdu de son animation avec ses 800 éventaires qui proposent chaque week-end aussi bien des produits frais, des légumes, des fruits et des fleurs que des appareils électriques, des articles ménagers, de la maroquinerie et des

animaux tels que chiots, lapins et même poulets.

Chinatown ⑳

Dixon St Plaza, Sydney. **Plan** 4 D4. 🚉 *Haymarket.*

Serré à l'origine autour de Dixon Street et Hay Street, le quartier chinois de Sydney s'étend maintenant dans Haymarket, allant jusqu'à atteindre Harris Street à l'ouest, Broadway au sud et Castlereagh Street à l'est. Entre le Paddy's Market et le Chinese Garden, le Sydney Entertainment Centre *(p. 134)* accueille les concerts des têtes d'affiche du rock et de la variété, ainsi que de nombreuses rencontres sportives. Pendant longtemps, Chinatown était une zone délabrée en bordure des halles de la ville où beaucoup de Chinois tenaient des commerces. Aujourd'hui, sa principale artère, Dixon Street, aux lampadaires et portails traditionnels est devenue une jolie rue pittoresque, tandis que de nouvelles vagues d'immigrants asiatiques assurent la prospérité de ses restaurants haut de gamme. Chinatown recèle également d'excellents magasins de primeurs, des herboristeries traditionnelles et des boucheries avec des canards qui sèchent en devanture. Bijouteries, boutiques de vêtements et pâtisseries abondent dans ses galeries marchandes. Deux cinémas projettent des films chinois en version originale.

Produits alimentaires chinois à Chinatown

Portail traditionnel à l'entrée de Chinatown sur Dixon Street

Le National Maritime Museum ⑮

Globe céleste de Willem Blaeu (1602)

L'océan qui entoure l'Australie a joué un grand rôle dans l'histoire de l'île-continent. Le musée évoque les traditions maritimes du pays au moyen d'expositions permanentes ou temporaires. De nombreux sujets sont abordés, rapports des Aborigènes avec la mer, sports et loisirs nautiques, voyages d'exploration des Européens dans le Pacifique ou encore vagues successives d'immigration. Les embarcations historiques amarrées aux quais comprennent une barque de réfugiés vietnamiens, des bateaux de pêche, un patrouilleur et un porte-commandos de la Seconde Guerre mondiale.

Façade du musée
La forme du toit en acier dessiné par Philip Cox évoque à la fois une vague et une voile.

Passagers
La section dédiée aux passagers montre le luxe des paquebots mais aussi les dures conditions de voyage des immigrants et des réfugiés.

Merana Eora Nora-Premiers Australiens retrace les traditions maritimes d'Aborigènes et d'insulaires du détroit de Torres.

La Tasman Light brilla dans un phare de Tasmanie.

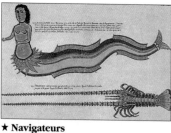

★ Navigateurs
Cette gravure de 1754 offre une image européenne des créatures du « Grand Sud ».

Du *Sirius* coulé en 1790 subsiste l'ancre.

Entrée principale (niveau de la mer)

Marine s'intéresse à la marine militaire en temps de guerre comme de paix.

Australie-USA rend hommage aux liens qui unissent de longue date l'Australie et les États-Unis grâce à la navigation.

LÉGENDE DU PLAN

- ☐ Navigateurs et Merana Eora Nora
- ☐ Passagers
- ☐ Commerce
- ☐ Loisirs
- ☐ Marine
- ☐ Australie-USA
- ☐ Expositions temporaires
- ☐ Circulations et services

À NE PAS MANQUER

★ **Navigateurs et Merana Eora Nora**

★ **Loisirs**

★ **Le *Vampire***

Commerce

Cette bannière du syndicat des peintres et des dockers, portée lors des défilés, date de 1903 et montre le Niagara *entrant en cale sèche sur l'île de Cockatoo (p. 106).*

MODE D'EMPLOI

Darling Harbour. **Plan** 3 C2.
(02) 9298 3777. *Sydney Explorer*, 443, 888. Darling Harbour. Town Hall. Harbourside. 9 h 30-18 h, t.l.j. 25 déc. **Films, conférences**.

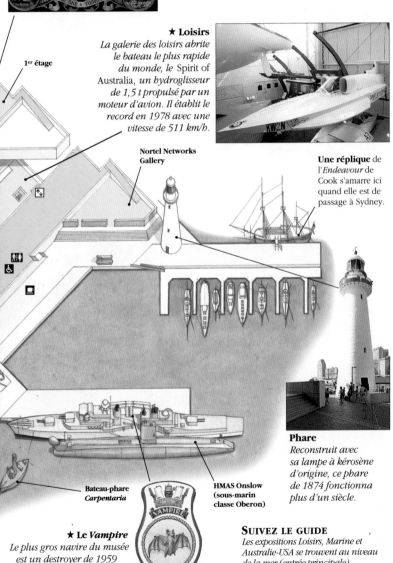

1er étage

★ Loisirs

La galerie des loisirs abrite le bateau le plus rapide du monde, le Spirit of Australia, *un hydroglisseur de 1,5 t propulsé par un moteur d'avion. Il établit le record en 1978 avec une vitesse de 511 km/h.*

Nortel Networks Gallery

Une réplique de l'*Endeavour* de Cook s'amarre ici quand elle est de passage à Sydney.

Phare

Reconstruit avec sa lampe à kérosène d'origine, ce phare de 1874 fonctionna plus d'un siècle.

Bateau-phare *Carpentaria*

HMAS Onslow (sous-marin classe Oberon)

★ Le *Vampire*

Le plus gros navire du musée est un destroyer de 1959 surnommé la « chauve-souris ». Des bruits de bataille ponctuent sa visite.

VAMPIRE

AUDAMUS

SUIVEZ LE GUIDE

Les expositions Loisirs, Marine et Australie-USA se trouvent au niveau de la mer (entrée principale). Au 1er étage on trouve Premiers Australiens, Navigateurs, Passagers et Commerce. L'accès aux bateaux à quai se fait des deux étages.

Le Powerhouse Museum ⑱

Ce musée ambitieux a ouvert ses portes en 1988. Il est installé dans une ancienne centrale qui fournissait à partir de 1902 de l'électricité aux tramways de Sydney. Sa collection a pour origine l'exposition internationale consacrée aux inventions et à l'industrie, organisée dans le Garden Palace en 1879 et détruite en grande partie en 1882. Les proportions majestueuses du bâtiment offrent un cadre approprié à des installations souvent interactives qui illustrent des domaines aussi variés que la technologie, les sciences, l'histoire sociale et les arts décoratifs et ménagers. L'exposition met l'accent sur les innovations australiennes et, de l'espace aux bijoux fantaisie, célèbre le progrès humain dans ses manifestations les plus extraordinaires ou les plus quotidiennes.

Fauteuil égyptien de Thomas Hop

★ Cyberworlds : Ordinateurs et Connections
L'exposition explore le passé, le présent et le futur des ordinateurs. Ici un robot en tôle, un jouet japonais.

Réplique d'un satellite soviétique
La reproduction d'un propulseur et d'un module d'habitation offre un aperçu du passé et de l'avenir de l'exploration spatiale.

Niveau 3

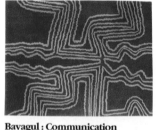

Bayagul : Communication contemporaine des Premiers Australiens
Ce tapis fait main, créé par Jimmy Bike, est exposé dans le cadre des cultures aborigènes et insulaires du détroit de Torres.

SUIVEZ LE GUIDE
L'ancienne centrale électrique et le Neville Wran Building abritent plus de 20 sections sur 4 étages en partant du niveau 5. L'entrée, la boutique et les principales expositions se trouvent au niveau 4, le Kings Cinema et les expositions thématiques au niveau 3 et les expositions sur l'informatique et les transports au niveau 2.

Niveau 2

LÉGENDE DU PLAN

☐ Niveau 5 : Galerie asiatique

☐ Niveau 4 : Arts décoratifs, Innovation et expositions temp.

☐ Niveau 3 : Histoire sociale et Design

☐ Niveau 2 : Sciences et technologie

☐ Circulations et services

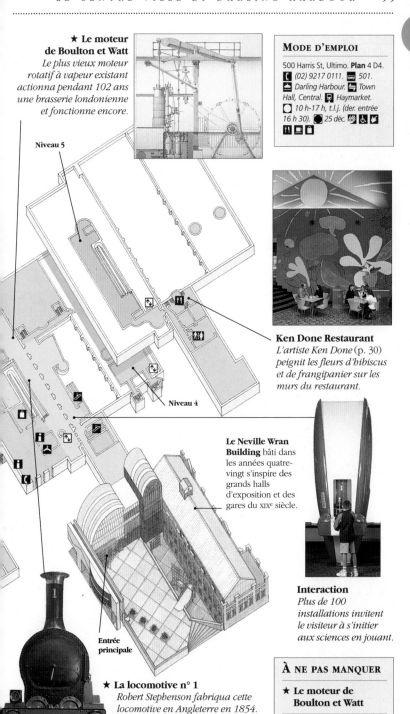

★ **Le moteur
de Boulton et Watt**
*Le plus vieux moteur
rotatif à vapeur existant
actionna pendant 102 ans
une brasserie londonienne
et fonctionne encore.*

Niveau 5

MODE D'EMPLOI

500 Harris St, Ultimo. **Plan** 4 D4.
📞 (02) 9217 0111. 🚌 501.
🚢 Darling Harbour. 🚆 Town
Hall, Central. 🚇 Haymarket.
🕙 10 h-17 h, t.l.j. (der. entrée
16 h 30). ⬤ 25 déc. 🅿️ & 📷
🍴 🛒 📷

Ken Done Restaurant
*L'artiste Ken Done (p. 30)
peignit les fleurs d'hibiscus
et de frangipanier sur les
murs du restaurant.*

Niveau 4

**Le Neville Wran
Building** bâti dans
les années quatre-
vingt s'inspire des
grands halls
d'exposition et des
gares du XIXᵉ siècle.

Interaction
*Plus de 100
installations invitent
le visiteur à s'initier
aux sciences en jouant.*

**Entrée
principale**

★ **La locomotive n° 1**
*Robert Stephenson fabriqua cette
locomotive en Angleterre en 1854.
Elle tira le premier train de
Nouvelle-Galles du Sud en 1855.
L'exposition recrée l'ambiance d'un
voyage d'une journée au XIXᵉ siècle.*

À NE PAS MANQUER

★ **Le moteur de
Boulton et Watt**

★ **La locomotive N° 1**

★ **Interaction**

LES BOTANIC GARDENS ET THE DOMAIN

Ange, St James Church

Cette partie de Sydney est proche du centre mais paraît très éloignée de son agitation. Elle conserve d'importants souvenirs de l'époque coloniale : l'emplacement de la première ferme créée sur le continent et Macquarie Street. L'hôpital, l'église et l'hôtel de la Monnaie, situés sur l'avenue, font partie des plus vieux édifices d'Australie. Macquarie Street n'a d'ailleurs rien perdu de son rôle politique puisqu'elle abrite le siège du gouvernement de l'État de Nouvelle-Galles du Sud. The Domain, espace vert réservé à l'origine à l'usage privé du gouverneur Phillip, accueille aujourd'hui sur ses pelouses de nombreux pique-niqueurs et adeptes du jogging ou des jeux de ballon. Des concerts en plein air s'y déroulent en janvier dans le cadre du festival de Sydney. Les Royal Botanic Gardens, contigus, enserrent l'anse de la Farm Cove et permettent de se promener au sein d'une magnifique collection de plantes d'Australie et du Pacifique.

LES SITES D'UN COUP D'ŒIL

Bâtiments historiques
Conservatorium of Music **2**
Hyde Park Barracks **11**
Parliament House **8**
State Library of New South Wales **7**
Sydney Hospital **9**
Sydney Mint **10**

Galerie
Art Gallery of New South Wales p. 106-109 **5**

Église
St James Church **12**

Île
Fort Denison **4**

Monument
Mrs Macquaries Chair **3**

Parc et jardins
Royal Botanic Gardens p. 102-103 **1**
The Domain **6**

COMMENT Y ALLER
Les gares de St James et Martin Place sont proches de la plupart des sites. Depuis Circular Quay, le bus 311 passe près de l'Art Gallery of NSW. Le Sydney Explorer dessert ce quartier que l'on peut découvrir à pied.

0   500 m

LÉGENDE
Royal Botanic Gardens *p. 102-1103*

P Parc de stationnement

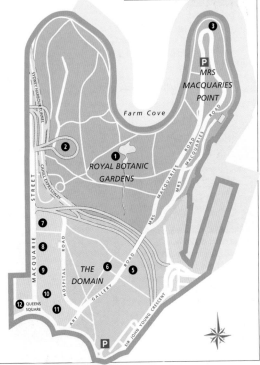

◁ **Plantes grasses et cactus du Succulent Garden des Royal Botanic Gardens**

Les Royal Botanic Gardens ❶

Statue des Botanic Gardens

Les jardins botaniques de Sydney fondés en 1816 sont la plus ancienne institution scientifique du pays. D'une superficie de 30 ha, ils occupent au cœur de la ville un site privilégié autour de l'anse de la Farm Cove. À l'origine simple réseau de sentiers à travers des broussailles, les jardins abritent aujourd'hui une remarquable collection de plantes indigènes et exotiques. Ils renferment également le site de la première ferme créée par les colons européens. Le National Herbarium, centre de recherche sur les espèces végétales australiennes, propose une exposition de spécimens de plantes réunis en 1770 par Joseph Banks lors de son voyage avec Cook le long de la côte orientale de l'Australie.

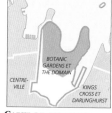

CARTE DE SITUATION
Voir l'atlas des rues, plans 1 et 2

Government House (1897)

★ **La palmeraie**
Créée en 1862, l'une des plus belles collections en plein air de palmiers du monde offre en été l'ombre de près de 180 variétés.

Conservatorium of Music (p. 104)

★ **Le jardin d'herbes**
Ce jardin rassemble des herbes de toute la planète utilisées en cuisine et en médecine. Il abrite aussi une fontaine sensorielle et un cadran solaire inspiré de la sphère céleste.

0   200 m

★ **Le Sydney Tropical Centre**
Deux serres reconstituent des écosystèmes tropicaux ; la Pyramid regoupe des plantes australiennes, l'Arc des espèces d'autres pays.

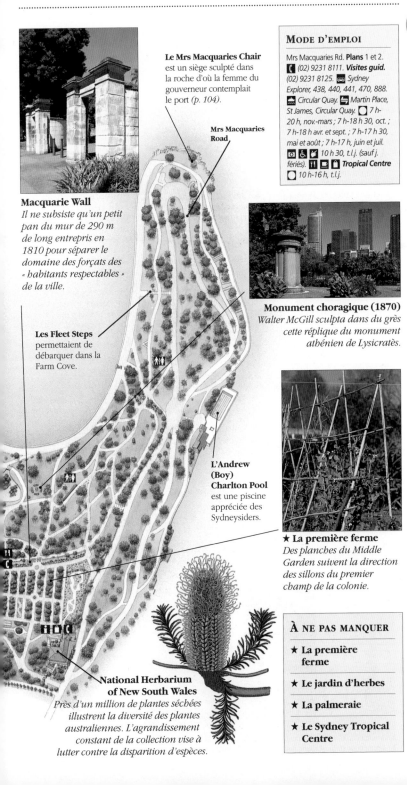

Le Mrs Macquaries Chair est un siège sculpté dans la roche d'où la femme du gouverneur contemplait le port (p. 104).

Mrs Macquaries Road

MODE D'EMPLOI

Mrs Macquaries Rd. **Plans** 1 et 2.
📞 (02) 9231 8111. **Visites guid.**
(02) 9231 8125. 🚌 Sydney
Explorer, 438, 440, 441, 470, 888.
🚢 Circular Quay. 🚆 Martin Place,
St James, Circular Quay. 🕐 7 h-
20 h, nov.-mars ; 7 h-18 h 30, oct. ;
7 h-18 h avr. et sept. ; 7 h-17 h 30,
mai et août ; 7 h-17 h, juin et juil.
📷 ♿ 📹 10 h 30, t.l.j. (sauf j.
fériés). 🍴 🛍 🏧 **Tropical Centre**
🕐 10 h-16 h, t.l.j.

Macquarie Wall
Il ne subsiste qu'un petit pan du mur de 290 m de long entrepris en 1810 pour séparer le domaine des forçats des « habitants respectables » de la ville.

Monument choragique (1870)
Walter McGill sculpta dans du grès cette réplique du monument athénien de Lysicratès.

Les Fleet Steps permettaient de débarquer dans la Farm Cove.

L'Andrew (Boy) Charlton Pool est une piscine appréciée des Sydneysiders.

★ La première ferme
Des planches du Middle Garden suivent la direction des sillons du premier champ de la colonie.

National Herbarium of New South Wales
Près d'un million de plantes séchées illustrent la diversité des plantes australiennes. L'agrandissement constant de la collection vise à lutter contre la disparition d'espèces.

À NE PAS MANQUER

★ **La première ferme**

★ **Le jardin d'herbes**

★ **La palmeraie**

★ **Le Sydney Tropical Centre**

Conservatorium of Music ❷

Macquarie St. **Plan** 1 C3.
☎ *(02) 9351 1222.* 🚌 *Sydney Explorer, lignes de Circular Quay.*
⏰ *9 h-17 h, lun-ven ; 9 h-16 h, sam., zones publiques seulement.*
Téléphoner pour les concerts. ♿

A chevé en 1821, cet édifice colonial est inspiré de l'architecture médiévale européenne avec ses tours et ses murs crénelés. Il devait abriter les écuries et les quartiers des domestiques de la Government House, mais la construction de celle-ci prit près de vingt-cinq ans de retard. La grandeur et le coût du bâtiment destiné à abriter de simples écuries suscitèrent un débat acerbe entre l'architecte Francis Greenway (*p. 161*) et le gouverneur Macquarie. Un décret trancha la dispute : tout nouveau projet de construction devrait dorénavant avoir l'accord préalable de Londres.

Entre 1908 et 1915, la « folie de Greenway » connut un important remaniement. Couverte d'une toiture en ardoise, la cour intérieure fut transformée en salle de concert et le reste du bâtiment fut adapté aux besoins du conservatoire de musique nouvellement créé.

En 2001 ont été rajoutés une boîte de jazz et un espace sur le toit d'où on a une vue spectaculaire sur le port.

Moment de repos sur le Mrs Macquaries Chair

Mrs Macquaries Chair ❸

Mrs Macquaries Rd. **Plan** 2 E2.
🚌 *Sydney Explorer, 888.* ♿ 🅿

E ntre Farm Cove et Woolloomooloo Bay, la Mrs Macquaries Road forme une boucle étirée le long d'une grande partie des Royal Botanic Gardens. Elle fut construite par des forçats à l'instigation d'Elizabeth Macquarie, la femme du gouverneur. Celle-ci se fit aussi sculpter un fauteuil dans la roche à l'endroit où elle aimait s'arrêter dans sa promenade pour contempler la vue. Bien que le panorama ait beaucoup changé, le spectacle du port incite toujours à la méditation.

Mrs Macquarie a aussi donné son nom à la pointe de la presqu'île, Mrs Macquaries Point, où les Sydneysiders aiment à venir pique-niquer sur les pelouses, en particulier au coucher du soleil.

Fort Denison ❹

Sydney Harbour. **Plan** 2 E1. ☎ *(02) 9247 5033.* 🚌 *Circular Quay.*
⏰ *en bateau depuis Circular Quay à 12 h et 14 h t.l.j., 10 h les sam. et dim.*
⏰ *25 déc.* 📷 🅿 *réserver (02) 9206 1166.*

T out d'abord baptisé Rock Island, cet îlot prit aussi le surnom de « Pinchgut » (« Pince-boyau »), sans doute à cause des maigres rations qu'y recevaient les bagnards envoyés là en punition pendant les premières années de la colonie. L'un d'eux, Francis Morgan, condamné pour assassinat, y fut pendu en 1796.

La seule tour à la Martello d'Australie, une batterie d'artillerie et une caserne se dressent

Le Fort Denison en 1907

toujours sur le rocher. Leur construction dura de 1855 à 1857 et la place forte prit le nom du gouverneur de l'époque. Chaque jour à 13 h, un coup de canon continue d'être tiré du Fort Denison. Il permettait jadis aux navigateurs de vérifier l'exactitude de leurs chronomètres, instruments essentiels en mer pour déterminer les latitudes.

L'île offre un bon point de vue des activités du port, notamment lors du feu d'artifice du 31 décembre (*p. 37*). Des visites guidées permettent de découvrir l'île au départ de Circular Quay, mais mieux vaut réserver sa place à l'avance.

Art Gallery of New South Wales ❺

Voir p. 106-107.

Le Conservatorium of Music borde les Royal Botanic Gardens

The Domain ❻

Art Gallery Rd. **Plan** 1 C4. ▭ *Sydney Explorer, 888.* ♿

Selon une vieille tradition, le parc du Domain accueille en janvier concerts et autres manifestations à l'occasion du festival de Sydney. Le public apporte couvertures et paniers de pique-nique pour profiter au mieux du spectacle.

En cas de crise, cet ancien jardin privé du gouverneur sert aussi de point de ralliement aux Sydneysiders hostiles à certaines décisions politiques. Ce fut le cas lorsqu'il fut question d'instaurer la conscription en 1916 ou lors de la destitution, en 1975, du Premier ministre par le gouverneur général. Depuis la fin du siècle dernier, The Domain renferme également l'équivalent australien du « coin des orateurs » de Hyde Park à Londres. Aujourd'hui c'est plus probable de voir des joggers ou des employés de bureau jouer au football aux heures du déjeuner, ou simplement profitant de l'ombre.

Le port vu du Domain

State Library of New South Wales ❼

Macquarie St. **Plan** 4 F1. ☎ *(02) 9273 1414.* ▭ *Sydney Explorer, lignes d'Elizabeth St.* ○ *9 h-21 h, lun-ven ; 11 h-17 h, sam. et dim.* ● *la plupart des jours fériés.* ♿ ☑

La bibliothèque d'État de Nouvelle-Galles du Sud occupe deux bâtiments reliés par une passerelle vitrée. Le plus ancien, la majestueuse Mitchell Library en grès, date de 1906 et fait face aux Royal

Réplique en mosaïque de la carte de Tasman, State Library of NSW

Botanic Gardens *(p. 102-103)*. Dans le vestibule, sous une voûte soutenue par de puissantes colonnes, le pavement du sol reproduit en mosaïque de marbre une carte ancienne détaillant les deux voyages d'exploration effectués dans les années 1640 par le navigateur hollandais Abel Tasman *(p. 45)*. Elle montre les deux navires de la première expédition au large du littoral méridional de l'Australie et les deux de la seconde en face de la côte nord-ouest. La carte originelle fait partie de la collection de peintures, livres et documents historiques de la Mitchell Library. Au-delà se situe la salle de lecture meublée de rayonnages en chêne et éclairée par une verrière.

Agréable construction contemporaine, l'aile la plus récente borde Macquarie St *(p.110-111)*. Elle abrite la General Reference Library ouverte à tous. De l'autre côté de la Mitchell Library, la Dixson Gallery propose des expositions renouvelées régulièrement.

Devant la bibliothèque, du côté de Macquarie St, se dresse la statue de Matthew Flinders, le premier navigateur à avoir effectué le tour de l'Australie *(p. 48)*. L'appui de fenêtre derrière lui porte la sculpture de son compagnon d'aventure, son chat Trim.

Parliament House ❽

Macquarie St. **Plan** 4 F1. ☎ *(02) 9230 2111.* ▭ *Sydney Explorer, lignes d'Elizabeth St.* ○ *hors des sessions : 9 h-16 h 30, lun.-ven. ; en session, 9 h-19 h, lun.-ven.* ● *jours fériés.* ♿ ☑

La partie centrale du parlement de Nouvelle-Galles du Sud occupe une aile de l'ancien Sydney Hospital construit entre 1811 et 1816 *(p. 109)*. Agrandi deux fois au XIXᵉ siècle, puis de nouveau dans les années soixante-dix et quatre-vingt, l'édifice abrite le siège du gouvernement depuis que le Legislative Council y tint sa première réunion vers 1820. Il renferme à l'heure actuelle les deux chambres du Parlement, qui fonctionne sur le modèle de celui de l'État fédéral, ainsi que les bureaux des services parlementaires.

Les souvenirs exposés dans la Jubilee Room illustrent l'histoire législative de la Nouvelle-Galles du Sud et l'évolution du Parliament House. L'aile en tôle ondulée et à la façade en fonte attachée à l'extrémité sud de l'édifice arriva d'Angleterre en pièces détachées. Elle devint en 1856 le siège du nouveau Legislative Council et le bois de ses caisses d'emballage servit à parer la salle de réunion.

Globe céleste de Malby, Parliament House

L'Art Gallery of New South Wales ❺

Sculpture des Cyclades

Fondée en 1874, la Galerie d'art de Nouvelle-Galles du Sud occupe depuis 1897 l'imposant édifice dessiné par l'architecte W.L. Vernon. Deux statues équestres, *Les Offrandes de la paix* et *Les Offrandes de la guerre,* accueillent les visiteurs à l'entrée. Le musée possède des sections consacrées aux arts australien, européen et asiatique, aux créations contemporaines et à la photographie. Il possède aussi une riche collection de gravures et de dessins. La Yiribana Gallery, ouverte en 1994, est la plus grande galerie au monde exclusivement dédiée à l'art et à la culture des Aborigènes et des insulaires du détroit de Torres.

Sofala *(1947)*
Des villes fantômes dévastées par des forces naturelles hantent l'œuvre de l'Australien Russell Drusdale.

Sunbaker *(1937)*
Cette évocation par Max Dupain de l'hédonisme australien s'appuie sur des lignes pures et géométriques et une lumière violente. Elle tire sa force de sa simplicité.

La Terrasse de sculptures expose des sculptures en plein air.

1er étage

Vierge à l'Enfant avec saint Jean-Baptiste
Le maniériste Domenico Beccafumi peignit cette huile sur bois vers 1541.

Des expositions temporaires, souvent de grands artistes australiens, ont lieu ici toute l'année.

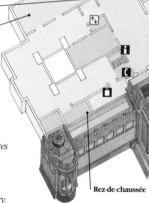

Rez-de-chaussée

À NE PAS MANQUER

★ **The Golden Fleece - Shearing at Newstead** par **Tom Roberts**

★ **Les poteaux funéraires pukumani**

SUIVEZ LE GUIDE !
La collection occupe cinq niveaux en commençant par le haut. Le 1er étage abrite les photographies, le rez-de-chaussée la majorité des œuvres européennes et australiennes, le sous-sol 1 les expositions temporaires, le sous-sol 2 les gravures européennes du xxe siècle et le 3 la Yiribana Gallery.

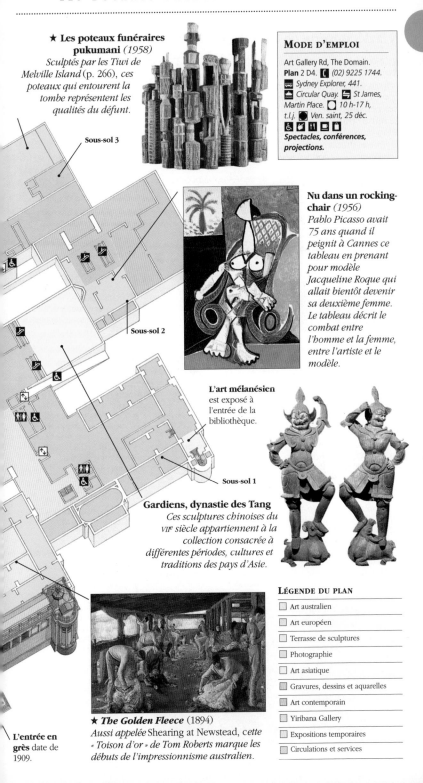

★ Les poteaux funéraires pukumani *(1958)*

Sculptés par les Tiwi de Melville Island (p. 266), ces poteaux qui entourent la tombe représentent les qualités du défunt.

Sous-sol 3

MODE D'EMPLOI

Art Gallery Rd, The Domain.
Plan 2 D4. (02) 9225 1744.
Sydney Explorer, 441.
Circular Quay. St James, Martin Place. 10 h-17 h, t.l.j. Ven. saint, 25 déc.

Spectacles, conférences, projections.

Sous-sol 2

Nu dans un rocking-chair *(1956)*

Pablo Picasso avait 75 ans quand il peignit à Cannes ce tableau en prenant pour modèle Jacqueline Roque qui allait bientôt devenir sa deuxième femme. Le tableau décrit le combat entre l'homme et la femme, entre l'artiste et le modèle.

L'art mélanésien est exposé à l'entrée de la bibliothèque.

Sous-sol 1

Gardiens, dynastie des Tang

Ces sculptures chinoises du VIIe siècle appartiennent à la collection consacrée à différentes périodes, cultures et traditions des pays d'Asie.

LÉGENDE DU PLAN

- Art australien
- Art européen
- Terrasse de sculptures
- Photographie
- Art asiatique
- Gravures, dessins et aquarelles
- Art contemporain
- Yiribana Gallery
- Expositions temporaires
- Circulations et services

L'entrée en grès date de 1909.

★ The Golden Fleece *(1894)*

Aussi appelée Shearing at Newstead, *cette « Toison d'or » de Tom Roberts marque les débuts de l'impressionnisme australien.*

À la découverte de l'Art Gallery

La collection permanente de la galerie incluait des peintures australiennes dès 1875, mais ses responsables commencèrent à acquérir des œuvres d'art non-britanniques seulement à partir des années vingt et des peintures aborigènes à partir des années quarante. Le musée propose aussi de grandes expositions temporaires, notamment celles des prix Archibald, Wynne et Sulman attribués chaque année, et à l'origine de nombreuses controverses.

Interior with Wardrobe Mirror (1955) de Grace Cossington Smith

Western Australian Gum Blossom de Margaret Preston date de 1928. De *Boy in Township* (1943) à *Burke* (v. 1962), le travail de Sydney Nolan exploite les mythes de l'histoire australienne. À voir également, de belles œuvres de William Dobell, Russell Drysdale, Arthur Boyd, Grace Cossington Smith et Brett Whiteley *(p. 30)*.

La Yiribana Gallery réunit les créations d'Aborigènes et d'insulaires du détroit de Torres. Elles mettent en évidence la capacité des artistes contemporains à associer styles traditionnels et nouveaux supports tout en conservant leur identité.

Les premières acquisitions comprennent des peintures sur écorce utilisant des pigments naturels, représentant souvent des scènes de la vie quotidienne. *Three Mimis Dancing* (1964) de Samuel Wagbara, sur écorce également, s'inspire des mythes de la création. Emily Kame Kngwarreye rend honneur à la terre d'où elle vient avec de riches tableaux pointillistes.

Study for Self Portrait (1976) par le Britannique Francis Bacon

ART EUROPÉEN

La collection européenne s'étend du Moyen Âge à l'époque moderne et accorde une large place à des artistes britanniques des XIXᵉ et XXᵉ siècles tels que Francis Bacon.

En art ancien, l'Italie est bien représentée, et l'on peut aussi admirer des œuvres néo-classiques ou préraphaélites comme *Chaucer at the Court of Edward III* (1845-1851) de Ford Madox Brown.

L'exposition inclut également des tableaux de Pissaro, *Nu dans un rocking-chair* (1956), et de Monet. Henry Moore acheva en 1980 la sculpture *Reclining Figure : Angles*.

Reclining Figure : Angles (1980) de Henry Moore

ART AUSTRALIEN

Parmi les toiles les plus importantes de la période coloniale figurent *Natives on the Ouse River, Van Diemen's Land* (1838), où John Glover a représenté des Aborigènes de Tasmanie quarante ans avant leur totale disparition. L'ancienne aile renferme aussi d'intéressants tableaux de l'école de Heidelberg *(p. 30)* par Charles Conder, Frederick McCubbin et Arthur Streeton. Ils voisinent avec *The Golden Fleece-Shearing at Newstead* (1894) de Tom Roberts.

L'Australie mit du temps à se convertir au modernisme.

PHOTOGRAPHIE

La collection offre un panorama très complet de la photographie australienne de 1975 à nos jours. Elle met l'accent depuis peu sur la constitution d'un fond d'œuvres du XIXᵉ siècle et comprend près de 3 000 tirages, entre autres de Charles Kerry, Charles Bayliss et Harold Cazneaux, figure majeure du pictorialisme du début du siècle.

L'exposition présente aussi des photographes étrangers tels que Muybridge, Robert Mapplethorpe et Man Ray.

The Balcony (2) peint par Brett Whiteley en 1975

ART ASIATIQUE

Cette section propose des pièces chinoises datant d'avant la dynastie des Shang (v. 1766-v. 1112 av. J.-C.) jusqu'au XXᵉ siècle, notamment des porcelaines Ming, des poteries funéraires *(mingqui)* et des sculptures.

La collection japonaise comprend notamment des œuvres d'artistes majeurs de la période Edo (1616-1867). Laques, céramiques et sculptures représentent l'Inde et l'Asie du Sud-Est.

GRAVURES ET DESSINS

La tradition européenne est illustrée de la Haute Renaissance aux XIXᵉ et XXᵉ siècles avec des travaux de Rembrandt, Constable, William Blake, Edvard Munch et Egon Schiele. L'intérêt porté aux artistes australiens des cent dernières années a suscité la constitution d'un fond exceptionnel d'œuvres de Thea Proctor, Norman et Lionel Lindsay et Lloyd Rees.

Affiche pour la Sécession de Vienne (1918) par Egon Schiele

ART CONTEMPORAIN

L'exposition s'articule autour des grands thèmes des années soixante-dix. Les œuvres d'Australiens tels que Ian Burn, Ken Unsworth, Imans Tillers et Susan Norrie voisinent avec celles de créateurs étrangers comme Yves Klein, Cindy Sherman, Richard Deacon ou encore Philip Guston.

Il Porcellino, sanglier en bronze installé devant le Sydney Hospital

Sydney Hospital ❾

Macquarie St. **Plan** 1 C4. 📞 (02) 9382 7111. 🚌 Sydney Explorer, lignes d'Elizabeth St. 🕐 t.l.j. 📷 pour la visite. ♿ 🎫 sur demande.

Cet ensemble imposant de bâtiments victoriens en grès occupe l'emplacement de la partie centrale du premier hôpital de Sydney édifié grâce à la main-d'œuvre fournie par les bagnards. Il fut surnommé le Rum Hospital parce que ses constructeurs reçurent en paiement le droit d'importer du rhum destiné à la revente. Les ailes nord et sud, d'origine, abritent respectivement le Parliament House *(p. 105)* et le Sydney Mint. Le corps central fut démoli en 1879 et l'hôpital actuel, toujours opérationnel, achevé en 1894.

De style néo-classique, l'édifice possède un escalier baroque et un hall central décoré d'élégants vitraux. Dans la cour intérieure, la fontaine Art déco de 1907 paraît quelque peu déplacée avec ses couleurs vives.

Devant l'hôpital se trouve un sanglier en bronze appelé *Il Porcellino.* Il s'agit d'une copie de la statue du XVIIᵉ siècle qui orne une fontaine du Mercato Nuovo de Florence, elle-même réplique d'un marbre romain. Offerte en 1968 par une Italienne qui avaient des

Vitrail du Sydney Hospital

parents employés à l'hôpital, la sculpture est un plaisant symbole des relations amicales qui règnent entre l'Italie et l'Australie. Comme celui de son homologue florentin, le groin du sanglier est supposé porter chance à ceux qui le caressent.

Sydney Mint ❿

Macquarie St. **Plan** 1 C5. 📞 (02) 9217 0311. 🚌 Sydney Explorer, lignes d'Elizabeth St. ⬛ fermé au public.

Les ruées vers l'or du milieu du XIXᵉ siècle bouleversèrent l'économie de l'Australie coloniale *(p. 50-51)* et imposèrent en 1854 la création à Sydney, dans l'aile sud du Rum Hospital, d'un hôtel de la Monnaie habilité à transformer le métal précieux en pièces et lingots. Cette première succursale de la Royal Mint jamais établie hors de Londres ne put toutefois résister à la concurrence de celles de Melbourne *(p. 379)* et de Perth *(p. 297)* et ferma ses portes en 1927.

C'est le Powerhouse Museum *(p. 98-99)* qui possède désormais les souvenirs et machines de l'ancien hôtel de la Monnaie. Le Sydney Mint abrite le siège du New South Wales Historic Houses Trust, ainsi qu'un agréable café qui domine Macquarie Street *(p. 110-111).*

Hyde Park Barracks ⓫

Queens Square, Macquarie St.
Plan 1 C5. ▐ (02) 9223 8922.
🚇 St James, Martin Place.
🕒 9 h 30-17 h, t.l.j. ⬤ ven. saint,
25 déc. 🈲 ♿ premier niveau
seulement 🎫 les groupes.

L'édifice en grès, considéré comme le chef-d'œuvre de Francis Greenway (p. 161) pour l'harmonie de ses proportions, fut qualifié de « spacieux » et « aéré » par le gouverneur Macquarie. Sa construction, menée par une main-d'œuvre de *convicts*, s'acheva en 1819. Le bâtiment avait pour fonction d'héberger 600 bagnards, ces derniers étant jusqu'alors obligés de trouver eux-mêmes où dormir

Reconstitution d'un dortoir de forçats aux Hyde Park Barracks

après leur journée de travaux forcés. Il abrita ensuite de jeunes orphelins irlandais, des femmes immigrantes célibataires puis une cour de

justice. Remanié en 1990, il a été transformé en musée consacré à sa propre histoire.

L'exposition comprend la reconstitution d'un dortoir de forçats, ainsi que divers documents, maquettes et souvenirs. Les rats ont apporté leur contribution à la collection car c'est dans leurs nids que les archéologues ont pu retrouver nombre des objets présentés.

Au premier étage, la Greenway Gallery accueille des expositions variées. Le Barracks Café incorpore l'ancienne geôle et donne vue de la cour où les bagnards recevaient jadis le fouet.

Par intermittence pendant les vacances scolaires, le musée permet de vivre une « nuit de *convict* », couché dans un hamac en dortoir.

MACQUARIE STREET

Décrite dans les années 1860 comme l'une des rues les plus lugubres de Sydney, Macquarie Street, ouverte aux brises marines près du parc du Domain, permet aujourd'hui de découvrir au rythme d'une agréable promenade à pied l'héritage architectural de la ville.

Cette aile de la bibliothèque fut reliée à la Mitchell Library par une passerelle vitrée en 1988.

La Mitchell Library possède un portique (1906) aux colonnes ioniques.

Le Parliament House occupe l'ancienne aile nord du Rum Hospital.

1. STATE LIBRARY OF NSW (1906-1941)

2. PARLIAMENT HOUSE (1811-191

Le toit du Sydney Mint a retrouvé, après restauration, ses bardeaux de casuarina.

Le Sydney Mint, comme le Parliament House, présente en façade un double étage de galeries.

Hyde Park Barracks Café

4. SYDNEY MINT (1816)

St James Church ⑫

179 King St. **Plan** 1 B5. 📞 (02) 9232 3022. 🚇 St James, Martin Place. 🕐 9 h-17 h, t.l.j. ♿ en cours.

Cet harmonieux monument georgien édifié en 1819 avec des briques fabriquées par des forçats devait servir de tribunal. Mais son architecte, Francis Greenway, dut le transformer en église en 1820 après l'abandon d'un projet de cathédrale dans George Street.

Greenway conçut un sanctuaire simple mais élégant. Consacré en 1824, c'est le plus ancien de Sydney. Il a connu de nombreux remaniements, effectués notamment par John Verge qui plaça la chaire devant les bancs au loyer le plus élevé, le prêtre tournait ainsi le dos aux rangs occupés par soldats et forçats. La Children's Chapel est un ajout de 1930.

Des plaques de marbre évoquent la mémoire de membres éminents de la paroisse du début du XIXᵉ siècle. Beaucoup périrent de mort violente, explorateurs malchanceux, victimes d'accidents ou de naufrages.

Détail du décor de la Children's Chapel, crypte de St James Church

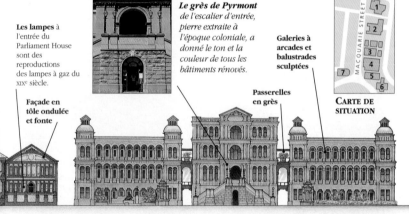

Les lampes à l'entrée du Parliament House sont des reproductions des lampes à gaz du XIXᵉ siècle.

Façade en tôle ondulée et fonte

Le grès de Pyrmont *de l'escalier d'entrée,* *pierre extraite à* *l'époque coloniale, a* *donné le ton et la* *couleur de tous les* *bâtiments rénovés.*

Passerelles en grès

Galeries à arcades et balustrades sculptées

MACQUARIE STREET

CARTE DE SITUATION

3. SYDNEY HOSPITAL *(1868-1894)*

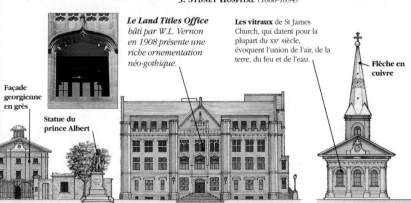

Façade georgienne en grès

Statue du prince Albert

Le Land Titles Office *bâti par W.L. Vernon* *en 1908 présente une* *riche ornementation* *néo-gothique.*

Les vitraux de St James Church, qui datent pour la plupart du XXᵉ siècle, évoquent l'union de l'air, de la terre, du feu et de l'eau.

Flèche en cuivre

5. HYDE PARK BARRACKS *(1817-1819)*   **6. LAND TITLES OFFICE** *(1908-1913)*   **7. ST JAMES** *(1820)*

Entrée principale d'une maison victorienne de Paddington superbement restaurée

KINGS CROSS, DARLINGHURST ET PADDINGTON D'UN COUP D'ŒIL

KINGS CROSS, DARLINGHURST ET PADDINGTON

ien qu'ils soient deve-nus résidentiels, les fau-bourgs de Kings Cross et Darlinghurst sont encore souvent associés à la pègre qui y avait élu domicile dans les années vingt. Kings Cross reste d'ailleurs proche du quartier chaud de Sydney et jouit d'une atmos-phère animée grâce à ses nombreux cafés. Darlinghurst prend tout son

Détail de la façade du Del Rio (p. 115)

éclat en février lors de l'exubé-rant Gay and Lesbian Mardi Gras Festival. Réputé pour ses splendides maisons victo-riennes aux balcons ornés, Paddington abrite de bons restaurants, des galeries d'art et des boutiques d'antiquités. Le samedi, la foule qui se presse au Paddington Bazaar déborde dans les pubs et les cafés des alentours.

COMMENT Y ALLER
Il existe une gare à Kings Cross. Le bus 311 traverse Kings Cross et Darlinghurst, quartiers où les lignes 324 et 325 se révèlent également utiles. Les bus 378, 380 et 382 suivent Oxford St jusque dans Paddington, le 389 passe dans des rues moins fréquentées.

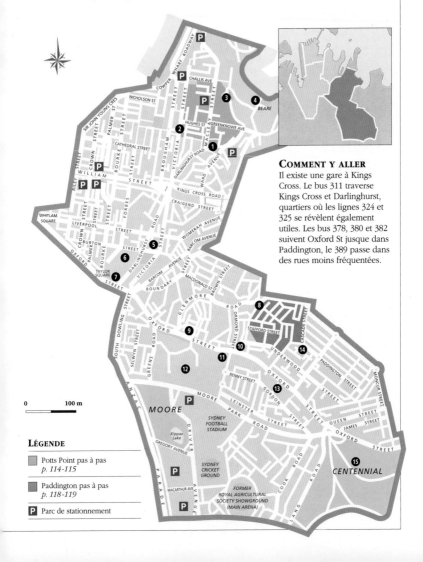

LÉGENDE

Potts Point pas à pas
p. 114-115

Paddington pas à pas
p. 118-119

P Parc de stationnement

0   100 m

Potts Point pas à pas

Détail d'une fontaine

Les demeures victoriennes qui bordent les rues de ce vieux faubourg offrent un bon exemple des conceptions urbanistiques du XIXᵉ siècle et du désir d'harmonie qui conduisaient les architectes à respecter le paysage urbain. Les formes monumentales, ainsi que les détails des frises, des corniches et des parapets en stuc, et même les tympans aux motifs en arête de poisson, respectaient un cahier des charges qui alla jusqu'à prévoir en 1831 que toutes les maisons devaient coûter au moins mille livres. L'ombre des porches des maisons, qui prolonge celle des arbres de la rue, contribue à faire d'une promenade dans Potts Point un moment de détente, rafraîchissant pendant les jours d'été.

Les McElhone Stairs ont remplacé l'échelle de bois qui reliait Woolloomooloo Hill ou Kings Cross au domaine inférieur.

Horderns Stairs

Ces villas aux jardins verdoyants ont un style inspiré du classicisme.

★ **Victoria Street**
Entre 1972 et 1974, les habitants de cette rue historique durent se battre contre les promoteurs qui voulaient y bâtir tours et immeubles ❷

Gare de Kings Cross

Le Werrington, immeuble d'aspect sévère, a conservé d'exubérants éléments Art déco cachés sous de la peinture brune.

La Tusculum Villa fut une des maisons bâties vers 1830 selon un cahier des charges précis, entre autres être tournée vers la Government House et avoir une valeur élevée.

À NE PAS MANQUER

★ **L'Elizabeth Bay House**

★ **Victoria Street**

Challis Avenue, belle artère ombragée, renferme ce groupe de *terrace houses* inhabituelles avec leur grande colonnade en rez-de-chaussée et leurs arches fermant de profondes terrasses.

CARTE DE SITUATION
Voir l'atlas des rues, plan 2

Rockwall, la maison de style Regency, compacte et symétrique, a été conçue entre 1830 et 1837 par John Verge.

Le Del Rio, immeuble d'appartements de style Spanish Mission, témoigne des influences venues de Californie pendant le premier quart du xxe siècle.

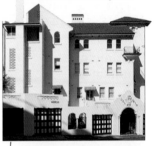

Landmark Hotel

The Arthur McElhone Reserve

★ L'Elizabeth Bay House
Un contemporain décrivait ainsi dans les années trente la beauté du jardin : « des arbres de Rio, des Indes, de Chine… les bulbes du Cap sont splendides. » 3

Birtley Towers Art Deco

Elizabeth Bay faisait partie de la concession accordée à Alexander Macleay. Il y aménagea un paradis de botaniste agrémenté d'étangs, de grottes ornementales et de sentiers sinueux qui conduisent à l'océan.

LÉGENDE

— — — Itinéraire conseillé

0   50 m

L'El Alamein Fountain au cœur de Kings Cross

El Alamein Fountain ❶

Fitzroy Gardens, Macleay St, Potts Point. **Plan** 2 E5. 🚌 *311.*

Cette fontaine en forme de fleur de pissenlit, édifiée en 1961, est située au cœur du quartier de Kings Cross. Elle commémore le rôle de l'armée australienne pendant la Seconde Guerre mondiale dans le siège de Tobrouk en Lybie et la bataille d'El Alamein en Égypte. Elle a la réputation de fonctionner de façon si erratique que les passants murmurent souvent : elle m'aime, un peu, beaucoup… L'éclairage lui donne la nuit une grande légèreté.

Victoria Street ❷

Potts Point. **Plan** 5 B2. 🚌 *311, 324, 325.*

Au terme de Potts Point, cette rue où quelques immeubles incongrus s'intercalent entre des maisons du XIXᵉ siècle est considérée selon les normes de Sydney comme un boulevard. Elle fut au début des années soixante-dix l'enjeu d'une âpre bataille menée par ses habitants pour empêcher les promoteurs de remplacer les bâtiments anciens par des buildings.

Il est presque certain que cette lutte coûta la vie à l'un des plus ardents défenseurs du patrimoine historique du quartier. Juanita Nielsen, éditrice d'un journal local dont elle avait hérité, s'opposa avec vigueur aux projets immobiliers et disparut le 4 juillet 1975. L'enquête menée sur les causes de cette disparition est restée sans conclusion.

Si ce combat a permis de préserver la majorité des vieux édifices de la rue, les personnes à petits revenus qui les défendirent à l'époque ne les occupent plus aujourd'hui, ayant été évincées par une population aisée et branchée.

Juanita Nielsen

Elizabeth Bay House ❸

7 Onslow Ave, Elizabeth Bay. **Plan** 2 F5. 📞 *(02) 9356 3022.* 🚌 *Sydney Explorer, 311.* ⏱ *10 h-16 h 30, mardim.* ⬛ *ven. saint, 25 déc.* 🏷

Propriété de l'Historic Houses Trust of New South Wales et ouverte au public depuis 1977, cette demeure de style Greek Revival possède le plus bel intérieur datant de la période coloniale. John Verge la dessina pour le secrétaire colonial Alexander Macleay. Les travaux commencèrent en 1835 mais les problèmes financiers du commanditaire imposèrent leur arrêt en 1839 alors que la colonnade et le portique prévus par l'architecte restaient inachevés. L'aspect extérieur de l'édifice en souffre malgré l'ajout d'un portique en 1893. Le salon ovale coiffé d'une coupole et doté d'un escalier en porte-à-faux est toutefois reconnu comme le chef-d'œuvre de Verge. Le mobilier correspond au mobilier d'origine car il fut choisi d'après des inventaires dressés en 1845. Ceux-ci furent établis pour la cession de la maison et de son contenu au fils de Macleay, William Sharp.

Après le lotissement, entre 1880 et 1927, du terrain d'une superficie de 22 ha, la villa elle-même fut divisée en quinze logements au milieu du XXᵉ siècle. L'artiste Donald Friend occupa l'un d'eux. En 1942, il put voir depuis son balcon le ferry *Kuttabul* touché par la torpille d'un sous-marin japonais.

L'escalier en porte-à-faux du salon ovale, Elizabeth Bay House

Beare Park ❹

Ithaca Rd, Elizabeth Bay. **Plan** 2 F5. 🚌 *311, 350.*

Ce jardin public en forme d'amphithéâtre, aujourd'hui encerclé par des immeubles d'appartements, est l'un des rares espaces verts d'un quartier très peuplé. Il faisait jadis partie du domaine d'Alexander Macleay. J.C. Williamson, célèbre producteur de théâtre américain habita un temps une demeure établie sur la pointe orientale des pelouses.

Le Beare Park ménage un magnifique panorama d'Elizabeth Bay.

Étoile de David dans l'entrée du Sydney Jewish Museum

Sydney Jewish Museum ❺

148 Darlinghurst Rd, Darlinghurst.
Plan 5 B2. 📞 *(02) 9360 7999.*
🚌 *Sydney, Bondi et Bay Explorer, 311, 378.* ⏰ *10 h-16 h, lun.-jeu. ; 10 h-14 h, ven. ; 11 h-17 h, dim.* ⚫ *sam., fêtes juives.* 🈂️ ♿ ▶️

Seize forçats juifs se trouvaient sur les bateaux de la Première Flotte, beaucoup d'autres les suivirent avant l'arrêt de la déportation de *convicts* en 1868. Quelques-uns purent profiter des opportunités que leur offrait la jeune colonie et s'établir.

Le Musée juif de Sydney présente au rez-de-chaussée les traditions et la culture de l'actuelle communauté juive d'Australie. En grimpant l'escalier qui dessert les six étages en mezzanine, le visiteur découvre des expositions chronologiques et thématiques qui retracent l'Holocauste. À chaque niveau, des survivants des camps de concentration font office de guides.

Photographies et documents graphiques illustrent l'enchaînement des événements, de la montée en puissance de Hitler jusqu'à la Nuit de cristal, de l'évacuation des ghettos jusqu'à la « solution finale », et, enfin, de la libération des camps de la mort jusqu'au procès de Nuremberg.

Des installations audiovisuelles, des témoignages oraux et des souvenirs, dont certains ont été exhumés de fosses communes, complètent la présentation.

Old Gaol, Darlinghurst ❻

Angle de Burton St et Forbes St, Darlinghurst. **Plan** 5 A2. 📞 *(02) 9339 8666.*
🚌 *378, 380, 382.* ⏰ *7 h 30-22 h, lun.-ven.* ⚫ *jours fériés.* ♿

Baptisé Woolloomooloo Stockade (prison de Woolloomooloo) avant de devenir la Darlinghurst Gaol (prison de Darlinghurst), ce corps de bâtiments fait désormais partie du Sydney Institute of Technology. Sa construction, entreprise en 1822, prit vingt ans.

Entourés par des murs de près de 7 m d'épaisseur en pierre extraite et taillée sur place, les quartiers de détention rayonnent autour d'une rotonde centrale.

Entre 1841 et 1908, 67 exécutions capitales eurent lieu. Le bourreau le plus célèbre, Alexander Green « l'Étrangleur », aurait donné son nom au Green Park voisin. Green habitait en effet à proximité avant de devoir se réfugier à l'intérieur de la prison.

Celle-ci devint en 1921 une école d'art où certains des plus grands talents d'Australie étudièrent ou enseignèrent.

L'Old Gaol aujourd'hui intégrée au Sydney Institute of Technology

Darlinghurst Court House ❼

Forbes St, Darlinghurst. **Plan** 5 A2.
📞 *(02) 9368 2947.* 🚌 *378, 380, 382.* ⏰ *fév.-déc. : 10 h-16 h, t.l.j. sauf sam.* ⚫ *janv., jours fériés.* ♿ ▶️

Ce joyau d'architecture Greek Revival, coincé entre Taylors Square, d'un goût douteux et la lugubre Old Gaol à laquelle le relient des passages souterrains, paraît déplacé. L'architecte colonial Mortimer Lewis débuta sa construction en 1835 mais ne réalisa que le corps central du bâtiment principal doté d'un portique soutenu par six colonnes doriques. Les ailes qui l'encadrent furent ajoutées vers 1880. Le tribunal de Darlinghurst, toujours en fonction, juge principalement des procès criminels.

Beare Park, un paisible espace vert ayant vue sur le port

Paddington pas à pas

L'essor de Paddington commença dans les années 1840 après qu'on décida de construire les Victoria Barracks. Il s'agissait alors « d'un endroit à l'aspect des plus sauvages… dunes de sable ponctuées de taches de broussailles, creux et bosses en abondance ». Cependant, le terrain trouva rapidement des acquéreurs qui élevèrent des rangs de *terrace houses*

Épi victorien d'Union Street (maisons de même style) parfois très étroites. Menacé de démolition après la Grande Dépression, le quartier fut sauvé par l'arrivée des immigrants de l'après-guerre.

★ Five Ways
Ce pôle commercial sur Glenmore Road se développa à la fin du XIXᵉ siècle 🔟

Sur Duxford Street, l'uniformité des *terrace houses* aux teintes claires répondait à la conception victorienne de l'harmonie urbaine.

Les **« maisons en pain d'épice »** de Broughton Street et Union Street ont un décor tellement fantaisiste (pignons à forte pente avec bordures ajourées) que leur style prit le nom de « gothique pittoresque ».

La London Tavern ouverte en 1875 est le plus ancien pub de banlieue. Comme beaucoup de commerces du faubourg, elle est située à l'extrémité d'une rangée de *terrace houses*.

À NE PAS MANQUER

★ Five Ways

★ Paddington Street

LÉGENDE

– – – Itinéraire conseillé

La Sherman Gallery occupe un édifice moderne et expose des sculptures et des peintures contemporaines australiennes et étrangères. Des accès spécialement aménagés permettent l'entrée de grandes œuvres, des tapisseries notamment.

CARTE DE SITUATION
Voir l'atlas des rues, plans 5 et 6

Paddington's streets, abondent de galleries, de bars et de restaurants. Une promenade dans ces rues est une expérience des plus agréables.

Warwick, demeure bâtie vers 1860 au bout d'un rang d'humbles maisons, est d'un style parfois qualifié avec poésie d'« arthurien ». Tourelles et créneaux ornent jusqu'au garage situé à l'arrière de la maison.

Windsor Street abrite des maisons, dont certaines font seulement 4,5 m de largeur.

Le percement des rues fut parfois compliqué à Paddington. Il fallut notamment endiguer une chute d'eau pour ouvrir Cascade Street.

★ Paddington Street
Les platanes font de l'ombre à certaines des plus belles demeures victoriennes du faubourg. Entre 1860 et 1890, 3800 maisons y furent construites **14**

0   50 m

c'était une banlieue ouvrière principalement habitée par les charpentiers, les carriers et les maçons qui encadraient les équipes de bagnards qui construisaient dans les années 1840 les Victoria Barracks.

Ces artisans et leurs familles occupaient des rues étroites bordées de maisons spartiates bâties, comme la caserne et les hôtels et magasins du quartier, en pierre extraite sur place. Quelques-unes de ces demeures subsistent.

Balcon du Royal Hotel

Five Ways ❽

Angle de Glenmore Rd et Heeley St. **Plan** 5 C3. 🚌 389.

Ce pittoresque carrefour où trois rues se croisent sur Glenmore Road regroupa au tournant du siècle de nombreux magasins. Il était situé sur la ligne de tramways qui reliait la ville à Bondi Beach *(p. 122)*. Aux cinq angles de l'intersection se dressent toujours les boutiques de l'époque. L'une d'elles est devenue un restaurant.

Hôtel typique de la période de sa construction (1888) avec ses ferronneries ouvragées et son mélange de styles victorien et néo-classique, le Royal Hotel offre une vue du port depuis son balcon.

Paddington Village ❾

Angle de Gipps St et Shadforth St. **Plan** 5 C3. 🚌 378, 380, 382.

Paddington Village possède aujourd'hui une population jeune et aisée. À l'origine,

Juniper Hall ❿

250 Oxford St. **Plan** 5 C3. ☎ (02) 9258 0123. 🚌 378, 380, 382. ◯ *occasionnellement, se renseigner.*

Forçat libéré devenu distillateur de gin, Robert Cooper construisit ce superbe exemple d'architecture georgienne pour sa troisième femme, Sarah, et lui donna le nom du principal ingrédient servant à la fabrication de la liqueur qui avait fait sa fortune : le genièvre.

Achevée en 1824, la demeure est la plus ancienne de Paddington. Elle est aussi probablement la plus vaste du faubourg. En effet, Cooper avait déjà quatorze enfants quand il décida que Sarah aurait la plus belle maison de Sydney. Il en eut encore quatorze autres après son emménagement.

Sauvé de la démolition au milieu des années quatre-vingt et restauré, le Juniper Hall abrite désormais des bureaux sous l'auspice du National Trust.

Paddington Town Hall ⓫

Angle d'Oxford St et Oatley Rd. **Plan** 5 C3. 🚌 378, 380, 382. ◯ 10 h-16 h, lun.-ven. ⬤ jours fériés.

L'hôtel de ville de Paddington fut achevé en 1891 sur les plans de l'architecte J.E. Kemp dont le projet avait remporté le concours organisé par la municipalité. Il renferme désormais un cinéma, une bibliothèque, une station de radio, des bureaux et une grande salle de bal.

Paddington Town Hall

Victoria Barracks ⓬

Oxford St. **Plan** 5 B3. ☎ (02) 9339 3330. 🚌 378, 380, 382. **Musée** ◯ 10 h-13 h, jeu. ; 10 h-15 h, dim. 📷 dim. ⬤ 25 déc. ♿ 🎖 **Parade et visite :** 10 h, jeu.

D'une superficie de 12 ha, la caserne Victoria constitue l'ensemble de bâtiments de la fin de l'époque georgienne le plus

Façade georgienne du Juniper Hall superbement restauré

vaste et le mieux conservé d'Australie.

Elle fut construite entre 1841 et 1848, d'après les plans d'un ingénieur colonial, le lieutenant-colonel George Barney avec du grès extrait et taillé sur place. La caserne, conçue pour héberger 800 hommes, n'a jamais cessé d'être occupée. Le bâtiment renferme aujourd'hui des services administratifs militaires.

D'une longueur de 225 m, l'édifice principal possède des ailes symétriques agrémentées de porches en fonte encadrant une arcade centrale. Les murs de l'enceinte ont des fondations profondes de 10 m par endroits. Un ancien centre de détention abrite désormais un musée militaire.

Entrée des Victoria Barracks sur Oxford Street

Paddington Bazaar ⓭

395 Oxford St. **Plan** 6 D4. 📞 (02) 9331 2923. 🚌 378, 380, 382. 🕐 10 h-16 h, sam. 🌑 25 déc. ♿ *Voir **Faire des achats** p. 129*

Depuis 1973, ce marché a lieu tous les samedis, qu'il neige ou qu'il vente, sur le terrain de la Paddington Village Uniting Church. C'est probablement le plus coloré de Sydney, un endroit branché où l'on se montre et où l'on trouve aussi bien des bananes de culture biologique qu'un salon de massage. Les vendeurs viennent du monde entier et comprennent de jeunes stylistes qui veulent lancer leur carrière. Il existe aussi des étals de vêtements d'occasion et de toutes sortes d'objets artisanaux, bijoux, cuir et poterie notamment.

Le vaste espace vert du Centennial Park

Paddington Street ⓮

Plan 6 D3. 🚌 *378, 380, 382.*

Avec ses immenses platanes ombrageant la chaussée, ses petites galeries d'art et les belles *terrace houses* qui la bordent des deux côtés, Paddington Street est l'une des plus anciennes et des plus jolies rues du faubourg dont elle porte le nom. Celui-ci connut un essor rapide à la fin du XIXe siècle et nombre de ses rangs de maisons identiques datent de cette période. Destinées à la location, elles arboraient les « dentelles » en fer forgé, les pilastres et les frises, volutes et corniches ouvragées en vogue à l'époque.

Paddington tomba en déclin au début de ce siècle au profit de banlieues plus aérées, mais le charme de ses maisons victoriennes a récemment contribué au retour d'une population aisée près du centre-ville.

Maison de Paddington Street

Centennial Park ⓯

Plan 6 E5. 📞 *(02) 9339 6699.* 🚌 *lignes de Clovelly, Coogee, Maroubra, Bronte, Randwick, City, Bondi Beach et Bondi Junction.* 🕐 *mars-avr. : 6 h-18 h, t.l.j. ; mai-août : 6 h 30-17 h 30, t.l.j. ; sept.-oct. : 6 h-18 h, t.l.j. : nov.-fév. : 6 h-20 h, t.l.j.* 🎫 *sur demande.*

Le parc du Centenaire fermé par des portails en grès et fer forgé est un espace vert d'une superficie de 220 ha.

À l'origine simple terrain communal, ce parc fut dédié « pour toujours au plaisir du peuple de la Nouvelle-Galles du Sud » le 26 janvier 1888 pour le centenaire de la fondation de la colonie. Le 1er janvier 1901, plus de 100 000 personne s'y réunirent pour assister à la naissance du Commonwealth d'Australie quand le premier Premier ministre fédéral prêta serment devant le premier gouverneur général *(p. 52)*.

Le Centennial Park est un jardin à l'anglaise avec pelouses et roseraies ; il renferme des fontaines ornementales, un terrain de sport et une « avenue de palmiers » de 400 arbres. Le marais qui assurait jadis l'alimentation en eau de la ville sert aujourd'hui de refuge à de nombreuses espèces d'oiseaux aquatiques.

Le parc accueille ceux qui veulent pique-niquer, peindre, courir, faire du cheval, du vélo ou des rollers (chevaux, bicyclettes et rollers peuvent se louer). Un café propose petits déjeuners, déjeuners et snacks.

Hors du centre

L a périphérie du Grand Sydney recèle plusieurs sites dignes d'intérêt. Au nord de la baie se dessinent les paysages du Ku-ring-gai Chase National Park. Manly, banlieue située au nord de Sydney, entre la baie et l'océan, est très appréciée pour ses plages, à l'instar de Bondi, son équivalent méridional. À l'ouest, Paramatta conserve des édifices de la colonisation européenne, tandis que le parc olympique prépare les jeux de l'an 2000.

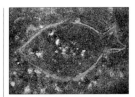
Gravure rupestre aborigène, Ku-ring-gai Chase National Park

LES SITES D'UN COUP D'ŒIL

Bondi Beach ❸
Ku-ring-gai Chase National Park ❶
Manly ❷
Parramatta ❺
Sydney Olympic Park ❹

LÉGENDE

▢	Centre de Sydney
▢	Grand Sydney
③	Ligne du Metroad (urbain)
▬	*Highway*
▬	Route principale

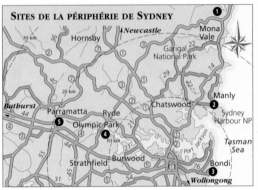

SITES DE LA PÉRIPHÉRIE DE SYDNEY

Newcastle · Mona Vale · Hornsby · Garigal National Park · Manly · Chatswood · Sydney Harbour NP · Batburst · Parramatta · Ryde · Olympic Park · Burwood · Tasman Sea · Strathfield · Bondi · Wollongong · Port Jackson

10 km = 6 miles

Ku-ring-gai Chase National Park ❶

Mc Carrs Creek Rd, Church Point.
🔜 1 Park St, Mona Vale (02) 9979 8717. ⏱ 10 h-16 h, jeu.-dim.

À une trentaine de kilomètres au nord du centre de Sydney, ce parc national s'étend sur 15 000 ha au sud de l'embouchure de la Hawkesbury River dans la Broken Bay creusée de criques datant de l'ère glaciaire. Cascades étincelantes et plages de sable doré composent le paysage. Les visiteurs disposent d'aires de pique-nique, de pistes cavalières et de sentiers pédestres. Ils peuvent également pratiquer le surf, la navigation de plaisance et la planche à voile.

La Hawkesbury River forme un méandre autour d'un terrain gréseux riche en art rupestre aborigène. Le Ku-ring-gai Park renferme en effet des centaines de sites ornés de gravures vieilles d'environ 2 000 ans, représentant baleines, requins, wallabies et échidnés ou esprits ancestraux.

Manly ❷

🚢 Manly. **Oceanworld** West Esplanade. 📞 (02) 9949 2644. ⏱ 10 h-17 h 30, t.l.j. ⬤ 25 déc. 🛇 ♿ 📷

L a plupart des Sydneysiders à qui on demande de recommander une excursion hors du centre proposent le trajet en ferry de 11 km entre Circular Quay et Manly, une station balnéaire qui occupe une étroite bande de terre entre le port et l'océan. La ville doit son nom (« Viril ») au

Concert sur le Corso, la rue piétonne de Manly

gouverneur Phillip qui fut fort impressionné par la stature des hommes aborigènes.

À droite du quai rénové de Manly, une fête foraine animée occupe la jetée voisine. À gauche, s'étire la plage paisible de la Manly Cove. Au bout de la plage, l'aquarium **Oceanworld** permet d'observer, grâce à son tunnel sous-marin, raies géantes et autres créatures marines. Les visiteurs les plus courageux peuvent plonger avec des requins.

Le Corso, voie piétonne bordée de boutiques de souvenirs et de fast-food, conduit à la plage de Manly située du côté de l'océan. D'imposants pins de Norfolk bordent sa promenade.

Bondi Beach ❸

🚌 380, 382, 389, 321.

C e long croissant de sable doré, la plus belle plage de Sydney, attire depuis des lustres des surfeurs venant parfois de très loin, à la recherche de la vague parfaite (p. 136-137). Sur la promenade, les adeptes des

Bondi Beach, la plus célèbre plage de Sydney, vue du sud

rollers démontrent leur talent. Aujourd'hui conscients des dangers causés par l'exposition au soleil, les Australiens passent moins de temps à la plage. Ils viennent aussi à Bondi pour le charme de ses cafés en front de mer et son ambiance cosmopolite. Son pavillon bâti en 1928 accueille des festivals, des spectacles et des expositions d'artisanat.

Sydney Olympic Park ❹

Homebush Bay. 🚊 *Olympic Park.* 📞 *(02) 9752 3444.*

L es Jeux olympiques de Sydney se sont déroulés en l'an 2000 dans plusieurs sites proches du centre-ville. Le principal, le Sydney Olympic Park aménagé spécialement pour l'occasion, occupe une superficie de 760 ha en bord de mer à Homebush Bay, à 14 km du centre-ville. Il accueillait les épreuves de quatorze sports, dont la finale de football, la gymnastique et le pentathlon.

Protégé par un toit translucide, son stade, haut de 52 m, contient 110 000 places. Au Sydney International Aquatic Centre, 17 500 spectateurs pouvaient assister aux épreuves de natation. Les finales de volley-ball et de handball ont eu lieu dans le Sydney Showground Exhibition Halls, d'une capacité de 15 000 places.

Parramatta ❺

🚉 *Central Station.* ⛴ *Circular Quay.* ℹ️ *Church St et Market St. (02) 9630 3703.*

P arramatta fut au début de la colonisation la première localité agricole d'Australie et son sol fertile donna une récolte de blé dès 1789. Aujourd'hui simple banlieue de Sydney, elle mérite une visite pour les vestiges datant de ses origines.

La construction de l'**Elizabeth Farm** remonte à 1793, ce qui en fait la plus ancienne demeure intacte d'Australie. C'est là que John Macarthur introduisit le mouton mérino qui allait jouer un rôle essentiel dans l'économie du pays *(p. 47)*. Transformée en musée, la maison abrite du mobilier

datant de 1820 à 1850. Dans le Parramatta Park, le plus vieux bâtiment public du continent, l'**Old Government House** érigée en 1799, abrite aussi une collection de meubles du début du XIXᵉ siècle. Son porche dorique ajouté en 1816 est attribué à Francis Greenway *(p. 161)*.

Le **St John's Cemetery** où reposent de nombreux colons de la Première Flotte *(p. 46)* entretient également le souvenir des débuts de Sydney.

🏛 **Elizabeth Farm**
70 Alice St, Rosehill. 📞 *(02) 9635 9488.* ⭘ *mar.-dim.* ● *ven. saint, 25 déc.* ♿ 📷

🏛 **Old Government House**
Parramatta Park (entrée par Macquarie St). 📞 *(02) 9635 8149.* ⭘ *t.l.j.* ● *ven. saint, 18-26 déc.* ♿ 📷

⛪ **St John's Cemetery**
O'Connell St. 📞 *(02) 9635 5904.* ♿

Salon de l'Old Government House de Parramatta

CIRCULER À SYDNEY

Enseigne d'une compagnie de taxis

Bien qu'elle soit très étendue, l'agglomération de Sydney se découvre plus aisément à pied et avec les transports publics qu'en voiture. Partout dans le centre, bus et trains vous conduiront à courte distance de votre destination. Ils desservent aussi les banlieues et leurs périphéries. Les nombreux bacs qui assurent des navettes entre le centre et les faubourgs en bord de mer permettent de découvrir la baie. Il existe de multiples formules d'abonnement. Les plus pratiques permettent d'emprunter librement ces trois modes de transport.

EN VOITURE

La voiture n'est pas le meilleur moyen de se déplacer à Sydney, surtout aux heures de pointe : de 7 h 30 à 9 h 30 et de 17 h à 19 h 30. Le réseau routier est compliqué et engorgé et le stationnement parfois coûteux. Les étrangers peuvent se contenter de leur permis de conduire national s'ils prouvent qu'ils ne sont qu'en visite. Attention ! Les Australiens roulent à gauche.

Une stricte réglementation s'applique au stationnement. Les services de fourrière n'hésitent pas à enlever les véhicules en infraction. Si cela vous arrive, contactez le **Sydney Traffic Control Centre.** Garez-vous aux endroits marqués d'un « P » bleu ou dotés de parcmètres. Le stationnement est payant sept jours sur sept avec quelques variations d'une municipalité à l'autre.

EN TAXI

Sydney possède de nombreuses stations de taxis. Le compteur indique le prix de la course et celui des suppléments comme les frais de réservation. L'usage veut que le client arrondisse la somme au dollar supérieur.

On peut réserver des taxis spécialement adaptés aux besoins des handicapés auprès de toutes les grandes compagnies.

À vélo dans le Centennial Park

EN BICYCLETTE

Le Centennial Park se prête bien au cyclisme de détente. La prudence conseille de rester sur les pistes cyclables et dans les quartiers à faible circulation. Le port du casque est obligatoire. Pour plus de renseignements, contactez **Bicycle New South Wales.** On peut emporter sa bicyclette dans les trains du CityRail (p. 126) pour le prix d'un billet adulte.

EN TRAMWAY

Après une absence de 36 ans, les trams sont réapparus à Sydney en 1997. Une flotte de sept rames assure la circulation dans le centre-ville de Central Station (p. 126) à Lilyfield par Pyrmont, desservant ainsi une grande partie des sites du quartier (p. 72-73).

Les tickets peuvent se prendre à Central Station.

FORFAITS

Les transports publics de Sydney sont encore plus avantageux si l'on utilise les divers forfaits disponibles dans les gares et les kiosques d'information et de vente de tickets de la **State Transit Authority.** Le TravelTen autorise dix trajets en bus. Le TravelPass permet une circulation illimitée pendant sept jours dans les bus, les trains et les bacs dans une zone déterminée. Le SydneyPass donne le droit de prendre bus et bacs pendant trois, cinq ou sept jours. BusTripper et DayPass sont des forfaits d'une journée. Le premier concerne uniquement les bus, le second les bus et les bacs.

RENSEIGNEMENTS

Bicycle New South Wales
209 Castlereagh St., 2ét. **Plan** 4 E3.
((02) 9283 5200.

Sydney Traffic Control Centre
(13 27 01 (24 h/24.)

Kiosques de la State Transit Authority
Aéroport
Dans tous les halls d'arrivée.
(13 15 00.
Circular Quay
À l'angle de Loftus St et Alfred St.
Plan 1 B3. ((02) 9224 3553.

Transport Infoline
(13 15 00.

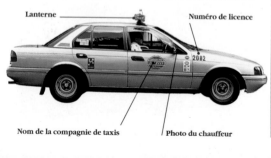
Lanterne — Numéro de licence — 2082 — Nom de la compagnie de taxis — Photo du chauffeur

Circuler en bus

Outre une desserte de la ville et de ses banlieues, les autobus de la State Transit Authority assurent deux services de navettes jusqu'à l'aéroport (Airport Express) et proposent deux excellentes lignes touristiques : le Sydney Explorer et le Bondi Explorer. Des correspondances offrent des liaisons pratiques et ponctuelles avec les trains et les bacs. La **Transport Infoline** fournit par téléphone tous types de renseignements. Un plan des transports publics de Sydney figure en dernière couverture intérieure du guide.

Machine à composter servant à valider les forfaits

PRENDRE LE BUS

Tous les bus de la State Transit Authority portent à l'avant, à l'arrière et sur le côté gauche leur numéro de ligne et leur destination. Un « X » en face du numéro de ligne signifie qu'il s'agit d'un bus express. Seuls les tickets simples sont vendus à bord. Ils s'achètent auprès du chauffeur qui n'a pas toujours la monnaie de gros billets ; veillez à avoir des pièces. Les tickets vendus dans le bus ne sont valables que pour un trajet, il faut un autre ticket si l'on change de véhicule.

Si vous utilisez un TravelPass ou un TravelTen, glissez celui-ci dans la machine à composter sous la flèche pointée vers le bas. LeTravelTen peut se partager, il faut alors glisser le ticket dans la machine une fois pour chaque passager.

Les sièges de devant sont réservés aux personnes âgées ou handicapées. Il est interdit de manger, de boire, de fumer et d'écouter de la musique dans les bus. Pour signaler que vous voulez descendre, il faut presser bien avant l'arrêt l'un des boutons installés sur les montants verticaux des sièges. Seul le chauffeur peut ouvrir les portes.

ARRÊTS DE BUS

Des panneaux jaunes et noirs où se détache la silhouette d'un autobus signalent les arrêts. Les chiffres inscrits sous le dessin correspondent aux numéros de toutes les lignes utilisant l'arrêt.

Des horaires sont normalement disponibles. Cependant soyez vigilant, ceux-ci ne sont pas actualisés aussi souvent que ceux que vous pouvez vous procurer auprès des kiosques d'information et de vente de tickets de la State Transit Information.

Bus express

VISITER EN BUS

Sydney possède deux services de bus touristiques : le Sydney Explorer rouge et le Bondi Explorer bleu. Ils permettent de découvrir certaines parties de la ville tout en profitant de commentaires.

Le Sydney Explorer dessert vingt-deux sites très populaires le long d'un parcours de 36 km. Le Bondi Explorer offre un large aperçu de la partie orientale de la baie.

Les bus rouges se succèdent à intervalles de 17 minutes, les bleus de 30 minutes, tous les jours. Ils permettent aux passagers de s'arrêter où, et aussi longtemps qu'ils le veulent. Pour tirer le meilleur parti d'un trajet, il faut donc choisir ses buts de visite avant le départ et établir son programme en tenant compte des heures d'ouverture des monuments, des musées ou des commerces. En cas de doute, le chauffeur pourra la plupart du temps vous renseigner.

Les arrêts des bus Explorer se reconnaissent facilement à leur couleur (rouge ou bleu). Les titres de transport se prennent à bord ou dans les kiosques de la State Transit Information.

Bus typique d'une ligne normale

Bus du Bondi Explorer

Bus du Sydney Explorer

Circuler en train et en monorail

Logo de CityRail

Principale liaison entre le centre et la banlieue, le réseau ferroviaire dessert aussi une grande partie du quartier des affaires. Les trains à deux étages de CityRail suivent sept lignes principales, dont le City Circle, une boucle en majeure partie souterraine et s'arrêtent aux gares Central, Town Hall, Wynyard, Circular Quay, St James et Museum. Central et Town Hall permettent des correspondances entre le City Circle et toutes les lignes de banlieue.

Zone piétonne à la sortie de la Central Railway Station

CITYRAIL

CityRail fait partie du State Rail, les chemins de fer de la Nouvelle-Galles du Sud, et son réseau offre le moyen le plus économique de rejoindre des banlieues comme Parramatta *(p. 123)*. N'hésitez pas à vous renseigner auprès de **CityRail Information.**

Les trains circulent de 4 h 30 à minuit. Soyez prudent si vous voyagez la nuit : restez dans les zones « Nightsafe » et ne montez que dans les voitures proches de la lumière bleue signalant la présence du contrôleur.

LIRE LES PLANS DE CITYRAIL

Vous trouverez des plans du réseau CityRail affichés dans toutes les gares et les voitures. Les cinq lignes possèdent chacune leur code de couleur, ce qui rend aisé de repérer les changements éventuels à faire pour atteindre sa destination. En centre-ville, toutes les lignes passent par Central et Town Hall. Mieux vaut garder à l'esprit que les distances représentées sur les plans de CityRail ne sont pas à l'échelle.

TRAINS INTERURBAINS

Le State Rail qui gère le réseau ferroviaire de la Nouvelle-Galles du Sud propose aussi des liaisons en autocar, renseignez-vous auprès des **Countrylink Travel Centres.** Le NSW Discovery Pass donne droit à une circulation illimitée dans tout l'État pendant un mois.

Les trains interurbains permettent entre autres de rejoindre les Blue Mountains *(p. 162-165)*, Wollongong *(p. 178)* et Newcastle *(p. 161)*.

Monorail quittant le centre-ville où se détache la Sydney Tower

VISITER EN MONORAIL

Plus amusant que réellement pratique, le monorail effectue une boucle à travers le centre de Sydney, Chinatown et Darling Harbour. Il ne couvre qu'une courte distance mais peut se révéler utile pour aller du quartier des affaires jusqu'à Darling Harbour.

Les rames circulent toutes les 5 mn de 7 h à minuit du lundi au samedi et de 8 h à 21 h le dimanche. Le circuit complet dure environ 12 mn. Les distributeurs de tickets des stations acceptent la majorité des billets et pièces australiens et rendent la monnaie. Un forfait d'une journée, le Monorail Day Pass, est disponible dans les kiosques d'information.

ADRESSES UTILES

CityRail Information
Central Railway Station
Plan 4 E5.
(*(02) 13 15 00.*
Circular Quay Railway Station
Plan 1 B3. **(** *(02) 9224 3553.*

Countrylink Travel Centres
Central Railway Station
Sydney Terminal. **Plan** 4 E5.
(*(02) 13 22 32.*
Circular Quay Railway Station
Plan 1 B3.
(*(02) 9224 3400.*
Town Hall Railway Station
Plan 4 E3.
(*(02) 9379 3600.*

Sydney Light Rail
(*02) 8584 5288.*

LE SYDNEY LIGHT RAIL

Confortables et non polluants, les trains du SLR, le plus récent des modes de transports publics de Sydney, relient la Central Railway Station à Glebe et Lilyfield, en passant par Darling Harbour. Ils offrent un moyen silencieux et rapide de se déplacer. Les billets s'achètent dans le train auprès du conducteur.

Circuler en bac et en bateau-taxi

Les bacs, ou *ferries,* du port de Sydney offrent depuis plus d'un siècle un moyen pratique, pittoresque et agréable de circuler entre les différents quartiers et faubourgs bordant la baie. Ils sont toujours aussi populaires. Les bateaux-taxis sont un autre moyen de transport pratique et rapide, mais ils coûtent plus cher. Diverses compagnies privées, ainsi que la State Transit Authority *(p. 124),* proposent en outre des promenades touristiques.

Bateau-taxi

Le Circular Quay Ferry Terminal, cœur des dessertes maritimes urbaines

CIRCULER EN BAC

De 6 h à 22 h tous les jours, les bateaux de la State Transit Authority assurent des navettes entre le centre et la majorité des faubourgs du port et plusieurs débarcadères de la Parramatta River.

Le personnel du **Sydney Ferries Information Office,** ouvert de 7 h à 19 h tous les jours, fournit renseignements et horaires.

Toutes les lignes partent du Circular Quay Ferry Terminal. À l'entrée de chaque quai, des panneaux électroniques indiquent pour chaque destination le numéro du quai *(wharf)* et l'heure de départ, ainsi que les arrêts desservis. On peut prendre les tickets à des distributeurs installés sur chaque quai, sur certains bacs ou au Sydney Ferries Information Office qui vend aussi le TravelPass. En plus des bateaux traditionnels, des JetCats plus rapides desservent Manly. Les billets s'achètent aux guichets situés au centre du terminal. Il est interdit de manger ou de boire sur les JetCats et les Supercats.

Il existe aussi des compagnies privées de *ferries.*

VISITER EN BATEAU

La State Transit Authority propose plusieurs promenades commentées, bon marché par rapport aux offres privées. Elles permettent aux visiteurs de mieux apprécier le Sydney Harbour, ses sites et son histoire. Des départs ont lieu le matin, l'après-midi et le soir. Ceux de la journée montrent des aspects inhabituels de la ville alors que ceux du soir offre une vue spectaculaire du relief de la ville au coucher du soleil. Nourriture et boissons sont disponibles à bord.

L'**Australian Travel Specialists** pourra vous renseigner sur toutes les croisières dans la baie.

BATEAUX-TAXIS

Petits et rapides, les bateaux-taxis sont un moyen très pratique de se déplacer dans le port car ils prennent et débarquent leurs passagers à n'importe quel quai navigable. On peut même les arrêter au passage comme un taxi urbain. C'est près de l'Overseas Passenger Terminal de Circular Quay que vous aurez le plus de chance d'en trouver. Ce mode de transport est onéreux, même si les prix varient. Certains conducteurs comptent $ 40 pour le bateau et ensuite $ 5 par passager.

RENSEIGNEMENTS

Australian Travel Specialists
Quai 2 et 6,
Circular Quay.
Plan 1 B3.
(*(02) 9555 2700.*

Objets trouvés des Sydney Ferries
Quai 5,
Circular Quay.
Plan 1 B3.
(*(02) 9207 3166.*

Compagnies de bateaux-taxis
Harbour Taxis
(*(02) 9555 1155.*
Taxis Afloat
(*(02) 9922 4252.*

Panneau électronique indiquant tous les bacs au départ de Circular Quay

FAIRE DES ACHATS À SYDNEY

Le lèche-vitrines à l'étranger est un bon moyen de connaître le pays visité. En périphérie comme dans le centre, Sydney abrite un large éventail de boutiques et possède de nombreux centres commerciaux dont certains

Logo d'un magasin de prêt-à-porter masculin

occupent des édifices historiques. Qu'ils soient hebdomadaires ou mensuels, les marchés connaissent un grand engouement et proposent des produits très variés, qui vont des fruits de mer aux créations d'artisans locaux.

Le Tin Shed, une brocante qui est aussi un café

HEURES D'OUVERTURE

La plupart des boutiques ouvrent de 9 h à 17 h 30 en semaine et de 9 h à 16 h le samedi. Beaucoup de magasins du centre-ville sont ouverts en nocturne jusqu'à 21 h le jeudi. Nombre des magasins les plus importants ferment tard tous les soirs et ouvrent même le dimanche.

MODES DE PAIEMENT

La majorité des commerces acceptent les principales cartes bancaires, parfois seulement à partir d'un montant minimum. Il faut

présenter une pièce d'identité pour utiliser des chèques de voyage. Les magasins acceptent en général d'échanger ou de rembourser un article défectueux quand on le rapporte avec une preuve d'achat. Il n'existe pas de taxe sur les ventes, le prix affiché est celui qui est payé.

SOLDES

Sydney connaît deux grandes périodes de solde : en juillet après le terme de l'année financière et après Noël. De nombreuses boutiques cependant proposent des soldes toute l'année. Les deux plus grands magasins, David Jones et Grace Bros, liquident leurs stocks deux fois par an.

VENTES DÉTAXÉES

Les boutiques *duty-free* du centre-ville et du Sydney Airport permettent aux visiteurs étrangers d'économiser environ 30 % sur les parfums, les bijoux, les appareils photos, les caméscopes et les alcools. Certaines enseignes possèdent en banlieue des succursales de prêt-à-porter masculin.

L'acheteur doit présenter au moment de l'acquisition un passeport et un billet de retour et conserver jusqu'à son départ d'Australie la marchandise dans un sachet scellé, sauf s'il s'agit d'un caméscope ou d'un appareil photo. Certaines boutiques du centre effectuent des livraisons à l'aéroport.

La Chifley Tower avec à sa base Chifley Plaza

CENTRES COMMERCIAUX

Le centre commercial le plus majestueux de Sydney, le Queen Victoria Building *(p. 86)*, abrite sur quatre niveaux plus de 200 boutiques.

L'élégante Strand Arcade *(p. 86)* inaugurée en 1892 propose, entre autres, bijoux, lingerie, prêt-à-porter de luxe, antiquités et cafés chic.

Le *mall* piétonnier de Pitt Street dessert plusieurs galeries marchandes. **Skygarden** regroupe boutiques de mode, magasins d'articles domestiques et galeries d'art. Ses restaurants et ses stands permettent de se restaurer aussi bien de spécialités italiennes que de plats à emporter thaïlandais. Le **Mid City Centre** renferme le magasin de musique HMV

Magasin de décoration d'intérieur de William Street à Paddington

et des boutiques de vêtements, d'accessoires de mode et de cadeaux. À **Centrepoint,** plus de 140 commerces spécialisés offrent maroquinerie et joaillerie d'avant-garde, entre autres.

Le **MLC Centre** et le **Chifley Plaza** voisin s'adressent tous deux à une clientèle aisée avec des enseignes telles que Gucci, Cartier et Tiffany. Le **Harbourside Shopping Centre** est plus touristique.

LES MEILLEURS GRANDS MAGASINS

Les expositions florales célébrant la fête des Mères au **David Jones** dans Elizabeth Street sont entrées dans la légende, à l'instar de son hall de produits de beauté au rez-de-chaussée. L'établissement renferme sur sept étages des articles de qualité, entre autres du prêt-à-porter féminin, de la lingerie, des jouets et de la papeterie. Le magasin Market Street est spécialisé dans la confection pour hommes, le mobilier, les tissus et la porcelaine.

Vous trouverez chez **Grace Bros** cosmétiques, chapeaux, articles de mode australienne, bonneterie et lingerie. Institution australienne sans prétention, le **Gowings** existe depuis 1868. Spécialisé dans le prêt-à-porter masculin, il vend aussi des articles tels que lunettes de soleil, montres, portefeuilles en cuir de kangourou et ceintures en cuir tressé.

Exposition florale au grand magasin David Jones

Dais protégeant le Rocks Market sur le port

MARCHÉS

Sydney compte de nombreux marchés aux puces et leur fréquentation est devenue un des passe-temps favoris de ses habitants.

Le **Balmain Market** a lieu le samedi et comporte des stands vendant des plats japonais, thaïlandais et indiens. Le **Bondi Beach Market** du dimanche est renommé pour ses fripes dans le vent, ses cactus et sa verrerie. Le **Rocks Market** qui se déroule le week-end sous un dais regroupe environ 140 éventaires proposant entre autres, affiches, dentelle, vitraux et articles en cuir. On peut y voir sculpteurs ou portraitistes au travail.

Marché d'artisanat, le **Tarpeian Market** se tient le dimanche dans un cadre spectaculaire près du Sydney Opera House. Le choix y est éclectique, du dé à coudre en porcelaine aux cristaux de guérisseur en passant par les pipes sculptées, les gravures de Sydney et les bijoux. Des artistes s'y produisent, ils se montrent souvent heureux de poser pour des photos.

Aucun endroit n'égale le **Sydney Fish Market** pour acheter du poisson ou des fruits de mer. Le client peut faire son choix entre plus de 100 espèces. Des cafés et des bars à sushi permettent de se restaurer et la Sydney Seafood School donne des leçons de cuisine aux amateurs.

Deux autres marchés très populaires, le Paddy's Market et le Paddington Bazaar, sont décrits respectivement en pages 95 et 121.

CARNET D'ADRESSES

CENTRES COMMERCIAUX

Centrepoint
Angle de Pitt St, Market St et Castlereagh St. **Plan** 1 B5.
📞 (02) 9231 1000.

Chifley Plaza
2 Chifley Square.
Plan 1 B4.
📞 (02) 9221 4500.

Harbourside Shopping Centre
Darling Harbour.
Plan 3 C2.
📞 (02) 9281 3999.

Mid City Centre
197 Pitt Street Mall.
Plan 1 B5.
📞 (02) 9221 2422.

MLC Centre
19-29 Martin Place.
Plan 1 B5.
📞 (02) 9224 8333.

Skygarden
77 Castlereagh St.
Plan 1 B5.
📞 (02) 9231 1811.

GRANDS MAGASINS

David Jones
Angle d'Elizabeth St et Castlereagh St. **Plan** 1 B5.
📞 (02) 9266 5544.

Gowings
319 George St.
Plan 1 B5.
📞 (02) 9262 1281.

Grace Bros
436 George St. **Plan** 1 B5.
📞 (02) 9238 9111.

MARCHÉS

Balmain Market
Angle de Darling St et Curtis Rd, Balmain. **Plan** 3 A4.

Bondi Beach Market
Bondi Beach Public School, Campbell Parade, Bondi nord.

Sydney Fish Market
Angle de Pyrmont Bridge Rd et Bank St, Blackwattle Bay.
Plan 3 B2.

Tarpeian Market
Western Boardwalk, Sydney Opera House. **Plan** 1 C2.

The Rocks Market
George St, The Rocks. **Plan** 1 B5.

Les boutiques spécialisées

Les boutiques de Sydney vendent beaucoup de vêtements *smart casual*, c'est-à-dire élégants et décontractés. Les magasins de prêt-à-porter proposent également des vêtements plus sophistiqués et les meilleures marques australiennes rivalisent en qualité avec leurs concurrents étrangers. Depuis les opales jusqu'à l'art aborigène, l'éventail de souvenirs et de cadeaux typiques est vaste. Pensez aussi aux boutiques des musées qui proposent souvent des objets originaux.

Défilé de mode australienne

SOUVENIRS

Les souvenirs peuvent être de qualité, comme vous le constaterez à **Australian Craftworks** qui vend des articles en bois, en poterie et en cuir. Les tissus de Ken et Judy Done *(p. 30)* connaissent toujours autant de succès à **Done Art and Design. Weiss Art** propose vêtements ou tasses aux motifs minimalistes. **Makers Mark** sert de vitrine à des artisans qui travaillent le bois, le verre et l'argent. Les boutiques d'« Australiana » dominent dans Victoria Walk dans le Queen Victoria Building *(p. 86)*.

Vous trouverez à l'Australian Museum *(p. 90-91)* des cadeaux sortant de l'ordinaire.

MODE MASCULINE

Stewart's Gentlemen's Outfitters se spécialise dans les marques haut de gamme telles que Bally, Zegna et Gant. Les vêtements de **Leona Edmiston** ont séduit rock stars et mannequins.

Skin Deep propose du prêt-à-porter rétro : costumes des années quarante et cinquante et vieilles cravates en soie. **Aussie Boys** vend des tenues de sport à la mode et des « tenues de soirée » très actuelles appréciées de la population gay.

MODE FÉMININE

Country Road a des succursales dans tout Sydney et propose une mode simple, tandis que **Carla Zampatti**, styliste australien, se spécialise dans l'élégance chic. Les boutiques de **Sportsgirl** suivent la mode et proposent des accessoires

très gais. **Collette Dinnigan** utilise des dentelles françaises et italiennes pour créer une exquise lingerie. **Lisa Ho** s'adresse elle aussi aux femmes élégantes.

Boutique de Castlereagh Street, la « rue des stylistes » de Sydney

MODE AUSTRALIENNE

Depuis les bottines d'équitation à soufflets élastiques jusqu'au chapeau Akubra en passant par les manteaux en toile huilée, **RM Williams** reste le temple de l'*outback fashion*. On trouve des tenues de plage et de surf à **Hot Tuna** et **Mambo Friendship Store**. La **Great Australian Jumper Company** vend des tricots classiques en laine du pays.

LIVRES ET DISQUES

Les succursales de grandes chaînes comme **Dymocks** abritent un large choix de guides et de plans de Sydney. **Ariel** et **Abbey's Bookshop** sont plus éclectiques, la dernière vend des livres en français. La librairie de la State Library of NSW *(p. 105)* propose une sélection d'ouvrages australiens.

Les disques spécialisés **Red Eye Records** proposent des collectors et de la musique alternative, **Good Groove Records** des vinyles classiques et des rééditions en CD, **Birdland** du blues, du jazz et de la soul, et **Central Station Records and Tapes** les titres les plus demandés.

BIJOUX

Pierre fétiche de l'Australie, l'opale abonde à **Flame Opals**, et à **The Rock Opal Mine,** où trône un ascenseur de puits de mine. La **Gemstone Boutique** abrite aussi un bel éventail de perles, de coraux, de jades et d'or.

Fairfax & Roberts est une joaillerie établie de longue date. À **Paspaley Pearls,** on

Magasin d'articles de surf à Paddington

peut admirer des perles pêchées au large de la côte nord-ouest de l'Australie.

Victoria Spring Designs propose des bijoux fantaisie, mariant filigrane et perles de verre pour créer des pendentifs, des bagues, des boucles d'oreille et des croix gothiques. Les colliers d'or et d'argent de **Glitz Bijouterie** sont à la fois très actuels et abordables.

ART ABORIGÈNE

On peut acheter peintures, tissus, bijoux, boomerangs, sculptures et cartes traditionnelles à l'**Aboriginal and Tribal Art Centre**. **New Guinea Primitive Arts** vend des objets d'Australie, de Papouasie-Nouvelle-Guinée et d'Océanie. La **Coo-ee Aboriginal Art**

Boomerangs souvenirs

Gallery abrite une sélection de tissus, de livres, de disques et de gravures en édition limitée. Le **Hogarth Galleries Aboriginal Art Centre** expose les œuvres d'artistes de Papunya Tula et de Balgo, ainsi que de peintres renommés comme Clifford Possum Tjapaltjarri et Emily Kame Kngwarreye (p. 27-29).

CARNET D'ADRESSES

SOUVENIRS

Australian Craftworks
127 George St, The Rocks.
Plan 1 B2.
📞 (02) 9247 7156.
Une autre succursale.

Done Art and Design
123 George St,
The Rocks. **Plan** 1 B2.
📞 (02) 9251 6099.
Plusieurs succursales.

Makers Mark
Chifley Plaza. **Plan** 1 B4.
📞 (02) 9231 6800.

Weiss Art
85 George St,
The Rocks. **Plan** 1 B2.
📞 (02) 9241 3819.
Harbourside Festival
Shopping Centre, Darling
Harbour. **Plan** 3 C2.
📞 (02) 9281 4614.

MODE MASCULINE

Aussie Boys
102 Oxford St,
Darlinghurst.
Plan 5 A2.
📞 (02) 9360 7011.

Leona Edmiston
Strand Arcade. **Plan** 1 B5.
📞 (02) 9221 5616.

Skin Deep
141 Elizabeth St.
Plan 1 B5.
📞 (02) 9264 1239.

Stewart's Gentlemen's Outfitters
Sheraton Wentworth
Hotel, Phillip St.
Plan 1 B4.
📞 (02) 9221 2203.

MODE FÉMININE

Carla Zampatti
143 Elizabeth St.
Plan 1 B5.
📞 (02) 9264 3257.

Collette Dinnigan
39 William St,
Paddington. **Plan** 6 D3. 📞
(02) 9360 6691.

Country Road
142 Pitt St.
Plan 1 B5.
📞 (02) 9394 1818.
Plusieurs succursales.

Lisa Ho
2a-6a Queen St,
Woollahra. **Plan** 6 E4.
📞 (02) 9360 2345.

Sportsgirl
Skygarden. **Plan** 1 B5.
📞 (02) 9223 8255.
Plusieurs succursales.

MODE AUSTRALIENNE

Great Australian Jumper Company
Chifley Plaza. **Plan** 1 B4.
📞 (02) 9231 3511.
Deux autres succursales.

Hot Tuna
180 Oxford St,
Paddington. **Plan** 5 C3.
📞 (02) 9361 5049.
Plusieurs succursales.

Mambo Friendship Store
17 Oxford St,
Paddington. **Plan** 5 B3.
📞 (02) 9331 8034.

RM Williams
389 George St.
Plan 1 B5.
📞 (02) 9262 2228.
Deux autres succursales.

LIVRES ET DISQUES

Abbey's Bookshop
131 York St.
Plan 1 A5.
📞 (02) 9264 3111.

Ariel
42 Oxford St,
Paddington.
Plan 5 B3.
📞 (02) 9332 4581.

Birdland
3 Barrack St
Plan 1 A4.
📞 (02) 9299 8527.

Central Station Records and Tapes
46 Oxford St,
Darlinghurst.
Plan 4 F4.
📞 (02) 9361 5222.

Dymocks
424-428 George St.
Plan 1 B5.
📞 (02) 9235 0155.
Nombreuses succursales.

Good Groove Records
336 Crown St,
Surry Hills.
📞 (02) 9331 2942.

Red Eye Records
66 King St. **Plan** 1 B4.
📞 (02) 9299 4233.

BIJOUX

Fairfax & Roberts
44 Martin Place.
Plan 1 B4.
📞 (02) 9232 8511.
Une autre succursale.

Flame Opals
119 George St,
The Rocks.
Plan 1 B2.
📞 (02) 9247 3446.

Gemstone Boutique
388 George St.
Plan 1 B5.
📞 (02) 9223 2140.

Glitz Bijouterie
Imperial Arcade. **Plan** 1 B5.
📞 (02) 9231 1383.

Paspaley Pearls
42 King St. **Plan** 1 A4.
📞 (02) 9232 7633.

Rocks Opal Mine
Clocktower Square,
35 Harrington St,
The Rocks. **Plan** 1 B2.
📞 (02) 9247 4974.

Victoria Spring Designs
110 Oxford St,
Paddington. **Plan** 6 D3.
📞 (02) 9331 7862.

ART ABORIGÈNE

Aboriginal and Tribal Art Centre
117 George St, The Rocks.
Plan 1 B2.
📞 (02) 9247 9625.
Plusieurs succursales.

Coo-ee Aboriginal Art Gallery
98 Oxford St, Paddington.
Plan 5 B3.
📞 (02) 9332 1544.

Hogarth Galleries Aboriginal Art Centre
7 Walker Lane, par Brown
St, Paddington. **Plan** 5 C3.
📞 (02) 9360 6839.
Une autre succursale.

New Guinea Primitive Arts
8e étage, Dymocks Building,
428 George St. **Plan** 1 B5.
📞 (02) 9232 4737.
Une autre succursale.

SE DISTRAIRE À SYDNEY

Depuis les opéras et les ballets présentés au Sydney Opera House jusqu'aux pièces de Shakespeare jouées au bord de la mer dans l'amphithéâtre de Balmoral Beach, Sydney offre un éventail de spectacles de qualité dignes de son statut de grande cité. Le Capitol, Her Majesty's Theatre et le Theatre Royal accueillent les plus récentes comédies musicales, tandis que beaucoup de salles plus petites pro-

Affiche du Wharf Theatre

posent du théâtre d'avant-garde, de la danse moderne et des concerts variés. Le « rock de pub » prospère aussi bien dans le centre qu'en banlieue et de nombreux lieux programment du jazz et du blues. Les amateurs de cinéma verront les dernières superproductions hollywoodiennes ainsi que des films d'art et d'essai dans des salles confortables. Les nombreux spectacles gratuits donnés en plein air connaissent un grand succès.

Panneau à l'entrée du cinéma Dendy de Martin Place (p. 86)

SOURCES D'INFORMATION

Les quotidiens donnent tous les jours les annonces des cinémas et, souvent, de théâtres et de galeries. Le programme le plus complet figure dans le cahier « Metro » du *Sydney Morning Herald* du vendredi. Le *Daily Telegraph* publie un guide des concerts le jeudi. La principale rubrique culturelle de *The Australian* paraît le vendredi. Tous ces journaux présentent les nouveaux films dans leurs éditions du week-end.

Les kiosques d'information touristique de la **NSW Information Line** et la plupart des grands hôtels diffusent des publications gratuites telles que le trimestriel *What's on Sydney* et l'hebdomadaire *Where Magazine*. Les hebdomadaires *On the Street*, *Drum Media* et *3D World*, gratuits également, sont spécialisés dans la musique. Ils sont distribués dans des boutiques de disques et de vidéo, des pubs et des clubs. *3D World* décrit entre autres les boîtes de nuit. Toutes les grandes salles de spectacle possèdent des services de renseignement par téléphone.

ACHETER SA PLACE

Il arrive que certains spectacles très prisés affichent complet des mois à l'avance. Dans tous les cas, mieux vaut réserver même si les théâtres gardent souvent quelques billets à vendre le soir de la représentation.

On achète les places aux guichets des salles et par téléphone avec une carte bancaire. Vous recevrez les billets chez vous ou vous retirerez à la billetterie une demi-heure avant le début de la représentation. Les grandes agences de location *(voir ci-après)* acceptent les réservations depuis l'étranger.

Vous pouvez vous adresser aux portiers d'hôtel, ils ont la réputation de pouvoir se

Artiste de rue à Circular Quay

procurer des places difficiles à obtenir. Enfin, des vendeurs à la sauvette proposent souvent des billets survalués à l'entrée des grands concerts de rock.

AGENCES DE LOCATION

Il existe deux grandes agences à Sydney. **Ticketek** possède dans le pays des dizaines de succursales ouvertes de 9 h à 17 h en semaine et de midi à 16 h le samedi. Les réservations peuvent se faire par fax depuis l'étranger et par téléphone de 8 h 30 à 21 h du lundi au samedi et de 10 h à 17 h le dimanche. **Ticketmaster 7** ouvre de 9 h à 18 h du lundi au vendredi. D'autres antennes ouvertes de 10 h à 21 h existent dans tous les cinémas Greater Union, au State Theatre, au Theatre Royal, au Capitol Theatre et au

Exposition canine du Gay and Lesbian Mardi Gras Festival

Footbridge Theatre. Le service d'achat par téléphone de Firstcall fonctionne 24 h sur 24.

Les agences acceptent l'argent liquide, les chèques de voyage et les cartes VISA, MasterCard (Access) et American Express. Certaines refusent la Diners Club. Toutes prélèvent une commission et, éventuellement, des frais d'envoi. Elles n'offrent en général pas de remboursement ou d'échange sauf en cas d'annulation d'un spectacle.

Ne désespérez pas si une agence a vendu toutes les places qui lui étaient allouées, sa concurrente en conserve peut-être.

Théâtre de rue au Sydney Festival avec les Espagnols *Els Comediants*

Kiosque Halftix de Martin Place vendant des billets demi-tarif

TARIFS RÉDUITS

Halftix vend le jour de la représentation des places à demi-tarif (plus une petite commission) pour des concerts, des pièces, des opéras et des ballets. Pour les matinées et les spectacles du dimanche, ces billets peuvent s'acheter la veille. Visites guidées, croisières, entrées d'expositions et places de cinéma y sont également disponibles à moitié prix. Le paiement s'effectue en liquide ou par carte bancaire et le nombre de billets est illimité.

À partir de 11 h, un service téléphonique fournit des informations enregistrées sur les réductions du jour. Le kiosque ouvre de midi à 17 h 30 du lundi au samedi. Il fait aussi office d'agence Ticketek. Mieux vaut arriver tôt pendant le Sydney Festival.

Les cinémas pratiquent des tarifs réduits le mardi et quelques cinémas indépendants offrent des réductions en semaine. En cas de places disponibles le jour

de la représentation, les étudiants munis d'une carte profitent d'un prix « Student Rush » aux concerts du Sydney Symphony Orchestra *(p. 134)*.

CHOISIR SA PLACE

Il existe peu de différence de prix entre l'orchestre *(stalls)* et la corbeille *(dress circle)*. Sur place ou dans une agence, vous pourrez consulter un plan de la salle. Songez que le rang A du State Theatre est celui du fond. Ticketek ne pourra vous donner par téléphone qu'une vague idée de l'endroit où se trouvent vos sièges. L'ordinateur choisira les « meilleures » places disponibles.

VISITEURS HANDICAPÉS

La majorité des lieux de spectacle les plus récents ont été adaptés aux besoins des handicapés, mais mieux vaut téléphoner à l'avance à la billetterie pour formuler des demandes particulières.

Cliché publicitaire de l'Australian Chamber Orchestra *(p. 134)*

Informez-vous alors de la meilleure entrée. L'accès en fauteuil roulant au Sydney Town Hall se fait ainsi depuis Druitt Street. Au Sydney Opera House, le Concert Hall est équipé d'un système destiné aux malentendants. Vous pouvez également consulter la brochure *Services for the Disabled*.

CARNET D'ADRESSES

NUMÉROS UTILES

Darling Harbour Information Line
📠 1902 260 568.

NSW Information Line
📞 13 20 77.

People with Disabilities NSW
📞 (02) 9319 6622.

Sydney Opera House
Renseignements
📞 (02) 9250 7111.

Renseignements pour handicapés
📞 (02) 9250 7209.

Sydney Symphony Orchestra
📞 (02) 9334 4600.

AGENCES DE LOCATION

Ticketmaster 7
📞 13 61 66.
🖥 www.ticketmaster7.com

Halftix
Martin Place (près d'Elizabeth St).
Plan 1 B4.
📠 (02) 9966 1723.

Ticketek
📞 (02) 9266 4800.
📠 (02) 9267 4460.
🖥 www.ticketek.com

Les lieux de spectacle

L es amateurs de musique classique ne peuvent manquer d'assister à une représentation au Sydney Opera House. Les théâtres sont réputés pour l'éclectisme de leurs programmations et les cabarets jouissent d'une reconnaissance grandissante. Il n'existe pas à Sydney de quartier où se concentrent les salles de spectacle. Cependant, Darlinghurst et Paddington abritent de nombreux night-clubs.

CINÉMA

G eorge Sreet, la rue des cinémas, se trouve près du Town Hall *(p. 89)*. Le **Village Hoyts** et le **Greater Union** présentent tous les derniers films à succès, tandis que le **Cinema Paris,** le **Chauvel** et les cinémas **Dendy** proposent une programmation d'art et d'essai. Le **Movie Room** s'est spécialisé dans la science-fiction et les films culte et en 3D. La plupart des salles pratiquent des tarifs réduits le mardi.

International, le **Sydney Film Festival** *(p. 39)* diffuse aussi bien documentaires que fictions et rétrospectives.

THÉÂTRE

L e **Theatre Royal,** le State Theatre *(p. 86)*, le **Capitol** et **Star City's Lyric Theatre** accueillent des comédies musicales. Parmi les salles plus petites figurent le **Seymour Theatre Centre,** l'**Ensemble** et le **Footbridge Theatre. The Stables Theatre** se spécialise dans les nouveaux auteurs australiens. La meilleure troupe de la ville, la Sydney Theatre Company (STC), se produit au **Wharf.**

L'été donne lieu à des manifestations en plein air, notamment **Shakespeare by the Sea** à Balmoral Beach et le **Sydney Fringe Festival** qui donne sa chance à de jeunes créateurs.

CABARET

L e haut lieu du cabaret à Sydney est le **Comedy Store** qui programme du mardi au samedi spectacles comiques, sketches et revues.

Le lundi soir, essayez le **Comedy Hotel** et le Fringe Bar de l'**Unicorn Hotel.**

OPÉRA ET MUSIQUE CLASSIQUE

L 'Opera House *(p. 80-81)* est le haut lieu de la musique classique à Sydney. C'est dans le Concert Hall que l'Australian Opera (AO) fondé en 1956 se produit pendant deux saisons, de janvier à mars et de juin à octobre, et que le **Sydney Symphony Orchestra** (SSO) donne de grands concerts quand il ne joue pas au Sydney Town Hall *(p. 89)*. L'Opera House accueille aussi les principaux récitals de l'Australian Chamber Orchestra et ceux de la meilleure chorale de la ville : les **Sydney Philharmonia Choirs.**

Le dernier venu au registre classique est le **City Recital Hall,** qui reçoit régulièrement des stars locaux et internationaux. Le conservatoire *(p. 104)* propose de la musique symphonique et de chambre, ainsi que du jazz.

Affiche du Sydney Film Festival

Affiche de la Dance Company

DANSE

L 'Australian Ballet a un répertoire d'œuvres classiques et modernes. Ses deux saisons à l'Opera House durent de mars à avril et de novembre à décembre.

La principale compagnie moderne de la ville, la **Sydney Dance Company,** possède sa propre salle au Wharf. L'**Aboriginal Islander Dance Theatre** associe démarche contemporaine et tradition, et présente ses spectacles au Seymour Theatre Centre.

ROCK, JAZZ ET BLUES

L es grands concerts de rock ont lieu au **Sydney Entertainment Centre,** au **Sydney Cricket Ground** et au **Sydney Superdrome.** Des lieux comme le **Sandringham Hotel** et Selina's au **Coogee Bay Hotel** attirent aussi la foule.

Pour le jazz, essayez **The Basement,** et pour le blues, le **Three Weeds** ou le **Cat & Fiddle Hotel.**

BOÎTES DE NUIT

L es grands clubs comme le **Home,** le **Gas** et le **Tank** couvrent plusieurs styles de musique. Le **Soho Lounge Bar,** le **Slipp Inn,** le **Goodbar,** le **Club 77** et le **Q** programment house music et hip hop. Parmi les lieux gays figurent le **Beresford Hotel,** l'**Albury Hotel,** l'**Oxford Hotel** et le **Midnight Shift.**

Le Sydney Opera House

CARNET D'ADRESSES

CINÉMA

Chauvel
Paddington Town Hall,
Angle Oatley Rd
et Oxford St.
(02) 9361 5398.

Cinema Paris
Fox Studios
(02) 9332 1633.

Dendy Cinema
Martin Place
MLC Centre,
19 Martin Place.
Plan 1 B4.
(02) 9233 8558.
Newtown
354 King St, Newtown.
(02) 9519 5081.
Opera Quays
2 East Circular Quay.
(02) 9247 3800.

Greater Union
525 George St.
Plan 4 E3.
(02) 9267 8666.

Movie Room
112 Darlinghurst Rd,
Darlinghurst.
Plan 5 B2.
(02) 9380 5162.

**Sydney Film
Festival**
(02) 9660 3844.

**Village Hoyts
Centre**
George St.
Plan 4 E3.
(02) 9273 7373.

THÉÂTRE

Capitol Theatre
13 Campbell St, Haymarket.
Plan 4 E4.
(02) 9320 5000.

Ensemble Theatre
78 McDougall St, Kirribilli.
(02) 9929 0644.

Footbridge Theatre
University of Sydney,
Parramatta Rd, Glebe.
Plan 3 A5.
(02) 9692 9955.

**Seymour Theatre
Centre**
Angle de Cleveland St
et City Rd, Chippendale.
(02) 9364 9400.

**Shakespeare
by the Sea**
(02) 9557 3065.

Stables Theatre
10 Nimrod St, Kings Cross.
Plan 5 B1.
(02) 9361 3817.

**Sydney Fringe
Festival**
(02) 9365 0112.

Theatre Royal
MLC Centre, King St.
Plan 1 B5.
(02) 9320 9191.

The Wharf
Pier 4, Hickson Rd,
Millers Point.
Plan 1 A1.
(02) 9250 1777.

CABARET

Comedy Hotel
115 Wigram Rd, Glebe.
(02) 9692 0564.

Comedy Store
450 Parramatta Rd,
Petersham.
(02) 9564 3900.

Unicorn Hotel
106 Oxford St,
Paddington.
Plan 5 B3.
(02) 9360 3554.

OPÉRA ET MUSIQUE
CLASSIQUE

City Recital Hall
Angel Place
(02) 8256 2222.

**Sydney
Philharmonia
Choirs**
(02) 9251 2024.

**Sydney Symphony
Orchestra**
(02) 9334 4600.

DANSE

**Aboriginal Islander
Dance Theatre**
(02) 9252 0199.

**Sydney Dance
Company**
(02) 9221 4811.

ROCK, JAZZ
ET BLUES

The Basement
29 Reiby Place.
Plan 1 B3.
(02) 9251 2797.

Cat & Fiddle Hotel
456 Darling St,
Balmain.
(02) 9810 7931.

Coogee Bay Hotel
Angle de Coogee
Bay Rd et Arden St,
Coogee.
(02) 9665 0000.

**Eastern Creek
Raceway**
Brabham Drive,
Eastern Creek.
(02) 9672 1000.

**Sandringham
Hotel**
387 King St,
Newtown.
(02) 9557 1254.

**Sydney Cricket
Ground**
Driver Ave,
Moore Park.
Plan 5 C5.
(02) 9360 6601.

**Sydney
Entertainment
Centre**
Harbour St,
Haymarket.
Plan 4 D4.
(02) 9320 4200.
1 900 957 333

The Three Weeds
193 Evans St,
Rozelle.
(02) 9810 2244.

BOÎTES DE NUIT

Albury Hotel
2-8 Oxford St, Paddington.
Plan 5 B3.
(02) 9361 6555.

Beresford Hotel
354 Bourke St, Darlinghurst.
Plan 5 A3.
(02) 9331 1045.

Cave
Star City, Pirama Rd,
Pyrmont.
(02) 9566 4753.

Club 77
77 William St, East Sydney.
(02) 9361 4981.

Gas
477 Pitt St, Haymarket.
(02) 9211 3088.

Goodbar
11a Oxford St,
Paddington.
Plan 5 B3.
(02) 9360 6759.

Home
Cockle Bay Wharf,
Darling Harbour.
(02) 9266 0600.

Midnight Shift
85 Oxford St, Darlinghurst.
Plan 5 A2.
(02) 9360 4319.

Oxford Hotel
134 Oxford St, Darlinghurst.
Plan 5 A2.
(02) 9331 3467.

Slipp Inn
111 Sussex St.
(02) 9299 1700.

Soho Lounge Bar
171 Victoria St, Potts Point.
(02) 9358 4221.

Q
Level 2, 44 Oxford St,
Darlinghurst.
Plan 4 F4.
(02) 9360 1375.

Tank
232 George St.
(02) 9240 3094.

Les plages de Sydney

Dans une ville qui s'est développée en étroite intimité avec sa baie, les activités de loisirs autour de la mer ont la part belle. Il existe de nombreuses plages et la plupart sont accessibles en bus *(p. 125)*. Certaines sont abritées, d'autres sont ouvertes aux vagues de l'océan. Même si vous n'êtes pas un fanatique de la baignade, vous apprécierez un moment de détente en plein air.

Plongée à Gordons Bay

NATATION

La région de Sydney offre aux baigneurs le choix entre des plages d'anses, ou *harbour beaches*, généralement petites et aux eaux calmes, comme à Camp Cove, Shark Bay et Balmoral Beach, et les plages du Pacifique qui sont battues par les vagues.

Sur ces dernières officient les sauveteurs aux bonnets de bain rouge et jaune. Ils participent pendant l'été à de nombreux *lifesaving carnivals*. **Surf Life Saving NSW** vous en donnera le programme. Les plages sont parfois polluées, surtout après une bonne averse. Le **Beach Watch Info Line** vous fournira des informations actualisées sur l'état des plages et des baies.

SURF

Pour certains Sydneysiders, le surf est plus un mode de vie qu'un simple loisir et il leur arrive de ne pas apprécier de voir des « intrus » sur « leurs » vagues. Les meilleures plages pour pratiquer le surf sont Maroubra et Narrabeen, mais les débutants leur préféreront Bondi, Bronte, Palm Beach ou Collaroy. Vous pourrez louer une planche auprès de la **Bondi Surf Company.** Certaines boutiques spécialisées proposent des initiations.

Si vous préférez le spectacle à l'action, la promenade entre Bondi *(p. 122)* et Tamarama ménage d'intéressants points de vue.

PLANCHE À VOILE ET VOILE

Les véliplanchistes de tous niveaux trouveront des sites adaptés à leurs niveaux autour de Sydney, entre autres à Palm Beach, Narrabeen Lakes, La Perouse, Brighton-Le-Sands et Kurnell Point (pour les véliplanchistes débutants et moyens) et à Long Reef Beach, Palm Beach et Collaroy (pour les véliplanchistes expérimentés). La **Balmoral Windsurfing, Sailing & Kayaking School & Hire** propose leçons et planches en location.

Un voilier avec son barreur peuvent se louer pour l'après-midi auprès de l'**Australian Sailing Academy.** La **Sirsi Newport Marina** organise des initiations de deux jours et loue voiliers et bateaux à moteur aux marins confirmés.

PLONGÉE

Sans égaler la Grande Barrière, la côte recèle d'excellents lieux de plongée. Shelly Beach, Gordons Bay et Camp Cove font partie des plus appréciés.

Pro Dive Coogee propose un éventail complet de cours, de plongées accompagnées et d'équipement à louer. Cours et matériel de location sont aussi disponibles auprès de **Dive Centre Manly** qui assure des sorties en bateau tous les jours.

Le club des sauveteurs de Coogee Beach

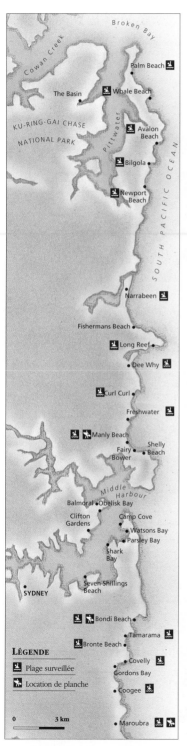

LES MEILLEURES PLAGES

Nous avons sélectionné ces 30 plages pour leur sûreté, leur cadre pittoresque, leurs activités et leurs équipements.

	PISCINE	SURF	PLANCHE À VOILE	PÊCHE	PLONGÉE	PIQUE-NIQUE	RESTAURANT/CAFÉ
Avalon	●	■				●	
Balmoral	●		●			●	●
The Basin	●					●	
Bilgola							
Bondi Beach	●	■		●	●	●	●
Bronte	●	■		●		●	●
Camp Cove					●		
Clifton Gardens	●		●	●		●	
Clovelly				●	●		●
Coogee	●		●	●	●	●	●
Curl Curl	●	■		●			
Dee Why	●	■		●	●	●	●
Fairy Bower					●		
Fishermans Beach		■	●	●	●		
Freshwater	●	■		●	●	●	
Gordons Bay				●	●		
Long Reef		■	●	●	●		
Manly Beach		■	●	●	●		
Maroubra		■	●	●	●		
Narrabeen	●	■		●		●	
Newport Beach	●	■	●	●			
Obelisk Bay							
Palm Beach	●	■	●	●		●	●
Parsley Bay						●	
Seven Shillings Beach	●					●	
Shark Bay	●					●	●
Shelly Beach					●	●	●
Tamarama		■	●	●	●	●	●
Watsons Bay	●				●		●
Whale Beach	●	■	●	●		●	●

PÊCHER À SYDNEY

Malgré l'importance de l'agglomération de Sydney et l'activité de son port, ses eaux restent poissonneuses. Thons, merlans et blennies abondent au large des plages rocheuses du nord, tandis qu'on pêche des poissons d'estuaire comme le platycéphale et la brème aux Narrabeen Lakes. Le Middle Harbour, port abrité, recèle de nombreux sites où l'on peut taquiner la brème et la sciène.

Blennie à triple nageoire

LÉGENDE

🏊 Plage surveillée

🏄 Location de planche

0   3 km

LE SPORT À SYDNEY

Le sport joue un grand rôle dans la vie des Australiens. Toute l'année, les Sydneysiders jouent au golf dès l'aube, courent le long des rues pour se maintenir en forme ou s'affrontent dans une rapide partie de tennis après le travail. Les week-ends, que ce soit en été ou en hiver, offrent l'occasion d'assister à des rencontres très variées sur les stades comme à la télévision. Les matchs de rugby et de cricket attirent des milliers de personnes au Sydney Football Stadium et au Sydney Cricket Ground, venues pour soutenir leurs équipes.

CRICKET

En été, les principales rencontres de one-day cricket et de cricket traditionnel ont lieu au Sydney Cricket Ground (SCG). En semaine, vous trouverez souvent des places à l'entrée, mais il vaut mieux réserver à l'avance auprès de **Ticketek** pour les matchs du week-end et pour les rencontres internationales.

RUGBY LEAGUE ET RUGBY UNION

La popularité du Rugby League, le jeu à treize auquel les Sydneysiders se réfèrent quand ils parlent de « footie », ne connaît pas de limites. Il existe trois grands niveaux de compétition : local, State of Origin, qui oppose le Queensland à la Nouvelle-Galles du Sud, et Tests (international). La compétition locale réunit les équipes aussi bien de Sydney que de Newcastle, Canberra, Brisbane, Perth, le Gold Coast et du nord du Queensland. Ces matchs se jouent partout à Sydney mais le Sydney Football Stadium (SFS)

Wallabies contre All Blacks, SFS

accueille les matchs les plus prestigieux. Les billets pour les compétitions de State of Origin et Tests sont vendus aussi vite qu'ils sont mis sur le marché. Contactez Ticketek pour connaître la disponibilité.

Au rugby à quinze, ou Rugby Union, la rencontre la plus suivie oppose au Sydney Football Stadium les Wallabies australiens aux All Blacks néo-zélandais.

GOLF ET TENNIS

Il existe à Sydney de nombreux terrains de golf, tels ceux de **Moore Park, St Michael's** et **Warringah** qui accueillent les visiteurs toute l'année. Il est souvent

préférable de réserver, surtout le week-end.

Le tennis aussi est très en vogue et des courts peuvent se louer partout. Certains sont éclairés pour jouer en nocturne.

Essayez le **Cooper Park** ou le **Parkland Sports Centre.**

Golf au Moore Park, l'un des parcours publics de Sydney

AUSTRALIAN RULES FOOTBALL

L'Aussie Rules, ou footy, se joue au pied et à la main et oppose deux équipes de dix-huit joueurs sur un terrain ovale. L'équipe locale, les Sydney Swans, reçoit ses adversaires sur le Sydney Cricket Ground.

La rivalité entre les supporters de Sydney et leurs homologues de Melbourne est forte. Les fans inconditionnels viennent soutenir leurs équipes. Les billets peuvent généralement être achetés au stade le jour même du match.

BASKETBALL

Ce sport a gagné en popularité ces dernières années autant chez les spectateurs qu'en tant que sport de récréation. Sydney possède des équipes masculines et féminines en compétition dans la National Basketball League.

Match de one-day cricket entre l'Australie et les Antilles, SCG

Vue aérienne du Sydney Football Stadium du Moore Park

Les matchs se déroulent dans le Sydney Superdrome à Homebush dans une ambiance très animée. Les places s'achètent auprès de Ticketek ou au guichet.

VÉLO ET ROLLERS

Plusieurs sites se prêtent aux promenades en vélo, dont le Centennial Park (p. 121), l'un des plus courus. Le **Centennial Park Cycles** loue vélos et casques.

Un autre passe-temps apprécié en été sont les rollers. **Bondi Boards & Blades**, près du Centennial Park, loue les patins, les casques et les protections à l'heure. Si vous êtes tentés d'aller jusqu'à Bondi Beach, n'oubliez pas qu'il y a plusieurs collines sur le chemin du retour. **Action Inline** à Manly loue également du matériel.

Ceux qui préfèrent garder les deux pieds sur terre peuvent se contenter de regarder les adeptes de rollers et de skateboard s'exercer aux rampes de Bondi Beach (p. 122).

Un soir d'été en rollers dans les rues de la ville

ÉQUITATION

Pour une promenade tranquille, allez au Centennial Park et contactez le **Centennial Parklands Equestrian Centre** qui vous fourniront les détails concernant les quatre écoles qui fonctionnent dans le parc. **Samarai Park Riding School** organise des sorties à travers le Ku-ring-gai Chase National Park (p. 122).

Plus loin, le **Megalong Valley Heritage Farm** assure des sorties pour tous les niveaux à travers les magnifiques paysages des Blue Mountains (p. 162-165).

Promenade à cheval dans l'un des parcs du centre-ville

SPORTS D'AVENTURE

Dans le Blue Mountains National Park sont proposées des activités telles que promenades dans le *bush*, VTT, canyoning, spéléologie, escalade et rappel. Le **Blue Mountains Adventure Company** propose des expéditions d'un ou de plusieurs jours pour tous les niveaux d'aventuriers.

Le **City Crag Climbing Centre**, à Sydney, donne des cours d'escalade en salle.

ATLAS DES RUES DE SYDNEY

L es références cartographiques données dans les pages de ce guide consacrées à Sydney renvoient aux plans de cet atlas, qu'il s'agisse des sites de visite, des commerces *(p. 129 et 131),* des salles de spectacle *(p. 135),* des hôtels *(p. 466-468)* et des restaurants *(p. 498-500).* L'atlas fait apparaître les édifices et les monuments intéressants ainsi que les gares, terminus de bus, embarcadères de bacs, services d'urgence, bureaux de poste et centres d'information touristique.

La légende ci-dessous indique les symboles utilisés et donne l'échelle des plans. À côté, une carte d'ensemble précise la zone couverte par chaque plan de l'atlas et les quartiers qui la composent.

Le Sydney Harbour Bridge *(p. 76-77)* **vu de la North Sydney Olympic Pool**

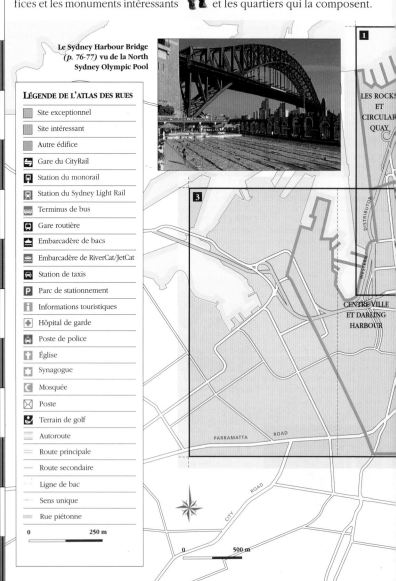

LÉGENDE DE L'ATLAS DES RUES

	Site exceptionnel
	Site intéressant
	Autre édifice
🚆	Gare du CityRail
🚝	Station du monorail
🚊	Station du Sydney Light Rail
🚌	Terminus de bus
🚏	Gare routière
⛴	Embarcadère de bacs
⛴	Embarcadère de RiverCat/JetCat
🚕	Station de taxis
P	Parc de stationnement
ℹ	Informations touristiques
✚	Hôpital de garde
🛡	Poste de police
✝	Église
✡	Synagogue
☪	Mosquée
⊠	Poste
⛳	Terrain de golf
▭	Autoroute
—	Route principale
—	Route secondaire
	Ligne de bac
	Sens unique
	Rue piétonne

0   250 m

1

LES ROCKS ET CIRCULAR QUAY

3

DISTRIBUTOR

WESTERN

CENTRE-VILLE ET DARLING HARBOUR

PARRAMATTA   ROAD

ROAD

CITY

0   500 m

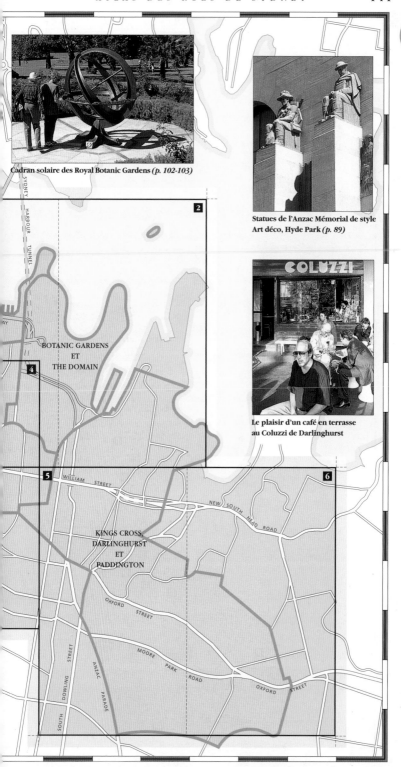

Cadran solaire des Royal Botanic Gardens *(p. 102-103)*

Statues de l'Anzac Mémorial de style
Art déco, Hyde Park *(p. 89)*

Le plaisir d'un café en terrasse
au Coluzzi de Darlinghurst

BOTANIC GARDENS
ET
THE DOMAIN

KINGS CROSS,
DARLINGHURST
ET
PADDINGTON

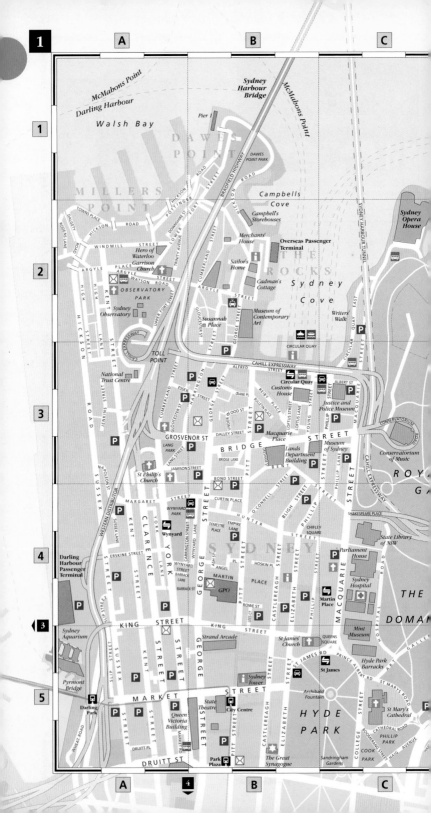

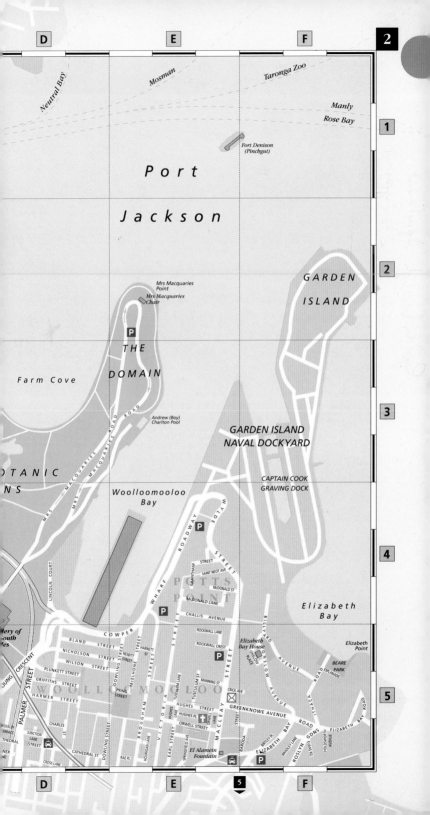

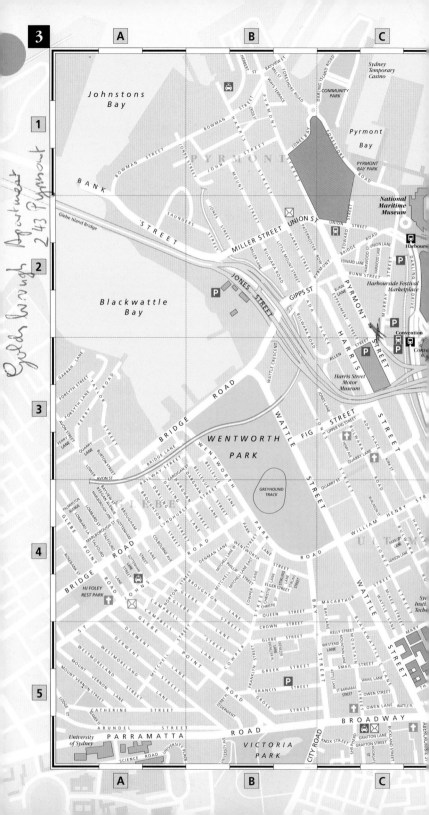

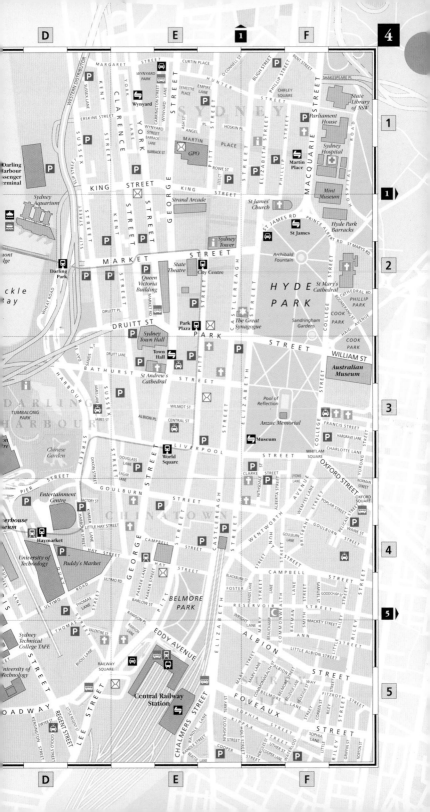

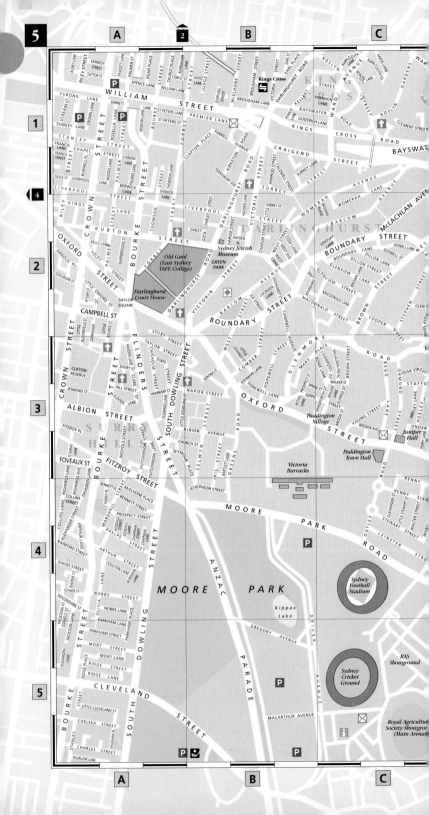

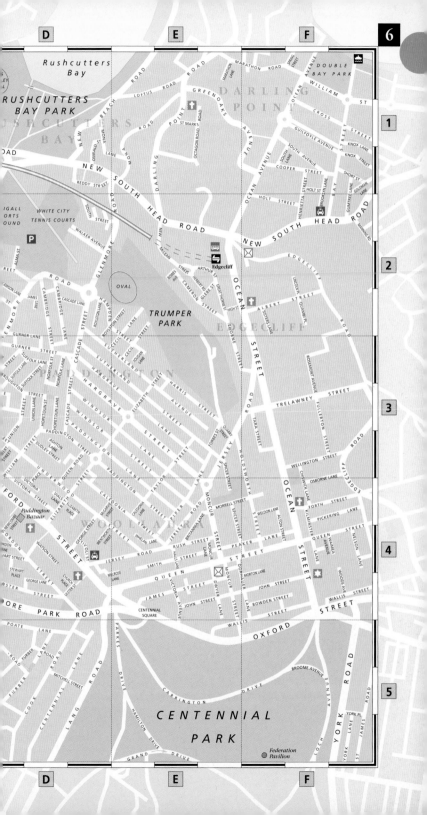

La Nouvelle-Galles du Sud et l'ACT

La Nouvelle-Galles du Sud et l'ACT d'un coup d'œil

Le sud-est du continent, point de départ de la colonisation européenne au XVIIIe siècle, reste la région d'Australie la plus densément peuplée et la plus variée. Elle renferme sa plus grande ville, Sydney *(p. 56-147)*, sa capitale fédérale, Canberra, ainsi que sa plus haute montagne, le Mount Kosciuszko. À l'est, terres agricoles et vignobles s'étendent de la côte du Pacifique aux Blue Mountains et aux Snowy Mountains où se pratique le ski. À l'ouest règne le désert. Le littoral possède un climat tropical au nord, tandis que le sud jouit de plus de fraîcheur.

CARTE DE SITUATION

Broken Hill *est l'une des rares villes minières du XIXe siècle qui continue à vivre de l'exploitation de son sous-sol* (p. 173). *Elle abrite le siège du Royal Flying Doctor Service dont la visite commentée séduit de nombreux touristes.*

DES BLUE MOUNTAINS À BYRON BAY
(p. 156-173)

Bourke *a pour principal intérêt son isolement. Arrosée par la Darling River que franchit un pont mobile, la ville doit sa prospérité à son agriculture* (p. 173).

Le Mount Kosciuszko, *le plus haut sommet d'Australie, ménage au sein du Kosciuszko National Park une vue panoramique des Snowy Mountains depuis un belvédère accessible en télésiège ou par un sentier pédestre* (p. 152-153).

◁ **Le Breadknife (Couteau à pain), formation rocheuse du Warrumbungle National Park au nord de Dubbo**

L'école d'art de Tenterfield occupe un bâtiment
au passé prestigieux car c'est là qu'en 1889 sir Henry
Parke prononça le discours qui ouvrit la voie à la
création du *Commonwealth of Australia* (p. 52).
Un musée évoque l'événement.

*À **Tamworth**,* le visiteur ne risque
pas d'oublier qu'il se trouve dans
la capitale de la country music
australienne (p. 169).

*Les **Three Sisters*** constituent
le site le plus célèbre du Blue
Mountains National Park.
Un éclairage les rend encore plus
spectaculaires la nuit (p. 162-165).

0   100 km

Windsor, l'une des villes du XIXᵉ siècle
les mieux préservées, abrite le Macquarie
Arms Hotel, le plus ancien hôtel en activité
d'Australie (p. 160).

*À **Canberra**,* capitale fédérale
dessinée en 1912 par l'architecte
Walter Burley Griffin, l'Anzac
Parade offre une belle perspective du
New Parliament House au sommet
du Capital Hill (p. 186-187).

Les Snowy Mountains

Les « Montagnes enneigées » s'étirent sur 500 km entre Canberra et Victoria. Vieilles de plus de 250 millions d'années, elles renferment les seuls lacs glaciaires d'Australie et son plus haut sommet : le Mount Kosciuszko. En été, des fleurs sauvages tapissent les prairies. En hiver, les gommiers des neiges se courbent sous le vent. Protégé par le Kosciuszko National Park, le massif abrite deux stations de ski : Thredbo et Perisher. Les barrages construits sur quatre rivières alimentent en électricité une vaste région *(p. 175)*.

LÉGENDE

▰▰▰	Route principale
▰▰▰	Route secondaire
- - -	Sentier pédestre
☒	Piste de ski
Ⓐ	Camping
ℹ	Informations touristiques
❋	Point de vue

La Snowy River qui coule au pied du Mount Kosciuszko a été détournée et barrée pour fournir de l'électricité à Melbourne et Sydney.

Le Blue Lake est l'un des rares lacs glaciaires du pays. Il occupe un bassin de 28 m de profondeur.

La Seaman's Hut, bâtie après la mort d'un skieur en 1928, a sauvé de nombreuses vies lors de blizzards.

L'Alpine Way passe par la superbe Thredbo River Valley. Prenez cette route de préférence au printemps ou en été.

Geehi River

Snowy River

Perisher Valley

MOUNT TOWNSEND
▲ 2 210 m

MOUNT KOSCIUSZKO
▲ 2 228 m

Alpine Way

Thredbo

Le Dead Horse Gap prit le nom de « col du Cheval mort » après qu'un troupeau de *brumbies* (chevaux sauvages) y périt au XIXe siècle. Il donne accès, à l'ouest, à une superbe région sauvage et, au sud, au Pilot et à Coberras.

PRINCIPAUX SOMMETS DES SNOWY MOUNTAINS

On atteint le Mount Kosciuszko, le plus haut sommet d'Australie, depuis Thredbo ou le Charlottes Pass par des sentiers aisés traversant des prairies. Souvent pris pour son illustre voisin, le Mount Townsend est un peu moins élevé mais possède des pentes plus prononcées.

***Le Charlottes Pass** marque le début du sentier qui conduit au sommet du Mount Kosciuszko. Le col doit son nom à Charlotte Adams, première Européenne à effectuer l'ascension en 1881.*

0   5 km

Le ski de piste et de fond ainsi que le snowboard se pratiquent dans les Snowy Mountains entre juin et septembre.

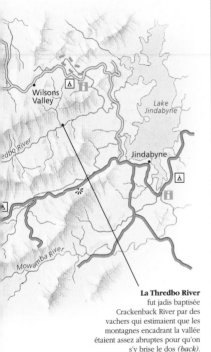

La Thredbo River fut jadis baptisée Crackenback River par des vachers qui estimaient que les montagnes encadrant la vallée étaient assez abruptes pour qu'on s'y brise le dos *(back)*.

Les Yarrangobilly Caves, *réseau de 70 grottes creusées il y a près de 750 000 ans, abritent à environ 130 km au nord de Thredbo de magnifiques concrétions calcaires et de délicats lacs souterrains.*

La nature dans les Snowy Mountains

Des dizaines d'espèces de fleurs, d'arbres et d'animaux parviennent à survivre malgré la rudesse du climat et la pauvreté des sols. La quasi-totalité d'entre elles n'existe que dans les montagnes australiennes.

La flore

Les celmisia asteliifolia *aux pétales blancs et aux cœurs jaunes forment des tapis spectaculaires.*

Le podocarpus lawrencei *pousse lentement et penché, prenant un aspect de bonsaï. L'opossum nain se nourrit de ses baies.*

Des sphaignes *entourent en altitude les ruisseaux et les marais.*

Le gommier des neiges *résiste à des températures d'altitude que peu d'arbres supportent.*

La faune

La grenouille de corroboree *ne vit que dans les fragiles marais à sphaigne de la région.*

L'opossum nain de montagne *se cache sous la neige près des sommets.*

Truites de rivière et arc-en-ciel *prospèrent dans les torrents de montagne.*

Les vins de la Nouvelle-Galles du Sud et de l'ACT

Les navires de la Première Flotte *(p. 46-47)* qui accostèrent dans la Sydney Cove en janvier 1788 transportaient quelques plants de vigne. Depuis, la production viticole n'a cessé de croître en Nouvelle-Galles du Sud. Aujourd'hui, la plantation de nouveaux vignobles et l'extension des zones de production existantes répondent à une demande en augmentation constante à l'étranger comme à l'intérieur du pays. L'État compte en effet de nombreuses caves dont la réputation a dépassé les frontières australiennes.

Chardonnay, Hunter Valley

CARTE DE SITUATION

■ *Régions viticoles de la NSW*

Le Sand Hills Vineyard de la *Lachlan Valley près de Forbes, produit de superbes shiraz rouges et de délicieux blancs secs comme le chardonnay.*

Le Cooraminta Estate bénéficie dans la région des Hilltops d'un riche sol alluvial et de pluies régulières.

De Bortoli, domaine familial du district de la Riverina, propose des vins de caractère, tel le Dry Botrytis Semillon, à des prix raisonnables.

La Charles Sturt University Winery joue un rôle innovant dans les techniques de culture et de vinification et produit des vins traditionnels avec un matériel ultra moderne.

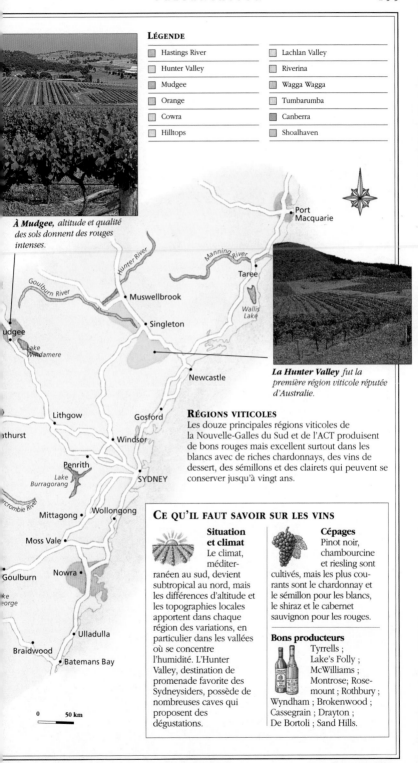

LÉGENDE

▢	Hastings River	▢	Lachlan Valley
▢	Hunter Valley	▢	Riverina
▢	Mudgee	▢	Wagga Wagga
▢	Orange	▢	Tumbarumba
▢	Cowra	▢	Canberra
▢	Hilltops	▢	Shoalhaven

À **Mudgee,** altitude et qualité des sols donnent des rouges intenses.

Port Macquarie

Manning River

Hunter River

Goulburn River

Taree

Muswellbrook

Wallis Lake

Singleton

udgee

Lake Windamere

Newcastle

La Hunter Valley fut la première région viticole réputée d'Australie.

Lithgow

Gosford

athurst

Windsor

Penrith

Lake Burragorang

SYDNEY

crombie River

Mittagong • Wollongong

Moss Vale •

Goulburn

Nowra •

ke eorge

Ulladulla

Braidwood

Batemans Bay

0   50 km

RÉGIONS VITICOLES

Les douze principales régions viticoles de la Nouvelle-Galles du Sud et de l'ACT produisent de bons rouges mais excellent surtout dans les blancs avec de riches chardonnays, des vins de dessert, des sémillons et des clairets qui peuvent se conserver jusqu'à vingt ans.

CE QU'IL FAUT SAVOIR SUR LES VINS

Situation et climat
Le climat, méditer-ranéen au sud, devient subtropical au nord, mais les différences d'altitude et les topographies locales apportent dans chaque région des variations, en particulier dans les vallées où se concentre l'humidité. L'Hunter Valley, destination de promenade favorite des Sydneysiders, possède de nombreuses caves qui proposent des dégustations.

Cépages
Pinot noir, chambourcine et riesling sont cultivés, mais les plus courants sont le chardonnay et le sémillon pour les blancs, le shiraz et le cabernet sauvignon pour les rouges.

Bons producteurs
Tyrrells ; Lake's Folly ; McWilliams ; Montrose; Rose-mount ; Rothbury ; Wyndham ; Brokenwood ; Cassegrain ; Drayton ; De Bortoli ; Sand Hills.

DES BLUE MOUNTAINS
À BYRON BAY

L e nord de la Nouvelle-Galles du Sud frappe par l'intensité de ses couleurs. Les bleus profonds des Blue Mountains, les bleus-verts de l'océan, les verts changeant des forêts pluviales proches du Queensland, l'or des champs de blé, les rouges et les jaunes du désert de l'intérieur composent de superbes tableaux colorés.

La région est marquée par toute l'histoire de l'Australie moderne. C'est ici qu'en 1770 l'explorateur anglais James Cook revendiqua au nom de la couronne britannique la moitié orientale du continent. Il lui donna le nom de Nouvelle-Galles du Sud.

En périphérie de Sydney, à Windsor et Richmond, d'anciennes colonies de bagnards sont devenues de prospères communautés agricoles le long de la Hawkesbury River. Les Blue Mountains furent une barrière infranchissable pour les Européens jusqu'à la découverte en 1813 d'un premier passage. L'élevage put alors se développer dans les riches plaines à l'ouest du massif. Au milieu du XIXe siècle, la ruée vers l'or qui eut lieu aux alentours de Bathurst et de Mudgee et jusque dans les New England Tablelands entraîna l'extension du réseau de routes et de voies ferrées.

Grâce à ses voies de communication très performantes, le nord de la Nouvelle-Galles du Sud possède aujourd'hui les zones rurales et le littoral les plus peuplés du pays.

La région n'a pas perdu pour autant sa beauté naturelle. Elle peut aisément se diviser en trois parties : le littoral et son arrière-pays, y compris la Hunter Valley, célèbre pour ses vignobles ; les collines, les plateaux et les rivières des New England Tablelands et des Western Plains où voisinent parcs nationaux et zones agricoles ; enfin, l'aride Outback à l'ouest du vaste Great Dividing Range.

La Nouvelle-Galles du Sud est une région facile à découvrir, offrant à la fois de vastes espaces préservés (des étendues sauvages des Blue Mountains aux vagues de Biron Bay) et le confort et les distractions de la civilisation urbaine. Elle est devenue une destination de vacances appréciée toute l'année des Australiens comme des touristes étrangers.

Le phare du Cape Byron à la pointe la plus à l'est de l'Australie

◁ Le rocher The Three Sisters (Les Trois Sœurs) du Blue Mountains National Park vu d'Echo Point

Le nord de la Nouvelle-Galles du Sud

L'importance des distances impose de prendre en compte le temps disponible pour toute visite. À proximité de Sydney, on peut découvrir des villes historiques de la ruée vers l'or comme Windsor, les paysages variés des Blue Mountains, les vieilles bourgades minières entre Bathurst et Mudgee et les vignobles de la Hunter Valley. La côte nord et son arrière-pays se visiteront plutôt dans le cadre d'un voyage de Sydney jusqu'à Brisbane, la capitale du Queensland, ou lors d'une brève escapade jusqu'aux plages et zones de pêche proches de Port Macquarie, Taree et Coffs Harbour.

Légende

| | Blue Mountains à Byron Bay |
| | À l'ouest du Divide p. 172-173 |

Les Trois Sœurs du Blue Mountains National Park

La région d'un coup d'œil

Armidale **7**
Barrington Tops WHA **6**
Blue Mountains National Park
   p. 162-165 **1**
Gibraltar Range National Park **8**
Gosford **3**
Inverell **10**
Mudgee **12**
Newcastle **4**
Tamworth **11**
Tenterfield **9**
Windsor **2**

Excursion
Hunter Valley **5**

À l'ouest du Divide
Voir p. 172-173
Bourke **15**
Broken Hill **16**
Dubbo **13**
Lightning Ridge **14**
Wagga Wagga **18**
Willandra National Park **17**

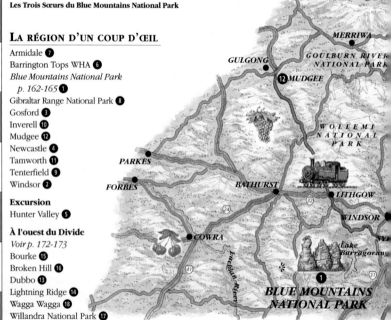

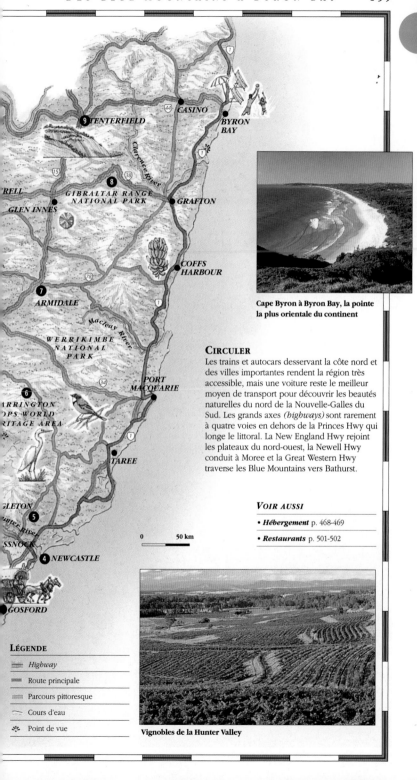

Cape Byron à Byron Bay, la pointe
la plus orientale du continent

CIRCULER

Les trains et autocars desservant la côte nord et
des villes importantes rendent la région très
accessible, mais une voiture reste le meilleur
moyen de transport pour découvrir les beautés
naturelles du nord de la Nouvelle-Galles du
Sud. Les grands axes *(highways)* sont rarement
à quatre voies en dehors de la Princes Hwy qui
longe le littoral. La New England Hwy rejoint
les plateaux du nord-ouest, la Newell Hwy
conduit à Moree et la Great Western Hwy
traverse les Blue Mountains vers Bathurst.

VOIR AUSSI

- **Hébergement** p. 468-469
- **Restaurants** p. 501-502

0   50 km

LÉGENDE

▬▬	*Highway*
▬▬	Route principale
▬▬	Parcours pittoresque
～	Cours d'eau
✿	Point de vue

Vignobles de la Hunter Valley

Blue Mountains National Park ❶

Voir p. 162-165.

Windsor ❷

🏚 *1 850.* ⊠ 🚌 🚃 🚐 🛈 *7*
Thompson Square (02) 4577 2310.

Windsor fut établie en 1794 dans une région fertile où la Hawkesbury River offrait une voie pratique de transport et de communication. C'est l'une des cinq « villes Macquarie », villes fondées par l'entreprenant gouverneur Lachlan Macquarie.

Au centre du bourg s'élève St Matthew's Church, bel exemple d'architecture coloniale georgienne dessiné par Francis Greenway et considéré comme son œuvre la plus réussie. Parmi les autres édifices intéressants figurent le Macquarie Arms, qui prétend être le plus vieil hôtel d'Australie, et le **Hawkesbury Museum** installé dans une ancienne auberge. Son exposition retrace l'histoire de la ville.

🏛 Hawkesbury Museum
7 Thompson Square. 📞 *(02) 4577 2310.* ⏲ *t.l.j.* ● *ven. saint, 25 déc.* ♿

St Matthew's Church de Windsor, dessinée par Francis Greenway

AUX ENVIRONS
À 6 km à l'ouest de Windsor, Richmond est une autre « ville Macquarie ». Ce joli bourg fut fondé en 1789, cinq ans avant Windsor. Vous y verrez l'une des plus anciennes demeures à avoir survécu en Australie : la ferme de Mountainview construite en 1804.

Gosford ❸

🏚 *38 000.* 🚌 🚃 🚐 ⛴ 🛈 *200*
Mann St (02) 4385 4430.

Gosford est la principale localité de la région balnéaire connue sous le nom de Central Coast. Les communautés rurales qui jalonnaient jadis le littoral forment aujourd'hui une zone résidentielle continue au bord de l'océan s'étendant au sud jusqu'au Ku-ring-gai Chase National Park *(p. 122).* Gosford offre une bonne base pour découvrir les alentours. La ville occupe la rive nord des Brisbane Waters, propices à de nombreuses activités de loisirs, notamment la voile. Réputées, les plages sont si nombreuses dans les environs qu'il est encore possible de dénicher un coin désert en toute saison (sauf bien sûr en plein été). Les Effalong Markets, dans le centre-ville, valent aussi le détour.

Old Sydney Town, à 12 km à l'ouest de Gosford, présente une image fidèle de la première colonie européenne

Douane du XVIIIᵉ siècle à l'Old Sydney Town près de Gosford

en Australie *(p. 46-47)*. Vêtus comme au XVIIIe siècle, des figurants y vaquent aux occupations quotidiennes de l'époque. À côté, le **Australian Reptile Park** présente différentes sortes de reptiles, entre autres des crocodiles, d'imposants varans et des serpents.

🚂 Old Sydney Town
Old Pacific Hwy, Somersby. 📞 *(02) 4340 1104.* ⬛ *mer.-dim., jours fériés.* ⬤ *25 déc.* 🏬 ♿
🦎 Australian Reptile Park
Old Pacific Hwy, Somersby. 📞 *(02) 4340 1022.* ⬛ *9 h-17 h, t..l.j.* ⬤ *25 déc.* 🏬 ♿

AUX ENVIRONS
Il existe, à courte distance de Gosford, plusieurs parcs nationaux, en particulier le Brisbane Waters National Park aux agréables sentiers pédestres. Il abrite le Bulgandry Aboriginal Site orné de figures humaines et animales qui auraient été gravées il y a des milliers d'années.

Newcastle ❹

🚶 138 000. ✈ 🚉 📮 🚌
ℹ *363 Hunter St (02) 4974 2999.*

Un visiteur de passage à Newcastle, la seconde plus ancienne ville du pays, à la fin du siècle dernier remarqua : « À mes yeux, toute la ville semblait s'être réveillée sous l'effet de la peur à notre arrivée et ne pas avoir d'idée précise d'un lieu de rendez-vous où se regrouper. » Le chaos architectural et géographique auquel il faisait référence avait en grande partie pour origine la vocation minière et industrielle de la cité. Les périodes de construction n'obéissaient pas à une planification mais dépendaient de la richesse en dents de scie de ses habitants. Ce désordre fait aujourd'hui partie du charme de Newcastle. La cité, dont les rues principales passent à travers les collines, s'enroule autour d'un port splendide. L'industrie qui reste sa première activité ne nuit pas à sa curieuse beauté. La grand-rue, Hunter Street,

Poste italianisante de Newcastle

conserve des édifices anciens de styles variés, les constructions victoriennes, Courthouse et Court Chambers, une poste inspirée d'une basilique vénitienne et Christ Church, cathédrale néo-gothique.

La moderne **Newcastle Region Art Gallery** expose des œuvres peintes aux XIXe et XXe siècles par des artistes australiens : William Dobell, Arthur Boyd et Brett Whiteley.

Sur le front de mer, le Queens Wharf, quai réhabilité dans les années quatre-vingt, ménage de splendides panoramas depuis ses promenades et ses cafés en plein air *(p. 501-502)*. Au sud du port, un phare, le Nobbys

Lighthouse, se dresse au bout d'une longue jetée. La vue qu'il offre du quartier ancien justifie la courte marche pour l'atteindre.

Plus loin s'élève le **Fort Stratchley** construit à la fin du siècle dernier pour repousser une éventuelle attaque des Russes qui convoitaient le charbon de la région. Ses canons ne servirent que pendant la Seconde Guerre mondiale.

De belles plages s'étendent de part et d'autre du port.

🏛 Newcastle Region Art Gallery
Angle de Darby St et Laman St
📞 *(02) 4974 1500.* ⬛ *mar.-dim.*
⬤ *ven. saint., 25 déc.* ♿
🚂 Fort Stratchley
Nobbys Rd. 📞 *(02) 4929 2588.*
⬛ *10 h-16 h, mar.-dim.* **Tunnels militaires** ⬛ *12 h-16 h, sam. et dim.*
⬤ *ven. saint, 25 déc.* 🏬 ♿

AUX ENVIRONS
À 20 km au sud de Newcastle, le Lake Macquarie, lac salé d'une superficie quatre fois supérieure à celle du Sydney Harbour *(p. 70-99)*, permet de pratiquer de très nombreux sports nautiques. Sur la rive ouest, Wangi Wangi abrite l'ancienne demeure du peintre William Dobell.

FRANCIS GREENWAY, ARCHITECTE BAGNARD

Jusqu'à récemment, les billets australiens de 10 $ étaient les seules coupures du monde à rendre hommage à un faussaire. En effet, ils étaient revêtus du portrait de Francis Greenway, homme condamné en 1814 à purger une peine de quatorze ans au bagne de Sydney pour avoir contrefait un document financier. Parrainé par le gouverneur Lachlan Macquarie qui le nomma architecte des travaux publics en 1816, Greenway dessina plus de quarante édifices dont onze survivent aujourd'hui. Il obtint le pardon du roi en 1819. Mais il mourut dans la pauvreté en 1837 après être tombé en disgrâce.

Francis Greenway (1777-1837)

Le Blue Mountains National Park ❶

Kookaburra

Les « Montagnes bleues » tiennent leur nom de la brume bleutée dégagée par l'évaporation de l'huile des eucalyptus. Elles ont mis plus de 250 millions d'années à se former, le temps que des sédiments s'accumulent puis que l'érosion taille falaises et ravins. Malgré sa faible altitude (1 100 m), ce massif habité par des Aborigènes pendant environ 14 000 ans opposa aux premiers colons européens une barrière infranchissable *(p. 164)*. Aujourd'hui, c'est une zone de villégiature parcourue d'excellents sentiers.

La Cathedral of Ferns (cathédrale de fougères) évoque par sa luxuriance la forêt tropicale.

Mount Wilson
Une couverture de basalte, vestige d'un volcan éteint, donne un sol fertile aux jardins très fréquentés en été.

Le Zig Zag Railway est un train à vapeur circulant entre Sydney et Lithgow.

FLORE ET FAUNE DES BLUE MOUNTAINS

Opossum

Les sentiers du parc national permettent de découvrir de nombreuses espèces de plantes et d'animaux, tel l'oiseau-lyre dont le cri aigu s'entend de loin dans les forêts. La forêt pluviale tempérée abrite des essences caractéristiques comme le sassafras *(doryphora sassafras)* qui produit de minuscules fleurs blanches. Le timide opossum à queue en brosse reste caché la journée et ne sort que la nuit.

MUDGEE
Lithgow
Bells Line of Road
Bell
Hartley
Mount Victoria
Blackheath
Jenolan Caves Road
Hampton

JENOLAN STATE FOREST

Jenolan Caves
Neuf grottes ouvertes au public renferment d'étonnantes et superbes concrétions calcaires.

Katoomba, la plus grosse localité proche du parc, offre aux visiteurs un large choix d'hébergements.

Mount Tomah Botanic Garden
*Ce jardin réunit des plantes de climat
frais du monde entier, dont des
rhododendrons de l'Himalaya.*

WINDSOR
MOUNT TOMAH
1 000 m

Springwood

32

Lawson

Woodford

Glenbrook

SYDNEY

0   5 km

MODE D'EMPLOI

Great Western Hwy. 🛈 *Great
Western Hwy, Glenbrook
(1300 653 408)* 🚆 *depuis
Sydney.*

Wentworth Falls
*Des zones de forêt pluviale
s'épanouissent le long de
cette chute d'eau.*

Leura
*Ce joli village abrite
de vieilles demeures comme
la Leura Mansion.*

LÉGENDE

▬	Route principale
═	Route secondaire
🚶	Départ de sentier
🛈	Informations touristiques
▪▪▪	Voie ferrée
△	Camping
🏕	Aire de pique-nique
🌿	Point de vue

Three Sisters
*Selon une légende aborigène, ces « trois sœurs » sculptées
par l'érosion furent emprisonnées là par leur père afin
d'être protégées d'un loup-garou.*

À la découverte des Blue Mountains

Les Blue Mountains culminent à 1 100 m d'altitude et forment une barrière qui rendit longtemps les premiers colons anglais quasiment prisonniers de la région de la Sydney Cove. Beaucoup pensaient que des plaines propices à l'élevage s'étendaient au-delà, mais toutes les tentatives de traversée du massif échouèrent jusqu'à l'expéditon de 1813. Trois fermiers, Gregory Blaxland, William Lawson et William Charles Wentworth, suivirent la crête séparant la Grose River de la Cox River et purent sortir de l'autre côté des montagnes. La construction de routes et d'une voie ferrée fit plus tard des Blue Mountains un lieu de villégiature apprécié. La région conserve d'ailleurs d'élégantes demeures du début du xxe siècle. La création en 1959 du parc national a permis de préserver de vastes espaces restés sauvages.

🏛 Norman Lindsay Gallery and Museum

14 Norman Lindsay Crescent, Faulconbridge. **(** *(02) 4751 1067.* **◯** *t.l.j.* **◯** *25 déc.* 🖼 🚻

Norman Lindsay, l'un des créateurs les plus reconnus d'Australie, inspira de son vivant de chaudes controverses par l'audace de ses nus et de ses romans. Né en 1879, il acheta en 1913 cette retraite montagnarde où il produisit une œuvre considérable qui reflète le rejet des tabous moraux et sexuels de son époque.

Superbement préservée, sa demeure abrite une riche collection de ses peintures, dessins, sculptures de jardin aux sujets mythologiques ainsi que des livres pour enfants. Une salle entière, appréciée des adultes comme des plus jeunes, est consacrée à son livre *Magic Pudding*. L'exposition comprend aussi une reconstitution de l'intérieur de son atelier. Un paisible jardin entoure la maison.

Leura

ℹ *Echo Point, Katoomba.* **(** *1300 653 408.* 🚏 *1er dim. du mois.*

Ce village sur la Great Western Highway doit son élégance Art déco aux riches citadins qui venaient pour s'y détendre et échapper à la chaleur estivale de Sydney dans les années vingt. Galeries d'art, cafés et boutiques chics bordent sa grand-rue ombragée.

À 6 km de Leura, l'Everglades House, bâtisse aux murs roses, est une joyeuse fantaisie du début du siècle, entourée d'un somptueux jardin. Ses plantes alpestres, son étang agrémenté d'une grotte artificielle, ses massifs de rhododendrons et ses paons en liberté en font un jardin

typique des jardins des années trente. D'autres jardins sont ouverts au public tous les mois d'octobre pour le Leura Garden Festival *(p. 36)*.

La Cliff Drive qui rejoint Katoomba permet de jouir de larges panoramas de la région. Le belvédère au terme de Sublime Point Road ménage aussi une magnifique vue de la Jamison Valley.

Le téléphérique du Scenic Skyway part de Katoomba

Katoomba

ℹ *Echo Point, Katoomba.* **(** *1300 653 408.*

Pôle touristique animé des Blue Mountains, Katoomba offre une bonne base pour partir à la découverte de la région. La ville a en partie conservé l'aspect que lui donnèrent les riches Sydneysiders qui vinrent y chercher la fraîcheur à partir des années 1870. À l'instar des imposantes pensions de famille dominant la Jamison Valley, le Paragon Café aux murs couverts de boiseries et de miroirs entretient le souvenir de cette époque élégante.

Il suffit de quelques minutes en voiture pour atteindre les attractions les plus populaires de la région. Echo Point regroupe un grand centre d'information et un belvédère d'où la vue porte jusqu'au Mount Solitary et aux célèbres Three Sisters *(p. 162-163)*. Une courte marche permet de rejoindre cette étonnante formation rocheuse. Le Giant Staircase, « escalier géant » taillé dans la pierre, s'enroule autour de sa partie est.

Main Street, la grand-rue de Leura

Au-delà du Giant Staircase s'étend la paisible Leura Forest, riche en espèces végétales et animales de la forêt pluviale tempérée. À l'ouest de la ville, les cabines du Scenic Skyway se succèdent toutes les 10 mn et permettent une promenade en téléphérique à 205 m au-dessus du fond de la vallée. Vous pouvez aussi prendre le Scenic Railway, le train construit vers 1880 pour conduire les mineurs jusqu'aux gisements de la Jamison Valley. Sa voie qui dévale une gorge serait la plus pente du monde.

Blackheath

🏠 Govetts Leap Rd. ☎ (02) 4787 8877.

Ce petit village offre des conditions de séjour plus calmes que nombre des localités situées plus à l'est. De plus, la qualité de ses restaurants et hôtels incite souvent les visiteurs venus de Sydney à y demeurer une nuit ou deux plutôt que de rentrer en ville le jour même. Le véritable intérêt de cette région demeure néanmoins la possibilité d'explorer les failles et les ravins embrumés de la splendide Grose Valley.

À 3 km de Blackheath sur la Govetts Leap Road, le Heritage Centre constitue le meilleur point de départ. Une exposition illustre l'histoire géologique de la région et celle des Aborigènes et des colons européens. Elle offre aussi un aperçu de la faune et de la flore locales. Des employés du parc vous indiqueront les meilleures marches à faire. Point de départ de plusieurs sentiers, Govetts Leap ménage un large panorama de la Grose Valley.

Un chemin de crête dépasse au sud les Bridal Falls, la plus haute cascade des Blue Mountains, puis traverse des landes. Une excursion de huit heures dans la vallée vous fait découvrir la Blue Gum Forest dominée par les eucalyptus aux troncs bleus et fumants. Le Grand Canyon est une destination réservée aux marcheurs les plus chevronnés. Cette randonnée de cinq heures dans des gorges profondes et des

Gorge de la Grose Valley près de Blackheath

canyons taillés dans le grès permet d'éclaircir en partie les mystères géologiques des montagnes.

🏛 Jenolan Caves

Jenolan Caves Rd. ☎ (02) 6359 3311. ⬤ t.l.j. 🚫 ♿ une petite partie de l'Orient Cave.

Les grottes de Jenolan s'ouvrent au sud-ouest du massif montagneux. Après avoir dépassé les vieux hôtels de Mount Victoria, la Great Western Highway bifurque vers le sud à Hartley au cœur de la première région où Blaxland, Lawson et Wentworth développèrent l'élevage à partir de 1815. Puis elle traverse l'escarpement de la Kanimba Valley au sein de splendides paysages.

Concrétions calcaires dans les Jenolan Caves

Découvertes en 1838, les Jenolan Caves sont faciles d'accès. Elles forment un réseau de plus de 300 salles souterraines creusées dans un dépôt sédimentaire vieux de 300 millions d'années. Les neuf grottes ouvertes au public renferment une riche gamme de concrétions calcaires délicatement sculptées ainsi que de nombreux lacs et des cours d'eau, notamment la Styx River.

🌿 Mount Tomah Botanic Gardens

Bells Line of Road. ☎ (02) 4567 2154. ⬤ t.l.j. ⬤ 25 déc. 🚫 ♿

On atteint le Mount Tomah par la Bells Line of Road, route moins fréquentée et plus pittoresque que la Great Western Highway.

Le mont tire son nom du mot aborigène signifiant « fougère ». Ses jardins botaniques, qui offrent au nord et au sud des vues à couper le souffle de la Grose Valley, furent créés pour servir d'annexe aux Royal Botanic Gardens de Sydney (p. 102-103) et abriter des espèces végétales qui ne peuvent survivre sur la côte. Spécifiques à l'hémisphère Sud, les espèces plus intéressantes évoluèrent dans un monde clos après la séparation de l'Australie du supercontinent du Gondwana (p. 19).

Excursion dans la Hunter Valley ❺

Les premiers vignobles destinés à une exploitation commerciale furent plantés sur les rives plates de la Hunter River vers 1830. À l'origine spécialisée dans les vins de liqueur, la région produit aujourd'hui des rouges et des blancs de table de qualité. Elle devient particulièrement animée pendant les vendanges, en février et en mars, mais quelque soixante-dix caves et un bon choix de restaurants et d'hôtels *(p. 469 et 502)* en font une destination touristique populaire toute l'année.

Lakes Folly ③
Max Lake créa ce vignoble dans les années soixante, plantant pour la première fois depuis le début du siècle du cabernet sauvignon.

Rothbury Estate ④
Rêve du chroniqueur œnologique Len Evans, Cask Hall tire aussi sa renommée de ses concerts.

Tyrrell's Vineyards ⑤
La famille Tyrrell fabrique du vin depuis 1858. Une aire de dégustation en plein air donne une vue des vignobles.

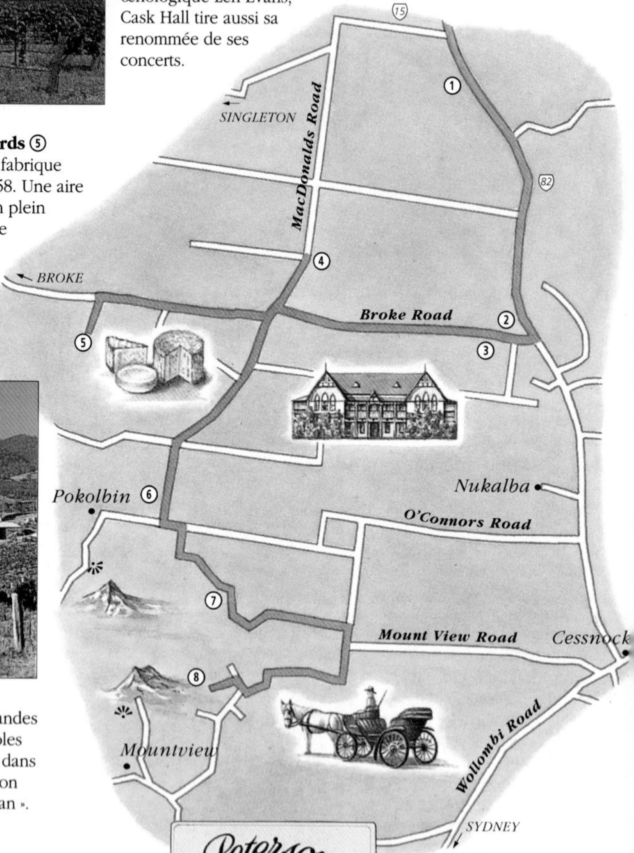

Lindemans ⑥
L'une des plus grandes compagnies viticoles d'Australie vinifie dans la Hunter Valley son populaire « Ben Ean ».

McWilliams Mount Pleasant Winery ⑦
Ce domaine dirigé pendant de nombreuses années par un viticulteur légendaire, Phil Ryan, produit le Mount Pleasant Elizabeth Semillon, l'un des meilleurs blancs d'Australie.

Petersons Winery ⑧
Cette petite cave familiale est connue pour ses expérimentations sur la base de la méthode champenoise.

Rothbury ①
Un petit déjeuner au mousseux et une promenade en montgolfière sont le point de départ luxueux d'une journée de dégustation.

The Hunter Valley Wine Society ②
Ce groupe organise des dégustations dans divers domaines et donne d'excellents conseils aux novices. La région s'illustre surtout dans les crus de shiraz et de sémillon.

0   5 km

LÉGENDE

▬ Itinéraire

═ Autre route

☆ Point de vue

MODE D'EMPLOI

Longueur : 60 km. Il est raisonnable de limiter le nombre de visites de caves à trois ou quatre pour discuter avec les viticulteurs. N'oubliez pas les règles strictes du code de la route australien (p. 549).
Point de départ : porte de la Hunter Valley, Cessnock abrite son plus grand centre d'information touristique.
Où faire une pause : en plus des restaurants et aires de pique-nique des domaines viticoles, Pokolbin propose de nombreux cafés, une épicerie et une aire de pique-nique en campagne. Le belvédère du Mount Bright ménage une vue panoramique de la région.

Vue panoramique dans les Barrington Tops

Barrington Tops World Heritage Area ⑥

▣ jusqu'à Dungog. ▮ 56 Church St, Gloucester (02) 6558 1408. ◯ t.l.j.

Au nord de la Hunter Valley s'élève le massif montagneux des Barringtons. À son sommet, le plateau, les « Barrington Tops » qui culmine à 1 550 m d'altitude, est parfois couvert de neige en hiver. Ses pentes boisées, ses gorges, ses falaises et ses cascades en font un paradis pour les randonneurs, les alpinistes, les campeurs et les ornithologues amateurs. Un parc national protège sa forêt de 280 000 ha avec des arbres millénaires qui fait partie du Patrimoine mondial et depuis 1996 du Central Eastern Rainforest Reserves *(p. 22-23)*.

Les Sydneysiders viennent passer des week-ends dans les Barrington Tops depuis plus de cent ans, et des sociétés spécialisées proposent des excursions en véhicules tout-terrain, respectueuses de l'environnement. Vous pourrez camper au bord de l'Allyn River, suivre des sentiers de randonnée à Telegherry et Jerusalem Creek et vous baigner dans le bassin creusé dans le rocher de Lady's Well.

Vous atteindrez le plateau le plus facilement par Dungog ou Maitland, *via* Gresford.

Rouet exposé au Folk Museum d'Armidale

Armidale ⑦

🏠 22 000. ✈ 🚉 🚌 🚕 ▮ 82 Marsh St (02) 6772 4655. ◯ t.l.j.

Au cœur des New England Tablelands, Armidale est une ville universitaire culturelle (concerts et pièces de théâtre). La ville est entourée par certains des plus beaux parcs de la région.

Le National Trust a classé à Armidale l'hôtel de ville, le tribunal, la cathédrale anglicane St Peter's et près de trente autres édifices qui témoignent des vagues de colonisation et de construction qui se succédèrent au XIXe siècle. Le Folk Museum évoque aussi cette époque au travers d'objets de la vie quotidienne. Le **New England Regional Art Museum** abrite les collections Howard Hilton et Chandler Coventry qui réunissent de nombreuses œuvres d'artistes australiens tels que Norman Lindsay et Tom Roberts *(p. 30)*.

À l'est d'Armidale, l'**Oxley Wild Rivers National Park,** d'une superficie de 90 ha, renferme la Wollomombi Gorge, l'une des plus longues cascades d'Australie (220 m).

🏛 **New England Regional Art Museum**
Kentucky St ▮ (02) 6772 5255.
◯ t.l.j. ● 1er jan. ven. saint, 25 déc.
♿ 🅿

♦ **Oxley Wild Rivers National Park**
Waterfall Way. ▮ (02) 6773 7211.
◯ t.l.j. ♿ limité.

Torrent dans le Gibraltar Range National Park

Gibraltar Range National Park ❽

Gwydir Hwy. 📞 *(02) 6732 5133.* ⬜ *t.l.j.* ♿ ♿

Cette réserve naturelle est située à 70 km à l'est de Glen Innes. Elle est réputée pour ses aiguilles rocailleuses s'élevant jusqu'à 1 200 m d'altitude dans un paysage de landes et de marais. C'est en été que le parc est le plus beau quand s'épanouissent des fleurs sauvages comme les waratahs et les clochettes de Noël. Le parc renferme de bons sentiers et des sites de camping. Un chemin pédestre de 100 km appartenant au Patrimoine mondial le relie au sauvage Washpool National Park réservé aux marcheurs expérimentés.

Glen Innes et les villages voisins forment le « Celtic Country » (pays celtique), nommé ainsi car la région fut colonisée en 1852 par des immigrants venus d'Écosse, du pays de Galles, d'Irlande et de Cornwall. Cet héritage est célébré chaque année par l'Australian Celtic Festival *(p. 38).* Au-dessus de la ville

se dressent des menhirs, les Standing Stones.

L'extraction de gemmes est encore une activité importante dans la région. Les particuliers peuvent aussi tenter leur chance et chercher saphirs, topazes, grenats et béryls près des villages miniers d'Emmaville et Torrington. En septembre, Glen Innes organise une foire annuelle de pierres précieuses et minéraux.

Tenterfield ❾

🏨 33 000. ✈ 🚌 🚍 ℹ *157 Rouse St (02) 6736 1082.*

Cette ville rurale au nord des New England Tablelands occupe une place particulière dans l'histoire de l'Australie. Elle est souvent décrite comme le « lieu de naissance de notre nation ». C'est en effet à Tenterfield, dans l'édifice abritant l'école d'art, que sir Henry Parkes, grande figure politique du XIXe siècle, prononça le 24 octobre 1889

Plaque célébrant le discours de Parkes

un discours où il décrivait sa vision d'un pays formé par l'union de toutes les colonies du continent. Un mouvement de soutien populaire ouvrit la voie à l'instauration de la fédération australienne le 1er janvier 1901 *(p. 52).* L'école d'art fut le premier monument acheté par le New South Wales National Trust.

Tenterfield renferme d'autres bâtiments historiques, notamment Stannum House, une sellerie rendue célèbre par la chanson *Tenterfield Saddler,* et le tribunal restauré qu'éclaire une verrière.

Une promenade jusqu'à Bald Rock et Boonoo Boonoo, à environ 40 km au nord de Tenterfield, s'impose également. Plus gros monolithe d'Australie après Uluru *(p. 278-281),* Bald Rock ménage une belle vue de massifs volcaniques à l'est, du Girraween National Park au nord dans le Queensland et du Mount McKenzie au sud. La cascade des Boonoo Boonoo Falls tombe de 210 m de hauteur dans une gorge où un bassin permet la baignade.

À l'est de Tenterfield dans la Boonoo State Forest, le **Woolool Wolloolni Aboriginal Place,** site sacré du peuple gidabal, est ouvert au public.

⬛ Woolool Woolloolni Aboriginal Place

Par le 157 Rouse St, Tenterfield. 📞 *(02) 6736 1082.* ⬜ *t.l.j.* ⬤ *ven. saint, 25 déc.* ♿ *pour la visite guidée.* ♿ *limité.*

École d'art de Tenterfield

Inverell ⑩

🏛 10 000. ✈ 🚃 🚌 🚐 ℹ *Water Towers Complex, Campbell St (02) 6728 8161.*

La ville, surnommée « Sapphire City » parce que la majorité des saphirs extraits dans le monde sortent des mines alentour, a conservé dans sa rue principale de nombreux édifices de la fin du XIXe siècle. L'**Inverell Pioneer Village** qui réunit des bâtiments de tout le district est une reconstitution.

Juste au sud d'Inverell s'étend le lac artificiel du Copeton Dam. En aval du barrage, la Gwydir River permet de pratiquer le rafting.

🏛 **Inverell Pioneer Village**
Tingha Rd, Inverell. 📞 *(02) 6722 1717.* ⊙ *t.l.j.* ● *ven. saint, 25 déc.* 🎫 ♿

Tamworth ⑪

🏛 35 000. ✈ 🚃 🚌 🚐 ℹ *angle de Murray St et Peel St (02) 6755 4300.*

Centre agricole prospère au cœur d'une plaine fertile, Tamworth reste surtout connue comme la capitale australienne de la musique country. Elle possède pourtant aussi une histoire vieille de 150 ans, de beaux bâtiments anciens et aurait possédé le premier éclairage de rues électrique.

Chaque année en janvier, des milliers de spectateurs et d'artistes s'y pressent pendant dix jours pour le Country Music Festival qui se conclut par une remise de prix : les Golden Guitar Awards *(p. 37)*. Le Tamworth Information Centre est en forme de guitare couchée, la Country Music Gallery of Stars abrite les mannequins en cire des chanteurs de country australienne, le Roll of Renown est dédié aux musiciens ayant apporté une contribution majeure à l'industrie.

Tamworth a pour autre titre de gloire d'être le principal centre d'élevage de chevaux d'Australie. La Quarter Horse Association et l'Appaloosa Association y ont leur siège. Rodéos et concours de saut rythment une saison équestre bien remplie.

Mudgee ⑫

🏛 7 500. 🚌 ℹ *84 Market St (02) 6372 1020.*

Superbe ville rurale ancienne, Mudgee abrite de beaux bâtiments et jardins protégés par le National Trust.

Mudgee fut fondée sur les rives de la Cudgegong River par William Lawson qui découvrit ces terres propices à l'élevage en 1821. La ville se développa ensuite selon un plan établi par Robert Hoodle en 1824. Ce plan s'avéra si performant que l'architecte l'appliqua quatorze ans plus tard à la ville de Melbourne *(p. 374-375)*. Vous admirerez le Regent Theatre sur Church Street, les églises, banques et édifices publics de Market Street, la gare et le West End Hotel désormais occupé par le Colonial Inn Museum.

Scène pastorale dans la région de Mudgee

La ville doit aussi sa renommée aux domaines viticoles qui l'entourent et au Mudgee Wine Festival organisé en septembre *(p. 36)*. La campagne environnante alimente ses restaurants en produits frais de qualité tels qu'écrevisses *(yabbies)*, truites, agneaux, pêches et asperges.

AUX ENVIRONS
Pendant les années 1850 et 1860, l'or découvert au sud de Mudgee attira dans la région des milliers de prospecteurs *(p. 50-51)*. Les bourgs de Hill End, Hargraves, Windeyer et Sofala ont compté plus de 20 000 habitants chacun avant de devenir des villes fantômes une fois les filons épuisés. Hill End, le plus célèbre, est devenu un Living Historic Site. Les ruisseaux de Windeyer continuèrent de charrier de l'or alluvial jusque vers 1930. Aujourd'hui, la recherche de pépites est une activité touristique appréciée.

L'un des écrivains les plus réputés d'Australie, William Lawson, passa son enfance à Gulgong, pittoresque village de la ruée vers l'or qui figura sur les premiers billets de 10 $. Le **Henry Lawson Centre** abrite une riche collection de disques, manuscrits et documents appartenant à l'écrivain.

🏛 **Henry Lawson Centre**
147 Mayne St, Gulgong. 📞 *(02) 6374 2049.* ⊙ *t.l.j.* ● *ven. saint, 25 déc.* 🎫

Immense guitare dorée devant le Tamworth Information Centre

La côte nord de la Nouvelle-Galles du Sud

Le littoral pacifique de la Nouvelle-Galles du Sud, au nord de Sydney, doit sa réputation à sa beauté naturelle, à la douceur de son climat et à la qualité de ses stations balnéaires. L'une des plus agréables, Byron Bay, entourée de superbes plages, se trouve à la pointe la plus à l'est du continent. Dans une région où poussent canne à sucre et bananes, la forêt pluviale, protégée par plusieurs parcs et réserves, vient franger de longues bandes de sable propres et isolées.

Coffs Harbour est l'une des grandes destinations touristiques de la Nouvelle-Galles du Sud. La ville bénéficie d'un port agréable, de belles plages et d'un large éventail de prestations.

Red Cliff Beach ④

🌊 🏄 🛟 🚻 ⛺

C'est l'une des nombreuses plages isolées du littoral. Elle borde le splendide Yuraygir National Park.

Moonee Beach ⑤

🌊 🏄 🛟 🚻 ⛺

À l'embouchure d'un ruisseau sinuant à travers le *bush,* Moonee Beach se prête bien à la baignade, au pique-nique et au camping.

Urunga ⑥

🌊 🏄 🚣 🛟 🚻

Deux cours d'eau, le Bellingen et le Kalang, arrosent cette pittoresque station balnéaire, dont les eaux sûres sont très appréciées des familles.

Arakoon ⑨

🌊 🏄 🛟

Ce promontoire fait partie d'une aire de loisirs. Non loin se dresse la Trial Bay Gaol, une prison modèle du XIXe siècle où des prisonniers de guerre de diverses nationalités furent détenus pendant la Première Guerre mondiale.

Third Headland Beach ⑦

🌊 🏄 🛟 🚻 ⛺

Comme sa voisine, Hungry Head Beach située 5 km plus au nord, cette plage battue par les vagues séduit les adeptes du surf.

***Grafton** est une élégante ville rurale du XIXe siècle où les rives de la Clarence permettent de belles promenades. En octobre, un festival* (p. 37) *célèbre les jacarandas qui poussent en abondance.*

★ Crowdy Bay ⑫

🌊 🏄 🚣 🛟 🚻

Un parc national protège les lagunes, forêts et marais de la baie peuplée par une riche faune indigène. La pêche à la ligne reste cependant autorisée.

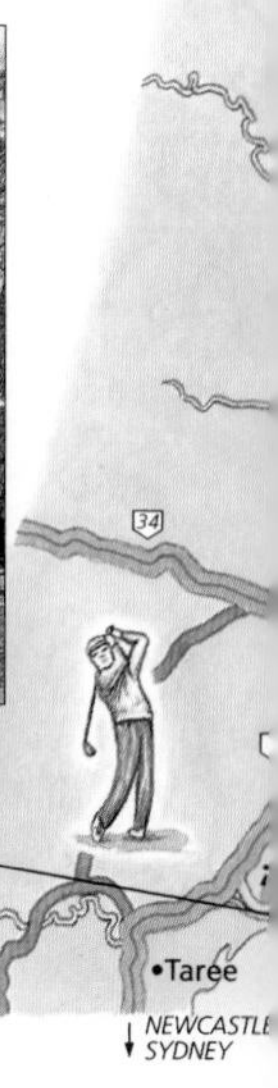
34
•Taree
NEWCASTLE
SYDNEY

Mount Warning
National Park
BRISBANE
Murwillumbah

Border
Ranges
National
Park

Lismore
Ballina

0   20 km

★ **Tallows Beach** ①

Il existe de
nombreuses plages
près de Byron Bay,
la ville la plus à l'est
d'Australie. La
région jouit d'une
atmosphère détendue
et cosmopolite.

CARTE DE SITUATION

★ **Woody Bay Beach** ②

Randonneurs et campeurs
affectionnent cette région
proche d'Iluka où s'étend
la plus grande forêt pluviale
de Nouvelle-Galles du Sud.

Maclean

Yuraygir
National Park

afton

★ **Yamba** ③

Ses belles plages
valent à ce village du
xixe siècle une
popularité croissante.
La pêche demeure
cependant une activité
importante pour les
professionnels comme
pour les amateurs.

Coffs Harbour

★ **Nambucca Heads** ⑧

Des kilomètres de plages de
sable frangent cette partie du
littoral. La station balnéaire fait
aussi fonction de ville d'étape
entre Sydney et Brisbane.

★ **Crescent Head** ⑩

Proche d'une agréable réserve
naturelle, cette petite station
possède une plage abritée, idéale
pour se baigner et une autre, plus
exposée, pour les adeptes du surf.

Mer de Corail

Macksville

Hat Head
National Park

*Le Mount Warning est un
volcan éteint. Sa dernière
éruption eut lieu il y a 20 millions
d'années. Depuis le parking, un
sentier abrupt conduit au
sommet, à 1 150 m d'altitude.*

auchope

★ **Port Macquarie** ⑪

Colonie pénitentiaire fondée
en 1821, Port Macquarie est
devenue depuis les années
soixante-dix une station
balnéaire en vogue.

LÉGENDE

	Highway
	Route principale
	Route secondaire
	Cours d'eau
	Point de vue

À l'ouest du Divide

L'ouest de la Nouvelle-Galles du Sud, typique de l'Outback australien, offre un contraste frappant avec les paysages verts des Blue Mountains et le bleu de l'océan. Ses terres arides et écrasées de soleil sont ponctuées de quelques localités minières et de centres agricoles comme Dubbo et Wagga Wagga. Seuls les touristes les plus déterminés se risquent « Back o'Bourke » (après Bourke), une expression devenue synonyme pour les Australiens de « loin de tout ». Il n'existe en effet plus de routes goudronnées et il vaut mieux tenter l'aventure en plein été.

CARTE DE SITUATION

■ À l'ouest du Divide

□ Blue Mountains
  p. 156-171

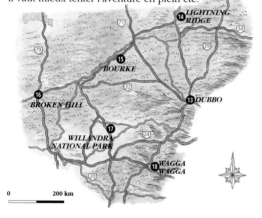

LA RÉGION D'UN COUP D'ŒIL

Bourke **15**
Broken Hill **16**
Dubbo **13**
Lightning Ridge **14**
Wagga Wagga **18**
Willandra National Park **17**

LÉGENDE

━━ *Highway*

▬▬ Route principale

〜 Cours d'eau

0 _____ 200 km

Dubbo **13**

🚶 28 000. ✈ 🚌 🚐 🚆 ℹ angle d'Erskine St et Macquarie St (02) 6884 1422.

L a capitale régionale de la Nouvelle-Galles du Sud occidentale occupe le centre géographique de l'État. La région arrosée par la Macquarie River bénéficie d'un potentiel agricole qui fut remarqué dès 1817 par l'explorateur John Oxley. Dubbo est devenue depuis une ville rurale dynamique qui fournit chaque année une production de 45 millions de dollars.

Dubbo conserve aussi d'intéressants édifices coloniaux, dont le Dubbo Museum (1876) aux plafonds ouvragés, le tribunal (1890) italianisant et les Macquarie Chambers (1884) ornées de colonnes toscanes et de carreaux en terre cuite. Dans l'ancienne prison, la **Old Dubbo Gaol**, les visiteurs peuvent écouter la tragique

histoire de Jacky Underwood, un Aborigène pendu à la suite du massacre des Breelong qui coûta en 1900 la vie à onze colons blancs. Un magistrat, Rolf Boldrewood, s'inspira de détenus pour créer les personnages d'un roman devenu un classique : *Robbery Under Arms*. À 5 km du centre, le **Western Plains Zoo** s'efforce de

Rhinocéros du Western Plains Zoo

préserver des espèces menacées. On peut en voir plus de 800 ainsi que 1 000 espèces locales en liberté.

🏛 **Old Dubbo Gaol**
Macquarie St ☎ (02) 6882 8122.
◻ t.l.j. ● ven. saint, 25 déc. ▨
🦒 **Western Plains Zoo**
Obley Rd. ☎ (02) 6882 5888.
◻ t.l.j. ▨ ♿

Lightning Ridge **14**

🚶 1 500. ✈ 🚌 ℹ Morilla St (02) 6829 1466.

L e village accueille volontiers les visiteurs, ce qui est inhabituel pour une communauté minière. Il s'est développé au seul endroit d'Australie où se trouve l'opale noire, rare gemme sombre striée de rouge, de bleu et de vert. Des amateurs de pierres précieuses du monde entier viennent tenter leur chance sur les champs opalifères.

Bourke ⓯

🏠 3 400. ✉ 🚐 🚌 ℹ 24 Anson St (02) 6872 2280.

Situé sur la Darling River, élément du plus vaste réseau fluvial d'Australie, ce petit bourg qui fut un des pôles de l'industrie lainière mondiale produit encore 55 000 balles par an.

Des bâtiments coloniaux et les vieux barrage, quai, écluse et pont à bascule rappellent cet âge d'or et l'époque où des vapeurs à aube transportaient les marchandises jusque dans le Victoria *(p. 420)*. Son cimetière abrite, à côté de hors-la-loi et de pionniers, des chameliers afghans. Ces derniers conduisirent des dromadaires jusqu'en Australie au XIXᵉ siècle.

Broken Hill ⓰

🏠 23 500. ✉ 🚐 🚌 ℹ angle de Blende St et Bromide St (08) 8087 6077.

Au bord des déserts de l'Australie intérieure, la capitale officieuse de l'Outback de la Nouvelle-Galles du Sud fut fondée en 1883 après la découverte de vastes dépôts de zinc, de plomb et d'argent qui formaient une « ligne de gisement » longue de 7 km. Ils assurèrent la fortune de la Broken Hill Pty Ltd (BHP), l'une des plus importantes compagnies du pays. Bien que l'activité minière diminue à Broken Hill, elle continue de marquer la ville. Les rues portent des noms de métaux

et Broken Hill compte un nombre impressionnant de pubs par habitant.

Curieusement, Broken Hill renferme également plus de vingt galeries exposant les œuvres d'artistes du désert. Elle est aussi la base du Royal Flying Doctor Service *(p. 249)*.

Au nord-ouest de Broken Hill, la ville fantôme de Silverton, rendue un temps prospère par des mines d'argent, a servi de décor à des films comme *Mad Max* et *Priscilla, reine du désert.*

Willandra National Park ⓱

ℹ Hilston Mossgiel Rd (02) 6967 8159. ◯ t.l.j. ⬤ par temps humide. 🅿 ♿ jusqu'à la demeure.

Il y a un peu moins de 20 000 ans, la Willandra Creek alimentait des marécages d'au moins 1 000 km² avant de se jeter dans la Lachlan River. Aujourd'hui, ce n'est

plus qu'un ruisseau et les Willandra Lakes se sont asséchés. Le Willandra National Park offre un aperçu de son passé. Les marais temporaires créés par les pluies de printemps assurent un sanctuaire à des oiseaux aquatiques et des émeus.

Wagga Wagga ⓲

🏠 58 000. ✉ 🚐 🚌 ℹ Tarcutta St (02) 6926 9621.

Baptisée par ses premiers habitants, le peuple widadjuri, « endroit aux nombreux corbeaux », Wagga Wagga, fière de ses vins et des jardins qui lui ont valu le titre de « cité-jardin du sud », est devenue le pôle moderne d'une région agricole.

Allez visiter ses vastes Botanic Gardens et le Wagga Historical Museum. Le sentier Wiradjuri permet une agréable promenade sur les rives de la Murrumbidgee River.

AUX ENVIRONS

Immortalisée par une ballade très populaire, *Along the Road to Gundagai,* la paisible petite ville de Gundagai se niche au bord de la Murrumbidgee River au pied du Mount Parnassus. Des circonstances plus tragiques ont fait entrer la ville dans l'histoire de l'Australie : en 1852, une inondation, la plus grave catastrophe naturelle qu'ait connue le pays, causa la mort de 83 personnes.

LES SITES ARCHÉOLOGIQUES DE MUNGO

Inscrit en 1981 au Patrimoine mondial *(p. 22-23)*, le Lake Mungo fut pendant 40 000 ans un lac de 15 m de profondeur autour duquel vivaient des Aborigènes. Lorsqu'il s'assécha, le vent créa sur sa rive orientale de hautes dunes appelées Walls of China (murailles de Chine). On y a retrouvé des vestiges dont certains vieux de 45 000 ans, en particulier un squelette connu sous le nom d'homme de Mungo.

Les Walls of China

Pub historique de la ville fantôme de Silverton

LA SOUTH COAST
ET LES SNOWY MOUNTAINS

Bien qu'il soit traversé par la route la plus empruntée d'Australie, le sud de la Nouvelle-Galles du Sud reste une des plus jolies régions du pays. Les paysages alpestres des Snowy Mountains, les plages, les villages du Southern Highland et les villes agricoles des plaines de la Murray et de la Murrumbidgee dessinent une région variée.

Depuis que des colons européens réussirent pour la première fois à franchir les Blue Mountains en 1813 *(p. 164)*, les plaines méridionales de la Nouvelle-Galles du Sud, autour de Goulburn, Yass et Albury, ont été cultivées avec succès. À l'est cependant, les Snowy Mountains et l'escarpement abrupt qui court le long des superbes South Coast et Sapphire Coast, de Wollongong à la frontière du Victoria, restent encore partiellement sauvages. De plus, plusieurs parcs nationaux protègent leurs beautés naturelles.

En été, les Snowy Mountains semblent offrir à l'infini prairies tapissées de fleurs sauvages, gorges profondes et torrents dévalant en cascades. En hiver, la neige qui leur a valu leur nom de « Montagnes enneigées » transforme ce paradis de randonneur en terrain de jeu pour skieurs de piste et de fond.

La région conserve aussi des témoignages de tribus aborigènes, chercheurs d'or et éleveurs de bétail. Dans les années cinquante et soixante, des milliers d'immigrants européens vinrent travailler au Snowy Mountains Scheme, le détournement et le barrage de plusieurs cours d'eau pour fournir en électricité tout le sud-est du continent. Ils ouvrirent la voie à l'Australie multiculturelle d'aujourd'hui.

Le sud de la Nouvelle-Galles du Sud n'offre pas aux visiteurs que des paysages, la civilisation ne se trouvant jamais très loin de cette nature généreuse. Il existe d'excellents restaurants et hôtels sur le littoral. La ville industrielle de Wollongong abrite une riche galerie d'art et un grand temple bouddhiste. Les gracieux villages des Southern Highlands ont gardé leur cachet historique.

Paysage d'automne dans les Snowy Mountains

◁ **Rochers rouges et eau bleue de la Sapphire Coast à Merimbula Wharf**

À la découverte de la South Coast et des Snowy Mountains

Le Great Dividing Range qui court des Blue Mountains *(p. 162-165)* aux Snowy Mountains et se poursuit jusque dans le Victoria partage la région en trois. À l'est, sur le littoral, de superbes plages se succèdent sur 500 km, de Wollongong, au nord, à Eden, au sud. À l'ouest de la côte s'élève une ligne de reliefs qui comprend les Southern Highlands, le Mount Kosciuszko et les Snowy Mountains. Au-delà des montagnes s'étendent les plaines agricoles arrosées par la Murrumbidgee River.

Cascade du Morton-Budawang National Park

Anse du Ben Boyd National Park à la pointe méridionale de la Nouvelle-Galles du Sud

CIRCULER

En voiture, la Hume Hwy offre un bon accès aux Southern Highlands et aux villes de l'ouest, tandis que la Princes Hwy relie par la côte Sydney à la frontière du Victoria en passant par Wollongong et les plages du sud. Depuis Canberra, la Monaro Hwy est la meilleure route pour rejoindre les Snowy Mountains. Celles-ci sont traversées par la Snowy Mountain Hwy entre Bega, à l'est, et Gundagai et Tumut, à l'ouest. Certains trains circulant entre Sydney et Canberra s'arrêtent dans les villes des Southern Highlands et de la Hume Hwy. Des bus desservent les stations côtières depuis Sydney et Melbourne.

VOIR

• *Hébergement* p. 470-471

• *Restaurants* p. 502-503

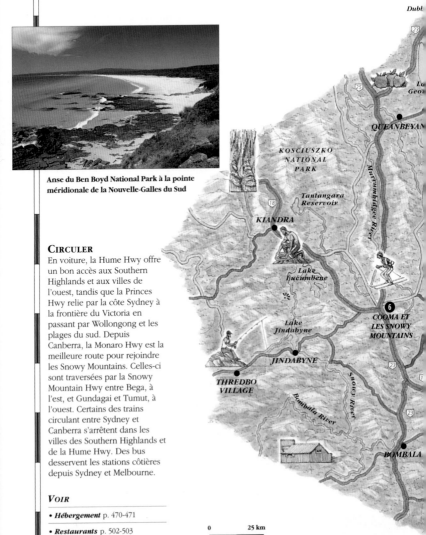

QUEANBEYAN

KOSCIUSZKO NATIONAL PARK

Tantangara Reservoir

KIANDRA

Lake Eucumbene

Lake Jindabyne

JINDABYNE

THREDBO VILLAGE

Bombala River

Snowy River

Murrumbidgee River

6
COOMA ET LES SNOWY MOUNTAINS

BOMBALA

0   25 km

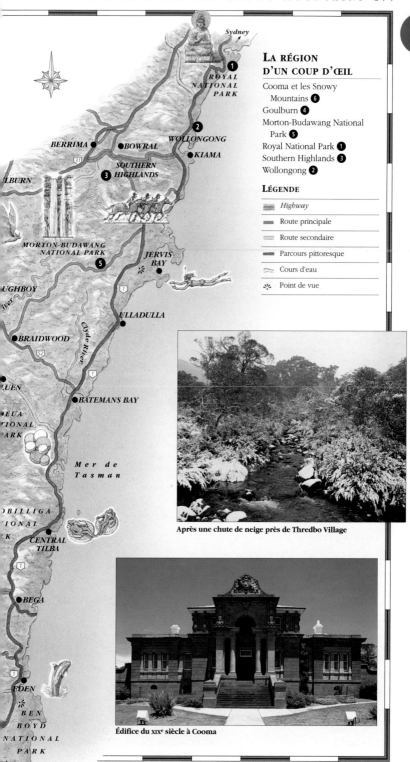

Sydney
1
ROYAL NATIONAL PARK
2
WOLLONGONG
BERRIMA
BOWRAL
KIAMA
31
3
SOUTHERN HIGHLANDS
MORTON-BUDAWANG NATIONAL PARK
5
JERVIS BAY
1
ULLADULLA
Clyde River
BRAIDWOOD
52
1
BATEMANS BAY
Mer de Tasman
CENTRAL TILBA
1
BEGA
1
EDEN
BEN BOYD NATIONAL PARK

La région d'un coup d'œil

Cooma et les Snowy Mountains 6
Goulburn 4
Morton-Budawang National Park 5
Royal National Park 1
Southern Highlands 3
Wollongong 2

Légende

Highway
Route principale
Route secondaire
Parcours pittoresque
Cours d'eau
Point de vue

Après une chute de neige près de Thredbo Village

Édifice du XIXe siècle à Cooma

Royal National Park ❶

🚉 *Loftus, puis tram jusqu'à Audley (seulement dim.).* 🚉 *Sutherland.* 🚌 *Sutherland.* 🚢 *Bundeena.* ℹ️ *Farnell Ave, Audley (02) 9542 0648.*

Fondé en 1879, le « Royal » est le plus ancien parc national du monde après Yellowstone aux États-Unis. Il protège 16 000 ha de paysages spectaculaires, cadre idéal pour la randonnée et la baignade.

À l'est, les vagues du Pacifique ont taillé sur le littoral des falaises gréseuses ponctuées de torrents, de cascades, de lagunes et de plages de sable. Pyrargues et sternes nichent dans les grottes des Curracurrang Rocks où un bassin permet de nager. Sur le plateau, végétations de lande et de forêt se mêlent sur les pentes les plus hautes, tandis que la forêt pluviale prospère dans les gorges.

Wollongong ❷

👤 *184 000.* ✈️ 🚉 🚉 🚌
ℹ️ *93 Crown St (02) 4227 5545.*

La troisième ville de l'État s'étend sur le littoral au pied du Mount Kembla et du Mount Keira. Elle s'est développée grâce à la métallurgie et aux mines de charbon de la région. L'usine sidérurgique de BHP, à Port Kembla, reste un important employeur. Wollongong attire de plus en plus de visiteurs qui viennent profiter de ses dix-sept plages de surf, dont Northbeach, la plus célèbre. Avec son phare, son port et ses restaurants de poisson, Flagstaff Point est aussi à la mode.

La cité possède en outre la plus grande galerie d'art régionale d'Australie, riche d'une remarquable collection de peintures et de sculptures du XXᵉ siècle. Édifié pour la communauté chinoise de Sydney, le Nan Tien Temple est le plus grand sanctuaire bouddhiste de l'hémisphère Sud.

Statue du Nan Tien Temple

Les Southern Highlands ❸

🚉 *Bowral, Moss Vale, Berrima, Bundanoon.* ℹ️ *62-70 Main St, Mittagong (02) 4871 2888.*

Villages pittoresques, hôtels de campagne, fermes de pionniers et superbes jardins agrémentent les paysages verdoyants des « hautes terres du sud », une région que les Sydneysiders aisés apprécient l'été depuis plus de cent ans. Des villages comme Bowral, Moss Vale, Berrima et Bundanoon constituent en hiver des refuges paisibles où l'on peut flâner dans les boutiques d'antiquités, se restaurer de solides soupes, bavarder au coin du feu et se promener à pied ou en voiture dans la campagne.

Les jardins de la région se parent de couleurs vives au printemps et à l'automne. À Bowral, le Tulip Festival *(p. 36)* se tient en octobre aux Corbett Gardens. Le bourg abrite aussi le **Bradman Museum** consacré au héros local : le joueur de cricket sir Donald Bradman. Celui-ci aurait manifesté son talent dès l'enfance en s'entraînant avec un morceau de bois et une balle de golf contre un réservoir d'eau.

Une visite à Berrima donne l'impression de remonter dans le temps. Ce village typique de l'Australie des années 1830 est particulièrement bien conservé, et magasins d'antiquités et d'artisanat y abondent.

Le Mount Gibraltar, les Carrington Falls, la majestueuse Kangaroo Valley et les magnifiques Fitzroy Falls, à la pointe nord du Morton-Budawang National Park, offrent d'agréables promenades à pied. À l'ouest

Bateaux de pêche amarrés au Wollongong Harbour

La montagne du Pigeonnier du Morton-Budawang National Park

de Mittagong, les cinq grottes des Wombeyan Caves forment une impressionnante cathédrale souterraine.

🏛 Bradman Museum

St Jude St, Bowral. 📞 (02) 4862 1247. ⏲ 10 h-16 h, t.l.j. 🖊 ♿

Maison en grès de Goulburn

Goulburn ❹

🚶 22 000. 🚉 🚌 🚍 ℹ 201 Sloane St (02) 4823 4492.

Au cœur des Southern Tablelands, un immense mouton de béton creux, le Big Merino, témoigne à Goulburn de la vocation pastorale de la région. La production de laine a assuré à la ville et à son district une prospérité que reflètent des édifices du XIXᵉ siècle tels que le tribunal, la poste et la gare.

AUX ENVIRONS
Le village de **Yass** est réputé pour la qualité de sa laine et ses vins de climat frais. On peut y visiter l'historique Cooma Cottage qui servit de résidence à l'explorateur australien Hamilton Hume entre 1839 et 1873. Il appartient aujourd'hui au National Trust.

Morton-Budawang National Park ❺

🚉 Bundanoon. 🚌 Fitzroy Falls. ℹ Fitzroy Falls (02) 4887 7270.

Cette réserve naturelle longue de 200 km s'étend parallèlement au littoral de la Batemans Bay à Nowra. Au nord, on peut admirer la cascade des Fitzroy Falls. À Bundanoon, vous découvrirez une splendide région gréseuse. Au sud, le Little Forest Plateau et la Pigeon House Mountain ménagent de belles vues de la côte et du Budawang Range.

Cooma et les Snowy Mountains ❻

🚶 8 000. ✈ 🚌 🚍 ℹ 119 Sharp St (02) 6450 1742.

Aux portes des Snowy Mountains, la petite ville rurale de Cooma connut sa période la plus animée pendant la construction du Snowy Mountains Scheme (p. 175). Elle servait alors de lieu de détente aux milliers d'immigrants qui travaillaient dans les montagnes à l'édification des conduites forcées et des barrages. De cette époque survivent des récits de fusillades dans la rue principale et d'histoires d'amour interraciales.

Village moderne bâti au bord du lac artificiel qui engloutit son prédécesseur, Jindabyne abrite le bureau d'information du Kosciuszko National Park et une myriade de magasins de skis. Les visiteurs y apprécient un large choix d'hébergements et d'activités nocturnes. Les deux principales stations de sports d'hiver sont Thredbo Village, sur l'Alpine Way, et Perisher Blue, dont le domaine skiable est relié à ceux de Lake Crackenback et Blue Cow. Depuis Thredbo, un télésiège permet en été d'aller se promener parmi les fleurs sauvages et les gommiers des neiges ou de rejoindre, au prix d'une marche de 7 km, le sommet du Mount Kosciuszko, la plus haute montagne d'Australie (p. 152).

Une autre randonnée recommandée conduit du Dead Horse Gap au Blue Lake et aux Cascades. Des pêcheurs à la mouche fréquentent le Lake Eucumbene, la Thredbo River et l'Eucumbene River.

AUX ENVIRONS
Non loin de la station de ski de Mount Selwyn et des belles grottes des Yarrangobilly Caves, le village-fantôme de **Kiandra** permet de plonger dans l'époque de la ruée vers l'or en suivant un itinéraire historique fléché.

Jindabyne est un lieu de villégiature dans les Snowy Mountains

La South Coast

De Nowra jusqu'à la frontière du Victoria, plages de sable blanc, criques rocheuses et aires plantées d'eucalyptus et de mimosas où nichent de nombreux oiseaux se succèdent sur la côte méridionale de la Nouvelle-Galles du Sud. Sites aborigènes et villages de pêcheurs jalonnent également ce littoral dont les 400 km se divisent en trois zones distinctes : la Shoalhaven Coast au nord, l'Eurobodalla (« terre de nombreuses eaux ») Coast au centre et la Sapphire Coast tout au sud.

Harpon du Whale Museum

Ulladulla est un petit village de pêcheurs au pied de la Pigeon House Mountain du Morton-Budawang National Park. Une promenade dans le bush ménage des vues du littoral.à couper le souffle.

Central Tilba, charmant village historique, s'accroche au flanc du Mount Dromedary haut de 800 m. Ses bâtiments en planches abritent aujourd'hui certains des meilleurs cafés et galeries d'art et d'artisanat de la région. La fromagerie et les caves viticoles qui ont assis sa réputation sont ouvertes au public.

★ **Horseshoe Bay Beach, Bermagui** ⑦
L'écrivain Zane Grey rendit célèbre ce village de pêcheurs avec ses récits de pêche au marlin.

★ **Merimbula Beach** ⑩
Le centre touristique de la Sapphire Coast est réputé pour ses huîtres, la pêche en haute mer et ses plages de sable blanc.

★ **Eden** ⑪
Cette ancienne ville baleinière sur la profonde Twofold Bay est le point de départ, au printemps, de croisières d'observation de baleines. Eden vit aussi de la pêche au thon et de l'exploitation forestière.

Nowra, pôle urbain de la Shoalhaven Coast, porte un nom qui signifie « cacatoès noir » dans le langage aborigène local. Non loin, les stations balnéaires de Culburra et Shoalhaven Heads bordent le Seven Miles Beach National Park.

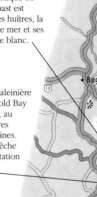

Moruya

Bodalla

Centr Til

Bega

ORBOST

0   25 km

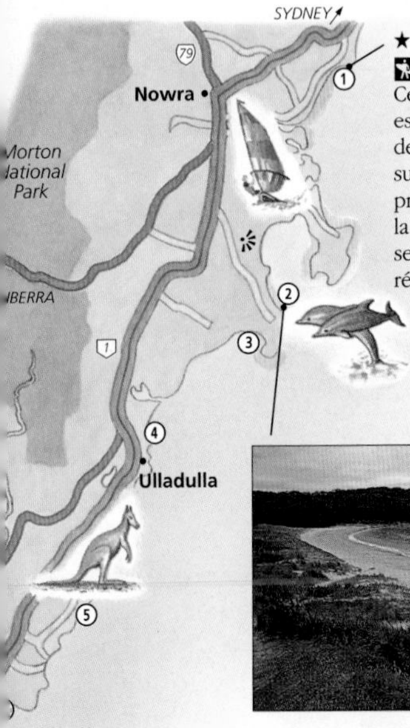

★ Shoalhaven Heads ①

🚶 🌊 🏄 🚻 ⛺

Cette station balnéaire est située à l'embouchure de la Shoalhaven River sur laquelle les amateurs pratiquent la voile et la planche à voile. Elle se trouve au cœur d'une région de villégiature.

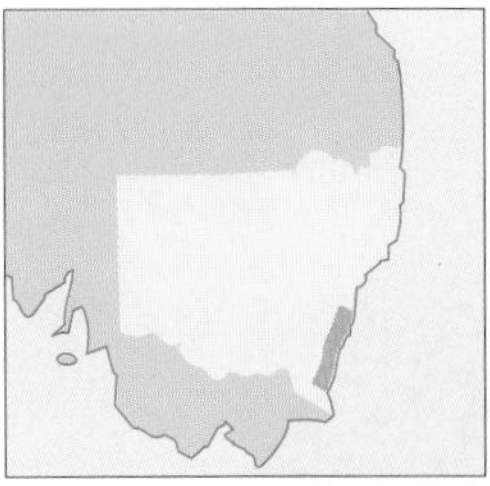

Carte de situation

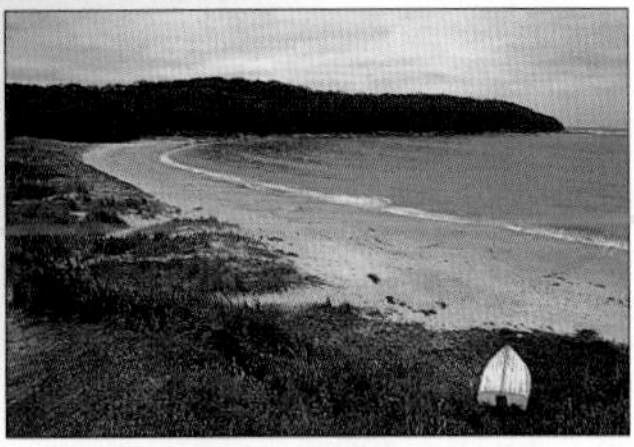

★ Jervis Bay ②

🌊 🏄 🚻 ⛺

C'est l'un des plus beaux ports naturels d'Australie, connu pour ses bases navales, un parc national, les villages de Husskinson et de Vincentia, son sable blanc et des eaux parmi les plus limpides du monde.

Wreck Bay ③

🌊 🏄

Cette partie du Jervis Bay National Park est riche en histoire aborigène ; un centre culturel propose des promenades guidées. Non loin, Cave Beach, qui bénéficie d'une situation isolée, est une des plages les plus populaires de la région.

Lake Conjola ④

🌊 🚻 ⛺

Le lac Conjola situé à 10 km au nord d'Uladulla fait partie des nombreux lacs de la région qui permettent la pratique du canoë.

Batemans Bay ⑥

🚶 🌊 🏄 🚻 ⛺

L'embouchure de la Clyde River marque ici le début de l'Eurobodalla Coast ponctuée de rivières, de lacs et de plages paisibles appréciées des habitants de Canberra.

Mimosa Rocks ⑧

🏄 ⛺

Ce parc côtier tout proche de la route offre de splendides promenades à pied et des plages de rêve. Familles et pêcheurs apprécient ses sites de camping isolés et dotés d'un équipement minimal.

Tathra Beach ⑨

🚶 🌊 🏄 🚻 ⛺

Ce petit village de pêcheurs possède un musée maritime installé sur un quai dans un bâtiment vieux de 150 ans.

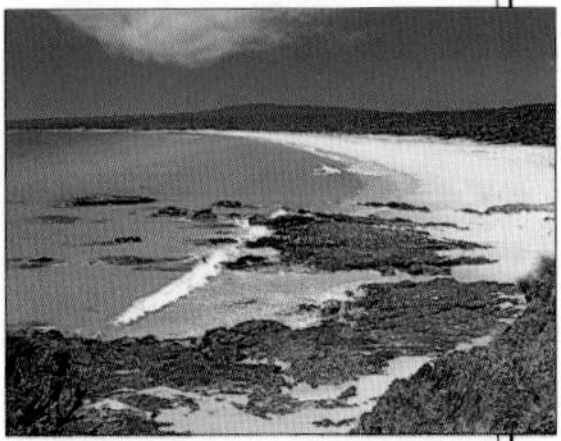

Ben Boyd National Park ⑫

🌊 🏄 ⛺

Ce parc renferme campings, sentiers pédestres et belles plages dans une région où la forêt pluviale tempérée commence à prendre le dessus. Le Mount Imlay ménage de superbes vues.

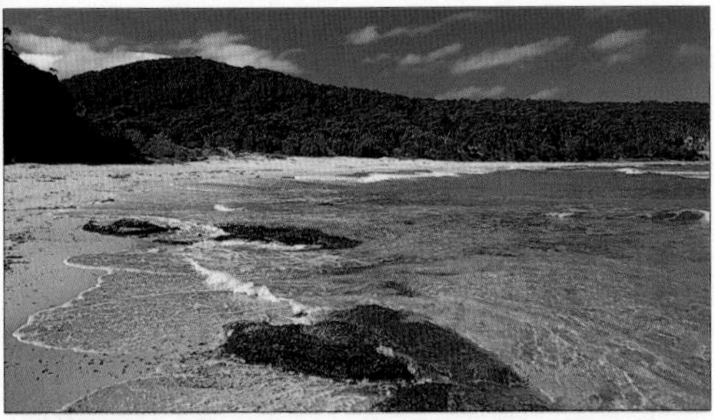

★ Pebbly Beach ⑤

🚶 🌊 🏄

Cette plage du Murramarang National Park est célèbre pour ses kangourous qui s'aventurent parfois dans l'eau au crépuscule et à l'aube. Certains se laissent même glisser sur les vagues.

Légende

- *Highway*
- Route principale
- Route secondaire
- Cours d'eau
- Point de vue

CANBERRA ET LE TERRITOIRE DE LA CAPITALE AUSTRALIENNE

Au sein d'un territoire administrativement autonome à l'intérieur de la Nouvelle-Galles du Sud, la capitale de la fédération australienne fut fondée en 1908 pour mettre un terme à la rivalité entre Sydney et Melbourne. Elle obéit à un plan d'urbanisme qui l'intègre parfaitement à la campagne environnante.

Le site choisi pour la construction de la capitale de l'Australie devait impérativement se situer à l'intérieur des terres, et non sur le littoral comme les autres grandes cités du continent. La capitale devait également s'établir à peu près à mi-distance entre Sydney et Melbourne. Sur un terrain qui servait de pâturage aux moutons au bord de la Molonglo River, l'architecte américain Walter Burley Griffin, sélectionné après un concours international, planifia une cité-jardin basse et verdoyante dont les principaux édifices s'organisent autour d'un grand lac artificiel.

Canberra, dont le nom s'inspire d'un terme aborigène signifiant « lieu de rencontre », est une ville sans gratte-ciel, dont les bâtiments s'intègrent aux espaces verts. Elle possède ainsi un charme rural étrange pour une capitale et se prête à merveille aux promenades au bord de l'eau, aux excursions dans le *bush* et aux pique-niques.

Centre politique et administratif du pays, Canberra abrite d'importantes institutions comme le Parlement, la High Court of Australia et l'Australian National University, mais compte moins de 500 000 habitants. Outre ses monuments, tels l'Australian War Memorial et la National Gallery, et les trésors qu'ils renferment, elle offre aux visiteurs des plaisirs discrets comme les élégants cafés de Manuka, d'excellents vins locaux et des restaurants sophistiqués. Au printemps, la Floriade couvre la rive nord du lac de couleurs éclatantes. Le mois d'avril donne lieu à un étonnant et spectaculaire rassemblement de montgolfières.

Aux alentours, kangourous, wallabies, émeus, koalas et ornithorynques peuplent la Tidbinbilla Nature Reserve. Vous pourrez voguer sur la Murrumbidgee River en canoë ou camper dans le Namadgi National Park et partir à la découverte des sites aborigènes ou à la pêche à la truite.

Montgolfières au-dessus du Lake Burley Griffin près de la National Library of Australia

◁ L'imposant Parliament House à Canberra

À la découverte de Canberra et de l'ACT

Le centre de Canberra s'est établi autour du Lake Burley Griffin qu'encadrent quatre collines : la Black Mountain et le Mount Ainslie au nord, le Capital Hill et le Red Hill au sud. On atteint la plupart des principaux sites à pied depuis le lac mais les banlieues nord abritent d'autres lieux intéressants. Au sud s'étendent les espaces naturels préservés du Namadgi National Park.

Canberra vue du Mount Ainslie

LES SITES D'UN COUP D'ŒIL

Rues et bâtiments historiques
Australian War Memorial
   p. 192-193 **8**
Civic Square **7**
Cockington Green **13**
Government House **3**
Mount Stromlo Observatory **15**
Royal Australian Mint **2**
Telstra Tower **10**
Yarralumla **5**

Parcs et jardins
Australian National Botanic
   Gardens **9**
Namadgi National Park p. 199 **19**
Red Hill **1**

Architecture moderne
Parliament House p. 190-191 **4**

Musées et galerie
Australian Institute of Sport **12**
Canberra Space Centre **17**
National Gallery
   of Australia p. 194-195 **6**
National Museum of Australia **14**

Aquarium
et réserve naturelle
National Zoo and Aquarium **11**
Tidbinbilla Nature Reserve **18**

Cours d'eau
Murrumbidgee River **16**

0   1 km

VOIR AUSSI

• *Hébergement* p. 471-472

• *Restaurants* p. 503-505

CIRCULER

Beaucoup de sites entourent le Lake Burley Griffin ; on peut les visiter à pied ou en prenant les bus rouges du Canberra Explorer. La disposition du centre-ville peut rendre la conduite difficile mais une voiture est nécessaire pour découvrir la périphérie. Les lieux à visiter dans la région de l'ACT se trouvent presque tous à moins d'une demi-heure de route de Canberra.

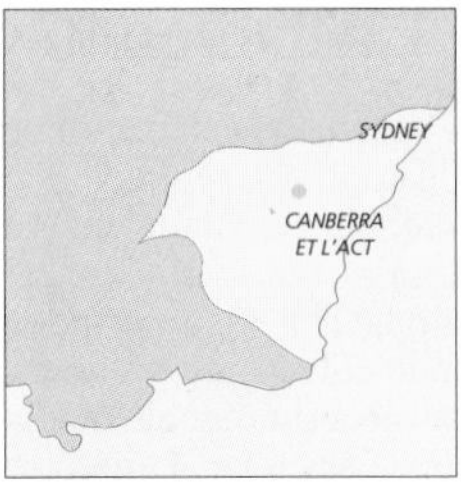

CARTE DE SITUATION

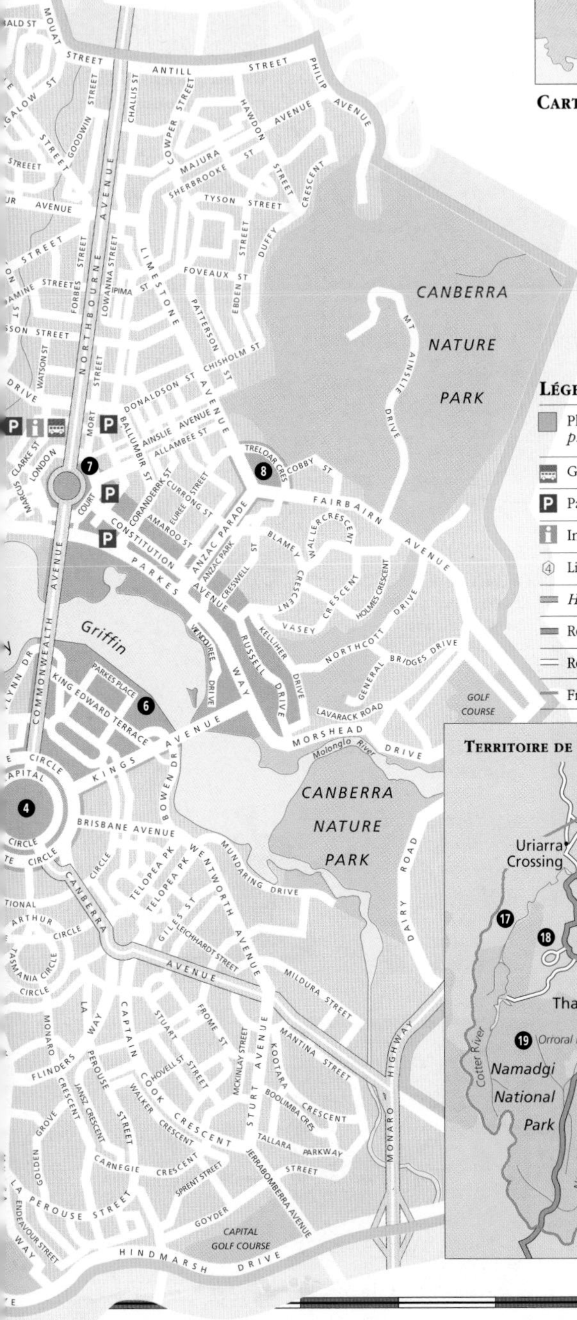

LÉGENDE

Plan pas à pas
p. 186-187

Gare routière

Parc de stationnement

Informations touristiques

Ligne du Metroad (urbain)

Highway

Route principale

Route secondaire

Frontière du territoire

TERRITOIRE DE LA CAPITALE AUSTRALIENNE

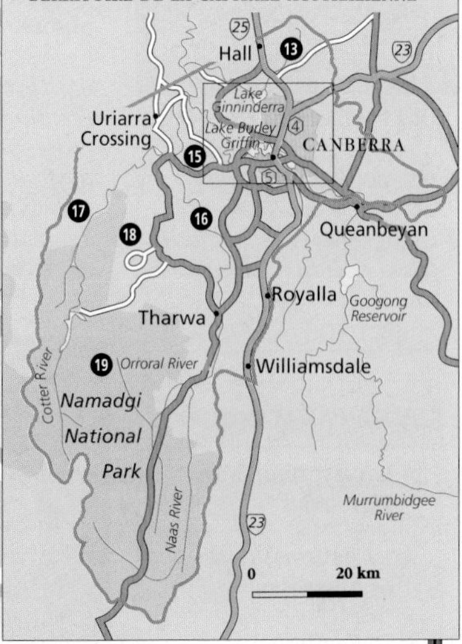

SYDNEY

CANBERRA
ET L'ACT

CANBERRA
NATURE
PARK

GOLF
COURSE

CANBERRA
NATURE
PARK

CAPITAL
GOLF COURSE

Hall

Uriarra
Crossing

Lake
Ginninderra

Lake Burley
Griffin

CANBERRA

Queanbeyan

Royalla

Googong
Reservoir

Tharwa

Williamsdale

Orroral River

Namadgi
National
Park

Cotter River

Naas River

Murrumbidgee
River

0   20 km

Le Parliamentary Triangle

Les plus importants monuments et édifices nationaux de Canberra se trouvent près du Lake Burley Griffin à l'intérieur du Triangle parlementaire. Ce quartier a pour principal sommet le Parliament House couronnant le Capital Hill. Deux grandes artères, la Commonwealth Avenue et la Kings Avenue, en partent pour former deux côtés du triangle que la Parkes Way ferme de l'autre côté du lac. Perpendiculaire à cette base, l'Anzac Avenue conduit à l'Australian War Memorial et accentue la symétrie du plan général de cette partie de la ville qui fut conçue par Burley Griffin.

★ **Le Parliament House**
Achevé en 1988, c'est l'un des plus ambitieux parlements du monde ❹

Capital Hill

Questacon propose des centaines d'installations interactives initiant à la science et la technologie.

Kings Avenue

★ **La National Gallery of Australia**
Cette vaste galerie d'art possède une remarquable collection d'art australien et aborigène, ainsi que des œuvres européennes ❻

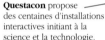

Old Parliament House
Construit en 1927, le premier Parlement de la capitale fédérale resta le centre de la vie politique du pays pendant 60 ans et abrite un musée.

La High Court of Australia défend et interprète la Constitution.

Blundell's Cottage
Cette ferme typique des exploitations agricoles isolées de l'époque coloniale date de 1858.

À NE PAS MANQUER

★ **L'Australian War Memorial**

★ **La National Gallery of Australia**

★ **Le Parliament House**

Lake Burley Griffin
*La création, en 1963, de
ce lac artificiel sur la
Molonglo River donna
tout son sens au plan de
la ville conçu par Walter
Burley Griffin.*

CARTE DE SITUATION

La National Library
(Bibliothèque
nationale) possède le
journal du capitaine
Cook.

**Commonwealth
Avenue**

**Le Captain Cook Memorial
Jet** propulse depuis le milieu
du lac une colonne d'eau à
140 m de hauteur.

Le Commonwealth Park
accueille en septembre et
en octobre les floralies
de printemps appelées
Floriade *(p. 36)*.

Parkes Way

**St John the Baptist
Church et son
école,** édifiées en
1844, sont deux des
plus vieux bâtiments
de Canberra.

★ L'Australian War Memorial
*Ce monument aux victimes de
guerre australiennes est aussi
un remarquable musée*

**L'Australian-
American Memorial,**
don des États-Unis, célèbre
l'alliance dans le Pacifique
pendant la Seconde Guerre
mondiale *(p. 53-54)*.

Anzac Parade
*Neuf mémoriaux rappellent les
efforts de guerre de l'Australie
pendant le XXᵉ siècle.*

0   500 m

À la découverte du Parliamentary Triangle

Canberra peut à première vue paraître froide avec son lac flanqué de monuments imposants. Mais les édifices éclectiques du Triangle parlementaire sont en fait des créations architecturales très intéressantes. La ville comprend également de nombreuses œuvres d'art et de riches témoignages historiques, propices à des promenades culturelles. Les jardins du bord du Lake Burley Griffin, parcourus de pistes cyclables et agrémentés de sculptures, offrent un cadre plaisant à un pique-nique ou à une balade. L'exploration de la totalité du Parliamentary Triangle remplit un à deux jours et se révèle plus aisée si l'on procède en deux étapes : le nord puis le sud du lac.

🚽 Old Parliament House

King George Terrace, Parkes. 🞄 (02) 6270 8222. ◑ t.l.j. ● 25 déc. 🖋🞃

Le Parlement australien qui siégeait à Melbourne emménagea dans ce vaste bâtiment néo-classique en 1927 et ne le quitta qu'en 1988 après l'achèvement du nouveau Parliament House (p. 190-191).

L'ancien Parlement fut le témoin de nombreux événements historiques : la déclaration de guerre de l'Australie en 1939 ; l'annonce du bombardement par les Japonais de la côte nord en 1942 ; la disparition, probablement pour cause de noyade, du Premier ministre Harold Holt en 1967 et la destitution du gouvernement Whitlam par sir John Kerr en 1975 (p. 55).

La visite permet de découvrir les salles où siégeaient le Sénat et la Chambre des représentants, ainsi que le judas percé dans le mur du bureau du Premier ministre et resté secret jusqu'à des travaux de rénovation en 1990. Un spectacle son et lumière fait revivre les plus grands moments de l'édifice qui abrite aussi la National Portrait Gallery.

Blundell's Cottage

🚽 Blundell's Cottage

Wendouree Drive, Parkes. 🞄 (02) 6273 2667. ◑ 10 h-16 h, t.l.j. ● ven. saint, 25 déc. 🖋

Propriétaire d'une grande exploitation agricole à Duntroon Station, la famille Campbell fit bâtir en 1858 pour son premier fermier cette petite maison de grès qui servit plus tard d'habitation au bouvier George Blundell, à sa femme Flora et à leurs huit enfants. Exemple typique de construction rurale de l'époque, la demeure évoque bien l'isolement des premiers pionniers. Elle dominait des enclos à moutons que le Lake Burley Griffin a submergés.

🏛 National Capital Exhibition

Commonwealth Park. 🞄 (02) 6257 1068. ◑ t.l.j. ● 25 déc. 🞃

La rotonde qui abrite à Regatta Point, sur la rive nord du Lake Burley Griffin, l'Exposition de la capitale nationale constitue un point de départ recommandé à une première visite de Canberra. Avant de se lancer à l'aventure, les maquettes, documents audiovisuels et vieilles photos qui retracent à l'intérieur l'évolution de la capitale australienne offrent un excellent moyen d'appréhender l'organisation de la ville et ses traits les plus marquants.

Les fenêtres de la rotonde ménagent une belle vue du Parliament Triangle, du Lake Burley Griffin et du Captain Cook Memorial Jet. La colonne d'eau de ce dernier s'élève jusqu'à une hauteur de 140 m tous les jours de 10 h à midi et de 14 h à 16 h, sauf s'il y a trop de vent. À l'instar du globe en bronze, en laiton et en émail qui montre à Regatta

Façade néo-classique de l'Old Parliament House

Point les trois grands voyages du capitaine Cook, cette fontaine pare la cité depuis 1970 et la commémoration du bicentenaire de la prise de possession de la côte orientale de l'Australie par le navigateur anglais *(p. 46)*.

🏛 National Library of Australia

Parkes Place, Parkes. **(** (02) 6262 1111. **◯** *t.l.j.* **●** *ven. saint, 25 déc.* **&**
Caractéristique de l'architecture des années soixante, l'élégant immeuble de cinq étages de la Bibliothèque nationale d'Australie abrite plus de cinq millions de livres, ainsi que des exemplaires de tous les quotidiens et magazines publiés dans le pays, des milliers de films, des bandes magnétiques, des documents manuscrits, des cartes et de vieilles photographies. Parmi les souvenirs historiques exposés figure le journal tenu par le capitaine Cook pendant ses voyages d'exploration sur l'*Endeavour*.

Vitrail de Leonard French

Dessiné par un architecte de Sydney, Walter Bunning, et achevé en 1972, le bâtiment est décoré de quelques œuvres d'art dignes d'intérêt. Signalons notamment les vitraux modernes, représentant les planètes, réalisés par l'Australien Leonard French avec du verre importé de Belgique. Les tapisseries illustrant la vie en Australie sont du Français Mathieu Mategot.

🏛 Questacon - The National Science and Technology Centre

Angle de King Edward Terrace et Parkes Place, Parkes. **(** (02) 6270 2800. **◯** *t.l.j.* **●** *25 déc.* 🖼 **&**
Il serait dommage de manquer la visite du Centre national de la science et de la technologie de Canberra où 200 installations interactives permettent de s'instruire en s'amusant. Elles occupent six galeries.

Vous pourrez figer votre ombre contre un mur, jouer d'une harpe sans corde, éprouver les sensations que donne un tremblement de terre, vous retrouver au milieu d'un éclair ou découvrir comment une araignée tisse sa toile ou comment s'oriente une chauve-souris. Questacon propose aussi régulièrement des conférences et des démonstrations scientifiques.

🏛 High Court of Australia

Parkes Place, Parkes. **(** (02) 6270 6811. **◯** *lun.-ven.* **●** *sam.-dim., jours fériés.* **&**
C'est la reine Élisabeth II qui inaugura en 1980 l'imposant monument où siège la Haute Cour de justice australienne. Le bâtiment, très réussi, s'organise autour d'un hall vitré conçu pour inspirer le respect du système judiciaire de la nation. L'artiste Jan Sensberg a évoqué dans deux œuvres murales de six panneaux la Constitution australienne, le rôle de la fédération et l'importance de la Haute Cour.
À l'entrée, une fontaine sculptée dans du granite borde un côté de l'escalier. Elle symbolise la manière dont les décisions de l'institution judiciaire

« s'écoulent » pour influencer la vie de tous les citoyens. Les séances sont ouvertes au public.

Œuvre murale de Jan Sensberg décorant la High Court

⛪ St John the Baptist Church and Schoolhouse Museum

Constitution Ave, Reid. **(** (02) 6249 6839. **◯** *10 h-12 h, mer. ; 14 h-16 h, sam. et dim.* **●** *ven. saint, 25 déc.* 🖼 **&**
Construites pour les familles de fermiers installées dans la région, l'église anglicane Saint-Jean-Baptiste et son école datent de 1844 et sont les plus vieux bâtiments de Canberra.
Des mémoriaux muraux évoquent le souvenir de nombreux pionniers, notamment des hommes d'État, des scientifiques et des érudits. L'école abrite une collection de souvenirs du XIXe siècle.

WALTER BURLEY GRIFFIN

En 1911, le gouvernement australien alors installé à Melbourne prit la décision de construire la capitale nationale au bord de la Molonglo River et il organisa un concours international pour choisir son plan d'urbanisme. C'est un Américain de 35 ans, Walter Burley Griffin, qui remporta la compétition. S'inspirant de Versailles, il proposa une cité-jardin où avenues et terrasses avaient pour pôle le Parliament

Walter Burley Griffin

House couronnant le Capital Hill. La pose de la première pierre eut lieu le 12 mars 1913 mais la Première Guerre mondiale ralentit les travaux. Quand Burley Griffin fut renvoyé de son poste de concepteur en 1921, il n'existait pas grand-chose de la ville. L'architecte quitta l'Australie en 1935 pour l'Inde, où il mourut en 1937. Sa vision continue de sous-tendre le développement de Canberra.

Red Hill ❶

Par Mugga Way, Red Hill.

L e sommet du Red Hill, l'une des quatre collines de Canberra, ménage une vue dégagée du Lake Burley Griffin, du Parliament House,

Vue panoramique de Canberra depuis Red Hill

de Manuka et de Yarralumla *(p. 192)*, le quartier des ambassades. Derrière l'éminence s'étendent les banlieues sud de la capitale, les Brindabella Ranges dressant leur silhouette à l'ouest.

Sur la rive nord du lac, derrière l'Australian War Memorial *(p. 192-193)*, une autre colline, le Mount Ainslie, offre de son sommet un panorama de la ville qui permet de mieux saisir son organisation, soigneusement planifiée par Walter Burley Griffin.

Royal Australian Mint ❷

Denison St, Deakin. ☏ (02) 6202 6819. 🚌 30, 31. ◯ 9 h-16 h, lun.-ven. ; 10 h-16 h sam.-dim., jours fériés. ● ven. saint, 25 déc. ♿ ✔

L a Monnaie royale australienne fabrique 600 millions de pièces par an et en a produit plus de 8 milliards depuis son ouverture en 1965. Un musée retrace l'histoire de la monnaie en Australie et les visiteurs peuvent assister à tout le processus de fabrication, depuis la conception jusqu'au pressage à partir de flans d'or, d'argent et d'alliage. Ils

Le Parliament House ❹

L e Parlement, où se réunissent la Chambre des représentants et le Sénat, est aussi le siège du gouvernement fédéral. Cet immense bâtiment de 4 700 pièces qui s'inscrit dans la colline pour s'harmoniser au paysage a coûté 1,1 million de dollars. Conçu dès l'origine pour être largement ouvert aux citoyens australiens, il abrite de très nombreuses œuvres d'art.

Le mât en acier du drapeau, haut de 81 m, pèse 220 t.

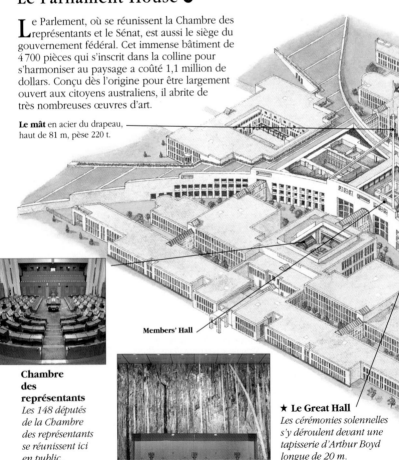

Members' Hall

Chambre des représentants
Les 148 députés de la Chambre des représentants se réunissent ici en public.

★ **Le Great Hall**
Les cérémonies solennelles s'y déroulent devant une tapisserie d'Arthur Boyd longue de 20 m.

peuvent aussi frapper leur propre pièce d'un dollar.

Des pièces commémoratives sont vendues à la boutique, notamment des pièces de cinq et dix dollars en or et en argent ornées d'oiseaux indigènes du continent.

Government House ❸

Dunrossil Drive, Yarralumla. ☎ (02) 6283 3533. ◷ dates changeantes, téléphoner. ⌨ ☒

L'élégante façade de la Government House

Sur un terrain qui appartenait jadis à une immense ferme d'élevage fondée en 1828 et appelée Yarralumla, la Government House sert depuis 1927 de résidence officielle au gouverneur général qui représente la reine d'Angleterre.

C'est là que séjournent aujourd'hui les chefs d'État et les membres de la famille royale en visite. Un belvédère sur Lady Denman Drive offre une bonne vue du bâtiment, souvent fermé au public, et de son vaste jardin.

★ **Le hall d'entrée**
48 colonnes en marbre gris-vert évoquent une forêt d'eucalyptus.

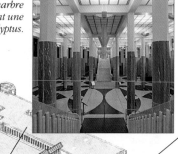

MODE D'EMPLOI

Capital Hill. ☎ (02) 6277 7111. ⊟ 31, 34, 35. ◷ 9 h-17 h, t.l.j. ● 25 déc. ⊙ ⌨ ⊡ ⌨ ⊡

La Great Veranda parée de marbre blanc italien taillé dans une unique falaise sert à la fois d'accès au public et d'entrée lors des cérémonies officielles.

Avant-cour
La mosaïque aborigène, le gravier rouge et le bassin représentent l'Australie et ses premiers habitants.

Entrée

Les armoiries australiennes, au-dessus de l'entrée, portent un émeu et un kangourou dessinés dans un style inspiré de l'art aborigène.

À NE PAS MANQUER

★ **Le hall d'entrée**

★ **Le Great Hall**

Yarralumla ❺

Yarralumla. ☎ (02) 6205 0044.
🚌 901, 31. 📷 les journées portes
ouvertes. ♿ variable. 📷

La banlieue de Yarralumla
renferme en bordure
du Capital Hill plus de
80 ambassades et résidences
diplomatiques. Une
promenade en voiture à
travers ses rues plantées
d'arbres donne l'occasion de
découvrir quelques édifices à
l'architecture caractéristique.
   La vaste ambassade
chinoise, au n° 15, Coronation

Toiture de l'ambassade de Chine à Yarralumla

Drive est parée de colonnes
rouges, de statues de dragons
et d'une toiture de pagode.
Sur Moonah Place, le
bâtiment blanc de

l'ambassade indienne est
couronné d'une spire dorée,
agrémenté d'un bassin et
d'une douve peu profonde à
la manière d'un temple

L'Australian War Memorial ❽

Ce monument édifié à la mémoire de
tous les Australiens morts au service
de leur patrie abrite le tombeau du Soldat
inconnu et le Roll of Honour, liste des
combattants tombés au champ d'honneur.
C'est aussi un musée qui renferme une
riche collection de documents, souvenirs
et œuvres d'art illustrant les conflits
auxquels l'Australie participa.

Façade de l'Australian War Memorial

À NE PAS MANQUER

★ **Le Roll of Honour**

★ **Le tombeau du
   Soldat inconnu**

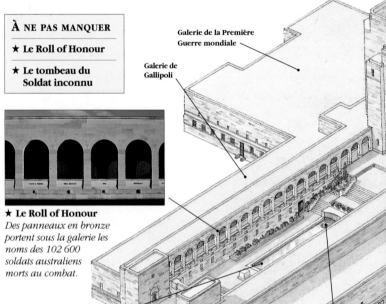

**Galerie de la Première
Guerre mondiale**

**Galerie de
Gallipoli**

★ **Le Roll of Honour**
*Des panneaux en bronze
portent sous la galerie les
noms des 102 600
soldats australiens
morts au combat.*

Le Pool of Reflection
(bassin de la réflexion)
permet aux familles de
pleurer leurs proches.
Du romarin symbolise
le souvenir.

**Flamme
éternelle**

Entrée

mogul. La Haute Délégation de la Papouasie-Nouvelle-Guinée, sur Forster Crescent, a adopté la forme d'une maison des esprits. La réplique d'un bas-relief aztèque décore l'ambassade mexicaine sur Perth Avenue.

De l'autre côté d'Adelaide Avenue, The Lodge est la résidence officielle du Premier ministre australien.

National Gallery of Australia ❻

Voir p. 194-195.

Civic Square ❼

Civic Centre. 🚌 *nombreuses lignes.*

Sur la rive nord du Lake Burley Griffin, près de la pointe nord-ouest du Parliamentary Triangle (*p. 186-187*), le Civic Centre constitue le cœur commercial de Canberra. C'est là que se trouvent de nombreux bureaux et services publics, ainsi que la plus forte concentration de sociétés privées et de magasins de la ville.

Ethos, Civic Square

Au centre du quartier, Civic Square offre, selon le plan originel de Walter Burley Griffin, un lieu où les habitants de la capitale peuvent se retrouver et se détendre. Ethos, une gracieuse statue en bronze du sculpteur australien Tom Bass, domine la place à l'entrée de l'Assemblée législative du Territoire de la capitale australienne (ACT). Sur la Petrie Plaza adjacente tourne un manège de chevaux de bois cher au cœur des habitants de Canberra.

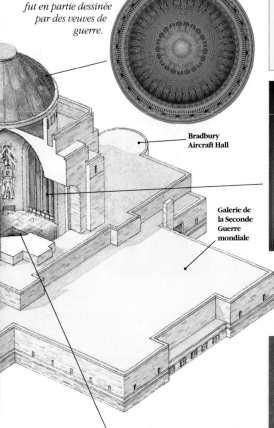

Hall of Memory
La mosaïque de la coupole fut en partie dessinée par des veuves de guerre.

Bradbury Aircraft Hall

Galerie de la Seconde Guerre mondiale

MODE D'EMPLOI

Limestone Ave, au sommet d'Anzac Parade. 📞 *(02) 6243 4211.* 🚌 *901, 302.* 🕐 *10 h-17 h, t.l.j. (9 h-17 h, jours fériés, vacances scol.)* ⬤ *25 déc.*
Contribution. ♿ 📷 🔲 ⬛

Vitraux
Les personnages de ce vitrail représentent les talents personnels et collectifs des Australiens en temps de guerre.

★ **Le tombeau du Soldat inconnu**
Le soldat anonyme tombé pendant la Première Guerre mondiale repose sous une plaque de marbre rouge. Il symbolise tous les Australiens morts au service de leur pays.

La National Gallery of Australia ❻

Reflet des diverses racines culturelles du pays, la Galerie nationale d'Australie, ouverte en 1982, possède une collection de 100 000 œuvres. Son noyau est l'art australien depuis les débuts de la colonisation européenne jusqu'à aujourd'hui. On peut ainsi admirer les œuvres de peintres comme Tom Roberts, Arthur Boyd, Sidney Nolan et Margaret Preston *(p. 30),* mais aussi celles de grands artistes occidentaux tels que Picasso ou les Américains Jackson Pollock et Andy Warhol. La riche section aborigène *(p. 28-29)* abrite des objets anciens de diverses tribus, ainsi que des réalisations contemporaines. Le musée continue également d'augmenter ses collections d'art asiatique.

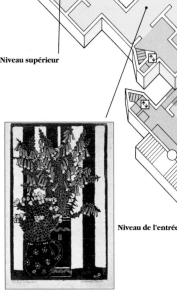

Niveau supérieur

★ In a Corner on the MacIntyre *(1895)*
Ce paysage du bush *par Tom Roberts offre un bon exemple du style de l'école impressionniste australienne.*

Niveau de l'entrée

Native Fuchsia *(1925)*
Surtout connue pour ses fleurs, Margaret Preston utilise une technique très personnelle à base de tampons de bois colorés à la main.

La Montagne **d'Aristide Maillol**

JARDIN DE SCULPTURES

Le jardin en bord de lac de la Galerie nationale d'Australie est le cadre d'une exposition de sculptures allant de statues d'inspiration classique comme *La Montagne* d'Aristide Maillol jusqu'à des œuvres contemporaines telles que *Cones* de Bert Flugelman et *Pears* de George Baldessin.

SUIVEZ LE GUIDE !

On peut faire facilement le tour de la National Gallery en deux heures, et d'excellentes visites guidées d'une heure en présentent les fleurons deux fois par jour. Le niveau de l'entrée abrite la collection aborigène, à voir absolument, et les collections internationales. Ne manquez pas non plus le département d'art australien du niveau supérieur. Une nouvelle aile accueille de prestigieuses expositions temporaires qui font le tour du monde.

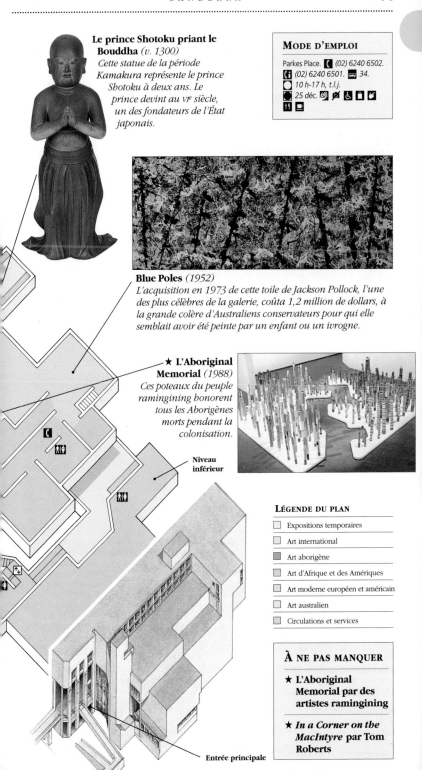

Le prince Shotoku priant le Bouddha *(v. 1300)*
Cette statue de la période Kamakura représente le prince Shotoku à deux ans. Le prince devint au VIe siècle, un des fondateurs de l'État japonais.

MODE D'EMPLOI

Parkes Place. **(** *(02) 6240 6502.*
(*(02) 6240 6501.* **34.**
○ *10 h-17 h, t.l.j.*
● *25 déc.*

Blue Poles *(1952)*
L'acquisition en 1973 de cette toile de Jackson Pollock, l'une des plus célèbres de la galerie, coûta 1,2 million de dollars, à la grande colère d'Australiens conservateurs pour qui elle semblait avoir été peinte par un enfant ou un ivrogne.

★ L'Aboriginal Memorial *(1988)*
Ces poteaux du peuple ramingining honorent tous les Aborigènes morts pendant la colonisation.

Niveau inférieur

LÉGENDE DU PLAN

☐ Expositions temporaires
☐ Art international
☐ Art aborigène
☐ Art d'Afrique et des Amériques
☐ Art moderne européen et américain
☐ Art australien
☐ Circulations et services

À NE PAS MANQUER

★ **L'Aboriginal Memorial** par des artistes ramingining

★ *In a Corner on the MacIntyre* par Tom Roberts

Entrée principale

Rocaille des Australian National Botanic Gardens

Australian National Botanic Gardens ❾

Clunies Ross Rd, Acton. 📞 (02) 6250 9540. ○ 9 h-17 h, t.l.j. ● 25 déc. ♿ 🌿

Sur les pentes de la Black Mountain, les Jardins botaniques nationaux australiens abritent la plus belle collection scientifique de plantes indigènes du pays. Les Jardins regroupent environ 90 000 spécimens de plus de 5 000 variétés.

Le Rainforest Gully qui plaît beaucoup au public, présente des essences tropicales de l'est de l'Australie. Sur l'Eucalypt Lawn, pelouse idéale pour un pique-nique, poussent un cinquième des espèces d'eucalyptus du continent. L'Aboriginal Trail montre la manière dont les Aborigènes utilisaient les plantes du *bush*.

Telstra Tower ❿

Black Mountain Drive, Acton. 📞 (02) 6248 1911. 🚌 904. ○ 9 h-22 h, t.l.j. 🌿 ♿ 🌿 selon accord.

Haute de 195 m, la « seringue géante », selon son surnom local, renferme au sommet de la Black Mountain des émetteurs de télévision et des relais de téléphones cellulaires.

La tour comprend également une exposition sur l'histoire des télécommunications en Australie depuis la première ligne de télégraphe ouverte dans le Victoria en 1854 jusqu'aux techniques de l'aube du XXIᵉ siècle.

Trois plates-formes d'observation situées à des étages différents ménagent un panorama de 360°.

Depuis 1989, la Telstra Tower fait partie de la World Federation of Great Towers (Fédération des grandes tours du monde) à laquelle appartiennent aussi l'Empire State Building (443 m) de New York et la Blackpool Tower (158 m) anglaise.

National Zoo and Aquarium ⓫

Lady Denman Drive, Scrivener Dam. 📞 (02) 6287 1211. ○ 9 h-17 h 30, t.l.j. ● 25 déc. 🌿 ♿ 🌿 selon accord.

La collection de créatures aquatiques de l'Aquarium australien comprend aussi bien des poissons de rivière que des tortues marines, et des espèces des mers froides que des hôtes des eaux tropicales ou des récifs de corail. Le tunnel transparent du Riverland permet l'observation rapprochée d'un grand nombre d'entre eux. L'aquarium organise aussi des plongées accompagnées dans un environnement corallien. Le Flyfishing Centre offre la possibilité de s'initier à la pêche à la mouche.

Parc paysager de 7 ha, le **Zoo** adjacent renferme de nombreux animaux propres à l'Australie tels que koalas,

Tortue du National Aquarium

wombats, dingos, petits manchots bleus *(eudyptula minor)*, diables de Tasmanie, émeus et kangourous. Aires de pique-nique et barbecues ainsi que démonstrations de chiens de berger et tonte de mouton.

Australian Institute of Sport ⓬

Leverrier Crescent, Bruce. 📞 (02) 6214 1010. 🚌 80. ○ **Visites guidées** 11 h 30, 13 h, 14 h 30, t.l.j. : 10 h, sam., dim. et jours fériés. ● 25 déc. 🌿 ♿ 🌿 obligatoire.

Ce sont souvent des médaillés olympiques qui guident les visiteurs dans l'Institut australien du sport (AIS) qui fut créé en 1981 afin d'améliorer la réussite des Australiens dans les rencontres internationales. Vous pourrez découvrir le cadre où nageurs et athlètes dorment, mangent et s'entraînent et tester vos aptitudes dans diverses disciplines.

Cockington Green ⓭

11 Gold Creek Rd, Nicholls. 📞 (02) 6230 2273. 🚌 50, 52. ○ 9 h 30-16 h 30, t.l.j. ● 25-26 déc. 🌿 ♿

Les jardins magnifiquement aménagés de Cockington Green abritent les modèles réduits d'édifices traditionnels britanniques minutieusement reconstitués. Les visiteurs se transforment en géants à côté d'un château écossais, d'un séchoir à houblon du Kent, d'un pub anglais ou d'un cottage à toit de chaume du Sussex leur arrivant à la taille. L'Intercity 125, un train express, circule à travers la « campagne » en effectuant deux arrêts. Depuis 1997, une nouvelle section de Cockington Green propose des modèles réduits de bâtiments d'Australie et d'autres pays.

Le jardin renferme aussi un labyrinthe et une longue plate-bande de superbes roses du vieux monde.

Harvest of Endurance, représentant les émeutes de Lambing Flat, au National Museum of Australia

National Museum of Australia ⑭

Action Peninsula. **C** *(02) 6208 5000.*
⊙ *9 h-17 h, t.l.j.* **●** *25 déc.*
W *www.nma.gov.au*
♿ *selon accord.*

Créé en 1980 par une loi du Parlement, le Musée national d'Australie a trouvé son domicile permanent à l'Action peninsula en 2001, où il partage les locaux avec l'institut australien des études aborigènes et insulaires du détroit de Torres.

Les aménagements innovateurs et son design unique, inspiré d'un puzzle, ont vite fait de lui un point de repère architectural. Une introduction audiovisuelle dans le Circa, un cinéma tournant, présente le musée aux visiteurs. Une immense carte d'Australie en 3D est visible des trois étages. L'animation digitale et les postes de médias interactifs aident à placer les expositions dans leur contexte géographique.

Les expositions permanentes étudient les gens, les événements et les questions qui ont façonné le pays. L'objectif du musée est de promouvoir le débat, partager les informations et les visiteurs sont invités à y participer à l'aide des écrans interactifs mis à disposition. Des objets rares des collections du musée sont également exposés.

La galerie des **Premiers australiens** est la plus grande exposition permanente du musée. Elle décrit les coutumes et les contes aborigènes et insulaires du détroit de Torres. Elle permet d'éclaircir leur histoire mais aussi de soulever les sujets sociaux contemporains. Parmi les objets exposés, une sculpture monumentale en sable utilisée lors des cérémonies funéraires au

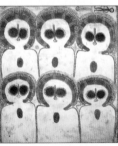

Untitled de Charlie Alyungurra dans la galerie des Premiers australiens

nordest d'Arnhem land et un canoë à balancier de Torres Island.

La Nation : Symboles d'Australie utilise plus de 700 supports et objets pour montrer comment les symboles définissent l'identité nationale. Sont exposés aussi bien le kangourou que des symboles officiels tels que le drapeau et Anzac Day.

La galerie **Horizons** regarde comment l'immigration a transformé le pays. Depuis 1788 plus de 10 millions d'immigrants sont arrivés en Australie. Ici on se sert des histoires individuelles et des objets de la collection du musée pour expliquer la diversité étonnante de l'expérience australienne.

L'une des expositions les plus touchantes est **Eternity** où le vécu personnel de 50 australiens est mis en avant. L'intention de ce dispositif unique est d'explorer l'histoire à travers les émotions. Le visiteur peut enregistrer sa propre histoire et ainsi faire partie de la collection Your Story. Le musée reconnaît aussi l'importance de la terre dans l'identité australienne et étudie la relation entre les gens et l'environnement dans **Tangled Destinies.**

Le Backyard Café donne sur l'étonnant jardin du musée, le Garden of Australian Dreams, qui inclut plusieurs symboles de la culture australienne. En plus, le musée organise tout un éventail d'expositions temporaires. On trouve aussi des galeries pour les enfants, des salles de spectacle et même un studio de télévision.

À l'Eternity, le *Mermaid Coffin* de Gaynor Peaty

À la découverte du Territoire de la capitale australienne

Le *bush* couvre plus de 70 % de l'Australian Capital Territory. Vous pourrez apercevoir des animaux sauvages, vous baigner dans la Murrumbidgee River, visiter une station de communication spatiale ou encore vous détendre dans les jardins d'une demeure historique lors d'une excursion d'une journée sur la Tourist Drive 5.

Coupole argentée du Mount Stromlo Observatory

Mount Stromlo Observatory ⓯

Par Cotter Rd. 📞 *(02) 6249 0230.* 🕐 *9 h 30-16 h 30, t.l.j.* ⬛ *25 déc.* 📷 ♿ ▯

Le mont Stromlo, couvert de pins, s'élève à quelques kilomètres à l'ouest de Canberra et son sommet ménage une vue dégagée du ciel nocturne. L'observatoire installé sur la colline existe depuis 1942 mais il n'a ouvert ses portes au public qu'en 1997. Des visites guidées permettent de découvrir le puissant télescope, des astronomes parlent de leur travail et des expositions interactives expliquent les formations stellaires de l'hémisphère Sud.

Murrumbidgee River ⓰

ℹ️ *Canberra Visitors' Centre, 330 Northbourne Ave (02) 6207 2425.*

Au confluent de la Murrumbidgee River et de la Cotter River, Casuarina Sands est un bel endroit pour pêcher et faire du canoë. Non loin, Cotter Dam est idéal pour pique-niquer, se baigner et camper.
Au sud de Canberra au bord de la Murrumbidgee River, un paisible jardin entoure la **Lanyon Homestead,** maison de maître attachée à une ferme d'élevage de moutons, construite vers 1850. Sur le domaine, la Sydney Nolan Gallery abrite la célèbre série de peintures que l'artiste consacra à Ned Kelly *(p. 30).*

🏛 **Lanyon Homestead**
Tharwa Drive, Tharwa. 📞 *(02) 6237 5136.* 🕐 *mar.-dim.* ⬛ *ven. saint, 24 et 25 déc.* 📷 ♿

Canberra Space Centre ⓱

Par Paddys River Rd (Tourist Drive 5). 📞 *(02) 6201 7880.* 🕐 *9 h-17 h, t.l.j.* ♿ ▯ *selon accord.*

Dirigé par la Commonwealth Scientific and Industrial Research Organization (CSIRO) et la NASA américaine, le Canberra Space Centre du Canberra Deep Space Communication Complex est relié directement au centre de contrôle de la NASA en Californie. Il possède six antennes paraboliques dont la plus grande mesure 70 m de diamètre et pèse 3 000 tonnes.
Les visiteurs du centre peuvent y étudier un morceau de pierre lunaire, examiner une combinaison spatiale, découvrir le rôle que joua le complexe pendant les alunissages des missions Apollo et regarder des photos récentes transmises de Mars, Vénus et Jupiter.

Émeu, Tidbinbilla Nature Reserve

Tidbinbilla Nature Reserve ⓲

Par Paddys River Rd (Tourist Drive 5). 📞 *(02) 6205 1233.* 🕐 *9 h-18 h, t.l.j.* ⬛ *25 déc.* 📷 *limité.* ▯

Au terme d'une paisible vallée, forêts, prairies, torrents et collines forment un paradis de 5 450 ha. Des kangourous et leurs petits se chauffent au soleil, des émeus arpentent les étendues herbeuses, des ornithorynques nagent dans les ruisseaux, Vous verrez également des koalas perchés dans des eucalyptus, des oiseaux-lyres et des oiseaux à berceau dans les futaies.
Les visiteurs peuvent gravir le Gibraltar Rock ou effectuer une promenade de nuit avec un ranger pour observer des opossums. Sentier long de 3 km, le Birrigai Time Trail semble traverser l'histoire. Le centre d'accueil abrite des objets aborigènes et des souvenirs de pionniers.

Antenne parabolique du Canberra Space Centre

Le Namadgi National Park ⑲

L e Parc national de Namadgi ne se trouve qu'à
35 km au sud de Canberra et couvre près de
la moitié de l'Australian Capital Territory. Ses
paysages montagneux, avec des sommets
dépassant 1 600 m d'altitude, et ses
vallées creusées par les cours d'eau
invitent à de longues explorations.
On peut passer plusieurs
journées à explorer le parc,
mais même si vous ne lui
consacrez qu'une
journée il vous offrira
de superbes
paysages.

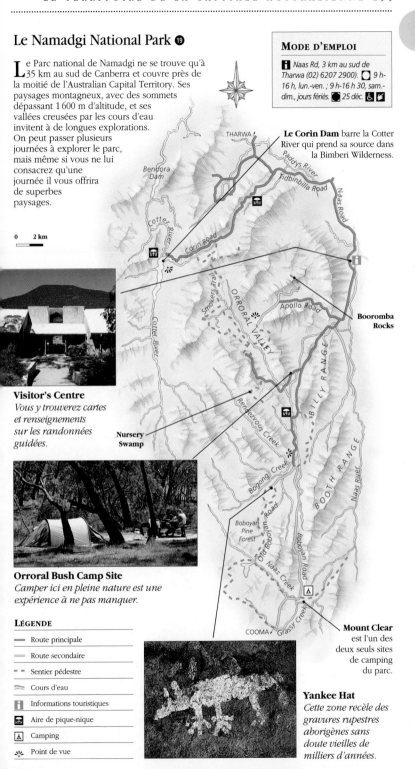

MODE D'EMPLOI

ℹ️ *Naas Rd, 3 km au sud de
Tharwa (02) 6207 2900).* 🕐 *9 h-
16 h, lun.-ven. ; 9 h-16 h 30, sam.-
dim., jours fériés.* ⚫ *25 déc.* ♿ 📷

Le Corin Dam barre la Cotter
River qui prend sa source dans
la Bimberi Wilderness.

THARWA

Bendora
Dam

Paddys River

Tidbinbilla Road

Naas Road

Cotter River

Corin Road

Smokers Trail

ORRORAL VALLEY

Apollo Road

**Booromba
Rocks**

Cotter River

BILLY RANGE

Rendezvous Creek

BOOTH RANGE

Naas River

0   2 km

Visitor's Centre
*Vous y trouverez cartes
et renseignements
sur les randonnées
guidées.*

**Nursery
Swamp**

Bogong Creek

Old Boboyan Road

Boboyan
Pine Forest

Boboyan Road

Naas Creek

Orroral Bush Camp Site
*Camper ici en pleine nature est une
expérience à ne pas manquer.*

🅰️

Mount Clear
est l'un des
deux seuls sites
de camping
du parc.

COOMA   Grassy Creek

Légende

▬▬	Route principale
══	Route secondaire
– –	Sentier pédestre
〜	Cours d'eau
ℹ️	Informations touristiques
🏕️	Aire de pique-nique
🅰️	Camping
🔆	Point de vue

Yankee Hat
*Cette zone recèle des
gravures rupestres
aborigènes sans
doute vieilles de
milliers d'années.*

LE QUEENSLAND

Le Queensland d'un coup d'œil

D'une superficie de 1 727 000 km², le deuxième État d'Australie par la taille jouit d'un climat tropical et abrite la région touristique la plus populaire du pays après Sydney. Sa capitale, Brisbane, est une cité moderne dont les gratte-ciel se mirent dans la Brisbane River. La côte sud vit au rythme de ses stations balnéaires, celle du nord, Cairns, donne accès à une merveille de la nature : la Grande Barrière de corail. Le Queensland doit sa prospérité aux centres d'élevage et aux mines de cuivre de l'intérieur des terres. Dans le Far North préservé, faune et flore indigènes prospèrent au sein de la forêt pluviale et de la brousse.

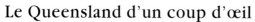

Cairns, *cité la plus septentrionale du Queensland et point de départ pour la Grande Barrière, a pour pôle son esplanade bordée de cafés (p. 246).*

LE NORD ET
L'OUTBACK
DU QUEENSLAND
(p. 240-249)

Mount Isa, *la plus grande ville de l'intérieur du continent, vit au rythme de ses mines de cuivre, de zinc et de plomb (p. 249).*

0	150 km

Longreach *abrite dans l'arrière-pays aride le premier hangar de Qantas mais a pour principal site touristique le Stockman's Hall of Fame dédié à l'histoire de l'Outback australien (p. 249).*

◁ **Foisonnement de couleurs de la Grande Barrière de corail**

PRÉSENTATION DU QUEENSLAND

Ravenswood *n'est plus qu'une ville fantôme mais ses bâtiments victoriens restaurés y entretiennent le souvenir de la ruée vers l'or des années 1860* (p. 238).

La Grande Barrière *parallèle au littoral est le plus grand récif de corail du monde. Elle compte des centaines d'îles mais seules quelques-unes peuvent accueillir les touristes et les plongeurs* (p. 204-209).

Maryborough *est réputée pour ses maisons typiques du Queensland dont les vastes porches protègent du soleil des tropiques* (p. 233).

Brisbane *est une capitale d'État moderne mais décontractée. Ses gratte-ciel y voisinent avec des édifices plus anciens comme le City Hall* (p. 210-225).

AU SUD DE
TOWNSVILLE
(p. 226-239)

Surfers Paradise, *principal centre urbain de la Gold Coast, affiche sans complexe sa vocation touristique avec ses hôtels de luxe, ses boîtes de nuit et ses boutiques de mode* (p. 231).

La Grande Barrière de corail

Les récifs de coraux sont une forme de vie parmi les plus anciennes et les plus primitives de la planète puisqu'ils datent d'au moins 500 millions d'années. La

Chaetodon ephippium

Grande Barrière, le plus important relief marin créé par des coraux, s'étend, sur 2 000 km, de Bundaberg à la pointe du Cape York, sur une superficie d'environ 350 000 km². Entre son bord extérieur et le littoral australien, la Grande Barrière compte plus de 2 000 îles et presque 3 000 récifs de types variés. On aperçoit aisément ses fonds coralliens sur les îles dotées d'un récif frangeant, mais les plus beaux sont situés plus au large à quelque 50 km du rivage.

CARTE DE SITUATION

Le lagon entre le récif intérieur et le littoral du Queensland atteint souvent 60 m de profondeur. Il a une largeur qui varie de 30 à 60 km.

Le corail est formé par des colonies de polypes minuscules animaux marins pourvus d'un squelette extérieur en calcaire.

Des récifs frangeants entourent les îles ou se développent à courte distance de la côte continentale.

ZONE TYPIQUE DE LA BARRIÈRE

Dans la majeure partie de la Grande Barrière, un lagon profond borde le littoral continental. Ce lagon sépare le littoral des hauts fonds d'où émergent des îles de sable, des platures coralliennes et des atolls. Plus au large, le bord du plateau continental porte des récifs en ruban.

Plature corallienne

Les *cayes* sont des îles de sable composées de débris calcaires, coquillages et squelettes de polypes notamment, que les vagues ont réduits en poudre.

Les platures coralliennes se forment en eau peu profonde et croissent en cercle ou en ovale plutôt que verticalement.

La forêt tropicale du Queensland est humide et dense, elle profite d'un sol riche et de fortes précipitations.

Les sèches découvertes à marée basse sont faites de corail mort ou en train de mourir ; le corail, en effet, ne supporte pas une longue exposition à l'air.

Le corail du récif extérieur se dresse en « murs » sur un socle calcaire. Le corail ne peut vivre en dessous de 30 m de profondeur et a besoin d'une eau propre et d'une température d'au moins 17,5 °C.

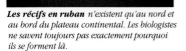

Les récifs en ruban n'existent qu'au nord et au bord du plateau continental. Les biologistes ne savent toujours pas exactement pourquoi ils se forment là.

LA FORMATION DE LA BARRIÈRE

Le corail ne peut vivre à plus de 30 m sous la surface mais des récifs reposent sur des socles plus profonds car des colonies de polypes vivants continuent de se développer sur les squelettes des individus morts, tandis que le niveau de la mer monte ou que le fond de l'océan s'enfonce. Relativement jeune, la Grande Barrière s'est en majeure partie constituée, sur le bord du plateau continental puis sur des collines que l'océan submergeait, depuis l'élévation du niveau des mers à la fin de la dernière ère glaciaire.

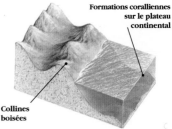

Formations coralliennes sur le plateau continental

Collines boisées

1 Il y a environ 18 000 ans, pendant la dernière ère glaciaire, le bas niveau des eaux laissa émerger une rangée de collines et permit au corail de croître sur le plateau continental.

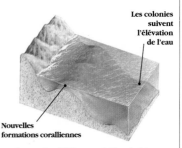

Les colonies suivent l'élévation de l'eau

Nouvelles formations coralliennes

2 Il y a environ 9 000 ans, après l'ère glaciaire, l'océan a submergé les collines. Des colonies de coraux s'implantèrent dans de nouveaux endroits.

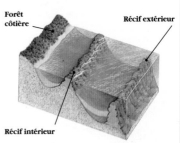

Forêt côtière

Récif extérieur

Récif intérieur

3 Au fil des siècles, des « murs » ont formé sur le plateau continental le récif extérieur. Au-dessus des collines submergées sont apparus platures coralliennes, récifs frangeants et *cayes*.

La faune de la Grande Barrière

Les eaux de la Grande Barrière recèlent plus de 2 000 espèces de poissons et d'innombrables espèces de coraux durs et mous. Quelque 500 variétés d'algues, des éponges, des crustacés, des échinodermes tels qu'oursins et étoiles de mer et des invertébrés comme le gracieux nudibranche composent cette extraordinaire et colorée diversité biologique. Les îles abritent de nombreux oiseaux marins et tropicaux. La Great Barrier Reef Marine Park Authorithy protège depuis 1975 cet environnement unique au monde.

Poisson ange

En plongée au milieu de coraux mous

Les coraux durs, surtout représentés par des acropora, sont formés par des polypes à exosquelette *(p. 204)*.

Les coraux mous ressemblent à des frondaisons agitées par les vagues.

Les wobbegongs *appartiennent à la famille des requins. Ils dorment pendant la journée, dissimulés parmi les rochers grâce à leurs taches.*

Les diables de mer ont jusqu'à 6 m d'envergure mais possèdent une nature pacifique et se laissent volontiers caresser.

Les mérous tachetés se montrent souvent heureux de nager avec les plongeurs.

Les grands requins blancs peuvent fréquenter le récif mais vivent plutôt en pleine mer où ils se déplacent en bancs.

Les bénitiers, grands bivalves appréciés des gourmets, sont désormais protégés en Australie.

Les mérous *peuvent atteindre un poids de 15 kg et se reconnaissent à leur peau d'un rouge soutenu.*

Le point le plus bas de la Grande Barrière de corail est à 60 m de profondeur.

UN RÉCIF FRAGILE

L'écotourisme est la seule forme de tourisme encouragée sur la Grande Barrière et il faut une autorisation de la Great Barrier Reef Marine Park Authority pour camper sur les îles. Ne toucher qu'avec les yeux, telle est la règle à respecter. Il est strictement interdit d'emporter du corail et mieux vaut éviter de marcher dessus. Les coupures qu'il provoque cicatrisent lentement.

Les chelmons à bec font partie des plus beaux poissons de la Grande Barrière. Ils nagent souvent par deux dans des eaux peu profondes.

Les gobies vivent près du rivage de la matière organique qu'ils extraient du sable.

Blennie

Poisson-papillon

LE RÉCIF EN TANT QU'HABITAT MARIN

Les coraux durs donnent son armature au récif et forment avec les coraux mous la « forêt » où prospèrent poissons et autres créatures.

Aiguille de Schultz

Mulet

Les platax se nourrissent surtout d'algues et de méduses. Chaque banc fréquente un lieu pendant une longue période avant d'en changer.

Les poissons-clowns vivent au milieu des tentacules des anémones de mer sans craindre leurs piqûres.

Les murènes, longues parfois de 2 m, se laissent nourrir par les plongeurs.

L'acanthaster planci, une astérie appelée en anglais « étoile de mer couronne d'épines », se nourrit entre autres d'acropora. Sa population gonfla brusquement dans les années soixante et on craignit un temps qu'elle détruisît le récif. Un tel phénomène contribue au contraire à sa régénération en détruisant du corail vieillissant.

LES OISEAUX DE LA GRANDE BARRIÈRE

Mouettes, fous de Bassan, frégates, puffins et sternes trouvent sur les îles de la Grande Barrière aux eaux poissonneuses un habitat idéal pour nidifier et élever leurs petits relativement à l'abri de prédateurs du continent tels que félins et renards. Sur certaines *cayes* (p. 204) vit parfois un nombre étonnant d'oiseaux de mer et d'échassiers. Ils sont plus de 30 000 dans la minuscule zone de Michaelmas Cay à 42 km au nord-est de Cairns.

Fou à pieds rouges

Activités sur la Grande Barrière

L a Grande Barrière compte 2 000 îles mais seulement moins de vingt accueillent des touristes (voir carte et tableau ci-dessous). Le choix d'hébergement va du camping aux luxueux complexes hôteliers. De nombreuses compagnies proposent des promenades en bateau à fond vitré jusqu'au récif extérieur mais la plongée, aux bouteilles ou au tuba, est le meilleur moyen de découvrir la faune et la flore sous-marines. Des excursions d'une journée sont proposées depuis le continent et les îles.

Poisson-papillon

Les promenades sur le récif se font à marée basse sur du corail mort. Il faut de bonnes chaussures et prendre garde de ne pas piétiner sous l'eau du corail vivant.

La plongée au tuba, une des activités les plus populaires, permet de contempler de près de magnifiques poissons exotiques.

PRINCIPALES ÎLES

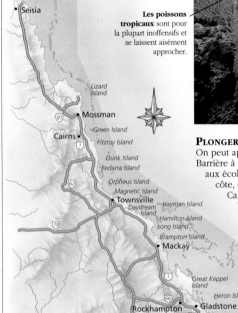

- Seisia

Les poissons tropicaux sont pour la plupart inoffensifs et se laissent aisément approcher.

Lizard Island

81 • Mossman

Cairns •
Green Island
Fitzroy Island
Dunk Island
Bedarra Island
Orpheus Island
Magnetic Island
• Townsville
Daydream Island
Hayman Island
Hamilton Island
Long Island
Brampton Island
• Mackay

Great Keppel Island
Heron Island
Rockhampton • Gladstone
Lady Elliot Island
Bundaberg •

PLONGER SUR LA GRANDE BARRIÈRE

On peut apprendre à plonger sur la Grande Barrière à des prix très raisonnables grâce aux écoles qui existent tout le long de la côte, en particulier à Townsville et Cairns. Certaines promenades en bateau comprennent aussi des plongées spéciales pour débutants complets ou encore des plongées de nuit.

LÉGENDE

—— *Highway*

0   150 km

Heron Island, *réputée pour ses fonds superbes, est l'une des rares îles de sable aménagées. Elle peut se visiter dans le cadre d'excursions guidées. D'octobre à mars, les tortues de mer viennent pondre leurs œufs sur ses plages. L'observation des oiseaux est très populaire sur l'île car des milliers d'oiseaux vivent dans ses arbres.*

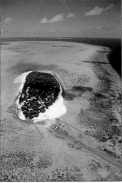

Les gorgones, spectaculaires colonies de polypes, présentent une couleur orangée caractéristique.

La plongée aux bouteilles demande un apprentissage.

Hamilton Island *propose un large choix d'activités, entre autres le golf, le tennis, des jeux pour enfants, le parachutisme et le parachute ascensionnel.*

ATTEINDRE LES ÎLES TOURISTIQUES

Bedarra Island 🚢 *depuis Dunk Island.* **Brampton Island** ✈ 🚢 *depuis Mackay.* **Daydream Island** 🚢 *depuis Shute Harbour.* **Dunk Island** 🚢 *depuis Mission Beach.* **Fitzroy Island** 🚢 *depuis Cairns.* **Great Keppel Island** ✈ *depuis Rockhampton.* **Green Island** 🚢 *depuis Cairns.* **Hamilton Island** 🛫 *depuis toutes les capitales d'État et Cairns.* 🚢 *depuis Shute Harbour.* **Hayman Island** ✈ 🚢 *depuis Hamilton Island.* **Heron Island** ✈ *depuis Gladstone.* **Lady Elliot Island** ✈ *depuis Bundaberg, Gladstone, Hervey Bay.* **Lizard Island** ✈ *depuis Cairns.* **Long Island** 🚢 *depuis Shute Harbour.* **Magnetic Island** ✈ 🚢 *depuis Townsville.* **Orpheus Island** ✈ *depuis Cairns et Townsville.*

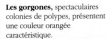

Les Low Isles, *à 25 km au large de Port Douglas, sont une destination typique des promenades d'une journée. Ce bateau à fond vitré sert un déjeuner et permet d'observer le récif, de bronzer et de pratiquer la plongée au tuba.*

ACTIVITÉS SUR LES ÎLES
Aisément accessibles, ces îles proposent un large choix.

	PLONGÉE	PLONGÉE AU TUBA	PÊCHE	VOYAGE D'1 JOURNÉE	RANDONNÉE	SPORTS NAUTIQUES	CAMPING
Bedarra Island					●		
Brampton Island		■		■	●	■	
Daydream Island		■		■	●	■	
Dunk Island *(p. 247)*					●		
Fitzroy Island	●			■	●	■	
Gt Keppel Island		■	●	■	●	■	
Green Island *(p. 245)*				●			
Hamilton Island	●	■		■	●	■	
Hayman Island		■		■	●	■	
Heron Island				●			
Lady Elliot Island					■		
Lizard Island	●	■		■	●	■	
Long Island				■	●	■	
Magnetic Island *(p. 239)*				●			
Orpheus Island	●	■					●

BRISBANE

*A*vec une population de 1,5 million d'habitants, la capitale du Queensland est la troisième ville d'Australie après Sydney et Melbourne. Arrosée par la Brisbane River et entourée de collines, elle est réputée pour la beauté de son cadre, la douceur de son climat, son atmosphère accueillante et sa végétation tropicale dont les fleurons sont les bougainvillées et le frangipanier odorant.

En 1823, le gouverneur de la Nouvelle-Galles du Sud, sir Thomas Brisbane, décida d'isoler dans une colonie pénale spéciale les bagnards les plus durs de Sydney. Il envoya l'explorateur John Oxley tenter une implantation à Moreton Bay que le capitaine Cook avait remarquée cinquante ans plus tôt lors de son voyage le long de la côte orientale du continent. Oxley crut tout d'abord que la baie était une sorte de paradis tropical. Il mit peu de temps à déchanter : l'eau potable était rare, les Aborigènes devinrent hostiles quand ils comprirent qu'on leur volait leur terre et les forçats se révélèrent une main-d'œuvre peu docile. La colonie se déplaça vers l'intérieur des terres sur le cours de la Brisbane River.

Brisbane commença à attirer des colons libres dès 1837, mais ceux-ci n'eurent pas le droit de s'installer à moins de 80 km du centre pénitentiaire, jusqu'à sa fermeture en 1839. L'agglomération, qui comprend plusieurs faubourgs distincts en plus du quartier central, est encore aujourd'hui très éclatée. La ville devint la capitale du Queensland quand celui-ci se sépara de la Nouvelle-Galles du Sud en 1859.

L'État dispose d'importantes ressources naturelles, en particulier du charbon, de l'argent, du plomb et du zinc. Leur exploitation et la proximité de la Gold Coast ont entretenu la prospérité de Brisbane. Jusqu'à l'organisation des Jeux du Commonwealth en 1982 puis de l'Exposition universelle de 1988, la cité souffrait d'une image un peu vieillotte mais cette réputation n'a plus lieu d'être. La capitale du Queensland présente aujourd'hui un visage cosmopolite et possède d'excellents restaurants et une vie artistique animée. Le rythme urbain y reste toutefois décontracté et des maisons en bois traditionnelles subsistent parmi les gratte-ciel.

Moutons du parc animalier de l'Australian Woolshed

◁ **Bateau à aubes au pied d'un gratte-ciel, une bonne image de Brisbane**

À la découverte du centre de Brisbane

L e cœur de Brisbane s'inscrit dans un méandre de la Brisbane River et les bacs qui assurent des navettes régulières offrent un excellent moyen de découvrir le centre-ville que l'on peut explorer à pied. Les rues forment un quadrillage et portent les noms de reines et de princesses britanniques quand elles vont du nord au sud, et ceux de rois et de princes d'est en ouest. À l'est du centre s'étend le faubourg chic de Kangaroo Point. À l'ouest, Paddington regorge de cafés. Au nord-ouest, Fortitude Valley abrite d'excellents restaurants.

Cénotaphe d'Anzac Square

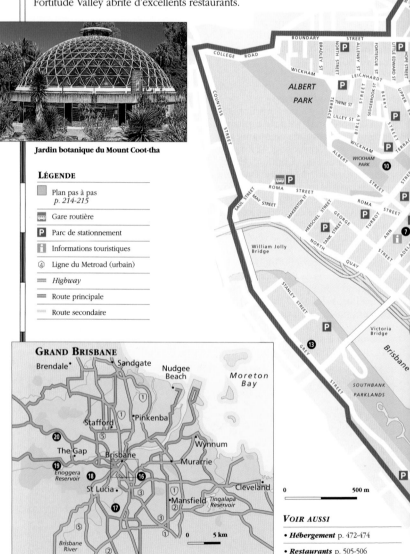

Jardin botanique du Mount Coot-tha

Légende

	Plan pas à pas p. 214-215
	Gare routière
P	Parc de stationnement
i	Informations touristiques
④	Ligne du Metroad (urbain)
	Highway
	Route principale
	Route secondaire

GRAND BRISBANE

Brendale • Sandgate • Nudgee Beach • *Moreton Bay* • Stafford • Pinkenba • The Gap • Brisbane • Murarrie • Wynnum • Cleveland • St Lucia • Mansfield • *Tingalapa Reservoir* • *Enoggera Reservoir* • *Brisbane River*

0   5 km

VOIR AUSSI

- *Hébergement* p. 472-474
- *Restaurants* p. 505-506

William Jolly Bridge

Victoria Bridge

SOUTHBANK PARKLANDS

Brisbane

ALBERT PARK

WICKHAM PARK

0   500 m

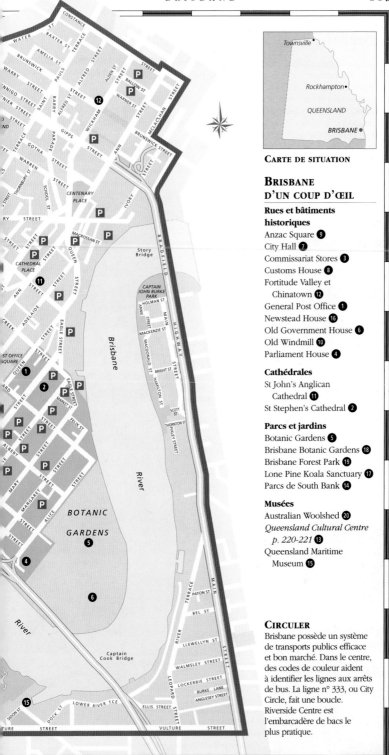

CARTE DE SITUATION

BRISBANE
D'UN COUP D'ŒIL

Rues et bâtiments historiques

Anzac Square **9**
City Hall **7**
Commissariat Stores **3**
Customs House **8**
Fortitude Valley et
  Chinatown **12**
General Post Office **1**
Newstead House **16**
Old Government House **6**
Old Windmill **10**
Parliament House **4**

Cathédrales

St John's Anglican
  Cathedral **11**
St Stephen's Cathedral **2**

Parcs et jardins

Botanic Gardens **5**
Brisbane Botanic Gardens **18**
Brisbane Forest Park **19**
Lone Pine Koala Sanctuary **17**
Parcs de South Bank **14**

Musées

Australian Woolshed **20**
*Queensland Cultural Centre
  p. 220-221* **13**
Queensland Maritime
  Museum **15**

CIRCULER

Brisbane possède un système
de transports publics efficace
et bon marché. Dans le centre,
des codes de couleur aident
à identifier les lignes aux arrêts
de bus. La ligne n° 333, ou City
Circle, fait une boucle.
Riverside Centre est
l'embarcadère de bacs le
plus pratique.

Le centre de Brisbane pas à pas

Dans le centre de la capitale du Queensland,
d'étincelants gratte-ciel voisinent avec de
gracieux édifices du XIXᵉ siècle. Ces derniers
échappèrent à la frénésie de démolition qui
s'empara de toute l'Australie dans les années
soixante-dix. Aménagée en *mall* piétonnier,
Queen Street est le pôle de la vie sociale. Les
bâtiments historiques se dressent en majorité à
proximité du fleuve. Près du premier jardin
botanique de la ville, qui borde Alice
Street, de nombreux vieux pubs, rénovés,
accueillent une clientèle qui vient surtout
pour des repas d'affaires.

**Immeubles modernes du centre-ville se
découpant au-dessus de la Brisbane River**

St Stephen's Cathedral
*Aisément reconnaissable
avec ses deux flèches
blanches néo-gothiques, la
cathédrale catholique de
Brisbane date de 1874* ❷

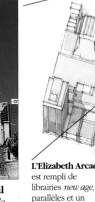

L'Elizabeth Arcade
est rempli de
librairies *new age*,
parallèles et un
peu bohèmes
ainsi que des
marchands
au détail.

Sciencentre
*Ce musée des
sciences occupe
une ancienne
imprimerie et
propose des
installations
interactives.*

★ **Les Commissariat Stores**
*Ces greniers à blé du XIXᵉ siècle ont
conservé leur façade d'origine mais
renferment désormais un musée consacré
à l'histoire du Queensland* ❸

L'ancien Coal Board
érigé dans les années 1880
offre un bon exemple des
entrepôts qui dominaient
jadis le centre-ville.

Smellie & Co, une
entreprise de
quincaillerie, occupait
jadis ce bâtiment
harmonieux qui
possède à l'est un
portail baroque.

Queensland Club
*Un charmant immeuble abrite
depuis 1884 ce club
exclusivement masculin où
colonnes et boiseries créent un
décor très anglais.*

CARTE DE SITUATION

LÉGENDE

– – –   Itinéraire conseillé

À NE PAS MANQUER

★ **Les Commissariat
Stores**

★ **Le Parliament House**

The Mansions
*Ce rang de maisons victoriennes en brique rouge
agrémentées d'arcs en grès date des années 1890.
Des chats en pierre montent la garde aux angles
de la terrasse supérieure.*

S T R E E T

A L I C E   S T R E E T

0   100 m

★ **Le Parliament House**
*Contrairement à beaucoup
de parlements anciens
australiens, celui de Brisbane
est resté en fonction. Il date de
la fin du XIXe siècle et garde
des éléments décoratifs surannés
comme ce vitrail de la
reine Victoria* ❹

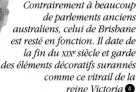

Façade sud des Commissariat Stores restaurés

General Post Office ❶

261 Queen St. 🖀 13 13 18. 🚌
Brisbane Central. 🚌 333.
⛴ Eagle St Pier. ⏰ 7 h-18 h, lun.-
ven. ♿ ✉

Cet édifice néo-classique bâti entre 1871 et 1879 remplaça les baraquements pour femmes forçats qui occupaient jusqu'alors le site. Premier bureau de poste de Brisbane, il reste aujourd'hui le principal bureau de poste du centre-ville.

À côté se dresse St Stephen Church (1850), la plus ancienne église de la ville. En face, Post Office Square offre un cadre agréable où l'on peut se détendre tout en contemplant les fontaines et les parterres d'Anzac Square.

St Stephen's Cathedral ❷

249 Elizabeth St. 🖀 (07) 3224 3111.
🚌 Brisbane Central. 🚌 333. ⛴
Eagle St Pier. ⏰ 9 h-18 h, lun.-ven.
7 h-18 h, sam. et dim. ♿ ✉

Les premiers colons de la région de Brisbane fournirent les fonds nécessaires à la construction de cette jolie cathédrale catholique de style néo-gothique anglais dessinée par l'architecte colonial Benjamin Blackhouse et achevée en 1874.

À côté se dresse St Stephen Church (1850), la plus ancienne église de la ville. L'architecte britannique qui la dessina, A.W. Pugin, travailla aussi aux plans du palais de Westminster de Londres après l'incendie qui le ravagea en 1834.

Commissariat Stores ❸

115 William St. 🖀 (07) 3221 4198.
🚌 Brisbane Central. 🚌 333.
⛴ North Quay. ⏰ pas encore fixés.
● jours fériés. **Contribution.** ♿

Cet immeuble édifié en 1829 par des bagnards est le seul bâtiment datant de la colonie pénale qui soit ouvert au public à Brisbane. Il abrita les dépôts du gouvernement jusqu'en 1962 puis les archives de l'État du Queensland. Depuis la restauration en 2000, il sert de siège à la Royal Historical Society of Queensland.

Parliament House ❹

Angle de George St. et Alice St.
🖀 (07) 3406 7637. 🚌 Brisbane
Central. 🚌 1a, 1b, 5, 5b, 5c, 7, 7a,
333. ⛴ Gardens Point. ⏰ 9 h 30-
16 h 15, lun.-ven. ; 10 h-14 h, dim.
● jours fériés. ♿ ✉ obligatoire.

L'architecte Charles Tiffin remporta le concours organisé pour l'édification du Parlement du Queensland et il donna au monument, entrepris en 1865 et achevé en 1868, un style inspiré de la Renaissance française avec un toit en cuivre de Mount Isa *(p. 249)*. Tiffin intégra aussi des éléments adaptés au climat tropical de la région tels que volets et arcades protégeant du soleil. Remarquez également l'escalier en cèdre et les ornements à la feuille d'or du plafond de la Council Chamber.

L'édifice fut le premier bâtiment législatif de l'Empire britannique éclairé à l'électricité. Il ne peut se visiter qu'en dehors des sessions du Parlement du Queensland qui s'y tiennent toujours. Ce Parlement ne comprend qu'un seul corps législatif, contrairement à ceux des autres États australiens divisés en chambre haute et chambre basse.

Intérieur de l'Assembly Chamber du Parliament House

Botanic Gardens ❺

Alice St. 🖀 (07) 3403 8888.
🚌 Brisbane Central. 🚌 333. ⛴
Edward St. ⏰ 24h/24. ♿ ✉

Les plus anciens jardins botaniques de Brisbane sont aussi les deuxièmes jardins créés en Australie. Leur situation au bord du fleuve en fait un havre de paix qui

Passerelle au milieu des palétuviers des Botanic Gardens

Arcades de la façade nord de l'Old Government House

permet d'échapper à l'animation de la ville.

L'emplacement servit tout d'abord de potager aux forçats. C'est leur premier directeur, le botaniste Walter Hill, qui donna en 1855 leur disposition actuelle aux jardins. Une rangée de bunyas, un résineux australien, date de cette époque. Hill implanta aussi des variétés florales comme le jacaranda et le poinciana.

Les lacs qui agrémentent le parc de 18 ha attirent des centaines d'oiseaux tels que hérons et pluviers. On peut admirer les palétuviers de la Brisbane River, essence protégée, depuis une passerelle en bois construite spécialement à cet effet.

Old Government House ❻

Campus de la Queensland University of Technology, Gardens Point, George St. ☎ (07) 3229 1788. 🚆 Brisbane Central. 🚌 333. ⛴ Gardens Point. ◐ 9 h-16 h 30, lun.-ven. ● jours fériés. ♿ r.d.c. seul. 📷

Depuis 1973, le siège du National Trust of Queensland occupe cet élégant bâtiment. Dessiné par l'architecte colonial Charles Tiffin et achevé en 1862, l'édifice est animé par des galeries d'arcades de style normand en rez-de-chaussée. L'Old Government House abrita jusqu'en 1910 la résidence du gouverneur de l'État et la direction

de son administration avant d'accueillir l'Université du Queensland (maintenant installée dans le faubourg de St Lucia) alors tout juste fondée.

City Hall ❼

King George Square. ☎ (07) 3403 4048. 🚆 Brisbane Central. 🚌 333, lignes d'Adelaide St. ⛴ Eagle St Pier. ◐ 9 h-17 h, lun.-ven. ● jours fériés. ♿ 📷 **Tour de l'horloge** ◐ 8 h 30-15 h 30, lun.-ven. ; 10 h 30-13 h 30, sam. **Gallery** ◐ 10 h-17 h, t.l.j.

L'hôtel de ville néo-classique de Brisbane abrite depuis 1930 les réunions du conseil municipal.

Au-dessus de l'entrée principale, un splendide tympan sculpté représente la colonie à l'origine de la ville. Le hall d'entrée, côté King George Square, abrite pavement de mosaïque, plafonds ouvragés et boiseries sculptées.

Inspirée de la Renaissance italienne, la tour de l'horloge du City

Hall mesure 92 m de hauteur et ménage une vue panoramique de la ville. Une galerie d'art propose une exposition où voisinent œuvres d'art et céramiques contemporaines et aborigènes.

La place qui s'étend devant le City Hall, King George Square, résiste à la multiplication des gratte-ciel de bureaux. Elle renferme plusieurs statues intéressantes dont *Form del Mito* (Forme du mythe) de l'Italien Arnaldo Pomodoro. Les surfaces polies de cette œuvre géométrique reflètent les visages changeants de la cité entre l'aube et le crépuscule. Le bronze *Petrie Tableau* du sculpteur tasmanien Stephen Walker fut commandé pour le bicentenaire de l'Australie en 1988. Il rend hommage aux familles de pionniers qui s'installèrent à Brisbane et montre l'un des premiers explorateurs du Queensland, Andrew Petrie, quittant les siens pour partir en expédition à l'intérieur des terres.

Une tour de l'horloge italianisante domine la façade du City Hall

Customs House ❽

399 Queen St. 📞 *(07) 3365 8999.*
🚉 *Brisbane Central.* 🚌 *333.* ⛴
Riverside. ⏰ *10 h-22 h, mar.-sam. ;*
10 h-17 h, dim. et lun. ⬤ *jours fériés.*
♿ 📷 ⏸

Restaurée par l'Université du Queensland en 1994, l'ancienne douane est désormais ouverte au public. Commandée en 1886, Customs House fait partie, avec sa coupole en cuivre et ses colonnes corinthiennes, des plus vieux édifices publics de Brisbane. Le hall et l'escalier, que des remaniements avaient fait disparaître, ont retrouvé leur aspect premier grâce à une reconstruction minutieuse effectuée d'après les plans d'origine. Le bâtiment accueille aujourd'hui de nombreuses manifestations publiques et renferme une galerie d'art et un restaurant.

Anzac Square ❾

Ann St et Adelaide St. 🚉 *Brisbane Central.* 🚌 *333.* ⛴ *Waterfront Place, Eagle St Pier.*

Anzac Square, agréable espace vert planté de baobabs, entre autres arbres, commémore les soldats australiens tombés au combat. La flamme éternelle y brûle dans un cénotaphe de style Greek Revival édifié à l'entrée du parc sur Ann Street. Sous le monument, dans le Shrine of Memories, des plaques murales entretiennent le souvenir des Australiens qui sacrifièrent leur vie pour sauver la patrie.

L'Old Windmill

Old Windmill ❿

Wickham Terrace. 🚉 *Brisbane Central.* 🚌 *333.* ⬤ *au public.*

Érigé en 1828, le Vieux moulin à vent est le seul bâtiment datant de la colonie pénale à avoir survécu à Brisbane en dehors des Commissariat Stores *(p. 216)*. Première construction industrielle de la colonie, il fut tout d'abord inutilisable par manque de personnel compétent et dut être équipé de roues actionnées par les forçats punis. Il servit ensuite à signaler l'heure exacte par un coup de canon et le lâcher d'une balle à 13 h *(p. 78)*.

L'Old Windmill ne se visite pas mais fait un bon sujet pour une photographie. Il apparut d'ailleurs dans les années vingt sur la première image de la télévision australienne.

St John's Anglican Cathedral ⓫

373 Ann St. 📞 *(07) 3835 2231.*
🚉 *Brisbane Central.* 🚌 *333.*
⛴ *Riverside Centre.* ⏰ *7 h-17 h, t.l.j. (accès limité le sam.).* ♿ 📷

Inspirée du gothique français, la cathédrale anglicane de Brisbane est considérée comme l'une des plus belles églises de l'hémisphère Sud avec son intérieur paré de grès de Helidon. Entreprise en 1901, elle n'est toujours pas finie au bout d'un siècle et des artisans continuent d'y travailler.

Les coussins de prière, avec des motifs liés à l'histoire du Queensland, ont été offert par les paroisses de l'état. L'autonomie de la colonie du Queensland fut proclamée dans la cathédrale en 1859 et son premier gouverneur fut logé dans la résidence du doyen.

Nef et autel, St John's Anglican Cathedral

Fortitude Valley et Chinatown ⓬

Brunswick St et Ann St, Fortitude Valley. 🚉 *Brunswick St.* 🚌 *17, 165, 169, 175, 185, 189, 195.*

Le navire *Fortitude* venu d'Angleterre remonta la Brisbane River en 1859 avec 250 colons à son bord. La vallée où ils débarquèrent a gardé son nom. Elle joua à la fin du siècle dernier le rôle de pôle commercial de la cité, mais les quelques édifices

Cénotaphe de style Greek Revival d'Anzac Square

Entrée du Pedestrian Hall de Chinatown, Fortitude Valley

imposants construits à cette époque ne l'empêchèrent pas de devenir plus tard un des quartiers les plus mal famés de Brisbane.

Depuis que le conseil municipal a décidé sa réhabilitation dans les années quatre-vingt, Fortitude Valley dégage une atmosphère bohème et possède certains des meilleurs restaurants de la ville (p. 505-506). Le McWhirter's Emporium de style Art déco abrite un marché aux vêtements, tandis qu'un marché en plein air se tient le samedi matin sur Brunswick Street.

La vallée renferme le Chinatown de Brisbane, où se serrent restaurants, supermarchés, et cinémas asiatiques. Un expert du *feng shui* retourna les lions qui en gardent l'entrée car leur position initiale nuisait aux affaires.

Queensland Cultural Centre ⑬

Voir p. 220-221.

Parcs de South Bank ⑭

Rive de la Brisbane River, South Bank. 🚇 *Vulture St.* 🚌 *12, lignes d'Adelaide St et George St.* 🚢 *South Bank 1, 2, 3.* ♿ **Centre d'accueil** 📞 *(07) 3867 2051.* 🕐 *9 h-18 h, sam.-jeu. ; 9 h-22 h, ven.*

L a rive sud de la Brisbane River où se déroula l'Exposition universelle de 1988 a été aménagée en un espace vert de 16 ha renfermant une forêt tropicale reconstituée et une serre de papillons. Il y a même une lagune avec une plage de sable. Des cafés et, le week-end, des vendeurs et des artistes de rue abondent dans ce quartier dédié aux loisirs. Des concerts de musique classique et de rock y ont également lieu.

Papillon des parcs de South Bank

South Bank's Imax Theatre offre des films en 2D et 3D sur écran géant. Le **South Bank Wildlife Sanctuary** abrite de nombreuses espèces de plantes et

d'animaux australiens. Les visiteurs peuvent espérer y caresser un koala ou avoir un serpent enroulé autour du cou.. Un tour de bateau sur le *South Ship* est une manière peu fatiguante de découvrir le parc depuis le fleuve.

Queensland Maritime Museum ⑮

Angle de Sidon St et Stanley St. 📞 *(07) 3844 5361.* 🚇 *Vulture St.* 🚌 *174, 175, 203, 204.* 🚢 *River Plaza, South Bank 3.* 🕐 *9 h30-16 h 30, t.l.j.* 🚫 *ven. saint, matin du 25 avr., 25 déc.* 🅿 ♿ 🎫

L e bâtiment du musée maritime du Queensland abrite des maquettes de constructeurs navals, les reconstitutions de cabines de vapeurs et les vestiges de diverses épaves. Une frégate de la Seconde Guerre mondiale, le *Diamantina*, est en cale sèche.

Un remorqueur fonctionnant au charbon, le *Forceful*, emmène des passagers jusqu'à Moreton Bay lors de deux saisons annuelles. L'exposition comprend également un lougre qui servait à la pêche aux perles, le *Penguin*, et l'étrave d'un *yakatabume*, bateau de plaisance japonais offert à Brisbane par le Japon après l'Exposition universelle de 1988.

Le *Diamantina* au Queensland Maritime Museum

Le Queensland Cultural Centre ⓭

Pôle de la vie artistique et intellectuelle de Brisbane, le Centre culturel du Queensland comprend la Queensland Art Gallery, un musée d'histoire naturelle, des salles de spectacle et la bibliothèque d'État. La Queensland Art Gallery fondée en 1895 possède une collection d'œuvres aborigènes et australiennes, notamment des peintures de Sidney Nolan et Margaret Preston. La collection internationale comprend des pièces remontant au XVe siècle pour l'Europe et au XIIe siècle pour l'Asie. Une section d'art contemporain asiatique a été créée en 1993.

Under the Jacaranda
L'œuvre de R. Godfrey Rivers fait partie d'une collection d'art australien.

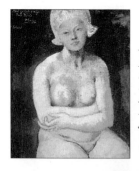

★ **Bushfire** *(1944)*
Russel Drysdale a bâti sa réputation sur ses descriptions de la vie dans l'Outback, ici les ravages causés par un feu de brousse.

Niveau 4

Niveau 3

★ **La Belle Hollandaise** *(1905)*
Picasso peignit cette toile de transition entre ses périodes bleue et rose lors d'un séjour aux Pays-Bas. Le prix payé par la galerie en 1959 établit un record mondial pour une œuvre d'artiste vivant.

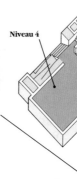

Bathers *(1906)*
Sa peinture de la vie à l'époque victorienne valut à Rupert Bunny une renommée internationale. Le sens de la composition de l'artiste rend cette scène de bain très vivante.

Niveau 2

À NE PAS MANQUER
★ **Bushfire**
★ *La Belle Hollandaise*

LÉGENDE

- Arts contemporain, indigène et asiatique
- Art australien avant 1970
- Art européen
- Arts décoratifs
- Œuvres sur papier
- Circulations et services
- Allée aquatique
- Cour des sculptures

MODE D'EMPLOI

Angle de Melbourne St et Grey St, South Bank. ☒ *South Brisbane*. ▦ *174, 175, 203, 204.* ⬛ *South Bank.* **Queensland Art Gallery** 📞 *(07) 3840 7333.* 🕐 *10 h-17 h, t.l.j.* ⬤ *ven. saint, Anzac Day (jusqu'à midi), 25 déc.* ♿ 🚻 🖋 *11 h, 13 h et 14 h, lun.-ven. ; 14 h, 15 h, sam.-dim.* 📷

SUIVEZ LE GUIDE

La collection occupe cinq étages. Les arts contemporain, indigène et asiatique se trouvent aux niveaux 2 et 4, les arts décoratifs au niveau 2 ainsi que l'exposition européenne qui se poursuit au niveau 3. Celui-ci abrite aussi l'art australien après 1970.

La cour des sculptures entourée de fontaines offre un cadre paisible à un pique-nique.

Lac intérieur

Restaurant

Bibliothèque d'art

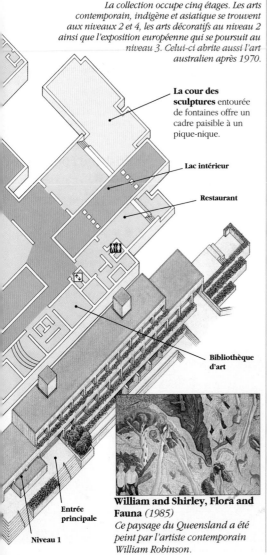

Entrée principale

Niveau 1

William and Shirley, Flora and Fauna *(1985)*
Ce paysage du Queensland a été peint par l'artiste contemporain William Robinson.

🏛 Queensland Museum
📞 *(07) 3840 7555.* 🕐 *9 h 30-17 h, t.l.j.* ⬤ *jours fériés, 25 déc.*
La reconstitution de l'unique dinosaure du Queensland, le *muttaburrasaurus*, accueille le visiteur dans l'entrée. Les salles exposent des modèles grandeur nature de spécimens de la préhistoire et de l'époque actuelle. Une exposition est consacrée à la faune locale et aux espèces menacées.

Danseurs de la compagnie réputée du Queensland Ballet

🎭 Queensland Performing Arts Centre
📞 *13 62 46.* 🕐 *pour les spectacles seul.*
Une salle de concert principale et trois théâtres accueillent dans ce centre pièces de théâtre, représentations d'art lyrique et concerts allant de petites productions d'avant-garde jusqu'à de grandes comédies musicales. La compagnie de danse du Queensland Ballet a aussi son siège ici.

🏛 State Library
📞 *(07) 3840 7666.* 🕐 *t.l.j.* 🖋
La bibliothèque contient des collections du monde entier et ses ressources considérables couvrent tous les courants. La plupart des services offerts sont gratuits. Ici vous pouvez surfer sur Internet (surtout des réservations), regarder un film classique, étudier l'histoire du Queensland ou retracer celle de votre famille.

Newstead House 🄰

Newstead Park, Breakfast Creek Rd, Newstead. 📞 (07) 3216 1846.
🚉 Bowen Hills. 🚌 300, 306, 322.
🕐 10 h-16 h, lun.-ven. ; 14 h-17 h, dim. ⬤ sam., ven. saint, 25 avr., 25-26 déc. 📷 ♿ limité. 🎬

Construite en 1846 pour Patrick Leslie, l'un des premiers colons européens de la région des Darling Downs, cette charmante maison dominant le fleuve est la plus ancienne demeure de Brisbane. Le représentant du gouvernement de la Nouvelle-Galles du Sud, le capitaine John Wickham, l'acheta en 1847. Elle devint le centre officieux du pouvoir politique jusqu'à l'achèvement de la Government House en 1862 (p. 217). Un énorme figuier sous lequel s'arrêtaient jadis d'élégantes calèches ombrage toujours l'allée qui y mène.

Restaurée par le Newstead House Trust à partir de 1976, la Newstead House est meublée d'antiquités victoriennes.

Boîte à musique, Newstead House

Lone Pine Koala Sanctuary 🄰

Jesmond Rd, Fig Tree Pocket. 📞 (07) 3378 1366. 🚌 445. 🚢 North Quay.
🕐 7 h 30-17 h, t.l.j. ⬤ matin du 25 avr. 📷 ♿

Créée en 1927, la plus ancienne réserve de koalas d'Australie est devenue une attraction touristique très populaire.

Lone Pine, qui poursuit un programme de reproduction réputé, abrite plus de cent koalas. Les visiteurs peuvent se faire prendre en photo en tenant dans les bras un de ces pacifiques marsupiaux. Des kangourous, des émeus, des opossums, des dingos, des wombats, des reptiles et de nombreux oiseaux australiens, notamment plusieurs espèces de perroquets, vivent également dans le parc.

On peut rejoindre le parc en bateau depuis Victoria Bridge (départs quotidiens à 11 h).

Brisbane Botanic Gardens 🄰

Mt Coot-tha Rd, Toowong.
📞 (07) 3403 2533. 🚌 City Hall, 471.
🕐 sept.-mars : 8 h-17 h 30, t.l.j. ; avr.-août : 8 h-17 h, t.l.j.

Fondés en 1976 sur les contreforts du Mount Coot-tha, ces jardins botaniques renferment plus de 20 000 spécimens d'herbes, de buissons et d'arbres exotiques regroupés par thèmes. On peut, entre autres, y découvrir des bosquets d'eucalyptus, un jardin japonais, une lagune, une forêt de bambous, une riche collection d'espèces végétales indigènes et, sous le Tropical Display Dome, des plantes telles que lotus et vanillier. Plusieurs plantes de zones sèches et tropicales, qui ne se trouvent d'habitude que dans des serres, se développent dans les compositions des jardins. Le Sir Thomas

Brisbane Planetarium est le plus grand planétarium d'Australie.

Doté d'agréables aires de pique-nique, le Mount Coot-tha Forest Park offre des panoramas spectaculaires. Le nom du mont signifie en aborigène « montagne du miel sombre », en référence aux petites abeilles vivant dans la région. Par temps clair, la vue porte depuis son sommet jusqu'à Brisbane, les îles de Moreton et Stradbroke, les Glasshouse Mountains (ainsi baptisées par le capitaine Cook parce qu'elles lui rappelaient les fours de verrerie de son Yorkshire natal) et le Lamington Plateau dominant la Gold Coast (p. 230-231). Le parc renferme des sentiers praticables par tous. Certains de ces sentiers expliquent comment, traditionnellement, les Aborigènes utilisaient les plantes locales.

Brisbane Forest Park 🄰

🚌 506. ℹ️ The Gap (07) 3300 4855.
🕐 8 h 30-16 h 30, lun.-ven. ; 9 h-16 h 30, sam.-dim. et jours fériés.
⬤ 25 déc.

Au sein du D'Aguilar Mountain Range, cette réserve naturelle protège plus de 28 500 ha de brousse et de forêt d'eucalyptus. Plusieurs routes panoramiques offrent des vues à couper le souffle. La plus pittoresque, la Mount Nebo Road, serpente à travers

Koala du Lone Pine Koala Sanctuary

Les Brisbane Botanic Gardens dominés par l'un des gratte-ciel de la cité

de verdoyants paysages. Une autre route part de Samford, grimpe jusqu'au charmant village de Mount Glorious puis redescend sur l'autre versant. Un belvédère, le Wivenhoe Outlook, 6 km après Mount Glorious, domine le Lake Wivenhoe, lac artificiel créé pour réguler le cours de la Brisbane River. À 1 km au nord de Mount Glorious, vous trouverez l'entrée de la Maiala Recreation Area qui renferme des aires de pique-nique dont certaines sont accessibles aux fauteuils roulants. Plusieurs sentiers, de longueurs variables, traversent la forêt pluviale qui foisonne d'animaux. D'autres randonnées intéressantes sont Manorina et Jolly's Lockout, le plus vieux poste d'observation officiel du parc, qui a une jolie aire de pique-nique. Dans ce parc se trouve aussi le Westridge Outlook, un passage avec des vues panoramiques qui est entièrement accessible aux fauteuils roulants. Au centre d'accueil du Brisbane Forest Park, le **Walkabout Creek Wildlife Centre** reconstitue un habitat aquatique d'eau douce où prospèrent tortues, dragons et rats d'eau. Les visiteurs peuvent aussi y voir des dipneustes, poissons possédant à la fois des

branchies et des poumons. Un restaurant permet de déjeuner tout en contemplant un superbe paysage sauvage. Les rangers proposent des randonnées guidées.

À environ 4 km du centre d'accueil du parc, Bellbird Grove abrite un musée aborigène en plein air composé de huttes en écorce, avec une aire de pique-nique et, pour les enfants, des cordes pour se balancer. Ironbark Gully et Lomandra ont également des aires de jeux et le Ropes Adventure Course propose un circuit à cordes avec des énigmes à résoudre.

🐾 Walkabout Creek Wildlife Centre

60 Mt Nebo Rd, The Gap. 📞 (07) 3300 4855. ⬤ 8 h 30-16 h 30, lun.-ven. ; 9 h-16 h30, sam et dim. ⬤ 25 déc. 📷 ♿

Australian Woolshed ⑳

148 Samford Rd, Ferny Hills. 📞 (07) 3872 1100. 🚃 Ferny Grove. ⬤ 7 h 30-16 h, t.l.j. ⬤ 25 déc. 📷 spectacle. ♿ 🍴

Ce parc donne un aperçu de la vie australienne à la campagne. Des *ram shows* sont donnés tous les jours avec des béliers dressés mis à l'épreuve. Le commentateur

explique comment les différentes races sont utilisées dans l'élevage australien. Des spectacles de musique *didgeridoo* sont aussi proposés.

Dans l'outback recréé, des chiens de berger montrent comment ils réunissent les moutons pour la tonte et ensuite le spectateur peut voir le filage de la laine. Les visiteurs ont la possibilité de donner à manger aux kangourous et wallabies ou de se faire prendre en photo avec un koala dans les bras.

Le Woolshed Restaurant est un bon endroit pour s'arrêter déjeuner. Le vendredi et le samedi soir, le restaurant propose des dîners dansants.

Démonstration de tonte de mouton à l'Australian Woolshed

BRISBANE :
RENSEIGNEMENTS PRATIQUES

Brisbane est une ville propre, sûre et accueillante. Bien que sa vocation touristique soit récente, elle possède des structures d'accueil de qualité, dans le centre comme en périphérie. Vous aurez le choix entre de grands hôtels coûteux ou des hébergements économiques ou de milieu de gamme *(p. 472-474)*. Les produits tropicaux de la région et les poissons et fruits de mer

Enseigne du Myer Centre

pêchés localement *(p. 505-506)* figurent sur toutes les cartes des restaurants et des cafés. Vous n'aurez pas besoin de votre voiture grâce à un réseau dense de transports publics, très économiques. Les visiteurs disposent aussi à Brisbane de nombreuses pistes cyclables. Des bureaux d'information touristique identifiés par le symbole international « I » se trouvent partout en ville.

FAIRE DES ACHATS

Le quartier des affaires de Brisbane (Central Business District) a pour pôle commerçant le Queen Street Mall piétonnier *(p. 212-213)* qui peut mettre en avant deux salles de spectacle à la pointe de la technologie et quatre restaurants en plein air dans un cadre très design. Le **Myer Centre** réunit un grand magasin et plus de 200 boutiques. Il abrite aussi des restaurants et des fast-food où les employés de bureau se pressent à midi. Au quatrième étage, les montagnes russes à l'intérieur du centre commercial distraient adultes et enfants. Les autres galeries marchandes du Queen Street Mall comprennent **Broadway**

Intérieur restauré de la Brisbane Arcade du XIXᵉ siècle

Roue de loterie au Conrad International Treasury Casino

on the Mall, la Brisbane Arcade et la Rose Arcade. Le Wintergarden a pour spécialités la mode et les bijoux.

Les faubourgs comme Paddington et Milton recèlent petites boutiques, galeries d'artisanat et librairies.

Les visiteurs étrangers peuvent acheter hors taxe les opales australiennes auprès de spécialistes comme **Quilpie Opals. Aboriginal Creations** propose un choix intéressant d'objets et d'art aborigènes. Le marché qui se tient le week-end sur Eagle Street est l'endroit où l'on trouve de l'artisanat aux meilleurs prix.

Les magasins ouvrent à Brisbane de 9 h à 17 h 30 du lundi au jeudi et jusqu'à 21 h le vendredi. Le week-end, de nombreux commerces ouvrent de 9 h à 17 h le samedi et de 10 h 30 à 16 h le dimanche.

SE DISTRAIRE

Le quartier de South Bank (rive sud) est le plus animé de Brisbane. Le **Queensland Performing Arts Centre** programme concerts, pièces de théâtre et danse *(p. 221)*, et les South Bank Parklands accueillent de nombreux artistes de rues et des spectacles en plein air. Différents clubs proposent du jazz et vous trouverez des discothèques dans le quartier de Riverside et sur Caxton Street. Si vous préférez les jeux d'argent, courez au **Conrad International Treasury Casino,** près de la Brisbane River sur le Queen Street Mall.

Il existe plusieurs magazines de programme gratuits, dont *This Week in Brisbane, Hello Brisbane* et *Time Off*. Les billets de la

Catamaran de CityCat sur la Brisbane River

majorité des spectacles peuvent se prendre auprès de **Ticketek.**

CIRCULER

Brisbane possède un centre compact aisé à découvrir à pied. De plus, la plupart des hôtels et des centres d'information fournissent des plans. Des deux côtés du fleuve, il existe d'excellents itinéraires fléchés.

Le réseau de transports publics associe autobus, trains de banlieue et bateaux. Les catamarans de CityCat desservent des sites très fréquentés comme South Bank, Eagle Street, Riverside, Dockside, New Farm et Kangaroo Point. Les deux principaux embarcadères se trouvent sur

Panneau de CityCat

Logo de City Sights

Eagle Street, mais plusieurs arrêts jalonnent le fleuve. Les bateaux-promenades proposent des visites commentées et des déjeuners- ou dîners-croisières. Un forfait économique, le Rover, disponible auprès de l'**Administration Centre,** donne droit à des trajets en nombre illimité sur tous les transports urbains pendant un jour, une semaine ou un mois.

Le **City Sights Bus Tour** est aussi un bon moyen de découvrir la ville sans se ruiner. Ce bus ouvert circule entre les principales attractions de Brisbane. Votre ticket vous permet de monter et de descendre aussi souvent que vous le voulez. Clairement indiqués, les arrêts City Sights sont aisés à reconnaître.

Les bus de Citybus desservent le centre-ville et ceux de Cityxpress relient le centre aux banlieues. Tous s'arrêtent à la gare routière de Queen Street près du Myer Centre.

Des compagnies privées organisent également des visites en autocar des principaux sites de la ville. Elles proposent aussi des déplacements à l'extérieur vers des destinations telles que Stradbroke Island, Moreton Bay, Surfers Paradise *(p. 230-231)* et l'arrière-pays montagneux *(p. 232-233).*

Le City Sights Bus dessert les principaux sites du centre

CARNET D'ADRESSES

FAIRE DES ACHATS

Aboriginal Creations
199 Elizabeth St.
(07) 3224 5730.

Broadway on the Mall
Queen Street Mall.
(07) 3229 5233.

Myer Centre
Queen Street Mall.
(07) 3221 4199.

Quilpie Opals
68 Queen Street.
(07) 3221 7369.

SE DISTRAIRE

Queensland Performing Arts Centre
Angle de Grey St et Melbourne St, South Bank. (1 800) 777 699.

Conrad International Treasury Casino
21 Queen St.
(07) 3306 8888.

Ticketek
(07) 3223 0444.

TRANSPORTS PUBLICS

Administration Centre
69 Ann St.
(07) 3403 8888 (24h/24).

City Sights Bus Tour
69 Ann St. (07) 3407 2330.

Transinfo
(renseignements sur les transports) 3407 2330.

BUREAUX D'INFORMATION TOURISTIQUE

Brisbane Marketing
(07) 3006 6290.

Queen Street Mall
(07) 3006 6290.

Tous les transports publics fonctionnent jusqu'à minuit et de nombreux taxis circulent la nuit dans le centre. Se déplacer en voiture ne pose pas de problème particulier mais il s'avère parfois difficile de se garer. Les cyclistes apprécieront le réseau bien entretenu de pistes cyclables.

AU SUD DE TOWNSVILLE

L*e sud du Queensland possède deux atouts majeurs : ses belles plages propices au surf et des terres agricoles parmi les plus fertiles d'Australie. La région est ainsi le grand centre bovin et sucrier du pays, tandis que le delta de la Burdekin River est réputé pour ses productions maraîchères. Les mines de l'intérieur des terres assurent l'activité de ports tels que Mackay et Gladstone.*

Conscients des possibilités qu'offrait le sud du Queensland, des éleveurs suivirent de près les explorateurs qui ouvrirent la région vers 1840. La culture de la canne à sucre commença dès 1869 autour de Bundaberg. Les hommes à l'origine de l'essor agricole du Queensland écrivirent une des pages noires de l'histoire de l'Australie. En effet, ils utilisèrent au début des insulaires du Pacifique Sud, ou Canaques, arrachés de force à leurs îles natales par des marchands d'esclaves (une pratique appelée *blackbirding*) pour travailler sur les plantations dans des conditions éprouvantes. Cette forme d'immigration contrainte ne cessa qu'après l'instauration de la fédération en 1901. Quelque 60 000 Canaques avaient alors été emmenés au Queensland où leurs descendants vivent toujours.

Les richesses de son sous-sol accélérèrent le développement de la région pendant la deuxième moitié du XIXe siècle. La découverte d'or fit naître des villes comme Charters Towers et Ravenswood où subsistent de nombreux bâtiments construits avant l'épuisement des filons. S'il ne reste plus beaucoup d'or dans le sud du Queensland, on y trouve les plus vastes gisements de saphir de la planète. Plusieurs parcs nationaux protègent en outre une végétation très variée et de superbes paysages.

Le littoral affirme depuis longtemps déjà sa vocation touristique. Des surfeurs du monde entier se retrouvent à la station balnéaire Surfers Paradise, tandis que les plages de sable blanc de la Gold Coast attirent tout l'été des dizaines de milliers de vacanciers. Au nord commence la Grande Barrière dont Townsville est une des principales voies d'accès. Magnetic Island est séparée de Townsville par un simple détroit. L'île possède également de beaux fonds sous-marins.

Pêche matinale à Surfers Paradise

◁ Le Sandstone Bluff près de l'entrée de la Violet Gorge dans le Carnarvon National Park

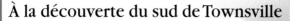

À la découverte du sud de Townsville

Aisément accessible depuis Brisbane *(p. 210-225)*, le littoral du sud du Queensland est devenu une des destinations de vacances les plus populaires d'Australie grâce à son climat ensoleillé, ses plages de sable et ses rouleaux propices au surf. Derrière les fertiles plaines côtières subsistent plusieurs villes nées lors de la ruée vers l'or des années 1850. À l'ouest de Rockhampton, le Capricorn Hinterland abrite les dépôts de gemme d'Emerald et deux parcs nationaux : Carnarvon et Blackdown Tableland. Au nord de la région, le port animé de Townsville est une des principales portes vers les îles de la Grande Barrière de corail *(p. 204-209)*.

Le Railway Hotel de Ravenswood date du XIXᵉ siècle

LA RÉGION D'UN COUP D'ŒIL

VOIR AUSSI

- *Hébergement* p. 474-475
- *Restaurants* p. 507

LÉGENDE

▰▰▰	*Highway*
▬▬	Route principale
▰▰	Parcours pittoresque
▬▬	Cours d'eau
✥	Point de vue

0   100 km

Townsville et Magnetic Island (carte) :
TOWNSVILLE ET MAGNETIC ISLAND ⑯
AYR ⑬
RAVENSWOOD ⑭
CHARTERS TOWERS ⑮
COLLINSVILLE
EUNGELLA NATIONAL PARK
CLERMONT
EMERALD
CARNARVON NATIONAL PARK ⑪
Burdekin River
Cape River
Mount Isa
Longreach

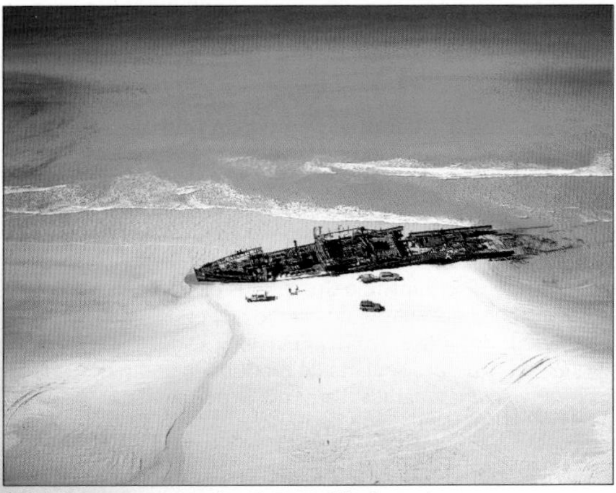

Épave du *Mabeno* sur une plage de Fraser Island

CIRCULER

L'avion dessert plusieurs villes, et notamment les principales cités de la région : Townsville, Rockhampton et Gladstone. Il existe de fréquentes liaisons par autocar le long de la Bruce Hwy et des grandes routes de l'intérieur. La voie ferrée reliant Brisbane et Cairns longe la Bruce Hwy et des trains s'arrêtent dans toutes les localités importantes (le trajet de Brisbane à Townsville dure environ 25 h). Mais la voiture reste le meilleur moyen d'explorer la région.

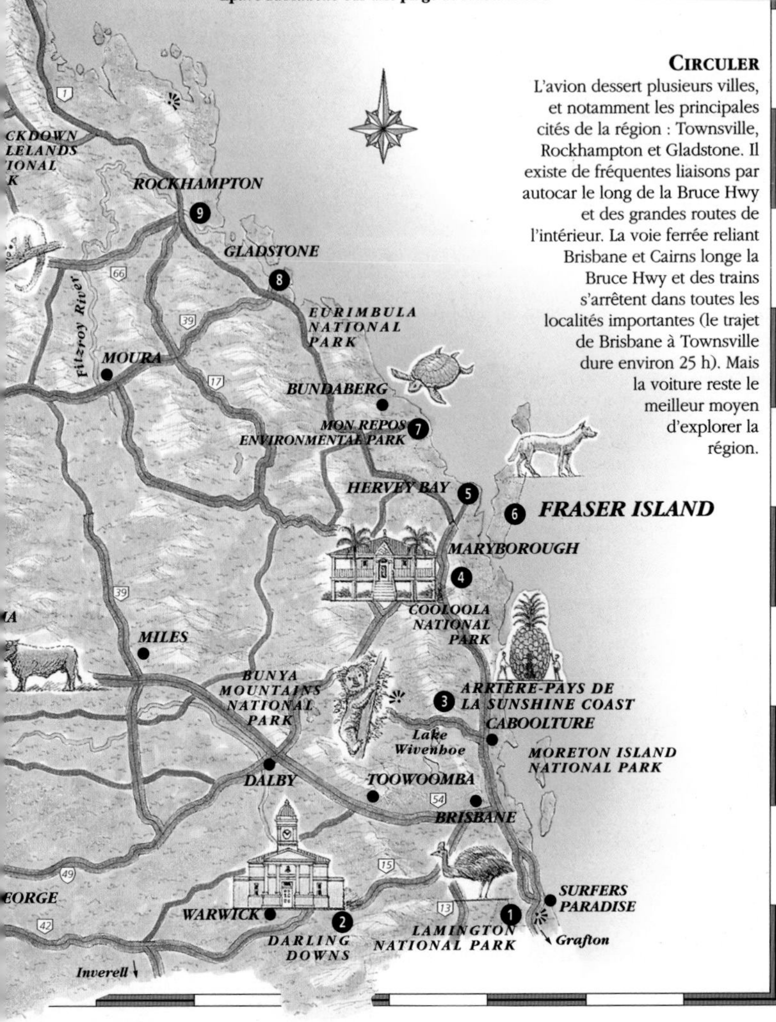
MACKAY
Mer de Corail
ROCKHAMPTON
9
GLADSTONE
8
EURIMBULA NATIONAL PARK
Fitzroy River
MOURA
BUNDABERG
MON REPOS ENVIRONMENTAL PARK
7
HERVEY BAY
5
6
FRASER ISLAND
MARYBOROUGH
4
COOLOOLA NATIONAL PARK
MILES
BUNYA MOUNTAINS NATIONAL PARK
3
ARRIÈRE-PAYS DE LA SUNSHINE COAST
CABOOLTURE
Lake Wivenhoe
MORETON ISLAND NATIONAL PARK
DALBY
TOOWOOMBA
BRISBANE
SURFERS PARADISE
WARWICK
2
DARLING DOWNS
1
LAMINGTON NATIONAL PARK
Grafton
Inverell
EORGE
1
66
39
17
54
15
13
49
42

La côte du sud du Queensland

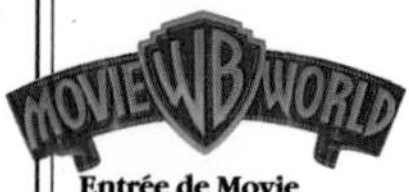

Entrée de Movie World sur la Gold Coast

Deux des régions balnéaires les plus populaires d'Australie entourent Brisbane. Au sud de la ville, la célèbre Gold Coast aligne sur 75 km des immeubles d'appartements, des hôtels de luxe, des centres commerciaux, des boîtes de nuit, un casino et, surtout, 42 km de plages de sable. Au nord, la Sunshine Coast, plus élégante, a moins succombé à l'attrait des gratte-ciel et des néons. À l'intérieur des terres, le Great Dividing Range sillonné de superbes sentiers de randonnée abrite de florissantes communautés d'artisans et permet de découvrir de merveilleux panoramas.

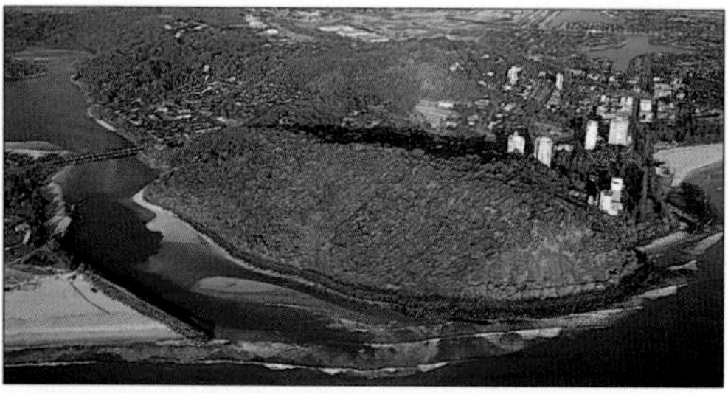

***Le Burleigh Heads National Park** est une petite réserve naturelle protégeant une dense forêt d'eucalyptus. Celle-ci couvrait jadis toute la région, qui doit son fertile sol volcanique au Mount Warning situé à 30 km au sud-ouest du parc.*

***À Coomera,** Sea World présente des dauphins et des otaries dressés et Movie World propose des numéros de cascades dans des répliques de studios de la Warner Bros. À Dreamworld voisinent des attractions familiales et une réserve animalière.*

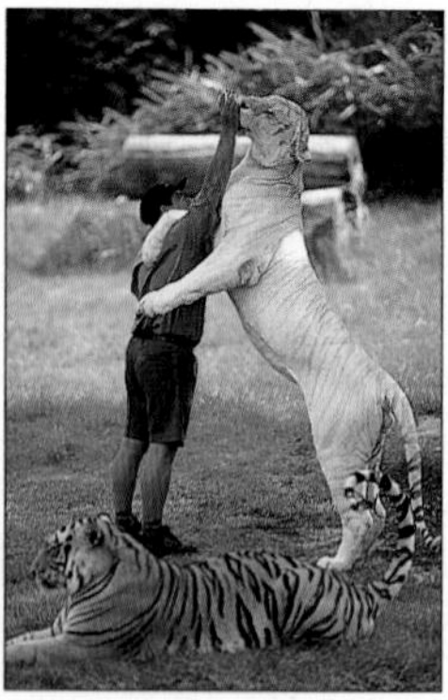

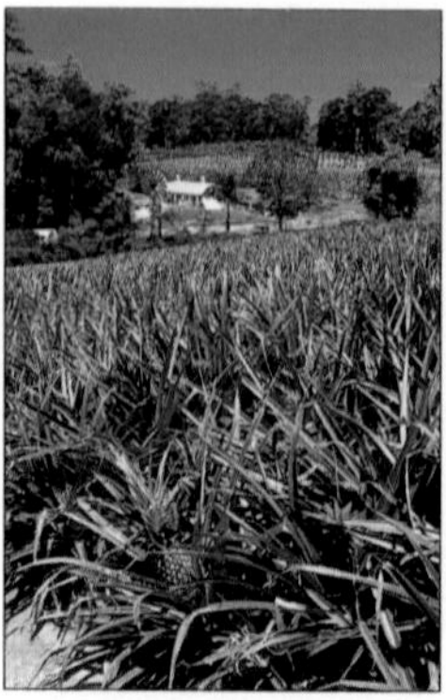

***La Sunshine Plantation** est une plantation d'ananas comme l'indique l'immense fruit en fibre de verre à son entrée. Elle se visite et un train parcourt des champs de canne à sucre.*

Tewantin ②

⛑

Cette ville au cœur de la Sunshine Coast offre couchers de soleil spectaculaires et superbes plages. Elle est aussi le point de départ des bateaux pour le Cooloola National Park.

MARYBOROUGH

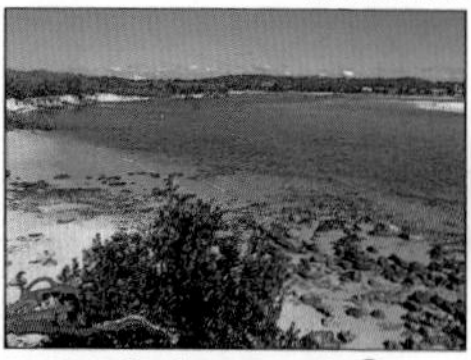

Maroochydore Beach ⑤

🏄 🌊 ⛵ ⛑ ♿ 🚻

Apprécié pour sa plage sur l'océan et la Maroochy River, le principal centre commerçant de la Sunshine Coast possède de bons hôtels et restaurants très appréciés des touristes.

Mooloolaba Wharf ⑥

🏄 🌊 ⛵ ⛑ ♿

Le complexe touristique du quai de Mooloolaba comprend des boutiques, des restaurants et l'Underwater World, grand aquarium qui renferme crocodiles et barramundi.

Bulcock Beach, Caloundra ⑦

🌊 ⛵ ⛑ ♿ 🚻

La plage de sable fin qui bénéficie d'une position centrale est souvent surpeuplée. Deux belles plages proches, Golden Beach et Shelly Beach, sont plus calmes.

Moreton Bay ⑧

🌊 ⛵ ⛑ ♿ 🚻

Voici le point d'accès à 370 îles, dont les populaires Moreton, Bribie et South Stradbroke. Principales activités : pêche, observation des oiseaux et nautisme.

Coolangatta ⑫

🏄 🌊 ⛵ ⛑ ♿ 🚻

À la frontière entre le Queensland et la Nouvelle-Galles du Sud, Coolangatta est l'un des meilleurs sites de surf de la région. Cours d'initiation et planches de location sont proposés.

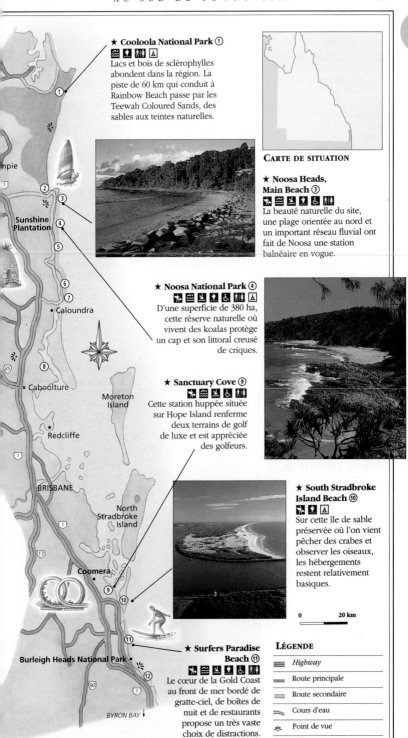

★ Cooloola National Park ①

Lacs et bois de sclérophylles abondent dans la région. La piste de 60 km qui conduit à Rainbow Beach passe par les Teewah Coloured Sands, des sables aux teintes naturelles.

CARTE DE SITUATION

★ Noosa Heads, Main Beach ③

La beauté naturelle du site, une plage orientée au nord et un important réseau fluvial ont fait de Noosa une station balnéaire en vogue.

★ Noosa National Park ④

D'une superficie de 380 ha, cette réserve naturelle où vivent des koalas protège un cap et son littoral creusé de criques.

★ Sanctuary Cove ⑨

Cette station huppée située sur Hope Island renferme deux terrains de golf de luxe et est appréciée des golfeurs.

★ South Stradbroke Island Beach ⑩

Sur cette île de sable préservée où l'on vient pêcher des crabes et observer les oiseaux, les hébergements restent relativement basiques.

0   20 km

★ Surfers Paradise Beach ⑪

Le cœur de la Gold Coast au front de mer bordé de gratte-ciel, de boîtes de nuit et de restaurants propose un très vaste choix de distractions.

Gympie
Sunshine Plantation
• Caloundra
• Caboolture
Moreton Island
• Redcliffe
BRISBANE
North Stradbroke Island
Coomera
Burleigh Heads National Park •
BYRON BAY ↓

LÉGENDE

▬	*Highway*
▬	Route principale
▬	Route secondaire
∽	Cours d'eau
☀	Point de vue

Lamington National Park ❶

🏕 *Canungra.* 🏛 *Park Ranger Office (07) 5544 0634.* ⏰ *lun.-ven.*

Fondée en 1915, cette réserve naturelle de 200 km² dans le McPherson Mountain Range propose plus de 160 km de sentiers pédestres à l'ombre d'essences subtropicales, de pins et de cèdres rouges. Ces derniers ont pu échapper aux forestiers de la fin du siècle dernier parce qu'ils étaient difficiles d'accès. Les crêtes les plus hautes (900 m) abritent les pins de l'Antarctique les plus septentrionaux d'Australie. Plus de 150 espèces d'oiseaux, oiseaux-lyres et oiseaux à berceau, entre autres, font du parc un lieu apprécié des ornithologues amateurs.

Non loin, le Macrozamia National Park doit son nom à ses macrozamias, l'une des formes végétales les plus archaïques de la planète.

Darling Downs ❷

🏕 *Toowoomba.* 🚌 *Toowoomba.* 🏛 *Toowoomba (07) 4639 3797.*

À une heure et demie de voiture de Brisbane, à l'ouest du Great Dividing Range, les plaines des Darling Downs très tôt colonisées et riches en souvenirs historiques renferment certaines des terres les plus fertiles d'Australie.

La région a pour principal centre Toowoomba qui, avec ses 90 000 habitants est une des grandes villes du Queensland. À l'emplacement d'un ancien marécage amendé par les premiers pionniers, cette « cité-jardin » est aujourd'hui réputée pour ses jacarandas et son Carnival of Flower *(p. 37)*.

À environ 45 km au nord-ouest de Toowoomba par la Warrego Hwy, la **Jondaryan Woolshed** est une lainerie construite en 1849 pour assurer la tonte de 200 000 moutons par saison. Après avoir été restaurée, elle a été transformée en complexe touristique où tondeurs et forgerons font des démonstrations de leur savoir-faire.

Warwick, la plus ancienne ville du Queensland après Brisbane, est située au sud de Toowoomba. Elle est renommée pour ses fromages, ses roses et ses édifices en grès du XIXᵉ siècle. Elle organise aussi depuis 1857 l'un des plus vieux rodéos d'Australie. Celui-ci se tient en octobre *(p. 37)* et conclut le Rose and Rodeo Festival. Le vainqueur se voit offrir un prix d'un montant de 70 000 dollars australiens. À 60 km au sud de Warwick et à 915 m d'altitude, Stanthorpe est au cœur d'une des rares

Fromage de Warwick

régions viticoles du Queensland, la Granite Belt. La ville célèbre en juillet la fraîcheur de son climat par le Brass Monkey Festival *(p. 39)*.

D'une superficie de 78 ha, le Queen Mary Falls National Park abrite des aires de pique-nique au sein de la forêt pluviale.

Arrière-pays de la Sunshine Coast ❸

🚉 *Nambour.* 🏕 *Maroochydore.* 🚌 *Maroochydore.* 🏛 *Maroochydore (07) 5479 1566.*

Le Blackall Mountain Range, à l'ouest de la Sunshine Coast, est jalonné de jolies communautés d'artistes et d'artisans où de nombreuses pensions et quelques bons restaurants permettent de faire étape, les plus jolies étant Maleny et Montville. Depuis Maleny, la route pittoresque qui rejoint Mapleton offre un panorama de Moreton Island

Cascade du Queen Mary Falls National Park, Darling Downs

Les Glasshouse Mountains volcaniques de l'arrière-pays de la Sunshine Coast

et des plantations d'ananas et de canne à sucre.

Formées de dix cônes volcaniques vieux de 20 millions d'années, les Glass House Mountains doivent leur nom au capitaine Cook qui les découvrit en 1770. La forme des montagnes rappelaient à l'explorateur les fours de verrerie de son Yorkshire natal.

Maryborough ❹

🏠 25 000. ✈ 🚆 🏛 🚌 � ❗ 30 Ferry St (07) 4121 4111.

Fondée en 1843 sur la Mary River, Maryborough joua un rôle actif dans l'histoire du Queensland et servit de centre d'hébergement aux Canaques importés pour travailler sur les plantations (p. 227). La ville fut également pendant un temps le seul port en dehors de Sydney où les colons libres avaient le droit de débarquer. Cette situation privilégiée lui procura une prospérité dont témoignent les édifices publics historiques. Cette prospérité valut d'ailleurs à la ville de Maryborough le titre de « Heritage City ».

Maryborough conserve aussi de nombreuses demeures du XIXe siècle, depuis de simples cottages ouvriers jusqu'à de superbes « Queenslanders ». Ces maisons au niveau principal surélevé du sol et aux vérandas qui font le tour du bâtiment sont typiques de l'État du Queensland.

Hervey Bay ❺

🏠 44 000. ✈ 🏛 🚌 🚆 ❗ Bay Central Shopping Centre, Boat Harbour Drive, Pialba (07) 4124 4050.

Si dans les années soixante-dix Hervey Bay n'abritait encore que cinq villages de pêcheurs, c'est aujourd'hui une agglomération de 30 000 âmes. La douceur de son climat et des plages sûres attirent de plus en plus d'Australiens pour les vacances. La baie sert aussi d'étape aux baleines à bosse qui parcourent chaque année plus de 11 000 km entre l'Antarctique et les eaux de l'Australie du Nord pour mettre au monde leurs petits. À leur retour, entre août et octobre, elles s'y arrêtent le temps que les baleineaux sécrètent la couche de graisse qui les protégera du froid. Dans les années soixante, elles n'étaient plus que 300,

Rhum de Bundaberg

mais l'interdiction de la chasse fit remonter leur nombre à environ 1 200.

AUX ENVIRONS
À 62 km au nord de Hervey Bay, la ville sucrière de Bundaberg, où subsistent de nombreux bâtiments du XIXe siècle, doit sa renommée au Bundaberg Rum (« Bundy »), l'alcool le plus vendu en Australie. La distillerie se visite. Le fils le plus célèbre de Bundaberg, Bert Hinkler (1892-1933), effectua en 1928 le premier vol en solitaire de l'Angleterre à l'Australie. Le **Bundaberg and District Historical Museum** expose son aéroplane : l'*Ibis*.

🏛 **Bundaberg and District Historical Museum**
Young St, Botanic Gardens. 🕿 (07) 4152 0101. ◯ t.l.j. ● ven. saint, 25 avr., 25 déc. ♿ 📷

Maison typique du Queensland à Maryborough

Fraser Island ❻

Inscrit au Patrimoine mondial, Fraser Island, située au large de la côte du Queensland près de Maryborough *(p. 233)*, est la plus grande île de sable du monde (123 km de long et 25 km de large). Ses paysages vallonnés sont ponctués de lacs limpides. Des *ferries* assurent la traversée d'Urangan de River Heads et d'Inskip Point. L'hébergement va du camping à l'hôtel de luxe. Une autorisation de camping et pour le véhicule est demandée.

Le phare de Sandy Cape a éloigné de nombreux navires d'eaux dangereuses.

Le Lake Allom, bordé de mélaleucas et de joncs, est entouré d'une haute forêt tropicale. On peut y voir des tortues d'eau douce.

Lake McKenzie
Sable blanc et végétation serrée entourent une eau d'une parfaite limpidité.

Central Station, un ancien centre forestier, est le point de départ de superbes promenades.

0   5 km

Légende

▬	Piste pour 4 × 4
▬ ▬	Sentier pédestre
ℹ	Informations touristiques
⊞	Aire de pique-nique
⚑	Camping
⚓	Embarcadère
☀	Point de vue

Mode d'emploi

depuis

Indian Head fut ainsi baptisée par le capitaine Cook *(p. 46-47)* à cause des indigènes rassemblés qu'il y vit à son arrivée.

HERVEY BAY

Watumba

Les Cathedrals
Ces spectaculaires dunes de sable rouge s'étendent le long de la plage sur 18 km.

OCÉAN PACIFIQUE

La Seventy-Five Mile Beach est la plage sur laquelle repose l'épave du *Maheno*.

Kingfisher Bay

Eli Creek est le principal cours d'eau du littoral oriental.

Lake Birabeen Eurong
Lake Boomanjin

Hook Point

James et Elizabeth Fraser

En 1836, les survivants du naufrage du *Stirling Castle,* dont le capitaine James Fraser et son épouse Elizabeth, atteignirent Fraser Island où ils tombèrent aux mains des Aborigènes. Le capitaine succomba mais sa femme, secourue, put rentrer en Angleterre. L'histoire a inspiré un roman à Patrick White : *Une ceinture de feuilles (p. 31).*

Elizabeth Fraser

Caouane sur le sable de Mon Repos Beach

Mon Repos Environmental Park ❼

🚗 depuis Bundaberg. 📞 (07) 4159 1652. 🕐 t.l.j. 📷 ♿ ✋ obligatoire, nov.-mars.

Mon Repos Beach, à 15 km de Bundaberg *(p. 233)*, est une aire de reproduction de tortues de mer parmi les plus importantes et les plus accessibles du continent australien. Des caouanes, entre autres, viennent y pondre entre novembre et février et les premiers petits sortent de leurs coquilles en janvier. À peine éclos, ils se dirigent d'instinct vers l'océan.

Un centre d'information permet d'approfondir ses connaissances sur ces fascinants reptiles. Pendant la période critique, on ne peut atteindre les sites de ponte que dans le cadre de visites guidées. Juste derrière la plage se dresse un mur de pierres érigé par des Canaques. Il sert aujourd'hui de monument à la mémoire de ces habitants des îles du Pacifique déportés *(p. 227)*.

Gladstone ❽

🏘 28 000. ✈ 🚉 🚌 🚤
ℹ Gladstone Marina, Bryan Jordan Drive (07) 4972 9922.

Difficile de ne pas se rendre compte de la vocation industrielle de Gladstone, même si sa baie tente vaillamment de conserver sa beauté naturelle au milieu des silos à grain, des réservoirs de carburant et des montagnes de charbon. La plus grande raffinerie d'aluminium du monde transforme ici la bauxite extraite à Weipa sur la rive ouest de la Cape York Peninsula. Les entreprises de Gladstone génèrent 5 % de la richesse du pays et 20 % de celle du Queensland. Le port, avec un trafic annuel de 35 millions de tonnes de fret, est l'un des plus actifs d'Australie.

La grand-rue de Gladstone est bordée d'immeubles de styles éclectiques dont le Grand Hotel, qui fut inauguré en 1897 et reconstruit à l'identique après un incendie en 1993. Créé en 1988 à l'occasion du bicentenaire, le jardin botanique n'abrite que des plantes australiennes.

Au sud de Gladstone, les petits villages côtiers d'Agnes Waters et de Seventeen Seventy, ainsi nommé en honneur du capitaine Cook qui débarqua brièvement ici cette année-là (1770), offrent des lieux de villégiature particulièrement paisibles. À 20 km de la ville, Boyne Island est plus fréquentée.

Gladstone est une porte d'accès à Heron Island, l'une des îles les plus agréables de la Grande Barrière, dotée de superbes fonds sous-marins. Bateaux et hélicoptères permettent également de rejoindre d'autres îles de la moitié sud de la Grande Barrière *(p. 208-209)*.

Le joli village côtier d'Agnes Waters au sud de Gladstone

Rockhampton ❾

🏙 *66 000.* 🚉 🚌 ℹ *Quay St (07) 4922 5339.*

Rockhampton, la « capitale du bœuf », est située à 40 km à l'intérieur des terres sur la Fitzroy River. La ville est le pôle administratif et commercial du centre du Queensland. Une flèche signale que le tropique du Capricorne traverse Rockhampton.

Fondée en 1854, Rockhampton conserve de nombreux bâtiments du XIXᵉ siècle restaurés, et le National Trust a entièrement classé Quay Street qui longe la rivière bordée d'arbres. La rue mène à l'imposante Customs House précédée d'un portique semi-circulaire et couronnée d'une coupole en cuivre.

Créés en 1869, les **Botanic Gardens** abritent une belle collection de plantes. On trouve des chambres sur place.

Construit sur un ancien lieu de rencontre tribal, l'**Aboriginal Dreamtime Cultural Centre,** qui appartient et est géré par une communauté d'Aborigènes, propose des expositions sur leur vie et leur culture.

🌿 **Botanic Gardens**
Spencer St. 📞 *(07) 4922 1654.*
🕐 *t.l.j.* ♿
🏛 **Aboriginal Dreamtime Cultural Centre**
Bruce Hwy. 📞 *(07) 4936 1655.*
🕐 *10 h-15 h 30, lun.-ven.* ⬤ *jours fériés.* 📷 🎥

Falaises de grès du Blackdown Tableland National Park

AUX ENVIRONS
À 32 km au sud-ouest de Rockhampton, la ville ancienne de Mount Morgan se développa grâce à une mine à ciel ouvert de 2 km² dont la production d'or puis de cuivre joua pendant cent ans, jusqu'à l'épuisement des gisements en 1981, un grand rôle dans l'économie du Queensland.

Plaque de la flèche du tropique du Capricorne

À environ 25 km au nord de Rockhampton, le Mount Etna National Park renferme d'impressionnantes grottes calcaires découvertes vers 1880. Le public peut y accéder par les Olsen's Capricorn Caverns et les Camoo Caves. On y remarquera notamment le « corail de grotte », des racines incrustées de pierre qui se sont frayé un passage dans le rocher. Le réseau souterrain abrite aussi les seules chauves-souris carnivores d'Australie, espèce menacée. À 40 km au nord-est de la ville s'étendent les magnifiques plages de sable de Yeppoon et de l'Emu Park.

Blackdown Tableland National Park ❿

Près de Capricorn Hwy, par Dingo.
Park Ranger 📞 *(07) 4986 1964.*

Le parc national est situé entre Rockhampton et Emerald, le long d'une route non revêtue formant une boucle de 20 km à partir de la Capricorn Highway. Il a pour but de protéger l'imposant Blackdown Tableland, un plateau de grès qui s'élève de 600 m au-dessus des plaines de la région. Escarpements, forêts et cascades composent des paysages saisissants. La faune comprend, entre autres, pétaures volants, opossums, wallabies et dingos.

Centre minier situé à 75 km à l'ouest de la réserve naturelle, **Emerald** sert de tête de ligne ferroviaire aux zones rurales qui l'entourent. Sa gare de 1890 est l'un des rares bâtiments anciens du bourg à avoir survécu à une série d'incendies entre 1936 et 1969. Près du Lake Maraboon, une stèle marque le lieu de la fosse commune où reposent dix-neuf colons européens tués en 1861 par des Aborigènes. Au confluent de la Nagoa River et de la Cornet River, un arbre porte les initiales de l'explorateur Ludwig Leichhardt gravées en 1844 *(p. 241).*

Emerald est aussi la porte des plus vastes gisements de saphir du monde. Le mode de vie des prospecteurs ne manque pas de pittoresque ; beaucoup habitent de simples cabanes et utilisent du matériel d'extraction bricolé à partir de pièces détachées de voiture.

Façade la Customs House sur Quay Street, Rockhampton

Le Carnarvon National Park ⓫

L'entrée principale de cette réserve naturelle de 298 000 ha se trouve à 250 km au sud d'Emerald. Le parc comporte plusieurs parties, la plus accessible étant la splendide Carnarvon Gorge où l'eau de la Carnarvon Creek a sculpté falaises et aiguilles de rocher blanc et assure la survie d'une flore et d'une faune préservées. Les Aborigènes installés dans la région pendant des milliers d'années y ont exécuté des peintures rupestres et trois sites sont ouverts au public. De confortables bungalows, ainsi que plusieurs campings, permettent de loger sur place. Il faut cependant demander au préalable une autorisation de camper *(p. 465).* Réserver est une précaution utile.

MODE D'EMPLOI

i *Visitors' Centre, Carnarvon Gorge, par Rolleston (07) 4984 4505.* ◯ *8 h-17 h, t.l.j.* ♿ 📷

LÉGENDE

═══	Route principale
‒ ‒	Sentier pédestre
≈≈≈	Cours d'eau
i	Informations touristiques
Ⓐ	Camping
☀	Point de vue

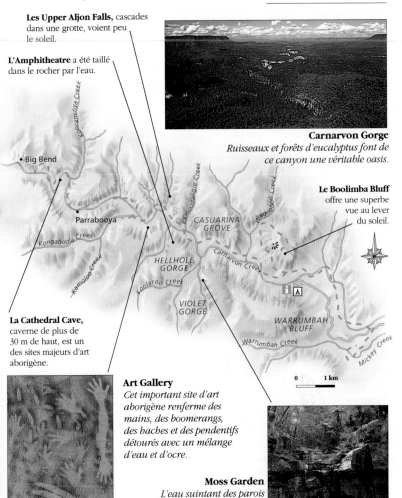

Les Upper Aljon Falls, cascades dans une grotte, voient peu le soleil.

L'Amphitheatre a été taillé dans le rocher par l'eau.

Carnarvon Gorge
Ruisseaux et forêts d'eucalyptus font de ce canyon une véritable oasis.

Le Boolimba Bluff offre une superbe vue au lever du soleil.

• Big Bend

• Parrabooya

Kooramindie Creek

Tamadiangie Creek

Wagoonoo Creek

CASUARINA GROVE

Carnarvon Creek

Kongaboola Creek

Kamaloo Creek

HELLHOLE GORGE

Koolaroo Creek

VIOLET GORGE

WARRUMBAH BLUFF

Warrumbah Creek

Mickey Creek

0   1 km

La Cathedral Cave, caverne de plus de 30 m de haut, est un des sites majeurs d'art aborigène.

Art Gallery
Cet important site d'art aborigène renferme des mains, des boomerangs, des haches et des pendentifs détourés avec un mélange d'eau et d'ocre.

Moss Garden
L'eau suintant des parois rocheuses permet ici à des fougères, des lianes, des hydres cornues et des hépatiques de prospérer.

Arrosage d'un champ de canne à sucre à Mackay

Eungella National Park ⑫

🚉 Mackay. 🚌 Mackay. 🛈 Mackay
(07) 4952 2677. **Park Ranger**
📞 *(07) 4958 4552.*

La plus vaste réserve naturelle de la partie centrale de la côte du Queensland possède une superficie de 50 000 ha dans les Clarke Ranges. Ces reliefs volcaniques couverts de forêt pluviale et de plantes subtropicales sont coupés de profonds défilés avec cascades et bassins limpides.

Principale destination des visiteurs, la Finch Hatton Gorge abrite une faune indigène, pétaures volants, opossums, bandicoots et thylogales (une sorte de wallaby). La Broken River est l'un des rares cours d'eau du continent, où si vous êtes patient et discret, vous aurez peut-être la chance d'apercevoir des ornithorynques au crépuscule.

La ville importante la plus proche du parc, **Mackay,** fournit à l'Australie un tiers de sa production de sucre. Elle jouit d'un climat doux même en hiver grâce aux hauteurs qui l'entourent et qui retiennent l'air marin. Elle reste cependant peu touristique malgré trente

Living Lagoon du Burdekin Complex d'Ayr

belles plages de sable blanc bordées de casuarinas.

La Commonwealth Bank et la Customs House, dans le centre de Mackay, sont classées par le National Trust.

Le deuxième chargeur de charbon du monde par la taille est situé à Hay Point. Des trains de plus de 2 km de long l'alimentent en combustible extrait des mines de l'ouest. Le charbon est ensuite destiné à l'exportation.

Ayr ⑬

🏚 8 600. 🚉 🚌 🛈 *Plantation Park,
Bruce Hwy (07) 4783 5988.*

Ce bourg animé occupe le cœur du delta de la Burdekin River, l'une des grandes régions australiennes de culture de la canne à sucre.

En ville, le moderne Burdekin Cultural Complex renferme un théâtre de 530 places, une bibliothèque et une galerie d'art. Parmi les œuvres exposées figure le groupe sculpté *Living Lagoon* de l'artiste australien contemporain Stephen Walker. L'Ayr Nature Display consiste en un mur composé de 2 600 morceaux de roc du Queensland du Nord, une exposition consacrée aux

insectes et aux papillons et une collection d'objets aborigènes et de reptiles, de coquillages et de fossiles australiens.

Au Mount Kelly Orchid Gardens, les visiteurs peuvent assister dans un laboratoire moderne au clonage et au bouturage d'orchidées.

AUX ENVIRONS
À environ 55 km au nord d'Ayr, Alligator Creek donne accès au Bowling Green Bay National Park peuplé de geckos et de cigales. Des piscines naturelles sont alimentées par des cascades.

Cuisinière victorienne, Courthouse Museum de Ravenswood

Ravenswood ⑭

🏚 300. 🛈 *Courthouse Museum,
McCrossin St (07) 4770 2047.*

Ce village connut une période brillante pendant la ruée vers l'or dans les années 1860 *(p. 50-51)* puis tomba à l'abandon après l'épuisement des filons. Il a recommencé à reprendre un semblant de vie après l'ouverture d'une nouvelle mine en 1994 (visite sur rendez-vous).

Ravenswood conserve certains de ses bâtiments d'origine, souvent décrépis. Quatre promenades historiques permettent de découvrir des édifices tels que St Patrick's Church, une maison de mineur et la poste qui fait aussi office d'épicerie. Dans l'ancien tribunal, le Courthouse Museum retrace l'histoire de la région.

Façade du City Hall, édifice du XIXᵉ siècle de Charters Towers

Charters Towers ⑮

🏙 *10 000.* 🚉 🚌 🚐 ℹ️ *74 Mosman St (07) 4752 0314.*

Après qu'un jeune Aborigène de dix ans y eut découvert de l'or en 1871, Charters Towers devint un temps le deuxième pôle urbain du Queensland avec 30 000 habitants avant de décliner dans les années vingt. Aujourd'hui, on continue à y extraire de l'or, ainsi que du cuivre, du plomb et du zinc. Cependant, l'économie de Charters Towers repose sur l'industrie du bœuf et sur son statut de centre éducatif de l'Outback du Queensland et de la Papouasie-Nouvelle-Guinée : un cinquième de sa population va à l'école. Dans le centre subsistent de majestueux édifices anciens, dont la Charters Towers Stock Exchange, la seule Bourse jamais créée en Australie hors d'une capitale.

Townsville et Magnetic Island ⑯

🏙 *140 000.* ✈️ 🚉 🚌 🚐 ⛴ ℹ️ *Flinders Mall (07) 4721 3660.*

Robert Towns, le capitaine à l'origine du trafic de main-d'œuvre appelé *blackbirding* et basé sur l'enlèvement de Canaques dans les îles du Pacifique *(p. 277),* fonda en 1864 la ville qui porte toujours son nom. Elle est devenue la deuxième cité du Queensland et un grand port de transit pour le bœuf, le sucre et le minerai du nord de l'État. Jouissant d'une moyenne d'ensoleillement de 300 jours par an, elle a entrepris de développer le tourisme.

Townsville est l'un des principaux point d'accès à la Grande Barrière et un grand centre de plongée, l'épave du *Yongala* coulé en 1911 faisant un excellent but d'excursion. Au **Reef HQ** un immense aquarium abrite un récif de corail vivant que l'on découvre depuis un tunnel transparent.

À 8 km au large, Magnetic Island est, avec ses 2 500 habitants, la seule île du Reef à posséder une population permanente relativement importante. Les reliefs qui s'élèvent jusqu'à près de 500 m d'altitude ont donné son nom à l'île. En effet, le capitaine Cook crut que des champs magnétiques générés par ces rochers de granite détraquaient son compas. Un parc national protège près de la moitié de ses 5 000 ha couverts d'une végétation variée. La plongée au tuba est une activité très prisée.

➤ Reef HQ
Flinders St East. 📞 *(07) 4750 0800.* 🕐 *t.l.j.* 🔴 *25 déc.* 📷 ♿

La paisible Rocky Bay sur Magnetic Island

LE NORD ET L'OUTBACK DU QUEENSLAND

es explorateurs européens se lancèrent au XIXe siècle à la découverte du nord et de l'intérieur du territoire du Queensland. Ils découvrirent des régions au riche potentiel minier et agricole, ainsi que des sites d'une extraordinaire beauté naturelle. Des parcs nationaux protègent désormais la plupart de ces derniers.

Le capitaine Cook fit dès 1770 un séjour de plus de deux mois dans le nord du Queensland, le temps de réparer son navire, l'*Endeavour,* qui s'était échoué. Cependant, la région resta méconnue pendant près d'un siècle encore. Ses premiers explorateurs durent affronter des conditions difficiles et une population indigène hostile. En 1844, les Aborigènes décimèrent l'expédition de Ludwig Leichardt qui atteignit le site de Port Essington au départ de Brisbane. En 1848, un groupe dirigé par Edmund Kennedy rejoignit la pointe du Cape York depuis Cairns mais, à l'exception de deux hommes, tous ses membres périrent, y compris Edmund Kennedy qui succomba à un coup de lance.

La colonisation commença néanmoins et le nord du Queensland connut une soudaine prospérité à la fin du XIXe siècle après la découverte d'or. Les villes qui naquirent près des mines entrèrent cependant très vite en déclin avec l'épuisement des gisements au début du XXe siècle. De ces villes ne subsistent aujourd'hui que des villages limités à une grand-rue bordée d'immeubles anciens. C'est le tourisme qui fait désormais vivre la région. Sur le littoral, stations balnéaires et complexes hôteliers de luxe accueillent les visiteurs venus profiter des splendeurs naturelles de la Grande Barrière de corail.

Avec ses ranchs couvrant des milliers d'hectares, l'Outback est un de ces territoires d'élevage qui ont marqué l'esprit du pays. À Barcaldine, un « arbre de la connaissance » ombrage l'endroit où se réunissaient les membres du premier parti travailliste australien fondé pendant la grève des tondeurs en 1891. C'est à Winton que « Banjo » Paterson *(p.31)* écrivit en 1895 l'hymne national : *Waltzing Matilda*.

Rodéo au Lakefield National Park près de Laura dans le nord du Queensland

◁ Green Island, îlot corallien de la Grande Barrière

À la découverte du nord du Queensland

L es plantations de canne à sucre se succèdent au pied du Great Dividing Range entre Townsville et Cairns. Le nord du Queensland ne possède qu'une faible population avec une unique véritable ville, Cairns ; Port Douglas et Mossman ne sont que des bourgs. La région compte deux autres villages dignes d'intérêt : Daintree et Cook Town. D'une superficie de 200 000 km², soit à peu de chose près celle de la Grande-Bretagne, la Cape York Peninsula est une des dernières grandes zones sauvages de la planète. Les paysages y changent selon la période de l'année. Le vert règne en saison humide (de novembre à mars), tandis que pendant la saison sèche les lits des cours d'eau se vident et les terrains se dénudent.

Dense forêt pluviale dans le Daintree National Park près de Cairns

Pier Marketplace et Marlin Marina à Cairns

CIRCULER

Cairns possède un aéroport international et jouit d'une bonne desserte par avion, par train et par autocar depuis l'ensemble du pays. Il faut un véhicule, ou participer à un voyage organisé, pour se rendre au nord de Port Douglas ou dans l'Outback. À partir de Cape Tribulation, la route côtière, longue de 326 km entre Cairns et Cooktown, n'est plus praticable qu'en voiture tout-terrain, souvent imposée par les loueurs de voiture pour tout le trajet. La péninsule est généralement inaccessible en saison humide.

Dunk Island vue de la côte du Queensland

LÉGENDE

Nord du Queensland

Outback du Queensland
p. 248-249

LA RÉGION
D'UN COUP D'ŒIL

Atherton Tableland **8**

Babinda et les Boulders **10**

Bellenden Ker National Park **9**

Cairns p. 246 **7**

Cooktown **3**

Daintree National Park **4**

Dunk Island **11**

Green Island **6**

Hinchinbrook Island **12**

Lakefield National Park **1**

Port Douglas **5**

Torres Strait Islands **2**

VOIR AUSSI

• *Hébergement* p. 475-476

• *Restaurants* p. 507-509

LÉGENDE

▨	*Highway*
▬	Route principale
▨	Route secondaire
▬	Parcours pittoresque
⌒	Cours d'eau
☀	Point de vue

0   100 km

Lakefield National Park ❶

🚌 Cooktown. 🛈 Cooktown (07)
4069 5446. **Bureau du parc** Lakefield
(07) 4069 5777. ⏰ lun.-ven.

D'une superficie d'environ
540 000 ha, le deuxième
parc national du Queensland
par la taille protège des
paysages variés sillonnés de
rivières et souvent marécageux.
Dans sa partie centrale vivent
de nombreux oiseaux tels que
grues d'Australie et aigrettes. Le
seul hébergement possible est
le camping pour lequel il faut
obtenir une autorisation.
Pendant la saison humide, de
décembre à avril, les cours
d'eau en crue rendent la
majorité de la réserve naturelle
inaccessible.

À la base de la Cape York
Peninsula, **Laura** offre un
exemple typique de village de
l'Outback australien avec sa
grand-rue revêtue depuis peu,
bordée par un pub, un
magasin d'alimentation et
quelques maisons. Pourtant, à
la fin du siècle dernier,
20 000 personnes y passaient
car Laura était la tête de ligne
ferroviaire des champs
aurifères de la Palmer River.
Tombée dans l'oubli, la région
connaît un regain d'intérêt
depuis la découverte en 1959
de sites d'art rupestre
aborigène très anciens. Les
premiers explorateurs
européens auraient inspiré
l'un des plus remarquable : la
« giant horse gallery » (galerie
des chevaux géants).

**Forêt inondée dans le Lakefield
National Park**

Thursday Island dans le détroit de Torres

Torres Strait Islands ❷

✈ depuis Cairns. 🚢 depuis Cairns.
🛈 Cairns (07) 4051 3588.

Le détroit de Torres qui
sépare la pointe nord de
l'Australie de la Papouasie-
Nouvelle-Guinée compte de
nombreuses îles, dont dix-
sept sont habitées. Elles sont
gouvernées par le
Queensland depuis 1879.

La plus visitée,
Thursday Island, fut jadis
la capitale de
l'industrie perlière
locale et son
cimetière
renferme les
tombes de
nombreux
pêcheurs
japonais.
Murray Island est l'île natale
d'Eddie Mabo, l'homme qui
bouleversa les rapports
juridiques entre Aborigènes et
Australiens d'origine
européenne. Il obtient en effet
de la Haute Cour de justice
la reconnaissance pour son
peuple d'un droit à la
propriété de sa terre *(p. 54)*.

**Tombe chinoise
à Cooktown**

Cooktown ❸

🏛 2 000. ✈ 🚗 🚌 🛈 Charlotte
St (07) 4069 5446.

Après qu'un récif de corail
eut endommagé
l'*Endeavour* en 1770, le
capitaine Cook et son
équipage passèrent six
semaines ici à réparer le navire

(p. 46-47). Cooktown aurait
été ainsi la première colonie
européenne d'Australie.

La ville se développa grâce
aux champs aurifères, et
sa population actuelle est bien
inférieure aux 30 000 personnes
qui fréquentèrent un temps
sa centaine de pubs et ses
nombreuses maisons closes.
Cependant, plusieurs
bâtiments historiques
subsistent comme la Westpac
Bank avec ses colonnes
en pierre soutenant une
véranda en fer forgé.
Le **James Cook Museum,**
qui possède une ancre
de l'*Endeavour,* occupe
un couvent édifié
vers 1880. Dans
le cimetière, un
mémorial, deux
crématoriums
et des pierres
tombales
rappellent que de nombreux
Chinois participèrent aux ruées
vers l'or *(p. 51)*. Depuis le
jardin botanique fondé en
1886 et remanié en 1984, des
sentiers rejoignent deux baies
de la mer de Corail.

Entre Cooktown et
Bloomfield, le Black
Mountain National Park
doit son nom de « parc
national de la Montagne
noire » à d'énormes blocs
de granite qui se formèrent
en sous-sol il y a environ
260 millions d'années et que
l'érosion de roches plus
friables a fini par révéler.

🏛 **James Cook Museum**
À l'angle de Helen St. et de Furneaux
St. 📞 (07) 4069 5386. ⏰ avr.-fév. ;
9 h-16 h, t.l.j. 📷 ♿

Daintree National Park ❹

🚗 *depuis Mossman.* 🏢 *Port Douglas (07) 4099 5599.* **Bureau du parc** *Mossman (07) 4098 2188.* 🗓 *lun.-ven.*

Le Daintree National Park protège un territoire de plus de 76 000 ha, dont la magnifique région du Cape Tribulation, l'un des rares endroits où la forêt pluviale s'étend jusqu'au bord de l'océan. C'est le capitaine Cook qui donna son nom au cap alors que les récifs de la Grande Barrière lui posaient des problèmes de navigation. Le site est apprécié des routards et commence à devenir une destination de visites organisées.

Montagneuse, la majeure partie de la réserve naturelle, à l'ouest du Cape Tribulation, reste inaccessible en dehors de la Mossman Gorge, à 5 km de Mossman, où un sentier aisé de 2,7 km court à travers la forêt.

Port Douglas ❺

🏨 *3 500.* 🚗 🚌 🏢 *23 Macrossan St (07) 4099 5599.*

Centre touristique depuis la construction, au début des années quatre-vingt, du luxueux Sheraton Mirage Resort, Port Douglas, à 75 km de Cairns, a en partie gardé son charme de village de pêcheurs, et les voyageurs à petits budgets y trouvent

Végétation tropicale au bord de Myall Beach, Daintree National Park

hébergement et restaurants à prix raisonnables *(p. 476)*.

Macrossan Street possède la largeur caractéristique des grands-rues australiennes en zone rurale, un trait datant de l'époque où les chars à bœuf devaient pouvoir y manœuvrer. De nombreux édifices du XIXe siècle, tel le Courthouse Hotel, la bordent toujours, et leur style a défini l'architecture des centres commerciaux modernes.

Une marina a remplacé le port d'origine. Aménagé pendant la ruée vers l'or vers 1850, il n'avait pas résisté à la concurrence de Cairns, surtout après qu'un cyclone eut fait tomber en 1911 la population du bourg à moins de 500 habitants.

Quicksilver, une importante agence d'excursions pour la Grande Barrière *(p. 208-209)*, l'utilise comme principal point de départ.

Green Island ❻

🚗 *Cairns.* 🚌 *Cairns.* ⛴ *depuis Cairns.* 🏢 *(07) 4051 3588.*

Située à 27 km de Cairns et aisément accessible depuis cette ville en ferry, Green Island est l'une des rares îles coralliennes aménagées de la Grande Barrière. Très populaire malgré sa petite taille (on en fait le tour à pied, en 15 mn), elle abrite depuis 1994 un complexe hôtelier cinq étoiles.

La plongée est l'activité principale ; pourtant la pollution causée par la proximité de zones touristiques ont appauvri le récif et sa faune, et les fonds situés plus au large sont plus spectaculaires. Sur l'île se trouve Marineland Melanesia qui renferme des aquariums marins et des enclos de crocodiles.

Green Island, îlot corallien de la Grande Barrière

Cairns ❼

Boomerang du marché de Kuranda

La principale localité du nord du Queensland n'a pas de plages. Cairns conserve une atmosphère urbaine malgré le développement touristique de son front de mer. Les visiteurs y viennent principalement pour partir à la découverte de la Grande Barrière *(p. 204-209)*, de la forêt pluviale du parc de Daintree *(p. 245)* et de l'Atherton Tableland *(p. 247)*.

MODE D'EMPLOI

🏙 130 000. ✈ 6 km au N. de la ville. 🚉 gare de Cairns, Bunda St. 🚌 Lake St Terminus, Lake St. (liaisons entre États) ; Trinity Wharf, Wharf St. ⛴ Marlin Marina, Pier Point Rd. ℹ angles d'Esplanade Rd et Ring Rd (07) 4051 3588. 🎭 Reef Festival (oct.) ; Cairns Show (juil.).

🏺 Trinity Wharf
Wharf St.
Ce quai sert de principal point de départ pour la Grande Barrière. Non loin subsistent quelques façades du début du siècle. D'août à décembre, les bateaux de pêche au gros qui rentrent au port avec leurs prises attirent de nombreux badauds sur la Marlin Jetty.

Pôle touristique de la ville, la Pier Marketplace adjacente accueille le dimanche un marché de produits alimentaires et d'artisanat.

🌿 Flecker Botanic Gardens
Collins Ave, Edge Hill. ☎ (07) 4067 1171. ◯ t.l.j. ♿
Fondés en 1886, ces jardins botaniques doivent leur réputation à une collection de plus de cent

Orchidée tropicale, Flecker Botanic Gardens

espèces de palmiers, mais ils abritent également beaucoup d'autres plantes tropicales. Ils comprennent notamment une parcelle de forêt pluviale du Queensland peuplée d'oiseaux indigènes. La création des Centenary Lakes date de 1976, centième anniversaire de Cairns.

🏛 Cairns Museum
City Place, angle de Lake St et Shield St. ☎ (07) 4051 5582. ◯ 10 h-15 h, lun.-sam. ● ven. saint, 25 avr., 25 déc. 📷
Installé dans la School of Arts bâtie en 1907, ce musée présente, entre autres, le contenu d'un ancien temple chinois et des œuvres modernes d'artistes locaux.

AUX ENVIRONS
Dans un superbe cadre naturel sur le bord oriental du plateau d'Atherton, le petit village de **Kuranda** apprécié des hippies dans les années soixante propose quatre marchés d'artisanat devenus très touristiques. À côté, à Smithfield se trouve le Tjapukai Cultural Centre, siège du Tjakupai Dance Theatre, compagnie aborigène réputée.

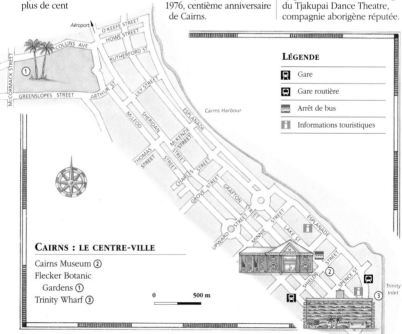

LÉGENDE

🚉 Gare

🚌 Gare routière

🚏 Arrêt de bus

ℹ Informations touristiques

CAIRNS : LE CENTRE-VILLE

Cairns Museum ②
Flecker Botanic Gardens ①
Trinity Wharf ③

0   500 m

Le cratère du Mount Hypipamee sur l'Atherton Tableland

Atherton Tableland ❽

🚗 Atherton. 🚌 Mareeba (07) 4091 4222. ⏰ 9 h-17 h, t.l.j. ⊙ 1er janv., ven. saint, 25 déc.

À l'ouest de Cairns, le plateau d'Atherton domine les plaines côtières, culminant à 900 m d'altitude. Un climat plus frais, des pluies abondantes et un riche sol volcanique en font une des plus fertiles régions agricoles du Queensland. Longtemps spécialisée dans le tabac, la province produit aussi arachides, noix de macadamia et avocats.

Le National Trust a classé le village de **Yungaburra** pour ses nombreux bâtiments historiques. À 3 km en direction de Malanda, le *curtain fig*, un ficus épiphyte, a étouffé l'arbre sur lequel il a grandi et forme un rideau de racines aériennes haut de 15 m. Près de Yungaburra également, un lac aux eaux vertes occupe le cratère de 60 m de diamètre creusé dans le Mount Hypipamee. Son mode de formation reste inexpliqué, même si ses parois de granite éliminent l'hypothèse d'une origine volcanique.

Les plus spectaculaires chutes d'eau de la région coulent à Millaa Millaa. Un circuit en voiture permet de rejoindre d'autres cascades, les Zillie Falls et les Ellinjaa Falls, puis, après être passé par la Palmerston Highway, les pittoresques Mungalli Falls.

Principal bourg de la région, **Atherton** porte le nom de John et Kate Atherton qui fondèrent ici un ranch au milieu du siècle dernier. Mareeba, réputée pour son rodéo, occupe l'emplacement de leur demeure.

Bellenden Ker National Park ❾

🚗 Innisfail. 🚌 Innisfail. ℹ️ Mourilyan (07) 4061 7422.

Cette réserve naturelle que sillonnent quelques sentiers renferme les deux plus hauts sommets du Queensland : le Bartle Frere (1 611 m) et le Bellender Ker (1 591 m). Des casoars, grands oiseaux coureurs menacés d'extinction, peuplent ces montagnes souvent drapées de brume.

Au sud du parc, à environ 8 km de la Bruce Highway, le pied de la cascade des Josephine Falls se prête à la baignade et aux pique-niques.

Babinda et les Boulders ❿

📊 1 300. 🚗 🚌 ℹ️ Angle de Munro St et Bruce Hwy, (07) 4067 1008.

Le village de Babinda témoigne d'un temps révolu avec ses maisons à porches de bois et son vieux pub.

À 7 km à l'intérieur des terres, l'eau a donné aux rochers des Babinda Boulders des formes qui inspirent de nombreux photographes.

Dunk Island ⓫

🚗 Tully. 🚌 Mission Beach. 🚢 Mission Beach. ℹ️ Mission Beach (07) 4068 7099.

C'est une des îles les mieux connues de la Grande Barrière *(p. 208-209)*. Le terrain accidenté est couvert d'une végétation variée. Des excursions organisées d'une journée avec plongée et planche à voile au programme sont appréciées. L'île s'est fait connaître à travers le livre d'EJ Banfield, *Confessions of a Beachcomber,* écrit en 1906. Aujourd'hui elle abrite une colonie d'artistes et c'est une halte pratique pour visiter Bedarra Island, l'île huppée à 30 min. en bateau.

Hinchinbrook Island ⓬

🚗 Ingham. 🚌 Cardwell. 🚢 Lucinda, Cardwell. ℹ️ Ingham (07) 4776 5211.

Le plus vaste parc national insulaire de l'Australie protège l'île de Hinchinbrook, (635 km²), que seul un étroit chenal bordé de mangroves sépare du village de Cardwell. Son point culminant, le Mount Bowen, atteint 1 142 m d'altitude. De denses forêts pluviales en grande partie inexplorées attirent des randonneurs avertis. Un sentier de 32 km jalonné de sites de camping (mieux vaut réserver) longe la côte orientale et permet de découvrir wallabies, dugongs et papillons bleus ulysse.

Rochers sculptés par l'eau près du village de Babinda

L'Outback du Queensland

L e Queensland offre un contraste saisissant entre la luxuriance des forêts pluviales de l'est et l'aridité du nord-ouest dévolu à l'exploitation minière et à l'élevage extensif. La rigueur du climat et la longueur des distances sont un frein pour de nombreux visiteurs. Pourtant, ceux qui s'y risquent découvrent une faune unique et ont un aperçu du dur mode de vie dans l'Outback australien.

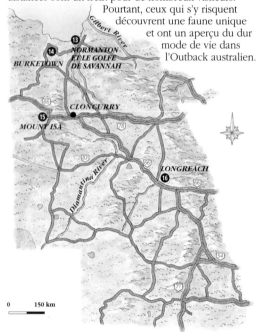

CARTE DE SITUATION

■	*Outback du Queensland*
▢	*Nord du Queensland* p. 240-247

L'OUTBACK D'UN COUP D'ŒIL

Burketown **14**
Longreach **16**
Mount Isa **15**
Normanton et
   le golfe de Savannah **13**

LÉGENDE

▨	*Highway*
▬	Route principale
▭	Route secondaire
≈	Cours d'eau

`0`   **150 km**

Normanton et le golfe de Savannah **13**

🚉 *Normanton.* ℹ *Normanton (07) 4745 5177.*

N ormanton est le principal bourg du golfe de Savannah, région d'environ 350 000 km² couverte de savanes et de marécages. La ville borde la Norman River à 50 km à l'intérieur des terres. Son port, qui assura le transport du cuivre de Cloncurry puis de l'or de Croydon, sert aujourd'hui de point de départ à des expéditions de pêche au barramundi. Un train célèbre, le *Gulflander,* effectue toujours une navette hebdomadaire entre Normanton et Croydon, village qui conserve quelques bâtiments de l'époque de la ruée vers l'or.

Entre Normanton et le golfe de Carpentarie, la savane laisse place à d'étincelantes et stériles nappes de sel. Les pluies de novembre transforment toutefois le paysage en un marécage où viennent se reproduire des millions d'oiseaux tels que jabirus, grues et hérons, au milieu des crevettes et des crocodiles.

À l'embouchure de la Norman River, Karumba est au centre d'une industrie de la pêche, entre autres à la crevette, dont le chiffre d'affaires annuel s'élève à des millions de dollars. Elle garde quelque chose de l'atmosphère des villes du Far West, en particulier quand les chalutiers rentrent au port après des mois en mer.

La principale activité dans le golfe de Savannah est l'élevage. Les exploitations *(cattle stations)* pouvant dépasser 1 000 km², les cow-boys se déplacent plus volontiers en avion qu'à cheval.

Gommiers et termitières dans le golfe de Savannah

Mount Isa au pied de la plus grande mine d'Australie

Burketown

🏠 160. ✈ ⓘ *Musgrave St (07) 4745 5177.*

Situé à 30 km du golfe de Carpentarie sur l'Albert River, ce village connut à la fin des années cinquante une brève renommée car il fut le décor du roman de Nevil Shute, *Le Testament,* dans lequel il évoque la vie dans l'Outback. Un vieux quai rappelle que le port connut jadis un trafic plus important. Aujourd'hui Burketown n'est plus qu'un avant-poste oublié au sein d'une région d'élevage. Les habitants ont conscience de ce déclin et ont demandé une aide au développement auprès du ministère des Affaires étrangères australien.

À environ 150 km à l'ouest de Burketown, le lieu-dit Hell's Gate (Porte de l'enfer) prit ce nom au début du xxᵉ siècle car il marque le point au-delà duquel la police de l'État n'assurait plus de protection.

Mount Isa

🏠 25 000. ✈ 🚌 🚂 ⓘ *Marian St (07) 4749 1555.*

Seule ville de quelque importance dans l'Outback occidental du Queensland, Mount Isa ne vit que pour, et par, la plus riche mine de plomb et d'argent du monde. La mine, qui se visite, domine la ville, aussi bien physiquement que psychologiquement. La découverte du premier

gisement par un prospecteur appelé John Miles remonte à 1923, mais l'exploitation ne commença que dans les années trente. Protégée par le National Trust, la Tent House offre un exemple des abris rudimentaires qu'occupaient les premiers mineurs. Le **Riversleigh Interpretive Centre** présente une collection de fossiles issus de dépôts parmi les plus importants de la planète *(p. 22)*.

Chaque année en août se déroule à Mount Isa le plus grand rodéo d'Australie *(p. 39)*. Des prix atteignant un total de plus de 100 000 A$ attirent des cavaliers du monde entier.

AUX ENVIRONS
Le premier vol du Queensland and Northern

Territory Aerial Service (Qantas), la plus ancienne compagnie aérienne du monde anglophone, eut lieu en 1921 au départ de **Cloncurry,** à 120 km à l'est de Mount Isa. Qantas est devenue la compagnie aérienne nationale australienne.

Longreach

🏠 4 500. ✈ 🚌 🚂 ⓘ *Qantas Park, Eagle St (07) 4658 3555.*

Situé au centre du Queensland, Longreach abrita le siège de Qantas de 1922 à 1934 et le hangar d'origine reste toujours utilisé à l'aéroport. En face, le **Stockman's Hall of Fame** ouvert en 1988 présente une intéressante exposition à la gloire des pionniers et des cow-boys *(stockmen)* de l'Outback. L'exposition comprend des objets aborigènes, ainsi que des documents sur les explorateurs qui ouvrirent l'intérieur du continent.

Des vols quotidiens relient Brisbane et Longreach. Le trajet en autocar prend dix-sept heures. Il existe aussi des liaisons depuis Rockhampton et Townsville.

🏛 **Stockman's Hall of Fame**
Landsborough Hwy. 📞 *(07) 4658 2166.* ⭕ *t.l.j.* ⬤ *25 déc.* 🅿 ⓰

LE ROYAL FLYING DOCTOR SERVICE

Envoyé dans l'Outback en 1912 et épouvanté par les morts de fidèles, faute de soins médicaux de base, le jeune missionnaire presbytérien John Flynn fonda avec Hudson Fysh (le père de Qantas), le millionnaire Hugh Victor McKay, Alfred Traeger (l'inventeur du télégraphe à pédale) et le docteur Kenyon

Avion du Royal Flying Doctor Service au-dessus de l'Outback

St Vincent Welch, l'une des plus prestigieuses institutions australiennes : le Royal Flying Doctor Service. Ses médecins volants soignent 130 000 patients par an, y compris des Aborigènes. Ils traitent les cas les plus simples par radio mais la majorité des communautés et des propriétés de l'Outback possèdent une piste où ils peuvent se poser. Une intervention en urgence demande rarement plus de deux heures.

LE TERRITOIRE
DU NORD

Le Territoire du Nord d'un coup d'œil

Le Northern Territory a une superficie plus de deux fois supérieure à celle de la France pour une population inférieure à 180 000 habitants. Ses paysages sont souvent exceptionnels, désertiques tel le célèbre monolithe Uluru (Ayers Rock), mais aussi luxuriants comme dans le Kakadu National Park. Ses deux villes principales, Darwin sur le littoral verdoyant de la côte nord et Alice Springs au cœur de l'aride Red Centre, sont séparées par plus de 1 000 km. S'il possède son propre gouvernement depuis 1978, le « Territory », du fait de sa faible population, ne jouit pas du statut d'État.

Les îles Melville et Bathurst (p. 266), *à 80 km au large de la côte nord, sont habitées par des Aborigènes tiwi dont la culture a des traits particuliers, notamment l'érection de poteaux funéraires caractéristiques.*

0   150 km

Darwin (p. 262-265) est *la capitale du Territoire du Nord. La ville, très moderne, a conservé peu d'édifices du XIXᵉ siècle en dehors de la Government House. Plus de cinquante nationalités s'y côtoient* (p. 256-257).

LE RED CENTRE
(p. 270-281)

Dans le Kakadu National Park (p. 268-269), *falaises de grès et flore tropicale composent des paysages hors du commun. La réserve naturelle la plus vaste d'Australie (1,7 million d'ha) renferme également d'impressionnantes cascades, telles les Jim Jim Falls, et de magnifiques peintures rupestres aborigènes.*

L'Uluṟu-Kata Tjuṯa National Park (p. 278-281) *offre un spectacle grandiose avec l'Ayers Rock émergeant d'un désert plat. Non loin s'élèvent d'autres étranges blocs de grès : les Olgas.*

◁ **Desert-oaks (allocasuarina) au cœur du Territoire du Nord**

DARWIN ET LE TOP END
(p. 258-269)

L'Elsey Homestead, *à 110 km au sud-est de Katherine* (p. 266-267), *servit de décor à un roman de Jeannie Gunn sur la vie dans l'Outback au XIXᵉ siècle :* We of the Never Never.

Les Devil's Marbles (p. 277), *ou Billes du diable, doivent leurs formes arrondies à des millions d'années d'érosion. Au cœur du désert, ces gros blocs de granite fournissent de l'ombre à de nombreux végétaux et oiseaux.*

Alice Springs (p. 274-275), *en plein centre de l'Australie, a conservé l'ancien relais de télégraphe (1871) autour duquel la ville s'est développée.*

La Chambers Pillar Historical Reserve (p. 276) *protège une étrange colonne de grès haute de 50 m que les premiers explorateurs de la région utilisèrent comme point de repère.*

Les terres aborigènes

Panneau d'une terre aborigène

En un peu plus de deux siècles, la colonisation européenne a détruit dans presque toute l'Australie les cultures aborigènes vieilles de dizaines de milliers d'années. Elles ont toutefois été plus nombreuses à survivre dans le Territoire du Nord, notamment parce que les communautés ont farouchement défendu leur identité. Les Aborigènes représentent aujourd'hui près d'un tiers de la population du Territory et ils ont pu reprendre possession d'environ la moitié de sa superficie. Les visites organisées offrent le meilleur moyen de découvrir ces terres ancestrales et leurs habitants. Sinon, il faut demander un permis aux conseils locaux (six à huit semaines de délai).

Cette image de Namarrgon, un esprit du Temps du Rêve (p. 26), maintes fois repeinte jusque vers 1900, orne le Nourlangie depuis des siècles.

Le Nourlangie Rock du Kakadu National Park est pour les Aborigènes le site du rêve de la foudre (p. 268-269).

LÉGENDE

- ☐ Terre aborigène
- ☐ Parc national
- ═ Highway
- ▬ Route principale
- ═ Piste

ACCÈS ET PERMIS

Central Land Council
📞 (08) 8951 6320.
Accès aux terres aborigènes du centre de l'Australie.

Northern Land Council
📞 (08) 8920 5100.
Pour accéder à toutes les terres aborigènes du Top End, y compris l'Arnhem Land.

Northern Territory Parks and Wildlife Commission
📞 (08) 8999 4555.
Pour les permis d'accès au Gurig National Park.

Tiwi Land Council
📞 (08) 8981 4898.
Pour rejoindre les îles Melville et Bathurst.

Map:

0 — 200 km

DARWIN

KAKADU NATIONAL PARK

ARNHEM LAND

Katherine

GREGORY NATIONAL PARK

Daly Waters

TANAMI DESERT

Tennant Creek

ALICE SPRINGS

TOURISME ABORIGÈNE

Pour les nombreux visiteurs, désireux de mieux connaître les cultures ancestrales du Territoire du Nord, il existe désormais des agences tenues par des Aborigènes qui proposent des excursions organisées dans des lieux inaccessibles aux touristes seuls. Elles permettent de mieux saisir le rapport de ces peuples à la terre. On peut ainsi, par exemple, circuler en bateau dans le Kakadu National Park *(p. 268-269)* avec un guide guluyambi, camper dans le *bush* avec la communauté manyallaluk près de Katherine ou découvrir des peintures rupestres en Terre d'Arnhem avec Umorrduk Safaris. Les centres culturels et d'information des parcs nationaux, tels ceux de Kakadu et d'Uluṟu-Kata-Tjuṯa, permettent de connaître des histoires du DreamTime.

L'Ubirr Rock du Kakadu National Park, l'un des plus beaux sites d'art aborigène du Territoire du Nord, porte de nombreuses représentations d'animaux peints « aux rayons X » (p. 28-29), ici un barramundi. Elles datent de 20 000 ans à nos jours.

Visiteurs grimpant au belvédère de l'Ubirr Rock

Autour d'Uluṟu (p. 278-281), beaucoup de sites sacrés pour les Aṉangu sont interdits au public mais les visiteurs peuvent connaître les histoires qui leur sont associées.

Bush Tucker Dreaming, *peint en 1991 par Gladys Napanangka de la communauté papunya du Central Western Desert, relate une histoire de la création transmise à l'artiste au fil de centaines de générations* (p. 26-27).

CULTURE ET LOIS ABORIGÈNES

Les histoires du Temps du Rêve *(p. 26-27)* relatent comment les esprits et les premiers ancêtres façonnèrent la terre et créèrent les créatures qu'elle porte. Mais elles transmettent aussi un système de règles et de rites qui ont franchi les siècles de génération en génération et dirigent tous les aspects de la vie des tribus. Ainsi, un Aborigène ne naît pas uniquement dans son clan familial mais appartient aussi à un groupe totémique déterminé par le lieu et le moment de sa naissance. Cette appartenance décide de sa place dans la communauté et des mythes de la création dont il hérite.

Aborigènes au corps peint pour une danse rituelle

Le Territoire du Nord multiculturel

Proche de l'Indonésie et des îles du Pacifique, le Territoire du Nord fait depuis longtemps office de « porte d'entrée » des immigrants asiatiques en Australie. Des marchands de l'archipel indonésien fréquentaient déjà le littoral septentrional du continent au XVIIIe siècle et des prospecteurs chinois attirés par la découverte d'or arrivèrent à Darwin à partir de 1874. Les habitants de Darwin ont aujourd'hui pleinement conscience qu'ils sont plus proches de Jakarta que de Melbourne ou de Sydney. De nombreux groupes ethniques se côtoient à Darwin : Aborigènes et Anglo-saxons bien entendu, mais aussi Grecs et Italiens qui arrivèrent au début des années vingt, Chinois, Indonésiens, Thaïlandais, Philippins et réfugiés du Timor oriental.

Plat thaï

Harry Chan, *élu en 1966, fut le premier maire de Darwin d'origine chinoise.*

Le marché de Mindil Beach regroupe plus de soixante éventaires qui proposent des plats thaïlandais, indonésiens, indiens, chinois, sri-lankais, malais et grecs (p. 264).

Tous les enfants de Darwin apprennent le bahasa, une langue très parlée en Indonésie, pays proche de la ville.

LES CHINOIS DU TOP END

La découverte, en 1879, d'une figurine sculptée de la dynastie Ming (1368-1644) dans les racines d'un arbre de la plage de Darwin suscita maintes spéculations sur la possible venue d'une flotte chinoise au XVe siècle. Elle aurait marqué le début d'une relation entre l'empire du Milieu et la région qui dure toujours. Les premiers Chinois arrivèrent en 1874 en quête d'or, ils étaient 3 500 en 1885. Quarante ans plus tard, les jardins potagers et les magasins d'alimentation de Darwin étaient tenus par des familles chinoises. Aujourd'hui, dans cette ville où beaucoup d'habitants ne font que passer, la cinquième génération joue un grand rôle dans le domaine des affaires et nombre des familles influentes sont d'origine chinoise.

Chinois et son attelage de buffles à Darwin au début du XIXe siècle

Les Aborigènes seraient arrivés d'Asie dans le Territoire du Nord il y a entre 20000 et 50000 ans, quand les mers avaient un niveau beaucoup plus bas. Ici, de jeunes initiés d'une tribu de l'Arnhem Land s'apprêtent à participer à une cérémonie de passage à l'âge adulte.

Un quart de la population de Darwin est née outremer, un autre quart est aborigène ; la ville est cosmopolite comme le montrent ces visages d'enfants.

LES ENFANTS DE DARWIN

Beaucoup pensent que la diversité que présentent les enfants de Darwin deviendra la norme dans toute l'Australie d'ici cinquante ans. L'ambiance cosmopolite de la ville et la tolérance raciale qui y règne sont toutefois des exceptions dans le pays.

Les enfants de Darwin, quelle que soit leur origine, partagent le même mode d'habillement et la décontraction australienne.

La communauté philippine préserve ses traditions comme le montrent ces jeunes filles en costume traditionnel au Festival of Darwin.

Paspaley Pearls, spécialisée dans l'élevage de perles et fondée par des colons grecs, est la plus riche société locale de Darwin.

Les immigrants du Timor oriental exécutent une danse traditionnelle lors d'un festival. La grande majorité d'entre eux est arrivée après l'invasion du Timor oriental par l'Indonésie en 1975.

DARWIN ET LE TOP END

Les Aborigènes qui peuplent la pointe tropicale du Territoire du Nord depuis des milliers d'années l'ont parée de la plus riche collection d'art rupestre de la planète. Très isolée, la capitale régionale, Darwin, est restée une petite ville. Inscrit au Patrimoine mondial, le Kakadu National Park possède une beauté âpre et sauvage renforcée par les mythes du Temps du Rêve.

Lorsqu'il pénétra en 1839 dans une anse d'un bleu azur bordée de palmiers, de plages de sable et de mangroves, John Lort Stokes, commandant britannique du *Beagle,* lui donna le nom de son ami Charles Darwin, le biologiste qui dévoilerait vingt ans plus tard sa théorie de l'évolution dans *L'Origine des espèces.* Le nom convient d'ailleurs à merveille à cette région tropicale où abondent les oiseaux, les plantes, les reptiles et les mammifères appartenant à des genres archaïques. Les Aborigènes installés eux aussi depuis des milliers d'années dans le Top End appartiendraient, selon les anthropologues, à l'une des plus anciennes races humaines.

La colonie fondée en 1864 à Port Darwin eut à se battre pour survivre. Isolée, dépourvue d'un véritable arrière-pays, elle dut attendre la Seconde Guerre mondiale pour qu'une route revêtue la relie au reste de l'Australie, mais elle subit alors les bombardements japonais *(p. 262).* En 1974, le cyclone Tracy la dévasta *(p. 264).*

Malgré ces destructions et le handicap d'un climat très humide, Darwin est devenue une ville moderne et cosmopolite, de plus en plus marquée par la proximité de l'Asie.

Elle offre aux visiteurs une base agréable qui permet de partir à la découverte des extraordinaires paysages et des peintures rupestres du Kakadu National Park, des forêts tropicales, des cascades et des termitières géantes du Litchfield National Park et de la profonde faille taillée dans la roche rouge du Nitmiluk (Katherine Gorge) National Park. Des agences spécialisées organisent des excursions dans les communautés aborigènes de l'Arnhem Land et des îles Melville et Bathurst.

Jeune Aborigène ramassant des nénuphars dans le Top End

◁ **La Katherine Gorge du Nitmiluk National Park**

À la découverte de Darwin et du Top End

Avec sa végétation tropicale, le Top End dote d'une pointe verdoyante l'aride Territoire du Nord. Sur le littoral, des palmiers bordent des eaux turquoise. À l'intérieur des terres, on découvre des cours d'eau paresseux, des marécages, des gorges et des escarpements rocheux. Ville animée et métissée, Darwin est une halte qui permet d'explorer des sites comme Berry Springs et les îles Melville et Bathurst. La chaleur règne toute l'année mais le taux d'humidité baisse pendant la saison sèche (le *dry*). C'est la meilleure saison pour faire du tourisme même si la saison humide, le *wet,* rend les cascades plus spectaculaires et la végétation encore plus luxuriante.

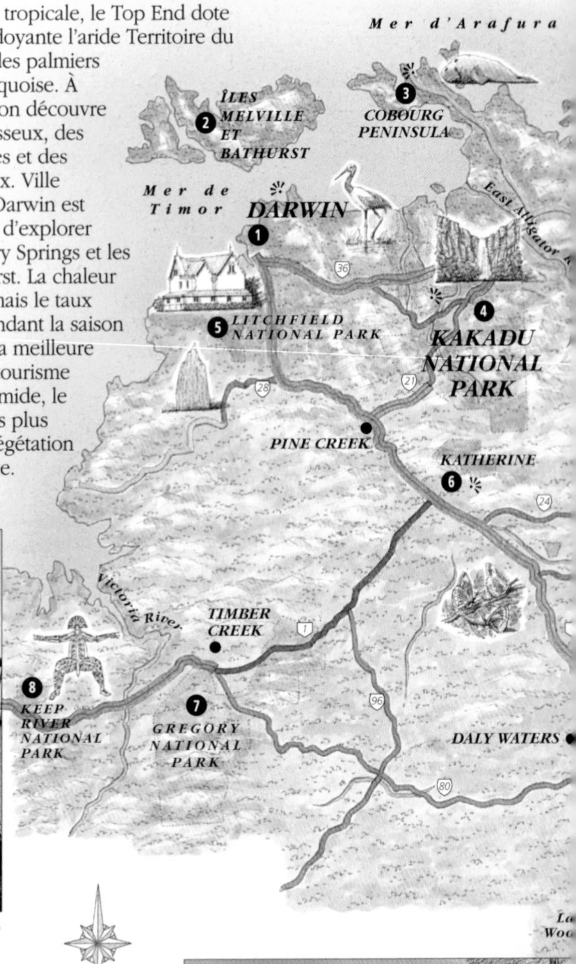
Mer d'Arafura
ÎLES MELVILLE ET BATHURST
COBOURG PENINSULA
Mer de Timor
DARWIN
East Alligator
LITCHFIELD NATIONAL PARK
KAKADU NATIONAL PARK
PINE CREEK
KATHERINE
Victoria River
TIMBER CREEK
KEEP RIVER NATIONAL PARK
GREGORY NATIONAL PARK
DALY WATERS
36
21
28
24
1
96
80

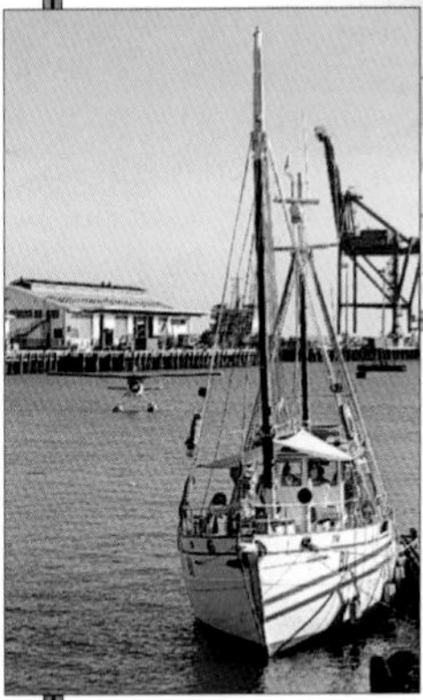

Bateau de pêche aux perles dans le Darwin Harbour

Circuler

Le Top End n'est plus aussi isolé que jadis. De grandes routes relient désormais Darwin à Alice Springs, Adélaïde et Melbourne au sud et à Mount Isa, Cairns et Brisbane à l'est.
Le centre de la ville peut se visiter à pied ou avec le Tour Tub, un bus ouvert qui dessert les principaux sites le long d'un circuit d'une heure. On atteint les attractions les plus visitées du Top End, tels le Kakadu National Park et la Katherine Gorge par des routes goudronnées. Des bus desservent les villes mais une voiture demeure nécessaire pour vraiment profiter de la région. Les distances restent relativement courtes pour l'Australie : 210 km et 300 km séparent Darwin de Kakadu et Katherine.

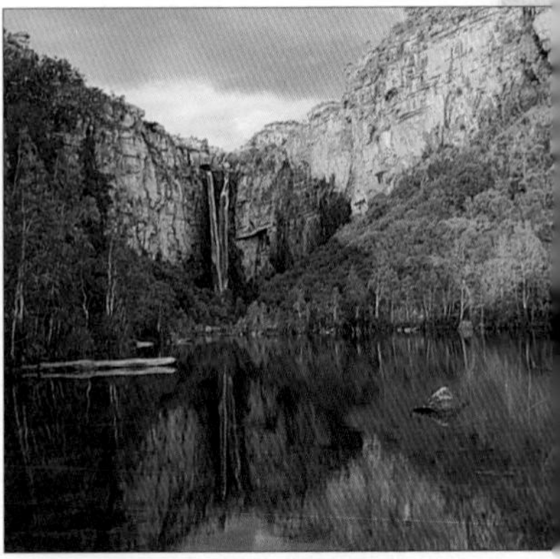

Jim Jim Falls du Kakadu National Park

Goyder River

Rose River

**GROOTE
EYLANDT**

*Golfe
de
Carpentarie*

McArthur River

*Tarrabool
Lake*

*Lake
Sylvester*

*Lake
de Burgh*

*Alice
Springs*

0   100 km

**Formations rocheuses de la Lost City,
Litchfield National Park**

LE TOP END
D'UN COUP D'ŒIL

LÉGENDE

	Highway
	Route principale
	Route secondaire
	Parcours pittoresque
	Cours d'eau
☀	Point de vue

Darwin ❶

Vieux casque de pêcheur de perles

La capitale du Territoire du Nord, fondée en 1864, resta un petit avant-poste de l'Empire britannique pendant le premier siècle de son existence malgré une brève ruée vers l'or et la création de vastes fermes d'élevage. Devenue une importante base militaire, la ville subit les bombardements japonais pendant la Seconde Guerre mondiale puis, en 1974, les ravages causés par le cyclone Tracy *(p. 264)*. Reconstruite, la ville moderne abrite plus de 50 groupes ethniques, Asiatiques d'immigration récente, Aborigènes et Australiens d'origine européenne ou de souche chinoise ancienne.

Palmiers du Bicentennial Park vus de l'Esplanade

🏛 Old Darwin Town Hall
Smith St. ♿
Les ruines en pierre de taille de l'ancien hôtel de ville se trouvent au bas de Smith Street. Construit en 1883 mais endommagé par un cyclone en 1897, l'édifice devint une banque puis un musée avant que le cyclone Tracy n'en laisse que les murs en 1974. Les courbes dessinées par le pavement en brique symbolisent la fureur des tempêtes tropicales.

🏛 Brown's Mart
Smith St. 📞 (08) 8981 5522. ♿
En face des vestiges de l'Old Town Hall se dresse l'ancienne Bourse minière bâtie en 1885 pendant la ruée vers l'or. Elle sert désormais de maison pour des groupes de théâtre.

🏛 Old Police Station and Courthouse
Angle de Smith St et de the Esplanade. 📞 (08) 8999 7103. ♿
Endommagé par Tracy, et restauré, le bâtiment de 1884 abrita le poste de police et le tribunal. Il est désormais occupé par des services administratifs.
De l'autre côté de la rue, le Survivors Lookout domine le port. Photos et témoignages écrits évoquent les épreuves de Darwin pendant la Seconde Guerre mondiale. Les Japonais bombardèrent 65 fois le Top End où stationnaient des milliers de soldats américains et australiens *(p. 53)*.

🏛 Lyons Cottage
74 The Esplanade. 📞 (08) 8981 1750. ⏰ 10 h-16 h 30, t.l.j. ⬤ Pâques, 25 déc. 🖼
Cet édifice en pierre de 1925, maintenu dans son style, renferme une exposition de photos illustrant la vie dans le Top End au début du siècle.

🏢 Smith Street Mall
Bennett St et Knuckey St. ♿
Cette galerie marchande est le cœur du quartier commerçant de Darwin, et touristes et habitants de la ville se pressent en permanence sur ses *plazas* vitrées et climatisées où de nombreuses agences proposent des excursions organisées. Parmi les bâtiments dignes d'intérêt figure le Victoria Hotel (1890), l'une des rares constructions anciennes, avec la Commercial Bank (1884), à avoir résisté à Tracy.

🌴 Bicentennial Park
The Esplanade. ♿
Ce parc verdoyant aux allées ombragées ménage de beaux points de vue et renferme plusieurs mémoriaux de la Seconde Guerre mondiale. L'un d'eux commémore le bombardement japonais du 19 février 1942 qui coula 21 des 49 navires américains et australiens mouillés dans le port et tua 243 personnes. L'Australie n'a jamais été aussi près d'une guerre sur son propre territoire.

Entrée principale du Parliament House

🏛 Parliament House
State Square. 📞 (08) 8946 1425. ⏰ lun.-sam. ⬤ jours fériés. ♿
Bâti au bord de la falaise, le nouveau Parlement inauguré en 1994 possède une architecture qui semble emprunter à la fois au Moyen-Orient et à la Russie. Cet imposant monument abrite les réunions des 33 élus du Territoire du Nord qui administrent moins de 180 000 personnes. Des œuvres aborigènes ornent l'intérieur paré de granite. Les visiteurs peuvent jeter un coup d'œil dans les chambres des représentants et consulter les ouvrages de la bibliothèque la plus riche du Territoire.

Old Police Station and Courthouse

🏛 Government House

The Esplanade. ☎ *(08) 8999 7103.* ♿

Élevé en 1879 sur un petit plateau au-dessus du port, le plus vieil édifice de Darwin a connu différents ajouts, pignons en bois notamment. Il sert de résidence à l'administrateur du Territoire qui représente la reine et le Commonwealth d'Australie.

🏛 Admiralty House

Angle de Knuckey St et de the Esplanade.

En face du Lyons Cottage se dresse un autre édifice épargné par le cyclone Tracy : l'ancienne Amirauté qui abrita jadis le quartier général de la flotte australienne. Dessinée dans les années trente par l'architecte le plus marquant du Territoire, Beni Carr Glynn Burnett, elle possède un élégant style tropical avec ses jalousies, ses avant-toits et ses murs ouverts facilitant l'aération.

🏛 Stokes Hill Wharf

McMinn St. ♿

Cette longue jetée en bois qui s'enfonce dans le port ne sert plus au déchargement des marchandises mais porte désormais des boutiques, des bars et des restaurants. Des bateaux et des hydravions de promenade en partent.

À l'entrée du quai, l'excellent Indo-Pacific Marine présente des écosystèmes coralliens reconstitués en aquariums. Dans le même bâtiment, l'Australian Pearling Exhibition illustre l'histoire et les techniques de la culture des perles dans la région.

Mode d'emploi

👥 *78 000.* ✈ *Darwin Airport, 15 km au S.-E. de la ville.* 🚌 *Harry Chan Ave, centres commerciaux de Casuarina et Palmerston.* ⛴ *Cullen Bay Marina.* ℹ *38 Mitchell St (08) 8936 2499.* 🎭 *Festival of Darwin (août).*

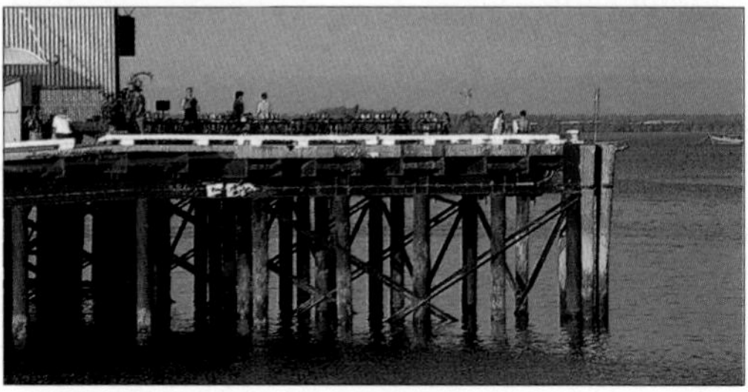

Restaurant à la pointe du Stokes Hill Wharf

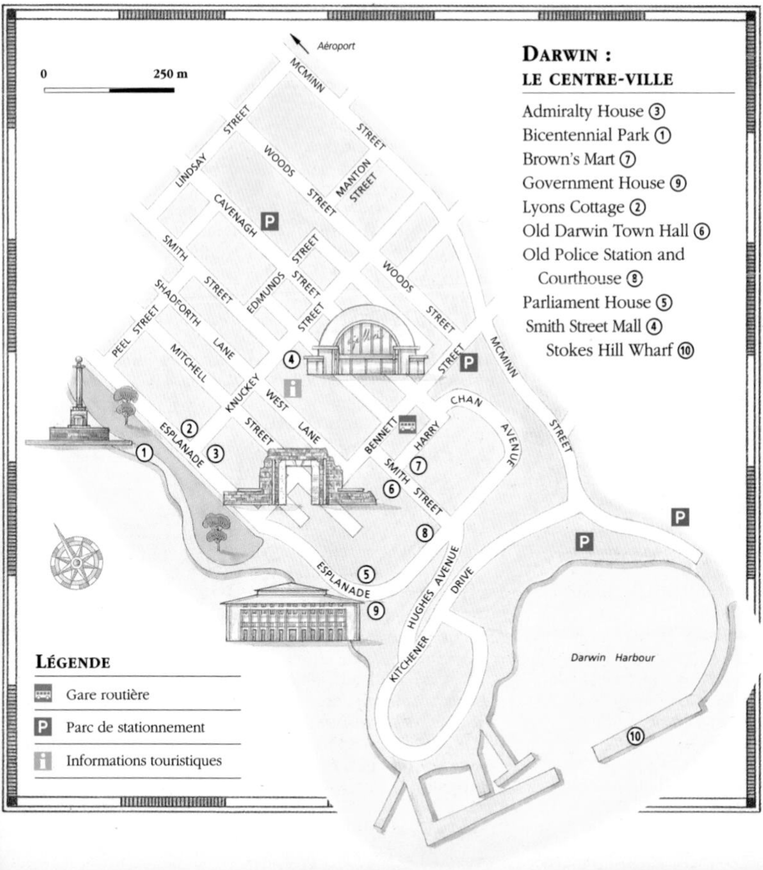
Aéroport
0
250 m
MCMINN STREET
LINDSAY STREET
WOODS STREET
MANTON STREET
CAVENAGH STREET
SMITH STREET
EDMUNDS STREET
SHADFORTH LANE
PEEL STREET
MITCHELL STREET
KNUCKEY STREET
WEST LANE
BENNETT STREET
HARRY CHAN AVENUE
ESPLANADE
HUGHES AVENUE
KITCHENER DRIVE
Darwin Harbour
DARWIN : LE CENTRE-VILLE
Admiralty House [3]
Bicentennial Park [1]
Brown's Mart [7]
Government House [9]
Lyons Cottage [2]
Old Darwin Town Hall [6]
Old Police Station and Courthouse [8]
Parliament House [5]
Smith Street Mall [4]
Stokes Hill Wharf [10]
LÉGENDE
🚌 Gare routière
[P] Parc de stationnement
ℹ Informations touristiques

Le Grand Darwin

**Œuf d'émeu
décoré**

L a plupart des sites sont situés à une courte distance du centre en voiture. Le Tour Tub, un bus ouvert qui passe par les principaux hôtels, en fait le tour lors d'un circuit d'une heure. Un forfait permet de l'utiliser en toute liberté. Hors de l'agglomération, à côté des vergers de manguiers et des *cattle stations* (fermes d'élevage), *bush* et marais protégés par des réserves naturelles se prêtent à la promenade, à la pêche et à la baignade.

Poisson venant se faire nourrir à Aquascene

🐟 Aquascene

Doctor's Gully, angle de Daly St et de the Esplanade. 🕻 (08) 8981 7837. ◯ t.l.j. à marée haute. ● 25 déc. ⅙
Depuis les années cinquante, des poissons viennent par centaines à marée haute (horaire variable d'un jour à l'autre) se repaître du pain sec jeté au Doctor's Gully. Les visiteurs d'Aquascene peuvent ainsi jouer avec mulets et *milkfish*.

Étal de spécialités exotiques aux
Mindil Beach Sunset Markets

🎪 Mindil Beach Sunset Markets

Mindil Beach. 🕻 (08) 8981 3454. ◯ avr.-oct., jeu. ; juin-sept., dim. ⅙
Les soirs de marché à Mindil Beach, les habitants de Darwin viennent déguster des spécialités exotiques, proposées par plus de soixante éventaires, en regardant le coucher du soleil sur le port.

🌿 Botanic Gardens

Geranium St, Stuart Park. 🕻 (08) 8981 1958. ◯ t.l.j. ⅙ limité.
À la sortie nord de la ville, ces jardins de 42 ha renferment plus de 1 500 espèces végétales tropicales, des palétuviers et une collection de 400 variétés de palmiers, entre autres.

⚔ East Point Military Museum and Fannie Bay Gaol

East Point Rd, East Point. 🕻 (08) 8981 9702. ◯ 9 h 30-17 h, t.l.j. ● ven. saint, 25 déc. ⅙ ⅙
Des wallabies broutent au crépuscule dans l'agréable East Point Reserve qui abrite un lac artificiel idéal pour la baignade, ainsi qu'un musée militaire. La prison de Fannie Bay, en service de 1883 à 1979, fut transformée en musée.

🏛 Australian Aviation Heritage Centre

557 Stuart Hwy, Winnellie. 🕻 (08) 8947 2145. ◯ t.l.j. ● 25 déc. ⅙
Ce musée de l'aviation occupe un vaste hangar à Winnellie, à 6 km du centre de Darwin sur la Stuart Highway. L'un des deux seuls bombardiers B-52 exposés hors des États-Unis domine divers avions historiques et de guerre.

🦘 Territory Wildlife Park et Berry Springs Nature Reserve

Cox Peninsula Rd, Berry Springs. 🕻 (08) 8988 7200. ◯ t.l.j. ● 25 déc. ⅙ ⅙
À seulement 70 km de Darwin, près de la ville de Berry Springs, le Territory Wildlife Park présente des centaines d'animaux australiens dans un cadre naturel. Non loin, dans la Berry Springs Nature Reserve, de profonds bassins bordés d'arbres se prêtent à la baignade.

🦘 Howard Springs Nature Park

Howard Springs Rd. 🕻 (08) 8983 1001. ◯ t.l.j. ⅙ limité.
Des bassins alimentés par des sources et peuplés de barramundi et de tortues permettent de se baigner en toute sécurité dans ce parc naturel situé à 25 km de Darwin. C'est un lieu enchanteur pour se rafraîchir et pique-niquer après une longue et chaude journée.

LE CYCLONE TRACY

Le soir de la veille de Noël 1974, un bulletin météo avertit que le cyclone baptisé Tracy se dirigeait vers Darwin. Des pluies torrentielles s'abattirent et l'anémomètre de l'aéroport ne put résister aux rafales de vent qui atteignirent une vitesse record de 280 km/h. Au matin, on dénombra 66 morts et des milliers de blessés. 95 % des édifices étaient détruits et un pont aérien transporta plus de 30 000 personnes dans le sud, la plus grosse évacuation de l'histoire de l'Australie. Depuis, la ville s'est relevée de ses ruines.

Après le passage de Tracy

Le Museum and Art Gallery of the Northern Territory

Ce musée présente dans un bâtiment lumineux une collection d'art aborigène considérée comme la plus belle du monde. Elle comprend en particulier de superbes sculptures et peintures sur écorce. D'autres sections présentent l'histoire maritime, l'art visuel et l'histoire naturelle. À noter, l'exposition du cyclone Tracy, effrayante, et celle de l'évolution de la curieuse vie sauvage de la région de Top End comprenant le très populaire « Sweetheart », un crocodile empaillé de 5 m de long.

MODE D'EMPLOI

Conacher St. [(08) 8999 8201.
4, 5. 9 h-17 h, lun-ven. ;
10 h-17 h, sam. et dim. ven.
saint, 25 déc.

LÉGENDE

- Art aborigène
- Sciences naturelles
- Cyclone Tracy
- Arts plastiques
- Artisanat
- Histoire maritime
- Expositions temporaires
- Circulations et services

★ **L'Aboriginal Art Gallery**
Des notices explicatives décrivent les modes de vie et les récits de la création des tribus aborigènes locales et aident à replacer les objets exposés dans leur contexte culturel.

Niveau supérieur

Rez-de-chaussée

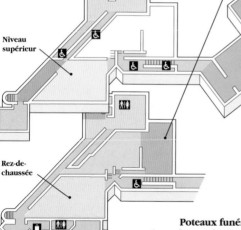

rée

Poteaux funéraires
Ces sculptures de cérémonies funéraires exposées dans le jardin du musée sont typiques de la culture tiwi des îles Melville et Bathurst (p. 266).

Façade du Museum and Art Gallery
Situé à 4 km au nord du centre de Darwin, l'élégant bâtiment qui abrite le musée domine Fannie Bay.

À NE PAS MANQUER

★ **L'Aboriginal Art Gallery**

Artisan tiwi au travail sur Bathurst Island

Îles Melville et Bathurst ❷

✕ ℹ *Tiwi Tours (08) 8924 1115.*

À 80 km au nord de Darwin, Melville Island, la plus grande île australienne après la Tasmanie, est avec Bathurst, sa voisine plus petite, la terre ancestrale des Aborigènes tiwi. Jusqu'au XXᵉ siècle, ceux-ci entretinrent peu de contacts avec les habitants du continent et développèrent une culture originale.

Des forêts luxuriantes, des plages de sable et des eaux limpides font de ces îles un paradis tropical, mais l'obligation, pour les touristes, d'obtenir un permis d'accès *(p. 254)* rend quasiment obligatoire de passer par une agence de voyages organisés si l'on veut les découvrir. De mai à octobre, des excursions d'une journée permettent de visiter des centres artisanaux, des ateliers de batik et un site funéraire *pukumani* planté de poteaux peints.

Cobourg Peninsula ❸

ℹ *Darwin (08) 8936 2499.*

La péninsule de Cobourg, l'une des régions les plus isolées d'Australie, n'est accessible par voie de terre que pendant la saison sèche, avec un véhicule tout-terrain

et à condition d'avoir obtenu l'autorisation (à demander très longtemps à l'avance) de traverser l'Arnhem Land aborigène *(p. 254)* pour rejoindre le Gurig National Park. Cette vaste réserve naturelle entoure la profonde baie de Port Essington où deux tentatives d'implantations britanniques échouèrent au début du XIXᵉ siècle à cause de la malaria et de l'hostilité des tribus locales. On peut rallier les ruines de la colonie de Victoria en bateau depuis Smith Point, qui comprend une piste d'atterrissage, un camping et des bungalows. Inaccessible par voie de terre, le Seven Spirit Bay Wilderness Lodge *(p. 476)*, que l'on peut rejoindre en avion depuis Darwin, offre un hébergement de grand luxe.

Kakadu National Park ❹

Voir p. 268-269.

Litchfield National Park ❺

🚗 *Batchelor.* ℹ *National Parks and Wildlife Commission for Northern Territory (08) 8976 0282.*

Ce vaste parc national est très apprécié des habitants de Darwin car il ne se trouve qu'à 140 km au sud de leur ville. Il renferme de denses forêts pluviales, des cascades, des gorges et, aux Florence Falls, Wangi Falls et

Termitière « magnétique » du Litchfield National Park

Buley Rockhole, des bassins profonds où l'absence de crocodiles permet de se baigner en sécurité. On y voit également des termitières géantes dites « magnétiques » car elles tournent une pointe vers le nord pour limiter leur exposition au soleil. Plus au sud, les blocs de grès de la Lost City (Cité perdue) ressemblent à des ruines.

Katherine ❻

🚶 *11 000.* ✕ 🏨 🚌 ℹ *Angle de Stuart Hwy et Lindsay St (08) 8972 2650.*

Le bourg de Katherine, sur la rivière du même nom à 300 km au sud de Darwin, est à la fois un pôle régional animé et une importante destination touristique du Top End. La colonisation européenne de la région, terre ancestrale des Aborigènes jawoyn, ne commença qu'à partir de 1878 et l'achèvement de l'Overland Telegraph. Le premier éleveur qui s'installa, Alfred Giles, bâtit sa demeure, Springvale, au bord de la Katherine River à 8 km au sud-ouest de la ville actuelle. Aujourd'hui dotée d'un camping, ce serait la plus ancienne *cattle station* du Territoire du Nord.

À 30 km à l'est de Katherine commence le célèbre **Nitmiluk (Katherine Gorge) National Park.** Treize gorges taillées en enfilade dans un plateau de grès rouge vieux de 1 650 millions d'années y forment un impressionnant ravin sur le cours de la Katherine River. Canoë et bateau offrent les meilleurs moyens de découvrir ces défilés ornés de peintures rupestres. Neuf d'entre eux sont navigables en canoë et il est possible de camper. Propriétaires du parc qu'ils gèrent avec la Parks and Wildlife Commission du Territoire du Nord, les Jawoyn proposent des promenades en bateau. Baignades et courtes marches agrémentent les escales.

Le parc recèle aussi 100 km de sentiers balisés, depuis une promenade spectaculaire mais

Chute d'eau supérieure des Edith Falls dans le Nitmiluk (Katherine Gorge) National Park près de Katherine

aisée menant à un belvédère jusqu'à une randonnée de cinq jours et 72 km conduisant aux charmantes Edith Falls, chutes d'eau que l'on peut aussi atteindre en voiture depuis la Stuart Highway.

AUX ENVIRONS
À 25 km au sud de Katherine, les grottes calcaires de Cutta Cutta creusées il y a cinq millions d'années à 15 m sous la surface servent de refuge au rhinolophe orange, une chauve-souris menacée de disparition, et à un serpent, le *cerverus rhynchops*.

Plus loin sur la Stuart Highway, à 110 km de Katherine, le village de Mataranka se trouve au cœur d'une région que célébra la pionnière Jeannie Gunn dans son roman paru en 1908 : *We of the Never Never*. Elle y décrit la vie au tournant du siècle dans l'Elsey Station voisine. Son titre, « Nous, du Jamais-Jamais », fait référence à l'amour que portaient ses

Limestone Gorge, Gregory National Park

habitants à une terre qu'ils ne pensaient jamais, jamais, pouvoir quitter.

À environ 8 km à l'est de Mataranka, les visiteurs de l'Elsey National Park peuvent se baigner en pleine forêt pluviale dans les eaux chaudes de la Mataranka Thermal Pool issues des Rainbow Springs. La **Mataranka Homestead** voisine est une réplique de l'Elsey Station de Jeannie Gunn construite en 1981 pour l'adaptation de son livre au cinéma.

🏠 **Mataranka Homestead**
📞 *(08) 8975 4544.* ⭕ *t.l.j.*

Gregory National Park ❼

📷 *Timber Creek.* ℹ️ *Timber Creek (08) 8975 0888.* ⭕ *7 h-16 h, lun.-ven.*

Une terre aborigène la divise en deux parties. La partie la plus à l'est renferme 50 km des gorges de la Victoria River.

La partie occidentale du parc, la plus importante, permet d'effectuer d'excitantes promenades en bateau à la recherche de crocodiles. À l'ouest, de hautes falaises dominent la magnifique Limestone Gorge appréciée des pêcheurs.

Sentier de randonnée longeant un escarpement du Keep River Park

Keep River National Park ❽

ℹ️ *Victoria Hwy (08) 9167 8827.* ⭕ *avr.-sept. ; t.l.j. ; oct.-mars : lun.-ven.*

Situé à seulement 3 km de la frontière de l'Australie-Occidentale, le parc national qui protège les gorges de la Keep River renferme des sites d'art rupestre parmi les plus anciens du continent. Le parc, jadis l'emplacement d'un village aborigène, offre de superbes sentiers de randonnée pour tous les niveaux.

Le Kakadu National Park ❹

**Calendrier aborigène
au Bowali Visitor's Centre**

Le plus vaste parc national d'Australie, d'une superficie de près de 20 000 km² est situé sur des terres qui appartiennent aux Aborigènes même s'ils en laissent la gestion au gouvernement. Le parc national protège tant de richesses naturelles et culturelles (milliers de peintures rupestres) qu'il a été inscrit au Patrimoine mondial de l'Unesco *(p. 22-23)*. Escarpements de grès rouges, cascades, forêt tropicale, mangrove, bras morts de rivière *(billabongs)*, plaines inondables, ces paysages d'une rare variété abritent des milliers d'animaux aisés à observer en saison sèche *(dry)*. En revanche, la saison humide, le *wet*, rend inaccessibles certaines parties du parc.

Yellow Water
Une promenade en bateau dans le marais de Yellow Water, qui regorge de nénuphars, crocodiles, martins-pêcheurs et échassiers, montre Kakadu dans toute sa splendeur.

FLORE ET FAUNE DU KAKADU NATIONAL PARK

Plus d'un tiers des espèces d'oiseaux recensées en Australie vivent à Kakadu, à l'instar de plus de 60 espèces de mammifères, 75 espèces de reptiles, 1 200 espèces de végétaux et au moins 10 000 espèces d'insectes. Environ 10 % des espèces d'oiseaux n'ont pas de représentants connus hors du parc. Les oies-pies *(anseranus semipalmata)* sont particulièrement nombreuses.

**Le jabiru vit près des points
d'eau en saison sèche**

Gunlom Waterhole
Moins visitée et plus sèche, la partie sud du parc n'en recèle pas moins des lieux magiques, tel ce bassin, demeure du serpent arc-en-ciel dans les légendes aborigènes.

Les Guluyambi Cultural Cruises emmènent les visiteurs sur l'East Alligator River accompagnés de guides aborigènes.

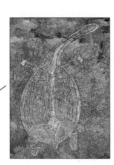

MODE D'EMPLOI

Hwy 36. ■ *Visitors' Centre, Kakadu Hwy, 2,5 km au S. de Jabiru (08) 8938 1100.*

Ubirr Rock
Ce rocher porte de nombreuses peintures aborigènes, certaines sont vieilles de plus de 20 000 ans.

Oenpelli, petite communauté aborigène hors du parc, peut se visiter dans le cadre de promenades organisées.

Le village de Jabiru possède des hôtels et un camping.

Ranger Uranium Mine
La mine est sous haute surveillance pour garantir que les valeurs culturelles et naturelles du parc ne soient endommagées.

Bowali Visitors'Centre
Ce centre d'accueil propose d'excellentes expositions sur la géologie, la faune et la culture aborigène de Kakadu.

Légende

▬	*Highway*
▬	Route principale
- -	Tout-terrain seulement
—	Limite du parc
⛽	Station-service
Ⓐ	Camping
ℹ	Informations touristiques
⚘	Point de vue

Nourlangie Rock
Les peintures de ce riche site comprennent des images de Namarrgon, l'homme-foudre (p. 254).

Twin Falls
Cette cascade qui dévale d'un plateau jusque dans de profonds bassins prend toute sa force après la saison des pluies.

0   20 km

LE RED CENTRE

L e « Centre rouge » s'étend approximativement de Tennant Creek
à la frontière de l'Australie-Méridionale. Il se compose
principalement d'immenses déserts et mérite bien son nom,
partout le rouge domine : sable, sols, rochers et montagnes rouges se
détachent contre un ciel d'un bleu électrique. Sa ville principale, Alice
Springs, occupe le centre géographique du continent.

Certains des plus beaux décors naturels du monde commencèrent à se former il y a 800 millions d'années alors qu'une mer intérieure couvrait le centre de l'Australie. L'érosion des sédiments a permis l'apparition des reliefs les plus célèbres de la région tels le monolithe Uluru (Ayers Rock), les formations rocheuses de Kata Tjuta (ou Olgas), les Devil's Marbles (Billes du diable) et les MacDonnell Ranges creusés de ravins. Entre ces sites s'ouvrent de vastes plaines arides où de rares pluies peuvent brièvement faire s'épanouir une végétation foisonnante à côté de squelettes blanchis.

Les Aborigènes peuplent la région depuis plus de 30 000 ans et entretiennent de nombreuses traditions ancestrales, peinture rupestre, entre autres. En comparaison, la présence européenne est très récente. Les premiers explorateurs arrivèrent dans les années 1860. Fondée en 1888, Alice Springs est devenue une ville moderne, animée et touristique. Pourtant la cité resta un modeste avant-poste jusqu'à la construction, pendant la Seconde Guerre mondiale, d'une route revêtue : la Stuart Highway. Elle relie Darwin à la côte sud et passe par la seule autre bourgade de quelque importance du Red Centre, Tennant Creek.

Les Aborigènes ont récupéré la propriété d'une grande partie du Territoire du Nord et il faut un permis pour pénétrer sur leurs terres. Nombre d'entre eux se sont toutefois investis dans le tourisme, permettant aux nombreux visiteurs d'approcher et de mieux connaître leur culture.

Promenade à dos de dromadaire près d'Alice Springs

◁ Le monolithe Uluru, site sacré pour les Aborigènes

À la découverte du Red Centre

L a meilleure saison pour découvrir le Red Centre dure d'avril à octobre, car en été la température peut atteindre 45 °C. Attention cependant à la fraîcheur des nuits dans le désert. En dehors de la ville d'Alice Springs, il n'existe que deux villages, Yulara (près d'Uluṟu) et Tennant Creek. Alice Springs se niche dans un creux des MacDonnell Ranges, longue arête rocheuse courant d'est en ouest et culminant à 1 511 m d'altitude. D'immenses plaines arides occupent presque tout le reste du terrain. Les rivières ne coulent pour la plupart qu'une fois ou deux par an.

● **KALKARINGI**

96

9

TANAMI DESERT

Lander River

L'Olga Gorge dans l'Uluṟu-Kata Tjuṯa National Park

5

Lake Macdonald

5

VOIR AUSSI

• *Hébergement* p. 478-479

• *Restaurants* p. 510-511

LÉGENDE

▨	*Highway*
▬	Route principale
▨	Route secondaire
▬	Parcours pittoresque
∽	Cours d'eau
☆	Point de vue

MACDONNELL ❹ RANGES

Lake Neale

❼ KINGS CANYON

HENBURY METEOR CONSERVATION RESE

ULURU-KATA TJUTA NATIONAL PARK

Lake Amadeus

❽

4

ERLD

LE RED CENTRE
D'UN COUP D'ŒIL

Décor mural d'un centre commercial d'Alice Springs

0   100 km

↑ *Darwin*

❻ TENNANT CREEK

87
66

❺
DEVIL'S
MARBLES
CONSERVATION
RESERVE

14

Bundey River

12

Marshall River

❶ ALICE SPRINGS

CHAMBERS PILLAR
HISTORICAL RESERVE

CIRCULER

Des lignes aériennes intérieures desservent Alice Springs et Yulara et des autocars relient la région à toutes les capitales d'État. Un train historique, le Ghan *(p. 275),* circule entre Alice Springs et Adélaïde. Le meilleur moyen de découvrir le Red Centre reste néanmoins la voiture et il existe de nombreuses agences de location. Si un véhicule normal permet de rejoindre la majorité des sites, un tout-terrain offrira plus de liberté. Un large choix d'excursions guidées est également disponible. Principale voie de communication, la Stuart Highway court du nord au sud de Darwin à Port Augusta. Alice Springs possède bus, taxis et loueurs de bicyclettes, mais les courtes distances qui séparent ses monuments intéressants permettent également de parcourir la ville à pied.

Fleurs du désert dans le Simpsons Gap, près d'Alice Springs

Alice Springs ❶

D'abord baptisée Stuart, l'unique véritable ville du Red Centre se développa à partir de 1888 près d'un relais de l'Overland Telegraph bâti quelques années plus tôt à côté d'un trou d'eau permanent. Celui-ci devint la « source d'Alice » en l'honneur de l'épouse du responsable de la construction de la ligne, Charles Todd. Isolée au cœur du désert, la ville ne grandit que lentement jusqu'au boom touristique des années soixante-dix. Alice Springs accueille désormais chaque année près de 400 000 visiteurs qui viennent découvrir les merveilles naturelles qui l'entourent.

À la découverte d'Alice Springs

Le centre d'Alice Springs ne compte que quelques pâtés de maisons entre Wills Terrace au nord et Stuart Terrace au sud, mais il renferme la plupart des hôtels et des restaurants de la ville, ainsi que le centre commercial piétonnier du Todd Mall. À l'est, le lit de la Todd River, asséché la majeure partie de l'année, accueille en septembre la célèbre Henley-on-Todd Regatta *(p. 36)*.

Fragment de météorite au Museum of Central Australia

🏔 Anzac Hill

West Terrace. ♿
Cette colline qui s'élève au nord de Wills Terrace porte un monument aux morts datant de 1934 et offre un point de vue d'Alice Springs qui permet de se familiariser avec la disposition de la ville. La lumière au coucher et au lever du soleil rend le panorama des MacDonnell Ranges *(p. 276)* et du désert particulièrement beau.

🏛 Museum of Central Australia

Alice Plaza Building, Todd St. ☎ (08) 8951 5335. ◯ t.l.j. ● ven. saint, 25 déc. ⬛ ♿
Installé dans l'Alice Plaza et réputé pour ses fossiles et ses météorites, ce musée qui possède une collection d'objets aborigènes est surtout consacré à la géologie, la flore et la faune de la région.

🚽 Adelaide House

Todd Mall. ☎ (08) 8952 1856. ◯ lun.-sam. ● ven. saint. ⬛ ♿
Dessiné par le révérend John Flynn qui fonda le Royal Flying Doctor Service *(p. 249)*, le premier hôpital ouvrit en 1926. C'est désormais un musée dédié à la mémoire du pasteur.

🚽 Old Courthouse

Angle de Parsons St et de Hartley St. ☎ (08) 8952 9006. ◯ 10 h-17 h, t.l.j. ● mi-déc.-1er fév. **Contribution.** ♿
Bâti en 1928 par Emil Martin, l'architecte qui construisit aussi la Residency, l'ancien tribunal resta en fonction jusqu'en

1980. Récemment restauré, l'édifice abrite une exposition consacrée aux accomplissements des pionnières australiennes, le Pioneer Women's Hall of Fame.

Stuart Town Gaol

🚽 Stuart Town Gaol

Parsons St. ☎ (08) 8952 4516. ◯ lun.-sam. ● jours fériés. ⬛ ♿
Ouvert au public, le plus vieux bâtiment du centre d'Alice Springs est une prison. Elle fonctionna de 1909 jusqu'à l'ouverture d'un nouveau centre de détention sur Stuart Terrace en 1938.

🚽 The Residency

29 Parsons St. ☎ (08) 8951 5688. ◯ t.l.j. ● ven. saint, 25 déc. **Contribution.** ♿
Le plus haut fonctionnaire d'Alice Springs, l'administrateur régional de l'Australie centrale, habita la résidence de 1927 à 1973. La maison restaurée abrite depuis 1996 une exposition consacrée à l'histoire locale.

🏛 Panorama Guth

65 Hartley St. ☎ (08) 8952 2013. ◯ mars-nov. : t.l.j. ; déc.-fév. : lun.-sam. ● 25 déc. ⬛
Ce panneau peint par Hendrik Guth, artiste né aux Pays-Bas qui vécut trente ans dans la ville, forme un cylindre de 18 m de diamètre et montre les principales attractions du Red Centre. Des objets aborigènes le complètent.

🚽 Alice Springs Telegraph Station Historical Reserve

Stuart Hwy. ☎ (08) 8952 3993. ◯ t.l.j. ● 25 déc. ⬛ ♿
Sur le site de la première implantation blanche d'Alice Springs subsistent les

Le centre d'Alice Springs vu du sommet de l'Anzac Hill

bâtiments et l'équipement du relais de télégraphe bâti en 1871. Un petit musée en décrit l'aménagement. De juin à août, un diaporama est diffusé le soir au coin du feu.

Alice Springs Desert Park

Larapinta Drive. ☎ *(08) 8951 8788.* ○ *7 h 30-18 h, t.l.j.* ● *25 déc.* 🎟 ♿

Ce parc zoologique installé à la sortie ouest de la ville permet d'observer de près nombre des oiseaux et animaux de l'Australie centrale dans trois habitats reconstitués : rivière du désert, dunes de sable et bois.

Old Ghan Train Museum

MacDonnell Siding. ☎ *(08) 8955 5047.* ○ *t.l.j.* ● *ven. saint, 25 déc.* 🎟 ♿

Au sud du centre-ville, une riche collection de souvenirs évoque les grandes heures du premier Ghan, le train qui relia Adélaïde à Alice Springs à partir de 1929. Il doit son nom aux Afghans dont les dromadaires permettaient de finir le voyage avant l'achèvement de la ligne.

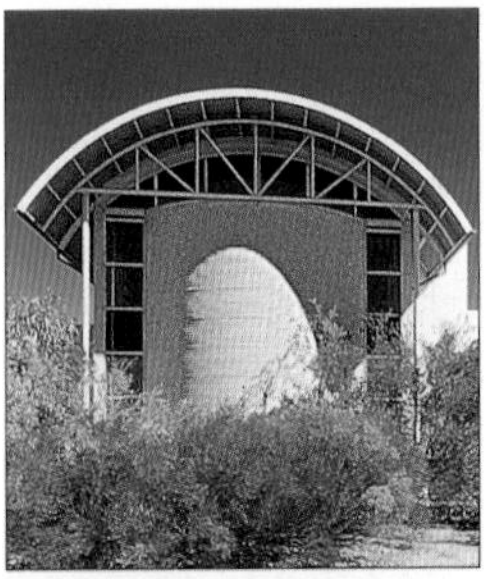

Façade moderne du Strehlow Research Centre

Strehlow Research Centre

Angle de Larapinta Drive et de Memorial Ave. ☎ *(08) 8951 8000.* ○ *10 h-17 h, t.l.j.* ● *1er janv., ven. saint, 25 déc.* 🎟 ♿

Dédié à l'anthropologue Ted Strehlow (1908-1978), ce centre possède le plus bel ensemble d'objets aborigènes rares d'Australie. Diplômé de l'université d'Adélaïde en 1931, Strehlow revint étudier la tribu aranda dont les terres entouraient à l'ouest d'Alice Springs Hermannsburg Mission où il était né. Sensibles à la menace qui pesait sur leur mode de vie, des anciens lui demandèrent d'enregistrer des rituels secrets et de garder des objets sacrés. Des tabous interdisent d'exposer beaucoup de ces derniers et ils sont conservés dans une crypte.

Mode d'emploi

👥 *27 000.* ✈ *14 km au S. de la ville.* 🚆 *George Crescent.* ℹ *Gregory Terrace (08) 8952 5800.* 🎉 *Henley-on-Todd Regatta (oct) ; Camel Cup (juil.).*

Château Hornsby Winery

Petricks Rd. ☎ *(08) 8955 5133.* ○ *10 h-17 h, t.l.j.* ● *janv.-fév.* 🎟 *pour déguster.* ♿

L'unique domaine viticole de l'Australie centrale a ouvert à 15 km au sud d'Alice Springs en 1974. L'irrigation permet d'y cultiver cinq cépages différents. Populaire, la cave comprend un restaurant et accueille des musiciens de jazz le dimanche après-midi.

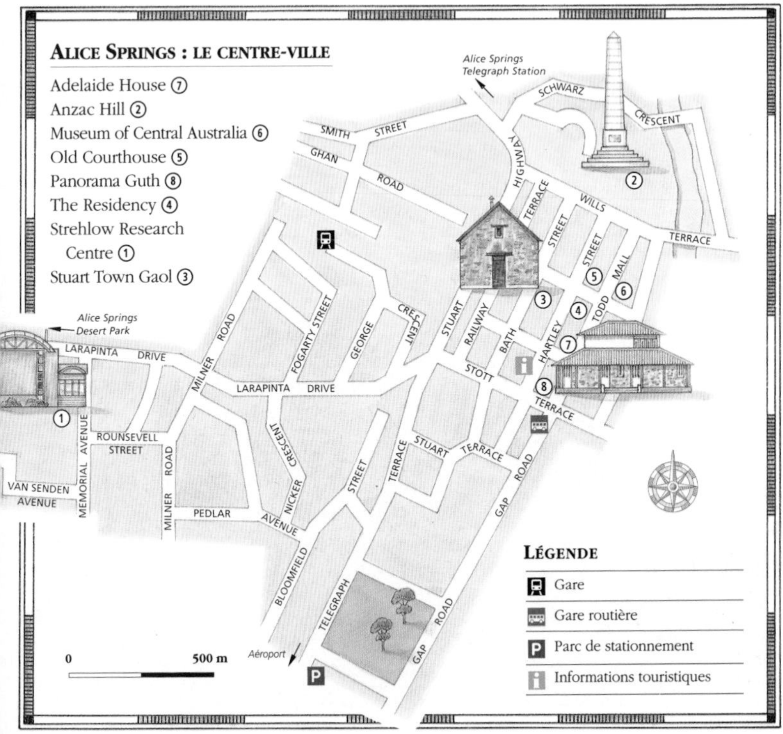
ALICE SPRINGS : LE CENTRE-VILLE
Adelaide House 7
Anzac Hill 2
Museum of Central Australia 6
Old Courthouse 5
Panorama Guth 8
The Residency 4
Strehlow Research Centre 1
Stuart Town Gaol 3
Alice Springs Telegraph Station
Alice Springs Desert Park
Aéroport
0 500 m
LÉGENDE
Gare
Gare routière
Parc de stationnement
Informations touristiques

Chambers Pillar Historical Reserve ❷

☏ *(08) 8951 8211.* ▣ *Alice Springs.*
▣ *Alice Springs.* ✓

D ans un site accessible uniquement en 4 × 4 à 160 km au sud d'Alice Springs, l'érosion a dégagé cet obélisque, site sacré pour les Aborigènes, formé de grès rouge et jaune qui se déposa il y a plus de 350 millions d'années *(p. 253)*.

Haut de 50 m, il servit de point de repère aux premiers explorateurs de la région et nombre d'entre eux, tel John Ross en 1870, gravèrent à sa base leur nom et la date de leur passage.

Henbury Meteorites Conservation Reserve ❸

☏ *(08) 8951 8211.* ▣ *Alice Springs.*
▣ *Alice Springs.* ✓

C 'est la chute d'une météorite qui, il y a des milliers d'années, creusa ce groupe de douze cratères à 147 km au sud-ouest d'Alice Springs. Des Aborigènes assistèrent sans doute à l'événement car l'un des noms qu'ils donnent au site suggère la chute d'un rocher ardent. Sur le sentier qui fait le tour des cratères (le plus grand mesure 180 m de diamètre et 6 m de profondeur), des panneaux signalent tous les points intéressants. Fouiller est interdit. Il ne reste de toute façon plus de fragments de météorite.

La Palm Valley, poche de verdure dans les MacDonnell Ranges

MacDonnell Ranges ❹

▣ *Alice Springs.* ▣ *Alice Springs.*
🛈 *Alice Springs (08) 8952 5800.*
Simpsons Gap ◯ *t.l.j.* ♿ **Standley Chasm** ◯ *t.l.j.* ♿

L es MacDonnell Ranges s'étendent d'ouest en est de part et d'autre d'Alice Springs et culminent à 1 511 m d'altitude. Ce sont les seules montagnes qui subsistent d'une chaîne jadis aussi imposante que l'Himalaya. Le massif garde dans ses plis les traces de mouvements géologiques qui eurent lieu il y a 300 millions d'années, et défilés, trous d'eau et sentiers de randonnée permettent d'agréables promenades d'une journée.

Dans les West MacDonnells, à 7 km d'Alice Springs, le John Flynn's Memorial Grave rend hommage au pasteur presbytérien qui fonda le corps des médecins volants *(p. 249)*. Le **Simpsons Gap,** 10 km plus loin, est la première d'une série de jolies gorges entaillant le massif. Elle abrite des plantes rares. Non loin, l'étroit **Stanley Chasm** présente un aspect plus spectaculaire avec ses parois abruptes d'un rouge ardent sous le soleil de midi.

Profond de 18 m, le trou d'eau permanent de l'Ellery Creek Big Hole permet des baignades rafraîchissantes. La Serpentine Gorge, 20 km plus à l'ouest, doit elle aussi sa formation à une rivière asséchée. Un sentier conduit à un belvédère qui ménage une belle vue de son parcours sinueux. Dominant l'Ormiston Creek, les parois hautes de 300 m de l'Ormiston Gorge offrent un spectacle saisissant. C'est une double couche de quartzite littéralement repliée sur elle-même qui leur donne cette hauteur.

Larapinta Drive conduit à la petite communauté aborigène de Hermannsburg, presque entièrement contenue dans le **Hermansburg Historic Precinct** qui protège l'ancienne mission luthérienne fondée qui ce site au xixᵉ siècle. C'est là que commença à travailler Albert Namatjira (1902-1959), le premier artiste aborigène reconnu. À 20 km au sud, le **Finke Gorge National Park** renferme une étrange oasis au cœur de terres arides, la Palm Valley où pousse une espèce végétale très ancienne appelée palmier-chou par les Australiens. De

Le site sacré du Corroboree Rock dans les East MacDonnell Ranges près d'Alice Springs

l'autre côté d'Alice Springs, les East MacDonnells recèlent quelques superbes sites accessibles par la Ross Highway. Un défilé proche de la ville, l'Emily Gap, joue un rôle important dans les mythes des Aborigènes aranda qui ont orné sa face orientale de peintures. Plus à l'est, le Corroboree Rock est fendu d'une crevasse qui aurait servi à conserver des objets sacrés. D'agréables sentiers traversent la Trephina Gorge, le plus beau site de cette partie du massif avec ses falaises de quartzite et ses gommiers rouges.

⛫ Hermannsburg Historic Precinct

Larapinta Drive. 📞 (08) 8956 7411. ⏰ t.l.j. ● 25 déc. 🧾 ♿
♣ Finke Gorge National Park

🚌 Alice Springs. 🚍 Alice Springs. 🛈 Alice Springs (08) 8952 5800.

Rochers sphériques des Devil's Marbles

Devil's Marbles Conservation Reserve ➎

📞 (08) 8962 4599. 🚍 Tennant Creek. 🚐 depuis le bureau d'information touristique de Tennant Creek. ♿ 🧾

À environ 100 km au sud de Tennant Creek, le Devil's Marbles Conservation Park protège les « Billes du diable », de gros rochers sphériques en granite rouge éparpillés dans une vallée des Davenport Ranges. La science attribue leur origine à la compression, il y a 1 700 millions d'années, de lave fluide à l'intérieur de l'écorce terrestre. Pour les Aborigènes, c'est le serpent arc-en-ciel qui les a déposés là. Ils offrent un superbe spectacle au coucher du soleil.

Bâtiment de mine à Battery Hill, Tennant Creek

Tennant Creek ➏

🏠 3 500. ✈ 🚍 🛈 Battery Hill Regional Centre, Peko Rd (08) 8962 3388.

Fondée dans les années 1800 lors de la construction d'un relais de l'Overland Telegraph Line, Tennant Creek ne prit un réel essor qu'après la découverte d'or dans la région en 1932. La **Tennant Creek Stamp Battery** est devenue un musée, mais ses machines, qui servaient à broyer le minerai pour en extraire le précieux métal, fonctionnent toujours.

Malgré sa faible population, Tennant Creek est la deuxième ville du Red Centre. À près de 500 km au nord d'Alice Springs, c'est une étape sur la Stuart Highway reliant Darwin à l'Australie-Méridionale. À 5 km, le lac artificiel du Mary Ann Dam permet de se baigner. À 12 km au nord du bourg, la **Telegraph Station** construite en 1874 se visite.

⛫ Tennant Creek Stamp Battery

Battery Hill Regional Centre, Peko Rd. 📞 (08) 8962 3388. ⏰ lun.-sam. ● ven. saint, 25 déc. 🧾 ♿
⛫ Telegraph Station

🛈 Battery Hill Regional Centre, Peko Rd (08) 8962 3388. ♿

Kings Canyon ➐

🚍 Alice Springs. 🚍 Alice Springs, Yulara. 🛈 Alice Springs (08) 8952 5800.

Le Watarrka National Park est riche en trous d'eau et en poches de végétation qui permettent la survie de plus de 600 espèces de plantes, 100 espèces d'oiseaux et 60 espèces de reptiles. L'impressionnant défilé du Kings Canyon creusé par des millions d'années d'érosion a des parois de 100 m de haut. Elles conservent les traces fossilisées de créatures marines disparues depuis longtemps et celles des ondulations d'une ancienne mer.

Plusieurs sentiers pédestres permettent de faire le tour des gorges et de rejoindre sur la crête des points de vue offrant des panoramas à couper le souffle.

Couvert végétal au fond du Kings Canyon

L'Uluru-Kata Tjuta National Park ❽

Moloch épineux

Devenu un emblème de l'Australie, Ayers Rock, le célèbre monolithe rouge qui domine de 348 m une plaine désertique à 460 km au sud-ouest d'Alice Springs, est une merveille de la nature. Ayers Rock est protégé depuis 1958 par un parc national inscrit au Patrimoine mondial de l'Unesco en 1987 *(p. 22-23)*. En 1985, le gouvernement en céda sa propriété aux Aborigènes, pour qui toute la région reste sacrée, et le rocher retrouva son nom ancestral d'Uluru. Loué par les Aborigènes à l'Australian Nature Conservation Agency, l'Uluru-Kata Tjuta National Park, comme son nom l'indique, renferme également Kata Tjuta : les 36 dômes de grès jadis appelés les Olgas. Un excellent centre culturel présente des expositions et des documents audiovisuels sur le parc et sur les mythes et les coutumes des Aborigènes. À 12 km d'Uluru, le village touristique de Yulara *(p. 241)* ménage un large choix d'hébergements.

Maruku Gallery
Cette galerie aborigène vend de l'artisanat traditionnel et moderne.

Kata Tjuta se trouve à 42 km d'Uluru.

Kata Tjuta
Les Olgas sont vus ici de l'aire qui a été aménagée pour admirer le coucher du soleil. On y trouve aussi de l'eau potable et des panneaux sur la flore et la faune.

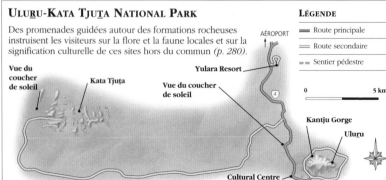

ULURU-KATA TJUTA NATIONAL PARK

Des promenades guidées autour des formations rocheuses instruisent les visiteurs sur la flore et la faune locales et sur la signification culturelle de ces sites hors du commun *(p. 280)*.

LÉGENDE

▬ Route principale
═ Route secondaire
▪▪ Sentier pédestre

0   5 km

Vue du coucher de soleil — Kata Tjuta — Yulara Resort — AÉROPORT — Vue du coucher de soleil — Kantju Gorge — Uluru — Cultural Centre

Olga Gorge

Dans ce joli défilé entre deux des rochers de Kata Tjuta, un sentier conduit au pied d'une falaise à une piscine naturelle et une source.

Uluru est célèbre pour ses changements de couleur, du rouge le matin jusqu'au noir après la pluie.

Wallaby lièvre

Ce petit animal est très important pour les Anangu. Plusieurs sites de la face nord d'Uluru sont pour les Anangu liés à l'une de leurs tribus ancestrales, les Mala ou hommes-wallabies lièvres.

DÉSHYDRATATION DANS LE DÉSERT

L'Uluru-Kata Tjuta National Park se trouve au cœur du vaste désert australien où la température peut dépasser 45 °C en été. Il est recommandé aux visiteurs de se protéger du soleil en portant des chapeaux et des chemises à manches longues et en usant de filtres solaires. Il faut aussi éviter toute activité fatigante entre 10 h et 16 h. Plus important encore, chacun devrait boire un litre d'eau par heure lors d'une marche par grosse chaleur.

La végétation profite dans ce désert des renfoncements abrités où converge l'eau de pluie.

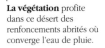

Mala Walk

Une des promenades guidées autour d'Uluru, conduit à Kantju Gorge et son trou d'eau. Les visiteurs doivent marcher en silence dans ces lieux d'une grande importance spirituelle pour les Anangu.

À la découverte de l'Uluru-Kata Tjuta National Park

Panneau à l'entrée de l'Uluru-Kata Tjuta Park

L'arrivée à l'Uluru-Kata Tjuta National Park est un moment impressionnant. On ne peut qu'être émerveillé par le spectacle qu'offre le plus grand monolithe du monde émergeant de la plaine désertique. Non loin, les collines de grès de Kata Tjuta sont tout aussi magiques. Tous ces rochers changent de couleur, de l'orange au violet, selon le moment de la journée. La région mérite qu'on lui consacre deux ou trois jours, le temps de visiter le parc et de mieux connaître sa géologie, sa flore, sa faune et les légendes et traditions qui lient depuis des millénaires les Aborigènes anangu à ces paysages.

Promenade sur la Mala Walk au pied d'Uluru

Scinque à langue bleue prenant le soleil

🐾 Uluru (Ayers Rock)

Long de 3,6 km et large de 2,4 km, Uluru s'élève de 348 m au-dessus du sol plat du désert mais n'est que le sommet d'un gigantesque bloc de grès enfoncé dans le sol. Cette merveille de la nature offre par ses changements de couleur un spectacle extraordinaire au lever et au coucher du soleil. Des promenades commentées autour de sa base expliquent sa valeur aux yeux des Aborigènes.

Le parcours, long de 9,5 km, qui fait le tour complet d'Uluru dure trois heures. Des barrières (à ne pas franchir) protègent en route des sites sacrés.

La Mala Walk (promenade du wallaby lièvre) passe par plusieurs grottes, dont certaines sont ornées de peintures rupestres. Pendant la Liru (serpent) Walk, qui part du centre culturel, les guides aborigènes expliquent l'usage qu'ils font des végétaux dans leur vie quotidienne. La Kuniya (python) Walk conduit au trou d'eau de Mutijulu sur le flanc sud d'Uluru. On peut trouver le détail de toutes ces marches à l'Uluru-Kata Tjuta Cultural Centre.

🐾 Kata Tjuta (The Olgas)

Ce groupe de gros rochers arrondis dont le nom aborigène signifie « beaucoup de têtes » se trouve à 42 km à l'ouest d'Uluru. Le Mount Olga, le plus haut, mesure 546 m. Les monolithes de grès rouge, les défilés et les vallées qui les séparent composent un décor fascinant et incitent à la méditation. Les Anangu lui accordent la même importance spirituelle qu'ils donnent à Uluru même s'ils racontent moins de mythes à son sujet car ceux-ci sont réservés aux initiés.

Il faut environ trois heures pour suivre le sentier de la Valley of the Winds (vallée des vents) qui emprunte plusieurs défilés. Si la température dépasse 36 °C, le sentier est en partie fermé.

Un autre itinéraire remonte la jolie Olga Gorge (Walpa Gorge) jusqu'à la paroi rocheuse qui la ferme au-dessus d'un point d'eau, un site où l'on peut guetter

---

L'ASCENSION D'ULURU

Malgré les chaînes posées au cours des années soixante dans le passage le plus abrupt, le nombre de personnes grimpant sur Uluru diminue chaque année alors que le nombre des visiteurs augmente. Ceux qui s'abstiennent, respectent le souhait des Anangu pour qui l'itinéraire suivi est sacré car leurs ancêtres Mala (hommes-wallabies lièvres) l'empruntaient pour d'importantes cérémonies. Il faut savoir que l'aller-retour prend environ deux heures et qu'il demande une forme physique normale, malgré le panneau avertissant des risques de l'ascencion. Commencez votre ascension à l'aube car elle est interdite dès que la température atteint 36 °C.

Panneau avertissant des dangers de l'ascension

LES ANANGU D'ULURU

Les éléments archéologiques disponibles suggèrent que des Aborigènes peuplaient la région il y au moins 22 000 ans et qu'Uluru et Kata Tjuta jouent depuis longtemps un grand rôle dans les cérémonies et les croyances de plusieurs tribus.

Les deux sites ont pour propriétaires traditionnels les Anangu. Ceux-ci pensent que les rochers doivent leur formation, au temps de la création, aux esprits ancestraux qui leur ont aussi donné les lois, les rites et les coutumes qui règlent toujours leur vie aujourd'hui. En tant que descendants directs de ces esprits, les Anangu se tiennent pour responsables des terres qu'ils ont modelées.

Danse traditionnelle anangu

l'étrange moloch épineux. À l'ouest de Kata Tjuta s'étend un immense désert. Il faut un permis du Central Land Council *(p. 254)* et un véhicule tout-terrain équipé pour s'y risquer.

🏛 Uluru-Kata Tjuta Cultural Centre
Yulara Drive. 📞 *(08) 8956 3138.*
⏰ *t.l.j.* 🎫 ♿
Le centre culturel proche de la base d'Uluru est une excellente introduction au parc. Il mérite amplement une visite avant de partir à la découverte du monolithe et de ses environs. La présentation appelée Nintiringkupai a pour sujet l'histoire et le fonctionnement de l'Uluru-Kata Tjuta National Park et comprend des brochures constamment remises à jour sur les sentiers de randonnée, les sites et les visites guidées. Tjukurpa associe art, son et vidéo pour initier au système complexe de croyances et de règles des Anangu. À la boutique Maruku Arts & Crafts attachée au centre culturel, des artisans travaillent devant les visiteurs et des danseurs et des musiciens viennent se produire. Les peintures traditionnelles, sur écorce et sur toile, racontent des légendes de l'Uluru Tjukurpa.

Ayers Rock Resort
Yulara Drive. 📞 *(08) 8957 7377.*
Le village touristique moderne de Yulara, conçu pour respecter l'environnement, s'étend en plein désert à 20 km au nord d'Uluru, juste à l'extérieur du parc national, et est relativement bien intégré au paysage. Le seul endroit de la région où l'on peut résider *(p. 478-479)*, de l'hôtel cinq étoiles jusqu'au camping et au lit en dortoir en passant par des appartements, accueille chaque année 500 000 personnes.

Le village renferme de nombreux restaurants et fast-food proposant des cuisines variées *(p. 510-511)*. Le centre commercial rassemble un supermarché, une poste, une banque et un marchand de journaux. Une garderie accueille tous les jours les enfants âgés de trois mois à huit ans.

Le bureau d'information abrite une intéressante exposition sur la réserve naturelle et sa géologie, sa flore et sa faune. Vous y trouverez des souvenirs, le permis d'entrée dans le parc et pourrez vous inscrire à des promenades guidées. L'une d'elles, gratuite, sillonne tous les matins à 7 h 30 le superbe jardin de plantes indigènes du Sails in the Desert Hotel *(p. 479)*. L'Amphitheatre présente chaque soir un concert d'une heure de musique aborigène, l'occasion d'entendre des instruments comme le didjeridu. Les mythes stellaires des Anangu, et ceux des Grecs de l'Antiquité, ont inspiré un Night Sky Show. Un cinéma projette des films récents.

Vue aérienne de Yulara Resort et d'Uluru dans le lointain

L'Australie-
Occidentale

L'Australie-Occidentale d'un coup d'œil

L'Australie-Occidentale (Western Australia) est un immense État qui couvre une superficie de 2 500 000 km², soit près de cinq fois celle de la France. Sa population compte cependant moins de deux millions d'habitants dont les quatre cinquièmes vivent dans la capitale : Perth. L'essor du tourisme est récent mais de plus en plus de visiteurs viennent admirer une nature d'une grande beauté : forêts d'eucalyptus géants, montagnes imposantes, tapis de fleurs sauvages et vastes espaces arides aux profonds défilés et formations rocheuses. Sur le littoral, les plages propices au surf abondent, à l'est s'étend un immense désert. Au sud-ouest, les villes qui naquirent sur les champs aurifères, comme Kalgoorlie et Coolgardie, ont conservé de nombreux édifices anciens.

*Le **Shark Bay World Heritage and Marine Park**, au point le plus à l'ouest d'Australie, doit sa popularité aux dauphins qui viennent nager près de la côte (p. 318-319).*

Perth est la capitale d'État la plus isolée et la plus moderne du pays. Située au bord de l'océan, elle possède une atmosphère décontractée (p. 294-299).

Fremantle est aujourd'hui réputée pour ses marchés d'artisanat. Son port connut un âge d'or à la fin du XIXᵉ siècle et reste riche en bâtiments historiques (p. 302-303).

◁ **Vue de Perth la nuit**

Le Karijini National Park *protège dans la région de Pilbara de magnifiques paysages ponctués de ravins et de cascades. La région est très populaire auprès des randonneurs aguerris. Il existe aussi des excursions guidées* (p. 321).

Le Purnululu (Bungle Bungle) National Park *abrite un des sites les plus connus d'Australie pour ses rochers polychromes. Des vols en hélicoptère permettent de découvrir les zones difficiles d'accès* (p. 323).

LE NORD DE
PERTH ET LE
KIMBERLEY
(voir p. 312-323)

Le Wave Rock, *haut de 15 m et long de 110 m, doit son nom de « rocher-vague » à sa forme de déferlante, une illusion que renforcent les traces laissées par le ruissellement d'eau* (p. 310).

PERTH ET LE
SOUTHWEST
(voir p. 290-311)

Kalgoorlie, *ville minière née dans les années 1890 grâce à la découverte d'or, a gardé une partie de son architecture du XIXᵉ siècle* (p. 310).

0   100 km

Les fleurs sauvages de l'Australie-Occidentale

L'élégante patte de kangourou (anigosanthus manglesii) *à la forme évocatrice est devenue l'emblème floral de l'État.*

Au printemps, d'août à novembre, plus de 11 000 variétés de fleurs sauvages s'épanouissent en Australie-Occidentale, créant dans les déserts, les plaines, les champs cultivés et les forêts des tapis multicolores où éclatent rouges, jaunes, roses et bleus.

75 % de ces espèces ne poussent que dans l'État, lui donnant une des plus riches flores du monde avec des plantes aussi remarquables que la patte de kangourou, le *cephalotus* carnivore et des eucalyptus géants comme le jarrah et le karri.

QUANT ET OÙ VOIR LES FLEURS SAUVAGES

Ne manquez pas une promenade, à pied ou en voiture, parmi les tapis de fleurs sauvages de l'Australie-Occidentale. La floraison se fait au printemps mais pas partout au même moment dans ce vaste État. La saison commence ainsi en juillet dans le nord du Pilbara et atteint son point culminant à partir de fin octobre autour des Stirling Ranges et de la côte sud.

Le **cephalotus** (Albany pitcher plant), *l'une des plus grosses plantes carnivores du monde, pousse près des estuaires du sud-ouest où elle piège des insectes dans ses urnes.*

La magnifique **bakea royale** *s'épanouit sur la côte près d'Esperance et dans le Fitzgerald River National Park.*

Des **gommiers** *des Stirling Ranges se couvrent en novembre de fleurs rouges que butinent les abeilles.*

La **caladenia flava** (cowslip orchid), *orchidée aux pétales polychromes, fleurit généralement en octobre dans la spectaculaire région des Stirling Ranges.*

L'Australie-Occidentale compte d'immenses zones arides uniquement couvertes de buissons et de fleurs qui s'épanouissent après la pluie.

De nombreuses fleurs sauvages résistent à un climat très sec.

La **leschenaultia biloba** *d'un bleu profond pousse dans les forêts de jarrahs et dans des terrains plus secs où elle forme des tapis.*

Le baobab, ou boab, est apparenté au baobab africain. Il pousse dans les plaines rocheuses du Kimberley (p. 322-323). Son tronc, qui peut dépasser 20 m de circonférence, est une réserve d'humidité.

Les fleurs prennent toute une gamme de beiges, de roses, de jaunes, d'oranges et de rouges.

LES GÉANTS DES FORÊTS DE L'OUEST

L'Australie-Occidentale possède aussi des arbres qui lui sont propres comme le jarrah et le karri, deux immenses eucalyptus qui poussent dans le sud de l'État. Ils continuent de faire vivre une importante industrie forestière dans le sud-ouest près de Manjimup et Pemberton *(p. 307),* bien que de grandes zones boisées soient devenues des parcs nationaux comme celui de Shannon. Au Walpole-Nornalup National Park, les visiteurs peuvent emprunter une passerelle dans le feuillage.

Les karris *atteignent 85 m de haut. Ils vivent parfois 300 ans et atteignent leur taille maximale au bout d'un siècle.*

IMMORTELLES

Fleurs endémiques, elle forment de vastes tapis dans le sud-est de l'Australie-Occidentale, mais on peut aussi voir dans le nord de la région des immortelles s'étendre à perte de vue depuis la route.

Les immortelles portent ce nom car, même fanées, les fleurs gardent leurs pétales.

La banksie écarlate (p. 422) *fait partie des 41 variétés de banksie de l'Australie-Occidentale, plante répertoriée par le botaniste sir Joseph Banks en 1770.*

Le pois du désert de Sturt (clianthus formosus) *est l'emblème de l'Australie-Méridionale mais prolifère aussi après la pluie dans les zones arides de l'intérieur de l'Australie-Occidentale.*

Le Kimberley

Peinture rupestre

L e Kimberley est resté l'une des régions les plus inaccessibles d'Australie. Il couvre au nord-ouest du continent une superficie de 421 000 km² (les 4/5 de la France) mais possède une population de moins de 25 000 habitants, composée d'une majorité d'Aborigènes. Ses rochers, formés il y a deux milliards d'années, font partie des plus vieux de la planète. Le tourisme commence à s'y développer depuis quelques années.

LES BUNGLE BUNGLES

Curiosités géologiques désormais protégées par le Purnululu National Park *(p. 323),* les étonnants rochers striés du massif de Bungle Bungle attirent les touristes depuis les années quatre-vingt. Des promenades en avion ou en hélicoptère au départ de Kununurra ou Halls Creek permettent de les découvrir. Un véhicule tout-terrain est indispensable pour atteindre le parc et admirer les superbes gorges, les bassins limpides et la riche végétation.

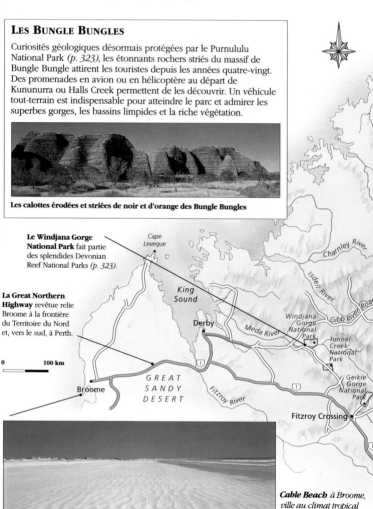

Les calottes érodées et striées de noir et d'orange des Bungle Bungles

Le Windjana Gorge National Park fait partie des splendides Devonian Reef National Parks *(p. 323).*

La Great Northern Highway revêtue relie Broome à la frontière du Territoire du Nord et, vers le sud, à Perth.

0   100 km

Cape Leveque

King Sound

Derby

Windjana Gorge National Park

Gibb River Road

Charnley River

Isdel River

Meda River

Tunnel Creek National Park

Geikie Gorge National Park

Broome

GREAT SANDY DESERT

Fitzroy River

Fitzroy Crossing

Cable Beach *à Broome, ville au climat tropical qui reçoit 50 000 visiteurs par an, invite à la détente avec son sable blanc et ses vagues douces.*

*Les **Cockburn Ranges** dressent leurs falaises de grès au-dessus de la Pentecost River infestée de crocodiles sur la Gibb River Road. Creusé de profondes grottes, le massif possède, comme beaucoup d'autres sites de la région, une grande importance pour les Aborigènes.*

LES ABORIGÈNES DU KIMBERLEY

Selon des légendes, les premiers Aborigènes qui gagnèrent l'Australie arrivèrent près de Broome il y a 200 000 ans. Bien que la science ne confirme pas encore cette hypothèse, le fait que de nombreuses « lignes de chants » *(p. 27)* jalonnées de sites cérémoniels commencent ou finissent près du Kimberley suggère que la région joua un rôle central dans la colonisation du territoire australien.

La population de la région reste aux deux tiers aborigène. Les communautés conservent une des cultures les plus traditionnelles du continent et s'efforcent de transmettre une forte identité à leurs enfants qui doivent vivre dans une société mixte.

L'art aborigène du Kimberley est particulier. L'usage des points n'y est pas aussi répandu et les images de Wandjina, des esprits ancestraux, sont spécifiques à la région.

***Les mystérieux dessins Wandjina** apparaissent partout dans le Kimberley.*

*L'**art rupestre aborigène** du Kimberley aurait, selon de nouvelles estimations, non pas 45 000 ans mais 125 000 ans.*

La Gibb River Road, impraticable pendant le *wet*, est goudronnée sur peu de parties.

*L'**Emma Gorge,** formée près d'El Questro Station par des cascades dévalant jadis du plateau, abrite l'un des bassins d'eau fraîche éparpillés par centaines dans le Kimberley.*

PERTH ET LE SOUTHWEST

La jolie capitale de l'Australie-Occidentale, au sud-ouest du continent, est la métropole la plus isolée de la planète puisqu'elle est située à des milliers de kilomètres de la grande ville la plus proche. La région qui l'entoure recèle de superbes forêts et de beaux paysages côtiers. À l'est, dans l'immense Nullarbor Plain, des champs de blé cèdent la place au désert de l'intérieur et aux champs aurifères.

Des Aborigènes ont vécu dans le sud de l'Australie-Occidentale pendant au moins 30 000 ans mais seulement 20 ans après la fondation de la première colonie européenne de l'État en 1829, la plupart des tribus étaient détruites à la suite de déportations, incarcérations et maladies. Les Blancs commencèrent à explorer la région dès le XVIIe siècle mais la couronne britannique n'en revendiqua la propriété qu'en 1826 en y envoyant le capitaine James Stirling. Perth, la capitale actuelle, a pour origine la colonie qu'il établit en 1829 sur la Swan River. Entre 1850 et 1868, 10 000 forçats travaillèrent à la construction de ses édifices publics et de ses infrastructures. Cependant, les colons n'arrivèrent en masse qu'après la découverte des champs aurifères sur lesquels allaient pousser des villes telles que Coolgardie et Kalgoorlie, aujourd'hui réputées pour leurs bâtiments victoriens.

Le début du XXe siècle apporta d'importants changements : une ligne de télégraphe relia Perth à l'Afrique du Sud et à Londres, tandis qu'en 1917 le train atteignait Kalgoorlie depuis les États de l'est. Des immigrants et d'anciens combattants de la Première Guerre mondiale arrivèrent ensuite dans les années vingt pour mettre en valeur les terres de la région dans le cadre du Group Settlement Scheme.

Aujourd'hui, Perth et ses environs attirent de plus en plus de touristes du monde entier qui viennent profiter de plages somptueuses et d'un climat de rêve ou grimper au sommet du plus haut poste de surveillance d'incendie du pays, observer les baleines, déguster les crus de Margaret River ou encore admirer des tapis de fleurs sauvages au printemps.

Les Stirling Ranges dominent les plaines du sud-ouest de l'État

◁ **Gratte-ciel illuminés de Perth, la capitale de l'Australie-Occidentale**

À la découverte de Perth et du Southwest

La capitale de l'Australie-Occidentale borde la Swan River à 10 km de son débouché dans l'océan Indien. Elle s'étend dans une plaine côtière dominée au nord et à l'ouest par le Darling Range. La chaîne de montagne sépare la capitale des champs de blé de la région. Au sud, on peut découvrir certains des plus hauts arbres du monde, des montagnes qui changent de couleur au fil des heures et un littoral spectaculaire. À l'est, les champs aurifères qui donnèrent son premier élan à la colonie à la fin du siècle dernier précèdent la Nullarbor Plain.

Plage du Leeuwin Naturalist National Park près de l'embouchure de la Margaret River

CIRCULER

Perth possède des transports publics rapides, fiables et gratuits dans le centre-ville. Trains, cars et avions desservent de nombreuses villes de la région. Les distances restent suffisamment courtes pour découvrir en voiture depuis Perth beaucoup de parcs nationaux. Cependant, quelques parcs n'ont pas de routes revêtues et un véhicule tout-terrain est nécessaire pour atteindre certains parcs. D'énormes *road trains*, puissants tracteurs tirant plusieurs remorques, empruntent souvent les grands axes.

LE SOUTHWEST D'UN COUP D'ŒIL

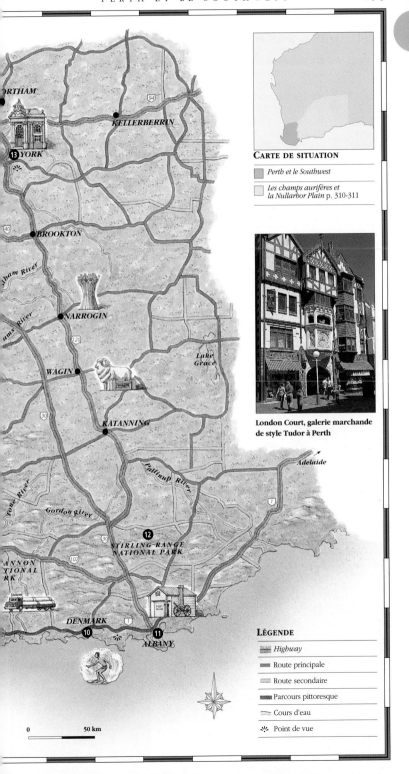

ORTHAM

94

KELLERBERRIN

🔟 **YORK**

40

BROOKTON

lham River

ams River

NARROGIN

120

Lake Grace

WAGIN

30

KATANNING

Pallinup River

Adelaide

1

Tone River

Gordon River

30

🟤 **STIRLING RANGE NATIONAL PARK**

102

ANNON TIONAL RK

DENMARK 1

🔟

ALBANY 🟤

CARTE DE SITUATION

Perth et le Southwest

Les champs aurifères et la Nullarbor Plain p. 310-311

London Court, galerie marchande de style Tudor à Perth

LÉGENDE

〰 *Highway*

▬ Route principale

▬ Route secondaire

▬ Parcours pittoresque

〰 Cours d'eau

❀ Point de vue

0   50 km

Perth pas à pas ❶

Badge de pompier

L'histoire de Perth est une suite de reconstructions. Les abris improvisés des premiers colons ont cédé la place pendant la deuxième moitié du XIXe siècle à des bâtiments plus solides, parfois édifiés par des forçats. Ces bâtiments ont eux-mêmes été remplacés pendant les booms miniers des années 1890 et 1960 par des édifices plus prestigieux, symbolisant la prospérité de l'État et de ses habitants. Aussi la ville ne conserve-t-elle de ses origines que quelques traces éparpillées parmi les gratte-ciel ou cachées dans les parcs.

BARRACK STREET

RIVERSIDE DRIVE

ST GEORGE

TERRACE ROAD

Supreme Court Gardens

★ **St George's Anglican Cathedral**
Cette cathédrale victorienne de style néo-gothique possède une belle rosace (p. 296).

Government House
Arbres et murs cachent l'ancienne résidence du gouverneur bâtie par des bagnards entre 1859 et 1864. Son parement de briques est typique de l'époque.

À NE PAS MANQUER

★ **Le Perth Mint**

★ **St George's Anglican Cathedral**

Deanery
La demeure du doyen de St George édifiée en 1859 abrite désormais les services administratifs de la cathédrale.

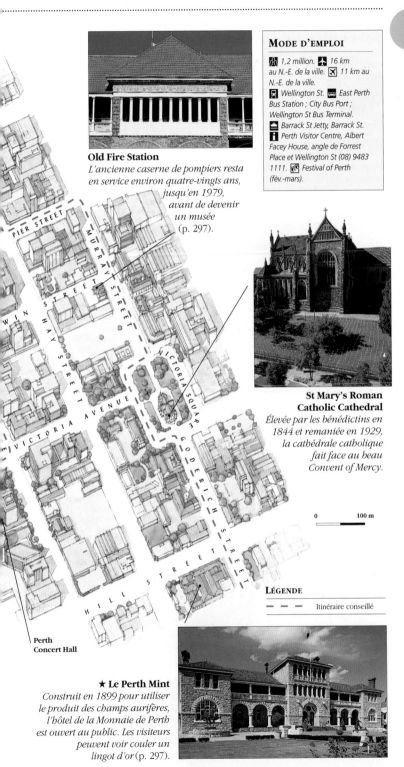

Old Fire Station
L'ancienne caserne de pompiers resta en service environ quatre-vingts ans, jusqu'en 1979, avant de devenir un musée (p. 297).

(p. 297)

MODE D'EMPLOI

1,2 million. ✈ 16 km au N.-E. de la ville. ✈ 11 km au N.-E. de la ville.
Wellington St. East Perth Bus Station ; City Bus Port ; Wellington St Bus Terminal.
Barrack St Jetty, Barrack St.
Perth Visitor Centre, Albert Facey House, angle de Forrest Place et Wellington St (08) 9483 1111. Festival of Perth (fév.-mars).

St Mary's Roman Catholic Cathedral
Élevée par les bénédictins en 1844 et remaniée en 1929, la cathédrale catholique fait face au beau Convent of Mercy.

PIER STREET
MURRAY STREET
WIN STREET
HAY STREET
VICTORIA AVENUE
VICTORIA SQUARE
GODERICH STREET
HILL STREET

0   100 m

LÉGENDE

— — — Itinéraire conseillé

Perth Concert Hall

★ Le Perth Mint
Construit en 1899 pour utiliser le produit des champs aurifères, l'hôtel de la Monnaie de Perth est ouvert au public. Les visiteurs peuvent voir couler un lingot d'or (p. 297).

(p. 297)

Le centre de Perth

Plaque en bronze, St George's Cathedral

Perth est une capitale d'État relativement petite et paisible et l'on peut aisément visiter ses principaux quartiers marchands à pied. Malgré l'activité de ses habitants, la circulation reste fluide. Les remaniements urbanistiques des années soixante-dix ont doté la cité de nouveaux gratte-ciel et artères, mais ont aussi créé de l'espace pour des parcs et des places bordées de cafés et d'arbres. Un méandre de la Swan River appelé Perth Water enserre le centre-ville à l'est et au sud. Au nord s'étend Northbridge, le quartier des restaurants.

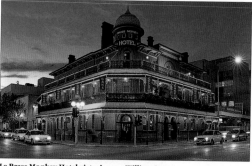

Le Brass Monkey Hotel victorien sur William Street

À la découverte du centre de Perth

À l'extrémité ouest de St Georges Terrace, axe du quartier des affaires, se dresse le Parliament House qui fait face à la Barracks Archway. Plus à l'est, les Cloisters, une ancienne école construite en 1850, possèdent un beau parement en brique. Non loin, le petit bâtiment de l'Old Perth Boys School abrita la première école de garçons de la ville.

Dédale d'arcades, de *plazas* et de passerelles, le centre commerçant de Perth s'étend entre William Street et Barrack Street. Il a pour pôles le Hay Street Mall et le Murray Street Mall. À l'angle de William Street et de St Georges Terrace s'élève le Town Hall (1870).

Il faut franchir la voie ferrée pour rejoindre Northbridge qui concentre une grande partie de la vie nocturne de Perth. Cafés et restaurants bordent James Street où le Brass Monkey Hotel date de la période de la ruée vers l'or.

🏛 Barracks Archway

Angle de St Georges Terrace et d'Elder St.

Ce portail est tout ce qui reste de la caserne bâtie en 1863 pour héberger les soldats qui étaient chargés de maintenir l'ordre parmi les forçats.

🏛 Perth Cultural Centre

James St. 🎫 (08) 9492 6600.
🕐 10 h-17 h, t.l.j. 🔴 ven. saint, 25 avr., 25 déc. ♿

Au nord du centre-ville, ce « centre culturel » est en fait un espace piétonnier très réussi. Agrémenté de jardins, d'une fontaine et de sculptures, il est étagé sur plusieurs niveaux et renferme le Perth Institute of Contemporary Art (PICA) et l'Art Gallery of Western Australia qui présente une riche collection d'art moderne australien et aborigène, quelques pièces européennes et asiatiques et de grandes expositions temporaires.

🏛 Western Australian Museum

Francis St. 🎫 (08) 9427 2700.
🕐 9 h 30-17 h, t.l.j. 🔴 ven. saint, 25 déc. ♿ bâtiment principal et rez-de-chaussée du vieil édifice.

À côté du Perth Cultural Centre, le Western Australian Museum comprend parmi ses bâtiments l'Old Perth Gaol (1856), l'ancienne prison de Perth qui abrite désormais une exposition sur la vie de la colonie fondée en 1829 sur la Swan River, et le Roe Street Cottage, une habitation de 1863 qui fut reconstruite ici en 1991. Le musée a pour joyau une exposition intitulée « Patterns of Life in a Vast Land » (modes de vie dans un vaste pays) consacrée à l'histoire, les coutumes et la culture des Aborigènes de l'Australie-Occidentale, ainsi qu'au travail des archéologues dans l'État.

⛪ St George's Anglican Cathedral

Angle de Pier St et St Georges Terrace.
🎫 (08) 9325 5766. 🕐 t.l.j. ♿

Consacrée en 1888, la cathédrale Saint-Georges remplaça la première église anglicane de Perth, un édifice néo-classique érigé sur le même site entre 1841 et 1845. Construit en brique rouge et en calcaire de la région, le nouveau sanctuaire, de style néo-gothique, a conservé une partie du mobilier de son prédécesseur, entre autres des bancs de prière en bois de jarrah et le lutrin orné d'un aigle sculpté.

Percé à l'ouest d'une rosace, le bâtiment

Esplanade du Perth Cultural Centre

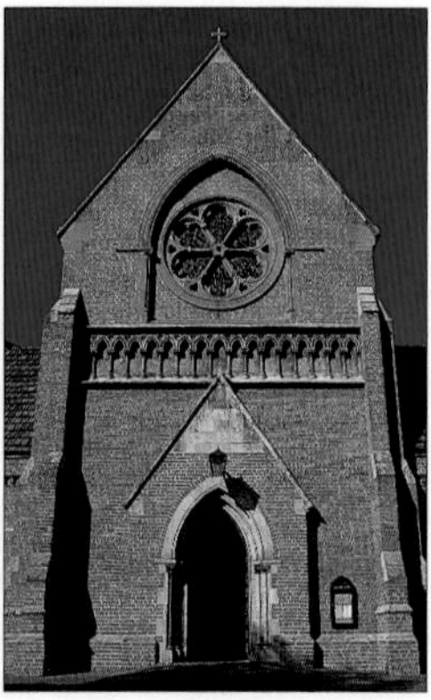

Façade ouest percée d'une rosace de St George's Cathedral

abrite, parmi ses œuvres d'art les plus intéressantes, un retable anglais en albâtre installé à la base de la fenêtre est, des médaillons modernistes coulés pour le chemin de croix et quelques icônes russes du XIXe siècle.

Perth Mint

310 Hay St. ☎ *(08) 9421 7277.* ○ *9 h-16 h, t.l.j.* ● *1er janv., ven. saint, 25 avr., 25 déc.* 🚫 ♿

L'hôtel de la Monnaie de Perth ouvrit en 1899, sous contrôle britannique, pour raffiner l'or extrait à cette époque des champs aurifères de Coolgardie et Kalgoorlie et le transformer en pièces d'un souverain et d'un demi-souverain. Bien qu'il ne frappe plus de pièces devant entrer en circulation, et ne pratique plus de raffinage, l'hôtel de la Monnaie continue de produire des épreuves et des pièces de collection en métal précieux, ce qui en fait la plus vieille Monnaie d'Australie encore en fonction.

Son gracieux bâtiment abrite un musée. À chaque heure dans la fonderie en service depuis un siècle, les visiteurs peuvent assister à un « Gold Pour » : le coulage d'un lingot d'or pur. Une boutique vend des bijoux d'or et d'argent et d'autres souvenirs.

Old Fire Station

Angle de Murray St et Irwin St. ☎ *(08) 9323 9468.* ○ *lun.-ven.* ● *jours fériés.* ♿

Les pompiers de la City Fire Brigade ont quitté en 1979 la première caserne de Perth pour s'installer dans des locaux plus vastes à l'extrémité est de Hay Street. Le Fire Safety Education Centre & Museum installé aujourd'hui dans l'Old Fire Station comprend un centre d'éducation à la prévention des incendies et un musée qui retrace l'histoire des pompiers à Perth et en Australie-Occidentale.

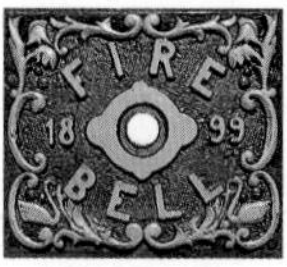
FIRE
18 99
BELL

Ancienne alarme de la Perth Fire Station

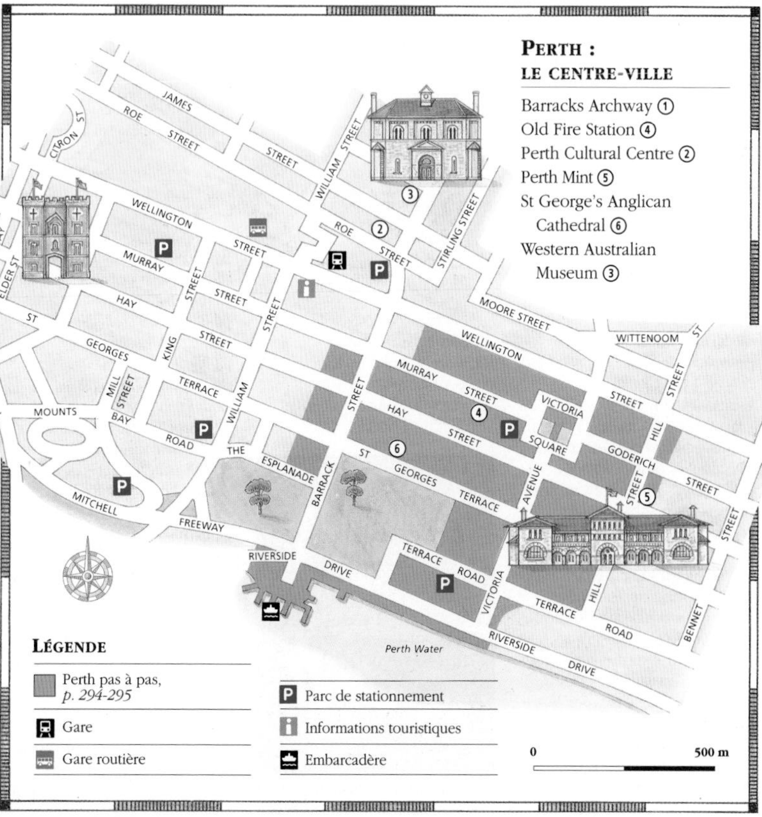
PERTH :
LE CENTRE-VILLE
Barracks Archway ①
Old Fire Station ④
Perth Cultural Centre ②
Perth Mint ⑤
St George's Anglican Cathedral ⑥
Western Australian Museum ③
JAMES
ROE
STREET
CITRON ST
WILLIAM STREET
WELLINGTON
STREET
MURRAY
STIRLING STREET
HAY
MOORE STREET
ST GEORGES
KING
TERRACE
MILL STREET
MOUNTS BAY ROAD
WILLIAM
THE ESPLANADE
BARRACK
VICTORIA SQUARE
GODERICH
HILL
WITTENOOM
MITCHELL FREEWAY
RIVERSIDE DRIVE
VICTORIA AVENUE
TERRACE ROAD
BENNET
Perth Water
LÉGENDE
Perth pas à pas, p. 294-295
Gare
Gare routière
Parc de stationnement
Informations touristiques
Embarcadère
0
500 m

À la découverte du Grand Perth

Mémorial du Kings Park

L'agglomération de Perth s'étend de l'océan Indien, à l'ouest, jusqu'au Darling Range, au nord et à l'est. Elle comprend plusieurs grands parcs dont le Kings Park qui domine la rivière. Des plages de sable bordent le littoral depuis Hillarys Boat Harbour, au nord, jusqu'à Fremantle (p. 302-303) au sud. On peut gagner facilement les sites de visite de la périphérie en train, en autobus ou en voiture.

PERTH D'UN COUP D'ŒIL

Hills Forest ❸
Kings Park ❶
Museum of Childhood ❼
Perth Zoo ❺
Sunset Coast ❷
Underwater World ❻
Whiteman Park ❹

LÉGENDE

	Centre de Perth
	Grand Perth
	Highway
	Route principale
	Route secondaire

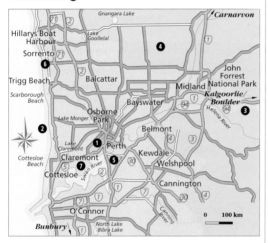

Dauphin dressé de l'Underwater World au nord de Perth

🐟 Aquarium of Western Australia

Hillarys Boat Harbour, Southside Drive, Sorrento. [(08) 9447 7500.
🕐 9 h-17 h, t.l.j. ● 25 déc.

À Hillarys Boat Harbour, au nord de la Sunset Coast, le superbe complexe de l'Underwater World permet d'observer des centaines de créatures marines depuis un tunnel transparent. Dans un bassin appelé Touch Pool, les visiteurs caressent raies et requins.

Les phoques du bassin extérieur enchantent toujours les visiteurs de tous les âges.

🏛 Museum of Childhood

Edith Cowan University, Claremont Campus, Bay Rd, Claremont.
[(08) 9442 1373. 🕐 10 h-16 h, lun.-ven. ● jours fériés.

Dans la banlieue de Claremont, ce musée consacré à l'histoire des enfants en Australie présente des jouets et des jeux anciens et évoque l'école et la vie familiale.

🏖 Sunset Coast

Par la West Coast Hwy.
Au nord de l'embouchure de la Swan River, des plages de sable blanc, qui sont pour la plupart peu fréquentées en semaine, forment la « côte du soleil couchant » longue de 30 km. Par leur variété, elles peuvent satisfaire toutes les attentes. Bordée d'étendues herbeuses et d'arbres, Cottesloe Beach, au sud, doit à des eaux sûres et des

🌳 Kings Park

Fraser Ave, West Perth. [(08) 9480 3600. 🕐 t.l.j. &
Fondé à la fin du XIXᵉ siècle, ce parc de 400 ha ménage depuis le Mount Eliza de beaux panoramas de la Swan River et de la ville. On peut avoir une vision d'ensemble du parc de son point le plus haut, la DNA Lookout Tower. Kings Park se compose en majeure partie de *bush* sillonné de sentiers et équipé d'aires de pique-nique avec barbecues.

À l'est, une partie paysagée renferme un jardin botanique et une série de cascades et de bassins artificiels. Sur l'Anzac Bluff, le War Memorial est dédié aux Australiens de l'Ouest morts pendant les deux guerres mondiales. Le

Minmara Gun Gun et le Pioneer Women's Memorial rendent hommage aux femmes qui participèrent à l'édification de l'État.

Statue en bronze ornant les jardins botaniques du Kings Park

services de qualité sa
popularité auprès des familles
de la région. Sorrento Beach,
au nord, est également très
populaire. Appréciée des
surfeurs, Scarborough Beach
est réservée aux nageurs
expérimentés car de forts
courants la rendent
dangereuse en cas de vent.
Juste au-dessus de
Scarborough, Trigg Beach se
prête également bien au surf.
Au nord de Cottesloe,
Swanbourne Beach est une
plage naturiste.

Aucune de ces plages est
ombragée, n'oubliez pas
d'emporter crème solaire,
chapeau et parasol.

Surfeur à Cottesloe Beach

🦘 Perth Zoo
20 Labouchere Rd. (08) 9367
7988. ⬤ 9 h-17 h, t.l.j.
Accessible en bateau depuis
le centre-ville, le zoo de Perth
occupe de jolis jardins à

Étudiants admirant un tigre au zoo de Perth

South Perth et met l'accent sur
la défense des espèces
menacées. Il comprend une
réserve naturelle, une
ménagerie d'animaux
nocturnes, et une zone dédiée
à la savane africaine.

🍃 Hills Forest
Par la Great Western Hwy.
À seulement une demi-heure
du centre de Perth dans le
Darling Range, Hills Forest
offre un large choix d'activités
liées au *bush*. La forêt, zone
de captage du Mundaring
Reservoir, alimentait en eau
au XIXe siècle les champs
aurifères du sud *(p. 51)*.
Protégée depuis 1919, elle est
devenue une aire de loisirs
bien dotée en barbecues, en
aires de pique-nique et en
campings. Il existe
des jardins paysagés à
Mundaring Weir.

Au nord de Hills Forest
s'étend le John Forrest
National Park, le premier parc
national créé en Australie-
Occidentale. Sous d'épaisses
frondaisons ou à travers des
landes, des sentiers mènent à
des piscines naturelles et des
cascades, dont les charmantes
Hovea Falls.

🍃 Whiteman Park
Lord St, Whiteman.
(08) 9249 2446. ⬤ t.l.j.
Le parc est situé au nord-est
du centre-ville. On peut le
découvrir dans un tram des
années vingt, en train et en
chariot. Il renferme un village
d'artisans et un musée
exposant des ustensiles
agricoles. On trouve émeus et
kangourous dans un enclos,
un café et des spectacles
aborigènes.

Promenade en chariot dans le Whiteman Park

Rottnest Island ❷

À moins de 20 km à l'ouest de Fremantle, cette île sablonneuse colonisée en 1831 et protégée depuis 1917 est devenue une destination touristique très populaire après savoir servi de bagne pour des Aborigènes entre 1838 et 1902. Son plus vieux site d'habitation, la colonie de Thomson Bay, fut fondé dans les années 1840. Les deux autres, Kingstown et le *settlement* des baies de Longreach et de Geordie, datent du xxᵉ siècle. Sur le littoral, plages de sable, criques rocheuses et lacs salés se prêtent à de nombreuses activités nautiques et aquatiques. On peut voir récifs coralliens et épaves depuis des bateaux à fond transparent ou en plongée. L'île est interdite aux voitures privées.

Vue aérienne de Rottnest
Des règles strictes protègent l'environnement sur cette île de 12 km de long sur 4,5 km de large.

City of York Bay porte le nom du navire qui y fit naufrage en 1899 après que son capitaine eut confondu un rayon émis par le phare avec un signal de pilote.

Rottnest Lighthouse
Le phare de Rottnest se dresse depuis 1895 sur le Wadjemup Hill, colline qui porte le nom aborigène de l'île.

Rocky Bay
Bordée par la Lady Edeline Beach, cette baie pittoresque abrite l'épave du trois-mâts Mira Flores *qui sombra en 1886.*

Strickland Bay, propice au surf, doit son nom à sir Gerald Strickland, gouverneur de Rottnest de 1909 à 1912.

0   1 km

Cape Vlamingh Lookout
Baptisé d'après l'explorateur hollandais Willem de Vlamingh, ce point de vue situé à l'extrémité occidentale de Rottnest Island, à 10,5 km de Thomson Bay, ménage un panorama spectaculaire.

LÉGENDE

══	Route secondaire
--	Sentier
▲	Camping
☷	Aire de pique-nique
✈	Aérodrome
⚓	Embarcadère
ℹ	Informations touristiques
✲	Point de vue

Rottnest Hotel
L'ancienne résidence crénelée du gouverneur d'État, construite en 1864, est aussi appelée le Quokka Arms. Elle a été transformée en hôtel.

Le Basin est la plage la plus fréquentée de l'île, en particulier par des familles campant avec leurs enfants, car on l'atteint aisément à pied depuis Thomson Bay.

Little Parakeet Bay, fréquentée par les perroquets qui lui valurent son nom, possède de beaux fonds visibles au tuba.

Le Rottnest Museum présente dans un grenier à blé de 1857 une exposition consacrée à la géologie de l'île, à ses nombreuses épaves, à sa flore et sa faune et à ses bagnards et ses colons.

Thomson Bay Settlement

Geordie/ Longreach Settlement

Lake Baghdad

Herschell/ Lake

PERTH

Serpentine Lake

Government House Lake

• Kingstown

Les Henrietta Rocks ont causé le naufrage de trois navires.

Mabel Cove

Oliver Hill
Un train récemment restauré par des bénévoles conduit au sommet de cette colline où subsistent deux canons qui surveillèrent la baie de 1937 à la fin de la Seconde Guerre mondiale.

LE QUOKKA

Lors de sa première visite en 1696, le Hollandais Vlamingh remarqua des mammifères à fourrure sombre un peu plus gros que des chats. Pensant qu'il s'agissait d'une espèce de rat, il donna à l'île le nom de « nid à rats » qui lui est resté.
Ces marsupiaux appelés quokkas par les Aborigènes appartiennent en fait à la famille des wallabies. Les quokkas sont peu nombreux sur le continent et Rottnest Island reste le meilleur endroit pour en voir. Ce sont des animaux sauvages et ils ne devraient pas être nourris.

Fremantle ③

Éventaire de fruits et légumes des Fremantle Markets

Fondée en 1829 à l'embouchure de la Swan River, Fremantle a conservé de nombreux bâtiments du XIXe siècle, de la ruée vers l'or. La ville constitue en quelque sorte le quartier ancien de Perth, bien que 20 km la séparent du centre. Fremantle devait servir de port à Perth mais ne put jouer pleinement ce rôle qu'après le creusement d'un bassin artificiel en 1890. La ville connut une importante réhabilitation pour accueillir en 1987 l'America's Cup, événement qui suscita l'ouverture de nombreux cafés et restaurants.

Ancre au Maritime Museum

La Round House dodécagonale

🔲 The Round House

10 Arthur Head Rd. 🔵 *t.l.j.* ♿
Le plus ancien édifice de la ville est la première prison (1830), dans laquelle eut lieu la première pendaison de la colonie en 1844. Malgré son nom de Maison ronde, elle obéit à un plan polygonal. Les cellules donnent sur une petite cour intérieure.

Le tunnel creusé en 1837 sous l'édifice permettait aux baleiniers de porter leur marchandise jusqu'à High Street. À côté de la Round House, le site où se dressait jadis le premier tribunal de la ville donne vue de Bathers Bay et de Rottnest Island (p. 300-301).

🔲 St John the Evangelist Anglican Church

26 Queen St. 🔵 *(08) 9335 2213.*
🔵 *t.l.j.* ♿ *par arrangement.*
Achevée en 1882, cette charmante église aux autels taillés dans du bois de jarrah abrite un vitrail, la Pioneer Window, qui retrace l'histoire d'une famille d'agriculteurs d'Australie-Occidentale sur sept générations depuis son départ d'Angleterre au XVIIIe siècle. Le vitrail voisin provient de l'église qui occupait auparavant le site.

🔲 Fremantle Markets

Angle de South Terrace et Henderson St. 🔵 *(08) 9335 2515.* 🔵 *ven.-dim., jours fériés.* ● *ven. saint, 25 déc.* ♿
Un concours architectural organisé en 1897 décida de l'aspect de la halle de Fremantle achevée en 1892. Restauré en 1975, l'édifice abrite toujours le week-end un grand marché où plus de 170 éventaires proposent un choix allant des légumes frais aux opales en passant par l'artisanat et la brocante.

🔲 Western Australian Maritime Museum

Angle de Cliff St et Marine Terrace. 🔵 *(08) 9431 8444.* 🔵 *t.l.j.* ● *ven. saint, 25 déc.* **Contribution.** ♿
Le bien le plus précieux du Musée maritime d'Australie-Occidentale est une reconstruction d'une partie de la coque d'un navire de la Compagnie hollandaise des Indes orientales, le *Batavia*. Elle a été réalisée à partir de vestiges retrouvés sur le site où il fit naufrage en 1628 au large des Abrolhos Islands (p. 317). L'exposition offre un aperçu de la vie à bord et évoque la mutinerie de son équipage. Le musée a aussi reconstitué une arche de pierre formée de blocs retrouvés près de l'épave et taillés en Hollande afin d'être dressés, semble-t-il, à Jakarta, en Indonésie.

La collection comprend de nombreux autres objets tirés des bateaux qui coulèrent dans cette partie de l'océan Indien. Des documents retracent l'histoire du *Success* sur lequel le capitaine James Stirling arriva dans la région.

L'AMERICA'S CUP

La prestigieuse régate de l'America's Cup a lieu tous les quatre ans depuis 1851. Les États-Unis l'avaient toujours remportée jusqu'à la victoire, en 1983, de l'*Australia II*, un bateau financé par le milliardaire de Perth Alan Bond. En 1987, la rencontre eut donc lieu au large de Fremantle. Le barreur Dennis Conner récupéra le trophée pour les Américains mais l'événement provoqua une rénovation de la ville, la réhabilitation des docks et l'ouverture de nombreux cafés, restaurants et hôtels.

Le vainqueur de 1983 : *Australia II*

🏛 Fremantle Museum and Arts Centre

Angle d'Ord St et Finnerty St. 📞 (08) 9430 7966. ⏰ t.l.j. ● ven. saint, 25 déc. **Contribution.** ♿ limité.

Cette belle demeure néo-gothique au jardin ombragé fut construite à l'origine pour servir d'asile d'aliénés. L'aile principale, entreprise en 1861 et terminée en 1865, abrite le Fremantle Museum. Le Fremantle Arts Centre occupe une extension édifiée entre 1880 et 1902.

Le bâtiment a aussi accueilli le siège des forces américaines pendant la Seconde Guerre mondiale puis, temporairement, le Western Australian Maritime Museum.

Consacrée à la vie quotidienne des colons qui vinrent en 1861 en siècle en Australie-Occidentale, l'exposition du Fremantle Museum évoque les obstacles qu'ils surmontèrent et tout ce qu'ils laissèrent derrière eux. Elle illustre également l'histoire de la pêche à la baleine dans la région.

Le Fremantle Arts Centre a la volonté d'être la vitrine des créateurs contemporains locaux et nombre des œuvres présentées sont à vendre. Il organise des concerts et parraine des manifestations artistiques ou artisanales.

Façade de la Fremantle Prison

⚒ Fremantle Prison

The Terrace, près de Hampton Rd. 📞 (08) 9430 7177. ⏰ t.l.j. ● ven. saint, 25 déc. 🎫♿ limité.

L'arrivée, en 1850, d'un premier groupe de forçats à la Swan River Colony imposa la construction d'une grande prison que les bagnards édifièrent eux-mêmes. Achevée en 1855, l'austère Fremantle Prison fonctionna jusqu'en 1991.

Les visiteurs peuvent découvrir les cellules (certaines sont ornées de décors muraux réalisés par les détenus), la chapelle et les cachots (visites aux chandelles possibles). La potence servit pour la dernière fois en 1964.

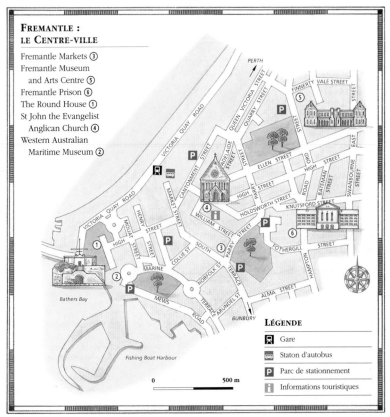

LÉGENDE

🚉 Gare
🚌 Staton d'autobus
🅿 Parc de stationnement
ℹ Informations touristiques

La côte sud

Deux océans, l'Indien et l'Austral, se rencontrent à la pointe sud-ouest de l'Australie influant sur le climat de façon sensible. La côte sud se révèle souvent plus venteuse et plus fraîche que le littoral occidental et la mer s'y montre plus brutale. Plusieurs parcs nationaux protègent des paysages sauvages qu'animent formations granitiques et calcaires, dunes de sable et rochers. La région recèle d'excellents sites pour la pratique du surf.

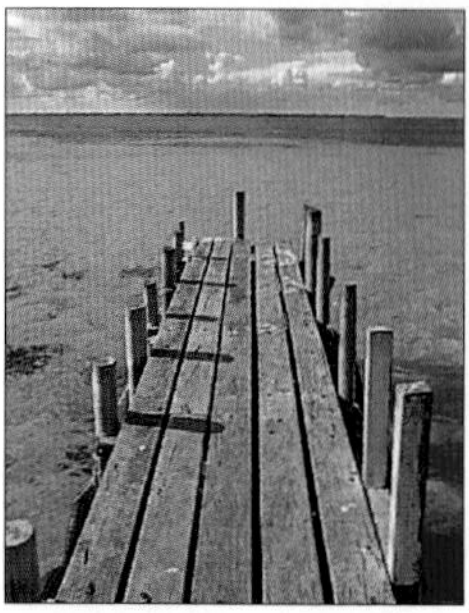

★ Flinders Bay, Augusta ⑤

🌊 🏄 ⛑ 🚻 ⛺

Fondée en 1830 à 5 km du Cape Leeuwin, la pointe sud-ouest du continent, Augusta est devenue une station balnéaire appréciée, en particulier des véliplanchistes qui viennent profiter des vents soufflant dans la superbe Flinders Bay.

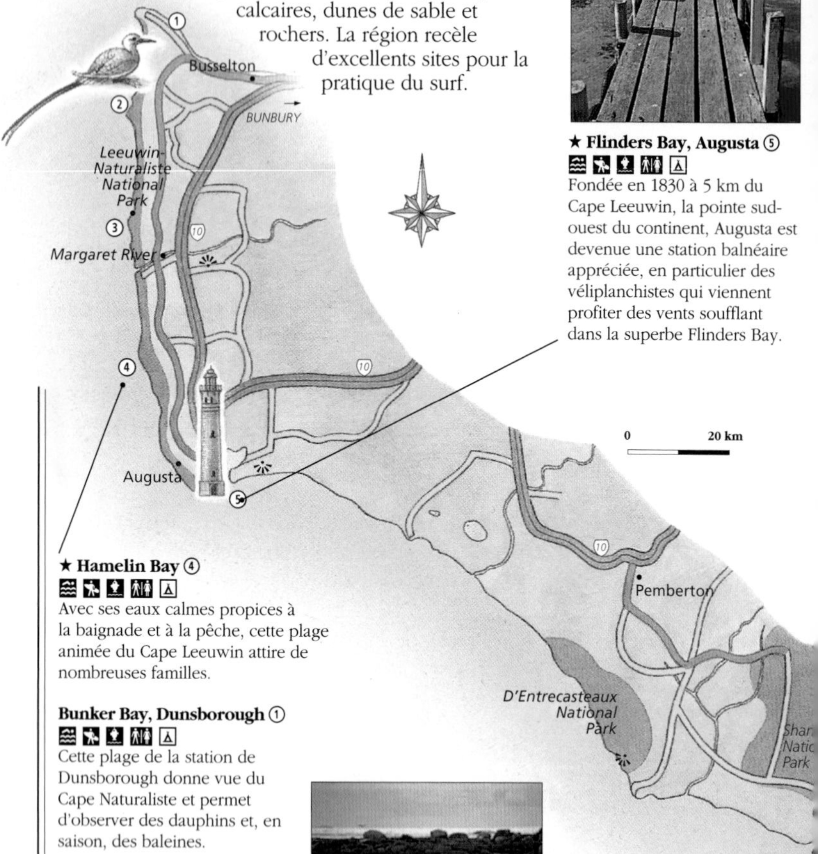
Busselton
BUNBURY
Leeuwin-Naturaliste National Park
Margaret River
10
Augusta
0 20 km
Pemberton
D'Entrecasteaux National Park

★ Hamelin Bay ④

🌊 🏄 ⛑ 🚻 ⛺

Avec ses eaux calmes propices à la baignade et à la pêche, cette plage animée du Cape Leeuwin attire de nombreuses familles.

Bunker Bay, Dunsborough ①

🌊 🏄 ⛑ 🚻 ⛺

Cette plage de la station de Dunsborough donne vue du Cape Naturaliste et permet d'observer des dauphins et, en saison, des baleines.

Smiths Beach, Yallingup ②

🌊 🏄 ⛑ 🚻 ⛺

Jeunes mariés en voyage de noces (Yallingup signifie « endroit des amoureux ») et surfeurs se côtoient près d'une grotte spectaculaire.

Boodjidup Beach, Margaret River ③

🌊 🏄 ⛑ 🚻 ⛺

La côte de Margaret River offre des longues plages, des baies abritées et des falaises battues par les vagues.

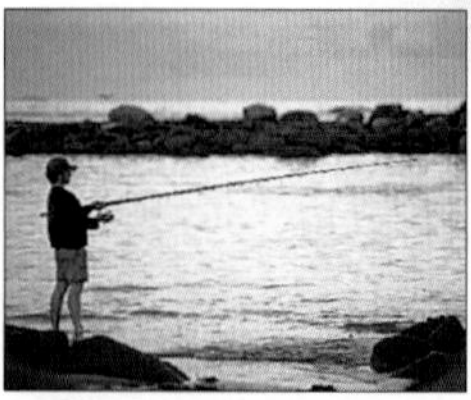

Peaceful Bay ⑦

🌊 🏄 ⛑ 🚻 ⛺

Populaire lieu de pique-nique fréquenté par des pêcheurs et des plaisanciers, cette anse mérite son nom de « Paisible ». Non loin commence le Walpole-Nornalup National Park planté d'eucalyptus et d'impressionnants karris.

Middleton Beach, Albany ⑩

🌊 🏄 ⛑ 🚻 ⛺

Véliplanchistes et adeptes du boogie board se retrouvent régulièrement sur les eaux de Middleton Beach. À quelques kilomètres de l'autre côté de la pointe, le Torndirrup National Park abrite d'intéressantes formations rocheuses et, en saison, quelques excellents sites d'observation des baleines.

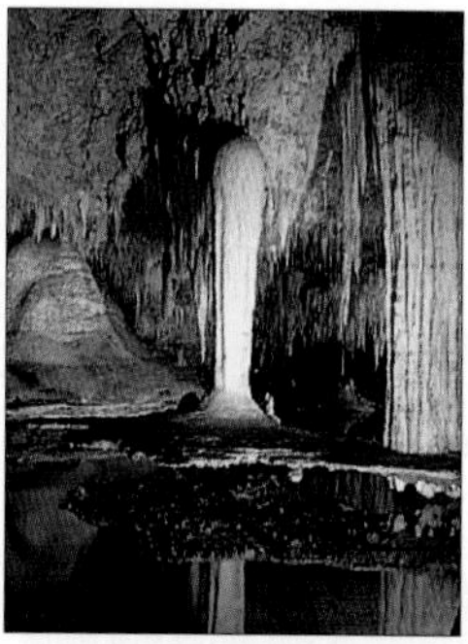

La Lake Cave, *près de Margaret River, est l'une des quelque 200 grottes du Leeuwin-Naturaliste Ridge, crête qui court de Busselton à Augusta. Ses concrétions calcaires composent un décor féerique qui se reflète dans de sombres eaux souterraines.*

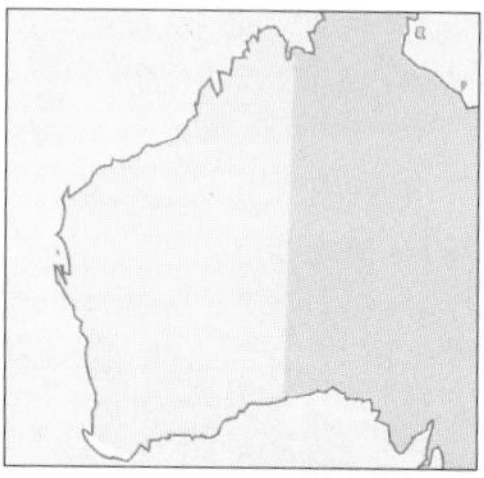

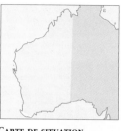

CARTE DE SITUATION

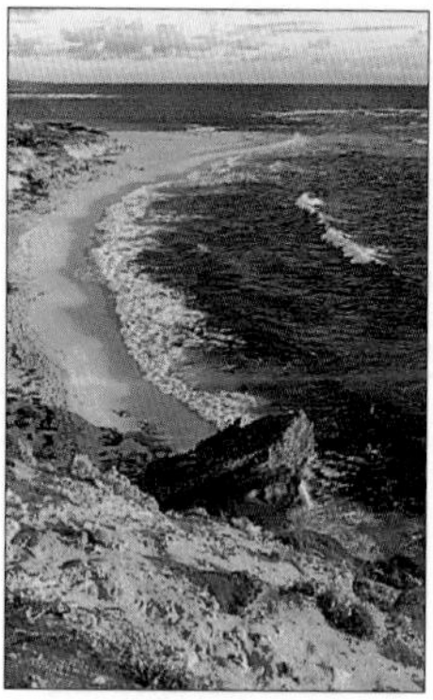

Le Leeuwin-Naturaliste National Park *protège dans une région creusée de grottes 15 500 ha de landes et de bois. Les longues plages et les anses abritées qui jalonnent un littoral rocheux en font depuis longtemps un lieu de vacances apprécié sur l'océan Indien. On vient s'y baigner, faire du surf et pêcher.*

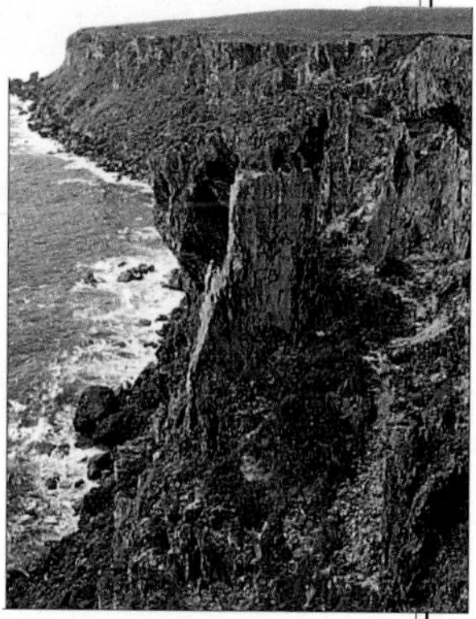

Le D'Entrecasteaux National Park, *à 40 km au sud-ouest de Pemberton, renferme d'abruptes falaises, des plages et d'excellents sites de pêche. Une grande partie de la réserve, y compris des campings en bord de mer, n'est accessible qu'en tout-terrain. À l'intérieur des terres s'étendent des landes peuplées d'animaux sauvages.*

★ Ocean Beach, Denmark ⑧

Des surfeurs de nombreux pays se retrouvent à Denmark, ils viennent s'entraîner à Ocean Beach où se déroulent par ailleurs des compétitions internationales *(p. 34-35).*

★ Wilson Inlet ⑨

Depuis la grand-rue de Denmark, une marche relativement courte à travers des bois bien entretenus conduit à cette crique ménageant une belle vue.

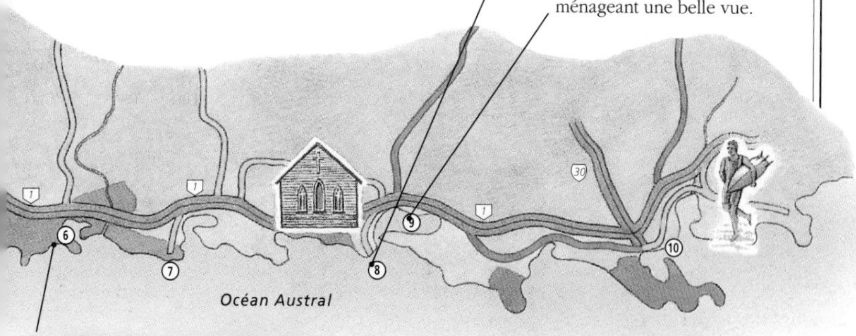

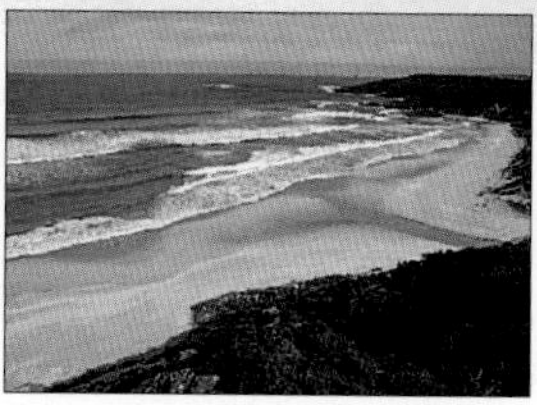

★ Conspicuous Beach ⑥

De hautes falaises dominent cette superbe plage qui sert de point d'accès à la Valley of the Giants et ses futaies de *red tingles (eucalyptus jacksonii).*

LÉGENDE

- *Highway*
- Route principale
- Route secondaire
- Cours d'eau
- Point de vue

Le Rose Hotel victorien de Bunbury

Bunbury ❹

🏠 28 000. 🚆 🚏 🚌 ⛴ ❶ *Old Railway Station, Carmody Place (08) 9721 7922.*

À 180 km au sud de Perth sur l'océan Indien, ce port industriel fondé au XIXe siècle est devenu la deuxième ville d'Australie-Occidentale et le chef-lieu du Southwest. La région est réputée pour ses terres agricoles, ses vignobles et ses forêts de karris et de jarrahs. Bunbury est aussi une station balnéaire.

Sur Victoria St, le Rose Hotel *(p. 479)* qui date de 1865 dispose d'un balcon au premier étage orné de ferronneries ouvragées. La cathédrale catholique, St Patrick, renferme le Pat Usher Memorial Window, un beau vitrail à la mémoire du maire qui géra Bunbury de 1972 à 1983. De jolis vitraux ornent également l'église anglicane, St Boniface Cathedral. Non loin, l'ancien couvent des sœurs de la Miséricorde construit dans les années 1880 abrite les Bunbury Art Galleries.

Sur le front de mer, le **Bunbury Dolphin Centre** propose une exposition et des films sur les dauphins. Les visiteurs peuvent aller nager avec ceux qui fréquentent cet endroit de la côte.

Le **King Cottage Museum** dirigé par la Bunbury Historical Society retrace l'histoire de la région au travers de photographies et d'objets datant des années 1880 à 1920.

🐬 **Bunbury Dolphin Centre**
Koombana Drive. 📞 *(08) 9791 3088.* ⏰ *t.l.j.* 🚫 *25 déc.* 🏷 ♿

🏛 **King Cottage Museum**
77 Forrest Ave. 📞 *(08) 9721 7546.* ⏰ *14 h-16 h, mar., jeu. et dim.* 🏷 ♿

Busselton ❺

🏠 14 200. ✈ 🚏 ❶ *38 Peel Terrace (08) 9752 1288.*

À Geographe Bay, la station balnéaire de Busselton possède plus de 30 km de plages et offre un vaste choix d'activités aquatiques, dont la plongée sous-marine, la pêche et l'observation de baleines. La Busselton Jetty, ponton en bois de 2 km, fut jadis la plus longue jetée d'Australie. Elle servait à l'embarquement du bois d'œuvre dont la ville tira ses premières ressources. L'Old Courthouse bâti en 1856 est devenu un centre culturel.

Entrée du premier tribunal de Busselton

Des ateliers d'artistes occupent plusieurs bâtiments de l'ancien tribunal et l'on vend désormais de l'artisanat dans les cellules de la prison. Le Victoria Park renferme *Ballarat* (1871), la première locomotive à vapeur mise en service en Australie-Occidentale.

AUX ENVIRONS
À une dizaine de kilomètres au nord de Busselton, la **Wonnerup House** élevée en 1859 par George Layman appartient au National Trust qui l'a restaurée et meublée. Trois autres bâtiments se partagent le site. La première maison que Layman bâtit sur le site dans les années 1830 regroupe, comme la Wonnerup House, des souvenirs ayant appartenu à la famille du pionnier. Une école que le fils de Layman construisit en 1874 et l'habitation de l'instituteur datant de 1885 abritent elles aussi des antiquités du siècle dernier.

Le Ludlow Tuart Forest National Park, 10 km plus au nord, protège sans doute la plus vaste forêt de tuarts *(eucalyptus gomphocephahala)* qui reste au monde.

🏚 **Wonnerup House**
Layman Rd. 📞 *(08) 9752 2039.* ⏰ *t.l.j.* 🚫 *ven. saint, 25 déc.* 🏷 ♿

Margaret River ❻

🏠 6 000. ✈ 🚏 ❶ *Bussell Hwy (08) 9757 2911.*

Fondé au milieu du XIXe siècle, ce joli bourg proche de l'océan Indien vécut tout d'abord de l'agriculture et de l'exploitation forestière. Il est surtout connu aujourd'hui pour ses plages de surf et pour les nombreux domaines viticoles créés ces dernières années dans la région *(p. 32-33)*.

Dans le centre, un musée en plein air privé, l'**Old Settlement,** évoque la vie des hommes employés par le Group Settlement Scheme des années vingt *(p. 291)*. Les bâtiments comprennent un logement collectif, une forge et une école. En périphérie, l'**Eagles Heritage Raptor**

Wildlife Center présente des rapaces sur 12 ha.

🏛 Old Settlement
Lot 132 Townview Terrace. 📞 (08) 9757 9335. ⭕ t.l.j. ⬤ 24-26 déc. 🖼

🦅 Eagles Heritage Raptor Wildlife Centre
Lot 303 Boodjidup Rd. 📞 (08) 9757 2960. ⭕ t.l.j. ⬤ 1er janv., 25 déc. 🖼 ♿

AUX ENVIRONS

À 8 km au nord de Margaret River, la première ferme de la région, Ellensbrook, est ouverte au public le week-end. Un sentier forestier proche du cottage bâti par Alfred Bussell conduit aux jolies Meekadarribee Falls.

La majorité des domaines viticoles de la région, depuis Vasse-Felix, le plus ancien, jusqu'au grand Leeuwin Estates Winery, proposent des visites des caves et des dégustations de leurs crus.

L'Ellensbrook Pioneer Homestead près de Margaret River

Bridgetown ❼

🏚 3 000. 🚉 🛈 154 Hampton St (08) 9761 1740.

Nichée parmi les collines sur la Blackwood River, Bridgetown a pour origine une maison d'une pièce bâtie au milieu du XIXe siècle par le pionnier John Blechynden. Elle existe toujours près de sa deuxième demeure, la Bridgedale House. Toutes deux appartiennent au National Trust.

L'office de tourisme abrite le musée municipal d'histoire et la Brierly Jigsaw Gallery qui présente des centaines de puzzles du monde entier. Près de Philips Street, un point de vue, le Sutton's Lookout, ménage un large panorama du village et de la campagne environnante où des forêts de jarrahs et de karris offrent de belles promenades. La Blackwood River se prête au canoë et à la pêche.

Manjimup ❽

🏚 5 000. 🚉 🛈 angle de Rose St et Edwards St (08) 9771 1831.

En venant de Perth, Manjimup marque le début des grandes forêts de karris du sud-ouest. Depuis sa fondation au milieu du siècle dernier, la ville est liée à l'industrie forestière et son office de tourisme se trouve dans le **Manjimup Timber Park** qui renferme aussi plusieurs musées, dont un hameau historique. À l'entrée du parc, une sculpture rend hommage aux bûcherons qui colonisèrent la région.

🏛 Manjimup Timber Park
Angle de Rose St et Edwards St. 📞 (08) 9771 1831. ⭕ t.l.j. ⬤ 25 déc. 🖼 ♿

AUX ENVIRONS

À environ 25 km à l'ouest de Manjimup sur la Graphite Road, une jolie piscine naturelle, la Glenoran Pool, permet de se baigner dans la Donelly River. À côté subsistent les vestiges du One-Tree Bridge, pont jeté sur la rivière et formé par un unique mais énorme karri. Non loin se dressent les Four Aces (Quatre as), quatre immenses karris qui seraient âgés de 300 ans.

Pemberton ❾

🏚 1 200. 🚉 🛈 Brockman St (08) 9776 1133.

Au cœur des forêts de karris, Pemberton garde l'aspect et l'atmosphère d'un village forestier. Le Pemberton Tramway qui apportait jadis les arbres aux scieries promène désormais les visiteurs dans des futaies. Le **Karri Forest Discovery Center** permet de prolonger la visite.

🏛 Karri Forest Discovery Center
Brockman St. 📞 (08) 9776 1133. ⭕ t.l.j. ⬤ 25 déc. **Contributions** ♿

AUX ENVIRONS

Des parcs nationaux entourent Pemberton. Au sud-est, le Gloucester National Park abrite le célèbre Gloucester Tree, un karri de 61 m de haut portant un poste de surveillance des incendies. La vue vous récompensera des efforts exigés par l'ascension. Au sud-ouest, le Warren National Park recèle cascades et bassins propices à la baignade.

Vue plongeante du pittoresque bourg de Bridgetown

Statue de bûcheron au Manjimup Timber Park

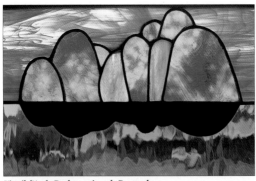

Vitrail d'Andy Ducker, artisan de Denmark

Denmark ❿

🏠 3 500. 🚉 ℹ️ Strickland St (08) 9848 1265.

Denmark, situé sur la côte sud de l'Australie-Occidentale, a pour origine un campement forestier créé en 1895. Il se transforma en véritable village au début de ce siècle. C'est un explorateur qui donna son nom au site, et si l'église St Leonard's Anglican Church bâtie en 1899 par des bénévoles évoque la Scandinavie avec son toit pointu et ses ornements intérieurs, elle le doit à des bûcherons norvégiens employés dans la région à l'époque.

Denmark possède une forte communauté d'artisans et d'artistes qui lui donne une atmosphère bohème. Près de l'église, Andy Ducker réalise au Mandala Studio ses vitraux colorés devant les visiteurs. Le bourg attire aussi de nombreux vacanciers pour ses plages de surf.

Des concerts en plein air ont lieu l'été au Berridge Park bordant la Denmark River.

Gouvernail au Jaycee's Whaleworld

AUX ENVIRONS
Cette partie de la côte possède plusieurs belles plages, dont Ocean Beach, très populaire auprès des surfeurs. Plus abrités, Cosy Corner et Peaceful Bay se prêtent mieux à la baignade.

Albany ⓫

🏠 29 000. ✈️ 🚉 🚌 ℹ️ Old Railway Station, Proudlove Parade (08) 9841 1088.

Son port reste le pôle commercial de la plus ancienne implantation européenne de l'Australie-Occidentale, fondée en 1826 (trois ans avant Perth) dans une baie explorée en 1791 par le capitaine Vancouver. Il fut le plus important de la jeune colonie jusqu'à la construction de celui de Fremantle *(p. 302-303)* et était un grand centre baleinier jusqu'à l'arrêt complet de la chasse en 1979.

Installé dans une annexe d'un bureau d'embauche de forçats datant des années 1850, le Residency Museum retrace l'histoire de la ville et de sa région. Le bureau lui-même et l'Old Gaol (ancienne prison) abrite la collection de l'Albany Historical Society. Sur Duke St se dresse le plus vieux bâtiment d'Albany, le Patrick Taylor Cottage construit en clayonnage enduit de torchis avant 1836.

St John the Evangelist Anglican Church, érigée en 1848, fut le premier sanctuaire anglican consacré en Australie-Occidentale, la Lady Chapel incorpore un fragment d'une arche de la cathédrale Saint-Paul de Londres. Le sanctuaire offre un exemple-type des charmantes églises de campagne anglaises. Ses vitraux arrivèrent pour la plupart de Grande-Bretagne au début du XIXᵉ siècle.

Une réplique de l'*Amity,* le brick qui amena de Sydney les premiers colons en 1826, décore le front de mer.

🔒 St John the Evangelist Anglican Church
York St. 📞 (08) 9841 5015.
🕐 t.l.j. ♿

AUX ENVIRONS
Au **Jaycee's Whaleword,** des visites guidées permettent de découvrir la station d'équarrissage de baleines, désaffectée en 1978, de Cheyne Beach. De nombreuses baleines, se livrant parfois à des exhibitions de sauts, passent près de la côte entre juillet et octobre.

🏛 Jaycee's Whaleworld
Frenchman Bay Rd. 📞 (08) 9844 4021. 🕐 t.l.j. ● 25 déc. 🎥 🖥 ♿

Réplique de l'*Amity*

Stirling Range National Park ⓬

🚌 Albany. ℹ️ Albany (08) 9841 1088. Park Ranger & information 📞 (08) 9827 9230.

La ligne de crête du Stirling Range se dessine contre le ciel au-dessus des plaines agricoles qui s'étendent au nord d'Albany. Réputé pour les teintes changeantes, du bleu au rouge, que prennent ses flancs, le massif, long de 65 km, culmine à 1 073 m d'altitude au Bluff Knoll. Un climat très instable lui vaut d'abriter une flore spécifique. Sur le millier d'espèces de

Le Stirling Range vu de la Chester Pass Road

fleurs sauvages qui s'épanouissent d'octobre à décembre dans la réserve naturelle, une centaine ne pousse nulle part ailleurs.

Le parc national qui protège le Stirling Range et son écosystème renferme des sentiers fléchés, tous abrupts, et plusieurs aires de pique-nique et de barbecue installées dans des sites pittoresques.

En revenant vers Albany, les domaines viticoles de Mount Baker permettent une halte agréable.

York ⑬

🚶 3 000. 🚉 🚌 ℹ 81 Avon Terrace (08) 9641 1301.

La jeune colonie à l'origine de l'Australie-Occidentale s'employa très tôt à profiter du potentiel agricole de la fertile Avon Valley. York fut fondé en 1831. Classé par le National Trust, le village conserve de nombreux édifices du XIXe siècle qui, pour la plupart, bordent sa grand-rue : Avon Terrace.

Ouvertes au public, les cellules de l'Old Gaol, prison qui resta en fonction de 1865 à 1981, offrent un aperçu des conditions de détention au siècle dernier. Demeure des années 1860, la Settler's House abrite désormais un hôtel-restaurant (p. 513). Le Castle Hotel construit par

étapes entre 1850 et 1932 possède des porches en bois inhabituels.

Non loin, le **York Motor Museum** propose la plus belle collection de véhicules anciens d'Australie. Elle comprend parmi ses fleurons une Benz de 1886 qui serait la première automobile du monde, un prototype Holden Sedan de 1946 et l'extraordinaire voiture de course Bisiluro II Italcorsa.

Le Residency Museum, également digne d'une visite, occupe l'ancien domicile de Walkinshaw Cowan, magistrat à York et beau-père d'Edith Cowan, la première femme de l'État élue au Parlement (p. 52).

Un moulin bâti en 1892 sert de centre d'exposition et de vente d'artisanat. On peut aussi y voir des artisans au travail.

🏛 **York Motor Museum**
116 Avon Terrace. ☎ (08) 9641 1288. 🕐 t.l.j. ⬤ 25 déc. 🅿 ♿

Northam ⑭

🚶 7 000. 🚉 🚌 ℹ 2 Grey St (08) 9622 2100.

Au cœur de l'Avon Valley et de la *wheat belt,* le grenier à blé de l'Australie-Occidentale, Northam est le plus gros bourg de l'ouest du continent situé à l'intérieur des terres. Ce centre agricole devint à la fin du siècle dernier la porte des champs aurifères de Kalgoorlie-Boulder (p. 310). Il a gardé plusieurs édifices historiques, St John's Church bâtie en 1890 et l'Old Girls'School (1877), une ancienne école de filles occupée par l'Art Centre. Le Morby Cottage de 1836 est typique de l'architecture du début de la colonisation.

Le plus long pont suspendu piétonnier du pays franchit l'Avon River où nagent les descendants de cygnes blancs importés d'Angleterre au début du siècle.

Rolls Royce de 1925 au York Motor Museum

Les champs aurifères et la Nullarbor Plain

Plat et extrêmement aride, le sud-est de l'Australie-Occidentale n'abrite que quelques petites communautés aborigènes et des centres miniers. La région de Kalgoorlie connut pourtant une importante ruée vers l'or à la fin du siècle dernier, mais les cités qui fleurirent dans le désert sont pour la plupart devenues des villes-fantômes. Vers l'est s'étend la Nullarbor Plain au littoral battu par les vents. L'Eyre Highway la traverse jusqu'en Australie-Méridionale sur une distance de 730 km entre Norseman et la frontière.

LÉGENDE

▨ *Les champs aurifères et la Nullarbor Plain*

▢ *Perth et le Southwest p. 290-309*

LA RÉGION D'UN COUP D'ŒIL

Esperance ⑱
Kalgoorlie-Boulder ⑯
Norseman ⑰
Nullarbor Plain ⑲
Wave Rock ⑮

G R E A T V I C T O R I A D E S E R T

⑯ **KALGOORLIE-BOULDER**

NULLARBOR PLAIN ⑲

NORSEMAN
⑰

⑮ *WAVE ROCK*

⑱ *ESPERANCE*

| 0 | 200 km |

LÉGENDE

▬ Highway
▬ Route principale
▬ Route secondaire
〜 Cours d'eau

Le Wave Rock, vague de granite qui semble prête à déferler

Wave Rock ⑮

📷 Hyden. **Visitors' Centre** 📞 *(08) 9880 5182.* 🕐 *9 h-18 h, t.l.j.* 🅿️ 🚻 ♿ *par arrangement.*

Dans la *wheat belt,* la région céréalière de l'Australie-Occidentale, à 5 km du petit village de Hyden, des milliers d'années d'érosion chimique ont sculpté une étrange et spectaculaire vague de granite que les traces grises laissées par le ruissellement de l'eau de pluie rendent encore plus impressionnante. Les Breakers (Brisants) et le Hippo's Yawn (Bâillement de l'hippopotame) sont aussi des formations rocheuses spectaculaires. Lace Place abrite la plus riche collection de dentelles de l'hémisphère Sud.

À environ 20 km au nord-est de Hyden, des peintures rupestres aborigènes ornent la Mulka's Cave.

Kalgoorlie-Boulder ⑯

🏠 30 000. ✈ 🚉 🚌 🚍 ℹ 250 *Hannan St (08) 9021 1966.*

Kalgoorlie et la ville voisine de Boulder, réunies depuis 1989, évoquent avec force l'époque fiévreuse de la ruée vers l'or. Elles reçoivent 150 000 visiteurs par an. C'est un Irlandais, Paddy Hannan, qui trouva de l'or dans cette région désertique en 1893. Quelques semaines après sa découverte, l'endroit grouillait de prospecteurs. D'autres champs aurifères s'épuisèrent vite mais celui de Kalgoorlie, qu'exploite la plus grande mine à ciel ouvert du monde, continue de faire vivre la ville.

L'office de tourisme vous donnera le détail des divers circuits historiques et promenades guidées disponibles. Le **WA Museum Kalgoorlie-Boulder** présente une séduisante collection de pépites et de bijoux, ainsi qu'une exposition consacrée à l'histoire naturelle de la région et à la ruée vers l'or. La Hannan's North Tourist Mine permet de descendre dans un puits de mine et d'assister à des démonstrations d'orpaillage.

Hannan Street conserve le plus de bâtiments anciens, notamment le York Hotel, l'Exchange Hotel et le Town Hall. Aux alentours de Kalgoorlie subsistent de nombreuses villes-fantômes désertées au début du siècle comme Ora Banda et Broad Arrow.

🏛 **WA Museum Kalgoorlie-Boulder**
17 Hannan St. 🖀 *(08) 9021 8533.*
◯ *t.l.j.* ● *ven. saint, 25 déc.*
Contribution. ♿

York Hotel de Hannan Street, Kalgoorlie *(p. 479)*

Baxters Cliff, à l'est d'Esperance sur la côte de l'océan Austral

Norseman ⑰

🏙 *11 000.* 🚌 🛈 *68 Roberts St (08) 9039 1071.*

Norseman est la porte de la Nullarbor Plain au point de départ de l'Eyre Highway qui rejoint Adélaïde près de 2 000 km plus à l'est. Comme Kalgoorlie-Boulder, la ville doit son existence à un champ aurifère. Par gratitude, les prospecteurs donnèrent à la ville le nom du cheval (Viking) qui mit au jour le précieux métal en piaffant.

Installé dans l'ancienne école des mines, le **Norseman Historical and Geological Museum** propose une exposition consacrée à l'extraction d'or dans la région. Non loin, le Beacon Hill offre une vue de Norseman et des alentours.

Statue en bronze de Paddy Hannan

🏛 **Norseman Historical and Geological Museum**
Battery Rd. 🖀 *(08) 9039 1593.*
◯ *lun.-sam.* ● *ven. saint, 25 avr., 25 déc.* 📷

Esperance ⑱

🏙 *10 000.* ✈ 🚌 🛈 *Museum Village, Demster St (08) 9071 2330.*

Certaines des plus belles plages du pays bordent cette partie du littoral austral. Des Européens l'explorèrent dès 1627 mais les premiers colons ne s'y établirent qu'en 1863. Le port d'Esperance connut ensuite un premier essor au moment de la ruée vers l'or. En ville, le Museum Village réunit une galerie d'art et plusieurs édifices historiques. L'Esperance Municipal Museum contient une intéressante collection d'objets liés à l'histoire locale.

Au large, le Recherche Archipelago comprend une centaine d'îlots, dont Woody Island que l'on peut visiter.

Nullarbor Plain ⑲

🚌 *Kalgoorlie.* 🚌 *Norseman.*
🛈 *Norseman (08) 9039 1071.*

L'immense plaine aride qui s'étend à l'est de Norseman jusqu'en Australie-Méridionale *(p. 359)* tire son nom d'une expression latine signifiant « pas d'arbre ». En effet, les arbres ne poussent pas ici, sauf dans la partie la plus au sud et la moins aride, celle que traverse l'Eyre Highway.

Les quelques relais routiers qui jalonnent la route sont les seuls sites habités de la Nullarbor Plain. Cocklebiddy, à 438 km de Norseman, abrite une des plus longues grottes du monde (non aménagée). L'Eucla National Park, à côté d'Eucla, ménage de belles vues des falaises de la côte.

LE NORD DE PERTH
ET LE KIMBERLEY

*L*es visiteurs qui se risquent au nord de Perth peuvent mieux percevoir l'immensité de l'Australie-Occidentale qui couvre un tiers de la superficie du continent. La région recèle de somptueux trésors naturels, tels les fonds coralliens du Ningaloo Reef, l'étrange Pinnacle Desert, les défilés du Kimberley et les étonnants Bungle Bungles.

Les premiers hommes qui s'implantèrent en Australie arrivèrent il y a probablement 60 000 ans dans le Kimberley. La région, bordée par la mer de Timor, est riche en pétroglyphes aborigènes dont certains pourraient avoir plus de vingt milliers d'années. Le premier Européen, un Hollandais, débarqua aussi au nord de Perth, sur la côte la plus occidentale du continent, en 1616 *(p. 45)*. En 1688, l'explorateur anglais William Dampier dressa la carte de la péninsule qui porte son nom. Lors d'un second voyage, il reconnut Shark Bay et les alentours de Broome.

En 1846, des bénédictins établirent une mission à New Norcia et, vingt ans plus tard, les implantations s'étaient multipliées le long de la côte. La plus importante, Cossack, séduit des immigrants japonais, chinois et indonésiens tentés par la pêche aux perles. Les années 1880 virent la création de stations d'élevage entre Derby et Windham. Enfin, la découverte d'or, en 1885, à Halls Creek, fit apparaître le nord de l'Australie-Occidentale sur les cartes. La ruée vers l'or ne dura pas mais l'exploitation minière connut un nouvel élan dans les années soixante grâce aux gisements de fer et de gaz naturel du Pilbara.

Si Perth bénéficie d'un climat proche de celui de la Méditerranée, la région au nord de Perth a un climat tropical. La contrée attire chaque année plus de touristes, y compris dans des zones isolées comme le Kimberley. Des complexes hôteliers commencent à équiper des localités côtières comme Coral Bay et Broome.

Rencontre avec les dauphins de Monkey Mia au Shark Bay World Heritage and Marine Park

◁ Silice et lichen dessinent les stries des Bungle Bungles du Purnululu National Park

À la découverte du nord de Perth

Les paysages spectaculaires abondent dans le nord de l'Australie-Occidentale. À 200 km de Perth, le Nambung National Park renferme le curieux Pinnacles Desert. Plus haut sur la côte, le Kalbarri National Park protège de superbes gorges sur la Murchison River. Le littoral de l'océan Indien offre ensuite îles inhabitées, récifs de corail, falaises vertigineuses, plages de sable et le magique Shark Bay World Heritage and Marine Park. Le Pilbara qui forme la pointe de la région possède deux beaux parcs nationaux : Karijini et Millstream-Chichester.

St Francis Xavier Cathedral, Geraldton

Coucher de soleil aux Pinnacles, Nambung National Park

NINGALOO REEF MARINE PARK ❾ **EXMOUTH**
❽

Lake MacLeod

❼
CARNARVON   Gascoyne River

❻
SHARK BAY WORLD HERITAGE AND MARINE PARK

KALBARRI NATIONAL PARK ❺

HOUTMAN ABROLHOS ISLANDS ❹

❸
GERALDTON

MUL

❷
NAMB NATIO PAR

LE NORD DE PERTH D'UN COUP D'ŒIL

0   100 km

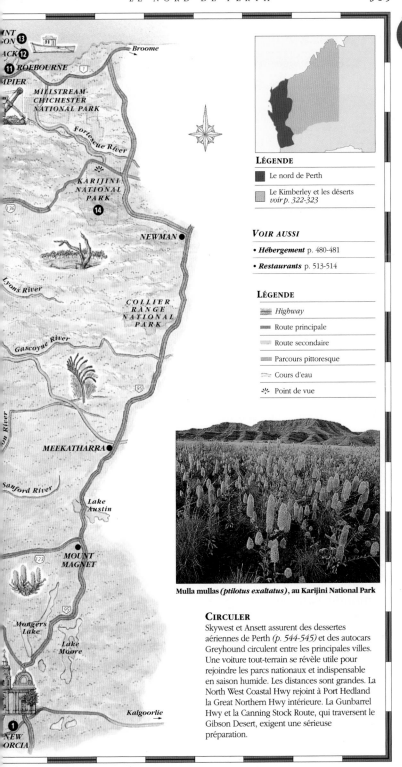

LÉGENDE

〰 *Highway*

▬ Route principale

▭ Route secondaire

▬ Parcours pittoresque

〜 Cours d'eau

☀ Point de vue

Mulla mullas *(ptilotus exaltatus)*, au Karijini National Park

CIRCULER

Skywest et Ansett assurent des dessertes aériennes de Perth *(p. 544-545)* et des autocars Greyhound circulent entre les principales villes. Une voiture tout-terrain se révèle utile pour rejoindre les parcs nationaux et indispensable en saison humide. Les distances sont grandes. La North West Coastal Hwy rejoint à Port Hedland la Great Northern Hwy intérieure. La Gunbarrel Hwy et la Canning Stock Route, qui traversent le Gibson Desert, exigent une sérieuse préparation.

New Norcia ❶

🏯 70. 🔲 ℹ️ *New Norcia Museum and Art Gallery (08) 9654 8056.*

La mission créée en 1846 par les bénédictins espagnols à 130 km au nord-est de Perth a peu changé depuis sa construction. Elle abrite toujours une petite communauté monastique propriétaire de ses bâtiments historiques. Les moines proposent des visites guidées quotidiennes du monastère et tiennent une hôtellerie.

Réputée pour son architecture coloniale espagnole, New Norcia s'organise autour d'une jolie cathédrale bâtie en 1860. Deux élégants collèges datent du début du siècle : la St Gertrude's Residence for Girls et la St Ildephonsus'Residence for Boys. Objets d'art et souvenirs retracent l'histoire de la localité au **New Norcia Museum and Art Gallery.**

🏛 **New Norcia Museum and Art Gallery**
Great Northern Hwy. 📞 *(08) 9654 8056.* ⭕ *t.l.j.* ⬤ *25 déc.* 📷 ♿ *rez-de-chaussée seulement.*

Façade de la St Ildephonsus' Residence for Boys de New Norcia

Nambung National Park ❷

ℹ️ *CALM office at Cervantes (08) 9652 7043.* ⭕ *lun.-ven.*

Le printemps, d'août à octobre, quand s'épanouissent les fleurs sauvages et que la chaleur n'est pas trop éprouvante, constitue la meilleure saison pour visiter le parc national de Nambung. Les Pinnacles, une vaste étendue de sable

Dans les Pinnacles du Nambung National Park

hérissée d'aiguilles de calcaire dont la plus haute atteint 4 m. Les visiteurs peuvent emprunter une piste pour voitures ou un sentier pédestre qui conduit à des points de vue des Pinnacles et de la côte.

La faune du parc est principalement nocturne mais kangourous, émeus ou reptiles se montrent parfois à l'aube ou au crépuscule.

Geraldton ❸

🏯 26 000. ✈️ 🔲 🚆 ℹ️ *angle de Chapman Rd et Bayly St (08) 9921 3999.*

Située à 425 km au nord de Perth sur Champion Bay, Geraldton doit son surnom de « Sun City » à une moyenne de huit heures par jour d'ensoleillement. Des vacanciers de toute l'Australie viennent se baigner ou pratiquer le surf sur ses plages. Mahomets Beach est notamment un des grands pôles mondiaux de la planche à voile.

L'histoire de la présence européenne dans la région remonte à la mutinerie de l'équipage du navire hollandais *Batavia* échoué sur les Houtman Abrolhos en 1628. Un autre bâtiment hollandais, le *Zuytdorp*, fit naufrage en 1712 près de Kalbarri, les survivants ont peut-être été recueillis par

des Aborigènes. On dressa la première carte de Champion Bay en 1849 et une mine de plomb ouvrit peu après. Créé pour assurer l'expédition de sa production, le port de Geraldton abrite aujourd'hui une flotte de langoustiers.

La ville conserve nombre de ses premiers édifices. Le charmant **Geraldton Museum** comprend deux bâtiments : le Maritime Museum qui abrite des vestiges des épaves hollandaises et l'Old Railway Building occupé par une exposition consacrée à la géologie, la flore, la faune et l'histoire locales. La plus vieille cathédrale de Geraldton, St Francis Xavier Cathedral élevée entre 1916 et 1938, s'inspire librement du style byzantin. Le phare de Point Moore importé de Grande-Bretagne n'a pas cessé de fonctionner depuis 1878. Datant de 1870, le **Lighthouse Keeper's Cottage,** le premier phare de la ville, sert désormais de siège à la Geraldton's Historical Society. La **Geraldton Art Gallery,** une des meilleures galeries de l'État, expose les œuvres d'artistes locaux et des pièces provenant de collections privées et publiques.

Deux points de vue, le Separation Point Lookout et le Mount Tarcoola Lookout, offrent de superbes panoramas de la ville et de l'océan.

Phare de Point Moore

⟐ Geraldton Museum
244 Marine Terrace. ☎ *(08) 9921
5080.* ◯ *t.l.j.* ● *ven. saint, 25 et
26 déc.* **Contribution.** ♿
**⟐ Lighthouse Keeper's
Cottage**
355 Chapman Rd. ☎ *(08) 9921
8505.* ◯ *jeu.* ● *25 déc.*
⟐ Geraldton Art Gallery
24 Chapman Rd. ☎ *(08) 9921 6811.*
◯ *t.l.j.* ● *ven. saint, 25 déc.-
1er janv.* ♿

Houtman Abrolhos ❹

🚗 *Geraldton.* ✈ *depuis Geraldton.*
ℹ *Geraldton (08) 9921 3999.*

À environ 60 km au large de
la côte de Geraldton, plus
de cent îlots coralliens forment
l'archipel des Houtman
Abrolhos Islands. Ses récifs ont
causé maints naufrages mais
ils offrent de magnifiques
fonds sous-marins à découvrir
en plongée ou lors de
promenades en avion. Il est
interdit de résider sur les îles.

Kalbarri National Park ❺

🚗 *Kalbarri.* ℹ *Kalbarri (08) 9937
1104.* ◯ *9 h- 17 h, t.l.j.* ● *25 déc.*

Cette vaste réserve
naturelle protège une
splendide portion du littoral
et plusieurs gorges sur le
cours de la Murchison River.
À l'embouchure du cours

d'eau, le bourg
de Kalbarri
constitue une
bonne base pour
partir explorer le
parc. Attention,
les pistes peuvent
être empruntées
par la majorité
des véhicules
mais non par des
caravanes ou des
camping-cars. Plusieurs
sentiers ménagent un choix
de promenades allant d'une
marche de deux heures à une
randonnée de quatre jours.
Un temps sec et des
températures clémentes font
de l'hiver, à partir de juillet, la
saison la plus agréable pour
une visite. Des tapis de fleurs
rendent toutefois le printemps
plus spectaculaire.
  Ne manquez pas l'aire de
pique-nique de Hawks Head
qui domine un défilé, la
Nature Windows, et le Ross
Graham Lookout où des
piscines naturelles permettent
de se baigner. Près de l'océan,
Pot Alley offre une vue
époustouflante des falaises de
la côte. La Rainbow Valley
doit son nom de « vallée arc-
en-ciel » à des strates de
roches polychromes.

Shark Bay World Heritage and Marine Park ❻

Voir p. 318-319.

Centre artisanal de Carnarvon

Carnarvon ❼

👥 *7 000.* ✈ 🚗 🚌 ℹ *11
Robinson St (08) 9941 1146.*

Chef-lieu commercial et
administratif local,
Carnarvon se trouve à
l'embouchure de la Gascoyne
River qui marque le début du
nord de l'Australie-Occidentale.
Des plantations de fruits
tropicaux, bananes et mangues
entre autres, bordent le cours
du fleuve sur 16 km. Certaines
peuvent se visiter et vendent
directement leurs produits. La
pêche et l'élevage de crevettes
et de coquilles Saint-Jacques
sont aussi pratiqués.
  En ville, le One Mile Jetty
sur Babbage Island est un
quai apprécié des pêcheurs.
Le Jubilee Hall, construit en
1887, abrite un centre
artisanal.

AUX ENVIRONS
À 70 km au nord de
Carnarvon, des jets d'eau
atteignant 20 m de hauteur
fusent de trous de rochers où
s'engouffrent les vagues, les

Gorges de la Murchinson River vues du Hawks Head Lookout dans le Kalbarri National Park

Le Shark Bay World Heritage and Marine Park ❻

**Panneau
du quai de
Monkey Mia**

Shark Bay (baie des Requins) est l'endroit où débarqua le premier Européen qui posa pied sur le continent. L'Unesco a inscrit le site en 1991 au Patrimoine mondial *(p. 22-23)*. En effet, pendant des milliers d'années, des processus naturels rares ont créé des paysages côtiers hors du commun. Shark Bay sert aussi de refuge à diverses espèces végétales et animales menacées. La voiture est le seul moyen de parcourir le parc et certaines parties ne sont accessibles qu'aux véhicules tout-terrain.

*BERNIER
ISLAND*

*DORRE
ISLAND*

**François Peron
National Park**
*La pointe de la
Peron Peninsula
resta une ferme
d'élevage de
mouton jusqu'en
1990.*

Cape Inscription
est l'endroit où
le premier
Européen, le
Hollandais
Dirk Hartog,
débarqua en
Australie *(p. 45)*.

*DIRK
HARTOG
ISLAND*

*Denham
Sound*

*FRANÇOIS PERO
NATIONAL PAR*

Peron Homestead
*L'ancienne habitation de la
ferme d'élevage offre un
aperçu des conditions de vie
des gardiens de moutons.
Deux puits artésiens
alimentent en eau chaude
(44 °C) des bacs où les
visiteurs peuvent se baigner.*

Denham, un ancien
village perlier, vit
désormais
principalement de la
pêche et du tourisme.

*Useless
Loop*

Le Steep Point,
pointe la plus
occidentale du
continent australien,
donne vue des falaises
appelées Zuytdorp
Cliffs.

Useless Loop Road

Eagle Bluff
*Du sommet de la falaise de l'Aigle, on peut
tenter d'apercevoir au large les oiseaux qui
nichent sur les îles et les hôtes marins des
eaux limpides de la baie.*

Les Zuytdorp Cliffs
portent le nom du navire
hollandais qui fit naufrage ici
en 1721.

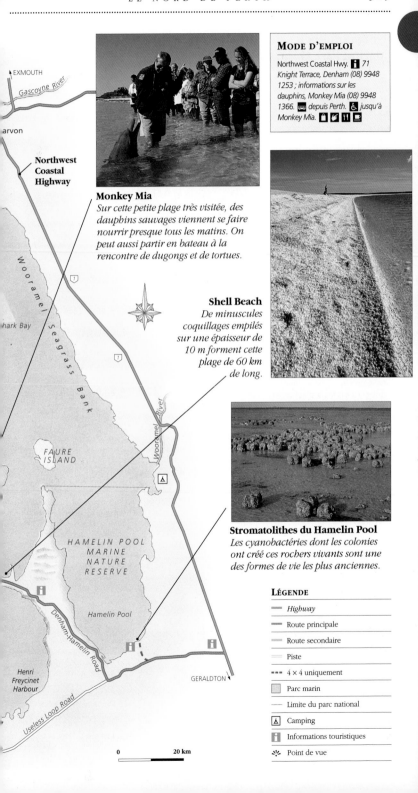

MODE D'EMPLOI

Northwest Coastal Hwy. ℹ 71
Knight Terrace, Denham (08) 9948
1253 ; informations sur les
dauphins, Monkey Mia (08) 9948
1366. 🚌 depuis Perth. ♿ jusqu'à
Monkey Mia. 🛎 🖌 🍴 🛍

Monkey Mia
*Sur cette petite plage très visitée, des
dauphins sauvages viennent se faire
nourrir presque tous les matins. On
peut aussi partir en bateau à la
rencontre de dugongs et de tortues.*

Shell Beach
*De minuscules
coquillages empilés
sur une épaisseur de
10 m forment cette
plage de 60 km
de long.*

Stromatolithes du Hamelin Pool
*Les cyanobactéries dont les colonies
ont créé ces rochers vivants sont une
des formes de vie les plus anciennes.*

LÉGENDE

▬	*Highway*
▬	Route principale
▬	Route secondaire
▬	Piste
▬▬▬	4 × 4 uniquement
▢	Parc marin
—	Limite du parc national
Ⓐ	Camping
ℹ	Informations touristiques
☀	Point de vue

EXMOUTH

Gascoyne River

arvon

**Northwest
Coastal
Highway**

Wooramel Seagrass Bank

hark Bay

Wooramel River

FAURE
ISLAND

HAMELIN POOL
MARINE
NATURE
RESERVE

Hamelin Pool

Denham-Hamelin Road

Henri
Freycinet
Harbour

GERALDTON

Useless Loop Road

0   20 km

Ningaloo Reef Marine Park ❽

🚇 Exmouth. 🚉 Milyering Visitors' Centre, Yardie Creek Rd, Cape Range National Park (08) 9949 2808. ⬤ t.l.j. ⬤ ven. saint, 25 déc.

Cette réserve marine borde sur 260 km la côte océane de l'Exmouth Peninsula et le côté occidental de l'entrée de l'Exmouth Gulf. Elle protège le Ningaloo Reef, long récif frangeant qui ressemble, en version réduite, à la Grande Barrière de corail (p. 204-209) parallèle au littoral oriental du Queensland. Le Ningaloo Reef est beaucoup plus proche du rivage continental et les plongeurs au tuba peuvent découvrir les très beaux fonds de Turquoise Bay et Coral Bay.

Plusieurs compagnies proposent des excursions permettant de plonger aux bouteilles ou d'observer l'inoffensif requin-baleine qui vient se nourrir de plancton de la fin du mois de mars jusqu'en mai. C'est le plus gros poisson de la planète, sa taille peut atteindre 18 m. Des dugongs fréquentent aussi les eaux du parc, ainsi que des tortues de mer qui viennent s'accoupler et enfouir leurs œufs sur les plages de la pointe de la péninsule.

Le Department of Conservation and Land Management (CALM) gère plusieurs sites de camping le long de la côte. La pêche, très populaire, est autorisée mais strictement réglementée.

Yardie Creek Gorge du Cape Range National Park près d'Exmouth

Exmouth ❾

🏚 3 100. ✈ 🚉 🚉 Murat Rd (08) 9949 1176.

Fondée en 1967 en appui d'une station de communication de la Flotte américaine, cette petite ville de la côte orientale de l'Exmouth Gulf reste marquée par sa vocation militaire. Mais aujourd'hui elle vit surtout du tourisme, servant de point de départ vers le Ningaloo Reef Marine Park et le Cape Range National Park. On aperçoit fréquemment tortues géantes et requins-baleines au large.

Un peu hors de la ville, au Vlaming Head, l'épave du *Mildura* reste visible depuis le littoral. Non loin se dresse le Vlaming Lighthouse, phare planté au sommet d'une falaise qui offre une vue panoramique de la péninsule.

Le Cape Range National Park protège un massif peu élevé où l'érosion a taillé de spectaculaires défilés et affleurements rocheux. L'océan submergeait jadis la région et le calcaire garde des empreintes fossilisées de corail. La faune comprend kangourous, émeus et gros lézards. Il existe deux principaux sentiers de randonnée, mais mieux vaut ne pas s'y risquer en été car la température peut atteindre 50 °C.

Le canyon de la Yardie Creek se trouve à l'ouest du parc à 1 km du rivage. Un court sentier le long de falaises permet d'y pénétrer mais on peut aussi le découvrir lors d'une promenade en bateau.

Dampier ❿

🏚 1 100. ✈ 🚉 🚉 4548 Karratha Rd, Karratha (08) 9144 4600.

Dampier est situé sur King Bay dans la Burrup Peninsula, en face des quelques 40 îles de l'archipel de Dampier. Il doit sa création aux mines du Pilbara qui avaient besoin d'un port pour expédier leur production. C'est aussi là qu'est traité le gaz naturel du Northwest Shell Project pour le marché domestique comme pour l'exportation. Dampier possède en outre la plus grande usine de dessalement d'Australie, que l'on peut contempler du Dampier Solar Evaporated Salt Mine Lookout. Dampier est également une base appréciée pour la pêche côtière et au large. Chaque année, en août, les passionnés de pêche au gros se rassemblent en ville pour le Dampier Classic et le Game Fishing Classic.

Les Aborigènes yapurrara ont orné la Burrup Peninsula de milliers de gravures rupestres.

Le Dampier Archipelago, au large de Dampier, porte le nom de l'explorateur anglais qui débarqua dans la région au XVIIᵉ siècle (p. 45). L'archipel offre tout un éventail

Sable blanc de Turquoise Bay dans le Ningaloo Reef Marine Park

Honeymoon Cove, l'une des plages les plus appréciées de Point Samson

d'activités de la pêche au gros à l'observation de baleines. La pêche est particulièrement bonne ici avec des variétés des récifs et des grands poissons comme le thon. La moitié des îles est une réserve naturelle où vivent des espèces rares dont plusieurs variétés de serpents. L'accès aux îles se fait uniquement par bateau.

Façade rustique de la Holy Trinity Church de Roebourne

Roebourne ⓫

🏃 1 400. 🚉 🛈 *Queen St (08) 9182 1060.*

À environ 14 km à l'intérieur des terres, la plus ancienne localité du Pilbara, fondée en 1866, conserve plusieurs édifices en pierre de la fin du XIXᵉ siècle, dont la Holy Trinity Church bâtie en 1894 et l'Old Gaol qui abrite l'office de tourisme et une galerie d'art aborigène. Roebourne est le point de départ de l'Emma Withnell Heritage Trail, parcours historique de 52 km qui suit un itinéraire pittoresque par Cossack et Point Samson.

AUX ENVIRONS
À 150 km au sud, le **Millstream-Chichester National Park** protège 200 000 ha où de rares points d'eau forment de vertes oasis.

Cossack Historical Town ⓬

🚉 🛈 *Queen St, Roebourne (08) 9182 1060.*

Le port de Tien Tsin Harbour établi en 1863 devint bientôt le centre animé d'une industrie perlière qui attira des pêcheurs venus du Japon et de Chine. Le bourg prit le nom de Cossack en 1872 après la visite du gouverneur Weld à bord d'un navire ainsi baptisé. Cet hommage ne l'empêcha toutefois pas de tomber en déclin. L'activité perlière se déplaça à Broome *(p. 322)* et, en 1910, le port s'était envasé. Les bâtiments anciens survécurent à son abandon. Leur restauration commença à la fin des années soixante-dix et le site historique aujourd'hui géré par le comté de Roebourne attire de nombreux visiteurs.

Old Courthouse, Cossack Historical Town

Point Samson ⓭

🏃 200. 🛈 *Queen St, Roebourne (08) 9182 1060.*

Ce petit village portuaire créé en 1910 pour remplacer Cossack vit aujourd'hui de ses deux ports et d'un peu de pêche. Les deux plus belles plages se trouvent dans la Honeymoon Cove et au Samson Reef où l'on peut contempler des fonds coralliens au tuba et ramasser des coquillages à marée basse.

Karijini National Park ⓮

🛈 *Tom Price (08) 9188 1112.*
⬜ *t.l.j. (si le temps le permet).*

Au cœur du Pilbara dans le Hamersley Range culminant à 1 250 m d'altitude, le Karijini National Park est, avec une superficie de 600 000 ha, le parc national le plus vaste d'Australie-Occidentale après celui de Purnululu *(p. 323)*.

Il protège trois types de paysages : des collines et des crêtes couvertes de forêts d'eucalyptus ; une zone aride de broussailles basses et, dans le nord, de magnifiques gorges. Les deux saisons les plus favorables pour le visiter sont l'hiver et le printemps.

Le Kimberley et les déserts

Casque de pêcheur de perles

L'immense région montagneuse du Kimberley est le dernier territoire à conquérir en Australie. L'aménagement touristique y est encore balbutiant. De profondes gorges creusent ses rochers rouges et son littoral connaît les plus grands écarts de marées de l'hémisphère Sud. La violence d'un climat où alternent saison sèche torride et *wet* aux pluies torrentielles contribue à rendre la région difficile d'accès. La meilleure saison pour découvrir ses atouts naturels, tels que le Wolfe Creek Meteorite Crater et les Bungle Bungles, dure d'avril à septembre. Au sud s'étendent les inhospitaliers Great Sandy Desert et Gibson Desert.

CARTE DE SITUATION

■ *Le Kimberley et les déserts*

▨ *Le nord de Perth* p. 312-321

WYNDHAM 🅱

PURNULULU (BUNGLE BUNGLE) NATIONAL PARK

DERBY 🅰

HALLS CREEK 🅰

BROOME 🅰

G R E A T
S A N D Y
D E S E R T

Lake Mackay

G I B S O N
D E S E R T

Lake Carnegie

G R E A T
V I C T O R I A
D E S E R T

WARBURTON ROAD

95

0   200 km

Broome 🅰

👣 *13 000.* ✈ 🚉 🚌 ℹ *Angle de Bagot St et Broome Hwy (08) 9192 2222.*

Dans une région où les Européens s'installèrent au cours des années 1860, Broome prit son essor dans les années 1880 avec le développement de l'industrie perlière. Même si elle vit surtout du tourisme aujourd'hui, la ville a gardé un parfum cosmopolite de l'époque où affluèrent des plongeurs asiatiques, comme en témoignent ses cimetières chinois et japonais.

À quelques kilomètres du centre commence une plage magnifique, Cable Beach. **Le Broome Crocodile Park** possède plus d'un millier de ces bêtes voraces, cousins des dinosaures.

🐊 **Broome Crocodile Park**
Cable Beach Rd. 📞 *(08) 9192 1489.* ☐ *t.l.j.* 🈲 ♿

Promenade à dos de dromadaire sur Cable Beach près de Broome

LÉGENDE

▨ *Highway*

▨ Route principale

▨ Route secondaire

〰 Cours d'eau

Crocodile d'eau douce dans la Windjana Gorge près de Derby

Derby ⓰

🏛 5 000. ☒ 🚌 🛈 1 Clarendon St (08) 9191 1426.

Porte d'une région riche en gorges splendides, Derby abrite des sites intéressants : le musée et la galerie d'art installés dans la Wharfingers House, l'Old Derby Gaol et les Botanical Gardens.

À 7 km au sud du centre, le Prison Boab, baobab millénaire de 14 m de circonférence, possède un tronc creux qui, à la fin du XIXe siècle, servait à garder des détenus pendant une nuit sur la route jusqu'à la prison.

AUX ENVIRONS
À l'est de Derby, la Gibb River Road conduit aux trois parcs nationaux, Windjana Gorge, Tunnel Creek et Geikie Gorge, connus sous le nom collectif de **Devonian Reef National Parks.** Ils protègent de superbes canyons.

♣ Devonian Reef National Parks
🚌 jusqu'à Derby. 🛈 Derby (08) 9191 1426. ◯ lun.-sam. ● jours fériés.

Halls Creek ⓱

🏛 1 400. 🚌 🛈 Memorial Park, Great Northern Hwy (08) 9168 6262.

Le site originel de Halls Creek, Old Town, marque l'endroit où eut lieu la première ruée vers l'or de l'État près d'une paroi de quartz surnommée la muraille de Chine (China Wall). À 130 km au sud,

la **Wolfe Creek Crater National Park** abrite le deuxième cratère de météorite du monde par la taille.

♣ Wolfe Creek Crater National Park
🚌 Halls Creek. 🛈 Halls Creek (08) 9168 6262. ◯ avr.-sept. : t.l.j. ● temps pluv. (rtes impraticables).

Purnululu (Bungle Bungle) National Park ⓲

🚌 Kununurra, Halls Creek.
🛈 Kununurra (08) 9166 0200.
◯ t.l.j. 🅿 ✔

Fondé en 1987 dans une des régions les plus inaccessibles d'Australie-Occidentale, le Purnululu National Park couvre une superficie de 320 000 ha au

Rochers striés des Bungle Bungles, Purnululu National Park

sein du territoire traditionnel des Aborigènes kija et jaru qui coopèrent avec les autorités pour développer un tourisme culturel. Il a pour principale attraction le massif du Bungle Bungles aux rochers striés d'orange et de noir par des bandes de silice et de lichen.

Wyndham ⓳

🏛 900. ☒ 🚌 🛈 6 Great Northern Hwy (08) 9161 1281.

Au terme de la Great Northern Highway sur le Cambridge Gulf, le port de Wyndham fondé en 1888 servait à l'expédition de l'or de Halls Creek et des produits des centres d'élevage locaux. On déchargeait également sur son quai, à l'emplacement de l'actuel Anthon's Landing, des provisions essentielles à la survie des fermes créées par des pionniers dans le nord du Kimberley. La fin du trajet s'effectuait en caravanes de dromadaires menées par des Afghans, et nombre de ces chameliers reposent dans le cimetière du village.

Dans le centre ancien, appelé Old Wyndham Port, subsistent des bâtiments du XIXe siècle, notamment une poste et un tribunal. Le Port Museum propose une exposition photographique sur l'histoire du port.

Dans la région vivent de nombreux crocodiles d'eau douce (« freshies ») et de mer (« salties »). Contrairement aux premiers, plus pacifiques, les seconds n'hésitent pas à s'attaquer à l'homme même si celui-ci ne les provoque pas. S'ils apprécient l'eau salée, comme leur nom l'indique, ils fréquentent aussi les rivières. On peut voir des représentants des deux espèces à la **Wyndham Crocodile Farm.**

À environ 20 km de la ville, il existe des pétroglyphes aborigènes près du site de pique-nique du barrage de Moochalabra.

✹ Wyndham Crocodile Farm
Barylettes Rd. 📞 (08) 9161 1124. ◯ t.l.j. ● 25 déc. 🅿 ♿

L'AUSTRALIE-MÉRIDIONALE

L'Australie-Méridionale d'un coup d'œil

Lℯ South Australia possède un littoral varié qui alterne plages de sables, falaises et lagunes. Il est bordé d'une frange de vallées et de plaines fertiles propices à la culture de la vigne et des céréales. L'aridité rend l'intérieur des terres moins souriant mais le vaste Far North recèle des sites superbes tels les Flinders Ranges et Coober Pedy, la ville troglodytique des prospecteurs d'opales. La majeure partie de la population de l'État vit dans la capitale, Adélaïde, et les villages viticoles de la Clare Valley et de la Barossa Valley.

LES PÉNINSULES D'YORKE ET D'EYRE ET LE FAR NORTH
(voir p. 350-361)

Coober Pedy *est une étrange ville minière de l'Outback où des maisons enterrées aident à supporter un climat torride. Le terrain de golf est un des rares équipements collectifs au-dessus du sol (p. 360).*

Port Augusta, *porte du Far North et grand nœud ferroviaire et routier, conserve des demeures historiques au milieu de ses immeubles modernes (p. 357).*

Kangaroo Island *abrite une faune abondante dans un cadre préservé. Le vent et l'eau ont sculpté au sud-ouest les Remarkables Rocks du Kirkpatrick Point (p. 346).*

0   100 km

◁ **Riche sol rouge d'un domaine viticole du Coonawarra près de Penola**

Quorn garde au pied des Flinders Ranges (p. 361) de nombreux souvenirs de l'époque des pionniers ; un train touristique tiré par une locomotive à vapeur, le Pichi Pichi Railway, rappelle l'époque où il était un important relais ferroviaire.

Les Flinders Ranges s'enfoncent profondément dans l'Outback depuis le nord du St Vincent's Gulf et offrent de superbes itinéraires de randonnée.

La région viticole de la Barossa comprend la Barossa Valley et l'Eden Valley, où des douzaines de caves datant du XIXe siècle se nichent dans des paysages vallonnés (p. 348-349).

Adélaïde, élégante capitale d'État où subsistent de nombreux édifices coloniaux, possède une atmosphère cosmopolite et une vie culturelle et nocturne animée (p. 336-341).

ADÉLAÏDE ET LE SOUTHEAST
(voir p. 332-349)

Mount Gambier s'étage sur les pentes d'un volcan éteint où d'anciens cratères renferment des lacs aux eaux limpides d'un bleu profond comme le Blue Lake (p. 346).

Les oiseaux d'Australie-Méridionale

Environ 380 espèces d'oiseaux profitent en Australie-Méridionale d'habitats variés et souvent protégés par des parcs nationaux. Mouettes, pyrargues et manchots pêchent sur le littoral, tandis qu'échassiers, canards et cormorans fréquentent les marais de l'intérieur des terres. On voit couramment perruches et perroquets dans les espaces verts d'Adélaïde. Le mégapode d'Australie et de nombreux melliphages cohabitent dans la forme de savane appelée *mallee* qui couvrait jadis une grande partie de l'État. Les Flinders Ranges et le Far North sont le royaume des rapaces, faucon pèlerin et aigle audacieux.

Perruche ondulée

Les petits manchots bleus *(eudyptula minor), seuls manchots à se reproduire sur le continent, se nourrissent de poissons et de poulpes.*

FLINDERS RANGES ET OUTBACK

De tous les oiseaux, nombreux, qui peuplent les crêtes et les ravins du massif des Flinders Ranges, les plus spectaculaires sont sans conteste les rapaces tel l'aigle audacieux qui installe son nid sur de grands gommiers ou des corniches rocheuses. Dans l'aride Outback, il est courant de voir des aigles en train de dévorer des proies mortes.

MALLEE

Le défrichement a beaucoup fait reculer cette forme de végétation clairsemée, mais les espaces qui subsistent, comme dans le Billiat National Park proche de Loxton, offrent un habitat adapté à des melliphages comme l'*anthochaera caruncula* et le *lichenostomus leucholis* et à des oiseaux siffleurs tels que le *pachycephala pectoralis*.

Les aigles audacieux, *dont l'envergure peut dépasser 2 m, apprécient poteaux et arbres morts pour se poser.*

Le mégapode d'Australie, *haut de 60 cm, pond ses œufs dans un creux du sol garni de végétaux en décomposition. Il se déplace sans bruit.*

Les faucons pèlerins, *magnifiques quand ils plongent les ailes repliées, ne construisent pas de nids mais pondent sur des corniches rocheuses ou dans des arbres creux.*

Les psophodes nigrogularis, *rares et timides, poussent un cri grinçant. Ils courent et volent bruyamment.*

L'ÉMEU

Le plus grand oiseau coureur après l'autruche est spécifique à l'Australie. Il possède une taille de 1,5 à 1,9 m et peut atteindre la vitesse de 50 km/h. La femelle émet un son particulier évoquant un bruit sourd de tambour et pond ses œufs par terre. Le mâle les couve pendant sept semaines puis veille sur les petits parfois jusqu'à ce qu'ils atteignent dix-huit mois. Les émeus habitent seuls ou en troupeaux dans toute l'Australie des espaces principalement plats et dégagés. Très mobiles, ils subsistent sur de vastes territoires.

Une petite tête sur un grand corps

L'émeu a un plumage gris sombre

MARAIS ET LAGUNES

Les zones inondées, comme dans le Coorong National Park *(p. 343)*, permettent à de nombreux oiseaux aquatiques de se nourrir et de se reproduire et offrent en cas de sécheresse un refuge à de nombreuses espèces menacées. Elles constituent aussi d'importantes étapes pour des migrateurs comme le bécasseau à queue pointue de Sibérie.

Les grues d'Australie,
hautes de 1,3 m et
d'une envergure de
2,3 m, sont réputées
pour leurs parades
nuptiales.

Le canard tacheté (stictonetta
naevosa), l'un des
canards les plus rares
de la planète, garde
des caractéristiques
très archaïques.

FORÊTS

Malgré les humains qui s'y installent de plus en plus, les forêts abondent généralement en sources de nourriture et abritent de nombreux oiseaux tels que melliphages, perruches et martins-pêcheurs. Des régions comme la zone protégée par le Belair National Park près d'Adélaïde conservent ainsi une riche avifaune. C'est au lever et au coucher du jour qu'elle s'observe le mieux.

La perruche d'Adélaïde
au plumage éclatant vit
dans les Mount Lofty Ranges
et les espaces verts de la
capitale de l'État.

Le kookaburra rieur, le plus
grand martin-pêcheur du
monde, doit son nom à son
cri. Il est d'abord poussé
par un oiseau puis repris
par d'autres.

Les vins d'Australie-Méridionale

Plus de la moitié de la production vinicole australienne provient d'Australie-Méridionale. Les innombrables domaines de la région proposent un très large choix, des vins de liqueur aux crus les plus célèbres : le Penfolds Grange et le Jacob's Creek. Ce dernier fut la première appellation du continent reconnue mondialement. Pratiquement toutes les caves accueillent des visiteurs pour des dégustations.

La Seven Hills Winery se trouve au cœur de la grande région viticole de la Clare Valley.

Tim Knappstein, viticulteur primé de la Clare Valley, produit un riesling de style européen.

La Bridgewater Mill possède un excellent restaurant et propose des dégustations à la porte de la cave.

Kadina   Clare

Gaw

ADÉLAIDE

RÉGIONS VITICOLES

En comptant le McLaren Vale, la Murray Valley et les Adelaide Hills, l'Australie-Méridionale possède huit principales régions viticoles, dont la plus célèbre, la Barossa Valley *(p. 348-349)*, existe depuis plus de 150 ans. Riesling, cabernet sauvignon et shiraz ont assis la renommée de la Clare Valley, tandis que les meilleurs rouges d'Australie proviennent du Coonawarra au sous-sol calcaire. D'autres régions viticoles sont les Adelaide Plains, le Riverland et le Limestone Coast.

Cape Jervis

Le cabernet sauvignon, cépage bordelais, donne de bons résultats dans l'État.

Les Adelaide Hills sont réputés pour le pinot noir, le chardonnay et le riesling.

LÉGENDE

◻ Clare Valley	◻ McLaren Vale et Langhorne Creek
◼ Padthaway	◻ Adelaide Hills
◻ Mount Benson	◻ Barossa Valley
◻ Coonawarra et le Southeast	
◼ Murray Valley	

Wolf Blass a remporté plus de 2 000 médailles internationales pour des crus comme le Barossa Black Label au bouquet enrichi par un vieillissement en fût de chêne.

CE QU'IL FAUT SAVOIR

Situation et climat
De type méditerranéen dans la Murray Valley, le climat des régions viticoles se rafraîchit en descendant vers les Adelaide Hills et le sud-est. Les vendanges commencent en plein été et se font souvent la nuit, à l'instar du foulage, pour préserver au maximum la saveur des grains.

Cépages
Les rouges ont pour base le shiraz, le cabernet sauvignon, le grenache, le merlot et le pinot noir, les blancs le chardonnay, le riesling, le sémillon, le sauvignon blanc et le frontignac.

Bons producteurs
Penfolds, Bethany, Grant Burge, St Hallett, Henschke, Seppelt, Mountadam, Hardy, Seaview, Orlando, Wolf Blass, Yalumba, Grosset, Jim Barry, Pauletts, Taylors, Wynns, Mildara, Chapel Hill, d'Arenberg, Peter Lehmann, Renmano, Tim Knappstein, Bridgewater Mill, Seven Hills. (Cette liste n'offre qu'un échantillon des meilleurs producteurs de l'État.)

Waikerie • Renmark

Berri Renmano utilise dans la Murray Valley des techniques traditionnelles comme le vieillissement en fût pour obtenir des crus de qualité.

Thomas Hardy & Sons, établi depuis 1853 dans la région du Padthaway, a pour meilleur vin le Rhine Riesling Beerenauslese.

La Wynns Winery du Coonawarra produit des rouges réputés, des cabernets sauvignon notamment. Sa façade caractéristique orne les étiquettes.

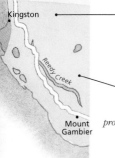

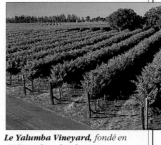

Le Yalumba Vineyard, fondé en 1849, est l'un des plus vieux domaines viticoles du Coonawarra. Cette région au climat comparable à celui de Bordeaux donne ses meilleurs rouges à l'Australie.

0   50 km

ADÉLAÏDE ET LE SOUTHEAST

L e sud-est est la région la plus fertile de l'Australie-Méridionale et forêts et vignobles croissent sur les collines qui entourent Adélaïde. La capitale de l'État jouit d'un patrimoine historique préservé. À l'est, le plus grand fleuve du continent, la Murray River, serpente de la frontière avec le Victoria jusqu'à l'océan Austral. Au large de la Fleurieu Peninsula, Kangaroo Island abrite une faune rare.

La colonisation européenne de cette région peuplée par les Aborigènes pendant plus de 10 000 ans commença en 1836 quand le gouverneur John Hindmarsh la revendiqua pour la couronne britannique et que l'arpenteur général William Light choisit le site de sa capitale, Adélaïde.

Cette nouvelle implantation put s'établir sans utiliser de forçats grâce aux fonds obtenus par la vente des terres de la colonie. Les pionniers qui les acquirent appartenaient souvent à des minorités religieuses et aspiraient à vivre dans une société plus tolérante. Ils comprenaient notamment des luthériens allemands qui s'installèrent à Hahndorf et dans la Barossa Valley et développèrent la viticulture.

William Light donna à Adélaïde un plan parfaitement géométrique, quadrillé, inscrit dans une ceinture d'espaces verts. Les profits tirés de l'élevage et de l'extraction minière financèrent des édifices victoriens. Adélaïde se tourne aujourd'hui vers les hautes technologies après avoir développé un important secteur industriel, en particulier dans l'automobile et l'électroménager.

Irrigué par la Murray River et jouissant de pluies abondantes, le fertile Southeast possède un littoral verdoyant, notamment sur la Fleurieu Peninsula et au bord des lagunes du Coorong National Park. Kangaroo Island offre des paysages variés et une faune riche et protégée.

Tonneaux de vin de liqueur dans une cave de la Barossa Valley

◁ **Hautes flèches néo-gothiques, St Peter's Cathedral, Adélaïde**

À la découverte d'Adélaïde et du Southeast

Capitale de l'État, Adélaïde constitue la meilleure base pour partir à la découverte de la région. La ville s'étend à l'est du Cape Jervis et au pied des collines des Mount Lofty Ranges sur une plaine côtière frangée par les plages de sable blanc du Gulf St Vincent. Aérée et élégante, elle renferme de nombreux sites historiques. Au nord-est, au-delà des Adelaide Hills, de pittoresques villages du XIXᵉ siècle et les domaines viticoles de la Barossa Valley offrent d'agréables buts d'excursion. Au sud et à l'est coule la Murray River, le plus grand fleuve du continent. Il se jette dans l'océan Austral près de la Fleurieu Peninsula aux collines verdoyantes et alimente les lagunes du Coorong National Park qui bordent une plaine agricole. Au large, Kangaroo Island, vaste île, recèle des paysages préservés, une faune variée et d'étranges formations rocheuses.

Marais du Bool Lagoon, paradis des échassiers dans le Naracoorte Caves Conservation Park

VOIR AUSSI

• **Hébergement** p. 481-483

• **Restaurants** p. 514-515

St Peter's Anglican Cathedral vue depuis un parc d'Adélaïde

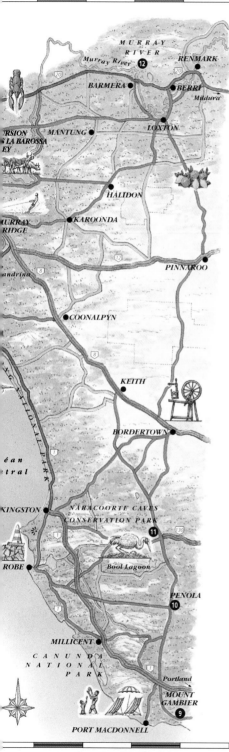

Vue de la Murray River entre Swan Reach et Walker Flat

CIRCULER

Rien ne vaut la marche à pied pour découvrir le centre compact et plat d'Adélaïde. Trains, cars et bus desservent l'ensemble de l'agglomération mais circulent moins le week-end. Au-delà des banlieues, les transports publics sont des plus limités et la voiture reste le meilleur moyen d'explorer la région, d'autant que la circulation perd rarement sa fluidité à Adélaïde. Il existe des liaisons aériennes entre la capitale et Mount Gambier et Kangaroo Island. On peut aussi rejoindre cette île en bateau depuis Cape Jervis. Des agences spécialisées proposent un large choix de visites guidées. La région renferme peu de reliefs, ce qui la rend propice au vélo et à la randonnée.

LÉGENDE

▰▰	*Highway*
▰▰	Route principale
▰▰	Route secondaire
▰▰	Parcours pittoresque
⌇	Cours d'eau
☀	Point de vue

Adélaïde pas à pas ●

Adélaïde a pour pôle culturel le quartier situé entre la River Torrens et North Terrace. Cette large avenue arborée est bordée par deux campus universitaires et de majestueux édifices publics du XIXe siècle, dont le Parlement, la bibliothèque, le musée et la galerie d'art d'Australie-Méridionale. Des jardins botaniques et zoologiques s'étendent à l'est le long du fleuve. À l'ouest, le Festival Centre, où se déroule tous les deux ans l'Adelaide Festival (*p. 37*), possède plusieurs salles de spectacle et un amphithéâtre en plein air.

Statuette du musée

River Torrens
Louer un pédalo permet de découvrir la ville depuis ce paisible cours d'eau.

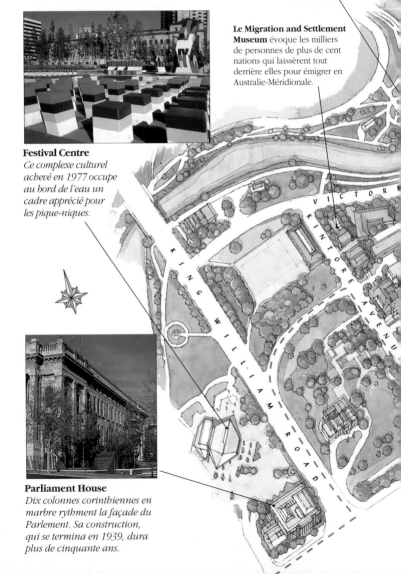

Le Migration and Settlement Museum évoque les milliers de personnes de plus de cent nations qui laissèrent tout derrière elles pour émigrer en Australie-Méridionale.

Festival Centre
Ce complexe culturel achevé en 1977 occupe au bord de l'eau un cadre apprécié pour les pique-niques.

Parliament House
Dix colonnes corinthiennes en marbre rythment la façade du Parlement. Sa construction, qui se termina en 1939, dura plus de cinquante ans.

★ **Les Botanic Gardens**
Entrepris en 1855, ces paisibles jardins de 20 ha renferment des lacs artificiels et la gracieuse serre du Bicentennial Conservatory où a été recréé un environnement tropical.

Art Gallery of South Australia
Des œuvres contemporaines comme Drinking Fountains *de Christopher Healey voisinent avec des peintures et des sculptures d'époques diverses.*

0   100 m

LÉGENDE

– – –   Itinéraire conseillé

À NE PAS MANQUER

★ **Les Botanic Gardens**

★ **Le South Australian Museum**

Le South Australian Police Museum, consacré à l'histoire du maintien de l'ordre dans l'État, occupe l'ancienne caserne de la police montée (1851).

★ **Le South Australian Museum**
Assembling the Totem, *peinture sur écorce d'un artiste de Melville Island (p. 266), fait partie de la belle collection d'art aborigène de ce musée principalement dédié à l'histoire naturelle.*

À la découverte d'Adélaïde

Boomerangs du South Australian Museum

Adélaïde est une cité pleine de charme au rythme nonchalant que l'on découvre aisément à pied. Entouré de larges avenues et d'espaces verts, le centre suit un plan régulier et abrite d'élégants immeubles de pierre et plusieurs places agrémentées de jardins. Profitant de la douceur du climat, de nombreux cafés et restaurants ont installé des tables à l'extérieur. Fière de son patrimoine préservé, Adélaïde fut la première capitale d'État d'Australie à se doter d'une grande manifestation culturelle avec l'Adelaide Festival *(p. 37)*.

Détail de la façade de l'Edmund Wright House

🛕 Victoria Square

Flinders St et Angas St.
Cœur géographique de la cité, la verdoyante Victoria Square est ornée en son centre d'une fontaine exécutée en 1968 par le sculpteur John Dowie. Le monument a pour thème les trois rivières dont Adélaïde tire son eau : la Torrens, la Murray et l'Onkaparinga. Autour de la place, plusieurs édifices publics construits à l'époque coloniale entretiennent le souvenir d'une période révolue.

Au nord, sa tour de l'Horloge domine le General Post Office. Décrit par le romancier anglais Anthony Trollope comme « l'édifice le plus majestueux de la ville », cet imposant bureau de poste à la salle principale très ouvragée ouvrit en 1872.

St Francis Xavier Catholic Cathedral s'élève à l'angle de Wakefield Street, à l'est de Victoria Square. Une cathédrale plus simple, consacrée en 1858, occupa tout d'abord le site. L'Australie-Méridionale ne comptant que peu de catholiques fortunés, les projets d'agrandissement mirent du temps à se concrétiser ; le sanctuaire actuel fut achevé en 1996 avec l'érection de la flèche.

Au sud de la place, la Magistrates Court date de 1850 et la Supreme Court à la façade palladienne de 1869.

🛕 Adelaide Town Hall

128 King William St. 📞 (08) 8203 7203. ⏰ lun.-ven. ⏰ jours fériés. ♿
À son achèvement en 1866, l'hôtel de ville d'Adélaïde dessiné par Edmund Wright était le bâtiment le plus important de King William Street. De style italianisant, le Town Hall possède un somptueux escalier d'apparat et un plafond très ornementé. Il continue d'accueillir concerts et réceptions.

🛕 Edmund Wright House

59 King William St. 📞 (08) 8226 8555. ⏰ lun.-ven. ⏰ jours fériés. ♿
Bâti à l'origine pour la Bank of South Australia, cet édifice de 1878 devait être démoli en 1971 mais ce projet souleva tant de protestations que l'État l'acheta et le restaura. Le State History Centre l'occupe désormais. Portant le nom de son principal architecte, Edmund Wright, il abrite derrière une façade aux proportions harmonieuses et à l'ornementation délicatement ouvragée un intérieur lui aussi décoré avec art.

Plus loin sur King William Street, l'une des plus belles statues d'Adélaïde, le South African War Memorial, se dresse à l'angle de North Terrace. Elle représente « un cheval fougueux et son vaillant cavalier » et rend hommage aux soldats tués pendant la guerre des Boers.

Éventaire de pommes au Central Market, une institution centenaire

🛒 Central Market

Gouger St. 📞 (08) 8203 7494. ⏰ mar., jeu.-sam. ⏰ jours fériés. ♿
À l'ouest de Victoria Square, entre Gouger Street et Grote Street, ce marché vieux de plus de 125 ans reflète l'évolution de la population d'Adélaïde par la diversité des aliments et des saveurs proposés. Des boutiques asiatiques ont ouvert à côté de bouchers et de traiteurs à l'européenne, et une partie du quartier est devenue le petit Chinatown de la capitale de l'Australie-Méridionale. On peut déguster des cuisines d'origines très variées dans les douzaines de cafés et de restaurants des environs.

Victoria Square, cœur géographique d'Adélaïde

🏛 Tandanya

253 Grenfell St. ☎ *(08) 8224 3200.*
○ *t.l.j.* ● *1er janv., ven. saint, 25 déc.* 👂 ♿

Ce remarquable centre culturel aborigène comprend des galeries d'art, des ateliers, des lieux de spectacle, un café et une boutique vendant des cadeaux d'artisanat aborigène. Il porte le nom de la région, Tandanya.

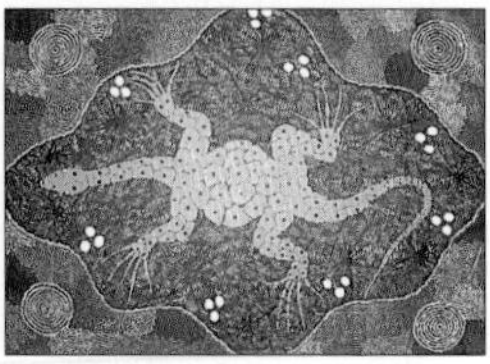

***Goanna Dreaming '96*, de Michael Tommy Jabanardi, Tandanya**

🏛 Migration and Settlement Museum

82 Kintore Ave. ☎ *(08) 8207 7580.*
○ *t.l.j.* ● *ven. saint, 25 déc.*
👂. ♿

Le seul musée d'Australie consacré à l'immigration occupe sous la State Library les locaux de l'ancien asile de pauvres. Il évoque les parcours des personnes issues de plus de cent nations qui vinrent ici commencer une nouvelle vie. L'exposition, où figurent les reconstitutions de maisons de colons, explique les raisons pour lesquelles les immigrants quittaient leur terre natale, les espoirs qu'ils nourrissaient en partant, leurs difficiles voyages et ce qu'ils trouvèrent en arrivant dans la jeune colonie.

🏛 South Australian Museum

North Terrace. ☎ *(08) 8207 7500.*
○ *t.l.j.* ● *ven. saint, 25 déc.* ♿

Deux immenses squelettes de baleine encadrent l'entrée de ce musée consacré pour une grande part à l'histoire naturelle. Le musée comprend également une salle égyptienne et présente pour principal intérêt une remarquable collection d'art aborigène. Elle compte plus de 37 000 objets et 50 000 photographies complétés par de nombreux enregistrements sonores et audiovisuels.

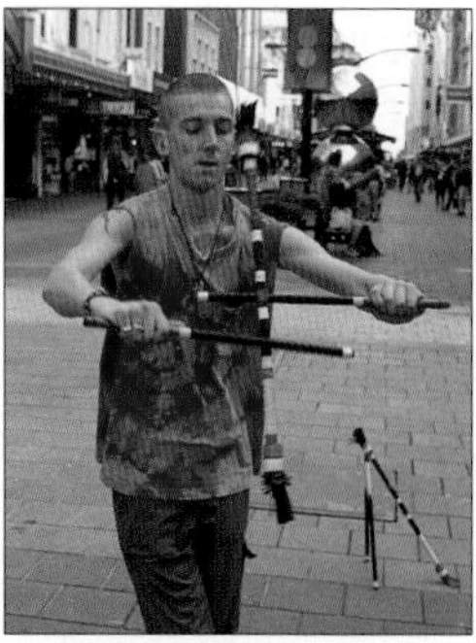

Artiste de rue au Rundle Mall, l'artère commerçante d'Adélaïde

🛍 Rundle Mall

Adelaide Arcade. ☎ *(08) 8223 5522.*
○ *t.l.j.* ● *jours fériés.*

Le principal quartier commerçant d'Adélaïde a pour cœur le Rundle Mall piétonnier où voisinent grands magasins et petites boutiques. Plusieurs galeries marchandes en partent, dont l'Adelaide Arcade construite vers 1880. Elle comporte une coupole centrale et des élévations italianisantes à ses deux extrémités.

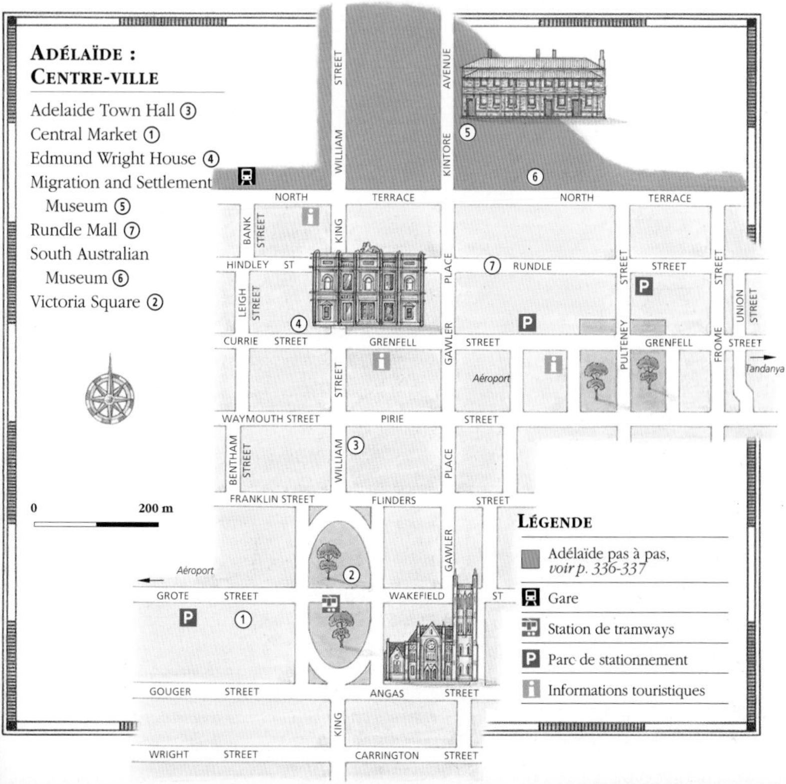
ADÉLAÏDE : CENTRE-VILLE
Adelaide Town Hall 3
Central Market 1
Edmund Wright House 4
Migration and Settlement Museum 5
Rundle Mall 7
South Australian Museum 6
Victoria Square 2
0 200 m
NORTH TERRACE
WILLIAM STREET
KINTORE AVENUE
BANK STREET
KING
HINDLEY ST
RUNDLE STREET
LEIGH STREET
PLACE
PULTENEY STREET
UNION STREET
FROME STREET
CURRIE STREET
GRENFELL STREET
GAWLER
Aéroport
Tandanya
WAYMOUTH STREET
PIRIE STREET
BENTHAM STREET
FRANKLIN STREET
FLINDERS STREET
GROTE STREET
WAKEFIELD ST
GOUGER STREET
ANGAS STREET
WRIGHT STREET
CARRINGTON STREET
LÉGENDE
Adélaïde pas à pas, voir p. 336-337
Gare
Station de tramways
Parc de stationnement
Informations touristiques

Ayers House

Ayers House est un des plus beaux exemples d'architecture coloniale de style Regency visibles en Australie. Elle fut habitée par sir Henry Ayers, un homme d'affaires d'origine anglaise qui fut Premier ministre de l'État, de 1855 jusqu'à sa mort en 1897. Ce denier agrandit une demeure au départ fort simple au fur et à mesure qu'augmentait sa fortune. L'élégant résultat doit beaucoup à l'architecte, sir George Strickland Kingston. Restaurée et gérée par le National Trust, la maison abrite deux restaurants. Une belle collection de meubles, d'œuvres d'art et de souvenirs victoriens décore la partie la plus ancienne qui est ouverte au public.

Ayers House vue de North Terrace

★ **La chambre**
La chambre principale et son mobilier d'époque témoignent de la prospérité entraînée par les découvertes minières des années 1870.

À NE PAS MANQUER

★ **La chambre**

★ **La salle à manger**

La bibliothèque
meublée en salle à manger peut se louer.

Salle de bal
Charles Gow peignit sans doute cette corniche aux motifs rafinés datant des années 1870. Cet employé de la société écossaise Lyon and Cutter aurait en effet effectué beaucoup de travaux dans la maison.

**★ La salle à manger
d'apparat**
*Sir Henry donnait
souvent de grands
dîners dans cette
pièce ornée de
boiseries et d'un
plafond peint à la
main. Les suspensions
à gaz sont d'origine.*

Du grès local servit à
construire la maison
dont la façade nord
donne sur North
Terrace, l'une des
grandes artères du
centre *(p. 336-337).*

**Entrée du principal
restaurant**

Le jardin d'hiver, très
lumineux, a remplacé
l'écurie et la remise aux
équipages d'origine. Il
abrite un restaurant,
éclairé par une verrière.

**Entrée
principale**

**Pavement
d'origine du
porche**

Le salon privé et la salle
à manger adjacente sont en
travaux, le temps de mettre
au jour la décoration
originelle recouverte.

SIR HENRY AYERS

Fils de docker né à Hampshire en
Angleterre, Henry Ayers (1821-1897) se
maria en 1840 et émigra un mois plus
tard avec son épouse en Australie-
Méridionale. Après avoir travaillé
brièvement dans un bureau, il fit
fortune dans l'exploitation des
premières mines de cuivre et entra
en politique en 1857. Nommé sept
fois Premier ministre de l'État
entre 1863 et 1873, il fut aussi
président du Conseil législatif de

**Henry Ayers, politicien
et homme d'affaires**

1881 à 1893. Il soutint, entre autres causes, l'exploration de
l'intérieur du continent, donnant son nom au célèbre
monolithe aujourd'hui rebaptisé Uluru *(p. 278-279).*

La côte du Southeast

Riche et varié, le littoral au sud d'Adélaïde possède de magnifiques plages et une abondante faune ailée. Sur la côte sud de la Fleurieu Peninsula, très exposée aux vagues de l'océan Austral, d'austères falaises creusées d'anses abritées séparent de longues étendues de sable appréciées des surfeurs. La côte occidentale de la péninsule est plus protégée. La rareté des implantations touristiques sur tout le littoral permet de trouver facilement des sites paisibles où l'on peut se baigner, pêcher ou se promener. À quelques kilomètres au large, Kangaroo Island est réputée pour la faune qui peuple ses réserves naturelles. Elle offre aussi aux visiteurs des plages aux eaux limpides et des falaises battues par les vents.

★ Cape Jervis ②

Appréciée pour le canotage, la pêche et le deltaplane, le hameau de Cape Jervis donne vue de Kangaroo Island *(p. 346)*, à 16 km au large de l'autre côté du Backstairs Passage.

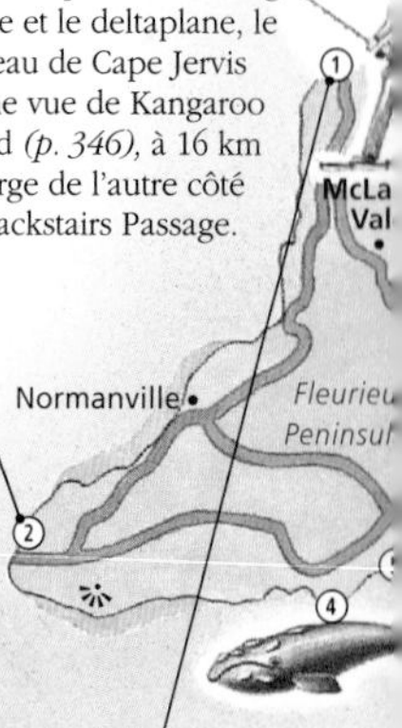

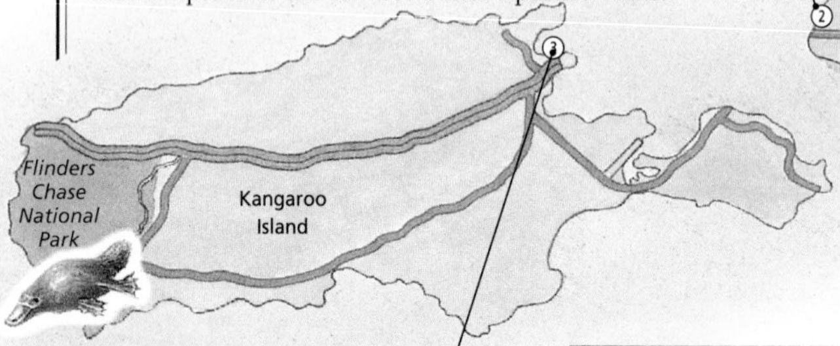

★ Kingscote, Kangaroo Island ③

Le chef-lieu de l'île, possède une petite plage de sable. De nombreux oiseaux vivent dans les marais au sud de la ville.

★ Port Noarlunga ①

Port Noarlunga offre une superbe plage et un récif protégé où les plongeurs, au tuba ou aux bouteilles, peuvent suivre un sentier fléché sous-marin de 800 m.

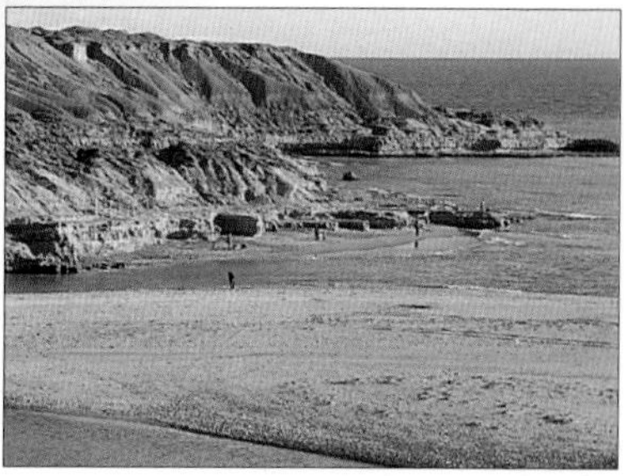

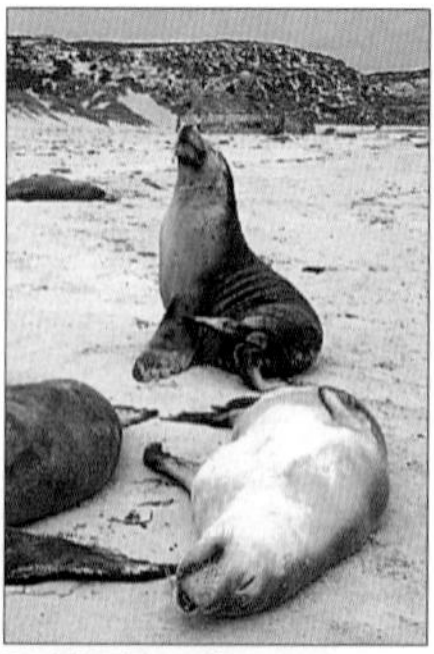

Le Flinders Chase National Park *protège à l'extrémité ouest de Kangaroo Island des forêts d'eucalyptus et des plages fréquentées par des phoques.*

Waitpinga Beach ④

Sur la côte sud de la Fleurieu Peninsula, cette longue bande de sable blanc est un superbe site de promenade. Les rouleaux de l'océan Austral la rendent populaire auprès des surfeurs chevronnés, mais dangereuse pour la baignade à cause de courants imprévisibles.

Victor Harbor ⑤

Victor Harbor, où l'on bâtit des résidences de vacances dès le XIXe siècle, devint un temps une station baleinière. Aujourd'hui, les baleines franches australes peuvent venir s'ébattre au large sans risque de juin à octobre.

Port Elliot ⑥

À l'instar du village voisin de Victor Harbor, ce port fondé en 1845 au débouché de la Murray River est depuis longtemps une station de villégiature d'été. Il offre une plage sûre et une belle promenade sur des falaises.

Hindmarsh Island ⑦

Depuis le bourg de Goolwa, des navettes en bateau gratuites permettent d'atteindre 24 h sur 24 cette île paisible où plusieurs points de vue ménagent de superbes panoramas de l'embouchure de la Murray River.

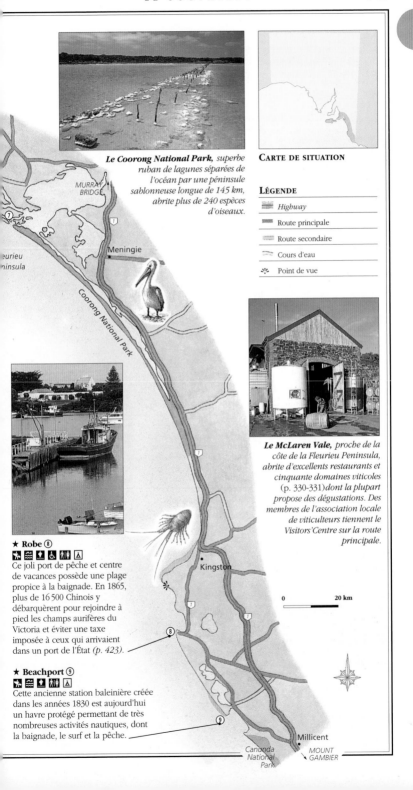

Le Coorong National Park, superbe ruban de lagunes séparées de l'océan par une péninsule sablonneuse longue de 145 km, abrite plus de 240 espèces d'oiseaux.

CARTE DE SITUATION

LÉGENDE

▬▬	*Highway*
▬▬	Route principale
▬▬	Route secondaire
～～	Cours d'eau
☆	Point de vue

MURRAY BRIDGE

Meningie

Coorong National Park

Fleurieu Peninsula

Le McLaren Vale, proche de la côte de la Fleurieu Peninsula, abrite d'excellents restaurants et cinquante domaines viticoles (p. 330-331) dont la plupart propose des dégustations. Des membres de l'association locale de viticulteurs tiennent le Visitors'Centre sur la route principale.

Kingston

0   20 km

★ Robe ⑧
Ce joli port de pêche et centre de vacances possède une plage propice à la baignade. En 1865, plus de 16 500 Chinois y débarquèrent pour rejoindre à pied les champs aurifères du Victoria et éviter une taxe imposée à ceux qui arrivaient dans un port de l'État *(p. 423)*.

★ Beachport ⑨
Cette ancienne station baleinière créée dans les années 1830 est aujourd'hui un havre protégé permettant de très nombreuses activités nautiques, dont la baignade, le surf et la pêche.

Millicent

Canunda National Park

MOUNT GAMBIER

Old Government House du Belair National Park

Belair National Park ❷

🇨 *(08) 8278 5477.* 🚉 *depuis Adélaïde.*
⭕ *8 h-coucher du soleil.* ⬤ *25 déc.* 📷
pour les voitures seul. ♿ *limité.*

Huitième parc national du monde à sa fondation en 1891, cette réserve naturelle située à 9 km d'Adélaïde renferme des courts de tennis et des pavillons à louer, ainsi que de nombreuses aires de pique-nique. Les visiteurs peuvent s'y promener dans de fraîches vallées et des forêts d'eucalyptus et voir notamment des kangourous, des émeus et des échidnés.

De nombreuses fleurs sauvages s'épanouissent au printemps. Le parc ferme parfois en été en cas de graves risques d'incendie.

L'**Old Government House,** résidence d'été du gouverneur construite en 1859, offre un aperçu de la vie de la haute société coloniale.

🏛 **Old Government House**
Belair National Park. 🇨 *(08) 8278 5477.* ⭕ *dim., jours fériés.* ⬤ *ven. saint, 25 déc.* 📷

Warrawong Sanctuary ❸

🇨 *(08) 8370 9197.* 🚉 *Aldgate.*
⭕ *6 h 30-22 h, t.l.j.* ⬤ *25 déc.* 📷
♿ *limité.* 📷 *obligatoire.*

Réserve naturelle privée de 32 ha située à seulement 20 km d'Adélaïde *via* Stirling, le Warrawong Sanctuary tente de s'opposer à la désastreuse évolution qui a entraîné l'extinction de 32 espèces de

mammifères en Australie-Méridionale au cours de ces dernières années.

Dans un habitat de *bush* entouré d'une clôture à l'épreuve des animaux nuisibles, ses propriétaires ont introduit une quinzaine d'espèces de marsupiaux tels que bettongs, potoroos et quolls *(p. 443)*. Le parc poursuit aussi le seul programme de reproduction d'ornithorynques à avoir réussi en Australie.

Il est possible de loger et manger sur place *(p. 483)*. Les promenades guidées de l'aube et du crépuscule coûtent plus cher que celles qui ont lieu pendant la journée.

Hahndorf ❹

🏠 *1 750.* 🚌 *depuis Adelaide.* ℹ️
41 Main St (08) 8388 1185.

La plus ancienne implantation allemande d'Australie doit son nom de « village de Hahn » au capitaine Dirk Hahn, commandant du *Zebra* à bord duquel arrivèrent en 1838 les immigrants qui fondèrent Hahndorf dans les Adelaide Hills. Ces luthériens avaient quitté la Prusse à la suite de persécutions religieuses. La grand-rue plantée d'arbres conserve de pittoresques maisons à colombage. Une visite en calèche permet de mieux

Kangourou en liberté dans le Warrawong Sanctuary des Adelaide Hills

Moulin du XIXe siècle du bourg historique de Hahndorf

s'imprégner de l'atmosphère historique des lieux.

Baptisée **The Cedars,** l'ancienne demeure du célèbre paysagiste australien, sir Hans Heysen *(p. 30)*, se dresse à la sortie du village. L'habitation et l'atelier de l'artiste sont ouverts au public. Au sud de Hahndorf subsiste un imposant moulin en pierre édifié en 1842 : le Nixon's Mill.

The Cedars
Heysen Rd. **(** (08) 8388 7277.
dim.-ven. 25 déc.

Strathalbyn ❺

2 700. Railway Station, South Terrace (08) 8536 3212.

Classé par le National Trust, le bourg historique de Strathalbyn doit sa fondation en 1839 au bord de l'Angas River à des immigrants écossais. Cette origine a marqué son architecture, qui évoque celle des villages des Highlands.

Le robuste clocher de St Andrew's Church domine la localité qui a conservé nombre de ses bâtiments anciens. Deux d'entre eux, le poste de police édifié en 1858 et le tribunal datant de 1865, abritent ensemble le musée du National Trust. Épicerie-bazar ouverte en 1867, la London House à étage est devenue une boutique d'artisanat, à l'instar d'un certain nombre d'immeubles de High Street ou de ses environs immédiats. Comme souvent dans les zones rurales australiennes, les pubs et les banques entretiennent le souvenir du passé.

À environ 16 km au sud-ouest de Strathalbyn, l'une des plus anciennes régions viticoles du continent, la Langhorne Creek, s'étend sur les rives de la Bremer River.

St Andrew's Church, Strathalbyn

Mount Lofty ❻

Summit Rd. Mount Lofty Summit Information Centre (08) 8370 1054.

Point culminant du massif contre lequel se détache Adélaïde, le Mount Lofty offre un beau panorama de la ville depuis le belvédère moderne installé à son sommet à 727 m d'altitude. Le belvédère abrite aussi un centre d'information. Les riches villas éparpillées dans les collines sont celles de notables d'Adélaïde à la recherche de la fraîcheur pendant l'été.

En dessous du sommet, le **Cleland Wildlife Park** permet de se promener au milieu de kangourous et d'émeus, de se faire prendre en photo avec un koala ou de traverser la volière pour observer de près les oiseaux australiens.

À environ 1,5 km au sud, les Mount Lofty Botanic Gardens abritent des plantes de climat tempéré telles que rhododendrons et magnolias.

Cleland Wildlife Park
Summit Rd. **(** (08) 8339 2444.
t.l.j. 25 déc.

Birdwood ❼

600. depuis Adélaïde (en sem. seul.). National Motor Museum, Main St (08) 8568 5006.

Niché dans les Adelaide Hills, le paisible village de Birdwood doit sa notoriété au **National Motor Museum.** Installé dans un ancien moulin du XIXe siècle, ce musée présente plus de 300 voitures, véhicules utilitaires et motocyclettes. Cette collection est considérée comme la plus riche d'Australie et l'une des meilleures du monde dans ce domaine.

National Motor Museum
Main St. **(** (08) 8568 5006.
t.l.j. 25 déc.

Animaux peu farouches dans le Cleland Wildlife Park du Mount Lofty

Kangaroo Island ❽

Sea Link ferry depuis Cape Jervis.
The Gateway Information Centre,
Howard Drive, Penneshaw (08) 8553
1185.

Remarkable Rocks du Kirkpatrick Point, Kangaroo Island

Située à 16 km au large de la Fleurieu Peninsula, la troisième île australienne par la taille (155 km de long sur 55 km de large) n'a qu'une faible population. Pourtant, elle fut le site de la première implantation coloniale officielle d'Australie-Méridionale. Fondée en 1836 à Reeves Point, celle-ci, trop isolée, tomba quasiment à l'abandon en l'espace de quatre ans.

Il n'existe pas de transports publics sur l'île et les visiteurs ne peuvent s'y déplacer qu'en excursion organisée ou en véhicule de location. Les nombreuses routes non revêtues imposent de conduire avec prudence. L'isolement de l'île a empêché la prolifération de prédateurs, renards et rats, aussi l'île offre-t-elle un refuge à de nombreux animaux et oiseaux australiens que protègent dix-neuf réserves naturelles.

Des manchots se montrent souvent le soir à Kingscote et Penneshaw, et Seal Bay, sur la côte sud, abrite une importante colonie d'otaries. Dans le Flinders Chase National Park, des kangourous peu farouches n'hésitent pas à mendier de la nourriture mais il est déconseillé de leur en donner.

Malgré son aridité, l'intérieur de l'île supporte par endroits des eucalyptus et une forme de maquis bas appelé *mallee*. La côte nord recèle des plages abritées propices à la baignade. Au sud, plus de quarante épaves de bateaux rappellent les dangers posés par un rivage exposé aux vagues et aux vents de l'océan Austral. Au Kirkpatrick Point, l'érosion a sculpté les formes étranges des Remarkables Rocks.

Mount Gambier ❾

23 000. Jubilee Hwy East (08) 8724 9750.

Carrefour commercial à mi-chemin entre Adélaïde et Melbourne et au cœur d'une région de plantations de pins et d'exploitations agricoles, Mount Gambier, fondée en 1854, porte le nom du volcan éteint sur le flanc duquel elle s'étage. Ses quatre lacs de cratère forment le cœur d'une zone de loisirs dotée de sentiers fléchés, d'aires de pique-nique et d'un parc naturel. Profond de 85 m, le Blue Lake est particulièrement populaire quand de gris terne pendant l'année il devient d'un bleu intense entre novembre et mars.

La ville compte plusieurs grottes dont l'Engelbrecht Cave appréciée des spéléologues et l'Umpherston Sinkhole aux beaux jardins en terrasses.

Le Blue Lake de Mount Gambier à la belle saison

Le Sharam's Cottage, première maison de Penola

Penola ❿

🏠 3 400. 🚌 🛈 27 Arthur St
(08) 8737 2855.

L'une des plus anciennes villes du Southeast est devenue le pôle commercial du Coonawarra, région qui abrite une vingtaine de domaines viticoles dont le plus vieux date de 1893. La plupart proposent des dégustations (p. 330-331).

Bourg paisible, Penola tire une grande fierté de son patrimoine historique et un sentier balisé passe par la majorité de ses édifices anciens, dont sa première habitation, le Sharam's Cottage bâti en 1850.

AUX ENVIRONS
À 27 km au nord de Penola, le marais de la Bool Lagoon offre un refuge à une faune variée dont plus de 150 espèces d'oiseaux sédentaires ou migrateurs. Un parc national protège cette zone inondée où passerelles, affûts et promenades guidées permettent d'observer de près les oiseaux, entre autres de nombreux échassiers (p. 329).

Naracoorte Caves Conservation Park ⓫

🎫 (08) 8762 2340. 🚌 depuis Adélaïde. 🕙 9 h-17 h, t.l.j. (der. visite 15 h 30). 🔴 25 déc. ✍ ☑

S itué à 12 km au sud de Naracoorte, ce parc de 600 ha renferme soixante grottes connues, dont la Victoria Cave inscrite au Patrimoine mondial de l'Unesco (p. 22-23) pour ses remarquables fossiles. On peut y pénétrer, ainsi que dans trois autres galeries, dans le cadre de visites guidées.
De novembre à février, des milliers de chauves-souris viennent mettre bas dans la Maternity Cave d'où elles s'envolent en nuées à la tombée de la nuit pour partir en quête de nourriture. L'accès de la caverne est interdit mais des caméras à infrarouges en montrent l'intérieur.

Stalactites dans l'une des grottes du parc de Naracoorte

Murray River ⓬

🚌 depuis Adélaïde. 🛈 Renmark (08) 8586 6704.

L e plus grand fleuve du continent est une précieuse source de richesse pour l'État le plus sec d'Australie. Son eau ne sert pas seulement à alimenter des villes comme Adélaïde, mais a aussi donné naissance à une dynamique région agricole, le Riverland, qui produit notamment 40 % du vin australien (p. 330-331).

Près de la frontière avec le Victoria, Renmark se trouve au cœur de cette zone irriguée. Restauré, le bateau à aubes *Industry* amarré à son quai fait aujourd'hui office de musée et rappelle l'époque où la Murray River était une importante voie de transport.

Juste au sud de Renmark, le bourg commerçant de Berri abrite le plus important producteur de vin et d'alcool de l'hémisphère Sud. Le fleuve traverse ensuite Loxton, où le Murray River National Park se prête bien aux expéditions en canoë, puis serpente jusqu'à Waikerie qu'entourent 5 000 ha de vergers réputés pour leurs agrumes. Ce village est aussi un grand centre de vol à voile, sport dont il a accueilli le championnat du monde.

À 40 km en aval, le cours de la Murray River change brutalement de direction à Morgan pour descendre vers le sud et l'océan. Installé dans l'ancienne gare, le **Port of Morgan Museum** fait revivre l'histoire de ce qui fut jadis un des ports les plus actifs d'Australie. Le *Mayflower* amarré près du musée est le plus vieux bateau à aubes de l'État.

🏛 **Port of Morgan Museum**
Morgan Railway Station. 🎫 (08) 8235 9266. 🕙 14 h-16 h, t.l.j. 🔴 25 déc. ✍

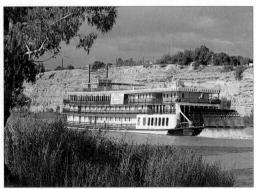

Bateau à aubes navigant sur la Murray River

Excursion dans la Barossa Valley ⓭

Grappe de riesling

La région de la Barossa, qui comprend aussi l'Eden Valley, est devenue l'une des plus célèbres régions viticoles d'Australie grâce aux immigrants allemands de confession luthérienne qui, à partir de 1842, se sont installés à Bethany, Langmeil (actuelle Tanunda), Lyndoch et Light's Pass, fondant des communautés centrées sur leurs églises. Cet héritage germanique marque les édifices anciens, les spécialités culinaires et les fêtes de la Barossa Valley. Elle compte aujourd'hui plus de cinquante caves qui en font une destination de promenade appréciée.

Seppeltsfield ⑤
Entre Tanunda et Greenoch, ce domaine fondé en 1851 par la famille allemande des Seppelt a conservé de splendides bâtiments anciens en pierre au terme d'une allée de palmiers plantée dans les années vingt.

Marananga
Seppeltsfield Ro
Gomersal Road
Barossa Valley Way
ADELAIDE
Rowland Flat
①
②
③
④
⑤

Château Yaldara ①
Des visites quotidiennes permettent de découvrir la collection d'art et d'antiquités de ce château entouré de vignobles près de Lyndoch. Herman Thumm l'édifia peu après son arrivée d'Europe en 1947.

Orlando ②
En activité depuis 1847, ce producteur s'est imposé comme l'un des plus gros d'Australie. Premier à l'exportation, il détient aussi 20 % du marché intérieur.

Peter Lehmann ④
Personnages bien connus de la vallée, Peter Lehmann et son fils Doug élaborent des vins de qualité. Les visiteurs qui viennent les goûter à la cave disposent d'une aire de pique-nique.

0 2 km

Grant Burge ③
Après d'importantes restaurations, la cave historique de Tanunda achetée par Grant et Helen Burge en 1988 est redevenue une exploitation viticole en pleine activité. Des lustres fabriqués sur commande éclairent une magnifique salle de dégustation.

LÉGENDE

Itinéraire

Autres routes

Penfolds ⑥

Ce grand domaine fut fondé en 1844 mais occupe son site actuel, à la périphérie de Nuriootpa, depuis 1974 seulement. Penfolds fait vieillir ses rouges, ses blancs et ses vins de liqueur dans des tonneaux assemblés sur place. Dégustation et vente à l'entrée de la cave.

Wolf Blass ⑦

Cette exploitation créée en 1973 produit des rouges et des blancs de table, ainsi que des mousseux et des vins de liqueur. Elle abrite un musée consacré à l'histoire du vin et de confortables salles de dégustation.

Saltram ⑧

À la sortie d'Angaston, de beaux jardins entourent à flanc de coteau cette cave historique appréciée des amateurs de rouges et de vins de liqueur. Un excellent bistro permet de se restaurer à midi.

PINNACLE SELECTION
1983
CABERNET MALBEC

SALTRAM WINE ESTATES PTY. LTD.
STOCKWELL ROAD, ANGASTON, SOUTH AUSTRALIA

Collingrove Homestead, Angaston ⑨

Propriété du National Trust, cette demeure fut bâtie en 1856 pour un membre de l'influente famille Angas. La maison abrite du mobilier d'époque au sein d'un jardin à l'anglaise. On peut y loger.

Herbig Family Tree ⑩

Ce gommier creux témoigne des difficiles conditions de vie des pionniers. Il servit en effet d'habitation à un colon allemand, Friedrich Herbig, à sa femme et à leur premier enfant. La famille augmentant, jusqu'à compter seize rejetons, Herbig construisit un cottage en bois puis une maison en pierre.

MODE D'EMPLOI

Bien qu'une visite de la Barossa Valley puisse s'effectuer en une journée depuis Adélaïde, il serait dommage de ne pas profiter de ses agréables restaurants et hôtels. Elle possède de bonnes routes mais la prudence s'impose sur celles qui ne sont pas revêtues. En s'inscrivant à une des nombreuses visites organisées ou en louant un véhicule avec chauffeur, on peut déguster en toute liberté sans avoir à prendre le volant.

LES PÉNINSULES D'YORKE ET D'EYRE ET LE FAR NORTH

Au nord et à l'ouest d'Adélaïde s'étend un immense territoire aux contrastes marquants, de la fertile Clare Valley jusqu'aux dunes du Simpson Desert et aux maigres buissons de la Nullarbor Plain. Du surf à l'escalade en passant par la randonnée, les activités disponibles tirent parti d'une nature à l'âpre beauté.

La colonie européenne fondée en Australie-Méridionale en 1836 connut à ses débuts des problèmes financiers dont la solution vint principalement de la découverte de cuivre à Kapunda, au nord d'Adélaïde, en 1842, et à Burra, près de Clare, en 1845. Quand ces gisements s'épuisèrent, de nouveaux filons entrèrent en exploitation, à Wallaroo en 1859 et à Moonta en 1861, dans une région du nord de la Yorke Peninsula qui prit le nom de Petites-Cornouailles. Quelques années plus tard, l'Australie-Méridionale était devenue le premier producteur de cuivre de l'Empire britannique. Ce métal, avec l'argent et l'uranium, continue de jouer un rôle primordial dans son économie.

Importantes zones agricoles, les péninsules d'Yorke et d'Eyre fournissent à l'Australie plus de 10 % de son blé. Elles abritent aussi de grands ports de pêche, en particulier Port Lincoln, la capitale australienne du thon. Toutes deux offrent en bord de mer des paysages saisissants et la Yorke Peninsula, à seulement deux heures de route d'Adélaïde, attire de nombreux vacanciers. Beaucoup viennent pêcher ou pratiquer le surf ou la plongée sous-marine. La péninsule d'Eyre possède de superbes plages et des eaux poissonneuses. Le *bush* et des réserves naturelles couvrent encore la moitié de sa superficie malgré le développement de l'agriculture.

À l'ouest, la vaste Nullarbor Plain, bordée au nord par le Great Victoria Desert, se prolonge jusqu'en Australie-Occidentale *(p. 311)*. Des terres aborigènes et la zone militaire de Woomera en occupent une grande part.

Au nord de la Yorke Peninsula, de magnifiques itinéraires de randonnée permettent d'apprécier la faune et la flore du massif des Flinders Ranges. Encore plus au nord, dans l'Outback désertique, d'immenses horizons à la beauté austère s'ouvrent devant les visiteurs les plus aventureux.

Parcs à huîtres à Coffin Bay, à la pointe sud de la péninsule d'Eyre

◁ Escalade à Moonarie dans le splendide Flinders Ranges National Park

À la découverte des péninsules d'Yorke et d'Eyre

A u nord d'Adélaïde *(p. 336-341)*, des collines verdoyantes entourent la Clare Valley. Moins arrosé, l'intérieur des terres présente un visage plus sévère, notamment dans le massif des Flinders Ranges creusé de défilés. Au fond du Spencer Gulf, Port Pirie, Port Augusta et Whyalla forment un triangle industriel. Le golfe sépare deux péninsules. À l'est, la péninsule d'Yorke est la première région productrice d'orge d'Australie. À l'ouest de la péninsule d'Eyre, commence la Nullarbor Plain désertique qui borde la Grande Baie australienne jusqu'en Australie-Occidentale.

Bateaux de pêche à quai à Port Lincoln

NULLARBOR PLAIN

13

Norseman

Great Australian Bight

NUNDROO

CEDUNA

12

STREAKY BAY

COFFIN NATIONAL P

CIRCULER

La région possède un dense réseau routier pour sa faible population. Depuis Adélaïde, la Stuart Hwy rejoint Coober Pedy puis le Territoire du Nord, tandis que l'Eyre Hwy longe le sommet des péninsules d'Yorke et d'Eyre puis traverse la Nullarbor Plain jusqu'en Australie-Occidentale. Les trains circulant entre Sydney et Perth et entre Adélaïde et Alice Springs s'arrêtent dans les principales villes de la région. Il existe aussi de nombreuses dessertes en bus, ainsi que des liaisons aériennes locales entre Adélaïde et Port Lincoln, Ceduna, Coober Pedy, Whyalla, Port Augusta et Renmark.

Falaises de la Grande Baie australienne

LA RÉGION D'UN COUP D'ŒIL

Ceduna 12
Clare Valley 6
Coffin Bay National Park 11
Little Cornwall 5
Maitland 4
Minlaton 2
Nullarbor Plain 13
Port Augusta 8
Port Lincoln 10
Port Pirie 7
Port Victoria 3
Whyalla 9
Yorketown 1

Far North

Voir p. 360-361

Coober Pedy 14
Flinders Ranges 18
Lake Eyre National Park 17
Simpson Desert Conservation Park 16
Witjira National Park 15

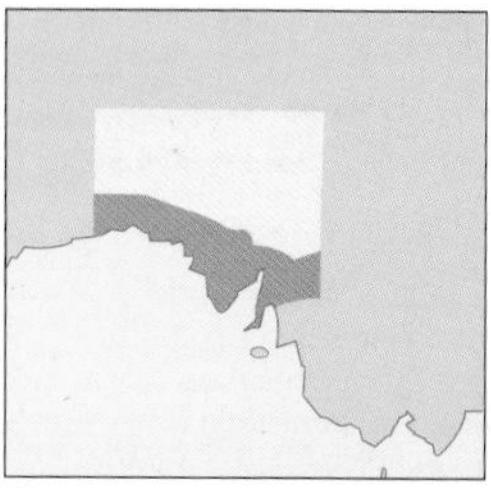

CARTE DE SITUATION

Les péninsules d'Yorke et d'Eyre

Le Far North p. 360-361

Paysage de savane dans la péninsule d'Eyre

LÉGENDE

Highway

Route principale

Route secondaire

Parcours pittoresque

Cours d'eau

Point de vue

VOIR AUSSI

• ***Hébergement*** p. 483-484

• ***Restaurants*** p. 515-517

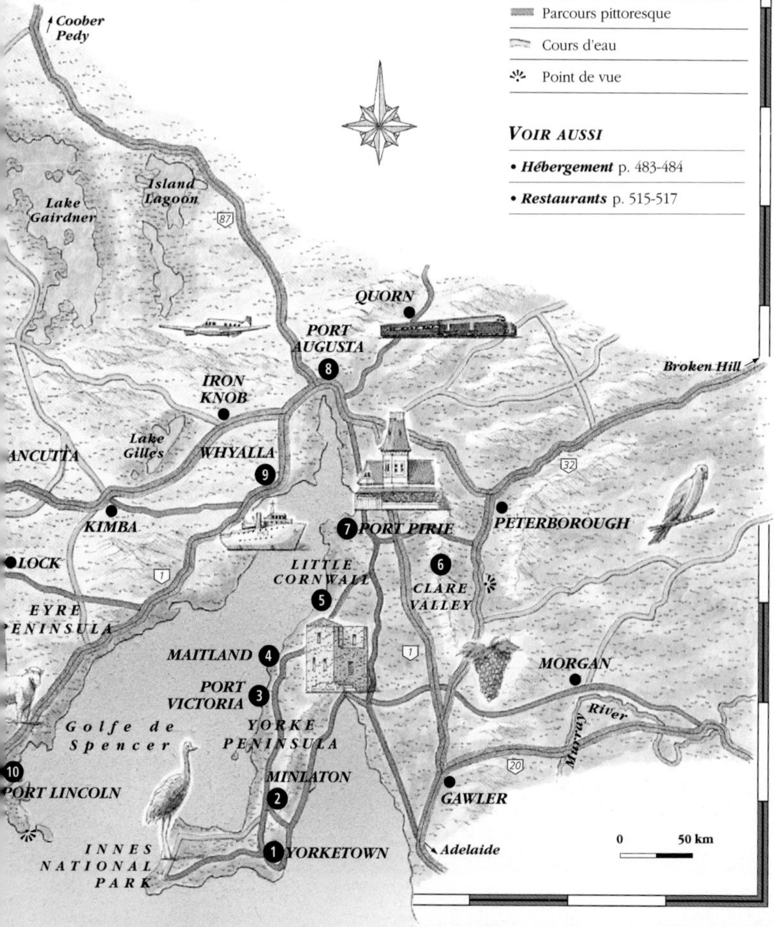
Coober Pedy
Island Lagoon
Lake Gairdner
87
QUORN
PORT AUGUSTA
8
Broken Hill
IRON KNOB
Lake Gilles
ANCUTTA
WHYALLA
9
32
KIMBA
7 PORT PIRIE
PETERBOROUGH
LOCK
1
LITTLE CORNWALL
5
6
CLARE VALLEY
EYRE PENINSULA
MAITLAND 4
1
MORGAN
PORT VICTORIA 3
River
Murray
Golfe de Spencer
YORKE PENINSULA
20
10
PORT LINCOLN
MINLATON
2
GAWLER
INNES NATIONAL PARK
1 YORKETOWN
Adelaide
0
50 km

Yorketown ❶

🏃 750. 🚗 🚌 ℹ️ *Moonta Railway Station, Kadina Rd (08) 8825 1891.*

L e pôle commercial de la première région colonisée par les Européens dans le sud de la Yorke Peninsula est resté un village. Les alentours renferment plus de 300 lacs salés dont beaucoup virent au rose à différents moments de l'année en fonction des conditions climatiques. L'exploitation du sel fut une activité importante de la fin du siècle dernier jusqu'aux années trente.

À environ 70 km au sud-ouest de Yorketown, le spectaculaire Innes National Park protège la pointe de la péninsule où plages de sable et falaises alternent au bord de l'océan, tandis qu'à l'intérieur des terres les broussailles du *mallee* entourent des lacs salés. Des kangourous et des émeus habitués aux humains se montrent facilement, à la différence du timide mégapode d'Australie *(p. 328)*.

Les plages de Browns Beach, Pondalowie Bay, Chinamans Creek et Salmon Hole se prêtent au surf, et à la plongée parmi les récifs de corail et à la pêche. La baignade est dangereuse sur les autres plages.
Dominée par des falaises de calcaire, Ethel Beach doit son nom à l'*Ethel* qui s'y échoua en 1904 et dont la carcasse rouillée émerge du sable.

• **Diable rouge** » à Minlaton

Minlaton ❷

🏃 800. 🚗 🚌 ℹ️ *59 Main St (08) 8853 2600.*

A u centre d'une région agricole, ce village servit de destination au premier vol postal au-dessus de la mer de l'hémisphère Sud. Un vétéran de la Première Guerre mondiale, le capitaine Harry Butler, effectua cette liaison au départ d'Adélaïde en août 1919. Le Butler Memorial abrite son avion, un chasseur Bristol de 1916. Ce serait le dernier « Diable rouge » du monde. L'exposition comprend aussi des documents sur Butler.

Port Victoria ❸

🏃 350. ℹ️ *Moonta Railway Station, Kadina Rd (08) 8825 1891.*

S ur la côte ouest de la Yorke Peninsula, Port Victoria présente aujourd'hui l'aspect assoupi d'une petite station de villégiature appréciée pour la pêche, la baignade et la

plongée sous-marine. Pourtant, au début du XXᵉ siècle, c'était un port animé où de grands voiliers venaient charger des céréales destinées à l'hémisphère Nord. En 1949, le dernier navire gréé en carré utilisa le port. Situé dans un hangar adjacent au quai, le **Maritime Museum** illustre l'histoire de ces bateaux et de leurs longs voyages.

À environ 10 km au large, Wardang Island est entourée de huit épaves coulées en 1871. Le Wardang Island Heritage Trail destiné aux plongeurs sous-marins passe de l'une à l'autre. Toutes portent une plaque les identifiant. Pour accoster sur l'île, il faut obtenir une autorisation du Community Council de Point Pearce, la communauté aborigène qui l'administre.

🏛️ **Maritime Museum**
Main Rd. 📞 *(08) 8834 2057.*
🕐 *dim.* 🚫 ♿

Maitland ❹

🏃 1 100. 🚗 🚌 ℹ️ *Moonta Railway Station, Kadina Rd (08) 8825 1891.*

E ntourée de certaines des terres arables les plus productives d'Australie, Maitland, fondée en 1872, se perche au centre de la

Lac salé de la région de Yorketown

Yorke Peninsula sur une crête qui domine la Yorke Valley et le Spencer Gulf.

Ce joli village aux rues disposées en quadrillage conserve de beaux bâtiments coloniaux, entre autres le Maitland Hotel (1874) et la St Bartholomew's Catholic Church (1875).

Consacré à l'histoire et au développement de la région, le **Maitland Museum** occupe trois bâtiments où il présente une collection d'objets agricoles et populaires.

🏛 **Maitland Museum**
Angle de Gardiner et Kilkerran terraces. 📞 *(08) 8832 2220.*
⭕ *dim., vac. scolaires.* ⚫ *ven. saint, 25 déc.* 📷 ♿

Ancien hangar occupé par le Maritime Museum de Port Victoria

Cottages des Little Cornwall

Little Cornwall ❺

🚐 *Kadina.* 🚌 *Kadina.* ℹ️ *Moonta Railway Station, Kadina Rd (08) 8825 1892.*

Fondées après la découverte de cuivre dans la Yorke Peninsula en 1859 et 1861, les trois villes de Moonta, Kadina et Wallaroo forment le « Triangle du cuivre », aussi appelé « Petites-Cornouailles » à cause des nombreux mineurs cornouaillais qui vinrent ici chercher fortune à la fin du XIXe siècle. Une fête bisannuelle, le Kernewek Lowender *(p. 38),* célèbre cet héritage celte.

Wallaroo, site de la première mine exploitée, possède un port. Depuis l'arrêt de l'extraction dans les années vingt, il sert à l'expédition des produits agricoles de la région. L'ancienne poste abrite le **Heritage and Nautical Museum.**

La plus riche mine de cuivre d'Australie attira à Moonta une population beaucoup plus importante à la fin du siècle dernier qu'aujourd'hui, comme en témoigne l'école victorienne occupée par un musée historique au sein de la **Moonta Mines State Heritage Area** qui comprend aussi des bâtiments comme le Miner's Cottage, habitation en clayonnage enduit de torchis datant de 1870.
À Kadina, plus grosse ville de la péninsule d'Yorke, le **Kadina Heritage Museum** propose une exposition sur l'histoire de la région.

🏛 **Heritage and Nautical Museum**
Owen Terr et Emu St. 📞 *(08) 8823 3015.* ⭕ *mer., sam.-dim., vac. scolaires.* ⚫ *25 déc.* 📷 ♿
🏚 **Moonta Mines State Heritage Area**
Moonta Rd. 📞 *(08) 8825 1944.*
⭕ *mer., sam.-dim., vac. scolaires.* ⚫ *ven. saint, 25 déc.* 📷 ♿
🏛 **Kadina Heritage Museum**
Matta Rd. 📞 *(08) 8821 2721.*
⭕ *mer., sam.-dim., vac. scolaires.* ⚫ *25 déc.* 📷 ♿

PÊCHE ET PLONGÉE SOUS-MARINE DANS LA YORKE PENINSULA

La majorité des villes côtières de la péninsule possèdent une jetée où les pêcheurs viennent tenter leur chance. Autour d'Edithburgh, ils attrapent des aiguilles et des brochets de mer, ainsi que des « harengs australiens » (*australian herrings* ou *tommy ruff*), proches du saumon. On peut affréter des bateaux pour jeter sa ligne au large.

Les plongeurs découvriront sur la côte sud de superbes fonds coralliens. Près d'Edithburg, l'épave du *Clan Ranald* est un but d'excursion populaire, à l'instar des huit navires naufragés près de Wardang Island.

Rencontre avec un mérou dans les eaux de la Yorke Peninsula

Bâtiments industriels restaurés de la Burra Mine près de la Clare Valley

Clare Valley ❻

🚉 *Clare.* ℹ️ *Clare (08) 8842 2131.*

Encadrée par les collines du nord des Mount Lofty Ranges, la riante vallée de Clare, baptisée d'après un comté irlandais, est réputée pour sa production vinicole.

À l'entrée, la jolie ville de Clare conserve de nombreux bâtiments historiques, dont l'ancien poste de police, aujourd'hui occupé par le National Trust Museum, et Wolta Wolta, une maison d'éleveur bâtie en 1864.

Fondé par des jésuites autrichiens en 1851, et toujours tenu par des jésuites, le plus vieux domaine viticole de la vallée, les **Sevenhill Cellars,** continue de produire du vin de messe à côté de bons crus de table.

À l'est des Sevenhill, le village historique de Mintaro doit beaucoup de son cachet à l'ardoise extraite dans la région depuis plus de 150 ans. Juste au sud-est de Mintaro sur Manoora Road, le **Martindale Hall,** élégante demeure de 1879, mérite également une visite.

À 12 km au nord de Clare, la **Bungaree Station,** ferme d'élevage de moutons mérinos créée en 1841 et toujours en activité, propose des expositions consacrées à la production lainière.

À environ 35 km au nord-est de Clare, la petite ville de Burra devint, cinq ans après la découverte de cuivre en 1845, le site de la plus grande mine d'Australie. Ses revenus sauvèrent de la banqueroute la jeune colonie d'Australie-Méridionale. Composée à l'origine de cinq implantations séparées, Burra a obtenu le statut de State Heritage Area pour la richesse de son patrimoine.

Les ruines et les constructions restaurées entourant la vaste fosse de la **Burra Mine** forment un des plus excitants sites d'archéologie industrielle du continent. À la Bon Accord Mine, le centre d'information permet d'accéder au puits d'origine. Les abris troglodytiques creusés dans les rives de la Burra Creek hébergèrent un temps plus de 1 500 mineurs, principalement cornouaillais. Bâtis entre 1849 et 1852, les Paxton Square Cottages offrent le premier exemple de logements décents fournis en Australie à des mineurs et leurs familles.

De nombreux autres édifices anciens ont été restaurés. Ils comprennent les cellules et les écuries du poste de police, une prison, la Redruth Gaol, et les Unicorn Brewery Cellars (caves de la Brasserie de la Licorne), ainsi que plusieurs magasins et habitations du XIXe siècle. Sur la place du marché (Market Square), un musée retrace l'histoire de la région.

🏛 **Sevenhill Cellars**
College Rd, Sevenhill. 📞 *(08) 8843 4222.* 🕐 *lun.-sam.* ♿

🏛 **Martindale Hall**
Manoora Rd, Mintaro. 📞 *(08) 8843 9088.* 🕐 *t.l.j.* 📷

🏛 **Bungaree Station**
Port Augusta Rd, Clare. 📞 *(08) 8842 2677.* 🕐 *tours seul.* 📷 ♿

🏛 **Burra Mine**
Market St, Burra. 📞 *(08) 8892 2154.* 🕐 *t.l.j.* 📷 ♿ *limité.*

Port Pirie ❼

🚶 *15 000.* 🚉 🚌 ℹ️ *Mary Elie St (08) 8633 0439.*

Site de la plus grande fonderie de plomb de l'hémisphère Sud, la ville industrielle de Port Pirie s'étend sur la rive orientale du Spencer Gulf. Dans le centre, le **National Trust Museum** regroupe trois édifices bien conservés : une gare victorienne de 1902, l'ancienne douane (Customs House) et l'ancien poste de police (Old Police Building). Une autre gare désaffectée, datant de 1967, abrite le Regional Tourism and Arts Centre où des panneaux en plomb, en zinc et en cuivre illustrent l'histoire de la ville.

Chaque année en octobre, Port Pirie accueille un festival de country music.

🏛 **National Trust Museum**
Ellen St. 📞 *(08) 8632 2272.* 🕐 *t.l.j.* 🔴 *25 déc.* ♿ *limité.*

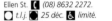

Ancienne gare victorienne de Port Pirie

Vue du port de Port Augusta et des Flinders Ranges en arrière-plan

Port Augusta ⑧

🏠 *14 000.* ✈ 🚂 🚌 🚢 ℹ *41 Flinders Terrace (08) 8641 0793.*

À la pointe du Spencer Gulf, Port Augusta est le grand carrefour de l'Australie car c'est là que se croisent les axes routiers Sydney-Perth et Adélaïde-Darwin, ainsi que les voies ferrées reliant Sydney à Perth et Adélaïde à Alice Springs. 40 % de l'électricité consommée dans l'État provient de ses centrales, dont la Northern Power Station qui fonctionne au charbon et propose des visites guidées gratuites.

Port Augusta marque aussi le début de l'Outback de l'Australie-Méridionale. L'école de l'air (School of the Air) et les médecins volants (Royal Flying Doctor Service) *[p. 249]* y ont des bureaux ouverts au public. Le **Wadlata Outback Centre** retrace avec imagination l'histoire du Far North depuis l'époque où il était couvert par la forêt pluviale, il y a 15 millions d'années. L'exposition évoque la présence aborigène, celle des Européens et même l'avenir. D'une superficie de 200 ha, le premier jardin botanique australien consacré au désert, l'**Arid Lands Botanic Garden** ouvert en 1996, comprend une aire de loisirs et des équipements de recherche et d'éducation. Il

ménage aussi une vue panoramique des collines des Flinders Ranges qui se découpent à l'est *(p. 361).*

🏛 **Wadlata Outback Centre**
Flinders Terrace. ☎ *(08) 8642 4511.*
◯ *t.l.j.* ⬤ *25 déc.* ♨ ♿
🌱 **Arid Lands Botanic Garden**
Stuart Hwy. ☎ *(08) 8641 1049.*
◯ *t.l.j.* ⬤ *25 déc.* ♿ *limité.*

Whyalla ⑨

🏠 *26 000.* ✈ 🚂 🚢 ℹ *Lincoln Hwy (1 800) 08 8589.*

Porte de la péninsule d'Eyre, la plus grosse ville de l'État après Adélaïde doit son essor aux mines de fer voisines, dont Iron Knob. Après l'installation d'un haut fourneau en 1939, la vocation

industrielle de Whyalla finit de s'affirmer avec le creusement d'un port en eaux profondes et la création d'un chantier naval. Ce dernier a fermé en 1978 mais le premier bateau qu'il construisit, le HMAS *Whyalla* (1941), appartient au **Whyalla Maritime Museum.**

Whyalla possède aussi de belles plages et permet de bonnes parties de pêche. Le **Whyalla Wildlife and Reptile Sanctuary** abrite une collection éclectique d'animaux.

🏛 **Whyalla Maritime Museum**
Lincoln Hwy. ☎ *(08) 8645 8900.*
◯ *t.l.j.* ⬤ *ven. saint, 25 déc.* ♨ ♿ *musée seul.*
🦎 **Whyalla Wildlife and Reptile Sanctuary**
Lincoln Hwy. ☎ *(08) 8645 8900.*
◯ *t.l.j.* ⬤ *25 déc.* ♨ ♿

Le HMAS *Whyalla* du Whyalla Maritime Museum

Côte rocheuse de Whalers Way à la pointe sud de l'Eyre Peninsula près de Port Lincoln

Port Lincoln ⑩

🏃 13 000. ✈ 🚌 🚐 🛈 66
Tasman Terrace (1 800) 62 9911.

P rès de la pointe sud de la péninsule d'Eyre au bord de Boston Bay, Port Lincoln est la capitale du thon. Des fermes d'aquaculture élèvent ce poisson dans la baie et la ville abrite la plus grande flotte de thoniers d'Australie. Le début de la saison de pêche donne lieu en janvier au Tunarama Festival (p. 37), célébration marquée par des défilés, des concerts et des concours de lancer de thon.

La pêche et la navigation sont aussi pratiquées en amateur. Les visiteurs aventureux peuvent même participer à une excursion jusqu'au Dangerous Reef pour y contempler de grands requins blancs depuis la relative sécurité du bateau ou d'une cage immergée. au milieu de la baie. Sur Boston Island, au milieu de la baie, on élève des moutons. L'île abrite une habitation de 1842.

Port Lincoln possède plusieurs édifices du XIXe siècle dignes d'intérêt. Plus au sud, **Mikkira Station,** vieux centre d'élevage de moutons offre pique-nique, camping et une colonie de koalas.

À 40 km au nord dans les Koppio Hills, le **Koppio Smithy Museum** consacré à l'agriculture comprend une cabane en rondins de 1890 et une forge de 1903.

À 20 km au sud de Port Lincoln, le Lincoln National Park renferme criques abritées, plages de sable et hautes falaises. Émeus et perroquets y sont fréquents et des rapaces comme le balbuzard pêcheur et le pyrargue hantent la côte.

Il faut acheter un permis d'accès à l'office de tourisme pour jouir des splendides paysages de la Whalers Way, une propriété privée.

🏕 **Mikkira Station**
Fisher Bay Rd. ☎ (08) 8685 6020.
🚫
🏛 **Koppio Smithy Museum**
Par White Flat Rd. ☎ (08) 8684 4243.
⭘ mar.-dim. ⬤ 25 déc. 🚫 ♿

Une grande plage de surf : Almonta Beach, Coffin Bay National Park

Coffin Bay National Park ⑪

🚌 Port Lincoln. 🛈 Port Lincoln
(08) 8688 3111. ⭘ 9 h-17 h, t.l.j. ⬤
25 déc.

À l'ouest de la pointe sud de la péninsule d'Eyre, ce parc national protège la péninsule de Coffin Bay, région riche en oiseaux. Falaises et plages de

LA FAUNE DE LA PÉNINSULE D'EYRE

Aigle audacieux

Une faune d'une incroyable variété peuple la péninsule d'Eyre. Kangourous et émeus y sont courants et le wombat au nez poilu abonde sur la côte ouest. L'aigle audacieux plane au-dessus des Gawler Ranges et pyrargues, balbuzards pêcheurs, albatros et pétrels fréquentent le littoral. Des eaux poissonneuses abritent dauphins, otaries et, à l'occasion, grands requins blancs. Enfin, les baleines franches australes viennent mettre bas entre juin et octobre au fond de la Grande Baie australienne. On peut les apercevoir depuis le Head of Bight situé juste à l'est du Nullarbor National Park.

sable abritées jalonnent un littoral réputé pour ses eaux poissonneuses. Au printemps s'épanouissent de nombreuses fleurs sauvages.

Apprécié de longue date des véliplanchistes, des pêcheurs et des adeptes de la voile, le petit village balnéaire de Coffin Bay produit aussi des huîtres *(oysters)* de qualité. Un agréable sentier pédestre courant dans la nature le long du rivage porte le nom d'Oyster Walk.

Il faut un véhicule tout-terrain pour emprunter certaines pistes du parc mais, depuis Coffin Bay, une voiture normale est suffisante pour rejoindre par le Yangie Trail Yangie Bay et Avoid Bay. À l'est d'Avoid Point s'étend une des meilleures plages de surf d'Australie : Almonta Beach.

Ceduna ⓬

🏘 *3 600.* ✈ 🚌 ℹ *58 Poynton St (08) 8625 2780.*

À l'ouest de l'Eyre Peninsula, Ceduna est le dernier bourg de quelque importance avant l'immense et désertique Nullarbor Plain. Le nom dérive du mot aborigène *chedoona* qui signifie « lieu de repos ». En ville, l'**Old Schoolhouse National Trust Museum** présente du matériel agricole restauré datant de l'époque des pionniers, une intéressante exposition consacrée aux essais nucléaires effectués à Maralinga par les Britanniques

L'Indian-Pacific traverse l'immense Nullarbor Plain

dans les années cinquante et une petite collection d'objets aborigènes.

Ceduna fut fondé en 1896 mais une station baleinière exista dès 1850 sur St Peter Island, l'île qui lui fait face. Les baleines franches australes fréquentent toujours la région et, de juin à octobre, on peut les apercevoir à proximité du rivage depuis le haut de Bight situé à 300 km à l'ouest de Ceduna. Des jumelles permettent de mieux profiter du spectacle.

De part et d'autre de Ceduna, l'ostréiculture s'est développée à Denial Bay et à Smoky Bay. Entre la ville et Penong, minuscule hameau situé 73 km plus à l'ouest vers la Nullarbor Plain, des voies de traverses conduisent à des plages de surf, dont la légendaire Cactus Beach où des surfeurs expérimentés viennent toute l'année dompter certaines des plus belles vagues d'Australie.

🏛 **Old Schoolhouse National Trust Museum**
Park Terrace. 📞 *(08) 8625 2780.* 🕐 *lun.-sam.* ⬤ *25 déc.* 📷 ♿

Observation de baleines à Head Bight près de Ceduna

Nullarbor Plain ⓭

🚉 *Port Augusta.* 🚌 *Ceduna.* ℹ *Ceduna (08) 8625 2780.* 🕐 *9 h-17 h 30, lun.-ven., 9 h-11 h 30, sam.* ⬤ *jours fériés.*

Depuis Nundroo, à environ 150 km à l'ouest de Ceduna, l'immense désert de la « plaine sans arbres » s'étend sur plus de 300 km jusqu'à la frontière puis se poursuit en Australie-Occidentale *(p. 311).* On peut le traverser en train avec le Trans-Australian Railway, mais celui-ci passe à l'intérieur de terres d'une désespérante platitude, tandis que la route, l'Eyre Highway, plus proche de la côte, permet de découvrir quelques sites intéressants. Norseman est situé à 1 200 km de Ceduna.

Au sud du village de Nundroo, Fowlers Bay attire des pêcheurs épris de solitude. En continuant vers l'ouest, la route traverse les terres aborigènes de Yalata où il est possible d'acheter des souvenirs au bord de la chaussée. Après Yalata commence le Nullarbor National Park qui s'étend du hameau de Nullarbor Roadhouse, à 130 km de Nundroo, jusqu'à la frontière avec l'Australie-Occidentale 200 km plus loin. L'Eyre Highway le traverse en longeant le littoral dont les falaises ménagent de beaux panoramas de la Grande Baie australienne.

Le plus long réseau de galeries naturelles du monde court sous la Nullarbor Plain et de nombreuses grottes s'ouvrent dans la région de la frontière. Elles ne sont pas aménagées et sont réservées aux spéléologues avertis.

Le Far North

Démesuré et presque entièrement désertique, l'Outback de l'Australie-Méridionale recèle des paysages exceptionnels, immenses lacs salés ou défilés creusant d'austères montagnes érodées. Faune et flore ont su s'adapter à l'aridité et à la chaleur qui y règnent la majeure partie de l'année ; une vie intense et des centaines d'espèces de fleurs sauvages profitent ainsi de la moindre pluie d'hiver. Le long de pistes mythiques, les visiteurs aventureux peuvent faire escale dans d'anciennes villes minières et ferroviaires. Il faut un permis pour pénétrer dans les territoires aborigènes de l'ouest de l'État et l'accès de la zone militaire de Woomera est interdit.

CARTE DE SITUATION

◼ *Le Far North*

☐ *Les péninsules d'Yorke et d'Eyre* voir p. 350-359

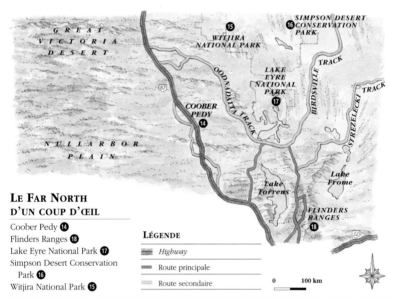

LE FAR NORTH D'UN COUP D'ŒIL

Coober Pedy ⓮
Flinders Ranges ⓲
Lake Eyre National Park ⓱
Simpson Desert Conservation Park ⓰
Witjira National Park ⓯

LÉGENDE

▨ Highway
▬ Route principale
▭ Route secondaire

0   100 km

Coober Pedy ⓮

🚶 3 500. ✈ ▣ ℹ *773 Hutchinson St 1800 637 078.*

Au sein d'un paysage poussiéreux et hostile à 850 km au nord-ouest d'Adélaïde, la ville de Coober Pedy présente un visage particulièrement désolé qu'utilisa George Miller pour le tournage de *Mad Max 3*.

Elle doit son existence aux seules opales, découvertes en 1915, dont elle fournit 70 % de la production mondiale. Les zones d'extraction, limitées à une par personne, ne peuvent mesurer plus de 50 m sur 100 m et la prospection est confiée à des individus et non de grandes compagnies. Hors des parcelles délimitées par des piquets, tout le monde peut pratiquer le *noodling* (recherche à mains nues). Le nom de Coober Pedy

Habitation troglodytique, ou *dugout*, **à Coober Pedy**

dérive de l'aborigène *kupa pitti,* le « terrier de l'homme blanc ». Maisons, magasins, hôtels et même église y sont en effet aménagés sous terre pour échapper à des températures oscillant entre 50 °C dans la journée et 0 °C les nuits les plus fraîches. On peut visiter plusieurs habitations troglodytiques.

L'**Underground Art Gallery** présente de l'art aborigène. Une exposition traite de l'exploitation d'opales et les visiteurs peuvent tenter leur chance pour en trouver.

🏛 **Underground Art Gallery**
Hutchinson St. ☎ *(08) 8672 5985.*
◯ *t.l.j.* 🈲 ♿

Witjira National Park ⑮

🛈 *Pink Roadhouse, Oodnadatta (08) 8670 7822.* ⭘ *t.l.j.* ⬤ *25 déc.* **Bureau du parc** *1800 816 078.* ⭘ *lun.-ven.*

À environ 200 km au nord de Coober Pedy, le petit village d'Oodnadatta permet aux conducteurs de s'informer de l'état des routes et des prévisions météorologiques avant de poursuivre jusqu'au Witjira National Park.

Le parc est plus connu pour ses sources chaudes artésiennes que pour ses dunes ou ses lacs salés. À Dalhousie Springs, le Great Artesian Basin alimente plus de soixante sources. Aborigènes et éleveurs partagent cette eau qui permet aussi la survie des escargots aquatiques.

Simpson Desert Conservation Park ⑯

🛈 *Pink Roadhouse, Oodnadatta (08) 8670 7822.* ⭘ *t.l.j. permis Desert Park exigé.* ⬤ *25 déc.* **Bureau du parc** *1800 816 078.* ⭘ *lun.-ven.*

Au sommet de l'Australie-Méridionale, bordant le Queensland et le Territoire du Nord, le désert de Simpson évoque une mer de sable où s'accrocheraient herbes spinifex et *gidgees*. Il abrite néanmoins quelque 180 espèces indigènes d'oiseaux, 92 espèces de reptiles et 44 espèces de mammifères. Certaines ont pris des habitudes nocturnes pour résister à la chaleur.

Paysage typique du Simpson Desert Conservation Park

Lake Eyre National Park ⑰

🛈 *Coober Pedy (08) 8672 5298.* ⭘ *lun.-ven.* ⬤ *jours fériés.* **Bureau du parc** *1800 816 078.* ⭘ *lun.-ven.*

Cette réserve naturelle renferme tout le Lake Eyre North et s'étend vers l'est dans le Tirari Desert.

Le lac Eyre, dont le point le plus bas se trouve à 15 m sous le niveau de la mer, est le plus grand lac salé d'Australie ; le poids de sa couche de sel est estimé à 400 millions de tonnes. Une maigre végétation pousse dans la région mais le paysage change brutalement les rares années où le lac se remplit : fleurs sauvages et oiseaux aquatiques apparaissent alors.

Flinders Ranges ⑱

🚃 *Hawker, Wilpena.* 🛈 *Wilpena (08) 8648 0004.* ⭘ *t.l.j.* **Bureau du parc** *(08) 8648 0048.*

Depuis Crystal Brook, au-dessus de la Clare Valley, le massif des Flinders Ranges s'enfonce de 400 km vers le nord dans l'Outback.

Plusieurs parcs nationaux y protègent une riche faune et de somptueux paysages.

Dans la partie la plus au sud, le Mount Remarkable National Park est réputé pour ses fleurs sauvages et ses excellents sentiers de randonnée. Environ 50 km plus au nord, un train à vapeur restauré, le Pichi Richi Railway, part du village de Quorn pour une promenade touristique. Au nord de Quorn s'ouvrent les gorges de Warren, du Yarrah Vale et de Buckaringa.

La majeure partie du centre du massif forme le Flinders Ranges National Park. Sa plus célèbre attraction est le Wilpena Pound, un bassin naturel surélevé d'une superficie de 90 km² au pied d'une falaise de 500 m de hauteur.

Au nord, le Gammon Ranges National Park recèle également de magnifiques sentiers pédestres. Le village touristique d'**Arkaroola,** réserve naturelle privée, propose des excursions guidées.

✕ Arkaroola

Par Wilpena ou Leigh Creek. 📞 *1800 676 042.* ⭘ *t.l.j.* 📷 *pour les excursions.*

Le Lake Eyre, le plus vaste lac salé d'Australie

LE VICTORIA

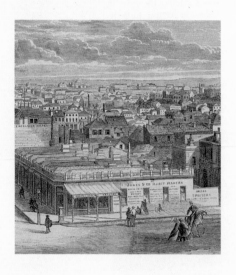

Le Victoria d'un coup d'œil

L'État du Victoria peut aisément se diviser en deux entités géographiques distinctes situées à l'est et à l'ouest de sa capitale, Melbourne. La deuxième ville de la fédération australienne compte plus de trois millions d'habitants. Réputé pour ses reliefs, les Grampians notamment, le Victoria occidental possède pour autres attractions touristiques sa route côtière, la Great Ocean Road, et les villes nées lors de la plus grande ruée vers l'or d'Australie *(p. 50-51)*. Le climat plus frais du Victoria oriental permet à ses vignobles de produire des vins de réputation internationale, tandis que les Victorian Alps renferment le meilleur domaine skiable du continent.

VICTORIA OCCIDENTAL
(voir p. 412-427)

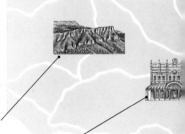

Le Grampians National Park *n'abrite qu'une seule localité, Halls Gap, au sein d'une région appréciée des randonneurs pour la variété de ses paysages, sa faune et ses fleurs sauvages endémiques* (p. 417).

Les Twelve Apostles *(Douze Apôtres), aiguilles de calcaire du Port Campbell National Park, offrent depuis la Great Ocean Road (p. 418-419) un spectacle superbe, qui devient encore plus beau au coucher du soleil.*

Ballarat *reste marquée par l'époque de la ruée vers l'or. À l'entrée ouest de la ville, sur l'Avenue of Honour, l'Arch of Victory rend hommage aux soldats de la Première Guerre mondiale* (p. 424-425).

◁ **La Cathédrale dans le Mount Buffalo National Park**

Le Château Tahbilk
est l'un des plus connus des domaines viticoles du nord-est du Victoria, autant pour l'architecture de sa cave que pour la qualité de ses vins (p. 438-439). *Le climat frais du Victoria oriental a favorisé l'émergence de vignobles renommés.*

Les Victorian Alps
sont au mieux pendant les mois d'hiver et donnent à l'Australie sa meilleure région de ski (p. 436).

VICTORIA ORIENTAL
(voir p. 428-439)

MELBOURNE
(voir encadré)

0   100 km

MELBOURNE
(voir p. 372-411)

Le Parlement
entrepris en 1856 est un des plus beaux édifices anciens de Melbourne
(p. 384-385).

La gare centrale *occupe sur Flinders Street un bâtiment de 1910 (p. 394).*

Rippon Lea, *vaste demeure du XIXe siècle, possède un beau jardin ornemental*
(p. 396-397).

0   2 km

Les plus beaux parcs et jardins de Melbourne

Créés pour la plupart au XIXe siècle, les espaces verts qui aèrent et embellissent Melbourne légitiment par leur nombre et leur charme le surnom d'« État-jardin » que s'est donné le Victoria. Des jardins publics entourent le centre-ville, dont les magnifiques Royal Botanic Gardens agrémentés de lacs artificiels et fréquentés par plus d'un million de personnes chaque année. Moins élaborés, plusieurs parcs plantés d'essences indigènes et peuplés de nombreux animaux permettent de pratiquer diverses activités sportives et de loisir. À partir de septembre, l'Open Garden Scheme *(p. 36)* ouvre au public certains des plus beaux jardins privés du Victoria et de sa capitale.

**Statue de la reine Victoria
des Queen Victoria Gardens**

JARDINS PAYSAGERS

Melbourne abonde en jardins classiques dessinés par d'éminents paysagistes du XIXe siècle.

Entrepris en 1857 par Edward La Trobe Bateman, les **Carlton Gardens** possèdent des allées bordées d'arbres du monde entier. Leur tracé, comme celui des parterres, a pour but de concentrer l'attention sur l'Exhibition Building *(p. 387)*, palais des expositions construit en 1880. Devant l'édifice, la Hochgurtel Fountain se dresse au terme de l'allée venant de l'entrée principale sur Victoria Street. Les sculptures d'oiseaux et de fleurs du Victoria ornent son dernier étage.

Bateman donna aussi en 1848 leur premier visage aux **Fitzroy Gardens,** mais l'Écossais John Sinclair modifia ses plans pour mieux adapter le jardin à un sol inégal. Ombragées par des ormes, les allées qui rayonnent du centre reproduisent le dessin de l'Union Jack, le drapeau du Royaume-Uni *(p. 384-385)*. Les Fitzroy Gardens abritent un cottage, importé d'Angleterre, où auraient vécu les parents du capitaine Cook. Les serres du Conservatory proposent chaque année cinq expositions de plantes. À la pointe du Kings

**Statue de Simpson et de
son âne au Kings Domain**

Domain, les harmonieux **Queen Victoria Gardens** furent créés pour servir d'écrin à une statue de la reine Victoria érigée quatre ans après sa mort en 1905. Des roses entourent la sculpture. Des horlogers suisses offrirent en 1966 l'horloge proche de St Kilda Road. Quelque 7 000 plantes à fleurs la décorent.

C'est un botaniste allemand, le baron Ferdinand von Mueller, qui dressa en 1854 les plans du **Kings Domain** *(p. 390-391)*. Le parc renferme l'imposant Shrine of Remembrance. Ce monument aux morts s'inspire du Mausolée d'Halicarnasse, tombeau édifié pour Mausole au IVe siècle av. J.-C. et considéré comme l'une des sept merveilles du monde antique.

JARDINS BOTANIQUES

Fondés en 1846 en bordure de la Yarra River, les magnifiques **Royal Botanic Gardens** *(p. 390-391)* couvrent une superficie de 36 ha. Ils eurent pour directeur le baron von Mueller à compter de 1857. C'est lui qui jeta les bases de l'exceptionnelle collection qui en fait aujourd'hui un lieu magique : plus de 10 000 espèces végétales du monde entier.

Serre de fleurs aux Fitzroy Gardens

Lac ornemental des Royal Botanic Gardens

OÙ TROUVER LES PARCS ET JARDINS

Alexandra Gardens **Plan** 3 A2.
Carlton Gardens **Plan** 2 D1.
Fawkner Park **Plan** 3 C5.
Fitzroy Gardens p. 384-385.
Flagstaff Gardens **Plan** 1 A2.
Kings Domain p. 390-391.
Princes Park, Royal Parade,
Carlton p. 367.
Queen Victoria Gardens
Plan 2 D4.
Royal Botanic Gardens p. 390.
Treasury Gardens
Yarra Park **Plan** 2 F3.

Son successeur, William Guilfoyle ajouta sa touche personnelle en donnant à l'espace vert son organisation actuelle ; larges allées et superbe lac ornemental.

PARCS OFFRANT DES ACTIVITÉS DE LOISIRS

Les habitants de Melbourne apprécient les activités physiques et les rencontres sportives et ils disposent d'équipements adaptés dans le cadre aéré d'harmonieux espaces verts.

Les **Flagstaff Gardens** (jardins du Mât de drapeau) doivent leur nom au poste de vigie qui servit à partir de 1840 à guetter, et annoncer, l'arrivée des bateaux voguant vers le port de Melbourne. Les progrès des moyens de communication lui firent perdre sa fonction dans les années 1860 et le site fut aménagé en un lieu de détente. Il abrite des courts de tennis, un terrain de jeu pour enfants et une aire de pique-nique.

Conçus à l'origine, en 1904, comme une promenade le long de la Yarra River, les **Alexandra Gardens** renferment, outre la grande artère, Alexandra Avenue, une piste cavalière, une piste cyclable, des abris à bateaux et des barbecues.

De majestueux *ficus macrophylla* apportent une ombre bienvenue en été dans les **Treasury Gardens** fondés en 1867. Ils accueillent aussi une exposition d'art en plein air et diverses manifestations, concerts et autres.

Le **Yarra Park** ouvert en 1856 abrite aujourd'hui les deux plus célèbres terrains de sport de la ville : le Melbourne Park, où a lieu l'Australian Open, et le Melbourne Cricket Ground *(p. 389)*. Certains arbres portent encore les traces laissées par les Aborigènes qui utilisaient jadis le bois et l'écorce d'une variété d'eucalyptus endémique pour fabriquer canoës et boucliers.

D'une superficie de 40 ha, le **Fawkner Park** créé en 1862 et baptisé du nom de l'un des deux fondateurs de Melbourne, John Fawkner, fut consacré au sport. Des joueurs de cricket, de hockey et de divers jeux de ballon s'y affrontent encore.

Les habitants de Melbourne possèdent un autre grand centre sportif avec le **Princes Park** doté en 1938 de deux salles de sport et de deux terrains de jeu. Le parc abrite aujourd'hui un stade ovale permettant de jouer au Aussie Rules, le football australien, et un parcours de santé long de 3 km et baptisé « Fun and Fitness Centre » (centre d'amusement et de forme). Une piste de course construite en 1991 le complète.

Match de cricket au Fawkner Park

Les plus beaux bâtiments de Melbourne

En 1835, Melbourne n'était qu'un village de tentes et d'abris temporaires mais la ruée vers l'or des années 1850 et l'essor économique des années 1880 lui permirent de se parer rapidement d'élégants édifices. La capitale du Victoria fait aujourd'hui preuve d'un grand éclectisme architectural avec des bâtiments allant de respectueuses restaurations victoriennes jusqu'à d'audacieuses créations contemporaines, telles les Rialto Towers, son plus haut gratte-ciel *(p. 379).*

Cook's Cottage

DÉBUT DE LA COLONIE

Manquant tout d'abord d'artisans expérimentés, la colonie importa d'Angleterre de petites constructions préfabriquées en bois, comme le La Trobe's Cottage, ou en tôle ondulée, matériau léger.

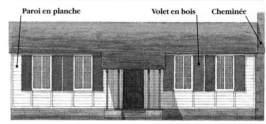

Paroi en planche Volet en bois Cheminée

La Trobe's Cottage, maison en bois préfabriquée, date de 1839.

ÉPOQUE VICTORIENNE

Pendant le XIXᵉ siècle, Melbourne édifia plusieurs grands bâtiments publics aussi ambitieux que ceux des États-Unis ou d'Europe. Le State Parliament House entrepris en 1856 devait posséder une coupole centrale, mais l'argent ne suffit pas *(p. 384)*. Le Shrine of Remembrance, bâti en 1934 ; est un exemple du style classique *(p. 390.*

Détail du Parliament House

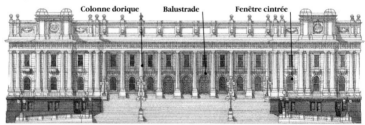

Colonne dorique Balustrade Fenêtre cintrée

Le State Parliament House est précédé d'un escalier surmonté de hautes colonnes doriques.

Dentelle de fonte de la Tasma Terrace

TERRACE HOUSES

Ces rangs de maisons similaires connurent une grande vogue pendant l'époque victorienne. Beaucoup ne possédaient qu'un étage, contrairement à la Tasma Terrace (1868-1886) dessinée par Charles Webb.

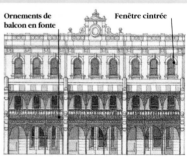

Ornements de balcon en fonte Fenêtre cintrée

La Tasma Terrace abrite le National Trust.

MODERNISME ET POSTMODERNISME

Si le Shrine of Remembrance *(p. 390-391)* élevé en 1934 témoigne d'un goût marqué pour le passé, la deuxième moitié du XXᵉ siècle a vu l'édification à Melbourne de plusieurs bâtiments postmodernes, dont l'élégante National Gallery of Victoria *(p. 394)* dessinée par sir Roy Grounds et achevée en 1968. Derrière l'austère façade en grès local, un plafond en vitrail de Leonard French éclaire le Great Hall.

Mur en grès local de la National Gallery of Victoria

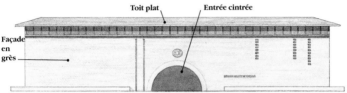

Toit plat — Entrée cintrée

Façade en grès

La National Gallery of Victoria possède une façade dépourvue d'ornementations qui impressionne par la pureté de ses lignes et l'harmonie des proportions.

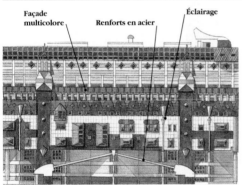

Façade multicolore — Renforts en acier — Éclairage

Le Building 8 du Royal Melbourne Institute of Technology présente une façade animée par ses couleurs et reliefs.

ARCHITECTURE CONTEMPORAINE

Aucune cité australienne ne se montre aussi novatrice en architecture que Melbourne. La ville abrite nombre des bâtiments les plus audacieux construits ces dernières années sur le continent. En 1994, Peter Corrigan donna au Building 8 du Royal Melbourne Institute of Technology une façade et un intérieur où le mélange hardi de couleurs primaires évoque Gaudí. Le résultat suscite des réactions très variées.

ÉQUIPEMENTS SPORTIFS

Le soin apporté aux équipements sportifs de la ville apparaît clairement au Melbourne Park. Bâti en 1988, il possède un toit ouvrant qui protège ses courts de tennis à la demande, une première mondiale.

Vue aérienne du toit et des courts du Melbourne Park

Toit ouvrant — Extérieur vitré

Le Melbourne Park dessiné par Phillip Cox accueille chaque année les matchs de tennis de l'Open d'Australie.

Les vins du Victoria

Le Victoria abrite environ 320 domaines viticoles dispersés dans 19 régions distinctes, dont certaines à moins d'une heure de voiture de sa capitale, Melbourne. Le nord-est a fondé sa réputation sur ses vins doux, muscats et tokays, souvent décrits comme du « caramel liquide », tandis que le sud, plus frais, produit de souples chardonnays et de subtils pinots noirs. Les nombreux restaurants et bistros de la cosmopolite Melbourne *(p. 517-519)* offrent le cadre idéal pour déguster ces différents vins.

Le cabernet merlot donne les crus les plus populaires de Church Hill.

Dans une cave de Seppelt's Great Western

Wentworth
MILDURA
Ouyen
Sea Lake
Horsham
BALI

Glenelg River

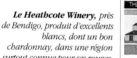

Le Heathcote Winery, près de Bendigo, produit d'excellents blancs, dont un bon chardonnay, dans une région surtout connue pour ses rouges. Son shiraz est aussi de qualité.

Hamilton
Lake Corang
Col

CE QU'IL FAUT SAVOIR SUR LES VINS DU VICTORIA

Situation et climat
Chaud au nord, frais au sud, l'État possède un large spectre de climats, et donc de vins. Ses petits viticulteurs ont veillé dans les années soixante-dix à l'amélioration constante de la qualité des vins australiens.

Cépages
Le Victoria se prête à la culture de nombreuses variétés, notamment, pour les

rouges, le shiraz, le merlot, le cabernet sauvignon et le pinot noir et, pour les blancs, le sémillon, le gewurztraminer, le riesling, le chardonnay, le marsanne, le frontignac, le pinot gris et des mousseux fabriqués selon la méthode champenoise.

Bons producteurs
Mildara, Mitchelton, Morris, Yarra Burn, Brown Bros, de Bortoli, Château Rémy, Water Wheel, Seppelt's Great Western, Trentham Estate, Bailey's.

Le Blue Pyrenees Estate à Avoca produit à Château Rémy a pour base un cépage cabernet.

**Mick Morris goûtant
ses muscats réputés**

MODE DE FABRICATION DES CÉLÈBRES
MUSCATS ET TOKAYS DU VICTORIA

Deux cépages, le muscat et la muscadelle, ramassés en
vendanges tardives pour augmenter encore leur richesse en
sucre, donnent respectivement les vins doux appelés
muscats et tokays en Australie. Après le broyage, la
fermentation a souvent lieu dans des bassins ouverts en
béton. Le système des soleras assure une qualité constante
en mélangeant les millésimes. Dans ces tonneaux empilés
et reliés entre eux, le vin jeune (porté à 18,5° par l'ajout
d'eau-de-vie de raisin) est versé en haut et le vin de tirage
pris d'un fût du bas. Certains viticulteurs comme Mick
Morris bonifient leur production avec des crus âgés parfois
de plus d'un siècle. Le contenu de son plus vieux tonneau
possède une saveur si intense qu'une cuillère à café
améliore une barrique de 200 l.

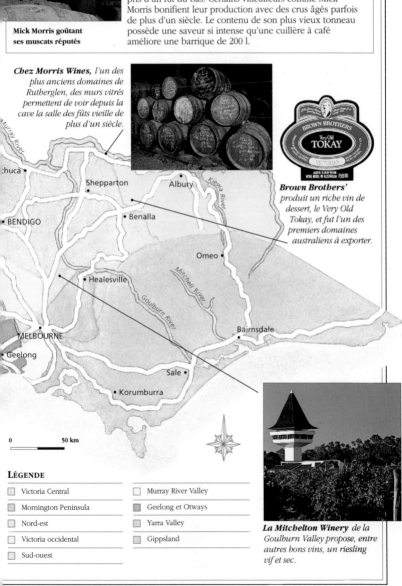

*Chez Morris Wines, l'un des
plus anciens domaines de
Rutherglen, des murs vitrés
permettent de voir depuis la
cave la salle des fûts vieille de
plus d'un siècle.*

*Brown Brothers'
produit un riche vin de
dessert, le Very Old
Tokay, et fut l'un des
premiers domaines
australiens à exporter.*

:huca •

Shepparton • Albury •

• BENDIGO • Benalla

Omeo •

• Healesville

MELBOURNE

• Geelong

Bairnsdale •

Sale •

• Korumburra

0 ___ 50 km

LÉGENDE

☐ Victoria Central	☐ Murray River Valley
☐ Mornington Peninsula	☐ Geelong et Otways
☐ Nord-est	☐ Yarra Valley
☐ Victoria occidental	☐ Gippsland
☐ Sud-ouest	

*La **Mitchelton Winery** de la
Goulburn Valley propose, entre
autres bons vins, un riesling
vif et sec.*

MELBOURNE

C'est le fils d'un forçat, John Batman, qui, en 1835 « acheta » des terres aux tribus aborigènes pour fonder le campement de tentes qui allait devenir à Port Phillip Bay la cité de Melbourne. La découverte d'or permit à la ville de prendre son essor en moins de vingt ans et de se parer d'ambitieux monuments victoriens. Melbourne est aujourd'hui la deuxième ville d'Australie.

La ruée vers l'or que connut le Victoria à partir de 1851 causa un tel afflux d'immigrants qu'en dix ans Melbourne prit le pas sur Sydney avec plus de 500 000 habitants. La prospérité apportée par les champs aurifères finança la construction d'ambitieux édifices publics, programme qui se poursuivit dans les années 1880 grâce à un marché foncier en pleine euphorie. La ville s'attribua le surnom de « Melbourne la merveilleuse ». Capitale industrielle et financière de l'Australie au tournant du siècle, c'est elle qui abrita le Parlement fédéral de 1901 jusqu'à son installation en 1927 à Canberra *(p. 183)*.

Épargnée par la Seconde Guerre mondiale, Melbourne organisa les Jeux olympiques d'été de 1956. Cette manifestation modifia la vision très britannique qu'avait la cité de sa place dans le monde. La période d'après-guerre vit également l'afflux de nombreux immigrants issus de cultures non anglo-saxonnes. Cette transformation des traditions anglaises de la ville se poursuit aujourd'hui avec l'arrivée d'Asiatiques de divers horizons.

Pour les visiteurs prêts à prendre le temps de se laisser séduire par une capitale d'un abord plus austère que Sydney, Melbourne réserve d'agréables surprises. Elle possède à la fois l'architecture victorienne la plus cohérente et les bâtiments contemporains les plus novateurs d'Australie. Ses habitants cultivent un certain art de vivre : de bons vins et des cuisines variées et raffinées ont établi la réputation de ses restaurants, tandis que la culture et le sport provoquent tous deux un engouement général lors d'événements comme la Melbourne Cup et le Melbourne Festival *(p. 37)*.

Moment de détente à la terrasse d'un café de Brunswick Street

◁ **La Flinders Street Station et St Paul's Cathedral vues du Queens Bridge**

À la découverte de Melbourne

Collins Street, qui abrite les boutiques les plus chics de la ville, conduit à l'est au quartier parlementaire après avoir coupé Swanston Street où subsistent de beaux édifices victoriens. Sur la rive sud de la Yarra River se trouve le Victoria Arts Centre. Sujet de maintes plaisanteries, le climat imprévisible de Melbourne reste assez doux.

Shrine of Remembrance près des Royal Botanic Gardens

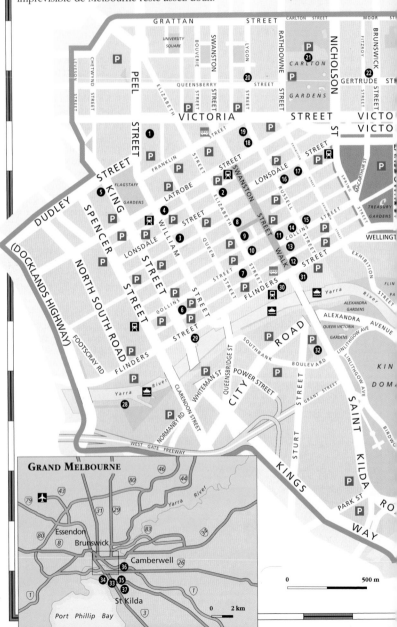

Circuler

Malgré un dense réseau de trams, de bus et de trains, de nombreux habitants de Melbourne utilisent leur voiture pour se rendre au travail *(p. 402-403)*, empruntant les grands axes qui rayonnent depuis le centre dans toutes les directions pour desservir faubourgs et banlieues. CityLink, l'autoroute à péage, qui relie plusieurs de ces axes nécessite un laissez-passer. L'absence de relief rend la ville agréable à parcourir en bicyclette.

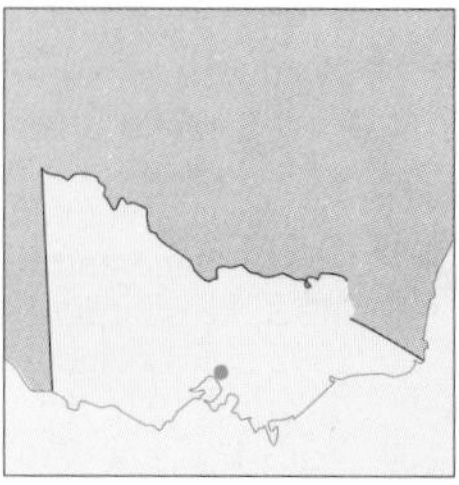

Carte de situation

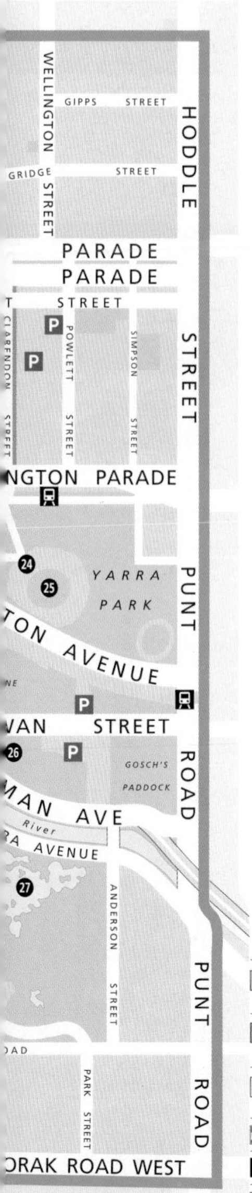

Melbourne d'un coup d'œil

Rues et bâtiments historiques

Brunswick Street et Fitzroy [22]
Chapel Street [35]
Chinatown [16]
Como House [37]
Federation Square [31]
Fitzroy et Acland Streets [33]
Flinders Street Station [30]
General Post Office [8]
Lygon Street [20]
Melbourne Town Hall [11]
N° 120 Collins Street [15]
N° 333 Collins Street [7]
Old Magistrate's Court [18]
Old Melbourne Gaol [19]
Regent Theatre [13]
Rippon Lea p. 396-397 [36]
Royal Mint [4]
Supreme Court [3]

Église et cathédrales

St Francis' Church [2]
St James' Old Cathedral [5]
St Paul's Cathedral [12]
Scots' Church [14]

Boutiques et marché

Block Arcade [10]
Queen Victoria Market [1]
Royal Arcade [9]

Musées et galeries

Australian Gallery of Sport and Olympic Museum [24]
Australian Toy Museum [23]
Melbourne Aquarium [29]
Melbourne Museum [21]
Museum of Chinese Australian History [17]
National Gallery of Victoria [32]
Polly Woodside Maritime Museum [28]

Parcs et jardins

Albert Park [34]
Melbourne Park [26]
Royal Botanic Gardens et Kings Domain p. 390-391 [27]

Architecture moderne

Rialto Towers [6]

Terrain de sport

Melbourne Cricket Ground [25]

Voir aussi

- ***Atlas des rues*** p. 404-411
- ***Hébergement*** p. 484-486
- ***Restaurants*** p. 517-519

Légende

- Quartier de Swanston Street *voir p. 376-377*
- Plan pas à pas *voir p. 384-385*
- Yarra River *voir p. 392-393*
- Station d'autobus
- Gare routière
- Parc de stationnement
- Embarcadère

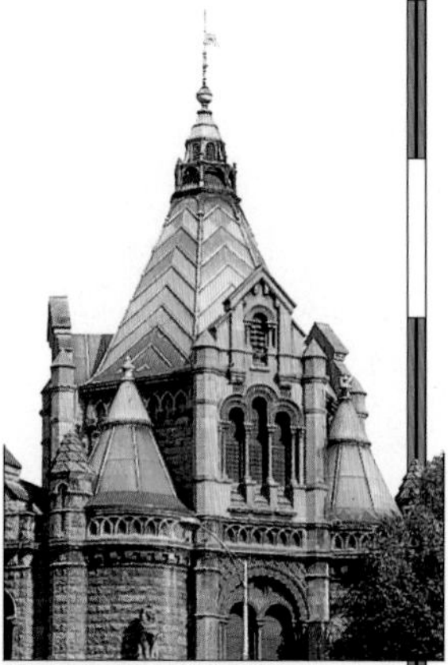

Tourelles néo-gothiques de l'Old Magistrate Court

Le quartier de Swanston Street

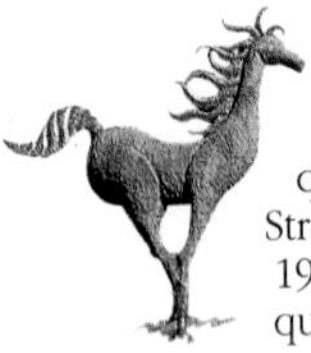

Sculpture de Swanston Street

Au centre historique de la ville, le quartier d'avenues, de rues et de passages couverts obéissent à un strict quadrillage entre Flinders Street et Franklin Street. Le quartier est devenu piétonnier en 1992 et les véhicules peuvent y pénétrer qu'après 19 h. Il a pour cœur Swanston Street que bordent d'importants édifices publics tels que l'hôtel de ville. De nombreux autres immeubles de l'époque victorienne et du début de ce siècle y voisinent avec d'audacieuses réalisations contemporaines.

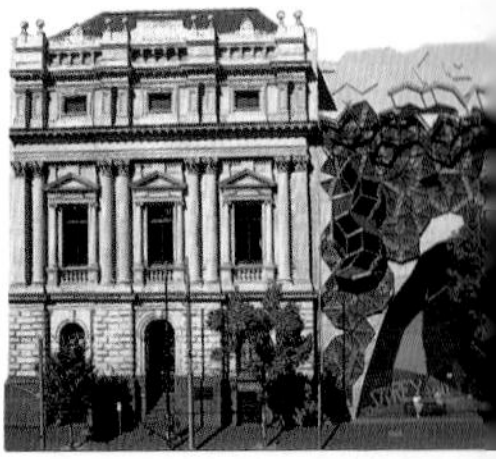

Le classique Storey Hall contraste avec le bâtiment du RMIT voisin

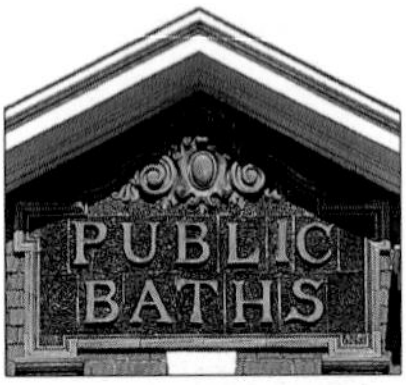
PUBLIC
BATHS

Les City Baths (bains publics) occupent un superbe édifice de 1903 orné de coupoles. Une soigneuse restauration lui a rendu son aspect d'origine.

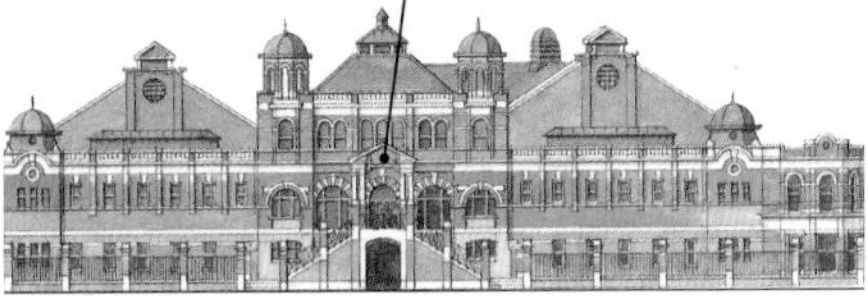

[1] CITY BATHS

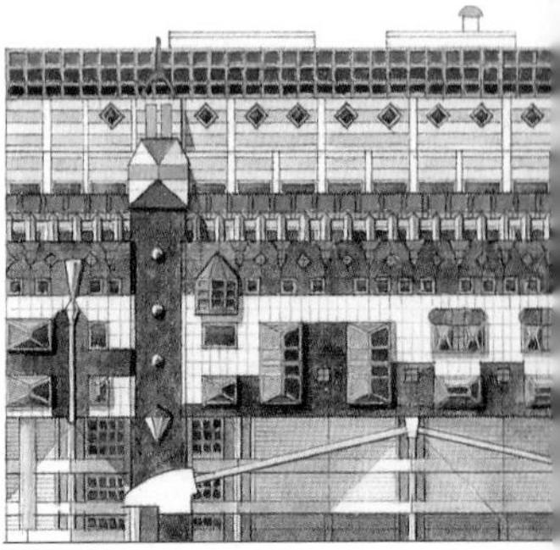

[2] RMIT BUILDING 8

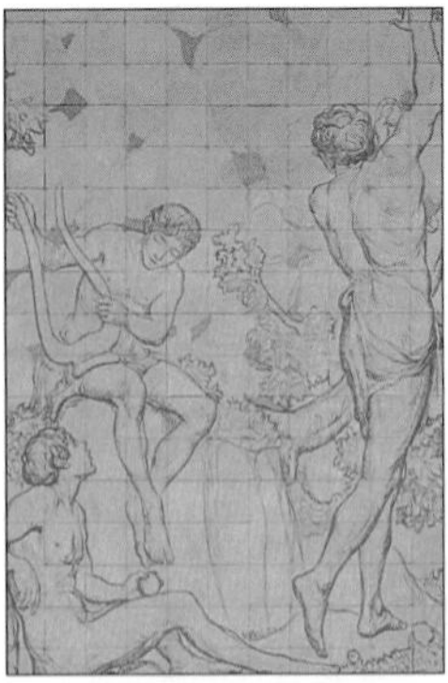

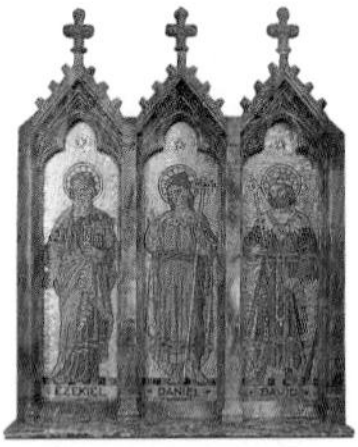

St Paul's Cathedral
L'architecte William Butterfield lui donna un style néo-gothique dans les années 1880 [12]

Melbourne Town Hall
Les profits de la ruée vers l'or (p. 50-51) *financèrent la construction de l'hôtel de ville en 1867* [11]

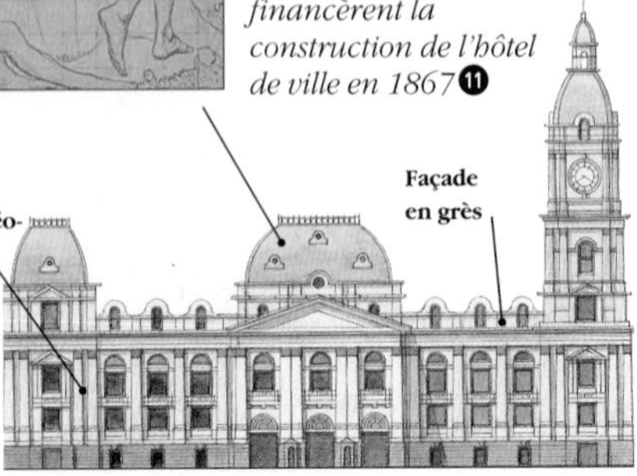
Colonnes néo-classiques
Façade en grès

[4] MELBOURNE TOWN HALL

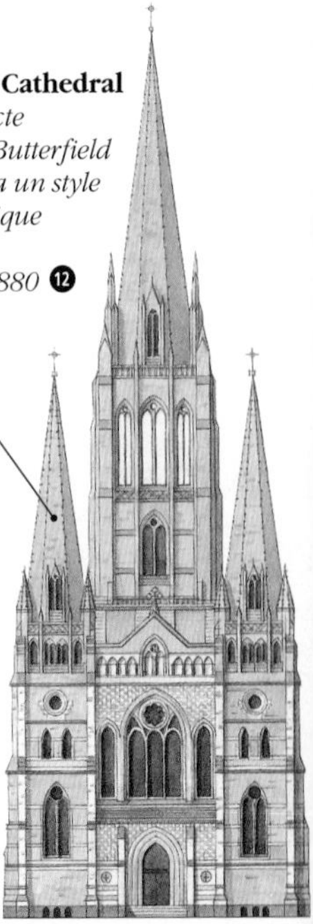

[5] ST PAUL'S CATHEDRAL

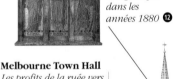

Le Building 8 du RMIT (Royal Melbourne Institute of Technology) et sa façade très animée ont suscité à leur achèvement de nombreux commentaires.

CARTE DE SITUATION
Voir l'atlas des rues de Melbourne, plan 1

La Bibliothèque d'État, dessinée par Joseph Reed en 1854, abrite une belle salle de lecture octogonale sous un dôme central ajouté en 1913.

Des colonnes corinthiennes néo-classiques rythment la façade.

③ **STATE LIBRARY OF VICTORIA**

Flinders Street Station
La gare la plus fréquentée de Melbourne domine le croisement de Swanston St et de Flinders St ③⓪

Melbourne Central est l'une des galeries marchandes les plus populaires du centre (p. 398-399).

Horloge de la gare

Le Young and Jackson's, pub du xixe siècle décoré d'un nu célèbre, a été classé par le National Trust.

Verrière

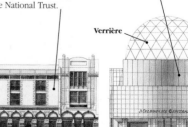

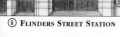

⑥ **FLINDERS STREET STATION**   ⑦ **YOUNG AND JACKSON'S**   ⑧ **MELBOURNE CENTRAL**

Éventaire du Queen Victoria Market

Queen Victoria Market ❶

Elizabeth St, Therry St, Peel St et Victoria St. **Plan** 1 B2. 🅒 *(03) 9320 5822.* 🚇 *Flagstaff et Melbourne Central (sortie d'Elizabeth St).* 🚊 *lignes d'Elisabeth St* 🕐 *6 h-14 h, mar. et jeu. ; 6 h-18 h, ven. ; 6 h-15 h, sam. ; 9 h-16 h, dim.* 🕐 *lun., mer., ven. saint, 25 déc.* ♿ 🌐

Le principal marché de détail de la capitale du Victoria occupe le site du premier Melbourne General Cemetery ouvert en 1837. Quand on envisagea en 1877 de gagner sur le cimetière la place nécessaire à un marché aux fruits et légumes, il ne s'agissait que de déplacer trois tombes. La décision suscita néanmoins une polémique qui obligea à acquérir de nouvelles portions du cimetière. Le Parlement vota sa fermeture complète et l'enlèvement de 10 000 dépouilles en 1917. Les exhumations durèrent jusqu'en 1922.

La construction du Queen Victoria Market, qui occupe aujourd'hui une superficie de 7 ha, commença par celle du Wholesale Meat Market (marché de viande en gros) dont la façade, comme celle du magasin d'Elizabeth Street, date de 1884. Les ajouts se poursuivirent jusqu'en 1936.

Chaque semaine, 130 000 personnes viennent faire leurs courses sous les hauts plafonds aux voûtes décorées du Queen Victoria Market, où un millier d'éventaires proposent un choix de produits frais tels que fruits, légumes, viande, fromage et nourriture biologique. Des visites culturelles et culinaires sont disponibles.

St Francis' Church ❷

326 Lonsdale St. **Plan** 1 C2. 🅒 *(03) 9663 2495.* 🚇 *Melbourne Central.* 🚊 *lignes d'Elisabeth St* 🕐 *7 h-18 h 30, t.l.j.* ♿ 🌐

Dix mille personnes se rendent chaque semaine à l'église Saint-François, le sanctuaire catholique le plus fréquenté d'Australie. Construit entre 1841 et 1845, c'est aussi le plus vieux lieu de culte de Melbourne.

Renommé pour sa beauté, l'édifice a connu de nombreux remaniements à partir d'une structure néo-gothique. Il fait l'objet d'une importante restauration et des travaux de rénovation effectués au début des années quatre-vingt-dix ont permis de découvrir au plafond des trésors des années 1860, notamment une peinture où figurent des anges et des armoiries. Des statues abîmées par des vandales ont été remplacées par des copies.

St Francis Church possède l'une des chorales les plus appréciées d'Australie.

Détail du toit de St Francis' Church

Supreme Court ❸

210 William St. **Plan** 1 B3. 🅒 *(03) 9603 6111.* 🚇 *Flagstaff.* 🚊 *City Circle et lignes de Bourke St.* 🕐 *8 h-18 h, lun.-ven. ; séances 10 h-16 h 15.* ♿

Au tout début de la colonie de Port Phillip, dont le territoire appartenait à la Nouvelle-Galles du Sud, les procès les plus importants avaient lieu à Sydney et le premier juge permanent de Melbourne n'arriva qu'en 1841

Sous la coupole de la bibliothèque de la Supreme Court

pour installer une cour souveraine. Après que le Victoria eut pris son autonomie en 1850, La ville établit sa propre cour en 1852. Celle-ci emménagea en 1884 dans l'édifice actuel.

Monument classé par le National Trust, le bâtiment s'inspire des Four Courts de la ville irlandaise de Dublin et possède trois façades sur Lonsdale Street, William Street et Little Bourke Street. De style néo-classique, il présente à l'extérieur un portique en saillie et une double arcade soutenue par des colonnes doriques et ioniques. L'intérieur obéit à un plan labyrinthique autour d'une superbe bibliothèque à coupole. Défiant la tradition, la grande statue en bronze représentant la Justice n'a pas les yeux bandés.

Royal Mint ❹

280 William St. **Plan** 1 B3.
📞 (03) 9670 1219. 🚊 Flagstaff.
🚋 23, 24, 30, 34. 🚌 lignes de Lonsdale St et Queen St.
⛔ au public.

Construit entre 1871 et 1872, l'ancien hôtel de la Monnaie de Melbourne renferme deux salles d'audience qui permettent de soulager la Supreme Court.

Le bâtiment occupe l'emplacement du premier Exhibition Building de Melbourne, érigé en 1854 et détruit par un incendie. La Monnaie, à son ouverture en 1872, traitait la production des champs aurifères de l'État et dépendait de la Royal Mint de Londres. À son emplacement s'étend désormais un parc de stationnement. L'instauration du Commonwealth of Australia en 1901 (p. 52) entraîna la création de nouvelles pièces en argent que l'hôtel de la Monnaie de Melbourne fabriqua à partir de 1916. Il cessa toute production en 1967 au profit de la Royal Australian Mint de

Écu de la Royal Mint

Canberra, la capitale fédérale (p. 190). Aujourd'hui le bâtiment est fermé au public mais on imagine sans peine sa structure imposante de l'extérieur.

Clocher de St James' Old Cathedral

St James' Old Cathedral ❺

Angle de King St et Batman St.
Plan 1 A2. 📞 (03) 9329 6133.
🚊 Flagstaff. 🚋 23, 24, 30, 34, 48, 75. 🚌 220, 232. ⏰ 10 h 30-15 h 30 lun.-mer. et ven. ✝ 10 h dim.
⛔ jours fériés. ♿ 📷 sur rendez-vous.

Première cathédrale anglicane de la ville, jusqu'à la consécration de St Paul's en 1891 (p. 381), l'ancienne cathédrale Saint-Jacques se dressait à l'origine à l'angle de Little Collins Street et de William Street sur le site d'une structure en bois connue sous le nom d'« église des pionniers ». Son démontage et sa reconstruction, en 1913 et 1914, s'accompagnèrent de quelques remaniements : abaissement du plafond, raccourcissement de la nef et modification de la forme du clocher.

Bâti en grès local, le sanctuaire de style georgien ouvrit au culte le 2 octobre 1842 mais ne fut consacré qu'en 1853, cinq ans après avoir servi de cadre à l'intronisation du premier évêque de la capitale du Victoria ; Charles Perry.

Il continue d'accueillir des services religieux. Un petit musée, ouvert aux visiteurs sur demande, abrite une collection de photographies, de documents historiques et de souvenirs.

Rialto Towers ❻

525 Collins St. **Plan** 1 B4. 📞 (03) 9629 8222. 🚊 Spencer St. 🚋 lignes de Collins St. ⏰ 10 h-22 h, dim.-jeu. ; 10 h-23 h, ven. et sam. 📷 ♿

Ce gratte-ciel vitré est le plus haut immeuble de bureaux de l'hémisphère Sud avec 58 étages (et une hauteur de 253 m) au-dessus du niveau de la rue et 8 en dessous.

Sa construction par Bruno Grollo, le promoteur australien qui a aussi réalisé le nouveau casino sur la Yarra River (p. 393), remonte à 1986. La vue offerte par la plate-forme d'observation ouverte en 1994 au 55e étage attire chaque jour 1 500 visiteurs. Un film de 20 minutes présente aux visiteurs les sites à voir à Melbourne.

L'ascenseur qui conduit à la plate-forme ne met que 38 secondes pour atteindre le 55e étage.

Les Rialto Towers, hautes de 253 m

N° 333 Collins Street ❼

333 Collins St. **Plan** 1 C3.
📞 *(03) 9204 3333.* 🚉 *Flinders St.*
🚊 *lignes de Collins St.* 🕐 *7 h 30-18 h 30, lun.-ven.* ♿ ✅

L'immeuble de bureaux achevé en 1991 qui occupe le N° 333 Collins Street est intéressant surtout pour le bâtiment plus ancien qu'il incorpore.

Celui-ci fut édifié à la fin du siècle dernier pour accueillir le siège de la Commercial Bank of Australia (CBA) fondée en 1866. À la fin des travaux, en 1893, la banque traversait une grave crise provoquée par l'effondrement de la bourse et de l'immobilier. Elle se vit obligée d'annuler ses plus gros découverts, aggravant encore ainsi le ralentissement de l'économie. Elle mit trente ans à apurer ses dettes malgré le plan de restructuration accepté par ses actionnaires. En 1981, la CBA s'est associée à la Bank of New South Wales pour devenir Westpac, l'une des principales institutions financières d'Australie.

L'édifice d'origine dessiné par les architectes Lloyd-Taylor et Alfred Dunn a conservé son ancienne salle des guichets et son vestibule coiffés de coupoles. Restaurés, ils servent d'entrée au bâtiment moderne qui appartient à une société de Honk Kong appelée Wing On.

Tour du General Post Office

General Post Office ❽

Angle de Bourke St Mall et Elizabeth St. **Plan** 1 C3. 📞 *(03) 9203 3044.*
🚉 *Flinders St et Melbourne Central.*
🚊 *lignes de Bourke St et Elizabeth St.*
🕐 *8 h 15-17 h 30, lun.-ven., 10 h-15 h, sam.* ● *dim., jours fériés.*
♿ *par Little Bourke St.*

L e service postal de Melbourne commença par avoir son siège près de l'angle de Kings Street et de Flinder Lane, à un endroit si mal protégé des crues qu'il dut rapidement déménager en 1841 à un emplacement actuel.

Entrepris en 1859, l'édifice qui abrite aujourd'hui le General Post Office ne fut terminé qu'en 1907. Sa construction se fit par étapes : le rez-de-chaussée et le premier étage entre 1859 et

1867 ; le deuxième étage et la tour de l'horloge entre 1885 et 1890. Les colonnes qui animent l'extérieur ont des chapiteaux doriques au rez-de-chaussée, ioniques au premier étage et corinthiens au second.

Le General Post Office a connu divers remaniements intérieurs pour s'adapter à l'évolution des techniques et des besoins. Après la Première Guerre mondiale, en particulier, l'architecte de Canberra, Walter Burley Griffin (*p. 189*), dirigea la modification de sa salle principale. D'autres travaux sont en vue et obligeront alors l'activité postale de déménager.

Entrée de la Royal Arcade

Royal Arcade ❾

Elizabeth St, Bourke St et Little Collins St. **Plan** 1 C3. 📞 *(03) 9670 7777.*
🚉 *Flinders St.* 🚊 *lignes de Bourke St, Elizabeth St et Collins St.*
🕐 *7 h-18 h, lun.-jeu., 7 h-20 h, ven., 9 h-17 h, sam., 11 h-17 h, dim.*

L a plus ancienne galerie marchande de Melbourne fait partie d'un réseau de passages couverts dessiné en 1837 par l'arpenteur du gouvernement Robert Hoddle pour diviser en sections plus petites les grands pâtés de maisons du quadrillage initial.

Construite en 1869 par l'architecte Charles Webb, la Royal Arcade originelle reliait Bourke Street Mall à Little Collins Street. Une statue du Temps ornait la façade sur Bourke Street. Elle se trouve aujourd'hui à l'extrémité nord

Coupole peinte du N° 333 Collins Street

de la galerie. L'ajout d'une annexe possédant une entrée sur Elizabeth Street remonte à 1908.

Les deux personnages les plus célèbres de la Royal Arcade sont Gog et Magog, représentant le conflit entre Bretons et Troyens, copies des géants du Guildhall de Londres, encadrent la Gaunt's Clock, horloge fabriquée par un des premiers occupants de la galerie : Thomas Gaunt.

Block Arcade ⑩

282 Collins St. **Plan** 1 C3. ☎ (03) 9654 5244. 🚊 Flinders St. 🚋 lignes de Swanston St et Collins St. 🕐 10 h-17 h 30, lun.-jeu. ; 10 h-19 h, ven. ; 10 h-17 h, sam. ; 12 h-17 h, dim. ⬤ ven. saint, 25 déc. ♿ ✔

Des traits caractéristiques comme un sol en mosaïque et une coupole centrale donnent son cachet à la plus chic des galeries marchandes de Melbourne. Construite entre 1891 et 1893, elle doit son nom à la promenade favorite de la bonne société du siècle dernier. Celle-ci consistait en effet à « faire le pâté de maisons » *(do the block)* sur Collins Street entre Elizabeth Street et Swanston Street.

Restaurée en 1988, la Block Arcade, qui comprend le salon de thé Hopetoun (1893), peut aussi être découverte avec une visite guidée.

Boutique de la Block Arcade

Chapelle de l'Ascension de St Paul's Cathedral

Melbourne Town Hall ⑪

Swanston St. **Plan** 1 C3. ☎ (03) 9658 9800. 🚊 Flinders St. 🚋 lignes de Swanston St et Collin St. 🕐 7 h 30-17 h, lun.-ven. (entrée du r.d.c. seul.). ⬤ jours fériés. ♿ ✔ obligatoire sauf dans l'entrée du r.d.c.

Achevé en 1870 sur des plans de Reed & Barnes, le cabinet de Joseph Reed, l'hôtel de ville de Melbourne reçut son portique en 1887. Il offre une belle perspective de Swanston Street *(p. 376-377)* et du Shrine of Remembrance des Botanic Gardens *(p. 390)*. L'aile administrative et la deuxième chambre du conseil datent de 1908. Malgré son inspiration Renaissance, le décor de cette chambre comporte des motifs spécifiquement australiens.

Vitrail du Melbourne Town Hall

Un incendie ravagea en 1925 une grande partie de l'hôtel de ville, dont le hall principal. À l'entrée, les quatre symboles des armoiries de la cité – une baleine, un bateau, un taureau et un mouton – rappellent les principales richesses de la région pendant la période coloniale. En 1942, le College of Arms ordonna d'en changer la disposition pour respecter les conventions héraldiques, ce qui explique les différences entre des écus d'époques différentes.

St Paul's Cathedral ⑫

Angle de Swanston St et Flinders St. **Plan** 2 D3. ☎ (03) 9650 3791. 🚊 Flinders St. 🚋 lignes de Swanston St, Flinders St et Collins St. 🕐 7 h-18 h, t.l.j. ♿ ✔

L'édification de la cathédrale Saint-Paul, décidée en 1866 pour remplacer une plus petite église du même nom au même endroit, connut des débuts difficiles causés par des désaccords entre l'architecte anglais William Butterfield et le Cathedral Erection Board. Butterfield désapprouvait certains choix de ce conseil chargé de superviser les travaux, notamment l'utilisation de matériaux comme le grès de Barrabool et de Hawkesbury et le désir d'orienter le sanctuaire vers le Princes Bridge. La construction commença en 1880 et Butterfield démissionna en 1884. C'est Joseph Reed qui dirigea l'achèvement du monument, finalement consacré en 1891.

Les visiteurs peuvent découvrir à l'intérieur un retable fabriqué en Italie en marbre et en albâtre incrustés de mosaïque en pâte de verre. L'orgue est l'œuvre la mieux préservée du grand facteur londonien T.C. Lewis & Co. La cathédrale possède aussi un carillon de treize cloches.

Regent Theatre

191 Collins St. **Plan** 2 D3.
(03) 9299 9800. Flinders St.
lignes de Swanston St et Collins St.
hors des représentations.

Le théâtre, surnommé le « Palais des rêves de Melbourne », jouissait d'une telle popularité au milieu de ce siècle que lorsqu'un incendie ravagea sa grande salle en avril 1945 le maire de la ville promit de la reconstruire malgré la pénurie de matériaux causée par la Seconde Guerre mondiale.

C'est la Hoyts Theatre Company qui entreprit la construction du Regent Theatre et lui donna son exubérante ornementation intérieure influencée à la fois par l'esthétique hollywoodienne de l'époque et celle du Capitol Theater de New York. À son inauguration en 1929, l'édifice abritait deux salles principales. Celle à l'étage, appelée Regent Theatre, accueillait des concerts et des spectacles vivants. Le Plaza Theater du rez-de-chaussée, à l'origine une salle de bal, fut transformé ensuite en cinéma. Par chance, l'incendie de 1945 n'endommagea pas son superbe décor.

Salle de réunion contiguë à Scots'Church

Restauré, le Regent Theatre rouvrit une première fois en 1947 mais ne put résister ensuite à la concurrence de la télévision. Resté fermé près de trente ans, il a rouvert en 1996 après une deuxième restauration.

Scots' Church ⑭

99 Russell St (angle de Collins St).
Plan 2 D3. (03) 9650 9903.
Flinders St et Parliament.
lignes de Swanston St et Collins St
11 h-14 h 30, lun.-mer. 13 h,
mer. ; 11 h et 13 h, dim.
sur demande.

L'église des Écossais achevée en 1874 devait être le « plus beau bâtiment d'Australie ». Son architecte, Joseph Reed, lui donna un style « anglais ancien » et utilisa du grès de Barrabool pour ses structures apparentes. La salle de réunion adjacente au sanctuaire date de 1913.

N° 120 Collins Street ⑮

120 Collins St. **Plan** 2 D3.
(03) 9654 4944. Flinders St et Parliament. lignes de Collins St
6 h 45-18 h 45, lun.-ven.

Œuvre de Daryl Jackson et Group Hassell, l'immeuble de bureaux construit en 1991 au N° 120 Collins Street est devenu un point de repère pour les habitants de Melbourne avec

Hall d'entrée du Regent Theatre

sa tour de communication qui, haute de 262 m, donne à la ville son point culminant.

Le gratte-ciel a pour principal occupant la compagnie australienne BHP Petroleum. Il incorpore des bâtiments de style Federation édifiés en 1908 à l'emplacement de St Michael Uniting Church (1867).

Au N° 120 Collins Street

Chinatown ⑯

Little Bourke St. **Plan** 2 D2.
🚇 *Parliament.* 🚋 *lignes de Swanston St et Bourke St.*

Des Chinois commencèrent à immigrer en Australie dès 1818 mais ils ne s'établirent en nombre qu'à la fin des années 1840, offrant une main-d'œuvre bon marché de remplacement alors que les contingents de forçats envoyés de Grande-Bretagne dans les nouvelles colonies diminuaient. La cohabitation avec les Européens resta harmonieuse jusqu'à l'arrivée de compatriotes venus concurrencer les Blancs sur les champs aurifères. Des tensions raciales apparurent, surtout quand les filons commencèrent à s'épuiser, et des émeutiers prirent violemment à parti des prospecteurs chinois.

Cette xénophobie marqua aussi la politique du gouvernement. Les Chinois se virent imposer dans la plupart des États une taxe

d'entrée de dix livres, une somme d'autant plus énorme que beaucoup n'étaient que des paysans. Une mesure plus efficace encore restreignit le nombre de passagers que pouvaient accepter les propriétaires de bateau afin de réduire la rentabilité du transport d'immigrants pauvres en Australie.

La taxe provoqua ce qu'on appela les « marathons chinois » car les nouveaux arrivants débarquèrent en Australie-Méridionale, un État « gratuit », rejoignant ensuite à pied à travers des déserts des champs aurifères situés parfois à 800 km de distance.

À Melbourne, où ils s'installèrent au milieu du siècle dernier dans un quartier bon marché du centre, les Chinois durent au début faire face à une hostilité ouverte et s'organisèrent en une société repliée sur elle-même. Ils subvenaient souvent à leurs besoins grâce à des activités traditionnelles : maraîchage, blanchisserie, commerce de produits alimentaires et fabrique de meubles (leurs réalisations devaient porter la mention « fabriqué avec de la main-d'œuvre chinoise »). Long de quelques pâtés de maisons, le Chinatown de Melbourne est aujourd'hui réputé pour ses restaurants

Portail traditionnel du Chinatown de Littke Bourke Street

asiatiques et ses magasins d'alimentation. Parmi les fêtes qui rythment la vie de la communauté, devenue l'une des plus anciennes d'Australie, c'est le nouvel an chinois qui donne lieu en février aux célébrations les plus animées *(p. 37)*.

Museum of Chinese Australian History ⑰

22 Cohen Place (par Little Bourke St). **Plan** 2 D2. 📞 *(03) 9662 2888.* 🚇 *Parliament.* 🚋 *lignes de Swanston St et Bourke St.* 🕐 *10 h-16 h 30, t.l.j.* ⬤ *ven. saint, 25 déc.*
♿ 🅿 📷

Ouvert en 1985 pour préserver l'héritage culturel de la communauté d'origine chinoise de Melbourne, ce musée abrite au cœur de Chinatown un superbe dragon. Éclectiques, ses expositions couvrent un éventail de sujets qui va des chercheurs d'or des années 1850 jusqu'à l'art contemporain nous offrant une vue d'ensemble de leur histoire et de leurs origines culturelles.

Lion de pierre au Museum of Chinese Australian History

Le premier étage accueille régulièrement des expositions itinérantes venues de Chine et des présentations d'œuvres d'art chinoises. Au deuxième étage, une exposition permanente illustre de nombreux aspects du parcours des Australiens de souche chinoise.

Au sous-sol, une autre exposition permanente fait revivre la vie des chercheurs d'or chinois. Les visiteurs pénètrent dans une cabine qui craque et bouge comme une cale de bateau de l'époque, puis ils découvrent des dioramas montrant l'existence des chercheurs sur les champs aurifères, ainsi qu'un temple chinois et un des théâtres de toile où venaient se distraire les mineurs. On peut également suivre un parcours historique dans Chinatown.

Le quartier du Parlement pas à pas

Icone, St Patrick's Cathedral

L es fondateurs de Melbourne, conscients de la situation privilégiée de la colline qu'ils appelèrent Eastern Hill, la réservèrent à des bâtiments officiels et ecclésiastiques. Les revenus de la ruée vers l'or *(p. 50-51)* permirent à partir des années 1850 la construction de nombreux édifices victoriens, dont le Parlement du Victoria où siégèrent aussi de 1901 à 1927 les députés de la jeune fédération australienne. Aménagés au milieu du XIXᵉ siècle, les Fitzroy Gardens *(p. 360)* offrent au pied de la colline un espace boisé et calme où l'on se promène le long de larges allées bordées d'ormes.

Le Windsor Hotel édifié en 1884 est le plus majestueux des hôtels de cette période à avoir survécu en Australie *(p. 486)*.

Stanford Fountain
C'est un prisonnier, William Stanford, qui sculpta la fontaine qui orne l'élégante Gordon Reserve.

★ Le Treasury Building
Œuvre du dessinateur industriel John James Clark, cet édifice néo-Renaissance, bâti en 1857 pour abriter des bureaux et les chambres fortes du Trésor, est désormais occupé par le Museum of Melbourne.

Cook's Cottage
Expédiée en 1933 en pièces détachées, la maison des parents du capitaine James Cook (p. 46) sert d'écrin à une exposition sur l'explorateur et la vie au XVIIIᵉ siècle.

★ **Le Parliament House**
*Construit dans les années 1850,
peu après l'autonomie du
Victoria, le Parlement s'inspire
de la Chambre des lords
britannique.*

CARTE DE SITUATION
*Voir l'atlas des rues de
Melbourne, plan 2*

La Tasma Terrace, superbe
rangée de maisons victoriennes
ornées de ferronneries ouvragées
(p. 368), abrite le siège du
National Trust.

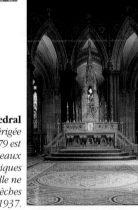

St Patrick's Cathedral
*La cathédrale érigée
entre 1858 et 1879 est
l'un des plus beaux
monuments néo-gothiques
du monde. Elle ne
reçut ses flèches
qu'en 1937.*

★ **Les Fitzroy Gardens**
*Le paysagiste James Sinclair donna à
ces jardins beaucoup de charme en les
dotant de parterres de fleurs, d'un
ravin de fougères et d'allées
ombragées par des eucalyptus, des
platanes et des ormes.*

À NE PAS MANQUER

★ **Les Fitzroy Gardens**

★ **Le Parliament House**

★ **Le Treasury Building**

LÉGENDE

0   100 m

– – – Itinéraire conseillé

Old Magistrate's Court ⑱

Angle de La Trobe St et Russell St.
Plan 1 C2. 🔲 *Museum.* 🚋 *lignes de La Trobe St et Swanston St.*
🔲 *au public.*

D ans un quartier surnommé le *police precinct*, le tribunal de première instance de Melbourne, également appelé City Court, occupa ce bâtiment jusqu'en 1995. L'Old Magistrate's Court jouxte l'Old Melbourne Gaol et fait face à l'ancien commissariat central, un gratte-ciel Art déco du début des années quarante.

Construit en 1911 dans un style mêlant références gothiques et romanes, le bâtiment présente des façades en grès de Moorabool qu'animent pignons, tourelles et arcs en plein cintre. Il renfermait à l'origine trois salles d'audience et des bureaux qui s'organisaient autour d'un grand hall central octogonal.

Fenêtres d'inspiration romane de l'Old Magistrate Court

Old Melbourne Gaol ⑲

Russell St. **Plan** 1 C2. 📞 *(03) 9663 7228.* 🔲 *Melbourne Central.* 🚋 *lignes de La Trobe St et Swanston St.* ⏰ *t.l.j.* ⬤ *25 déc.*
🖊️ ♿ ✅

L a visite de l'ancienne prison de Melbourne, le premier grand centre de détention du Victoria, est une expérience

Passerelles desservant les cellules de l'Old Melbourne Gaol

qui donne la chair de poule, surtout la nuit.

Le musée pénal du National Trust occupe un bloc de cellules, le Second Cell Block. Derrière s'étendait le quartier des femmes aujourd'hui démoli. La chapelle de la prison a été conservée mais ne fait pas partie du musée.

On parle souvent d'apparition de fantômes dans l'Old Melbourne Gaol, sans doute parce que 135 exécutions capitales y eurent lieu entre 1845 et 1929. Les conditions de détention, très sévères, s'inspiraient de celles de la Pentonville Model Prison de Londres. Les nouveaux arrivants se retrouvaient ainsi au secret, ne pouvant se mêler aux autres prisonniers qu'après une période d'isolement dont la longueur dépendait de leur peine. L'exposition comprend

des chaînes qui servaient à entraver des détenus et un cadre utilisé pour les attacher lorsqu'ils recevaient le fouet. Elle évoque aussi ceux qui périrent pendus dans la prison, dont le célèbre Ned Kelly, et présente leurs masques mortuaires.

La justice se montrait parfois expéditive. Condamné à la peine capitale en 1876 sur des preuves indirectes, Basilio Bondietto, un immigrant italien, ne parlait pas anglais, n'avait pas d'interprète à son procès et ne comprit probablement qu'il allait mourir que quelques heures avant son exécution. Le cas de Frances Knorr, pendue en 1894 pour le meurtre de trois bébés à sa charge, souleva plus de controverses. Elle s'était retrouvée sans le sou, et enceinte, quand on avait incarcéré son mari pour avoir

---

NED KELLY

L'exécution du plus célèbre condamné de l'Old Melbourne Gaol eut lieu le 11 novembre 1880. Né en juin 1855, Edward « Ned » Kelly, fils de l'ancien forçat « Red » Kelly et de sa femme Ellen, devint le *bushranger* (bandit de grand chemin) le plus populaire du pays en brûlant lors d'une attaque de banque les archives des prêts en suspens afin d'éviter aux débiteurs de les rembourser. Le jour

Masque mortuaire de Ned Kelly

de sa pendaison, 4 000 personnes s'assemblèrent devant la prison. La plupart manifestaient leur soutien à un homme qui, selon elles, était entré à juste titre en rébellion contre des lois et des forces de l'ordre au service des puissants. Ellen Kelly put rendre visite à son fils, capturé à Glenrowan le 28 juin 1880 *(p. 439)*. Elle se trouvait dans le quartier des femmes de la prison de Melbourne après avoir frappé à la tête un policier entré dans sa maison.

vendu du mobilier acheté à tempérament. Le premier bourreau pressenti se suicida plutôt que d'exécuter la sentence. Sa femme avait menacé de le quitter s'il remplissait sa fonction.

Restaurant italien de Lygon Street

Lygon Street ⑳

Lygon St, Carlton. **Plan** 1 C1.
🚊 1, 22. 🚌 200, 201, 207.

Dans le centre-ville, de l'autre côté de Victoria Street, Carlton qui abrite de nombreuses demeures historiques est un des plus beaux quartiers résidentiels de Melbourne. Il a pour pôle Lygon Street, où abondent cafés, restaurants et pizzérias (p. 517-519), et abrite une importante communauté italienne.

Celle-ci s'installa lors de la grande vague d'immigration de l'après-guerre à un moment où les citadins aisés quittaient la ville pour s'installer en banlieue. Les nouveaux arrivants purent acquérir logements et boutiques à bas prix dans un quartier passé de mode malgré l'élégance de ses immeubles victoriens et édouardiens. Ils sauvèrent d'ailleurs ces édifices historiques qu'un projet du gouvernement envisageait de remplacer par des habitations à loyer modéré.

Dans les années soixante, Carlton devint populaire auprès des étudiants avec ses pittoresques magasins à étage. Ceux-ci y restèrent après leurs études, formant ainsi la base de la population actuelle, prospère et éduquée, du quartier. Lygon Street ne se trouve qu'à un pâté de maisons du principal campus universitaire de Melbourne et on peut l'atteindre depuis le centre à pied, en bus ou en tram. Sa large chaussée s'emplit en octobre de fêtards pour la Lygon Street Festa (p. 36).

Melbourne Museum ㉑

Carlton Gardens. **Plan** 2 D1.
📞 (03) 8341 7750. 🚊 86, 96.
🕐 10 h-18 h, t.l.j. 🖼 ▯
🖬 ♿

Ouvert en 2001, le Melbourne Museum est le plus récent musée de la ville. Logé dans des locaux ultra-modernes au cœur du verdoyant Carlton Park, le musée s'étend sur six niveaux dont la moitié sous terre. Il offre des expositions de science, de technologie, d'environnement, du corps et de l'esprit humain, de la société australienne et des cultures indigènes.

L'un des grands moments est Bunjilaka, le centre aborigène qui combine la partie galerie avec les salles de spectacle et les salles de réunion. *Wurreka*, une gravure murale en zinc de 50 m de long à l'entrée, est fait par l'artiste aborigène Judy Watson. La galerie Two Laws qui traite des systèmes de connaissance, de lois et de propriété des premiers australiens est fascinant.

Moulin exposé dans un café de Lygon Street

La Forest Gallery présente 8 000 plantes de 120 espèces différentes ainsi que 20 espèces vertébrées dont des serpents, oiseaux, poissons et des centaines d'insectes. L'exposition tente, à travers les plantes, les animaux, l'art, le multimédia et d'autres activités, d'explorer l'écosystème d'Australie.

Les Blue Box houses, dédiés aux enfants, ressemblent à un cube bleu incliné où on explore le thème de la croissance. Il y a aussi les Children's Pathways qui offrent des activités aux enfants à travers tout le musée.

L'une des expositions préférées est l'Australia Gallery où on découvre la vie et le palmarès de Phar Lap, un cheval de course australien, champion dans les années 30, exposé dans une vitrine Art Déco. D'autres curiosités sont le squelette d'une baleine bleue, une voiture du premier tramway de Melbourne, un moulin à vent et une Hertel, la première voiture importée.

À côté se trouve le **Royal Exhibition Building** du XIXᵉ siècle, un contraste intéressant à l'architecture moderne du musée. Il fut construit pour l'Exposition Universelle de 1880 et fait partie des rares structures conservées des expositions de ce siècle. Son architecte fut Joseph Reed, dont on peut voir d'autres constructions à travers Melbourne.

L'élégant Royal Exhibition Building près du Melbourne Museum

À la terrasse d'un café de Brunswick Street

Brunswick Street et Fitzroy ㉒

Brunswick St. **Plan** 2 E1.
🚋 11.

Fitzroy, plus encore que le quartier universitaire de Carlton, a attiré dans les années soixante une population d'étudiants et d'artistes. Malgré un début d'embourgeoisement, le quartier conserve une atmosphère bohème et cafés, restaurants, librairies, magasins de disques et boutiques de mode donnent un aspect coloré à sa rue principale : Brunswick Street. Chaque année en septembre, un défilé y marque le début du Fringe Festival, manifestation parallèle au Melbourne Festival. Il existe à proximité une autre rue très animée, en particulier le samedi soir : Johnston Street, cœur du quartier espagnol.

Australian Toy Museum ㉓

174-180 Smith St, Collingwood. **Plan** 2 F1. 📞 *(03) 9419 4138.* 🚋 *86.* 🕙 *10 h-16 h, t.l.j.* 🔴 *ven. saint, 25 déc.* 🖼 🎥 *sur demande.*

Des visiteurs de tous âges apprécient le musée australien du Jouet né du rêve d'un restaurateur de Melbourne d'origine suisse,

Jean-Jacques Lale-Demoz et collectionneur passionné dans les années soixante-dix.

L'Australian Toy Museum est particulièrement riche en voitures, trains et personnages en fer-blanc. Divisées par thèmes, les vitrines sont toutes à hauteur des enfants. Parmi les pièces les plus anciennes figurent trois jouets mécaniques allemands soudés à la main dans les années 1880, une magnifique Arche de Noé du début du XIXᵉ siècle et un diorama réalisé en 1882 pour la première foire internationale du jouet de Nuremberg, une manifestation qui est devenue dans sa spécialité le plus grand salon professionnel du monde.

La salle consacrée à l'espace renferme certains des premiers jouets de science-fiction, tels des pistolets de Buck Rogers datant des années trente. Il y a également Robbie the Robot qui marqua les années cinquante aux États-Unis. Les jouets des années soixante en revanche furent nettement marqués par la course pour la conquête spatiale.

L'exposition met en relief les différences entre jouets européens et jouets australiens. Ceux-ci étaient destinés à une population réduite et dont le mode de vie en plein air imposait des articles plus robustes.

Le musée possède un café et un jardin où circule un train miniature.

Jouet mécanique

Australian Gallery of Sport and Olympic Museum ㉔

Melbourne Cricket Ground, Yarra Park, Jolimont. **Plan** 2 F3. 📞 *(03) 9657 8879.* 🚉 *Jolimont.* 🚋 *48, 75.* 🕙 *10 h-16 h, t.l.j.* 🔴 *ven. saint, 25 avr., 25 déc.* 🖼 🚻 ♿

Installé au Melbourne Cricket Ground (MCG), ce musée peut aussi se parcourir dans le cadre d'une visite guidée d'une heure du prestigieux terrain de cricket.

Ouverte en 1986, la galerie est consacrée à vingt disciplines, dont le cyclisme, la boxe et des jeux de ballon, notamment l'« Australian Rules » qui n'existe qu'en Australie. Les matchs opposent deux équipes de dix-huit joueurs qui se disputent un ballon ovale sur un terrain ovale. Les fautes ne donnant pas lieu à des expulsions immédiates, ils dégénèrent parfois en véritables pugilats.

Ajouté à la fin des années quatre-vingt, l'Olympic Museum retrace l'histoire des Jeux olympiques d'été. Depuis les premiers jeux modernes, organisés à Athènes en 1896, trois pays ont participé à tous : l'Australie, la Grèce et le Royaume-Uni.

Depuis 1996, l'Australian Cricket Hall of Fame rend hommage et retrace la carrière de grandes figures du cricket australien, tel sir Donald Bradman *(p. 178).*

Flambeau historique exposé à l'Olympic Museum

Jour de match au Melbourne Cricket Ground

Melbourne Cricket Ground ㉕

Yarra Park, Jolimont. **Plan** 2 F3.
📞 (03) 9657 8879. 🚉 Jolimont.
🚋 48, 75 (des trams spéciaux circulent les jours de match).
⭕ pour la visite guidée ou les matchs seul. 📷 ♿ 📷 obligatoire.

L e terrain de cricket de Melbourne, le plus vaste du monde et l'un des plus prestigieux terrains de sport d'Australie, occupe à l'ouest du centre-ville un espace concédé en 1853 au Melbourne Cricket Club fondé en 1838.

Les novices désireux de s'initier au rituel complexe du cricket préféreront le *one-day cricket*, dont les matchs ne durent qu'une journée, à une rencontre traditionnelle s'étalant sur cinq jours. Le Melbourne Cricket Ground (MCG) accueille aussi des matchs d'« Australian Rules ». La finale du championnat national se déroule le dernier samedi de septembre *(p. 36)*.

En plus d'un siècle d'existence, le stade a possédé diverses tribunes. L'installation la plus récente, la Great Southern Stand achevée en 1992, permet de recevoir plus de 100 000 spectateurs.

Le Melbourne Cricket Ground sert aussi à l'organisation de manifestations telles que de grands concerts de rock. Des visites guidées le parcourent les jours où il est libre. Elles partent de l'Australian Gallery of Sport and Olympic Museum et passent, entre autres, par le musée et la bibliothèque du Melbourne Cricket Club.

Melbourne Park ㉖

Batman Ave. **Plan** 2 F4. 📞 (03) 9286 1234. 🚉 Flinders St et Richmond.
🚋 70. ⭕ 9 h-17 h, lun.-ven., ou lors des manifestations. ♿

C onnu également sous le nom de National Tennis Centre *(p. 369)*, le Melbourne Park sert de cadre, sur la rive nord de la Yarra River, à de grandes rencontres internationales de tennis comme l'Open d'Australie *(p. 37)*, l'une des quatre compétitions du Grand Chelem. Elles se déroulent sur le court central, le premier au monde à posséder un toit ouvrant, mais le complexe sportif comprend en outre vingt-huit courts, dont cinq couverts, accessibles au public. Il accueille aussi le basket, le cyclisme et des concerts, le tout sur une superficie 2,4 ha.

En face du parc se trouve le Sports and Entertainment Centre, lieu de spectacle et siège de l'équipe de basket-ball des Victorian Titans. Le centre était à l'origine une piscine construite pour les Jeux olympiques de 1956. L'Olympic Park voisin accueille des rencontres d'athlétisme nationales et internationales et des matchs de football et de rugby.

Rencontre de l'Open d'Australie au Melbourne Park

Les Royal Botanic Gardens et le Kings Domain ㉗

Plaque de la crypte du Shrine of Remembrance

Ces jardins contigus créés en 1852 à l'emplacement d'un marais forment un vaste espace vert au cœur de la capitale du Victoria. Les Botanics Gardens abritent une collection d'espèces végétales de renom international. Les talents de paysagiste de William Guilfoyle, responsable des jardins de 1873 à 1909, en firent une espèce de paradis fleuri fréquenté par une étonnante variété d'animaux et d'oiseaux. Sa position privilégiée vaut au superbe parc du Kings Domain de jouer un rôle important dans la vie de la cité. Il abrite en particulier la résidence du gouverneur du Victoria, des lieux de spectacle et des mémoriaux.

Le Sidney Myer Music Bowl peut accueillir jusqu'à 15 000 spectateurs pour des concerts ou des ballets en plein air. En hiver, la scène devient une patinoire.

Pioneer Women's Garden
Un bassin orné par une statue de femme occupe le centre de ce jardin à la française qui fut créé en 1934 en hommage aux pionnières du Victoria.

L'enceinte de l'Observatory Gate

★ Le Shrine of Remembrance
Le Temple du Souvenir à la mémoire des soldats australiens tombés au combat s'inspire d'une description du Mausolée d'Halicarnasse élevé en Asie Mineure au IVᵉ siècle av. J.-C.

0   200 m

★ La Government House
Des visites guidées permettent de découvrir les pièces d'apparat de ce majestueux édifice italianisant.

MODE D'EMPLOI

St Kilda Rd. **Plan** 2 F5.
🏛 *Birdwood Ave (03) 9252 2300.* 🚌 *3, 5, 6, 8, 15, 16, 64, 67, 72.* ♿ 📷 *11 h et 14 h, mar.-ven., 11 h, dim.*
🚻 🍴 🛍

Le Perennial Border utilisant les couleurs traditionnelles du designer Gertrude Jekyll est planté dans les tons pastels pour trancher avec le feuillage gris argenté.

« Chêne algérien »
L'Oak Lawn renferme de superbes quercus canariensis, *variété de chêne qui fleurit à Melbourne en septembre.*

Le Temple of the Winds

★ L'Ornamental Lake
Fidèle à la mode anglaise du XVIIIe siècle, William Guilfoyle organisa les jardins autour d'un plan d'eau dont le contour imite la nature.

Arid Garden
Les plantes de régions désertiques d'Australie et d'autres pays jouissent d'un habitat adapté dans ce jardin où un ruisseau alimente une oasis.

Le La Trobe's Cottage, demeure de Charles La Trobe, le premier gouverneur du Victoria, arriva d'Angleterre en 1839. La maison a été classée par le National Trust.

À NE PAS MANQUER

★ **Government House**

★ **Ornamental Lake**

★ **Shrine of Remembrance**

Au fil de la Yarra River

La Yarra River serpente pendant 240 km entre sa source dans le Baw Baw National Park et Port Philip Bay. À l'origine porte sur le reste du monde, le fleuve a toujours joué un rôle essentiel dans la vie de Melbourne. Il marque aujourd'hui symboliquement la frontière entre le nord et le sud de la cité et nombre de ses habitants résident leur vie entière sur une seule rive. En face du quartier des affaires, la rive sud affirme depuis une récente réhabilitation sa vocation culturelle. La Yarra séduit aussi les sportifs, qu'ils s'entraînent à l'aviron sur son cours ou empruntent les pistes cyclables qui la longent.

CARTE DE SITUATION
Voir l'atlas des rues de Melbourne, plans 1 et 2

★ La National Gallery of Victoria
Récemment réaménagée, la Galerie nationale du Victoria propose l'une des plus importante collection d'art international du pays ㉜

Le Victorian Arts Centre est le siège de l'Australian Ballet et de la Melbourne Theatre Company. Sa flèche de 115 m fait partie du paysage de Melbourne.

Victoria College of the Arts

Flinders Street Station
La plus grande gare de Melbourne tourne le dos à la Yarra River. Une passerelle piétonnière relie les deux rives ㉚

Concert Hall

Passerelle de Southgate

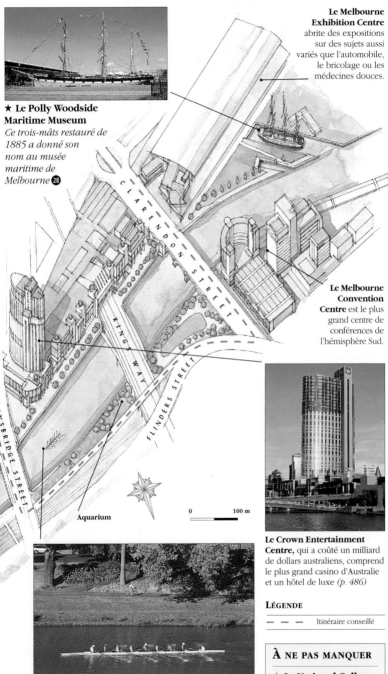

Le Melbourne Exhibition Centre abrite des expositions sur des sujets aussi variés que l'automobile, le bricolage ou les médecines douces.

★ **Le Polly Woodside Maritime Museum**
Ce trois-mâts restauré de 1885 a donné son nom au musée maritime de Melbourne ❷❽

Le Melbourne Convention Centre est le plus grand centre de conférences de l'hémisphère Sud.

CLARENDON STREET

KING WAY

FLINDERS STREET

TEENSBRIDGE STREET

Aquarium

0   100 m

Le Crown Entertainment Centre, qui a coûté un milliard de dollars australiens, comprend le plus grand casino d'Australie et un hôtel de luxe *(p. 486)*

LÉGENDE

— — — Itinéraire conseillé

À NE PAS MANQUER

★ **La National Gallery of Victoria**

★ **Le Polly Woodside Maritime Museum**

Aviron
Des équipes de professionnels et d'amateurs d'aviron viennent s'entraîner sur la Yarra River où ont régulièrement lieu des régates. Il existe plusieurs loueurs de bateaux à rames sur ses rives.

Le *Polly Woodside*, trois-mâts amarré sur la Yarra River

Polly Woodside Maritime Museum ㉘

Lorimer St East, Southbank. **Plan** 1 A5. **(** (03) 9699 9760. **🚆** Spencer St. **🚃** 12, 96, 109. **🚏** Grimes Street Bridge. **○** 10 h-16 h, t.l.j. **●** ven. saint, 25 déc. **🚫 & ** sauf le bateau. **✦** réserver.

Quand le *Polly Woodside* cessa tout service dans les années soixante, c'était le dernier voilier commercial de haute mer encore à flot en Australie. Lors de sa construction à Belfast en 1885, ce type de bateau se faisait déjà rare.
En 1897, le *Polly Woodside* avait franchi seize fois le cap Horn, transportant du charbon jusqu'au Chili et revenant en Grande-Bretagne chargé d'engrais. Vendu en 1904 à des Néo-Zélandais, après deux voyages de deux ans, il navigua en mer de Tasmanie jusqu'en 1924 puis resta quarante ans à Port Melbourne où il servait de dépôt de charbon pour les vapeurs.

Offert au National Trust en 1968 il fut restauré par des bénévoles habiles et dévoués. Il permet aujourd'hui aux visiteurs d'avoir un aperçu des conditions de vie de son équipage et de vieilles techniques de construction navale. Le musée propose aussi une exposition de maquettes et de souvenirs.

Melbourne Aquarium ㉙

Angle de Queenswharf Rd et King St. **Plan** 1 B4. **(** (03) 9620 0999. **🚆** Spencer St, Flinders St. **○** 9 h-21 h, t.l.j., janv. ; 9 h 30-18 h, t.l.j., fév.-déc. **🚫 & ☐ 🛈**

Montrant les poissons des mers chaudes, le Melbourne Aquarium nous met face aux habitants exotiques des profondeurs. Des requins, raies et autres espèces colorées évoluent dans l'Oceanarium, un bassin de 2,2 millions de litres d'eau. Un cylindre permet de les observer avec l'impression d'être parmi eux. L'atoll de corail vaut également un coup d'œil.

Flinders Street Station ㉚

Angle de Flinders St et Swanston St. **Plan** 1 C4. **(** 13 16 38. **🚆** Lignes de Swanston St et Flinders St. **&**

Le principal terminus de trains de banlieue de Melbourne est aussi un des grands points de rendez-vous de la ville ; des générations de couples se sont retrouvés « sous l'horloge ». Aujourd'hui elle est commandée par ordinateur mais reste en état de marche. Depuis le début Flinders Street a fait partie des transports publics de la ville. Le premier train à vapeur

Tête de proue, Maritime Museum

d'Australie partit de la gare de Flinders Street qui à l'époque était un petit bâtiment en bois au fond de l'Elizabeth Street en 1854. L'actuelle gare, terminée en 1910, a été dessinée par Fawceh & Ashworth. Le bâtiment en brique jaune surmonté de coupoles en bronze ne manque pourtant pas d'élégance et fut entièrement restaurée en 1981.

Federation Square ㉛

Angle de Flinders St et Swanston St **Plan** 1 C4. **(** 13 16 38. **🚆** lignes de Swanston St et Flinders St. **&**

Ltout dernier espace public de Melbourne, Federation Square, qui commémore le centenaire de la fédération des états australiens, a ouvert fin 2001. Il allie les espaces ouverts – à l'extérieur, avec Civic Plaza, et à l'intérieur, avec un atrium vitré de 100 m, doté d'un amphithéâtre, surplombant le Yarra River – avec des nouvelles institutions culturelles, des boutiques, des restaurants et cafés. L'Ian Potter Centre – NGV : Australian Art est une ramification des la National Gallery of Victoria et expose des œuvres de la vaste collection de l'art australien du musée. Une partie est réservée pour des expositions temporaires axées sur l'art contemporain. L'Australian Centre for the Moving Image rend hommage aux images de films et multimédias.

Façade illuminée de la Flinders Street Station

Rameurs à l'entraînement sur l'Albert Park Lake

National Gallery of Victoria ❸❷

180 St Kilda Rd. **Plan** 2 D4. ☎ (03) 9208 0222. ◷ 10 h-17 h, t.l.j. ● ven. saint, 25 avr., 25 déc. ♿ ☑

Première galerie d'art publique d'Australie, la National Gallery of Victoria ouvrit en 1861 et abrita le State Museum d'origine *(p. 377)*. Elle occupe les locaux actuels depuis 1968 et possède la collection d'œuvres et d'objets d'art la plus riche et la plus éclectique du pays grâce, notamment, à des legs. Le plus important de ces dons fut celui de l'homme d'affaires Alfred Felton, mort en 1904. On lui attribue l'une des plus belles collections de vieux maîtres au monde ainsi qu'une remarquable collection d'art contemporain australien. La galerie organise des expositions majeures tout au long de l'année. Une importante rénovation en cours se termine en 2003. La création en 1984 du Victorian Arts Centre voisin *(p. 392)* a fini d'établir la vocation culturelle de la rive sud.

Fitzroy et Acland Streets ❸❸

St Kilda. **Plan** 5 B5. 🚋 96. 🚌 246, 600, 623, 606. ⛴ St Kilda Pier.

St Kilda, à 6 km au sud du centre-ville, fut lancée pendant la période d'euphorie économique des années 1880. Des familles aisées s'y installèrent un temps puis, suivant une nouvelle mode, quittèrent la ville pour Toorak ou les péninsules. C'est la banlieue de Melbourne qui ressemble le plus à une station balnéaire et sa jetée construite en 1857 attire toujours les promeneurs.

La ville conserve de nombreux immeubles d'appartements Art déco et abrite une dense population très mélangée. Ses deux rues principales, Fitzroy Street et Acland Street, sont très animées, en particulier le week-end. Bondée le dimanche, Acland Street est réputée pour ses traiteurs et ses pâtissiers juifs. Jadis mal famée, Fitzroy Street abrite désormais des restaurants et des boutiques haut de gamme. Réhabilitée dans les années quatre-vingt, l'esplanade en front de mer accueille chaque dimanche un marché d'artisanat. À l'est du port, un jardin botanique borde Blessington Street.

Traverser la baie en bateau permet de découvrir le World Trade Center sur la Yarra River *(p. 392-393)*.

Tramway typique de Melbourne sur Fitzroy Street

Albert Park ❸❹

Canterbury Rd, Albert St et Lakeside Drive. **Plan** 5 B3. 🚋 96.

Vestige d'un ancien marais, l'Albert Park Lake forme le cœur d'un espace vert de 225 ha qui renferme des terrains de sport, un golf public et de nombreux autres équipements de loisirs. Il doit toutefois sa renommée au Grand Prix de Formule 1 d'Australie qui se déroule autour du lac sur un circuit long de 5 260 m. À part le Grand Prix, le parc permet de nombreuses activités, notamment dans sa nouvelle salle de sport et son centre nautique. Des zones marécageuses ont été recréées afin de fournir un habitat approprié à la vie animale. Une activité très appréciée est de faire du bateau, qu'il soit un petit voilier, à rames ou miniature.

Au centre du parc subsiste un vieil eucalyptus autour duquel auraient jadis eu lieu des *corroborees* aborigènes (cérémonies totémiques rythmées par des chants et des danses).

Chapel Street ❸❺

South Yarra, Prahran et Windsor. **Plan** 6 E3. 🚆 South Yarra, Prahran. 🚋 6, 8, 72.

Les prix pratiqués par les magasins de mode de Chapel Street sont à la hauteur de la réputation de la rue la plus branchée de Melbourne où, les week-ends, les cafés s'emplissent d'une foule jeune et « branchée ».

Près de la Yarra River, Chapel Street coupe Toorak Road dont le « village » est fréquenté par les plus riches habitants de la ville. Plus au sud sur Commercial Road, le Prahran Market propose les meilleurs produits frais. Greville Street possède une atmosphère qui évoque la bohème de Brunswick Street *(p. 388)* avec ses bars et ses boutiques de fripes. Une fête culinaire et vestimentaire a lieu sur Chapel Street chaque dimanche précédant la Melbourne Cup *(p. 37)*.

Rippon Lea ㊱

Propriété du National Trust, l'élégante Rippon Lea dessinée par Joseph Reed et construite en 1868 est sans doute la plus belle demeure victorienne de Melbourne. Le superbe jardin à l'anglaise qui l'entoure ajoute beaucoup à son charme. Les premiers occupants de la maison, les Sargood, étaient réputés pour leurs somptueuses réceptions. Le Premier ministre, sir Thomas Bent, leur succéda et commença à morceler le domaine. Benjamin Nathan acheta Rippon Lea en 1910 pour y vivre avec sa famille. Sa fille, Louisa Jones, dota la résidence d'une piscine et d'une salle de bal dans les années trente et quarante.

Façade du corps d'habitation

Un arc en plein cintre polychrome en brique apporte un élément décoratif aux ouvertures.

Salle de bains victorienne
La salle de bains a retrouvé l'aspect victorien qu'elle avait du temps des Sargood. Un système ingénieux permettait de tirer un engrais liquide du contenu de la fosse d'aisance.

La serre abrite des fougères et des orchidées, plantes appréciées par Frederick Sargood et Benjamin Nathan. Des experts en horticulture étaient régulièrement invités à Rippon Lea.

Entrée principale

À NE PAS MANQUER

★ La salle à manger

★ Le salon

L'escalier principal est en chêne et acajou comme beaucoup de boiseries de la maison. Au pied des marches, Louisa Jones fit installer des miroirs, autre élément récurrent de la décoration, inscrits dans un arc.

★ **La salle à manger**
*Le mobilier de Louisa Jones
marie noyer américain et
style inspiré de la
Renaissance italienne.*

MODE D'EMPLOI

192 Hotham St, Elsternwick. **Plan**
6 F4. (03) 9523 6095.
Rippon Lea. 67. 216,
219. 10 h-17 h. t.l.j. ven.
saint, 25 déc. rez-de-
chaussée seul. sur
demande.

La tour était un élément
inhabituel pour une résidence
privée. Elle correspondait peut-
être à un désir de Sargood qui
voulait une maison aussi
élaborée qu'une église.

**Le parement de
brique
polychrome** fut
inspiré à Joseph
Reed par un
voyage en
Lombardie.

**Piscine
et salle
de bal**

★ **Le salon**
*Les luxueuses demeures
des stars hollywoodiennes
des années trente
influencèrent Louisa Jones
quand elle aménagea
l'intérieur de Rippon Lea.*

Façade de la Como House

Como House ❸

Angle de Williams Rd et Lechlade Ave,
South Yarra. **Plan** 4 F4. (03) 9827
2500. South Yarra. 8.
10 h-17 h, t.l.j. ven. saint,
25 déc. rez-de-chaussée et
jardin seul. obligatoire.

Commencée en 1847 par
Edward Eyre Williams, la
Como House domine le
Como Park et la Yarra River.

Une seule famille, les
Armytage, occupa la maison
pendant près d'un siècle, de
1865 à 1959. L'intérieur
renferme une riche collection
de meubles et d'antiquités
d'origine, notamment des
statues de marbre et de
bronze acquises par Caroline
Armytage lors du voyage
qu'elle effectua en Europe
avec ses neuf enfants après la
mort de son mari, Charles
Henry. Ce voyage avait pour
but de montrer la bonne
éducation de cette éminente
famille de Melbourne, et des
fêtes sophistiquées étaient
organisées à leur retour.

Charles Henry avait laissé à
ses fils et à ses filles des parts
égales de son héritage, ce qui,
chose rare à l'époque, rendit
les femmes financièrement
indépendantes. Ainsi ce furent
les filles de Charles Henry qui
se chargèrent de l'entretien de
la maison de 1876 à 1959, date
à laquelle elle fut achetée par le
National Trust.

Celui-ci entreprit d'importants
travaux de restauration qui ont
continué jusqu'en 2001. Le joli
jardin à l'anglaise entourant la
demeure n'a plus la superficie
qu'il possédait à l'origine,
mais il conserve la terrasse
agrémentée d'une fontaine et la
pelouse de croquet dont le
dota le paysagiste William
Sangster qui travailla aussi
beaucoup à Rippon Lea.

FAIRE DES ACHATS À MELBOURNE

Melbourne est une ville où il est aisé de mêler flânerie et lèche-vitrines. Le centre-ville concentre dans un espace relativement restreint plusieurs grands magasins et des dizaines de boutiques souvent installées dans des galeries marchandes et des ruelles. Les commerces abondent aussi dans les quartiers périphériques où certaines rues ont leur spécialité. High Street, qui traverse Armadale et Malvern,

La mode selon
Chapel Street

est ainsi la rue des antiquaires, Toorak Road celle des enseignes de luxe et Chapel Street celle de la mode branchée *(p. 395)*. Victoria Street, à Richmond, regroupe des commerces vietnamiens, Sydney Road, à Brunswick, est réputée pour les produits du Moyen-Orient et Carlisle Street, à St Kilda, abrite plusieurs traiteurs juifs. Dans les banlieues, d'immenses centres commerciaux rassemblent plusieurs centaines de magasins de tous genres.

Façade du grand magasin Myer Melbourne

HEURES D'OUVERTURE

Les commerces du Victoria ouvrent pour la plupart sept jours par semaine, essayant de survivre face à la concurrence des grands magasins, et des supermarchés (dont certains restent ouverts 24 h sur 24). Les horaires d'ouverture normaux vont de 9 h à 17 h 30. Beaucoup d'enseignes restent ouvertes plus tard, en particulier les jeudis et vendredis. Les horaires varient également le week-end. Le vendredi saint et le 25 décembre sont les seuls jours de l'année où presque tout le monde ferme.

GRANDS MAGASINS

Le centre-ville abrite les trois principaux grands magasins de Melbourne, **Myer, David Jones** et **Daimaru,** qui ouvrent sept jours par semaine.

Myer Melbourne, le plus important des grands magasins australiens, occupe deux pâtés de maison, l'un de sept niveaux sur Lonsdale Street, l'autre de six sur le Bourke Street Mall où s'ouvre son entrée principale.

David Jones, souvent appelé DJs et réputé pour ses articles de qualité, possède trois immeubles. Son entrée principale côtoie celle de Myer sur le Bourke Street Mall. Le département de prêt-à-porter masculin lui fait face. Le troisième bâtiment jouxte encore Myer, on l'atteint par Little Bourke Street.

Daimaru, le plus récent des grands magasins de la cité, offre un très vaste choix sur six niveaux. L'influence de ses propriétaires japonais associée à une ambiance typiquement australienne lui donne une atmosphère distinguée.

GALERIES MARCHANDES ET CENTRES COMMERCIAUX

Melbourne a pour principal pôle commercial le Bourke Street Mall, rue piétonnière que bordent les grands magasins Myer et David Jones. Le centre-ville abrite aussi

plusieurs galeries marchandes regroupant des dizaines de magasins spécialisés.

Les boutiques de la **Galleria Shopping Plaza,** à l'angle de Bourke Street et d'Elizabeth Street, privilégient les articles australiens. ABC Shop vend les produits des réseaux nationaux de télévision et de radio tels que livres et cassettes vidéo. Australian Geographic est un excellent endroit pour se renseigner sur la géologie du continent et ses paysages.

Sur Collins Street, **Australia on Collins,** la Block Arcade *(p. 381)* et le **234 Collins Street** ont bâti leur réputation sur des magasins haut de gamme, de vêtements et d'accessoires de mode notamment. Prêt-à-porter et articles domestiques dominent les soixante vitrines, réparties sur cinq niveaux, d'Australia on Collins. Plus spécialisé dans la mode jeune, le

L'élégant intérieur de la Block
Arcade ouverte au XIXe siècle

Produits locaux en vente au Queen Victoria Market

Sportsgirl Centre comprend trois niveaux. La Block Arcade propose des vêtements plus classiques dans un superbe cadre du siècle dernier. Elle a aussi une entrée sur Elizabeth Street où s'ouvre une autre galerie historique : la Royal Arcade qui contient trente boutiques (p. 480). Entre le Bourke Street Mall et Little Collins Street s'étend **The Walk Arcade,** une galerie comprenant une sélection de boutiques exclusives.

Plus haut sur Collins Street, après Russell Street, d'autres magasins se trouvent sur **Collins Place** (au pied du Sofitel, l'ancien Regent) et dans le hall du Hyatt (p. 485).

Little Bourke Street, en haut d'Elisabeth St, et le croisement d'avec Hardware Lane sont bien connus pour les magasins spécialisés dans le voyage et l'aventure. Le meilleur centre commercial de la ville est le **Melbourne Central,** entre Lonsdale St et La Trobe St (entrer par la Swanston St) qui offre sur six niveaux quelques 180 commerces autour de sa tour vitrée, dont le grand magasin Daimaru.

Bien qu'il ne se trouve pas dans le centre mais sur la rive sud de la Yarra River, le **Southgate Complex** mérite aussi une visite avec ses 40 boutiques vendant sur trois niveaux du prêt-à-porter et des chaussures haut de gamme, des disques, des bijoux, des meubles et de l'artisanat ethnique. Toujours au bord de la Yarra River, le nouveau casino abrite également des commerces (p. 392-393).

MARCHÉS

Melbourne a un nombre important de marchés alimentaires dont le plus remarquable est le Queen Victoria Market (p. 378). D'autres marchés sont également populaires. Le dimanche, un marché d'objets d'occasion se tient dans la banlieue sud-est de Camberwell et un marché d'artisanat s'installent sur l'Upper Esplanade de St Kilda.

Marché artisanal du dimanche sur l'Upper Esplanade de St Kilda

HORS DU CENTRE

Des galeries marchandes aux allures de villages abondent dans les banlieues de Melbourne. Parmi les galeries populaires sont High Street à Armadale, Sydnet Road à Brunswick, Brunswick Street à Fitzroy, Bridge Road à Richmond, Chapel Street à South Yarra et Mailing Road à Canterbury. Le Como Centre à South Yarra est un centre avec des magasins de prêt-à-porter, d'art ménager et de meubles.

SE DISTRAIRE À MELBOURNE

La capitale australienne des arts propose toute l'année un riche calendrier de manifestations culturelles rythmé par de grands festivals comme le Melbourne Festival et le Moomba Festival *(p. 37 et 38)*. Le Victoria Art Centre, qui inclut le Melbourne Concert Hall *(p. 392)*, est le siège des compagnies de ballet et de théâtre du Victoria et accueille des

Enseigne de cinéma Art déco

troupes internationales. Les grands concerts de variété ou de rock ont lieu à l'Entertainment Centre du Melbourne Park et au Melbourne Cricket Ground *(p. 389)*. De nombreux pubs accueillent des groupes de rock ou de jazz le soir, et la programmation des cinémas permet de choisir entre superproductions hollywoodiennes et films d'art et d'essai.

Concert nocturne au Sidney Myer Music Bowl *(p. 390)*

SOURCES D'INFORMATION

Le meilleur guide de programme de Melbourne paraît chaque vendredi sous forme d'encart du magazine *Age*. Outre les horaires des spectacles en cours, il fournit des informations sur les manifestations à venir. Le *Herald Tribune* et les éditions du dimanche des deux quotidiens locaux offrent aussi de bonnes sources de renseignement, à l'instar du grand journal national *The Australian*.

Plusieurs publications gratuites consacrées aux arts, aux spectacles et à la vie nocturne sont distribuées dans certains magasins et cafés de

quartiers comme Fitzroy et St Kilda. On trouve beaucoup d'information au **Melbourne Visitor Information Centre.** Il existe bon nombre de sites Internet qui fournissent une bonne couverture des événements ainsi que d'autres informations utiles aux visiteurs. **www.melbourne. citysearch.com.au** et **www.visitvictoria.com** sont tous les deux valables.

Le **Victorian Arts Centre** *(p. 392)* édite un agenda bimensuel qu'il expédie gratuitement dans le monde entier. La plupart des agences de location dispensent des informations sur les spectacles en cours.

AGENCES DE LOCATION

Bien que quelques salles de spectacle gèrent elles-même leurs billetteries, les agences de location offrent dans la majorité des cas le moyen le plus aisé de se procurer des places.

Le Victoria compte deux grandes agences de location : **Ticketmaster 7** (plus de cinquante bureaux) et **Ticketek** (plus de trente

Foyer du Regent Theatre au luxe typique des années trente *(p. 382)*

bureaux). Une autre agence de location, **Save Time Services,** perçoit une commission légèrement plus élevée mais permet de réserver des places avant l'émission officielle des tickets et se voit toujours attribuer les meilleurs sièges disponibles.

L'achat des billets peut se faire directement auprès des différents bureaux ou, pour les détenteurs d'une carte bancaire, par téléphone, fax ou courrier. Les clients ont alors le choix entre recevoir leurs places par la poste au prix d'un léger supplément ou les retirer à la caisse du lieu de spectacle une demi-heure avant la représentation.

Les heures d'ouverture des bureaux varient selon l'endroit où ils se trouvent, mais ils ouvrent pour la plupart au moins du lundi au samedi.

Ni Ticketmaster BASS, ni Ticketek n'acceptent de rembourser ou d'échanger des billets, sauf en cas d'annulation du spectacle.

Façade du Princess Theatre près du quartier du Parlement *(p. 384)*

Des artistes de rue se produisent partout dans Melbourne

RÉDUCTIONS

Certaines grandes compagnies, en particulier celles qui se produisent au Victorian Art Centre, offrent des réductions de « dernière minute » sur des billets achetés sur place à partir de 18 h.

Sur le Bourke Street Mall *(p. 376-377)*, le kiosque Half Tix vend des billets demi-tarif pour un grand nombre de manifestations organisées en ville. Ces places doivent être achetées en personne et payées en argent liquide. Hormis pour les matinées, elles ne sont généralement disponibles que le jour de la représentation. Une liste régulièrement renouvelée indique les spectacles ainsi proposés à tarif réduit.

Enseigne du kiosque Half Tix sur le Bourke Street Mall

CHOISIR SA PLACE

Si vous achetez vous-même votre billet, vous pourrez consulter un plan de la salle indiquant la position des sièges disponibles. Par téléphone, Ticketmaster 7 et Ticketek proposent les meilleures places disponibles en premier. Vous pouvez réclamer des sièges particuliers, l'agence se renseignera pour savoir s'ils sont libres.

Les salles conservent souvent des places à vendre le soir de la représentation. Elles permettent parfois d'obtenir un fauteuil bien situé à la dernière minute.

VISITEURS HANDICAPÉS

La quasi-totalité des lieux de spectacle dispose d'accès spéciaux et d'équipements destinés aux handicapés et les agences de location tiennent compte, dans la mesure du possible, des requêtes particulières. Vous pouvez aussi vous renseigner auprès des salles sur le matériel qu'elles possèdent.

SPECTACLES EN PLEIN AIR

Malgré un climat changeant, les habitants de Melbourne apprécient les manifestations en plein air et, en été, de nombreux concerts et pièces de théâtre sont proposés aux adultes et aux enfants dans la plupart des grands parcs et jardins de la ville. Beaucoup de ces spectacles ont lieu au coucher du soleil.

Des artistes de rue, dont certains suivent un circuit international, participent à des festivals et se produisent dans des faubourgs comme Fitzroy et St Kilda *(p. 395)*. Dans le centre, ils ont pour scène de prédilection la partie du Bourke Street Mall située devant Myer et David Jones *(p. 398)*. Des spectacles de rue gratuits ont régulièrement lieu le week-end à Southgate au Victorian Arts Centre.

CARNET D'ADRESSES

CENTRE D'INFORMATION

Melbourne Visitor Information Centre
Angle de Swanston St et Little Collins St. **Plan** 1 C3.
((03) 9658 9955.

PRINCIPALES SALLES

Athenaeum Theatre
188 Collins St.
Plan 2 D3.
((03) 9650 1500.

Comedy Theatre
240 Exhibition St. **Plan** 2 D2.
((03) 9209 9000.

CUB Malthouse
113 Sturt St. **Plan** 2 D3.
((03) 9685 5111.

Forum Theatre
154 Flinders St.
Plan 2 D3.
((03) 9299 9700.

Her Majesty's
219 Exhibition St.
Plan 2 D2.
((03) 9663 3211.

Melbourne Town Hall
90-130 Swanston St.
Plan 1 C3.
((03) 9658 9800.

Palais Theatre
3182 Lower Esplanade, St Kilda.
Plan 5 B5.
((03) 9534 0651.

Princess Theatre
163 Spring St.
Plan 2 D2.
((03) 9299 9800.

Regent Theatre
191 Collins St.
Plan 2 D3.
((03) 9299 9500.

Victorian Arts Centre
100 St Kilda Rd.
Plan 2 D4.
((03) 9281 8000.

AGENCES DE LOCATION

Save Time Services
((03) 9654 7555.

Ticketek
(13 28 49.

Ticketmaster 7
(13 61 00.

MELBOURNE :
RENSEIGNEMENTS PRATIQUES

Panneau routier

Le centre-ville et la majeure partie des faubourgs obéissent à un plan régulier, ce qui rend aisé de se repérer dans Melbourne. Outre un dense réseau de transports en commun, la cité possède de nombreux taxis. Des bureaux de change et des distributeurs automatiques de billets existent partout et le gouvernement de l'État s'est employé ces dernières années à améliorer les services publics. Melbourne pose peu de problèmes de sécurité par rapport à d'autres grandes villes, et il suffit d'un peu de bon sens pour y éviter les problèmes.

CIRCULER EN VOITURE ET À BICYCLETTE

La circulation est fluide à Melbourne. À certaines intersections, marquées « SAFETY ZONE », il faut se déporter à gauche pour tourner à droite à cause des tramways.

Les voitures mal stationnées se font emporter. CityLink est une autoroute à péage électronique qui nécessite un laissez-passer acheté à l'avance.

Un terrain plat et de nombreuses pistes cyclables rendent le vélo très agréable. Les casques sont obligatoires. Pour tous renseignements, contactez **Bicycle Victoria.**

CIRCULER EN TRANSPORTS PUBLICS

Melbourne possède un dense réseau de trains, de trams et de bus connu sous le nom de Met. Il permet également de voyager hors de la ville et jusque dans les autres États par l'intermédiaire de **CountryLink.**

La Flinders Street Station *(p. 394)* est le grand terminus des trains de banlieue, les autres utilisant plutôt la Spencer Street Station.

Le City Circle Tram, gratuit, fait le tour de la ville et deux bus touristiques, le City Explorer et le City Wanderer, circulent cinq fois par jour. Les renseignements sont disponibles, pour le premier

LIGNES DE TRAM

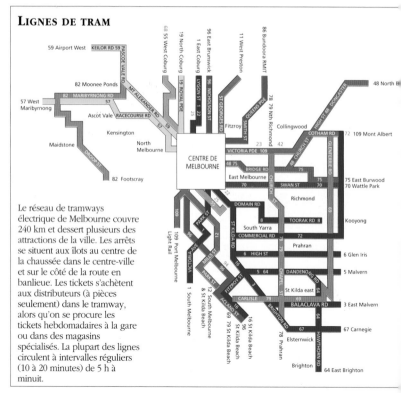

Le réseau de tramways électrique de Melbourne couvre 240 km et dessert plusieurs des attractions de la ville. Les arrêts se situent aux îlots au centre de la chaussée dans le centre-ville et sur le côté de la route en banlieue. Les tickets s'achètent aux distributeurs (à pièces seulement) dans le tramway, alors qu'on se procure les tickets hebdomadaires à la gare ou dans des magasins spécialisés. La plupart des lignes circulent à intervalles réguliers (10 à 20 minutes) de 5 h à minuit.

La Flinders Street Station, principale gare de trains de banlieue

dans les gares, et pour les seconds au **Melbourne Visitor Information Centre.**

Bateaux-taxis et bateaux-promenades permettent de se déplacer sur la Yarra River.

TICKETS

Très économiques en tarif de groupe, les tickets du réseau métropolitain s'achètent dans les gares, les trams et dans des points de vente spécialisés. Des forfaits de deux heures à un mois donnent accès à tous les modes de transport.

Centre de Melbourne

LÉGENDE

■	Swanston Street
□	Elizabeth Street
■	William Street
■	Latrobe Street
■	Bourke Street
■	Collins Street
■	Flinders Street
■	Batman Street
■	City Circle
■	Trams de banlieue

INFORMATIONS TOURISTIQUES

Les plans et guides couvrant les attractions de Melbourne et Victoria sont disponibles dans les bureaux d'information touristique, dont le plus important est le Melbourne Visitor Information Centre, qui peut également assurer des réservations d'hôtel. À côté, le **City Experience Centre** fournit des renseignements en six langues. Il existe de nombreuses publications gratuites de la région disponibles dans les centres d'information.

VOYAGEURS HANDICAPÉS

Les personnes handicapées disposent à Melbourne et en banlieue de places de stationnement réservées et d'entrées et de toilettes adaptées dans la majorité des lieux publics. Elles peuvent se procurer des permis de conduire pour handicapés au Town Hall *(p. 381)*. Un plan, le *CBD Mobility Map* fourni par le Victoria Visitor Information Centre, situe les équipements offerts en ville.

Le City Wanderer Bus dessert les attractions touristiques

CARNET D'ADRESSES

VOITURE ET VÉLO

Bicycle Victoria
🄲 *(03) 9328 3000.*

CityLink
🄲 *13 26 99.*

Met Information Line
🄲 *13 16 38.*

Met Shop
103 Elizabeth St.
🄲 *13 16 38.*

Royal Automobile Club of Victoria
🄲 *13 19 55.*

TRANSPORTS PUBLICS

Airport Transfers
🄲 *(03) 9335 3066.*

City Explorer Bus
Melbourne Town Hall,
Swanston St.
🄲 *(03) 9650 7000.*

Coach Terminus and Booking Centre
Travel Coach Australia
58 Franklin St.
🄲 *(03) 9663 3299.*

CountryLink
Spencer Street Station.
🄲 *13 22 32.*

LIAISONS FLUVIALES

Melbourne Water Taxis
Southgate.
🄲 *(03) 9250 7000.*

Williamstown Bay and River Cruises
Southgate, Exhibition Centre,
St Kilda Pier.
🄲 *(03) 9397 2255.*

INFORMATIONS TOURISTIQUES

City Experience Centre
Angle de Swanston St et Little Collins St.
🄲 *(03) 9658 9955.*

Melbourne Visitor Information Centre
Angle de Swanston St et Little Collins St.
🄲 *13 28 42.*

Victorian Tourism Information Service
🄲 *13 28 42.*

ATLAS DES RUES DE MELBOURNE

L es références cartographiques
données dans les pages de ce
guide consacrées à Melbourne,
pour les sites de visite comme pour
les commerces *(p. 399)*, les salles
de spectacle *(p. 401)*, les hôtels
(p. 484-486) et les restaurants
(p. 517-519), renvoient aux plans
de cet atlas où apparaissent
tous les édifices et monuments

**Statue de
Boorke Street**

intéressants et des adresses utiles telles
que gares, terminus de bus, embarcadères de bateaux-promenades, services d'urgence, bureaux de poste et
centres d'informations touristiques.
La légende ci-dessous indique les
symboles utilisés et donne l'échelle des
plans. À côté, une carte d'ensemble
précise la zone couverte par chaque plan de l'atlas.

LÉGENDE

	Site exceptionnel
	Site intéressant
	Autre édifice
🚆	Gare
🚌	Terminus de bus
🚐	Gare routière
⛴	Embarcadère
🚕	Station de taxis
P	Parc de stationnement
ℹ	Informations touristiques
✚	Hôpital de garde
👮	Poste de police
✝	Église
✡	Synagogue
☪	Mosquée
⊠	Poste
⛳	Terrain de golf
	Autoroute
	Route
	Sens unique
	Rue piétonnière

**Sculpture de Dennis Halpern au
Southgate** *(p. 392-393)*

0   1 km

Façade de brique rouge des City Baths sur Swanston Street *(p. 376-377)*

Dans le jardin de Rippon Lea *(p. 396-397)*

Vue du quartier de Collins Street
du Princes Bridge sur la Yarra River

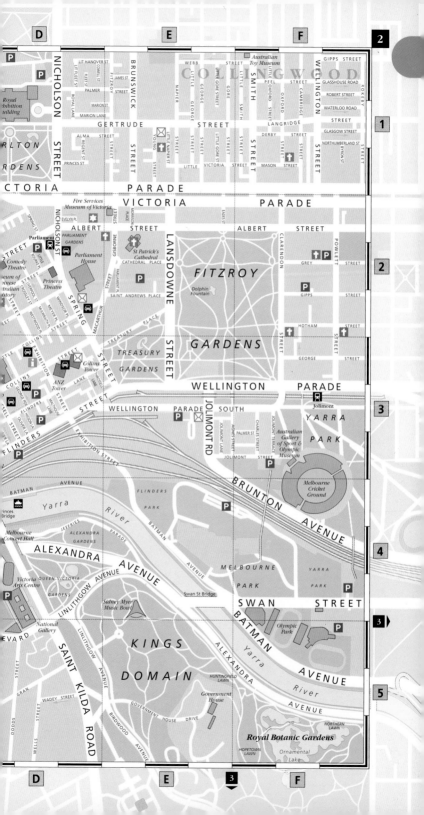

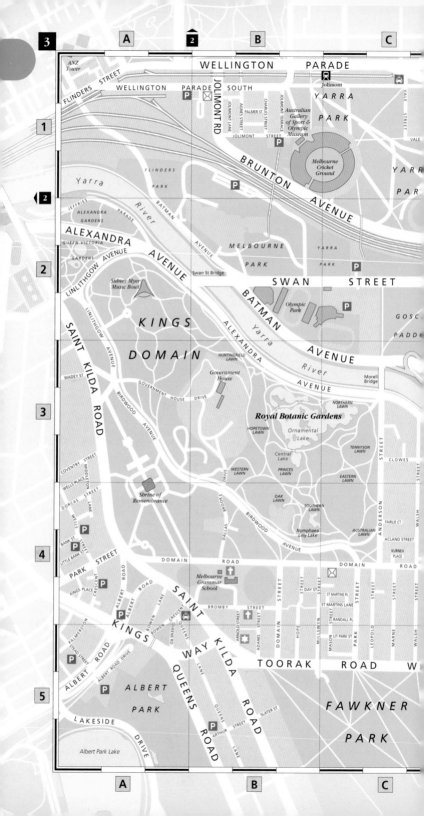

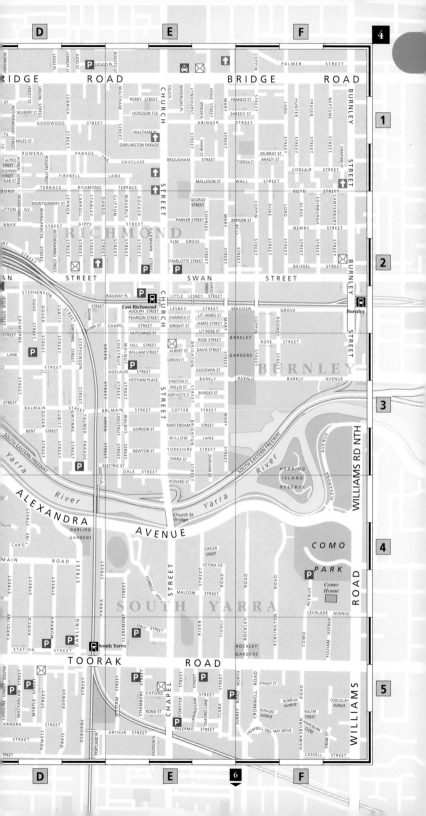

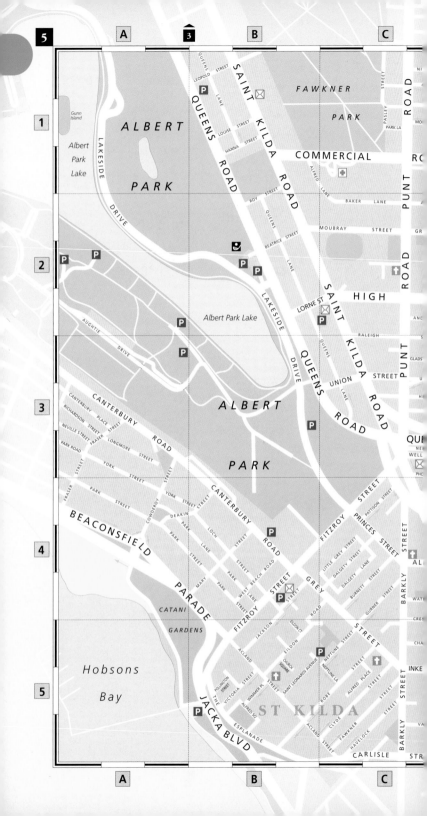

PORTLAND PL

CLIFF STREET

PHOENIX ST

HOWARD ST

GROSVENOR STREET

MOORE STREET

HARDY STREET

OSBORNE

LARA ST

BALMORAL STREET

GARDEN STREET

GARDEN LANE

WILSON STREET

ELLIS STREET

PALFREYMAN STREET

SIMMONS STREET

SIMMONS CT

BROWNING WLK

SURREY ROAD

WILSON ST

LUXTON ROAD

MOTHERWELL STREET

GORDON ST

TASHINNY ROAD

SMITH STREET

ELLERSLIE PL

Hawksburn

TOORAK

EVELINA ROAD

BARRY STREET

ELIZABETH STREET

BRAY STREET

CHAPEL STREET

SIMMONS STREET

CROMWELL ROAD

ARNBURF RD

JOY STREET

HODSON STREET

HOWITT STREET

MCKILLOP STREET

MAY ROAD

COMMERCIAL ROAD

MALVERN ROAD

WATTLE STREET

IZETT STREET

CATO STREET

CHATHAM ST

GRATTAN STREET

THOMAS PL

HURRY PLACE

CHAPEL STREET

LITTLE CHAPEL STREET

ESSEX STREET

BELLA ST

PRINCES ST

SUMMERS ST

DIXON ST

FRANCIS ST

MILLER ST

CLARKE STREET

BENDIGO STREET

YORK STREET

LEILA STREET

MACKAY STREET

ROBINSON ST

ERROL STREET

IRENE PL

WESTBOURNE STREET

SPRING STREET

MOSS STREET

CHARLES STREET

GREVILLE STREET

PORTER STREET

ST EDMONDS ROAD

MACQUARIE STREET

GREVILLE STREET

KING STREET

CECIL PL

ANCHOR PL

CLIFTON STREET

MOUNT STREET

REGENT STREET

BANGS STREET

BENDIGO STREET

YORK STREET

MURRAY STREET

LEWISHAM ROAD NORTH

TRINIAN ST

WRIGHTS TERRACE

PRIDHAM STREET

BAYVIEW STREET

ABERDEEN ROAD

KENT LANE

Prahran

PERCY STREET

MOON STREET

HIGH STREET

PRAHRAN

LATROBE STREET

JOHN STREET

VICTORIA STREET

EASTBOURNE STREET

EARL STREET

ANN STREET

EARL ST E

THE AVENUE

NORMANBY PL

NORMANBY ST

RUSSELL ST

PACKINGTON STREET

BOWEN STREET

GREEN STREET

THOMAS STREET

WINDSOR

DAVID LA

STEWART STREET

UPTON STREET

UNION STREET

DUKE STREET

PRIMROSE ST

MARY ST

CYRIL ST

GERTRUDE STREET

HORNBY STREET

ROAD

NEWRY STREET

ERICA ST

FERN AVE

WILLIAMS ROAD

ERICA ST

GOOCH STREET

CRAVEN ST

LUMLEY PARK

AVENUE

JESSAMINE AVENUE

JAMES STREET

CHAPEL STREET

WHITE ST

FREDERICK ST

MCILWRICK STREET

PINE GROVE

STREET

WREXHAM ROAD

Windsor

ELM PLACE

SOMERSET PL

BENDIGO TERRACE

THE AVENUE

LEWISHAM ROAD

ELLESMERE ROAD

STREET

STREET

HORNBY STREET

DANDENONG ROAD

MARLTON CRESCENT

CHARLOTTE PLACE

CINTRA AVE

CHAPEL STREET

THE AVENUE

WESTBURY STREET

PILLEY STREET

JOHNSON ST

FULTON STREET

HOTHAM STREET

CRIMEA STREET

REDAN STREET

ALMA ROAD

ALMA ROAD

WAVENHOE AVE

ALMA GROVE

LAMBETH PLACE

ODESSA STREET

ARGYLE STREET

PHILIPS ST

GODFREY AVENUE

HAMMERDALE AVE

RAVENS GROVE

BOONDARA GROVE

RAITH CT

MOOLTAN AVE

ST KILDA EAST

WESTBURY GROVE

FARMER ST

MARRIOTT STREET

BATH ST

FIONA CT

HENRYVILLE ST

STEELE AVE

KIPLING ST

ARGYLE STREET

CREWS STREET

QUEEN STREET

EVELYN STREET

RAGLAN STREET

YOUNG STREET

JERVOIS STREET

SEBASTOPOL STREET

MALAKOFF STREET

LESLIE STREET

PRENTICE STREET

LAMBERT GROVE

CARDIGAN STREET

ARGYLE STREET

INKERMANN STREET

PAKINGTON STREET

LINTON STREET

NELSON STREET

BLENHEIM STREET

WESTBURY STREET

ORANGE GROVE

BALSTON STREET

CHISM STREET

INKERMANN STREET

MARTIN ST

DUKE STREET

EDWARD ST

CAMDEN STREET

ALFRED STREET

A'BECKETT STREET

HOTHAM STREET

KILDA ROAD

Rippon Lea

EMPRESS ROAD

LE VICTORIA OCCIDENTAL

L'ouest du Victoria a pour première qualité sa variété. Les amoureux de la nature apprécieront au nord la beauté austère du désert de broussailles appelé mallee et, au sud, les collines boisées qui descendent jusqu'au littoral. Au centre, de courtes distances séparent les buts de visite, qu'il s'agisse de villes minières datant de la ruée vers l'or ou de charmantes stations thermales.

Dans une région aux immenses richesses naturelles, les paysages du Victoria occidental ont façonné les modes de vie des premiers colons européens comme ils avaient marqué pendant des milliers d'années les cultures des tribus aborigènes.

Aucun événement n'eut plus d'importance dans l'histoire économique de l'État que la découverte d'or, car elle attira des immigrants du monde entier et assura les fondations financières de la jeune colonie. Plusieurs villes du centre conservent de cette période des édifices évoquant aussi bien le Far West américain que l'Angleterre victorienne. La région possède une autre richesse minérale : les eaux aux vertus curatives de ses stations thermales.

Au nord-ouest, dans la principale zone agricole du Victoria, vignobles et vergers profitent d'un climat méditerranéen et de gros bourgs ruraux bordent la Murray River. Au sud s'élève le superbe massif des Grampians. Il jouait un rôle primordial dans les mythes aborigènes, mais ses parois abruptes et ses pentes densément boisées offrirent peu de débouchés aux premiers colons européens. Ses collines restent en majeure partie sauvages. Dans le nord du Victoria occidental, quelques éleveurs de moutons et cultivateurs de blé réussirent à s'implanter dans la région du *mallee,* mais son aridité en découragea bien d'autres et d'immenses territoires couverts d'un fourré abritant une faune frugale sont encore préservés.

Les ports du littoral servirent tout d'abord à l'expédition des produits de leurs arrière-pays agricoles puis ils se développèrent en tant que stations baleinières. Le tourisme a pris le relais sur une côte réputée pour sa splendeur avec d'immenses plages, des monolithes de calcaire, d'épaisses forêts et d'abruptes falaises.

Pioneer Settlement Museum, reconstitution d'un bourg du XIXe siècle sur la Murray River à Swan Hill

◁ **Les Douze Apôtres, fleuron du Port Campbell National Park**

À la découverte du Victoria occidental

La région offre de nombreuses possibilités de détente et de découverte. Près de Melbourne, la station thermale de Hepburn Springs et les Macedon Ranges se prêtent à un week-end reposant au sein de paysages ruraux. Les champs aurifères abritent des villes historiques riches en édifices majestueux ou pittoresques. Des sentiers pédestres très variés par leur longueur et les décors qu'ils traversent sillonnent le Grampians National Park. Dans l'aride région du *mallee*, des dunes de sable ondoient à l'infini. Des villes actives et bien dotées en hôtels et restaurants jalonnent la Murray River qu'empruntent toujours des bateaux à aubes. Le littoral mérite qu'on lui consacre plusieurs jours le long de la Great Ocean Road.

Demeure de Rupertswood, Macedon Ranges

CIRCULER

En voiture depuis Melbourne, la Western Highway conduit à Ballarat, aux Grampians et au *mallee*, tandis que la Calder Highway traverse les Macedon Ranges puis rejoint Bendigo où elle coupe les routes menant à Mildura, Swan Hill et Echuca. La Princes Highway permet d'atteindre Geelong et la Great Ocean Road. Le train ou des liaisons train-autocar desservent aussi tous ces lieux. Accéder aux régions plus isolées en transports publics peut se révéler problématique, mais les compagnies d'autocars privées de Melbourne *(p. 403)* proposent un vaste choix d'excursions organisées.

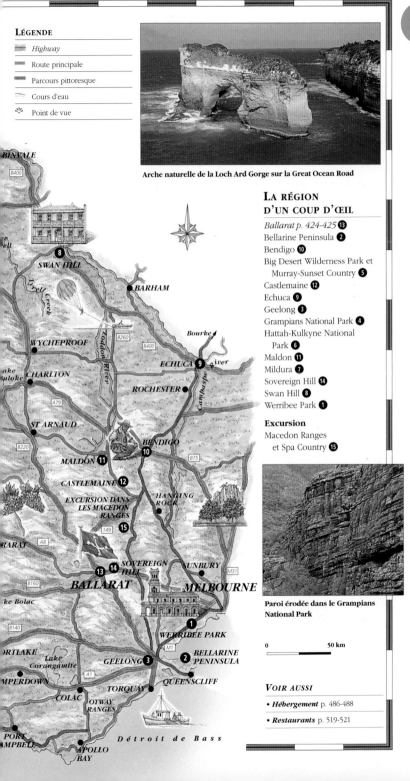

LÉGENDE

- *Highway*
- Route principale
- Parcours pittoresque
- Cours d'eau
- Point de vue

Arche naturelle de la Loch Ard Gorge sur la Great Ocean Road

LA RÉGION D'UN COUP D'ŒIL

Ballarat p. 424-425 13
Bellarine Peninsula 2
Bendigo 10
Big Desert Wilderness Park et Murray-Sunset Country 5
Castlemaine 12
Echuca 9
Geelong 3
Grampians National Park 4
Hattah-Kulkyne National Park 6
Maldon 11
Mildura 7
Sovereign Hill 14
Swan Hill 8
Werribee Park 1

Excursion

Macedon Ranges et Spa Country 15

Paroi érodée dans le Grampians National Park

0 50 km

VOIR AUSSI

- ***Hébergement*** p. 486-488
- ***Restaurants*** p. 519-521

Façade italianisante de la Werribee Park Mansion

Werribee Park ❶

Werribee. **(** (03) 9741 2444.
🚆 Werribee. ◯ t.l.j. ● 25 déc. 🈶
♿ rez-de-chaussée seul. 🎫

De 1860 à 1890, la laine fit
gagner des millions à des
producteurs australiens. Les
Chirnside, installés à Werribee
puis dans le Western District,
étaient l'une des plus riches et
des plus puissantes familles
d'éleveurs du Victoria. Bâtie
entre 1873 et 1878, leur
ancienne demeure italianisante,
où la cantatrice Nellie Melba fut
reçue, offre un aperçu de leur
aisance. La maison restaurée a
été ouverte au public, avec
un décor proche de celui
d'origine. Une partie du
bâtiment a été converti en hôtel
de luxe.

De beaux jardins classiques
dotés d'aires de pique-nique
entourent la Werribee Park
Mansion. À côté, la Victoria
State Rose Garden (Roseraie
du Victoria) obéit à un plan
inspiré de la rose héraldique
des Tudor. Elle contient plus
de 4 500 rosiers dont les fleurs,
de variétés et de couleurs
différentes, s'épanouissent
de novembre à
avril.

Le domaine
comprend
aussi le
**Victoria's Open
Range Zoo,** où des
animaux exotiques tels
que girafes et hippopotames
vivent en liberté, et le State
Equestrian Centre où se
déroulent certains des plus
prestigieux concours équestres
et matchs de polo d'Australie.
Les amoureux des oiseaux

**Chaise longue,
Werribee Park**

apprécieront la station
d'épuration voisine et le Point
Cook Coastal Park où des
affûts permettent d'observer
des espèces rares. Des
migrateurs comme le courlis
de Sibérie et le bécasseau à col
roux viennent ici passer l'hiver.

🐾 Victoria's Open
Range Zoo

Werribee Park Mansion. **(** (03) 9731
9600. ◯ t.l.j. 🈶 ♿
🎫 conseillée.

Bellarine
Peninsula ❷

🚆 Geelong. 🚌 Geelong.
🚊 Ocean Grove, Point Lonsdale,
Portarlington, Queenscliff.
⛴ Queenscliff. 🛈 Queenscliff (03)
5258 4843.

Fermant à l'ouest Port
Phillip Bay, la péninsule
de Bellarine est l'une des
nombreuses régions
balnéaires des environs de
Melbourne. Les plages de
sable blanc de Barwon Heads,
Point Lonsdale et Ocean
Grove
marquent le
point de
départ de la
Great Ocean
Road qui
longe une
portion de
littoral riche en
plages propices
au surf (p. 418-419).

Une passe de 3 km
seulement sépare le petit
village de **Point Lonsdale** de
son vis-à-vis en Victoria
oriental, Point Neapan sur la
Mornington Peninsula

(p. 432), mais tourbillons et
rochers immergés en font la
plus dangereuse entrée de
baie du monde. Elle a
d'ailleurs pris le surnom de
Rip, qui signifie « déchirure ».

Tournée vers Port Phillip
Bay, la gracieuse ville
ancienne de **Queenscliff**
possède des plages aux eaux
paisibles. Construit en 1882
pour prévenir une invasion
russe, son fort fut un temps
le plus important de
l'Empire britannique dans
l'hémisphère Sud. Queenscliff
conserve aussi des hôtels
victoriens comme le Vue
Grand (p. 488).

St Leonards et Portarlington
sont des villages de vacances
appréciés. La péninsule
possède environ 20 vignobles,
la plupart proposant ventes
et dégustations.

**Gracieuses ferronneries
d'une façade de Queenscliff**

Geelong ❸

🏙 180 000. ✈ 🚆 🚌 🚊 🛈 26-
32 Moorabool St (03) 5222 2900.

Cet ancien centre d'élevage
est devenu la ville
industrielle la plus peuplée de
l'État après Melbourne. La cité
borde Corio Bay et commence
à rendre à son front de mer la
dimension récréative qu'il
avait au début du siècle.
L'établissement de bains
d'Eastern Beach, qui date des
années trente, a ainsi retrouvé
en 1994 sa splendeur Art déco.
Steampacket Place et son quai
sont au cœur d'un projet de
réhabilitation qui comprend la
rénovation graduelle d'anciens
entrepôts pour créer un
quartier prospère de
restaurants, de cafés, de
boutiques et d'hôtels.

En face de Steampacket Place se dressent les halles où la laine était vendue aux enchères puis stockée avant son expédition. Cette activité assura la prospérité de Geelong des années 1880 jusque dans les années soixante-dix. Dans le plus vaste de ces édifices en cours de réaménagement, le **National Wool Museum** retrace l'histoire de la production lainière en Australie et illustre le trajet suivi par la fibre, des ciseaux du tondeur au défilé de mode.

À 30 km au nord de Geelong, le Brisbane Ranges National Park offre de superbes promenades, rendues encore plus belles, entre août et novembre, par la floraison de plantes telles que grevilleas, acacias et orchidées. Non loin, il ne reste que quelques bâtiments de Steiglitz, une ville-fantôme née lors de la ruée vers l'or des années 1850. Son élégant tribunal date des années 1870.

🏛 **National Wool Museum**
26-32 Moorabool St. 📞 (03) 5227 0701. ⭘ t.l.j. ⬤ ven. saint, 25 déc. ♦ ♿

Grampians National Park ❹

🚃 Stawell. 🚌 Halls Gap.
ℹ Stawell (03) 5358 2314 ; Halls Gap (03) 5356 4381 ; Brambuk Aboriginal Centre (03) 5356 4452. ⭘ t.l.j.

Créées il y a 400 millions d'année par un soulèvement de l'écorce terrestre, les collines et parois

FLORE ET FAUNE DES GRAMPIANS

Le parc national des Grampians abrite près d'un tiers des espèces végétales du Victoria, dont beaucoup, telles l'hibbertia et la boronia des Grampians, ne poussent que parmi ces rochers. Des koalas grognent la nuit autour de Halls Gap et les kangourous de Zumsteins se montrent généralement amicaux. De superbes oiseaux peuplent les airs, les arbres et les buissons, entre autres des troglodytes bleus *(malurus cyaneus)*, des loriquets arc-en-ciel, des cacatoès à tête rouge, des merles écarlates *(petrioca multicolor)* et des émeus. Au printemps, d'innombrables fleurs sauvages, des orchidées notamment, tapissent le sol des vallées, tandis que les cours d'eau s'emplissent de grenouilles d'arbre brunes. Juste au sud des Grampians, on a récemment découvert sur la décharge de la ville de Hamilton un représentant d'une espèce de bandicoot rayé que l'on croyait éteinte. Il participe désormais à un programme de reproduction.

Loriquet arc-en-ciel

abruptes des Grampians sont les reliefs les plus occidentaux du Great Dividing Range. Elles s'élèvent comme des vagues au-dessus des plaines cultivées. Le parc national, le troisième par la taille, du Victoria, protège de superbes sites naturels et une faune et une flore très riches.

Les Aborigènes de la région appelaient le massif Gariwerd et le considéraient comme sacré et 80 pour cent des peintures rupestres se trouvent ici. Près de Halls Gap, plusieurs communautés gèrent le Brambuk Living Culture Centre avec visites guidées à plusieurs sites et vente de l'artisanat et des plats

cuisinés typiques.

Les promeneurs jouissent d'un vaste choix dans les Grampians. Des excursions d'une journée conduisent à la spectaculaire cascade des MacKenzie Falls et à la formation rocheuse des Balconies. De plus longs séjours permettent de camper dans le *bush*, d'étudier les fleurs sauvages ou de rejoindre la Victoria Valley en franchissant les montagnes depuis Halls Gap. Guides et plans sont disponibles au bureau d'information.

Les difficiles parois du Mount Arapiles voisin attirent des grimpeurs aguerris du monde entier.

Panorama vu d'un sommet des Grampians

La côte de la Great Ocean Road

À l'ouest de Geelong, la Great Ocean Road longe une des plus belles côtes du monde. Près de Melbourne, elle offre des vues de choix à chaque virage. Elle s'enfonce ensuite à l'intérieur des terres pour franchir les reliefs boisés des Otways puis traverse un paysage de falaises découpées battues par les vagues. Au Port Campbell National Park, d'étranges monolithes appelés les Douze Apôtres les prolongent dans la mer. En continuant vers l'ouest, la route dessert Warrnambool d'où l'on peut observer des baleines australes et des ports pittoresques aujourd'hui reconvertis dans le tourisme.

Portland *possède un port en eau profonde sur le site de la première implantation européenne du Victoria, en 1834. Près de la ville, des falaises rongées par l'océan donnent un aspect austère au Cape Bridgewater.*

★ **Port Fairy** ①

Les petits cottages de Port Fairy rappellent l'époque, dans les années 1830 et 1840, où la chasse à la baleine assurait sa prospérité. Le village vit désormais de la pêche, aux langoustes et aux mollusques notamment, et du tourisme.

0   25 km

LÉGENDE

Highway	
Route principale	
Route secondaire	
Cours d'eau	
Point de vue	

★ **Warrnambool** ②

Surtout connue pour les baleines franches australes visibles au large de Logans Beach entre mai et octobre, cette ville côtière de 25 000 habitants possède de belles plages, des musées et de vieilles églises.

Océan Austral

La Tower Hill Game Reserve, *à 13 km à l'ouest de Warrnambool, occupe le cratère d'un volcan éteint. Le crépuscule est le meilleur moment pour apercevoir émeus, koalas et kangourous.*

***L'Otway National Park** permet de se familiariser avec certaines essences de la forêt pluviale australe. Il abrite en particulier un eucalyptus géant vieux de 400 ans.*

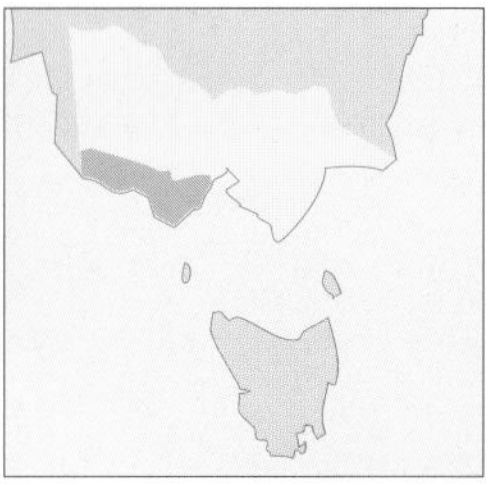

CARTE DE SITUATION

★ Loch Ard Gorge ⑤

♿

Cette gorge doit son nom au clipper qui y coula en 1878. Les promenades dans la région ont pour thèmes le naufrage, la géologie et les Aborigènes.

★ Johanna Beach ⑦

🏄 🌊 🥾 🚻 ⛺

Isolée au pied de vertes collines mais appréciée des campeurs en été, cette plage de surf est l'une des plages les plus réputées du Victoria.

★ Lorne ⑨

🏄 🌊 🏊 🥾 ♿ ⛺ 🚻

La foule se presse en été dans cette charmante station dotée d'excellents cafés, restaurants et hôtels. Les forêts voisines sont un paradis pour les marcheurs.

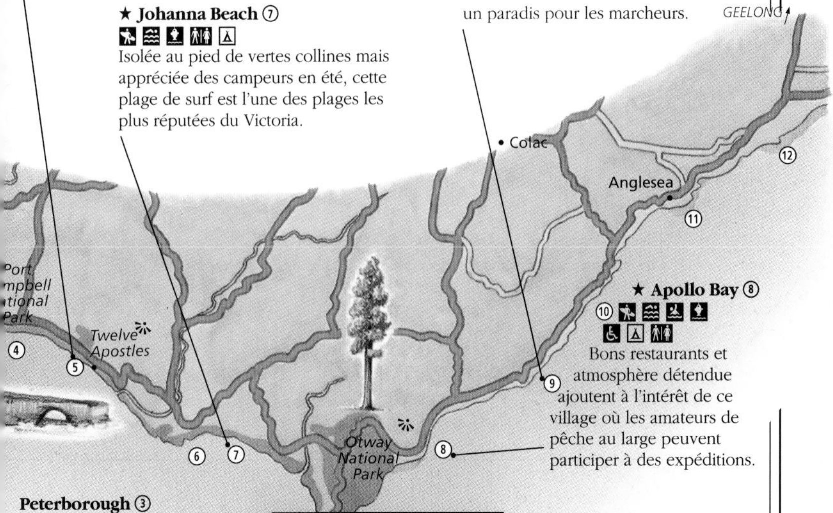
GEELONG
Colac
Anglesea
Twelve Apostles
Otway National Park
Port Campbell National Park
④
⑤
⑥
⑦
⑧
⑨
⑪
⑫

★ Apollo Bay ⑧

⑩ 🏄 🌊 🏊 🥾 ♿ ⛺ 🚻

Bons restaurants et atmosphère détendue ajoutent à l'intérêt de ce village où les amateurs de pêche au large peuvent participer à des expéditions.

Peterborough ③

🏄 🥾 🌊 🚻 ⛺

Cette partie de la côte est le pôle de production laitière du Victoria. Le Grotto est un bassin naturel au pied de la falaise.

Port Campbell ④

🏄 🥾 ♿ 🌊 🚻 ⛺

La localité offre depuis une colline un beau panorama de l'océan. Dans une baie abritée, sa plage se prête à la baignade.

Moonlight Head ⑥

🥾

Au cœur de l'Otway National Park, les rochers qui succèdent aux falaises gardent enchâssées des ancres évoquant les nombreux navires naufragés le long de cette côte.

Aireys Inlet ⑩

🏄 🌊 🏊 🥾 ♿ ⛺ 🚻

Un phare caractéristique avec sa coupole rouge domine cet agréable petit village et ses belles plages.

Point Addis ⑪

🏄 🥾

Ce cap où passe la Great Ocean Road ménage depuis le parc de stationnement une vue impressionnante des vagues qui s'écrasent sur les rochers. Des marches permettent de descendre au pied de la falaise pour les voir de plus près.

Bells Beach ⑫

🏄 🥾 🚻

Une plate-forme rocheuse submergée contribue à rendre les rouleaux particulièrement propices au surf et, chaque année à Pâques, une compétition internationale attire des milliers de touristes dans la région *(p. 38)*.

Piste du Big Desert Wilderness Park

Big Desert Wilderness Park et Murray-Sunset Country ❺

🚉 Hopetoun. 🚌 Hopetoun. ℹ️
Hopetoun (03) 5083 3001 ; Parks
Victoria Information Line 13 19 63.

Plages, collines, rivières et montagnes du Victoria font oublier que le désert et le *mallee,* une forme de fourré tropical, occupent une grande partie de l'ouest de l'État. Ces lieux où des nuits glacées succèdent à des journées torrides ne recèlent que dunes de sable, casuarinas nains, lézards, serpents et lits de rivières asséchées. Ils possèdent pourtant une beauté austère et strictement préservée : il faut un véhicule tout-terrain pour emprunter la quasi-totalité des rares routes qui traversent le Big Desert Wilderness Park et le Murray-Sunset Country.

Au sud, des lacs donnent une flore et une faune plus variées aux parcs nationaux de Wyperfeld et Little Desert.

Hattah-Kulkyne National Park ❻

🚉 Mildura. 🚌 Mildura. ℹ️ Mildura
(03) 5021 4424. Parks Victoria
Information Line 13 19 63.

Au cœur du pays du *mallee* couvert de buissons et d'arbustes, le Hattah-Kulkyne National Park abrite un réseau de lacs que la Murray River

alimente, lorsqu'elle entre en crue, par un système complexe de déversoirs naturels. Entourés de puissants gommiers rouges, les plans d'eau les plus larges, dont les lacs Hattah, Mournpoul et Lockie, grouillent de poissons qui fournissent leur nourriture à des oiseaux tels qu'ibis, pélicans et cygnes noirs. Sur les rives vivent émeus, varans et kangourous.

Les lacs se prêtent à merveille à la pratique du canoë, tandis que bras morts et trous d'eau offrent de beaux sites de pêche, de pique-nique, de camping et d'observation des oiseaux le long de la Murray et dans le Murray-Kulkyne National Park. La plus grosse fleur du Victoria, le lis du Murray, pousse aussi dans la région.

Mildura ❼

🚶 25 000. ✈️ 🚆 🚌 ℹ️ 180-190
Deakin Ave (03) 5021 4424.

En 1887, Mildura n'était guère plus qu'un village perdu au milieu d'un désert de sable rouge au bord de la Murray River quand deux Canadiens, les frères William et George Chaffey, entreprirent le premier grand programme d'irrigation en Australie. Ils avaient déjà mené avec succès un projet similaire en Californie. Depuis, l'eau de la Murray River et de la Darling River a donné naissance à une plaine agricole d'une longueur de près de 100 km.

Au cœur de cette oasis, Mildura est devenue une ville moderne et touristique. Décorée avec son mobilier d'origine, **Rio Vista,** l'ancienne demeure de William Chaffey construite en 1890, mérite une visite. La région produit olives, avocats et agrumes et développe ses

---

LES BATEAUX À AUBES DE LA MURRAY RIVER

Bateau à aubes sur la Murray River

Des années 1860 aux années 1880, l'économie de l'Australie « avança à dos de mouton » : de l'ouest du Victoria aux Diamantina Plains du centre du Queensland, la laine régnait en maître. Mais sur un continent où n'existaient en guise de routes que quelques pistes de terre, seuls les cours d'eau permettaient de transporter la laine des fermes d'élevage isolées jusqu'aux ports côtiers d'où elle partait vers l'Angleterre. Les bateaux à aubes circulant sur la Murray River et ses affluents, la Darling River et la Murrumbidgee River, atteignaient Echuca après des jours de navigation depuis l'intérieur du pays. Une fois déchargés, ils embarquaient les vivres et les fournitures qui assuraient la survie des pionniers puis repartaient à contre-courant. Ils ne purent toutefois résister à l'extension du réseau ferroviaire entreprise à la fin du siècle. Plusieurs de ses navires servent désormais aux promenades, tels l'*Emmylou,* le *Pride of Murray,* l'*Adelaide* et le *Pevensey.*

Rio Vista, élégante demeure bâtie à Mildura par l'expert en irrigation William Chaffey

vignobles *(p. 370-371)*.

À 100 km à l'est, en Nouvelle-Galles du Sud, le Mungo National Park présente un visage désertique.

🏛 Rio Vista

199 Cureton Ave. **📞** *(03) 5023 3733.* ⬜ *t.l.j.* ⬤ *ven. saint, 25 déc.* 📷 ♿ *rez-de-chaussée seul.*

Swan Hill ➑

🏘 *10 000.* 🚃 🚌 🚤 **ℹ** *306 Campbell St (03) 5032 3033.*

L es cygnes noirs sont des oiseaux bruyants comme le découvrit le major Thomas Mitchell quand leurs cris matinaux troublèrent son sommeil lors d'une mission d'exploration en 1836. C'est ainsi que Swan Hill, petite ville animée au bord de la Murray River, prit le nom de « Colline des cygnes ».

Elle possède pour principale attraction le **Pioneer Settlement Museum**, parc à thème de 3 ha qui donne une image de la localité au tournant du siècle. Vêtus en costume de l'époque, ses « habitants » fabriquent pour les touristes des objets d'époque. Les odeurs et les bruits émanant d'une boulangerie, d'une vieille imprimerie ou d'un atelier de forgeron emplissent le village reconstitué. Le pin du Murray, un bois résistant aux termites, servit à la construction de plusieurs des cabanes en rondins. À la tombée de la nuit commence un spectacle son et lumière.

Un grand bateau à aubes, le *Pyap,* part deux fois par jour du Pioneer Settlement pour une promenade d'une heure sur le fleuve. Il passe devant l'endroit où le major Mitchell dormait.

🏛 Pioneer Settlement Museum

Horseshoe Bend, Swan Hill. **📞** *(03) 5032 1093.* ⬜ *t.l.j.* ⬤ *25 déc.* 📷 ♿

Echuca ➒

🏘 *11 000.* 🚃 🚌 🚤 **ℹ** *2 Heygarth St (03) 5480 7555.*

À sa libération en 1853, l'ancien forçat Henry Hopwood partit explorer la région de la Murray River. Il créa le service de bacs ainsi que le Bridge Hotel. Le bourg ne prit toutefois réellement son essor qu'à l'achèvement, en 1864, de la voie ferrée qui le reliait à Melbourne. Correspondance avec les bateaux à aubes qui circulaient sur la Murray River, Echuca devint le plus grand port fluvial d'Australie.

Son quai de gommier rouge, qui a été restauré, reste en service dans un quartier historique que l'on peut découvrir en voiture à cheval. Une vieille scierie continue de fonctionner avec ses appareils d'origine. Il existe des visites guidées du port et de son quai et plusieurs bateaux à aubes proposent des promenades.

La plus vaste forêt d'eucalyptus de rivière du monde, la Barmah Forest, se trouve à environ 30 km en amont de la ville. Une excursion dans la forêt, avec ses arbres vieux de trois siècles et ses importants sites aborigènes, vaut le détour, ainsi que la croisière écologique sur les marais au départ de Barmah.

Eucalyptus sur la route de la Barmah Forest près d'Echuca

Bendigo ⑩

🏛 *85 000.* ✈ 🚌 🚗 🚆
ℹ️ *51-67 Pall Mall (03) 5444 4445.*

C'est à Bendigo que la ruée vers l'or prit son ampleur la plus flamboyante. En effet, c'est ici que l'on fit des découvertes dignes d'entrer dans la légende. En 1851, première année de prospection, un seul seau de boue fournit 23 kg d'or. Quand le précieux métal commença à disparaître en surface, une veine de quartz aurifère relança l'extraction dans les années 1870.

   Les bâtiments historiques de la ville reflètent la richesse de l'époque. Ils combinent souvent plusieurs styles architecturaux. Œuvres de l'architecte gouvernemental G.W. Watson, le tribunal et la poste offrent, respectivement, des visions victoriennes de la Renaissance française et de la Renaissance italienne. Sur Pall Mall, l'artère principale, l'imposant Shamrock Hotel inauguré en 1897 accueille toujours des clients *(p. 487)*. Des brochures fournies par le centre d'information touristique guident les promeneurs parmi le patrimoine historique de la ville. On peut aussi visiter la ville depuis le Vintage Talking Tram, un tramway d'époque.

   La ruée vers l'or attira à Bendigo une importante population chinoise. Temple bâti à son intention dans les années 1860, le **Joss House** reste un lieu de culte ouvert

Entrée de la Joss House, temple chinois à Bendigo

Hôtel datant de la ruée vers l'or à Maldon

aux fidèles. L'exposition du **Golden Dragon Museum** (musée du Dragon d'or) illustre l'histoire de la communauté chinoise de Bendigo. Un portail de cérémonie le relie au **Garden of Joy** (jardin de la Joie) aménagé en 1996. Conforme à la tradition, il reproduit en miniature un paysage chinois avec ses vallées, ses montagnes, ses arbres et ses cours d'eau.

   La **Bendigo Art Gallery** possède une superbe collection de peintures australiennes dont certaines montrent la vie sur les champs aurifères. Des boutiques vendent à proximité la production de la plus ancienne poterie d'Australie, en activité depuis 1858.

   La **Central Deborah Goldmine** propose une exposition sur les techniques minières. Les visiteurs peuvent descendre dans un puits jusqu'à 86 m de profondeur.

Poterie de Bendigo

🏯 **Joss House**
Finn St, North Bendigo. 📞 *(03) 5442 1685.* ⏰ *t.l.j.* ⬤ *25 déc.* 📷
🏛 **Golden Dragon Museum et Garden of Joy**
5-11 Bridge St. 📞 *(03) 5441 5044.* ⏰ *t.l.j.* ⬤ *25 déc.* 📷 **Contribution** ♿
🏛 **Bendigo Art Gallery**
42 View St. 📞 *(03) 5443 4991.* ⏰ *t.l.j.* ⬤ *25 déc.* 📷 ♿ *selon accord.*
🏯 **Central Deborah Goldmine**
76 Violet St. 📞 *(03) 5443 8322.* ⏰ *t.l.j.* ⬤ *25 déc.* 📷 ♿

Maldon ⑪

🏛 *1 200.* 🚌 🚗 ℹ️ *High St (03) 5475 2569.*

Maldon offre un exemple superbement préservé de ville née de la ruée vers l'or et le National Trust l'a classée « First Notable Town » en 1966. Elle s'inscrit dans un des plus beaux paysages de la région et collines, forêts et arbres exotiques mettent en valeur ses rues étroites et ses bâtiments du XIXᵉ siècle, en particulier des maisons et des hôtels agrémentés de vastes porches. Très touristique, Maldon renferme de nombreux cafés, restaurants et boutiques.

   En une bonne heure un train à vapeur vous emmène à Muckleford et Carmen's tunnel, une vieille mine d'or. L'Easter Fair de Pâques donne lieu à diverses réjouissances *(p. 38)*, alors que l'automne teinte d'or les feuilles des platanes, des chênes et des ormes.

Castlemaine ⑫

🏛 *7 000.* 🚌 🚗 🚆 ℹ️ *Market Building, Mostyn St (03) 5470 6200.*

L'élégance de cette petite ville donne une idée de la richesse que lui valurent brièvement des filons aurifères de surface. Son charme a séduit de nombreux écrivains et artistes de Melbourne et elle possède une galerie d'art et un musée. Sa plus belle attraction, le Market Hall dessiné par William Benyon Downe, date de 1862 et s'inspire, avec son portique et sa grande arche d'entrée, de l'œuvre du maître de la Renaissance Andrea Palladio. L'édifice abrite désormais le bureau d'information touristique.

Buda Historic Home and Garden était habitée par un orfèvre hongrois, Ernest Leviny, et sa famille de 1863 à 1981. La maison expose une importante collection d'art. Le jardin du XIXᵉ siècle est resté presque intact, un survivant unique de son époque.

🏛 Buda Historic Home and Garden
42 Hunter St. 📞 *(03) 5472 1032.*
⭕ *t.l.j.* ⚫ *ven. saint, 25 déc.* 🎨 ♿
salon de thé en haut du jardin.

Ballarat ⑬

Voir p. 424-425.

Sovereign Hill ⑭

Bradshaw St, Ballarat. 📞 *(03) 5331 1944.* ⭕ *t.l.j.* ⚫ *25 déc.* 🎨 📷 ♿

Situé dans la périphérie de Ballarat *(p. 424-425)*, ce musée vivant permet aux visiteurs de remonter dans le passé des champs aurifères jusqu'à une période clé de

LES CHINOIS DES CHAMPS AURIFÈRES

Des chercheurs d'or chinois arrivèrent à Melbourne à partir de 1853, ils étaient environ 40 000 en 1859. Ils travaillaient dur et en groupe, aussi leur présence sur les champs aurifères suscita-t-elle très vite l'hostilité des prospecteurs européens. Plusieurs assassinats racistes eurent lieu en 1857.

D'autre part, le gouvernement du Victoria tenta de freiner l'immigration des Chinois en leur imposant une lourde taxe de débarquement. Ils accostèrent alors dans des États voisins, terminant le voyage à pied *(p. 343* et *383)*. À la fin de la ruée vers l'or, beaucoup s'installèrent comme jardiniers, cuisiniers ou ouvriers, fondant une communauté toujours présente.

Longue file de prospecteurs chinois

l'histoire de l'Australie. Maréchal-ferrant, boulanger, hôtelier et épicier en costume d'époque y vaquent à leurs tâches quotidiennes parmi les tentes et les abris de fortune des prospecteurs. Une exposition très intéressante montre les méthodes d'extraction d'or.

On estime à 640 tonnes la quantité d'or extraite des gisements de la ville jusqu'à

leur épuisement dans les années vingt. Sovereign Hill conserve du matériel et des installations d'origine.

Le Gold Museum propose des expositions régulièrement renouvelées sur l'usage de l'or au cours de l'histoire.

Sovereign Hill donne d'impressionnants spectacles de son et lumière le soir, qui reconstituent les événements d'Eureka Stockade *(p. 424)*.

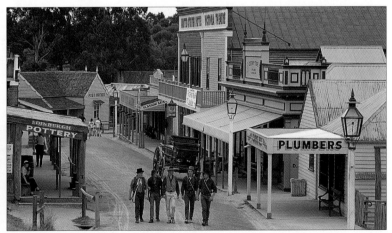

Figurants en costume sur la grand-rue de Sovereign Hill

Ballarat ⑬

Pépite de Ballarat

Dans une région d'élevage colonisée quelques années plus tôt, la découverte d'or en 1851 provoqua le déferlement d'une marée humaine qui couvrit rapidement les collines de tentes. En 1853, Ballarat, surgie du néant, comptait déjà 40 000 habitants. Si la période de folle opulence qui para la ville de majestueux édifices victoriens ne dura que deux décennies, l'exploitation de filons de quartz aurifère lui permit d'asseoir sa prospérité et de devenir la plus grande ville du Victoria située à l'intérieur des terres. Un monument y célèbre l'Eureka Stockade, jalon essentiel de l'histoire sociale du pays.

Façade du Her's Majesty Theatre sur Lydiard Street

⊞ Lydiard Street

Les champs aurifères et l'espoir de faire fortune facilement n'attirèrent pas que de pauvres hères mais aussi des gens instruits qui avaient voyagé. Leur influence est manifeste dans l'harmonie qui régit la rue historique de Lydiard Street.

À son extrémité nord, des pilastres toscans animent les murs de la gare construite en 1862. C'est un architecte de premier plan, Leonard Terry, qui dessina le rang de quatre banques. Leurs élégantes façades témoignent de son souci de créer un paysage urbain équilibré. Her Majesty's Theatre est la plus ancienne salle de théâtre à avoir survécu en Australie.

En face se dresse le Craig's Royal Hotel entrepris en 1852. Pour la venue en 1867 du prince Alfred, duc d'Édimbourg, il connut un important remaniement, dont la construction d'une Prince's Room et de 22 autres chambres.

Une autre visite, celle du duc de Clarence et du duc d'York (le futur roi George V), entraîna l'installation de lanternes en 1881. Toujours en activité, l'hôtel pratique des tarifs abordables *(p. 487)*.

🏛 Ballarat Fine Art Galley

40 Lydiard St North. ☎ *(03) 5331 5622.* ◯ *t.l.j.* ● *ven. saint, 25 déc.* 🖼 &

Les prospecteurs qui firent fortune à Ballarat se montrèrent souvent généreux avec les institutions de la ville. La Fine Art Gallery a beaucoup profité de ces libéralités, ce qui lui a permis de devenir l'une des plus intéressantes galeries d'art provinciales du pays.

Sa collection australienne compte plus de 6 000 œuvres de l'époque coloniale à aujourd'hui. Un tableau comme *Old Ballarat as it was in the summer of 1853-1854* d'Eugene von Guerard offre une image saisissante, ici pendant l'été 1853-1854, des campements à l'origine des villes de l'or.

La galerie possède aussi l'Eureka Flag, le drapeau des mineurs révoltés de la barricade d'Eureka considéré comme un symbole des idéaux démocratiques qui fondent l'Australie moderne.

⊞ Montrose Cottage

111 Eureka St. ☎ *(03) 5332 2554.* ◯ *t.l.j.* ● *25 déc.* 🖼 &

Construite vers 1856 par un ancien prospecteur reconverti dans la maçonnerie, John Alexander, cette toute petite maison est le dernier cottage de mineur d'origine à avoir survécu à Ballarat. Meublé d'objets d'époque, dont une machine à coudre et un

---

L'EUREKA STOCKADE

En 1854, des mineurs mécontents du prix des licences de concessions et des brutalités exercées lors de leur contrôle se rebellèrent quand un propriétaire d'hôtel, Peter Bentley, fut acquitté du meurtre du jeune prospecteur James Scobie. Conduits par le charismatique Peter Lalor, ces révoltés, qui n'avaient aucun droit civique, brûlèrent leurs licences, construisirent une barricade *(stockade)* sur le lieu-dit Eureka et dressèrent le drapeau bleu de la Croix du Sud aujourd'hui connu sous le nom d'Eureka Flag. Le dimanche 3 décembre 1854, 282 soldats et policiers attaquaient la barricade et tuaient 30 mineurs. L'événement souleva de telles protestations dans la population que le gouvernement abolit les licences, accorda le droit de vote à ces déracinés et relâcha les meneurs accusés de haute trahison.

Peter Lalor

Étang des Botanical Gardens de Ballarat

MODE D'EMPLOI

👥 *81 000.* ✈ *12 km du centre-ville.*

🚆 *Lydiard St et Sturt St.*

🚌 *Ballarat Coachlines, Ballarat Railway Sation.* 🛈 *39 Stuart St (03) 5332 2694.* 🎫 *Organs of the Ballarat Goldfields (janv.) ; Begonia Festival (mars).*

berceau, il donne un aperçu du mode de vie d'une famille de la classe moyenne sur les champs aurifères.

Sur le même site, l'Eureka Museum propose une exposition sur les femmes de la ruée vers l'or, un sujet généralement négligé, illustré ici avec sensibilité par des photographies, des récits écrits et des équipements domestiques.

🌿 Botanical Gardens

Wendouree Drive. 📞 *(03) 5334 3131.* ⏰ *t.l.j.* ⛔ *25 déc.* ♿ ✔

Au nord-ouest de la ville, le long du vaste Lake Wendouree, le jardin botanique témoigne du désir d'embourgeoisement des nouveaux riches de Ballarat. Ceux-ci venaient oublier l'ambiance fruste des champs de prospection au milieu de statues, de vertes pelouses et

de plantes exotiques. Malgré son nom, il a toujours eu une vocation récréative plutôt que scientifique.

La Robert Clark Conservatory propose néanmoins six expositions par an. La plus réputée, l'exposition des bégonias, a lieu en mars dans le cadre des manifestations du Begonia Festival *(p. 38).* Le Statuary Pavilion abrite des statues de personnages féminins de la Bible figés dans des poses provocatrices ainsi qu'une splendide pièce centrale, *Fuite de Pompéi.* Les bustes de tous les Premiers ministres australiens ornent l'Avenue of Prime Ministers.

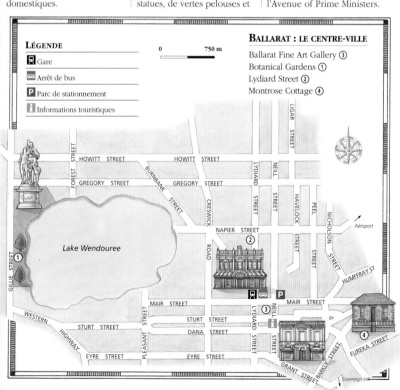

LÉGENDE

🚆 Gare

🚌 Arrêt de bus

🅿 Parc de stationnement

🛈 Informations touristiques

0 — 750 m

BALLARAT : LE CENTRE-VILLE

Ballarat Fine Art Gallery ③
Botanical Gardens ①
Lydiard Street ②
Montrose Cottage ④

Excursion dans les Macedon Ranges et Spa Country ⓯

L es collines des Macedon Ranges et Spa Country s'élèvent au nord-ouest de Melbourne après les Keilor Plains. Domaines viticoles, villages, marchés d'artisanat et *bed-and-breakfasts (p. 487-488)* en font un cadre de promenade très agréable. L'itinéraire de cette excursion suit, le long de la Calder Highway, le trajet des prospecteurs pour rejoindre les champs aurifères de Castlemaine et Bendigo *(p. 422-423)* avant d'aller à l'ouest est le spa country à Daylesford. Le riche passé se reflète dans les bâtiments du XIXᵉ siècle.

Malmsbury ⑧
Ce paisible hameau servait d'étape aux mineurs pendant la ruée vers l'or.

Hepburn Springs ⑨
Avec sa voisine Daylesport, cette station thermale est réputée depuis la fin du XIXᵉ siècle. La Mineral Reserve abrite des pompes anciennes.

BENDIGO

Malmsbury Reservoir

C316

Lauriston Reservoir

Upper Coliban Reservoir

Daylesford

C317

⑩

WOMBAT STATE FOREST

C318

Lerderderg River

BALLARAT

Trentham Falls ⑩
Depuis la Falls Road, il faut quelques minutes à pied pour rejoindre cette cascade de 33 m.

RUPERTSWOOD ET LES ASHES

En 1882, à Noël, sir William John Clarke reçut à Rupertswood huit membres d'une équipe anglaise de cricket qui gagnèrent un match amical contre leurs hôtes. Lady Clarke brûla alors un bâtonnet de cricket et en plaça les cendres *(ashes)* dans une urne qu'elle remit au capitaine des joueurs victorieux, Ivo Bligh. Cette urne, que la veuve d'Ivo Bligh offrit au Marylebone Cricket Club, est à l'origine du trophée, les Ashes, que se disputent l'Angleterre et l'Australie.

Urne originale des Ashes

0   5 km

LÉGENDE

▬▬ Itinéraire

═══ Autres routes

ᎏᎏ Point de vue

Kyneton [7]
Ce village caché de la route par des arbres était un centre d'approvisionnement pour les chercheurs d'or. Il garde une partie de ses édifices du XIXe siècle.

Woodend [6]
Woodend, qui doit son nom (« bout du bois ») à sa situation à l'orée de la Black Forest, possède de nombreux restaurants et hôtels.

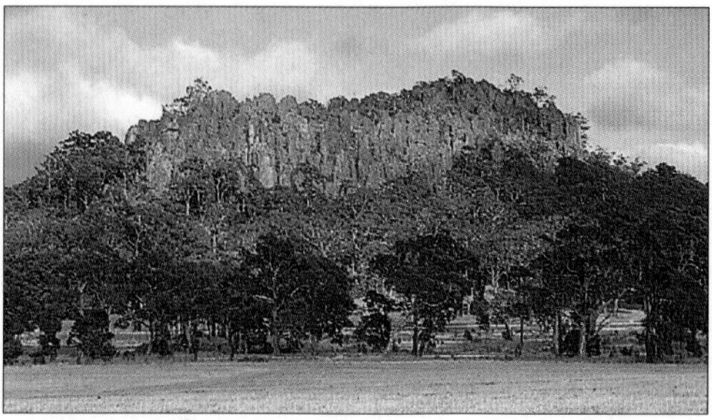

Hanging Rock [5]
Ce bloc de lave vieux de six millions d'années est couvert de fissures creusées par l'érosion où l'on peut se promener et que l'on peut escalader. Il est très apprécié pour les pique-niques. Le rocher joua un grand rôle dans l'histoire aborigène.

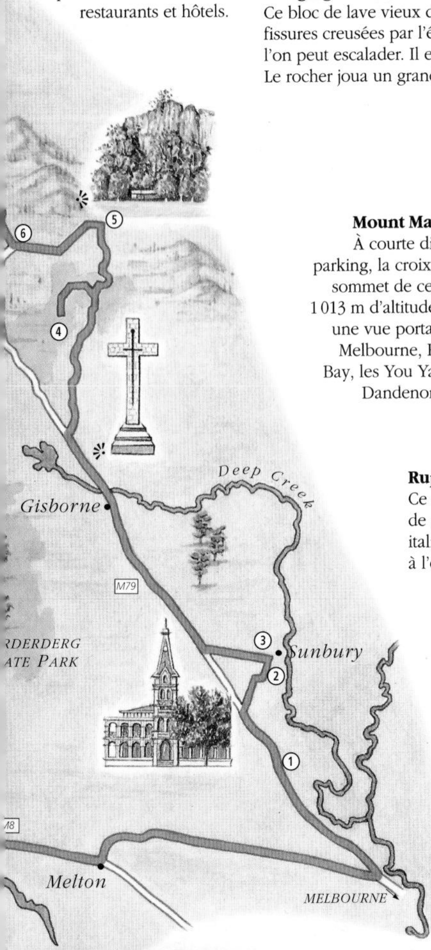
Deep Creek
Gisborne
M79
Sunbury
Melton
MELBOURNE

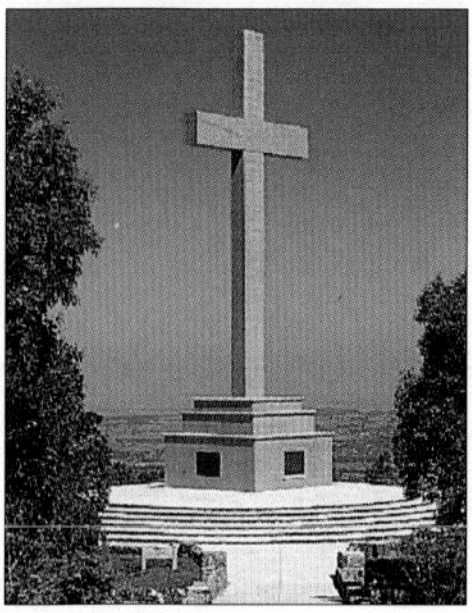

Mount Macedon [4]
À courte distance du parking, la croix érigée au sommet de ce volcan, à 1 013 m d'altitude, ménage une vue portant jusqu'à Melbourne, Port Philip Bay, les You Yangs et les Dandenong Ranges *(p. 433)*.

Rupertswood [3]
Ce domaine aujourd'hui utilisé par une école de garçons renferme une demeure italianisante de 1874 et le terrain de cricket à l'origine du trophée des Ashes.

Goona Warra [2]
Ce domaine viticole date de 1863 mais ses vignes ont été replantées dans les années quatre-vingt. Elles donnent des vins de climat frais réputés que l'on peut déguster et acheter à l'entrée de la cave *(p. 370-371)*.

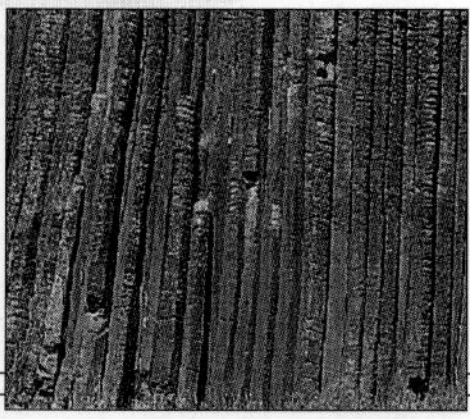

Organ Pipes [1]
Visibles depuis un point de vue proche du parking ou en prenant un sentier dans le lit du ruisseau, ces « tuyaux d'orgue » en basalte hauts de 20 m ont un million d'années.

MODE D'EMPLOI

Longueur : *215 km.*
Où faire une pause : *il existe de nombreux endroits pour s'arrêter ou manger le long de la route, en particulier à Woodend et dans la station thermale de Daylesford, près de Hepburn. Celle-ci offre un cadre idéal à un dîner romantique* (p. 520).

Le Victoria oriental

Avec ses montagnes enneigées, ses forêts d'eucalyptus, ses vallées fertiles, ses espaces restés sauvages et ses longues plages de sable, l'est du Victoria est une région riche en beautés naturelles. D'excellents vignobles entourent des villes historiques construites en grès doré. Des torrents se prêtent à la pratique du raft et les Victorian Alps renferment des stations de ski évoquant la Suisse.

Sillonnées par quatre rivières, la Goulburn, l'Ovens, la King et la Murray, les plaines du nord-est séduiront les gourmands avec des vins de liqueur, les rouges de Rutherglen, la moutarde de Milawa et les pêches, poires et abricots de Shepparton. Les villes historiques de Beechworth et Chiltern ont gardé l'aspect que leur donna la ruée vers l'or. Glenrowan n'oublie pas qu'elle fut le site de la capture du plus célèbre *bushranger* d'Australie : Ned Kelly. Un vieux bateau à aubes continue de circuler sur la Murray River près de Wodonga.

En se dirigeant vers les Victorian Alps et les bourgs de Bright et Mansfield, le paysage change et une nature sauvage reprend ses droits. Des stations comme Mount Buller et Falls Creek permettent aux skieurs de dévaler en hiver des pentes plantées d'eucalyptus. L'été offre la possibilité de se promener parmi les fleurs sauvages de l'Alpine National Park, de marcher jusqu'au sommet du Mount Feathertop ou de descendre les rapides de rivières comme la Snowy.

À l'est de Melbourne s'étendent les magnifiques plages du Gippsland. Les visiteurs apprécieront particulièrement Phillip Island et ses petits manchots bleus, et le Wilsons Promontory National Park où des criques taillées dans le granite abritent une eau limpide. Près des centres urbains régionaux de Sale et Bairnsdale, les Gippsland Lakes, paradis des pêcheurs, forment le plus grand plan d'eau intérieur d'Australie. Ils sont séparés de la frontière de Nouvelle-Galles du Sud par 200 km de côte déserte en partie protégée par le Croajingolong National Park.

Descente en kayak de la Kiewa River près de Beechworth

◁ **Mount Buller Alpine Village, station de ski des Victorian Alps**

À la découverte du Victoria oriental

D'excellentes routes desservent les attractions touristiques et les villes les plus populaires du Victoria oriental. On peut partir à la découverte des Dandenong Ranges, de la Yarra Valley et de Phillip Island dans le cadre d'excursions d'une journée depuis Melbourne. Le reste du littoral, en particulier le Wilsons Promontory, les Gippsland Lakes et le Croajingalong National Park, demande plus de temps. Le nord-est de l'État offre l'accès le plus aisé aux montagnes, aux stations de ski et aux vallées agricoles de l'intérieur. Un véhicule tout-terrain est nécessaire pour explorer les Victorian Alps et les forêts de l'East Gippsland.

0   25 km

Poste du XIXᵉ siècle
de Beechworth

Narrandera

Murray River

RUTHERG!

B400

14

CHI

39

NATHALIA

Broken Creek

Goulburn River

VIGNOBLES DU NORD-EST

16

BEECHW

SHEPPARTON **17**

Bendigo

A300

WANGARATTA

Lake Mokoan

15

Waranga Reservoir

BENALLA **16**

31

GLENROW

M BU NAT

King River

SEYMOUR

Bendigo

9 **MANSFIEL**

B340

LAKE EILDON

8

B75

YEA

B300

MARYSVILLE

6

LI

HEALESVILLE

5

Melbourne

YARRA VALLEY

4

DANDENONG RANGES

Port Phillip Bay

B110

3 **CRANBOURNE**

A1

La Trobe River

MOE

B460

MORNINGTON PENINSULA **2**

1

PHILLIP ISLAND

LEONGATHA

B460

YARR

WILSONS PROMONTORY NATIONAL PARK

Détroit de Bass

LÉGENDE

- Highway
- Route principale
- Route secondaire
- Parcours pittoresque
- Cours d'eau
- Point de vue

VOIR AUSSI

- **Hébergement** p. 488-490
- **Restaurants** p. 521-522

LE VICTORIA ORIENTAL D'UN COUP D'ŒIL

**L'Upper Murray Valley dans
le nord-est du Victoria**

CIRCULER

Le train passe par les Dandenongs et les
Gippsland Lakes et des bus réguliers desservent
les stations de ski en hiver. Il existe des visites
organisées de Phillip Island et de la Yarra Valley.
La voiture reste néanmoins le meilleur moyen de
circuler. La Hume Hwy permet d'atteindre le
nord-est, la Princes Hwy les Gippsland
Lakes et la South Gippsland Hwy
Phillip Island et le Wilsons
Promontory.

Le Lake Eildon à l'entrée des Victorian Alps

Phillip Island ❶

🏠 *Cowes.* 🚌 *Cowes.* ℹ️ *New-haven (03) 5956 7447.* ⏰ *9 h-17 h, t.l.j. ; vacances scol. 9 h-18 h, t.l.j.*

La parade des petits manchots bleus de l'île Phillip est devenue un véritable spectacle, l'un des plus populaires du Victoria. En effet, chaque soir de l'année, des centaines de ces oiseaux appartenant à la plus petite espèce de manchots du monde (40 cm pour 1 kg) sortent de l'eau au coucher du soleil. Ils traversent Summerland Beach afin de rejoindre leurs nids dans les touffes d'herbes spinifex. La présence de la foule de spectateurs qui les observent depuis des passerelles surélevées ne paraît en rien les troubler, même en été quand ils élèvent leurs petits.

Riche de quelque 7 000 membres, la plus importante colonie d'otaries à fourrure d'Australie a pour quartier général les rochers appelés Seal Rocks au large de la pointe occidentale de l'île. Les touristes peuvent la contempler depuis la falaise ou s'approcher dans le cadre de promenades organisées. Des séquences de film en direct des otaries sont transmis à un centre d'interprétation. De nombreux koalas habitent aussi sur l'île. Le Cape Woolamai aux rochers rouges abrite de bons sentiers pédestres et permet de pratiquer le surf. Cowes, principale localité de l'île, offre un cadre paisible où l'on peut se baigner et déguster des produits de la mer (p. 522).

Petits manchots bleus regagnant leurs nids sur les dunes de sable de Phillip Island

Piscine naturelle à Sorrento sur la Mornington Peninsula

Mornington Peninsula ❷

🏠 *Frankston.* 🚌 *villes de la péninsule.* 🚢 *Stony Point, Sorrento.* ℹ️ *Dromana (03) 5987 3078.*

À seulement une heure de voiture de Melbourne, la péninsule de Mornington est un site de villégiature d'été et de week-end fort apprécié des habitants de la ville. De Frankston à Portsea, des plages de sable abritées permettent de se baigner et de pratiquer des activités comme la planche à voile, la navigation de plaisance et le canoë. Le littoral qui borde le détroit de Bass Strait est moins hospitalier mais recèle des plages de surf et des piscines naturelles dans les rochers.

Accessible en télésiège, le point de vue d'Arthur's Seat (Siège d'Arthur), une colline couverte de *bush*, ménage un beau panorama de la péninsule. Aux environs, les caves de Red Hill produisent de bons chardonnays et pinots noirs. Vous pourrez en siroter un verre dans le village historique de Sorrento en attendant de prendre le bac qui franchit les eaux agitées du Rip afin de rejoindre Queenscliff (p. 416). Parcouru d'agréables sentiers, le

Mornington Peninsula National Park court tout le long de la péninsule. Il renferme à Point Nepean une ancienne base militaire et de quarantaine. Le Premier ministre Harold Holt disparut en 1967 en faisant du surf sur la plage de Cheviot Beach.

AUX ENVIRONS
Flinders est une station balnéaire paisible et chic et Portsea abrite les résidences secondaires des habitants de Melbourne les plus aisés. French Island, à courte distance en bateau de Crib Point, ne possède ni électricité ni téléphone et regorge de marsupiaux.

Royal Botanic Gardens, Cranbourne ❸

Par la South Gippsland Hwy, 1000 Ballarto Rd. 📞 *(03) 5990 2200.* 🏠 *Cranbourne.* 🚌 *Cranbourne.* ⏰ *9 h-17 h, t.l.j.* ⏰ *ven. saint, 25 déc., jours d'interdiction de feu.* ♿

Contrairement aux Royal Botanic Gardens de Melbourne (p. 390-391) qui mélangent plantes d'Australie et du reste du monde, les jardins botaniques de Cranbourne ne renferment que des espèces végétales indigènes. Entre lacs, collines et dunes, les sentiers serpentent au milieu de banksies, de grevilleas, de casuarinas, d'acacias et d'eucalyptus où nichent cacatoès, troglodytes et perroquets.

Dandenong Ranges ❹

⬚ Upper Ferntree Gully & Belgrave.
🚌 plupart des villes. ℹ️ Upper Ferntree Gully (03) 9758 7522.
🕐 9 h-17 h, t.l.j.

À l'est de Melbourne, le massif des Dandenong Ranges culmine à un peu plus de 600 m d'altitude. La fraîcheur offerte par ses forêts de frênes, ses ruisseaux et ses ravins emplis de fougères en fait depuis le milieu du XIXᵉ siècle un lieu de villégiature apprécié des citadins. Salons de thé et *bed-and-breakfasts* y abondent et des routes sinueuses ménagent de splendides panoramas de la capitale du Victoria et de sa baie.

De vastes jardins, qui faisaient partie jadis des demeures de riches familles, se prêtent à la promenade et aux pique-niques. L'Alfred Nicholas Memorial Garden de Sherbrooke est apprécié pour son lac entouré de chênes, d'ormes, de bouleaux blancs et d'érables du Japon. On peut y canoter. Comme leurs noms l'indiquent, les National Rhododendron Gardens d'Olinda et la Tesselaar's Tulip Farm de Silvan ont de superbes fleurs. Un train à vapeur, Puffing Billy (Billy le fumeur), part plusieurs fois par jour de Belgrave, traverse ravins et forêts jusqu'à l'Emerald Lake et poursuit jusqu'à Gembrook.

Vignes du Domaine Chandon dans la Yarra Valley

La Sherbrooke Forest est réputée pour ses oiseaux-lyres et l'Eastern Sherbrooke Lyrebird Circuit Walk, sentier de 7 km à travers les sorbiers sauvages, offre une chance d'apercevoir ces oiseaux craintifs. Une autre promenade (11 km) relie Sassafras à Emerald.

Le **Healesville Sanctuary** est un parc zoologique de 30 ha ; c'est presque le seul endroit où l'on peut voir des ornithorynques, des marsupiaux et des oiseaux de proie. De nombreux parents y amènent les enfants curieux de voir ces animaux typiquement australiens.

Mousseux de la Yarra Valley

🦘 Healesville Sanctuary

Badger Creek Rd, Healesville. 📞 (03) 5962 4022. 🕐 9 h-17 h, t.l.j.

Yarra Valley ❺

⬚ Lilydale. 🚌 Healesville service.
ℹ️ Healesville (03) 5962 2600.

Au pied des Dandenong Ranges, la superbe vallée de la Yarra abrite certains des meilleurs vignobles de climat frais d'Australie *(p. 370-371)*. Renommées pour leurs mousseux « méthode champenoise », leurs chardonnays et leurs pinots noirs, la plupart des caves proposent des dégustations ; certaines possèdent des restaurants. Juste à la sortie du village de Yarra Glen que domine le vieux Yarra Glen Grand Hotel *(p. 490)*, le National Trust illustre à la Gulf Station le mode de vie et de travail des habitants d'une ferme d'élevage à la fin du XIXᵉ siècle.

Le célèbre Puffing Billy traversant les Dandenong Ranges

La côte du Victoria oriental

Le Gippsland possède un littoral magnifique protégé pour une grande part par des parcs nationaux. Plages désertes, lagunes et criques se succèdent sur environ 400 km. Les Gippsland Lakes forment le plus long réseau de voies navigables du continent. L'immense ruban de dunes, la 90 Mile Beach, qui les sépare de l'océan constitue une rare curiosité naturelle, à l'instar des bancs de sable de la Mitchell River. Oiseaux, poissons, phoques et manchots y abondent. Peu développée, la côte attire surtout pêcheurs, plaisanciers et plongeurs.

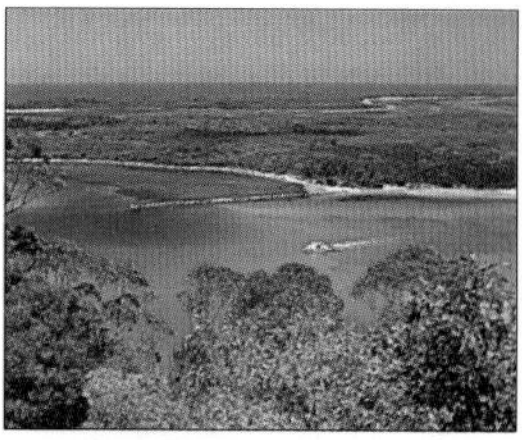

★ Lakes Entrance ⑨

🚶 🌊 🏊 ⛑ ♿ 🚻

Sur le seul débouché dans l'océan des Gippsland Lakes, cet important port de pêche a aussi une vocation touristique et possède motels, musées et parcs à thème pour enfants.

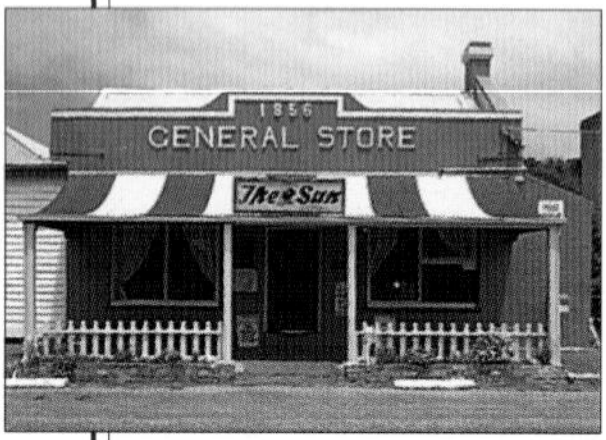
1856
GENERAL STORE
The Sun

Port Albert, *le plus vieux port du Gippsland, servit dans les années 1850 de point de débarquement à des milliers de prospecteurs en route vers Omeo et Walhalla. Il abrite le plus ancien pub du Victoria.*

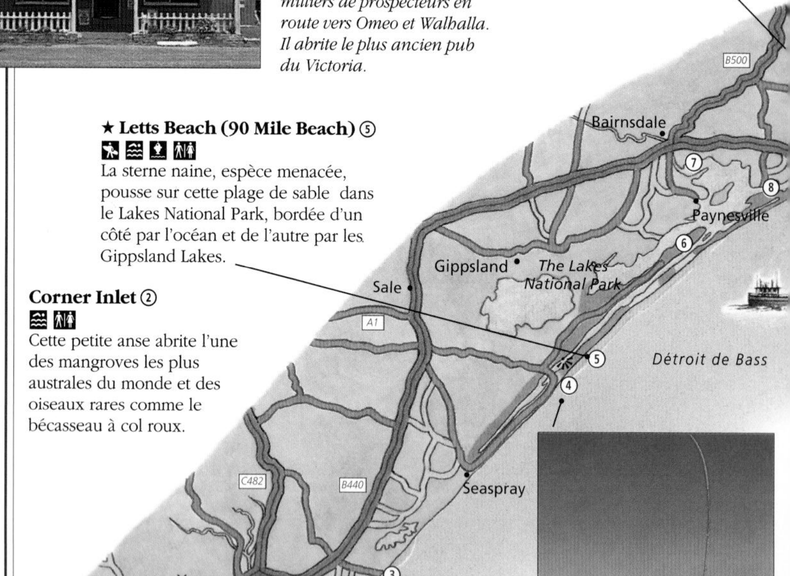
B500
Bairnsdale
Paynesville
Gippsland
The Lakes National Park
Sale
A1
Détroit de Bass
Seaspray
C482
B440
Yarram
MELBOURNE
Port Albert

★ Letts Beach (90 Mile Beach) ⑤

🚶 🌊 ⛑ 🚻

La sterne naine, espèce menacée, pousse sur cette plage de sable dans le Lakes National Park, bordée d'un côté par l'océan et de l'autre par les Gippsland Lakes.

Corner Inlet ②

🌊 🚻

Cette petite anse abrite l'une des mangroves les plus australes du monde et des oiseaux rares comme le bécasseau à col roux.

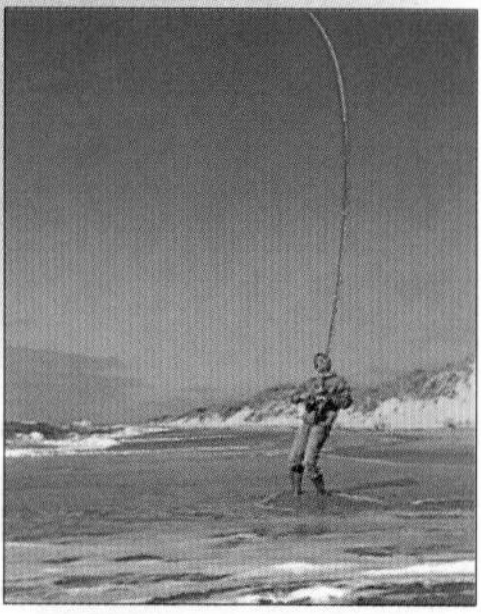

★ Golden Beach (90 Mile Beach) ④

🚶 🌊 ⛑ 🚻

Les eaux calmes de cette partie de la côte océane lui valent les faveurs des amateurs d'activités nautiques. La pêche et la navigation de plaisance sont les deux principales activités.

★ Squeaky Beach, Wilsons Promontory National Park ①

🚶 🌊 ⛑ ♿ 🚻

Couverte de landes à la flore et à la faune protégées, la péninsule rocheuse du Wilsons Promontory possède une plage de sable blanc entourée de blocs de granite.

Bairnsdale est, à l'instar de sa voisine Sale, une des principales localités de la région. St Mary's Church abrite des murs et des plafonds peints dans un style italianisant. D'élégantes sculptures décorent ses murs extérieurs.

★ Gipsy Point, Mallacoota Inlet ⑫
Cet endroit charmant dans une agréable région de vacances se prête aux pique-niques, à des promenades dans le *bush* et à l'observation des oiseaux.

CARTE DE SITUATION

BEGA

Croajingolong National Park

Orbost

Woodside Beach ③
Familles, amateurs de bains de mer et surfeurs apprécient cette plage de sable blanc aisément accessible. La région est parcourue de sentiers balisés idéaux pour la randonnée.

Gippsland Lakes ⑥
Lacs et lagunes forment ici le plus long réseau de voies navigable du continent. Les villages abritent de grandes flottes de voiliers de plaisance et de bateaux de pêche.

Eagle Point ⑦
Depuis Eagle Point, les bancs de sable de la Mitchell River s'enfoncent de 8 km dans le Lake King. Seuls ceux du Mississippi sont plus longs.

Metung ⑧
Cette jolie région de vacances et de plaisance propice au camping possède des bassins d'eau minérale chaude.

Marlo ⑩
Populaire station de vacances à l'embouchure de la Snowy River, Marlo attire de nombreux pêcheurs. Non loin, la ville d'Orbost est le centre local de l'industrie forestière, une activité importante de l'East Gippsland.

Mallacoota ⑪
Touristes étrangers et habitants du Victoria viennent pêcher et pratiquer la voile et le canoë dans ce village de pêcheurs isolé sur un estuaire du détroit de Bass.

Le Croajingolong National Park protège une bande côtière sauvage, réserve de la biosphère par l'Unesco. C'est à Point Hicks que le capitaine Cook aperçut l'Australie pour la première fois en 1770.

0 ———————— 25 km

LÉGENDE

〰	Autoroute
▬	Route principale
▬	Route secondaire
〜	Cours d'eau
☆	Point de vue

Forêt de hêtres dans les Yarra Ranges près de Marysville

Marysville ❻

🏛 670. 🚆 ℹ️ *Marysville Visitors' Information Centre, Murchison St (03) 5963 4567.*

Ce gracieux village de villégiature du XIXe siècle aux jolies pensions anciennes est à moins de deux heures de Melbourne, dans le masssif des Upper Yarra Ranges. C'est aussi une étape pittoresque sur la Lady Talbot Drive qui suit le torrent de montagne, la Taggerty River. Les forêts pluviales tempérées des environs, peuplées d'espèces rares, sont prétexte à de belles promenades à pied.

À la sortie de Marysville, la cascade des Steavenson Falls est illuminée la nuit. Dans les Cathedral Ranges proches, 42 km de piste de ski de fond sillonnent les champs de neige de Lake Mountain.

Licola ❼

🏛 20. 🚆 Heyfield. ℹ️ *Maffra Visitor Information Centre, 8 Johnson St (03) 5141 1811.*

Si l'on suit au nord de Heyfield et de Glenmaggie la Macalister River Valley, on arrive à ce petit hameau de montagne au-delà duquel s'ouvrent de vastes espaces vierges. Le trajet de 150 km qui sépare Licola de Jamieson permet d'admirer les plus hauts sommets du Victoria. Une randonnée très populaire commence à 20 km de Licola sur les pentes du Mount

STATIONS DE SKI DU VICTORIA

Les stations de ski du Victoria fonctionnent de juin à septembre. L'Alpine National Park abrite les trois plus importantes : Mount Buller, Falls Creek et Mount Hotham. La première est à la fois la plus proche de Melbourne et la plus chic. Falls Creek et Mount Hotham se révèlent plus agréables lors d'un long séjour. Dinner Plain et Mount Stirling sont des régions de ski de fond. Les pistes ne sont pas très longues mais ménagent de superbes vues des High Plains. Des montagnes restées sauvages et un climat imprévisible rendent le ski hors piste déconseillé.

Sur les pistes de Mount Buller

Tamboritha. Elle mène au Lake Tarli Karng dans l'Alpine National Park.

Lake Eildon ❽

🚆 Eildon. ℹ️ *Eildon Visitors' Information Centre, Main St, Eildon (03) 5774 2909.*

Entouré par le Great Dividing Range et les parcs nationaux de Fraser et d'Eildon et alimenté par cinq grandes rivières, le lac d'Eildon constitue une vaste réserve d'eau d'irrigation. Les vacanciers qui viennent séjourner dans des maisons flottantes, pêcher et faire du ski nautique, du cheval ou de la randonnée transforment en été le lac en base de loisirs. Kangourous, koalas et perruches abondent sur les rives, et truites et « cabillauds »

prospèrent dans l'Upper Goulburn River et le lac.

Les hébergements disponibles vont des bungalows rustiques et des campings du Fraser National Park jusqu'à de luxueuses pensions et *lodges* cinq étoiles (*p. 489*).

Mansfield ❾

🏛 2 500. 🚆 ℹ️ *Visitors' Information Centre, Historic Mansfield Railway Station (03) 5775 1464.*

Ce bourg rural entouré de montagnes est une porte d'entrée dans les Alpes victoriennes au sud-ouest du massif. Dans la rue principale, près du cinéma datant des années vingt, un mémorial rend hommage aux trois membres de la police montée que le célèbre Ned Kelly abattit en 1878 près de la

Le Lake Eildon au pied des Howqua Mountain Ranges

Architecture classique du XIXe siècle dans le bourg rural de Mansfield

Stringybark Creek, crime qui lui valut d'être pendu en 1880 à Melbourne *(p. 386)*.

Les paysages des environs de Mansfield servirent de décor à *L'Homme de la rivière d'argent (1981)*, film inspiré d'une ballade du poète « Banjo » Patterson *(p. 31)*. De nombreux cavaliers de la région participèrent au tournage. Ils s'affrontent toujours en novembre lors de la Crack's Cup course dont le parcours à travers bois franchit des rivières et dévale des pentes abruptes, exigeant une grande d'adresse.

AUX ENVIRONS
Mount Buller, l'une des deux plus grandes stations de ski du Victoria, se trouve à moins d'une heure de voiture de Mansfield. La Mount Stirling Alpine Resort propose des activités toute l'année *(p. 529)*.

Mount Beauty ❿

🚶 2 300. 🚉 ℹ Kiewa Valley Hwy (03) 5754 1962.

Fondé dans les années 40 pour les ouvriers qui travaillaient à la construction des équipements hydroélectriques de la Kiewa, Mount Beauty offre une bonne base pour explorer la Kiewa Valley, paisible vallée d'élevage laitier parcourue de torrents.

Le Mount Bogong, le plus haut sommet du Victoria (1 986 m), domine le bourg. Les Bogong High Plains et l'Alpine National Park renferment de magnifiques sentiers de promenade parmi les fleurs sauvages et les gommiers des neiges. En été, on peut y pratiquer la pêche, le vélocross, l'équitation et le deltaplane.

La route revêtue qui conduit à Falls Creek est en hiver une des principales voies d'accès aux stations de ski du Victoria. Aux beaux jours, le lac du Rocky Valley Dam, près de Falls Creek, sert de base à un camp d'entraînement à l'aviron et à l'athlétisme en haute altitude.

Bright ⓫

🚶 2 500. 🚉 ℹ 119 Gavan St (03) 5755 2275.

Cette pittoresque petite ville de montagne située près de la tête de l'Ovens River Valley s'étend au pied du Mount Feathertop (au sud), deuxième plus haut sommet du Victoria, et des falaises du Mount Buffalo (à l'ouest). Pour son Autumn Festival, en avril et en mai *(p. 38)*, les arbres de sa rue principale prennent des teintes flamboyantes : rouge, or, cuivre et brun. En hiver, Bright devient une voie d'accès aux champs de neige des stations proches de Mount Hotham et Falls Creek.

Le magnifique **Mount Buffalo National Park** attire des visiteurs toute l'année. Ils y viennent camper parmi les gommiers des neiges entourant le Lake Catani, pêcher la truite, s'élancer en deltaplane au-dessus de l'Ovens Valley ou escalader de vertigineuses parois granitiques. Plus de 140 km de sentiers sillonnent le parc. L'élégant Mount Buffalo Chalet construit par le gouvernement d'État en 1910 conserve un charme désuet et accueille en été des manifestations musicales telles qu'Opera in the Alps *(p. 37)*. En hiver, sa grande salle à manger et la chaleur diffusée par des feux de cheminée le rendent populaire auprès de skieurs désireux d'échapper à l'ambiance plus mondaine d'autres stations *(p. 489)*.

🌿 **Mount Buffalo National Park**
Mount Buffalo Rd. 📞 13 19 63. 🚫 ♿ certaines zones.

La Buffalo River au sein du Mount Buffalo National Park

**Édifice en granite du XIXe siècle
typique de Beechworth**

Beechworth ⓬

🚶 3 500. 🚉 ℹ️ *Shire Hall, Ford St*
(03) 5728 3233.

Occupant un site superbe
au pied des Victorian
Alps, Beechworth fut le
principal centre urbain des
champs aurifères de l'Ovens
River dans les années 1850
et 1860 *(p. 50-51)*. La ville
compta alors jusqu'à
42 000 habitants et soixante
et un hôtels.

Bien moins peuplée
aujourd'hui, elle conserve
plus de trente édifices du XIXe
siècle classés par le National
Trust, dont le tribunal où fut
décidé le transfert à
Melbourne du *bushranger*
Ned Kelly *(p. 386)*. Une
promenade dans sa rue
principale donne l'impression
de remonter dans le temps.
Beaucoup d'hôtels
victoriens aux vastes porches
caractéristiques restent en

activité et nombre des
bâtiments historiques abritent
des personnes privées ou
des restaurants et *bed-and-
breakfasts*. La meilleure table
de la ville, The Bank *(p. 521)*,
est ainsi installée dans
l'ancienne Bank of Australia.

L'époque de la fièvre de l'or
est présente dans plusieurs
musées ou dans la ville elle-
même avec un canal ouvert à
travers le granite qui laissait
passer l'eau nécessaire
aux orpailleurs ou encore
les tombes chinoises du
cimetière. Ces dernières
entretiennent le souvenir
de ceux qui franchirent
des milliers de kilomètres
pour venir travailler et mourir
sur les champs aurifères
du Victoria.

Chiltern ⓭

🚶 1 500. 🚉 ℹ️ *30 Main St (03)
5726 1611, (03) 5726 1537.*

Après avoir connu son
apogée pendant la ruée
vers l'or, Chiltern offre
aujourd'hui une version plus
modeste et moins touristique
de Beechworth, à mi-chemin
entre Wangaratta et Wodonga
et à 1 km de la Hume
Highway. Son architecture
coloniale et son atmosphère
paisible fait qu'il mérite
un détour. Chiltern possède
trois sites faisant partie du
Patrimoine historique ; la
Dow's Pharmacy, les bureaux

du journal Federal Standard
et la Lakeview House. La
dernière fut la maison
d'enfance de Henry Handel
Richardson, nom de plume
d'Ethel Robertson qui écrivit
The Getting of Wisdom
(p. 31). Le mobilier d'époque
recrée le cadre de vie d'une
riche famille australienne au
tournant du siècle. Chiltern
abrite une autre curiosité :
la **Famous Grapevine
Attraction,** musée consacré
à la plus vieille et plus grande
vigne de l'hémisphère Sud.
Elle s'étendait jadis au-dessus
de Chiltern's Star Hotel.
Pour connaître les heures
d'ouverture de ces sites il faut
contacter l'office de tourisme
de la ville.

Lakeview House de Chiltern

Vignobles du
nord-est ⓮

🚉 *Wangaratta et Rutherglen.*
🚉 *Wangaratta et Rutherglen.*
ℹ️ *Rutherglen (02) 6032 9166 ; Wangaratta (03) 5721 5711.* **Campbells
Winery** 🎫 *(02) 6032 9458.*
🕐 *9 h-17 h, t. l. j.* ⬤ *ven. saint.,
25 déc.* **Chambers Winery** 🎫 *(02)
6032 8641.* 🕐 *9 h-17 h, lun.-sam. ;
11 h-17 h, dim. et jours fériés.*
⬤ *ven. saint., 25 déc.* **Brown Bros**
🎫 *(03) 5720 5500.* 🕐 *9 h-17 h, t.l.j.*
⬤ *ven. saint., 25 déc.*

Les vins du nord-est du
Victoria ont acquis une
réputation internationale
(p. 370-371). Dans une région
de production qui s'étend
actuellement vers le sud pour
intégrer les vallées de la King
et de l'Ovens autour de
Glenrowan, de Milawa,
d'Everton, de Rutherglen et de
Whitfield, les crus présentent
des styles très variés selon
l'altitude et le microclimat de
chaque vignoble.

Malgré la popularité des
« Rutherglen Reds », ces rouges
corsés qui ressemblent aux
cabernets sauvignons de

Dans l'un des nombreux vignobles du Victoria

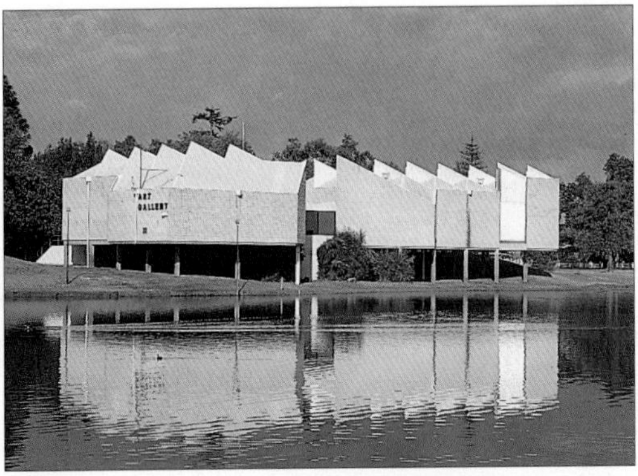

L'élégante Benalla Art Gallery sur les rives du Lake Benalla

domaines centenaires comme Campbells et Chambers, Rutherglen, à l'instar de Glenrowan, est surtout connue pour ses vins liquoreux, muscats et tokays en particulier. Parmi les meilleurs producteurs figurent Bullers, Morris et Bailey's. La ville abonde en boutiques d'antiquités, hôtels *(p. 489)* et restaurants *(p. 522)*.

Le raisin cultivé dans la région plus fraîche de Whitfield et de Milawa donne des blancs secs et des rouges plus légers. Milawa abrite une des caves les plus célèbres du nord-est du Victoria : Brown Brothers. Elle propose tous les jours dégustation et vente directe, et son excellent restaurant permet de savourer des produits locaux tels que truite, fromage, miel et agneau. Les visites de la fromagerie locale, la Milawa Cheese Factory, et de la fabrique de moutarde (Milawa Mustard) sont également recommandées.

Glenrowan 15

👥 *1 000.* 🚌 🚆 *Wangaratta.* ℹ *Kate's Cottage, Gladstone St (03) 5766 2448.*

C'est à Glenrowan, en 1880, que la police cerna le plus célèbre des bandits de grand chemin *(bushrangers)* australiens, Ned Kelly *(p. 386)*, et sa bande. Sa capture, après un siège sanglant qui valut son nom à Siege Street, près de la gare, mit un terme à deux ans de coups d'éclat, de cambriolages de banques et de cavale. Ces actions lui avaient quasiment valu un statut de héros auprès des pauvres du *bush* du Victoria.

Les nombreuses familles de fermiers irlandais catholiques, en particulier, le considéraient comme une sorte de Robin des Bois.

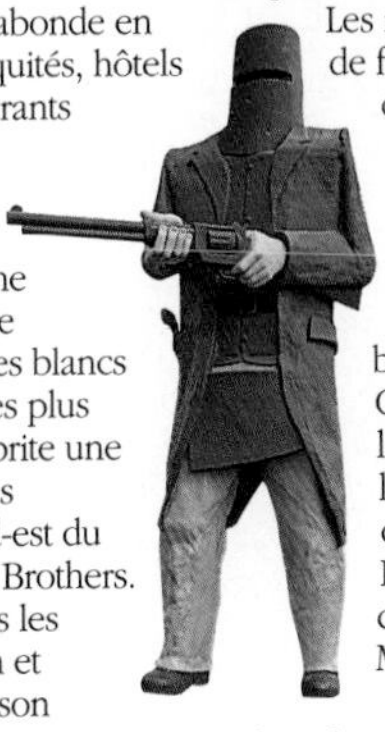

Statue de Ned Kelly

Kelly connaissait bien les alentours de Glenrowan, et utilisait le Mount Glenrowan, à l'ouest du village, comme poste de guet. Il finit au bout d'une corde dans la Melbourne Gaol.

Glenrowan exploite sa légende à des fins touristiques. Une statue géante en acier du hors-la-loi accueille les visiteurs et diverses attractions et expositions évoquent son histoire et sa défaite finale.

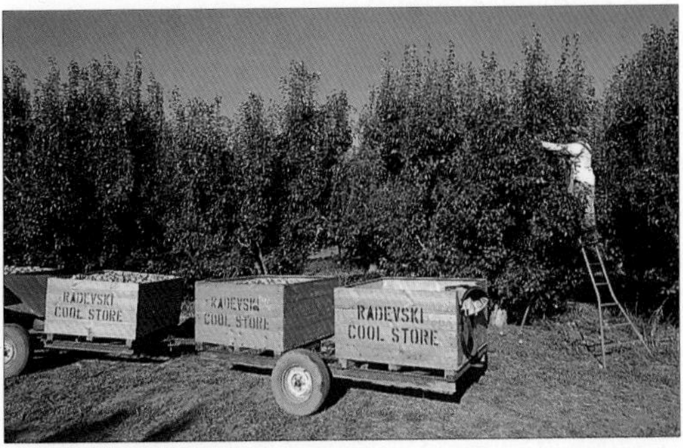

Cueillette dans un verger de Shepparton

Benalla 16

👥 *8 500.* ✈ 🚆 🚌 ℹ *The Creator's Gallery, 14 Mair St (03) 5762 1749.*

Cette ville rurale où grandit Ned Kelly, et où il comparut pour la première fois devant un tribunal à l'âge de quinze ans, possède au bord du Lake Benalla une ambitieuse galerie d'art qui présente une intéressante collection d'œuvres australiennes contemporaines. Sa superbe roseraie accueille le Rose Festival en novembre *(p. 37)*.

De forts courants ascendants font aussi de Benalla la « capitale » australienne du vol à voile.

Shepparton 17

👥 *30 000.* ✈ 🚌 🚆 🚌 ℹ *534 Wyndham St (03) 5831 4400.*

La ville moderne de Shepparton, au cœur de la Goulburn River Valley, est souvent appelée la « coupe de fruits de l'Australie » car la vaste plaine irriguée qui l'entoure abrite les vergers de poiriers, de pêchers, de pruniers, d'abricotiers, de pommiers, de cerisiers et de kiwis les plus productifs du Victoria. On peut visiter la plus grosse conserverie, SPC.

Le climat ensoleillé de la région convient aussi à la vigne. À 50 km au sud de la ville, deux domaines renommés, Mitchelton et Château Tahbik, proposent des visites guidées et des dégustations *(p. 370-371)*.

LA TASMANIE

La faune et la flore de Tasmanie

Gommier bleu de Tasmanie

Malgré une faible superficie, la Tasmanie possède plusieurs visages. Une partie de l'île est souvent comparée à la verte Angleterre, tandis que l'ouest, montagneux et arrosé, reste sauvage. Au centre, de hauts plateaux parcourus de torrents abritent une flore et une faune endémiques. Plus d'un cinquième de la Tasmanie fait partie du Patrimoine mondial de l'Unesco *(p. 22-23)*.

Russell Falls, Mount Field National Park

MONTAGNES

D'imposants reliefs sculptés jadis par des glaciers dominent le sud-ouest de l'île, dont la Cradle Mountain (montagne du Berceau) devenue un symbole de l'État. À l'est s'élèvent les cinq sommets isolés du Walls of Jerusalem National Park. Au sud, le Mount Field National Park protège une superbe région de lacs glaciaires et de forêts d'eucalyptus. On y pratique le ski en hiver.

Le bêtre austral à feuilles caduques (nothofagus gunnii) *pare à l'automne les montagnes de couleurs spectaculaires.*

La Cradle Mountain dominant un lac glaciaire

Le wallaby de Bennet (macropus rufogriseus) *endémique des régions montagneuses de Tasmanie ne se montre guère qu'à l'aube et au crépuscule.*

LITTORAL

Jalonnée de baies abritées et de plages agréables, la côte orientale jouit d'un climat souvent doux et la pêche y est une activité importante. À l'ouest, en revanche, les vents de tempête qui parcourent sans obstacle depuis l'Amérique du Sud la partie de l'océan Austral proche de 40° de latitude sud (surnommée les 40e rugissants) viennent cingler un littoral rocheux et désert où de nombreux navires firent naufrage.

Le diable de Tasmanie (sarcophilus harrisii) *fait partie des trois seules espèces de marsupiaux carnivores qui habitent l'île.*

Les banksies comptent de nombreuses variétés, dont la banksia serrata et la banksia marginata. Elles se distinguent par leurs cosses de graines.

Côte découpée de la Tasman Peninsula

◁ **Couleurs d'automne dans la Pine Valley, Cradle Mountain Lake St Clair National Park**

La Franklin Lower Gordon Wild River

COURS D'EAU

Le sud-ouest de la Tasmanie renferme des rivières très appréciées des adeptes du rafting. Inscrite au Patrimoine mondial de l'Unesco et protégée par le Franklin-Gordon Wild Rivers National Park, la Franklin River est la dernière rivière d'Australie sans barrage. Longue de 120 km, elle connaît des moments d'apaisement mais prend souvent des allures torrentielles en traversant gorges, landes et forêts pluviales.

Les pins de Huon (lagarostrobus franklinii) *qui poussent dans le sud-ouest et le long de la Franklin-Gordon River sont très recherchés pour leur résistance au pourrissement. Certains ont plus de 2 000 ans.*

La truite de rivière (salmo trutta), *une espèce implantée appréciée des pêcheurs, abonde dans les lacs et rivières de Tasmanie.*

Le quoll (dasyurus viverrinus) *prospère dans les vastes forêts de Tasmanie où il n'a pas à craindre les renards.*

DÉFENSE DE L'ENVIRONNEMENT DE TASMANIE

Un climat inhospitalier, un terrain accidenté et des sous-bois impénétrables ont contribué à garder sauvage une grande partie de la Tasmanie. Bien que la région, aujourd'hui inscrite au Patrimoine mondial, ait connu une longue présence humaine puisqu'elle renferme des sites aborigènes vieux de 30 000 ans, elle a abrité de faibles populations. La première véritable menace n'est apparue qu'à la fin des années soixante quand le programme de développement hydroélectrique du gouvernement de l'État a entraîné la submersion du Lake Pedder. Vingt ans plus tard, il fallut une intervention du gouvernement fédéral pour empêcher le barrage de la Franklin River. Le tourisme aussi met en danger la nature, ainsi est-il déconseillé d'accéder à certains sites trop fragiles pour résister au passage de visiteurs.

Badges écologistes

La lutte contre le barrage *de la Franklin River, qui donna lieu à des manifestations au début des années quatre-vingt, devint un enjeu national. Elle entraîna également l'entrée des Verts au Parlement d'État.*

LA TASMANIE

*D*es terres émergées reliaient la Tasmanie au continent quand les Aborigènes l'atteignirent il y a 35 000 ans, mais l'élévation des eaux créa le détroit de Bass à la fin de l'ère glaciaire. D'abord baptisée Terre de Van Diemen d'après un gouverneur des Indes orientales hollandaises, l'île prit en 1856 le nom du premier explorateur européen à y avoir débarqué : Abel Tasman.

Malgré sa petite taille, la Tasmanie abrite des paysages très divers, aussi bien des montagnes creusées de lacs d'origine glaciaire que des forêts denses et des collines verdoyants. Elle renferme l'une des trois dernières grandes forêts tempérées qui subsistent dans l'hémisphère Sud et des espèces végétales et animales inconnues ailleurs, dont le féroce diable de Tasmanie, un marsupial carnivore. Un cinquième de son territoire est inscrit au Patrimoine mondial de l'Unesco *(p. 22-23)* et ses électeurs ont fait entrer au Parlement le premier parti écologiste du monde, les « Tasmanian Greens ».

La population aborigène de Tasmanie était presque entièrement exterminée à l'arrivée des européens au XIXe siècle.

Les Aborigènes ont laissé de nombreuses peintures rupestres, et si certains sites restent sacrés et fermés aux visiteurs, d'autres, telles les falaises autour de Woolnorth, permettent à tous d'admirer cet art empreint de spiritualité.

Beaucoup d'immeubles du XIXe siècle encore intacts témoignent de l'histoire des premiers Européens sur l'île. La fondation de Hobart, la capitale d'État, remonte à 1804, ce qui en fait le deuxième pôle urbain créé en Australie. Son développement reposa beaucoup sur la force de travail des bagnards envoyés sur l'île par dizaines de milliers jusqu'en 1853.

Avec une population d'un peu moins de 500 000 habitants, la Tasmanie se présente aujourd'hui comme un paradis pour les amoureux de la nature, les randonneurs et les pêcheurs. Nombre de ses villes, telles Richmond et Launceston, offrent des bases confortables qui permettent de partir à la découverte de paysages naturels préservés. Elles sont également dignes d'intérêt pour les édifices historiques qu'elles conservent.

Battery Point, quartier historique du port de Hobart

◁ **Lac de montagne dans le Walls of Jerusalem National Park**

À la découverte de la Tasmanie

Si la Tasmanie est indéniablement australienne, elle possède un climat et des paysages différents de ceux du continent. En effet, les 300 km du détroit de Bass mettent l'île à une latitude où elle reçoit d'importantes précipitations et qui, en l'isolant, ont permis l'apparition d'espèces végétales et animales spécifiques. 40 % des Tasmaniens habitent la capitale d'État, Hobart, et l'agriculture occupe un peu plus du quart du territoire. D'immenses espaces restent vierges ou peu peuplés et la Tasmanie, dans son ensemble, se prête parfaitement à un séjour reposant dans un cadre rural ou naturel.

Chutes des Nelson Falls, Franklin-Gordon Wild Rivers National Park

Voiliers au Constitution Dock, Hobart

STANLEY

17 WOOLNORTH

15

B21

SMITHTON

MARRAWAH

A2

Arthur River

A2

BURNIE

14

DEVONP

WARATAH

ROSEBERY

ZEEHAN

Océan Austral

CRADLE MOUNTAIN LAKE ST CLAIR NATIONAL PARK

18

A10

QUEENSTOWN

L. St

STRAHAN

20 FRANKLIN-GORDON WILD RIVERS NATIONAL PARK

19 MACQUARIE HARBOUR

MOUNT FIE NATIONAL PA

La Gor

La Peda

SOUTHWI NATIONA PARK

KING ISLAND

0   15 km

16 KING ISLAND

B25

KING ISLAND

TASMANIA

0   25 km

VOIR AUSSI

• *Hébergement* p. 490-491

• *Restaurants* p. 522-523

CIRCULER

La circulation est rarement un problème sur cette petite île et chaque touriste peut se déplacer sans grande difficulté. Tandis que les villes principales sont reliées par de grandes routes ou rapides autoroutes, quelques-uns des plus beaux paysages se situent le long des petits chemins. Une voiture est recommandée, mais des cars circulent entre la plupart des villes et jusqu'à certains des sites naturels.

FLINDERS ISLAND

SITES D'UN COUP D'ŒIL

Ben Lomond National Park **9**
Bicheno **7**
Bothwell **4**
Bruny Island **22**
Burnie **14**
Cradle Mountain Lake St Clair National Park **18**
Devonport **13**
Flinders Island **11**
Franklin-Gordon Wild Rivers National Park **20**
Freycinet National Park **6**
Hadspen **12**
Hobart p. 448-449 **1**
King Island **16**
Launceston **10**
Macquarie Harbour **19**
Mount Field National Park **21**
New Norfolk **3**
Oatlands **5**
Port Arthur p. 458-459 **23**
Richmond **2**
Ross **8**
Stanley **15**
Woolnorth **17**

LÉGENDE

≈	*Highway*
▬	Route principale
▭	Route secondaire
▬	Parcours pittoresque
⌒	Cours d'eau
⁂	Point de vue

Détroit de Bass

GEORGE TOWN
SCOTTSDALE
MOUNT WILLIAM NATIONAL PARK
LORAINE
LAUNCESTON **10**
NGFORD **12** HADSPEN
St MARYS
BEN LOMOND NATIONAL PARK **9**
DOUGLAS APSLEY NATIONAL PARK
Great Lake
Arthurs Lake
CAMPBELL TOWN
BICHENO **7**
ROSS **8**
SWANSEA **6** FREYCINET NATIONAL PARK
OATLANDS **5**
Mer de Tasman
BOTHWELL **4**
NEW NORFOLK
RICHMOND **2**
MARIA ISLAND NATIONAL PARK
HOBART **1**
SOREL
HUONVILLE
PORT ARTHUR **23**
BRUNY ISLAND **22**
SOUTHPORT

Wineglass Bay dans le Freycinet National Park

Hobart ●

Cabine téléphonique

L a capitale de la Tasmanie s'étage sur sept collines entre l'embouchure de la Derwent River et le sommet du Mount Wellington (1 271 m). Deuxième ville fondée en Australie, elle a conservé un riche patrimoine architectural. Comme Sydney, Hobart occupe une baie superbe et reste tournée vers l'océan : les quais qui bordent la Sullivan's Cove jusqu'au pittoresque village colonial de Battery Point demeurent au cœur de la vie sociale de la cité. Ils sont situés à quelques pas du quartier des affaires et de ses édifices anciens.

Vue générale de Hobart et de ses quais sur la Derwent River

⊞ Constitution Dock
Davey St.
Principal lieu d'amarrage des bateaux de pêche et de plaisance de Hobart, le quai de la Constitution sert aussi de ligne d'arrivée à la célèbre régate Sydney-Hobart. Partis le 26 décembre, la plupart des participants l'atteignent à temps pour fêter le jour de l'an *(p. 37)*.

En bordure du centre-ville, le quai jouxte Wapping, quartier tombé dans la décrépitude et qui a été réhabilité, à l'instar des vieux entrepôts réaménagés pour abriter des cafés et des restaurants. Citons notamment The Drunken Admiral (l'Amiral ivre), décoré d'une collection hétéroclite d'objets liés à la navigation.

⊞ Parliament House
Salamanca Place. **(** *(03) 6233 2200.*
○ *lun.-ven.* ● *jours fériés.* 🔥 ✔
les jours sans sessions.
Occupé à l'origine par les services douaniers, le Parlement construit entre 1835 et 1841 par des forçats sur les plans de l'architecte colonial John Lee Archer est un des plus

vieux édifices publics de Hobart. Des visites guidées permettent de découvrir la salle de l'Assemblée et les caves.

🏛 Tasmanian Museum and Art Gallery
40 Macquarie St. **(** *(03) 6211 4177.*
○ *t.l.j.* ● *ven. saint, 25 avr., 25 déc.* 🔥 ✔
Ce bâtiment de 1863 dessiné par Henry Hunter, artiste colonial renommé, abrite une intéressante collection de vieilles gravures et peintures représentant la Tasmanie, ainsi que des objets aborigènes et des plantes indigènes.

⊞ Theatre Royal
29 Campbell St. **(** *(03) 6233 2299.*
Auditorium ○ *lun.-sam.* ● *jours fériés.* ✎ *pour les spectacles seul.*
🔥 ✔
Édifié en 1837, le plus vieux théâtre d'Australie est aussi, de l'avis d'éminents acteurs, l'un des plus charmants avec son décor soigneusement restauré après un incendie survenu dans les années soixante.

⊞ Criminal Courts et Penitentiary Chapel
6 Brisbane St. **(** *(03) 6231 0911.*
○ *t.l.j.* ● *ven. saint, 25 déc.* ✎ ✔
La proximité de l'ancienne cour d'assises et de la chapelle du pénitencier rappelle le lien étroit qui unissait justice et services de détention à l'époque coloniale. Le complexe comporte aussi des passages souterrains et des cachots.

⊞ Salamanca Place
Construits dans la première moitié du XIXᵉ siècle, ces entrepôts en grès bordant une place ombragée par des platanes abritèrent les premières industries de la jeune colonie : moulin à farine, fonderie et même fabrique de confiture.

Ils ont été restaurés et accueillent aujourd'hui des boutiques d'artisanat, des antiquaires et des bouquinistes. Le Salamanca Arts Centre comprend des ateliers d'artistes, un théâtre et des galeries d'exposition. Le quartier renferme aussi certains des meilleurs pubs, cafés et restaurants de Hobart *(p. 522-523)*. Il devient

Marché du samedi sur Salamanca Place

particulièrement animé le samedi matin pour le marché qui se tient sur la place.

⚐ Battery Point

(*(03) 6223 7570 pour les visites historiques.*

Ce promontoire au sud des docks occupe une position stratégique à l'embouchure de la Derwent River. Il reçut d'ailleurs en 1818 une batterie de canons destinée à repousser d'éventuels envahisseurs. L'ancien corps de garde se trouve désormais dans un parc verdoyant à quelques minutes à pied de Hampden Road, rue bordée de magasins d'antiquités, de galeries d'art, de salons de thé et de restaurants.

Cloche, Maritime Museum

Le quartier, où s'installèrent des notables, au début de la colonie, puis des marins, des marchands et des artisans, conserve le charme d'un village et présente, avec ses cottages, ses pubs et ses demeures victoriennes, un aspect qui a peu changé depuis le XIXᵉ siècle. Hobart Heritage Walks propose des tours quotidiens à 9 h 30 au départ du Visitors Centre.

🏛 Maritime Museum

Angle de Davey St et Argyle St. **(** *(03) 6234 1427.* ◯ *t.l.j.* ● *ven. saint, 25 déc.* ⚑ &

Installé dans le Carnegie Building, anciennement la Hobart Public Library, le Musée maritime possède une intéressante collection de souvenirs, de maquettes, de manuscrits et de récits de voyage. De riches archives photographiques sur l'histoire maritime de la Tasmanie la complètent.

⚐ Castray Esplanade

Promenade aménagée au XIXᵉ siècle le long de l'estuaire de la Derwent River, Castray Esplanade reste l'un des sites de balade les plus agréables de la ville. Depuis une

MODE D'EMPLOI

Hobart. 🏠 *195 000.*
✈ *20 km au N.-E. de la ville.*
🚌 *Tasmanian Red Line Coaches, Transit Centre, 199 Collins St.*
ℹ *20 Davey St (03) 6230 8233.*
🚩 *Régate Sydney-Hobart (26-29 déc.).*

rénovation réussie, les Commissariat Stores abritent des cabinets d'architecture et des galeries d'art telles que la cosmopolite Sidewalk Gallery.

⚐ Van Dieman's Land Folk Museum

103 Hampden Rd, Battery Point.
(*(03) 6234 2791.* ◯ *10 30-17 h, mar.-ven., 14 h-17 h sam. et dim.*

Situé dans une élégante maison géorgienne de 1836 appelée Narryna, à Battery Point, ceci est le plus vieux musée d'arts et traditions populaires d'Australie. Le joli terrain fait un bel arrière-plan à cette impressionnante collection de vestiges des premiers pionniers de Tasmanie.

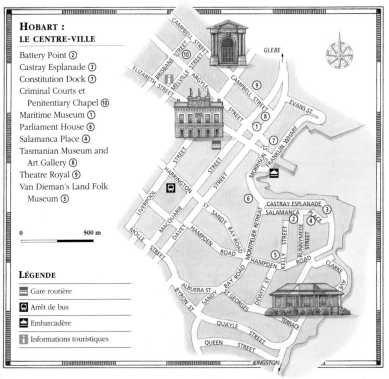

HOBART :
LE CENTRE-VILLE

0   500 m

LÉGENDE

🚌 Gare routière

🚏 Arrêt de bus

⛴ Embarcadère

ℹ Informations touristiques

Houblonnière de New Norfolk sur la Derwent River

Richmond ❷

🚶 800. 🚌 ℹ️ *Old Hobart Town, Bridge St (03) 6260 2502.*

En pleine campagne à 26 km de Hobart, ce village pittoresque occupe le centre de la première région agricole concédée à des colons libres d'Angleterre. Richmond abrite certains des plus anciens édifices d'Australie. Beaucoup furent construits par des bagnards, notamment le pont de grès (1823), la prison (1825) et la Roman Catholic Church (1834), la première église catholique édifiée dans le pays.

Devenu une destination touristique, le village abrite de nombreuses boutiques d'artisanat, installées souvent dans les maisons historiques bordant la grand-rue entre la poste élevée en 1826 et le vieux bazar.

New Norfolk ❸

🚶 5 900. 🚌 ℹ️ *Circle St (03) 6261 0700.*

En amont de Hobart, la Derwent River se dirige vers le nord puis vire à l'ouest dans une vallée où, le long de ses rives plantées de peupliers, des houblonnières et des séchoirs à houblon témoignent d'une longue tradition de brasserie.

Au centre de la vallée, à 38 km de Hobart, le bourg de New Norfolk doit son nom aux colons venus de l'île de Norfolk, dans le Pacifique, qui s'y installèrent en 1808.

Ses bâtiments anciens lui ont valu de devenir une des localités classées par le National Trust. Ils comprennent la Bush Inn ouverte en 1815, l'un des tous premiers pubs d'Australie à avoir obtenu une licence.

Maison du XIXᵉ siècle typique de Bothwell

Bothwell ❹

🚶 400. 🚌 ℹ️ *Australasian Golf Museum, Market Place (03) 6259 4033.*

Dans la Clyde River Valley, les larges rues de Bothwell suivent le cours de la rivière. La région a gardé les noms de lieux attribués par les premiers colons, des Écossais qui arrivèrent de Hobart Town en 1817 dans des chars à bœufs où ils avaient chargé leurs familles et des barils de rhum de 18 l.

Le village conserve une cinquantaine d'édifices classés. Les plus anciens datent des années 1820, tels le Castle

Le Richmond Bridge construit en grès local

Hotel, le Masonic Hall transformé en galerie d'art, la Bothwell Grange Guest House qui abrite une pension et un salon de thé et l'ancienne école occupée par l'Australasian Golf Museum. Les têtes sculptées au-dessus de la Presbyterian St Luke's Church représentent un dieu et une déesse celtes. Même le terrain de golf est historique puisque, datant des années 1820, c'est le plus vieux d'Australie.

Le village occupe le centre d'une région d'élevage de mouton qui s'étend, le long de la Lakes Highway, du sud des Midlands aux Great Lakes réputés pour la pêche à la truite. Il donne aussi accès à la Central Plateau Conservation Area, réserve protégeant la rude beauté d'un plateau qui s'élève abruptement au-dessus d'une région plate jusqu'à une altitude de 600 m.

Oatlands ❺

🏠 550. 🚌 ℹ️ *Central Tasmanian Tourism Centre, 85 High St (03) 6254 1212.*

Le gouverneur Lachlan Macquarie ordonna en 1811 le percement de la Midlands Highway destinée à relier Hobart Town *(p. 448-449)* et la colonie de Launceston *(p. 452)* en traversant du sud au nord une région qui évoquait par sa géographie et sa situation les Midlands britanniques. Des chaînes de forçats bâtirent la route, jalonnée, à partir de 1813, de postes militaires que le gouverneur baptisa de noms inspirés des îles britanniques. L'un d'eux a donné naissance à Oatlands qui devint bientôt un important relais de diligences et possède aujourd'hui 87 édifices classés. La plupart sont construits en grès local et beaucoup datent de l'époque georgienne et du début de l'ère victorienne, notamment le tribunal érigé en 1829 et St Peter's Church édifiée en 1838. Le bâtiment le plus marquant est le Oatlands Flour Mill, moulin qui resta en service jusqu'en 1890 et a été restauré pour le bicentenaire de 1988.

Coles Bay au pied des Hazards Mountains de la Freycinet Peninsula

La richesse historique de la région a valu à la Midlands Highway de recevoir récemment le surnom de Heritage Highway.

L'Oatlands Flour Mill, moulin désaffecté en 1890

Freycinet National Park ❻

🚌 *depuis Bicheno.* **Parks and wildlife station** 📞 *(03) 6257 0107.* ⏰ *9 h-17 h, t.l.j.*

Sur la côte est de Tasmanie, la longue et étroite péninsule de Freycinet porte le nom d'un explorateur français qui sillonna le Pacifique Sud à partir de 1800, notamment avec Nicolas Gaudin. Les reliefs granitiques du Hazards Mountains Range y dominent, à l'est, des plages océanes et, à l'ouest, des anses abritées. La plus grande accueille le village de pêcheurs de Coles Bay.

À la pointe de la péninsule, le Freycinet National Park renferme de nombreux sentiers qui longent le littoral et franchissent collines et lagunes. La promenade la plus populaire conduit à Wineglass Bay après une courte mais abrupte montée. La baie doit à sa forme, un croissant doré enserrant une eau bleue, son nom qui signifie « verre à vin ».

Entre Hobart et Coles Bay, la route qui longe le littoral oriental ménage de superbes paysages : falaises, criques sablonneuses et marais peuplés de cygnes noirs. Des villages comme Swansea et Orford permettent de faire étape.

Bicheno ❼

🏠 750. 🚌 ℹ️ *Tasman Hwy (03) 6375 1333.*

Bicheno forme avec Coles Bay le pôle balnéaire de la côte est de la Tasmanie et sa baie s'emplit en été de pêcheurs, de plongeurs, de plaisanciers et de véliplanchistes. La station tire sa popularité d'une situation abritée qui lui procure des températures moyennes supérieures de quelques degrés aux températures du reste de l'État.

Au nord, le plus petit parc national de l'île, le Douglas Apsley National Park fondé en 1990, protège la plus vaste forêt sèche sclérophylle de Tasmanie, des taches de forêt pluviale, des gorges, des cascades et de spectaculaires panoramas de la côte. Une randonnée de trois jours, du nord au sud, permet d'en apprécier la diversité. Le nord du parc n'est accessible qu'en voiture 4x4.

Man O'Ross Hotel au carrefour des Four Corners of Ross

Ross ❽

🚶 300. 🚉 🛈 *Tasmanian Wool Centre, Church St (03) 6381 5466.*

Au bord de la Macquarie River, Ross, comme Oatlands *(p. 451)*, était à l'origine un poste de garnison et un relais de diligence sur la Midlands Highway. Le village se trouve au cœur de la plus riche région d'élevage de mouton de Tasmanie ; la laine de ses mérinos a acquis une réputation internationale. Nombre des grandes exploitations restent aux mains des familles qui les ont créées dans les années 1820.

Principale attraction locale, le Ross Bridge, pont bâti par des bagnards en 1836, présente 186 sculptures de Daniel Herbert qui obtint le pardon de la reine pour son travail. Le bourg a pour centre le carrefour historique des Four Corners of Ross (Quatre Angles de Ross) où le

Enseigne du Man O'Ross

Man-O-Ross Hotel, l'ancienne prison, l'église et la mairie symbolisent respectivement la Tentation, la Damnation, le Salut et le Divertissement.

Ben Lomond National Park ❾

🅿 *quand pistes de ski ouvertes.* 🛈 *Gateway Tasmania Travel Centre, angle de St John St et Paterson St, Launceston (03) 6336 3133.* 🖉

Au sud-est de Launceston, entre les Midlands et la côte orientale, il faut prendre l'Esk Main Road depuis le Conara Junction sur la Heritage Highway pour atteindre le parc national du Ben Lomond. D'une superficie de 160 000 ha, il renferme l'un des deux principaux domaines skiables de l'État et le Legges Tor (1 573 m), point culminant du nord-est de la Tasmanie et deuxième sommet de l'île.

L'austère plateau qui s'étend autour offre de vastes panoramas. Peuplée de wallabies, de wombats et d'opossums, la réserve naturelle est réputée pour ses fleurs sauvages. La flore comprend aussi des plantes carnivores.

Des dizaines d'années d'exploitation forestière et minière ont dévasté les contreforts des zones montagneuses et nombre des implantations humaines, telles Rossarden et Avoca, sont tombées en déclin. Dans la South Esk Valley, la route qui longe la rivière revient sur ses pas pour atteindre le village de Fingal d'où l'on peut continuer jusqu'au hameau de St Mary's et rejoindre la Tasman Highway qui suit le littoral oriental.

Launceston ❿

🚶 67 000. ✈ 🚉 🚌 *Georgetown.* ⛴ *seulement été.* 🛈 *Gateway Tasmania Travel Centre, angle de St John St et Paterson St (03) 6336 3133.*

Deux cents kilomètres de route plate séparent Hobart de Launceston, un trajet qui durait une longue journée de diligence à l'époque coloniale. Troisième ville fondée en Australie, Launceston possède une ambiance pleine de charme grâce à ses bâtiments anciens, ses espaces verts, ses galeries d'artisanat et ses rues pentues bordées de maisons en bois. Entourée des terres agricoles de la Tamar River Valley, elle conserve

Plateau entourant la Ben Lomond Mountain dans le Ben Lomond National Park

Penny Royal World de Launceston

l'atmosphère d'un bourg rural. **Le Queen Victoria Museum and Art Gallery** a la plus grande exposition provinciale d'art colonial du pays avec une collection d'art moderne, des minéraux, des vestiges aborigènes et des forgats, la flore et la faune de la région.

Sur Paterson Street, un parc à thème, le **Penny Royal World,** réunit des moulins, ateliers et poudrière déplacés pierre par pierre de leurs sites originels. Quatorze barques emmènent les visiteurs en sous-sol pour assister à une reconstitution du processus de fabrication de la poudre au XIXᵉ siècle. Un tram restauré relie les édifices à des musées, restaurants et hôtels.

À **Cataract Gorge Reserve** vivent des oiseaux, des kangourous et d'autres animaux spécifiques à l'Australie à seulement 15 minutes à pied du centre-ville. Un télésiège, avec une très longue travée centrale offre une vue aérienne saisissante.

🏛 Penny Royal World
147 Paterson St, Launceston.
📞 (03) 6331 6699. ⏰ 9 h-16 h 30, t.l.j. 🔴 2 sem. en juil.-août (dates variables) 25 déc. 🏷 🔳 limité.

🏛 Queen Victoria Museum and Art Gallery
Welllington St, Launceston.
📞 (03) 6323 3777. ⏰ 10 h-17 h, lun.-sam. ; 14 h-17 h, dim. 🔴 ven. saint, 25 déc. 🔳

AUX ENVIRONS
Dans les années 1830, la riche région agricole des Norfolk Plains appartenait pour une grande part à de puissants colons qui avaient bénéficié de concessions. La petite ville de **Longford** abrite, outre de pittoresques auberges et églises historiques, la plus grande concentration de demeures coloniales de l'État. Des visites guidées en parcourent certaines, dont Woolmers et Brickendon.

Oies du Patriarch Sanctuary sur Cape Barren Island

Flinders Island ⓫

✈ depuis Launceston, Melbourne.
⛴ depuis Launceston, Bridport.
ℹ Gateway Tasmania Travel Centre, angles de St John St et Paterson St, Launceston (03) 6336 3133.

Prolongeant la pointe nord-est de la Tasmanie dans le détroit de Bass, Flinders Island, nommée d'après l'explorateur anglais Matthew Flinders, est la plus importante des 52 îles de l'archipel de Fuveaux, le dernier vestige de la langue de terre qui reliait la Tasmanie au continent australien pendant l'ère glaciaire.

Entre 1829 et 1834, le révérend George Augustus Robinson obtint de l'administration britannique le droit d'y déporter les 135 derniers Aborigènes de Tasmanie afin de les « sauver » en les convertissant au christianisme. Mais maladies et désespoir les décimèrent jusqu'en 1847 où, devant l'échec manifeste du projet, les 47 survivants furent transférés à Oyster Cove, un site sacré aborigène au sud de Hobart.

L'île compte aujourd'hui un millier d'habitants et de nombreux visiteurs viennent y pratiquer la randonnée dans des espaces protégés, notamment le Strezelecki National Park. La plongée est pratiquée sur les côtes nord et ouest. Au large du littoral méridional, Cape Barren Island abrite le Patriarch Sanctuary, une réserve naturelle d'oies sauvages.

Des avions desservent Flinders Island depuis Launceston et Melbourne. Vous pouvez également faire une traversée agréable avec *Matthew Flinders* depuis Launceston et la petite ville côtière de Bridport.

L'Entally House à Hadspen

Hadspen ⑫

🏠 *1 350.* 🚌 ℹ️ *Gateway Tasmania Travel Centre, angle de St John et Paterson St, Launceston (03) 6336 3133.*

Entre Longford et Deloraine à l'ouest de Launceston, la Bass Highway traverse une région rurale riche en localités historiques au pied des Great Western Tiers Mountains. Rang pittoresque de cottages et d'édifices de style georgien, dont un relais de poste de 1845, Hadspen est particulièrement réputé pour l'**Entally House.**

Mobilier d'époque de l'Entally House

Cette splendide demeure construite en 1820 à l'ouest du village, au bord de la South Esk River, possède sa propre chapelle et son écurie et renferme des voitures à cheval et un somptueux mobilier du XIXᵉ siècle.

🏛 Entally House
Old Bass Hwy, par Hadspen. 📞 *(03) 6393 6201.* ⏰ *t.l.j.* ● *ven. saint, 25 déc.* 📷 ♿

Devonport ⑬

🏠 *23 000.* ✈️ 🚌 🚆 ⛴️
ℹ️ *Devonport Visitor Centre, 92 Formby Rd (03) 6424 4466.*

Nommée d'après le comté anglais du Devon, la troisième ville de Tasmanie occupe sur le détroit de Bass une position stratégique à l'embouchure de la Mersey River. Un kilomètre d'espaces verts sépare le centre de l'imposant promontoire du Mersey Bluff où se dresse un phare érigé en 1889. Sur la route qui y conduit, des peintures rupestres marquent l'entrée du Centre culturel et artistique aborigène de Tasmanie. Également appelé **Tiagarra** (« garder »), il conserve une collection de plus de 2 000 objets anciens.

Quatre fois par semaine, le *ferry Spirit of Tasmania* relie Devonport à Melbourne en une nuit. Dotée en outre d'un aéroport, Devonport offre une bonne base pour explorer le nord de l'île. La vieille route qui longe la côte au nord-ouest ménage des panoramas de l'océan.

🏛 Tiagarra
Mersey Bluff, Devonport. 📞 *(03) 6424 8250.* ⏰ *9 h-17 h, t.l.j.* ● *ven. saint, 25 déc.* 📷 ♿

Burnie ⑭

🏠 *16 000.* ✈️ 🚌 🚆 ℹ️ *Civic Square Precinct (03) 6434 6111.*

À quelque 50 km à l'ouest de Devonport sur la côte nord, la quatrième ville de Tasmanie, fondée en 1829, conserve le long de ses rues principales d'élégants édifices du XIXᵉ siècle ornés de ferronneries. Jusqu'à récemment, la richesse de Burnie venait de l'industrie de pâte à papier. Une des plus importantes entreprises était l'Associated Pulp and Paper Mills, établie ici en 1938. Ces derniers temps, la ville a perdu son caractère industriel malgré quelques survivants.La fromagerie Lactos, maintes fois primée pour ses fromages de style suisses et français, organise des visites guidées et des dégustations.

La région, au bord d'Emu Bay, recèle de nombreuses forêts, falaises riches en fossiles, cascades et gorges. Des ornithorynques se montrent souvent au Fern Glade, jardin situé à 3 km du centre de Burnie. Le Round Hill offre une belle vue.

Télésiège de Stanley

Stanley ⑮

🏠 *470.* 🚌 ℹ️ *The Nut Chairlift, Browns Rd (03) 6458 1286.*

Au pied du promontoire volcanique baptisé Circular Head (Tête circulaire) et surnommé la Noix (The Nut) par la population locale, le village de pêcheurs de Stanley abrite d'excellents *bed-and-breakfasts* et restaurants *(p. 523).* Un télésiège conduit au sommet de la spectaculaire formation rocheuse haute de 152 m.

Bordée de cottages et d'édifices en pierre datant des années 1840, la rue principale rejoint le quai. Non loin, la **Highfield House** abritait le siège de la Van Diemen's Land Company fondée en 1825, une société anglaise qui obtint une vaste concession agricole dans la région. On peut visiter la demeure du contremaître et son jardin.

🏠 Highfield House
Greenhills Rd, par Stanley. 📞 *(03) 6458 1100.* 🕐 *sept.-mai : 9 h-17 h, t.l.j. ; juin-août : 9 h-13 h.* 📷

King Island ⓰

🗙 🛈 *Tasmanian Travel and Information Centre, angle de Davey St et Elizabeth St, Hobart (03) 6230 8233.*

Au large de la côte nord-ouest de Tasmanie, King Island, peuplée, entre autres, de puffins et d'éléphants de mer, séduit de nombreux amoureux de la nature. L'île est appréciée aussi par les plongeurs qui viennent ici pour les nombreuses épaves qui reposent dans les eaux proches. Le fromage, la viande de bœuf et les crustacés ont également fait sa réputation.

Woolnorth ⓱

Par Smithton. 🛈 *(03) 6452 1493.* 📷 *obligatoire.*

La Van Diemen's Land Company n'a conservé de sa concession que l'immense domaine d'élevage qui s'étend en bordure de Smithton. Les quatre derniers tigres de Tasmanie se firent prendre en 1908 à Woolnorth. Il faut réserver à l'avance

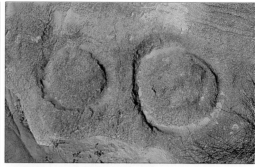

Gravures rupestres aborigènes à Woolnorth

la visite d'une journée de la propriété qui inclut un déjeuner au bœuf local ainsi qu'une visite à Cape Grim, connu pour avoir l'air le plus pur au monde.

Cradle Mountain Lake St Clair National Park ⓲

🚌 *Cradle Mountain, Lake St Clair.* 🛈 *Cradle Mountain (03) 6492 1110 (navette de l'entrée aux sites, à réserver) ; Lake St Clair (03) 6289 1172.* 📷 ♿

La silhouette caractéristique de la Cradle Mountain est devenue un symbole de la Tasmanie. Le parc national qui renferme ce sommet, le troisième de l'île avec une altitude de 1 560 m, possède une superficie de 161 000 ha et s'étend jusqu'au Lake St Clair, le lac le plus profond d'Australie, 80 km plus au sud.

Inscrite au Patrimoine mondial de l'Unesco, la réserve naturelle protège aussi la plus haute cime de Tasmanie : le Mount Ossa (1 617 m). Elle doit sa fondation, en 1922, à l'autrichien Gustav Weindorfer qui tomba amoureux de la région et finit par s'y installer. Sa demeure, le Waldheim Chalet, abrite un pavillon d'histoire.

À Ronny Creek se trouve le bureau d'inscription aux randonneurs décidés à prendre l'Overland Track. Ce sentier pédestre renommé traverse de somptueux paysages : forêt pluviale, landes, prairies et gorges ponctuées de cascades. Il faut compter environ cinq jours et prévoir une tente au cas où les refuges, publics et privés, seraient complets.

Les fleurs sauvages, en été, et les hêtres austraux à feuilles caduques *(p. 442)*, en automne, parent la montagne de riches couleurs.

La Cradle Mountain se découpant derrière le Lake St Clair

Franklin-Gordon Wild Rivers National Park ⑳

🚗 *Strahan.* ℹ️ *Strahan (03) 6471 7122.*

D'une superficie de 442 000 ha, ce parc national inscrit au Patrimoine mondial de l'Unesco *(p. 22-23)* s'étend autour du Macquarie Harbour. Il protège les bassins de la Franklin et de la Gordon, régions de montagnes creusées de profondes gorges qui drainent les fortes précipitations apportées par les vents de l'océan Austral. Les rivières y restent indomptées grâce à l'arrêt, obtenu en 1983 sous la pression des écologistes, d'un projet d'aménagement hydroélectrique de la région.

La réserve naturelle, où des cimes en quartzite s'élèvent au-dessus de vastes forêts pluviales tempérées, abrite une flore unique dominée par des arbres à bois d'œuvre comme le pin King William et le pin de Huon.

La manière simple de visiter ce parc sans beaucoup de sentiers est en bateau depuis Strahan. Le Wild Way est un sentier qui relie Hobart et la côte ouest. Des sentiers pédestres relativement courts en partent à travers la jungle. Les parcours de randonnée plus longs, tel celui qui mène au Frenchmans Cap en cinq jours, demandent une bonne

Temps calme au Macquarie Harbour

Macquarie Harbour ⑲

🚗 *Strahan.* ℹ️ *Strahan (03) 6471 7622.*

Le littoral occidental de l'île reçoit de plein fouet les vents violents qui parcourent sans obstacle l'océan Austral depuis l'Argentine ; ils ont valu à cette partie de l'hémisphère le surnom de « Quarantièmes rugissants ». Pendant des milliers d'années, seuls quelques Aborigènes réussirent à survivre dans cet environnement hostile, mais la découverte de la baie de Macquarie permit en 1821 la création d'une colonie pénitentiaire sur Sarah Island.

Le nom donné à la sortie du port naturel, les Portes de l'enfer, évoque bien la violence des éléments que devaient affronter les marins et les forçats. Naufrages, noyades, suicides et meurtres jalonnèrent la courte histoire du centre de détention, abandonné en 1833 au profit de Port Arthur *(p. 458-459)*. Une promenade guidée depuis Strahan permet d'en découvrir les ruines.

Strahan s'est développé à travers l'industrie du bois, travail exécuté par les bagnards.

Au début des années quatre-vingt, le village devint un centre de ralliement pour les opposants au projet de submersion de la Franklin River au profit d'un projet hydro-électrique. Une exposition fascinante au Visitor centre retrace l'histoire de cette manifestation écologique, la plus connue en Australie.

Aujourd'hui Strahan est la plus jolie ville de Tasmanie avec des vieux bâtiments en bois, un port pittoresque et en toile de fond des montagnes et une brousse dense. La dernière attraction est le chemin de fer restauré de 1896, de 35 km de long, qui mène jusqu'à Queenstown, un ancien village aurifère.

Le Frenchman's Cap couronné de quartzite au-dessus des forêts du Franklin-Gordon Wild Rivers National Park

Paysage de rêve sur Bruny Island

condition physique et un équipement approprié.

La principale attraction du parc demeure la descente en rafting de la Franklin River. À moins de posséder une grande expérience, mieux vaut s'adresser à une des agences spécialisées qui proposent des excursions d'une ou deux semaines. Les vestiges archéologiques de la Kutikina Cave datent de l'ère glaciaire.

Russell Falls du Mount Field National Park

Mount Field National Park ㉑

🅿 🛈 (03) 6288 1149. ♿

Par la Maydena Road, à peine plus de 70 km séparent Hobart du Mount Field National Park fondé en 1916, ce qui permet de partir pour des excursions d'une journée le long de chemins bien entretenus traversant diverses flores tasmaniennes.

Le sentier le plus court est aussi celui qui connaît le plus de succès. Il commence juste après l'entrée du parc et conduit au sein de la forêt pluviale jusqu'à la cascade des Russell Falls. À 15 km de l'entrée, il faut gravir une abrupte allée gravillonnée pour atteindre le parc de stationnement du Lake Dobson. Plusieurs courtes promenades en partent, ainsi que des randonnées d'une journée. Le trajet de 10 km qui mène à la Tarn Shelf (Saillie du lac glaciaire) est particulièrement beau en automne quand les hêtres à feuilles caduques parent de rouge et d'orange vallées et montagnes. Des sentiers plus longs permettent de rejoindre le Mount Field West et le Mount Mawson apprécié en hiver pour le ski de fond et le ski de piste.

Truganini, dernière Aborigène de l'île

Bruny Island ㉒

🅿 jusqu'à Kettering, lun.-ven. 🚢 depuis Kettering. 🛈 Bruny D'Entrecasteaux Visitors' Centre, terminal des ferries, Kettering (03) 6267 4494.

À courte distance de Hobart, la Huon Valley et la rive du D'Entrecasteaux Channel se prêtent aussi bien à une escapade de quelques heures qu'à un séjour plus long. Cent

kilomètres séparent la capitale et la ville la plus au sud de Tasmanie, Southport. Le trajet est jalonné par de jolis bourgs entourés de pommiers comme Huonville, le plaisant port de pêche de Dover et les reliefs boisés et creusés de défilés du Hartz Mountains National Park. De l'autre côté du chenal, Cygnet possède de belles plages au milieu de vergers et de vignobles.

À 40 minutes en voiture de Hobart, un *ferry* assure depuis le port de plaisance de Kettering des liaisons régulières avec Bruny Island. Nommée d'après le chevalier Antoine de Bruny d'Entrecasteaux qui explora la région en 1792, celle-ci comprend en fait deux îles reliées par un isthme étroit. Une demi-heure de route seulement sépare le débarcadère du nord des villages du sud : Adventure Bay et Alonnah.

Un temps habitée par des pêcheurs de baleine, Bruny Island est aujourd'hui un paradis pour les pêcheurs et les amoureux des oiseaux. Plages, lagunes et baies abritées s'y prêtent à la baignade comme à la promenade en dromadaire. Des sentiers fléchés sillonnent plusieurs réserves naturelles.

Le dernier Aborigène de sang pur de Tasmanie, la princesse Truganini, mourut en 1876.

Port Arthur ㉓

Menottes du musée de Port Arthur

L a colonie pénitentiaire créée en 1830 sur la péninsule de Tasman recevait les criminels récidivistes. Alors que la déportation depuis le continent cessa en 1853, le centre de détention ne ferma qu'en 1877. Douze mille hommes avaient alors fait un séjour dans cette institution considérée comme la plus dure de son genre dans l'Empire britannique. Les châtiments infligés aux récalcitrants comprenaient l'incarcération dans une « prison modèle » où ils restaient dans un complet isolement censé aider à une « réforme morale ». Victime de plusieurs incendies après son abandon et restaurée de 1979 à 1986, la colonie de Port Arthur, d'une superficie de 40 ha, est devenue l'attraction touristique la plus populaire de Tasmanie.

Commandant's House
Meublée dans le style du début du XIXe siècle, cette maison fut une des premières construites à Port Arthur.

Le sémaphore
et ses bras articulés permettaient d'envoyer des messages au reste de la péninsule et à Hobart.

La Guard Tower, une tour de guet érigée en 1835, prévenait les évasions et les vols dans le magasin d'intendance qu'elle dominait.

Vers le cimetière de l'Isle of Dead

JETTY ROAD

0   50 m

★ Le pénitencier
Ce bâtiment, probablement le plus grand d'Australie à l'époque où il fut construit, en 1844, abritait un moulin et son grenier à grain. Après l'aménagement de dortoirs et de cellules en 1857, il accueillit presque 500 prisonniers.

À NE PAS MANQUER

★ **La Model Prison**

★ **Le pénitentier**

L'hôpital
Achevé en 1842, l'hôpital de la colonie
pénitentiaire comprenait quatre salles de 18 lits.
La cuisine et la morgue, appelée « chambre des
morts », se trouvaient en sous-sol.

Le Paupers'Mess était le réfectoire
des prisonniers pauvres.

MODE D'EMPLOI

Hwy A9. *(03) 6250 2363.*
○ 8 h 30-20 h 30, t.l.j.

**Musée
et café**

L'asile
En 1872, plus de cent
bagnards aliénés ou séniles
y vivaient. À la fermeture de
la colonie, il abrita l'hôtel de
ville de Port Arthur. L'édifice
accueille maintenant un
musée et un café.

★ La Model Prison

Les prisonniers punis étaient
enfermés dans les cellules de
la « prison modèle » inspirée de
la Pentonville Prison de Londres
et terminée en 1852. Ils vivaient
dans le silence et étaient appelés
par des numéros.

**Trenthan
Cottage**

L'église
Construite en 1836,
l'église néo-gothique ne
fut jamais consacrée car
on y célébrait tous les rites
chrétiens. Un incendie la
ravagea en 1884, mais ses
ruines sont maintenant
entretenues.

**Le Government
Cottage** fut construit
en 1853. Il servait de
résidence aux visiteurs
de marque.

LES BONNES ADRESSES

HÉBERGEMENT

L'Australie offre une grande variété d'hébergements qui reflètent la taille du pays, sa diversité et son nouveau statut de grande destination touristique : *resorts* (complexe hôtelier proposant de nombreuses activités sportives) de style tropical, hôtels de luxe et *boutique hotels* dans les villes, *lodges* (hébergement dans une ambiance familiale), gîtes de mon-

Portier d'un hôtel de Sydney

tagne, baraques des tondeurs de moutons aménagées en hôtels dans les grands élevages, *bed-and-breakfast* dans les cottages coloniaux, locations meublées, auberges de jeunesse, péniches et naturellement toutes les chaînes hôtelières internationales. Des établissements adaptés à toutes les bourses sont décrits en détail des pages 466 à 491.

La façade Art déco de l'hôtel Criterion à Perth *(p. 480)*

LE CLASSEMENT DES HÔTELS ET LES SERVICES

L'Australie ne possède aucun système de classification officiel à l'échelon national. Le nombre d'étoiles ne correspond à aucune norme établie. Dans chaque État, des automobile-clubs, un office de tourisme et des bureaux d'information locaux publient leurs propres classements qui sont une bonne indication des catégories et des services.

Les hôtels et motels sont presque tous climatisés l'été et chauffés l'hiver. Les chambres ont en général télévision, radio, mini-bar et tout le nécessaire pour faire du thé ou du café. Elles ont toujours une salle de bains privée, mais si vous désirez une baignoire, précisez-le, car les douches sont plus répandues. Pour les chambres doubles, indiquez votre préférence pour un grand lit ou deux lits jumeaux. Les hôtels de luxe ont souvent une piscine, une salle de sport, un bar ou un restaurant.

LE PRIX DES HÔTELS

Le prix des hébergements est régi par l'emplacement et les services proposés. La suite présidentielle d'un hôtel de luxe peut atteindre plusieurs milliers de dollars alors qu'un lit dans un hôtel pour *backpackers* (routards) coûtera moins de 20 $A. Les motels bon marché et la majorité des *bed-and-breakfast* se situent dans la fourchette 50-100 $A. Les prix sont parfois légèrement

majorés en haute saison mais des tarifs réduits sont souvent pratiqués en basse saison.

LES RÉSERVATIONS

Les hôtels sont de plus en plus fréquentés, surtout dans les capitales d'État et les stations balnéaires du Queensland, avec un pic critique lors des grandes manifestations sportives et culturelles *(p. 36-39)*. Il est donc recommandé de réserver le plus tôt possible.

Les offices de tourisme des États peuvent effectuer vos réservations ou vous guider dans votre choix. La plupart des grandes compagnies aériennes desservant l'Australie proposent des forfaits à prix réduits *(p. 542-545)*.

LES ENFANTS

Visiter l'Australie avec des enfants est relativement aisé. Les chambres familiales sont en général équipées d'un petit lit ou d'un berceau, et souvent proposées sans supplément. La plupart des

L'hôtel Hyatt près du Triangle parlementaire à Canberra *(p. 472)*

L'architecture victorienne chamarrée de l'hôtel Vue Grand à Queenscliff *(p. 488)*

grands hôtels proposent un service de baby-sitting, et dans les petits établissements on veillera volontiers sur le sommeil d'un enfant pendant le dîner des parents.

Dans certaines auberges, enfants ne sont pas acceptés.

Le Conrad International à Brisbane *(p. 473)*

LES PERSONNES HANDICAPÉES

Les normes australiennes de construction ou de rénovation obligent à rendre les bâtiments accessibles aux handicapés, mais il est préférable de s'en assurer.

LES HÔTELS ET LES *RESORTS* DE LUXE

Dans les capitales des États, le choix d'hôtels de luxe est très large. Des chaînes internationales bien connues comme **Hyatt**, **Hilton**, **Regent**, **Sheraton** et **Inter-Continental** voisinent avec des établissements locaux comme le **Windsor** à Melbourne *(p. 485)*.

Les principales destinations touristiques regorgent de *resorts* de bord de mer.

LES CHAÎNES D'HÔTELS

Dans toutes les régions d'Australie, différentes chaînes d'hôtels et de motels proposent un hébergement fiable et confortable, bien que parfois dénué d'originalité et de cachet. Les styles et les prix sont variables, du groupe **Parkroyal** de catégorie luxe aux chaînes de motels meilleur marché comme **Flag**, **Metro Inns**, **Best Western**, **Country Comfort** et **Travelodge**. Ces hôtels sont particulièrement appréciés de la clientèle d'affaires et la plupart offrent des services de télécopie et de communications électroniques.

Vitrail chez Simpsons à Sydney *(p. 467)*

LES AUBERGES

Élégants manoirs ou simples cottages de type *bed-and-breakfast*, les auberges existent maintenant dans toute l'Australie. Contrairement aux chaînes d'hôtels, elles proposent un hébergement personnalisé et permettent de découvrir le mode de vie australien. Comme elles n'ont souvent qu'une chambre ou deux, on y séjourne dans le calme absolu, avec toutes les commodités « maison ».

Les meilleures auberges se trouvent dans les régions viticoles *(p. 32-33)*, autour des anciens terrains aurifères *(p. 50-51)* et en Tasmanie *(p. 440-459)*. L'**Australian Tourist Commission** et les offices de tourisme des États fournissent la liste actualisée des *bed-and-breaskfast* de chaque région.

La piscine couverte de l'hôtel Observatory à Sydney *(p. 468)*

Salle de réception « The Grand » au Windsor Hotel de Melbourne *(p. 486)*

LES *BOUTIQUE HOTELS*

L es *boutique hotels* en Australie offrent un hébergement de très bonne qualité dans une ambiance intime avec peu de chambres, souvent avec des prestations luxueuses.

La plupart de ces hôtels se font connaître par le bouche à oreille. L'Australian Tourist Commission et les offices de tourisme des États vous donneront volontiers des renseignements. Certains des meilleurs figurent sur les listes des pages ci-après. Les *bed-and-breakfast* sont généralement de bonne qualité allant du séjour à la ferme aux chambres dans un manoir élégant.

LES HÔTELS POUR ROUTARDS ET LES AUBERGES DE JEUNESSE

L es hôtels pour routards, toujours plus nombreux, connaissent un développement fulgurant. La plupart sont propres et confortables, bien que les normes soient très variables d'une région à l'autre.

La Fédération unie des auberges de jeunesse, connue dans le monde entier, possède aussi sa propre chaîne d'auberges aux quatre coins du pays, dans toutes les grandes villes, les stations de sports d'hiver et la plupart des parcs nationaux.

Dans certaines auberges, il faut réserver à l'avance, dans d'autres les lits sont attribués

Enseigne des auberges pour routards

dans l'ordre d'arrivée. On peu choisir appartement, chambre ou dortoir, mais ces derniers sont souvent mixtes ; renseignez-vous à l'avance.

Comme la situation évolue sans cesse, il est préférable de consulter d'autres routards pour les changements récents. On peut aussi obtenir des renseignements actualisés auprès des bureaux de tourisme des États.

Notez que, malgré son nom, la Fédération unie des auberges de jeunesse n'impose pas de limite d'âge.

LOGER DANS UN PUB

L es pubs australiens sont en général appelés hôtels parce qu'ils hébergeaient autrefois les voyageurs. De nombreux pubs proposent toujours la formule *bed-and-breakfast*. La qualité est variable mais ils offrent en général un bon rapport qualité-prix.

LES SÉJOURS INDÉPENDANTS

L es appartements meublés sont très en vogue depuis peu. Ils disposent en général d'une cuisine entièrement équipée et d'une laverie. Dans les villes, des appartements destinés également à la clientèle d'affaires bénéficient d'un télécopieur et d'autres moyens de communication. Les prix sont sensiblement

L'hôtel victorien Lenna of Hobart dans la capitale de la Tasmanie *(p. 491)*

Hébergement dans un pub australien classique au Bellbird Hotel dans la Hunter Valley *(p. 469)*

équivalents à ceux des grandes chaînes de motels.

LES SÉJOURS À LA FERME ET SUR UNE PÉNICHE

De nombreux grands élevages de moutons et de bétail accueillent aujourd'hui les visiteurs désirant séjourner à la ferme. Ce type de séjour offre une occasion unique de découvrir la vie rurale en Australie. Beaucoup d'élevages sont situés près des grandes villes, d'autres dans le vaste Outback (*p. 24-25*). On peut être logé soit dans les baraques traditionnelles des tondeurs de moutons ou des vachers, soit dans la maison de maître.

Le séjour offre en général l'occasion de participer aux travaux quotidiens de l'élevage. Vous pouvez aussi choisir de parcourir sur une péniche l'immense Murray qui s'étend de la Nouvelle-Galles du Sud et du Victoria à l'Australie-Méridionale. Un permis de conduire international suffit pour piloter soi-même son bateau.

LE CAMPING ET LE CARAVANING

Des terrains de camping ouverts aussi aux caravanes sont répartis en majorité sur l'immense littoral et dans les nombreux parcs nationaux de l'intérieur. Ce

type d'hébergement permet de profiter de la beauté naturelle du pays.

De nombreux terrains de camping n'exigent pas de réservation préalable ; les places sont attribuées en fonction des disponibilités. Certaines régions peuvent exiger un permis. Mieux vaut se renseigner à l'avance auprès du bureau de tourisme de l'État ou de la région.

La majorité des terrains de caravaning pratiquent la location de caravanes fixes à des prix relativement bas. Ils sont en général équipés de douches et de laveries et souvent une petite épicerie propose les vivres et les boissons de base.

CARNET D'ADRESSES

BUREAUX DE TOURISME

Australian Tourist Commission
France 01 41 91 38 61.
Belgique 02 714 31 99.
Suisse 018 38 53 30.
États-Unis et Canada
(310) 229 4870.
www.australia.com

Tourism NSW
106, George St,
Sydney, NSW 2000.
13 20 77.

Queensland Travel Centre
243 Edward St,
Brisbane, QLD 4001.
13 18 01.

Darwin Region Tourism Association
38 Mitchell St,
Darwin NT 0801.
(08) 8981 4300.

Western Australia Tourist Centre
469 Wellington St,
Perth, WA 6000.
1300 361 351.

South Australian Travel Centre
18 King William St,
Adelaide, SA 5000.
1300 655 276.

Victorian Visitor Information Centre
55 Collins St,
Melbourne, VIC 3000.
(03) 9653 9777.

Tasmanian Travel & Information Centre
22 Elizabeth St,
Hobart, Tasmania 7000.
(03) 6230 8235.

HÔTELS DE LUXE

Hilton
(02) 9266 2000.

Hyatt
13 12 34.

Inter-Continental
1800 221 828.

Regent
1800 142 163.

Sheraton
1800 656 535.

CHAÎNES D'HÔTELS

Best Western
13 17 79.

Centra Hotels
1300 363 300.

Country Comfort
1 800 065 064.

Flag
13 24 00.

Metro Inns
1 800 004 321.

Travelodge
1 300 728 628.

AUBERGES DE JEUNESSE

YHA Australia
422 Kent St,
Sydney,
NSW 2000.
(02) 9261 1111.

Choisir un hôtel

Nous avons sélectionné ces établissements, dans une large gamme de prix, pour leur emplacement ou la qualité de leurs prestations. En commençant par Sydney, ils sont présentés par régions et les onglets de couleur correspondent à ceux du corps du guide. Pour les restaurants, consultez les pages 498 à 523.

	NOMBRE DE CHAMBRES	RESTAURANT	ÉQUIPEMENTS ENFANTS	JARDIN OU TERRASSE	PISCINE

SYDNEY

BONDI BEACH : *Ravesi's on Bondi Beach* $$
Angle de Campbell Parade et Hall St, NSW 2026. ((02) 9365 4422. FAX (02) 9365 1481. On y retrouve le style décontracté de Bondi. Certaines suites disposent d'un balcon privé sur l'océan. 🛏 TV 🍴 ⌺
| 16 | ● | ▦ | | |

BOTANIC GARDENS ET THE DOMAIN : *Inter-Continental Sydney* $$$$
117 Macquarie St, NSW 2000. **Plan** 1 C3. ((02) 9253 9000. FAX (02) 9252 4286. Dans cet hôtel à l'architecture impressionnante, le vieux Treasury Building de 1851 se marie à un hall moderne aménagé sous des voûtes hautes de trois étages. 🛏 24 TV 🍴 🚲 P ⌺
| 498 | ● | ▦ | | ▦ |

BOTANIC GARDENS ET THE DOMAIN : *Sir Stamford* $$$$
93 Macquarie St, NSW 2000. **Plan** 1 C3. ((02) 9252 4600. FAX (02) 9247 8672. Cheminées et mobilier d'époque créent une ambiance paisible. Vue superbe depuis la piscine sur le toit. 🛏 24 TV 🍴 🚲 P ⌺
| 105 | ● | ▦ | | ▦ |

CENTRE-VILLE : *All Seasons Premier Menzies* $$
14 Carrington St, NSW 2000. **Plan** 1 A4. ((02) 9299 1000. FAX (02) 9290 3819. Le Menzies se targue de son ambiance traditionnelle qui rappelle un club privé. Le Sporters Bar and Bistro retransmet en permanence les manifestations sportives sur ses 15 moniteurs. 🛏 24 TV 🍴 🚲 P ⌺
| 446 | ● | ▦ | | ▦ |

CENTRE-VILLE : *Castlereagh Inn* $$
169-171 Castlereagh St, NSW 2000. **Plan** 1 B5. ((02) 9284 1000. FAX (02) 9284 1045. Dans cet hôtel suranné, la salle à manger restaurée est dotée de lustres et de pimpantes nappes blanches. 🛏 TV 🍴 ⌺
| 82 | ● | ▦ | | |

CENTRE-VILLE : *Sydney Marriott* $$$
36 College St, NSW 2000. **Plan** 4 F3. ((02) 9361 8400. FAX (02) 9361 8599. Idéal pour la clientèle d'affaires avec ses salles de conférence, son centre d'affaires et son salon affaires. 🛏 24 TV 🍴 🚲 P ⌺
| 241 | ● | ▦ | | ▦ |

CENTRE-VILLE : *The York Apartment Hotel* $$$
5 York St, NSW 2000. **Plan** 1 A3. ((02) 9210 5000. FAX (02) 9290 1487. Hôtel renommé pour ses appartements conçus individuellement. Bel ameublement et spacieux balcons. 🛏 TV 🍴 🚲 limité. P ⌺
| 133 | ● | ▦ | ● | ▦ |

CENTRE-VILLE : *Westin* $$$
1 Martin Pl, NSW 2000. ((02) 8223 1111. FAX (02) 8223 1222. Situé au cœur de Sydney. Les chambres sont décorées dans un style contemporain. 🛏 TV 🍴 🎦 🎰 ⑪ ♨ 🚲 P ⌺
| 417 | ● | ▦ | | ▦ |

CENTRE-VILLE : *Hilton Sydney* $$$$
259 Pitt St, NSW 2000. **Plan** 1 B5. ((02) 9266 2000. FAX (02) 9265 6062. Cet hôtel cinq étoiles offre un large éventail de prestations. Ne manquez pas le Marble Bar historique et chamarré. 🛏 24 🍴 🚲 P ⌺
| 585 | ● | ▦ | | ▦ |

CENTRE-VILLE : *Sheraton on the Park* $$$$
161 Elizabeth St, NSW 2000. **Plan** 1 B5. ((02) 9286 6000. FAX (02) 9286 6686. Cet hôtel rénové proche du Hyde Park est commode pour les affaires et les commerces. 🛏 24 TV 🍴 🚲 P ⌺
| 557 | ● | ▦ | | ▦ |

DARLING HARBOUR : *Furama Hotel* $$
68 Harbour St, NSW 2000. **Plan** 4 D3. ((02) 9281 0400. FAX (02) 9281 1212. Avec Darling Harbour à ses pieds, Furama, qui est classé, plaît aux hommes d'affaires comme aux touristes. 🛏 TV 🍴 P ⌺
| 304 | ● | | | |

DARLING HARBOUR : *Carlton Crest* $$$
169-179 Thomas St, Haymarket NSW 2000. **Plan** 4 D5. ((02) 9281 6888. FAX (02) 9281 6888. À l'intérieur d'un ancien hôpital, l'hôtel propose des chambres spacieuses et une piscine sur le toit. 🛏 TV 🍴 🚲 P ⌺
| 251 | ● | ▦ | ● | ▦ |

Les **prix** correspondent à une nuit en chambre double, service et taxes compris.

$ moins de 100 $A
$$ de 100 à 150 $A
$$$ de 150 à 200 $A
$$$$ de 200 à 250 $A
$$$$$ plus de 250 $A

RESTAURANT
Sauf indication contraire, le restaurant ou la salle à manger accueille d'autres clients que les hôtes.
ÉQUIPEMENTS ENFANTS
Berceaux, lits d'enfants et baby-sitting disponibles. Certains établissements proposent des menus pour enfants et possèdent des chaises hautes.
JARDIN OU TERRASSE
Hôtel possédant un jardin, une cour intérieure ou une terrasse. Souvent, possibilité de manger dehors.
PISCINE
Hôtel doté d'une piscine couverte ou à ciel ouvert, ou de spas à l'usage des hôtes.

	Prix	NOMBRE DE CHAMBRES	RESTAURANT	ÉQUIPEMENTS ENFANTS	JARDIN OU TERRASSE	PISCINE
DARLING HARBOUR : Four Points Sheraton 161 Sussex St, NSW 2000. **Plan 4 D2.** (02) 9299 1231. FAX (02) 9299 3340. Le design flamboyant comprend des bâtiments du XIXᵉ siècle et un antique pub. Toutes les chambres ont vue sur le port.	$$$	645	●	■	●	
DARLING HARBOUR : Novotel Sydney on Darling Harbour 100 Murray St, Pyrmont, NSW 2009. **Plan 3 C2.** (02) 9934 0000. FAX (02) 9934 0099. Vue panoramique depuis des chambres de grand confort. Salle de sport, court de tennis et sauna.	$$$	527	●	■		■
DARLING HARBOUR : Waldorf Apartment Hotel 57 Liverpool St, NSW 2000. **Plan 4 E3.** (02) 9261 5355. FAX (02) 9261 3753. Spacieux appartements d'une ou deux chambres avec cuisines bien équipées. Le bar du balcon donne sur la ville.	$$$	61	●	■		
KINGS CROSS ET DARLINGHURST : Macleay Serviced Apartments 28 Macleay St, Potts Point NSW 2011. **Plan 2 E5.** (02) 9357 7755. FAX (02) 9357 7253. À quelques minutes des principaux sites touristiques. Certains appartements ont vue sur Harbour Bridge.	$$	80				
KINGS CROSS ET DARLINGHURST : Kirketon 229 Darlinghurst Rd, Darlinghurst, NSW 2011. **Plan 5 A2.** (02) 9332 2011. FAX (02) 9332 2499. Un hôtel avec des boutiques à la mode ainsi que Salt, un des meilleurs restaurants de Sydney.	$$$	140	●	■	●	■
KINGS CROSS ET DARLINGHURST : Medusa 267 Darlinghurst Rd, Darlinghurst NSW 2010. **Plan 5 B1.** (02) 9360 6868. FAX (02) 9331 4536. Au cœur du quartier des cafés. Les chambres sont décorées avec des couleurs et matériaux merveilleux.	$$$	18			●	
KINGS CROSS ET DARLINGHURST : Simpsons of Potts Point 8 Challis Ave, Potts Point NSW 2011. **Plan 2 E4.** (02) 9356 2199. FAX (02) 9356 4476. Le bâtiment construit en 1892 fut d'abord une résidence familiale. Il a été restauré et possède de splendides vitraux.	$$$	14		■		
KINGS CROSS ET DARLINGHURST : W Hotel 6 Cowper Wharf Rd, Woolloomooloo NSW 2011. **Plan 2 D5.** (02) 9331 9000. FAX (02) 9331 9031. Un hôtel élégant et attirant au cœur d'une marina de luxe et d'un complexe de divertissement.	$$$$$	140	●	■		■
MANLY : Manly Pacific Parkroyal 55 North Steyne, NSW 2095. (02) 9977 7666. FAX (02) 9977 7822. Situé sur la plage de Manly, l'hôtel a des vues imprenables et des chambres claires et aérées. Bars, restaurants, boîte de nuit. Nombreux pubs et cafés à proximité.	$$$	170	●	■	●	■
PADDINGTON : Paddington Grand National 161 Underwood St, NSW 2021. **Plan 6 D4.** (02) 9363 3096. FAX (02) 9363 3542. Rénové avec talent, cet ancien pub vieux de cent ans est devenu le rendez-vous branché des habitants du quartier.	$	20	●			
PADDINGTON : The Hughenden Boutique Hotel 14 Queen St, Woollahra NSW 2025. **Plan 6 E4.** (02) 9363 4863. FAX (02) 9362 0398. Ce bâtiment ancien (1876) a été restauré des escaliers superbement sculptés et des cheminées en marbre.	$$	35	●	■		
LES ROCKS ET CIRCULAR QUAY : Lord Nelson Brewery Hotel 19 Kent St, NSW 2000. **Plan 1 A2.** (02) 9251 4044. FAX (02) 9251 1532. Depuis 150 ans, les plaisanteries de bar font l'éloge des fameuses bières maison de ce pub. À l'étage, chambres douillettes aux murs de pierre rustique.	$$	10	●	■		

Légende des symboles, voir rabat de couverture

	Les **prix** correspondent à une nuit en chambre double, service et taxes compris. $ moins de 100 \$A $$ de 100 à 150 \$A $$$ de 150 à 200 \$A $$$$ de 200 à 250 \$A $$$$$ plus de 250 \$A	**RESTAURANT** Sauf indication contraire, le restaurant ou la salle à manger accueille d'autres clients que les hôtes. **ÉQUIPEMENTS ENFANTS** Berceaux, lits d'enfants et baby-sitting disponibles. Certains établissements proposent des menus pour enfants et possèdent des chaises hautes. **JARDIN OU TERRASSE** Hôtel possédant un jardin, une cour intérieure ou une terrasse. Souvent, possibilité de manger dehors. **PISCINE** Hôtel doté d'une piscine couverte ou à ciel ouvert, ou de *spas* à l'usage des hôtes.	NOMBRE DE CHAMBRES	RESTAURANT	ÉQUIPEMENTS ENFANTS	JARDIN OU TERRASSE	PISCINE

	NOMBRE DE CHAMBRES	RESTAURANT	ÉQUIPEMENTS ENFANTS	JARDIN OU TERRASSE	PISCINE
LES ROCKS ET CIRCULAR QUAY : *Russell* $$$ 143a George St, NSW 2000. **Plan 1 B2.** ((02) 9241 3543. FAX (02) 9252 1652. Hôtel accueillant et intime, avec un jardin sur le toit, idéal pour prendre un verre au calme après une journée agitée en ville.	29	●	▨	●	
LES ROCKS ET CIRCULAR QUAY : *ANA Hotel Sydney* $$$$ 176 Cumberland St, NSW 2000. **Plan 1 A3.** ((02) 9250 6000. FAX (02) 9250 6250. Hôtel moderne mais somptueux. Le soir, on contemple les lumières du port à l'Horizon Bar.	570	●	▨		▨
LES ROCKS ET CIRCULAR QUAY : *Regent Sydney* $$$$ 199 George St, NSW 2000. **Plan 1 B3.** ((02) 9238 0000. FAX (02) 9251 2851. Moderne et imposant, l'hôtel offre une vue imprenable du port. On s'ouvrira l'appétit au club de remise en forme avant de choisir l'un des trois restaurants haut de gamme.	594	●	▨		▨
LES ROCKS ET CIRCULAR QUAY : *Renaissance Sydney* $$$$ 30 Pitt St, NSW 2000. **Plan 1 B3.** ((02) 9259 7000. FAX (02) 9251 1122. Hôtel accueillant avec un somptueux hall à trois niveaux et un appartement de luxe au dernier étage.	579	●	▨		▨
LES ROCKS ET CIRCULAR QUAY : *Observatory* $$$$$ 89-113 Kent St, Millers Point, NSW 2000. **Plan 1 A2.** ((02) 9256 2222. FAX (02) 9256 2233. Élégant hôtel situé au centre de ce quartier historique du xixe siècle.	100	●	▨		▨
LES ROCKS ET CIRCULAR QUAY : *Park Hyatt Sydney* $$$$$ 7 Hickson Rd, The Rocks NSW 2000. **Plan 1 B1.** ((02) 9241 1234. FAX (02) 9256 1555. Cet hôtel de luxe proche du port se trouve à l'ombre du Harbour Bridge *(p. 76-77).*	158	●	▨		▨

DES BLUE MOUNTAINS À BYRON BAY

	NOMBRE DE CHAMBRES	RESTAURANT	ÉQUIPEMENTS ENFANTS	JARDIN OU TERRASSE	PISCINE
ARMIDALE : *Abbotsleigh Motor Inn* $ 76 Barney St, NSW 2350. ((02) 6772 9488. FAX (02) 6772 7066. Motel de base pour voyageurs, calme malgré sa situation centrale : proche des musées, magasins et cafés d'Armidale.	31	●	▨		
BARRINGTON TOPS : *Eaglereach Wilderness Resort* $$$ Summer Hill Rd, Vacy par Paterson, NSW 2421. ((02) 4938 8233. FAX (02) 4938 8234. Ces *lodges* aux vues panoramiques sur les Barrington Tops peuvent accueillir huit personnes.	34	●	●	●	▨
BARRINGTON TOPS : *Barrington Guest House* $$$$ Salisbury, par Dungog, NSW 2420. ((02) 4995 3212. FAX (02) 4995 3248. Authentique pension des années trente entourée par la forêt tropicale et voisine du Barrington Tops National Park *(p. 167).*	40	●		●	
BLUE MOUNTAINS : *Crystal Lodge* $$ 19 Abbotsford Rd, Katoomba, NSW 2780. ((02) 4782 5122. FAX (02) 4782 3742. Cette *resort* de remise en forme de style Art déco propose un choix de thérapies « parallèles ». Repas végétariens et alcool interdit.	18	●		●	
BLUE MOUNTAINS : *Hydro Majestic Hotel* $$$$ Great Western Hwy, Medlow Bath, NSW 2780. ((02) 4788 1002. FAX (02) 4788 1063. Cet hôtel romantique surplombe les falaises de Medlow Bath et ménage des vues saisissantes de la Megalong Valley.	63	●		●	▨
BLUE MOUNTAINS : *Lilianfels* $$$$$ Lilianfels Ave, Katoomba, NSW 2780. ((02) 4780 1200. FAX (02) 4780 1300. Ce centre de congrès apprécié des cadres supérieurs et des hommes politiques offre un service de première classe.	86	●	▨	●	▨

BOURKE : *Bourke Riverside Motel* 3 Mitchell St, NSW 2840. ☎ *(02) 6872 2539.* [FAX] *(02) 6872 1471.* Bâtiment historique de 1875 sur les rives de l'imposante Darling River. Le motel est calme mais proche du centre-ville. 🚗 [TV] ☰ [P] 💳	$	10			●	■
BROKEN HILL : *The Lodge Motel* Angle de Mica St et Chloride St, NSW 2880. ☎ *(08) 8088 2722.* [FAX] *(08) 8088 2636.* Motel confortable et accueillant dans un édifice Belle Époque doté d'un joli jardin paisible. 🚗 [TV] ☰ [P] 💳	$	21		■	●	■
BYRON BAY : *Byron Bay Beach Club* Bayshore Drive, NSW 2481. ☎ *(02) 6685 8000.* [FAX] *(02) 6685 6916.* 93 ha de nature avec une plage de sable blanc. 🚗 [TV] ♿ [P] 💳	$$	78	●	■	●	■
COFFS HARBOUR : *Pelican Beach Centra Resort* Pacific Hwy, NSW 2450. ☎ *(02) 6653 7000.* [FAX] *(02) 6653 7066.* Hôtel familial sur la plage de Coffs Harbour avec club d'enfants les wek-ends et vacances. 🚗 [24] [TV] ☰ ♿ [P] 🍸 💳	$$$	112	●	■	●	■
DUBBO : *Country Comfort Inn* Newell Hwy, NSW 2830. ☎ *(02) 6882 4777.* [FAX] *(02) 6881 8370.* À 10 mn en voiture de la ville, c'est l'hôtel le plus proche du magnifique Western Plains Zoo *(p. 172)*. 🚗 [TV] ☰ ♿ [P] 💳	$$	60	●	■	●	■
HUNTER VALLEY : *The Bellbird Hotel* 388 Wollombi Rd, Bellbird, NSW 2325. ☎ *(02) 4990 1094.* [FAX] *(02) 4991 5475.* Près des célèbres domaines viticoles *(p. 166)* et les terrains de golf. [P] 💳	$	15	●	■	●	
HUNTER VALLEY : *The Olives Country House* Campbell's Lane, Pokolbin, NSW 2320. ☎ *(02) 4998 7838.* [FAX] *(02) 4998 7456.* Détente assurée dans le cadre d'une auberge de style toscan entourée d'oliviers, de vignobles et d'agréables jardins. 🚗 ♿ [P] 💳	$$$$$	5			●	■
HUNTER VALLEY : *Pepper's Convent* Halls Rd, Pokolbin, NSW 2320. ☎ *(02) 4998 7764.* [FAX] *(02) 4998 7323.* L'hôtel de style gothique propose un forfait week-end avec repas gastronomiques, champagne et petit déjeuner. 🚗 ♿ [P] 💳	$$$$$	17	●	■	●	■
MUDGEE : *Lauralla Historic Guesthouse* @ lauralla@winsoft.net.au Angle de Lewis St et Mortimer St, NSW 2850. ☎ *(02) 6372 4480.* [FAX] *(02) 6372 3320.* Une des plus belles demeures victoriennes de Mudgee. Visite des vignobles en voiture avec chauffeur. 🚗 ♿ [P] 💳	$$$	6	●		●	
MUNGO NATIONAL PARK : *Mungo Lodge* @ mungoldg@ruralnet.net.au Arumpo Rd, NSW 3500. ☎ *(03) 5029 7297.* [FAX] *(03) 5029 7296.* Séjournez à l'entrée même du Mungo National Park, dans des bungalows très simples mais confortables. 🚗 [TV] ☰ [P] 💳	$	18	●			
NEWCASTLE : *Holiday Inn Esplanade Newcastle* Shortland Esplanade, NSW2300. ☎ *(02) 4929 5576.* [FAX] *(02) 4926 5467.* Toutes les chambres de luxe ont des vues exceptionnelles de la courbe majestueuse que décrit la côte du Pacifique. 🚗 [TV] ☰ ♿ *limité.* [P] 🍸 💳	$$$$	72	●	■		■
TOOWOON BAY : *Kim's Beachside Retreat* Charlton St, NSW 2261. ☎ *(02) 4332 1566.* [FAX] *(02) 4333 1544.* Coûteux mais réputé pour son intimité, sa gastronomie et ses possibilités de détente. Pension complète incluse dans le prix. 🚗 [24] [TV] [P] 💳	$$$$$	34	●		●	■
WAGGA WAGGA : *Country Comfort* Angle de Tarcutta St et Morgan St, NSW 2650. ☎ *(02) 6921 6444.* [FAX] *(02) 6921 2922.* Remarqué pour son excellent restaurant, ce motel est seulement à 5 min du centre-ville. 🚗 [TV] ☰ ♿ *limité.* [P] 💳	$$	90	●	■		■

LA SOUTH COAST ET LES SNOWY MOUNTAINS

ADAMINABY : *Reynella Rides and Country Farmstay* Kingston Rd, NSW 2630. ☎ *(02) 6454 2386.* [FAX] *(02) 6454 2530.* Cet élevage de moutons et de bétail organise des randonnées équestres dans le Kosciuszko National Park, avec camping dans le *bush*. [P] 💳	$$$$$	20	●		●	
BATEMANS BAY : *The Reef Motor Inn* 27 Clyde St, NSW 2536. ☎ *(02) 4472 6000.* [FAX] *(02) 4472 6059.* L'hôtel est à deux pas des plages propices au surf et des parcs nationaux. Excursions en bateau et parties de pêche. 🚗 [TV] ☰ [P] 💳	$	34	●	■		■

Légende des symboles, voir rabat de couverture

	Nombre de chambres	Restaurant	Équipements enfants	Jardin ou terrasse	Piscine

Les **prix** correspondent à une nuit en chambre double, service et taxes compris.

$ moins de 100 $A
$$ de 100 à 150 $A
$$$ de 150 à 200 $A
$$$$ de 200 à 250 $A
$$$$$ plus de 250 $A

RESTAURANT
Sauf indication contraire, le restaurant ou la salle à manger accueille d'autres clients que les hôtes.
ÉQUIPEMENTS ENFANTS
Berceaux, lits d'enfants et baby-sitting disponibles. Certains établissements proposent des menus pour enfants et possèdent des chaises hautes.
JARDIN OU TERRASSE
Hôtel possédant un jardin, une cour intérieure ou une terrasse. Souvent, possibilité de manger dehors.
PISCINE
Hôtel doté d'une piscine couverte ou à ciel ouvert, ou de *spas* à l'usage des hôtes.

Établissement	Nombre de chambres	Restaurant	Équipements enfants	Jardin ou terrasse	Piscine
BATEMANS BAY : *Lincoln Downs* $$ Princes Hwy, NSW 2536. (02) 4472 6388. FAX (02) 4472 6821. Luxueuse *resort* en bord de mer, idéale pour la détente, les vins fins et la bonne chère.	33	●		●	●
BERRY : *Bunyip Inn Guesthouse* $$ 122 Queen St, NSW 2535. (02) 4464 2064. FAX (02) 4464 2324. Abritée dans une banque de 1889, cette confortable pension tenue par ses propriétaires est une base idéale pour explorer la région.	13				●
CHARLOTTE PASS : *Mount Kosciuszko Chalet* $$$$ Kosciuszko Rd, NSW 2624. (02) 6457 5245. FAX 1800 802 687. Le chalet le plus haut d'Australie, au milieu de prairies alpines fleuries l'été et de bonnes pistes de ski l'hiver.	34	●	●		
EDEN : *Wonboyn Lake Resort* $$ 1 Oyster Lane, Wonboyn Lake, NSW 2551. (02) 6496 9162. FAX (02) 6496 9100. Ces cottages équipés sont idéaux pour des vacances familiales. Pêche, plage et observation des baleines.	14	●	●	●	
GOULBURN : *Loaded Dog Hotel* $ Braidwood Rd, Tarago, NSW 2580. (02) 4849 4499. FAX (02) 4849 4603. Construit en 1848, ce pub en activité typique du *bush* a conservé sa large véranda à deux niveaux et son cachet historique.	10	●		●	
GOULBURN : *Pelican Sheep Station* $ Braidwood Rd, NSW 2580. (02) 4821 4668. FAX (02) 4822 1179. Cette ferme familiale en activité peut loger 60 personnes dans des dortoirs économiques ou dans des bâtiments équipés. Excursions dans les fermes et randonnées pédestres dans le *bush*.	13	●	●	●	
KIAMA : *Villa Dalmeny L'Hotel Privé* $$$$ 72 Shoalhaven St, NSW 2533. (02) 4233 1911. FAX (02) 4233 1912. Dîners gastronomiques de cinq plats tous les soirs dans cette demeure classée proche de la mer. Les enfants ne sont pas admis.	4	●		●	
MERIMBULA : *Albacore Apartments* $$$$ Market St, NSW 2548. (02) 6495 3187. FAX (02) 6495 3439. Appartements de luxe avec vue sur la plage. À proximité : terrains de golf, pêche et plages propices au surf.	20			●	●
NAROOMA : *Mystery Bay Cottages* $ Lot 5, Mystery Bay Rd, Mystery Bay, NSW 2546. FAX (02) 4473 7431. Les cottages du Mystery Bay sont équipés et entourés de vastes terres cultivées. Ils disposent tous de feux de bois, d'un espace barbecue et de deux chambres donnant sur la plage.	4			●	
THE SOUTHERN HIGHLANDS : *Tree Tops Guesthouse* $$$ 101 Railway Ave, Bundanoon, NSW 2578. (02) 4883 6372. FAX (02) 4883 6176. Paisible retraite rustique meublée de lits à baldaquin et de cheminées en état de marche.	16	●		●	
THE SOUTHERN HIGHLANDS : *Craigieburn* $$$$$ Centennial Rd, Bowral, NSW 2576. (02) 4861 1277. FAX (02) 4862 1690. À moins de 2 h de route de Sydney, Craigieburn est un domaine paysager de 2 ha qui possède son propre terrain de golf neuf trous, son terrain de cricket et ses courts de tennis. Pension complète.	68	●	●	●	●
THE SOUTHERN HIGHLANDS : *Milton Park Country House* $$$$$ Horderns Rd, Bowral, NSW 2576. (02) 4861 1522. FAX (02) 4861 4716. Vieille demeure élégante entourée d'espaces verts : golf, équitation, tennis, cours d'art et pique-niques dans le *bush*.	40	●	●	●	●

THREDBO : *Novotel Lake Crackenback Resort* $\textcircled{S}\textcircled{S}\textcircled{S}\textcircled{S}$ 46
Lake Crackenback, Alpine Way, par Jindabyne, NSW 2625. [(02) 6456 2960.
FAX (02) 6456 1008. Ouverte l'été comme l'hiver, cette *resort* de luxe
occupe un emplacement idéal pour les skieurs. 🔛 TV 🗗 🅿 🍴 🖾

THREDBO : *Thredbo Alpine Hotel* $\textcircled{S}\textcircled{S}\textcircled{S}\textcircled{S}$ 64
Friday Drive, Thredbo, NSW 2625. [(02) 6459 4200. FAX (02) 6459 4201.
Vaste complexe d'attractions et de congrès très fréquenté par les
skieurs l'hiver. Beaucoup moins cher l'été. 🔛 TV 🅿 🖾

TILBA TILBA : *Valley Country Home* $\textcircled{S}\textcircled{S}\textcircled{S}\textcircled{S}$ 4
Guluga Track, NSW 2546. [(02) 4473 7405. FAX (02) 4473 7300.
Cet établissement de grand luxe avec cuisine gastronomique est
proche des superbes plages de la région. 🔛 🗗 🅿 🖾

WOLLONGONG : *Novotel Northbeach Wollongong* $\textcircled{S}\textcircled{S}\textcircled{S}\textcircled{S}$ 20
2-14 Cliff Rd, NSW 2500. [(02) 4226 3555. FAX (02) 4229 1705.
Hôtel niché entre les montagnes et la mer, proche de Sydney. Toutes
les chambres ont un balcon sur l'océan. Paisibles promenades à pied
et pistes cyclables à proximité. 🔛 24 TV 🗐 🗗 🅿 🍴 🖾

CANBERRA ET L'ACT

BRINDABELLA : *Brindabella Station* $\textcircled{S}\textcircled{S}\textcircled{S}$ 6
Brindabella Valley, ACT 2611. [(02) 6236 2121. FAX (02) 6236 2128.
Randonnées dans le *bush*, observation des oiseaux, équitation,
excursions en 4 × 4, pêche à la truite dans cette luxueuse ferme.
🅿 🖾

BUNGENDORE : *Carrington at Bungendore* $\textcircled{S}\textcircled{S}$ 26
21 Malbon St, NSW 2621. [(02) 6238 1044. FAX (02) 6238 1036.
Retraite appréciée le week-end des habitants de Canberra qui adorent
flâner chez les antiquaires de cette ville. 🔛 24 TV 🅿 🖾

CANBERRA : *Blue and White Lodge* $\textcircled{S}$ 19
524 Northbourne Ave, Downer, ACT 2602. [(02) 6248 0498. FAX (02) 6248
8277. Réputé comme le premier et le plus accueillant des *bed-and-
breakfast* de Canberra. TV 🗐 🅿 🖾

CANBERRA : *City Walk Hotel* $\textcircled{S}$ 52
2 Mort St, Canberra City, ACT 2601. [(02) 6257 0124. FAX (02) 6257 0116.
En plein centre-ville, cet hôtel économique propose des dortoirs pour
les routards mais aussi des chambres confortables. TV 🖾

CANBERRA : *Kingston Hotel* $\textcircled{S}$ 36
Canberra Ave, Kingston, ACT 2602. [(02) 6295 0123. FAX (02) 6295 7871.
Ce pub animé est très apprécié des routards. Possibilité de cuisiner,
mais le pub sert au comptoir des repas à prix très abordables. 🖾

CANBERRA : *Last Stop Ambledown Brook* $\textcircled{S}$ 3
Ambledown Brook, Brooklands Rd, par Hall, ACT 2618. [(02) 6230 2280.
FAX (02) 6230 2280. À 20 mn de route de Canberra, on dort dans un
tramway de Melbourne de 1929 aménagé ou un wagon de chemin de
fer de Sydney de 1935. 🔛 🅿 🍴 🖾

CANBERRA : *Macquarie Hotel* $\textcircled{S}$ 530
18 National Circuit, Barton, ACT 2600. [(02) 6273 2325. FAX (02) 6273 4241.
Fréquenté jadis par les députés, cet hôtel rénové est situé à l'intérieur
du Triangle parlementaire. 🔛 🅿 🍴 🖾

CANBERRA : *Parkview Lodge* $\textcircled{S}$ 10
526 Northbourne Ave, Downer, ACT 2602. [(02) 6248 0655. FAX (02) 6247
6166. Cet agréable bed-and-breakfast au nord de la ville est conseillé.
Toutes les chambres sont non-fumeurs. 🔛 TV 🚭 🅿 🖾

CANBERRA : *University House* $\textcircled{S}$ 100
Angle de Balmain St et Liversidge St, Acton, ACT 2601. [(02) 6249 5211.
FAX (02) 6249 5252. Dans les jardins de l'Australian National University,
chambres spacieuses et ambiance universitaire. 🔛 TV 🅿 🖾

CANBERRA : *Brassey Hotel* $\textcircled{S}\textcircled{S}$ 95
Belmore Gardens, Barton, ACT 2600. [(02) 6273 3766. FAX (02) 6273 2791.
Cet hôtel avec jardins donne sur une rue calme près du Club de la
presse et de la National Gallery. 🔛 TV 🅿 🖾

Légende des symboles, voir rabat de couverture

Les **prix** correspondent à une nuit en chambre double, service et taxes compris.

$ moins de 100 $A
$$ de 100 à 150 $A
$$$ de 150 à 200 $A
$$$$ de 200 à 250 $A
$$$$$ plus de 250 $A

RESTAURANT
Sauf indication contraire, le restaurant ou la salle à manger accueille d'autres clients que les hôtes.
ÉQUIPEMENTS ENFANTS
Berceaux, lits d'enfants et baby-sitting disponibles. Certains établissements proposent des menus pour enfants et possèdent des chaises hautes.
JARDIN OU TERRASSE
Hôtel possédant un jardin, une cour intérieure ou une terrasse. Souvent, possibilité de manger dehors.
PISCINE
Hôtel doté d'une piscine couverte ou à ciel ouvert, ou de *spas* à l'usage des hôtes.

	Prix	NOMBRE DE CHAMBRES	RESTAURANT	ÉQUIPEMENTS ENFANTS	JARDIN OU TERRASSE	PISCINE
CANBERRA : *Canberra International Hotel* 242 Northbourne Ave, Dickson, ACT 2602. ((02) 6247 6966. FAX (02) 6248 7823. Proche du centre-ville, l'hôtel est apprécié des hommes d'affaires et des congressistes pour ses tarifs raisonnables. 24 TV & P	$$	156	●	▦	●	▦
CANBERRA : *Canberra Rex Hotel* 150 Northbourne Ave, Braddon, ACT 2612. ((02) 6248 5311. FAX (02) 6248 8357. Hôtel accueillant et raffiné, proche de l'université et du centre-ville. 24 TV P	$$	156	●		●	▦
CANBERRA : *Olims Canberra Hotel* Angle de Ainslie Ave and Limestone Ave, Braddon, ACT 2612. ((02) 6248 5511. FAX (02) 6247 0864. Hôtel traditionnel et calme dans un charmant domaine, proche du War Memorial et du centre-ville. & P	$$	125	●	▦	●	
CANBERRA : *Hotel Kurrajong* National Circuit, Barton, ACT 2600. ((02) 6234 4444. FAX (02) 6234 4466. Cet hôtel ravissant et tranquille construit en 1926 a accueilli de nombreux Premiers ministres australiens. TV & P	$$$	26	●			
CANBERRA : *Parkroyal Canberra* 1 Binara St, ACT 2602. ((02) 6247 8999. FAX (02) 6257 4903. Cet hôtel quatre étoiles au centre-ville (dans le « Civic ») propose de nombreux services. Il est particulièrement apprécié de la clientèle d'affaires de passage. 24 TV & P	$$$	293	●	▦		▦
CANBERRA : *Rydges Canberra* London Circuit, Canberra City, ACT 2600. ((02) 6247 6244. FAX (02) 6257 3071. Cet hôtel considérablement modernisé ménage des vues superbes du Lake Burley Griffin. 24 TV & P	$$$	205	●	▦		▦
CANBERRA : *Hyatt Hotel* Commonwealth Ave, Yarralumla, ACT 2600. ((02) 6270 1234. FAX (02) 6281 5998. Ce domaine champêtre en plein cœur de la capitale est un véritable petit bijou. 24 TV & P	$$$$$	249	●	▦	●	▦
BRISBANE						
CENTRE-VILLE : *Annies Shandon Inn* 405 Upper Edward Street, QLD 4000. ((07) 3831 8684. FAX (07) 3831 3073. Petit *bed-and-breakfast* tenu par des particuliers, proche de Wickham Terrace à la limite du centre-ville. P	$	19				
CENTRE-VILLE : *Astor Motel* 193 Wickham Terrace, Spring Hill, QLD 4000. ((07) 3831 9522. FAX (07) 3831 7360. Un des motels économiques de Wickham Terrace, la plupart donnent sur Albert Park ou Wickham Park. TV P *limité.*	$	240	●	▦		
CENTRE-VILLE : *Cosmo on Park Road* 60 Park Road, QLD 4064. ((07) 3858 5999. FAX (07) 3858 5988. Appartements bien agencés pour affaires ou plaisir. Situation centrale près de la rivière et le quartier branché de Park Road. TV P	$$	74				
CENTRE-VILLE : *Holiday Inn* Roma Street, QLD 4003. ((07) 3238 2222. FAX (07) 3238 2288. Un Travelodge typique – sérieux, tarifs compétitifs, service souriant – qui propose des chambres de bonne dimension. 24 TV P	$$	191	●	▦		
CENTRE-VILLE : *Chifley on George* 103 George St, QLD 4000. ((07) 3221 6044. FAX (07) 3221 7474. Juste en face du Treasury Casino, cet hôtel rénové propose des chambres assez petites mais joliment meublées. TV P	$$$	99	●	▦		▦

CENTRE-VILLE : *Brisbane Hilton* $$$ 320
190 Elizabeth St, QLD 4000. ((07) 3234 2000. FAX (07) 3231 3199.
Le Hilton est synonyme de bon service et de confort. Son élégant
Atrium Lobby est un lieu de rendez-vous très fréquenté. 🔲 24 TV 🔲
P ⛅ 🔲

CENTRE-VILLE : *Country Comfort Lennons Hotel* $$$ 152
66 Queen St, QLD 4000. ((07) 3222 3222. FAX (07) 3221 9389.
Situation idéale pour le shopping, sur le *mall* de Queen Street, le
principal quartier commerçant de Brisbane. 🔲 24 TV 🔲 P 🔲

CENTRE-VILLE : *Novotel Brisbane* $$$ 293
200 Creek St, QLD 4000. ((07) 3309 3309. FAX (07) 3309 3308.
En plein centre-ville, c'est un Novotel typique et bien géré. 🔲 24 TV
🔲 P ⛅ 🔲

CENTRE-VILLE : *Carlton Crest* $$$$ 438
Angle de Ann St et Roma St, QLD 4000. ((07) 3229 9111. FAX (07) 3229 9618.
Sur King George Square, en face de l'hôtel de ville, le Carlton Crest est
proche des principaux sites touristiques de Brisbane. 🔲 24 TV 🔲 P 🔲

CENTRE-VILLE : *Mercure Hotel Brisbane* $$$$ 190
85 North Quay, QLD 4000. ((07) 3236 3300. FAX (07) 3236 1035.
Le Mercure est un hôtel moderne offrant un bon rapport qualité-prix,
avec vue sur la Brisbane River, le Centre culturel et les Southbank
Parklands qui sont tout proches. 🔲 24 TV 🔲 P 🔲

CENTRE-VILLE : *Royal on the Park* $$$$ 153
Angle de Alice St et Albert St, QLD 4000. ((07) 3221 3411. FAX (07) 3229 9817.
Le Parkroyal parvient à concilier l'ambiance intime d'un petit hôtel et
toutes les commodités d'un vaste établissement. 🔲 24 TV 🔲 P ⛅ 🔲

CENTRE-VILLE : *Sheraton Brisbane Hotel & Towers* $$$$ 410
249 Turbot St, QLD 4000. ((07) 3835 3535. FAX (07) 3835 4960.
L'ambiance très chaleureuse de cet hôtel s'ajoute à la qualité
habituelle des Sheraton. 🔲 24 TV 🔲 ⛅ P ⛅ 🔲

CENTRE-VILLE : *Conrad International* $$$$$ 133
130 William St, QLD 4000. ((07) 3306 8888. FAX (07) 3306 8880.
Ce luxueux hôtel cinq étoiles est un bâtiment historique incorporé au
complexe du Treasury Casino. Il est situé de l'autre côté du parc par
rapport au casino. 🔲 24 TV 🔲 P 🔲

CENTRE-VILLE : *Quay West Suites Brisbane* $$$$$ 97
132 Alice St, QLD 4000. ((07) 3853 6000. FAX (07) 3853 6060.
À quelques pas du centre-ville, cet hôtel offre un luxe cinq étoiles à
prix raisonnable, avec de superbes vues des Botanic Gardens et du
fleuve. Suites uniquement. 🔲 24 TV 🔲 P ⛅ 🔲

CENTRE-VILLE : *The Stamford Plaza Brisbane* $$$$$ 252
Angle de Margaret St et Edward St, QLD 4001. ((07) 3221 1999. FAX (07)
3221 6895. Cet élégant hôtel qui appartient à la chaîne Beaufort Hotel
se trouve en face des Botanic Gardens et possède un des meilleurs
restaurants japonais de la ville. 🔲 24 TV 🔲 ⛅ P ⛅ 🔲

KANGAROO POINT : *Ryan's on the River* $$$ 24
269 Main Street, QLD 4169. ((07) 3391 1011. FAX (07) 3391 1824.
Ce petit motel économique a de charmants jardins et offre des vues
de la ville et du fleuve. 🔲 TV 🔲 ⛅ P 🔲

SPRING HILL : *Metro Inn Tower Mill* $ 78
239 Wickham Terrace, QLD 4000. ((07) 3832 1421. FAX (07) 3835 1013.
De plan circulaire comme le vieux moulin d'en face, c'est le meilleur
des motels de Wickham Terrace. 🔲 TV 🔲 P 🔲

SPRING HILL : *Thornbury House B&B* $ 6
1 Thornbury St, QLD 4000. ((07) 3832 5585. FAX (07) 3832 7255.
Petit *bed-and-breakfast* bien tenu, dans un *Queenslander* en bois à
deux étages construit en 1886 et restauré avec amour. 🔲 TV 🔲

SPRING HILL : *Hotel Grand Chancellor* $$$ 180
Angle de Leichhardt St et Wickham Terrace, QLD 4000. ((07) 3831 4055.
FAX (07) 3831 5031. Le Grand Chancellor donne sur la ville et ménage
des vues superbes pour un prix raisonnable. 🔲 TV 🔲 P ⛅ 🔲

Légende des symboles, voir rabat de couverture

Les **prix** correspondent à une nuit en chambre double, service et taxes compris.

$ moins de 100 $A
$$ de 100 à 150 $A
$$$ de 150 à 200 $A
$$$$ de 200 à 250 $A
$$$$$ plus de 250 $A

RESTAURANT
Sauf indication contraire, le restaurant ou la salle à manger accueille d'autres clients que les hôtes.
ÉQUIPEMENTS ENFANTS
Berceaux, lits d'enfants et baby-sitting disponibles. Certains établissements proposent des menus pour enfants et possèdent des chaises hautes.
JARDIN OU TERRASSE
Hôtel possédant un jardin, une cour intérieure ou une terrasse. Souvent, possibilité de manger dehors.
PISCINE
Hôtel doté d'une piscine couverte ou à ciel ouvert, ou de *spas* à l'usage des hôtes.

	NOMBRE DE CHAMBRES	RESTAURANT	ÉQUIPEMENTS ENFANTS	JARDIN OU TERRASSE	PISCINE
WOOLLOONGABBA : *Diana Plaza Hotel* $$ 12 Annerley Rd, QLD 4102. ((07) 3391 2911. FAX (07) 3391 2944. Cet hôtel quatre étoiles chaleureux, propose un hébergement standard et des appartements indépendants. 🛏 TV 🖵 P 🗂	67	●	■		
AU SUD DE TOWNSVILLE					
AIRLIE BEACH : *Coral Sea Resort* $$$ 25 Ocean View Av, Airlie Beach, QLD 4802. ((07) 4946 6458. FAX (07) 4946 6516 Au centre-ville, des chambres quatre étoiles au bord de l'eau. Quelques suites avec spa sur le balcon. 🛏 TV 🖵 🍽 P 🗂	76	●	■	●	■
CARNARVON GORGE : *Oasis Wilderness Lodge* $$$ Carnarvon National Park, par Rolleston, QLD 4702. ((07) 4984 4503. FAX (07) 4984 4500. On peut allier ici confort et intimité avec la nature, dans des « bungalows » de toile disséminés parmi les arbres. 🛏 P 🗂	30	●			
EUMUNDI : *Taylor's Damn Fine B&B* $$ 15 Eumundi-Noosa Rd, Eumundi QLD 4562. ((07) 5442 8685. Une délicieuse maison centenaire avec un wagon de train de 1946 restauré. On peut se rendre à pied aux marchés Eumundi. 🛏 🗂	4				■
FRASER ISLAND : *Fraser Island Retreat* $$$ Happy Valley, QLD 4650. ((07) 4127 9144. FAX (07) 4127 9131. Cette agréable *resort* sans prétention propose des chalets en bois équipés avec vue de la Seventy-Five Mile Beach. 🛏 TV P 🗂	9			●	■
FRASER ISLAND : *Kingfisher Bay Resort* $$$$ QLD 4650. ((07) 4120 3333. FAX (07) 4127 9333. Sur la côte ouest de Fraser Island, cette nouvelle *resort* à la mode propose des chambres d'hôtel et des villas. 🛏 TV 🖥 P 🗂	258	●	■	■	■
GOLD COAST : *Royal Pines Resort* $$$$ Ross St, Ashmore, QLD 4214. ((07) 5597 1111. FAX (07) 5597 2277. *Resort* sportive : golf 27 trous, courts de tennis, centre de remise en forme et piste de jogging. 🛏 24 TV 🖵 🖥 P 🍽 🗂	329	●	■	■	■
GOLD COAST : *Sheraton Mirage Gold Coast* $$$$$ Sea World Drive, Main Beach, QLD 4217. ((07) 5591 1488. FAX (07) 5591 2299. Cet hôtel élégamment meublé d'antiquités et de tapisseries surplombe l'océan. 🛏 24 TV 🖵 🖥 P 🍽 🗂	300	●	■	■	■
ARRIÈRE-PAYS DE LA GOLD COAST : *O'Reilly's Rainforest Guesthouse* $$$$ Lamington National Park Rd, par Canungra, Green Mountain, QLD 4275. ((07) 5544 0644. FAX (07) 5544 0638. Cette confortable pension tenue par la troisième génération de O'Reilly a une promenade surélevée au niveau des arbres qui offre une vue unique de la forêt tropicale. 🛏 P 🗂	70	●	■	■	
ARRIÈRE-PAYS DE LA GOLD COAST : *Binna Burra Mountain Lodge* $$$$$ Binna Burra Rd, Beechmont, QLD 4211. ((07) 5533 3622. FAX (07) 5533 3658. Haut perché dans les montagnes du parc national de Lamington (p. 232), c'est un endroit apprécié des randonneurs du *bush*. 🛏 P 🗂	42	●	■	■	
HERVEY BAY : *Hervey Bay Resort Motel* $ 249 The Esplanade, QLD 4655. ((07) 4128 1555. FAX (07) 4128 4688. La vue sur la baie vers Fraser Island en fait une étape agréable pour observer les baleines. 🛏 TV 🖥 🖵 P 🗂	27	●		■	■
HERVEY BAY : *Susan River Homestead Ranch Resort* $$$ Fraser Coast Hwy, QLD 4655. ((07) 4121 6846. FAX (07) 4122 2675. Entre Maryborough et Hervey Bay, c'est l'endroit idéal pour les enfants. Nombreuses activités de loisirs. 🛏 P 🗂	16		■	■	■

MACKAY : *Ocean Resort Village Beachfront* 5 Bridge Rd, Illawong Beach, QLD 4740. ☎ *(07) 4951 3200.* [FAX] *(07) 4951 3246.* C'est une bonne *resort* pour budgets serrés avec espace barbecue, courts de tennis, aquagym, pêche et piscine. 🚗 [TV] ≣ [P] 💳	$	34		■	●	■
MACKAY : *Ocean International Hotel* 1 Bridge Rd, Illawong Beach, QLD 4740. ☎ *(07) 4957 2044.* [FAX] *(07) 4957 2636.* L'hôtel le plus prestigieux de Mackay, à 3 km seulement du centre-ville, donne sur Sandringham Bay. 🚗 [24] [TV] ≣ ♿ [P] 💳	$$	46	●	■	●	■
MAGNETIC ISLAND : *Arcadia Hotel Resort* Marine Parade, Arcadia, QLD 4819. ☎ *(07) 4778 5177.* [FAX] *(07) 4778 5939.* Bâtiments de type motel dans la nature. Au crépuscule, on entend le chœur magnifique des cris d'oiseaux. 🚗 [TV] ≣ ♿ 💳	$	27	●	■	●	■
NOOSA VALLEY : *Villa Alba* 191 Duke Rd, Doonan, Noosa Valley, QLD. ☎ *(07) 5449 1900.* [FAX] *(07) 5449 1300.* Des villas retirées et une élégante salle à manger pour ce complexe récemment rénové. Les jardins et la piscine sont de style méditerranéen. 🚗 [TV] ≣ ♿ 💳	$$	4	●	■	●	■
ROCKHAMPTON : *Country Comfort Inn* 86 Victoria Parade, QLD 4700. ☎ *(07) 4927 9933.* [FAX] *(07) 4927 1615.* Ce motel-tour au bord du fleuve, classé quatre étoiles et demi, est membre de la chaîne Country Comfort. 🚗 [TV] ≣ [P] 💳	$$	72	●	■		■
SUNSHINE COAST : *French Quarter Resort* 62 Hastings St, Noosa Heads, QLD 4567. ☎ *(07) 5474 5300.* [FAX] *(07) 5474 8122.* Immeuble d'appartements gais disposant de services de première classe. On y trouve cours d'aquagym et randonnées dans le parc national. 🚗 [TV] ≣ ♿ [P] 💳	$$$	119	●	■	●	■
SUNSHINE COAST : *Sheraton Noosa Resort* Hastings St, Noosa Heads, QLD 4567. ☎ *(07) 5449 4888.* [FAX] *(07) 5449 2230.* Cette *resort* cinq étoiles est reliée à la plage par une passerelle qui traverse la route. Vues de l'océan et du fleuve. 🚗 [TV] ≣ ♿ [P] 🍸 💳	$$$$$	169	●	■	●	■
TOWNSVILLE : *Seagulls Resort* 74 The Esplanade, Belgian Gardens, QLD 4810. ☎ *(07) 4721 3111.* [FAX] *(07) 4721 3133.* Proche du centre-ville, en bord de mer, cette *resort* abordable offre des chambres en rez-de-chaussée entourées de jardins tropicaux. Navette gratuite pour la ville. 🚗 [TV] ≣ ♿ [P] 💳	$	70	●	■	●	■
TOWNSVILLE : *Jupiters* Sir Leslie Thiess Drive, QLD 4810. ☎ *(07) 4722 2333.* [FAX] *(07) 4772 4741.* Le seul hôtel cinq étoiles de Townsville est perché sur la digue et offre de belles vues de Magnetic Island. 🚗 [24] [TV] ≣ ♿ [P] 🍸 💳	$$$$$	192	●	■		■
LE NORD DU QUEENSLAND						
ALEXANDRA BAY : *Daintree Wilderness Lodge* 83 Cape Tribulation Rd, QLD 4873. ☎ *(07) 4098 9105.* [FAX] *(07) 4098 9021.* Cette *lodge* lauréate d'un prix d'écologie est située au milieu des palmiers-éventails. 🚗 ♿ [P] 💳	$$$	10	●	■		
BURKETOWN : *Escott Lodge* Escott Lodge, QLD 4830. ☎ *(07) 4748 5577.* [FAX] *(07) 4748 5551.* Élevage de bétail dans le lointain golfe de Savannah. Des safaris en 4 × 4 et des excursions sont proposés dans l'Outback. ≣ [P] 💳	$	14	●		●	■
CAIRNS : *RIHGA Colonial Club* 18 Cannon St, Manunda, QLD 4870. ☎ *(07) 4053 5111.* [FAX] *(07) 4053 7072.* Ces 80 unités équipées sont appréciées des familles. Randonnées dans le *bush*, entre autres activités. 🚗 [TV] ≣ ♿ [P] 🍸 💳	$$	350	●	■	●	■
CAIRNS : *Mercure Harbourside* 209 The Esplanade, QLD 4870. ☎ *(07) 4051 8999.* [FAX] *(07) 4051 0317.* Bien situé en bord de mer. Toutes les chambres ont vue soit de Trinity Bay soit des montagnes. 🚗 [24] [TV] ≣ ♿ [P] 💳	$$$	173	●	■	●	■
CAIRNS : *Cairns International* 17 Abbott Street, QLD 4870. ☎ *(07) 4031 1300.* [FAX] *(07) 4031 1465.* Vénérable hôtel de luxe au centre de Cairns, apprécié des vedettes de cinéma pendant la saison de la pêche au marlin. 🚗 [24] [TV] ≣ ♿ [P] 💳	$$$$$	321	●	■	●	■

Les **prix** correspondent à une nuit en chambre double, service et taxes compris.

$ moins de 100 $A
$$ de 100 à 150 $A
$$$ de 150 à 200 $A
$$$$ de 200 à 250 $A
$$$$$ plus de 250 $A

RESTAURANT
Sauf indication contraire, le restaurant ou la salle à manger accueille d'autres clients que les hôtes.
ÉQUIPEMENTS ENFANTS
Berceaux, lits d'enfants et baby-sitting disponibles. Certains établissements proposent des menus pour enfants et possèdent des chaises hautes.
JARDIN OU TERRASSE
Hôtel possédant un jardin, une cour intérieure ou une terrasse. Souvent, possibilité de manger dehors.
PISCINE
Hôtel doté d'une piscine couverte ou à ciel ouvert, ou de *spas* à l'usage des hôtes.

	NOMBRE DE CHAMBRES	RESTAURANT	ÉQUIPEMENTS ENFANTS	JARDIN OU TERRASSE	PISCINE
CAIRNS : *Radisson Plaza at the Pier* $$$$$ Pierpoint Rd, QLD 4870. (07) 4031 1411. FAX (07) 4031 3226. Proche des boutiques du Pier Marketplace et de Trinity Wharf d'où partent promenades en mer et excursions. 🔌 24 TV 🗐 & P 🍴 🌿	220	●	■		■
CAPE TRIBULATION : *Coconut Beach Rainforest Resort* $$$$ Cape Tribulation Rd, QLD 4873. (07) 4098 0033. FAX (07) 4098 0047. Cette séduisante *resort* dispose de 40 villas indépendantes dans la forêt tropicale. Le restaurant donne sur la mer. 🔌 P 🌿	67	●	■		■
DAINTREE : *Daintree Eco Lodge and Spa* $$$$$ 20 Daintree Rd, QLD 4873. (07) 4098 6100. FAX (07) 4098 6200. Sous la voûte formée par la forêt, bungalows surélevés avec sols de marbre et ventilateurs de plafond. 🔌 TV 🗐 P 🌿	30	●	■		■
LONGREACH : *Albert Park Motor Inn* $ Sir Hudson Fysh Drive, QLD 4730. (07) 4658 2411. FAX (07) 4658 3181. Hébergement le plus proche du Hall of Fame *(p. 249)*. Le prix Keep Australia Beautiful a été attribué aux jardins. 🔌 TV 🗐 & P 🌿	56	●	■	●	■
MALANDA : *Honeyflow Country Homestead* $$ Heidke Rd, QLD 4885. (07) 4096 8173. FAX (07) 4096 8173. Charmant *bed-and-breakfast* dans une demeure coloniale. Parfait pour explorer les Atherton Tablelands. 🔌 TV & P 🌿	4		■	●	■
MOSSMAN : *Silky Oaks Lodge* $$$$$ Finlayvale Rd, Mossman River Gorge, QLD 4873. (07) 4098 1666. FAX (07) 4098 1983. À 20 mn de route de Port Douglas, c'est une des *lodges* les plus populaires du désert de l'Extrême-Nord (Far North). 🔌 🗐 P 🌿	60	●			■
MOUNT ISA : *Mercure Inn* $$ Angle de Grace St et Camooweal St, QLD 4825. (07) 4743 8000. FAX (07) 4743 8424. Ce motel moderne avec *spas* et matelas d'eau est situé en plein centre de Mount Isa. 🔌 TV 🗐 P 🍴 🌿	56	●	■		■
PORT DOUGLAS : *Coconut Grove Motel* $ 58 Macrossan St, QLD 4871. (07) 4099 5124. FAX (07) 4099 5144. Ces appartements équipés offrent un bon rapport qualité-prix. Restaurant très coté sur place. 🔌 & P 🌿	24	●		●	■
PORT DOUGLAS : *Radisson Treetops Resort* $$$$ 316 Port Douglas Rd, QLD 4871. (07) 4030 4333. FAX (07) 4030 4323. *Resort* où l'on dînera dans l'une des cinq cabanes construites dans les arbres. 🔌 24 TV 🗐 & P 🍴 🌿	307	●	■	●	■
PORT DOUGLAS : *Sheraton Mirage* $$$$$ Port Douglas Rd, QLD 4871. (07) 4099 5888. FAX (07) 4099 5398. Construit derrière les casuarinas qui bordent la Four Mile Beach, l'hôtel est entouré de lagons et de jardins luxuriants. 🔌 24 TV 🗐 & P 🍴 🌿	294	●	■	●	■
DARWIN ET LE TOP END					
COBOURG PENINSULA : *Seven Spirit Bay Wilderness Lodge* $$$$$ Gurig National Park, Arnhem Land, NT 0886. (08) 8979 0277. FAX (08) 8979 0282. Cette *resort* primée sur la lointaine péninsule de Cobourg n'est accessible que par avion spécial. Pour explorer le désert. 🔌 🍴 🌿	24	●		●	■
DARWIN : *Frogshollow Backpackers* $ 27 Lindsay St, NT 0800. (08) 8941 2600. FAX (08) 8941 0758. Auberge spacieuse et populaire proche du centre-ville. Trois *spas*, cuisine commune et transport assuré depuis l'aéroport. & P 🌿	142			●	■

DARWIN : *Alatai Holiday Apartments* $$ 71
Angle de McMinn St et Finniss St, NT 0800. [(08) 8981 5188. FAX (08) 8981 8887. Appartements modernes équipés autour d'une piscine. Le restaurant sert une bonne cuisine malaisienne. 🚐 TV 🍴 & P 🏊

DARWIN : *Metro Inn* $$ 60
38 Gardens Rd, NT 0800. [(08) 8981 1544. FAX (08) 8941 2541. Proche du centre-ville, ce motel de base mais accueillant offre des chambres et des appartements équipés. 🚐 TV 🍴 P 🏊

DARWIN : *Mirrambeena Tourist Resort* $$ 224
64 Cavenagh St, NT 0800. [(08) 8946 0111. FAX (08) 8981 5116. Le complexe hôtelier qui appartient aux Aborigènes bénéficie de jardins pittoresques avec cascades, piscines et *spas*. 🚐 TV 🍴 & P 🍴 🏊

DARWIN : *Top End Hotel* $$ 40
Angle de Mitchell St et Daly St, NT 0800. [(08) 8981 6511. FAX (08) 8941 1253. Motel moderne à la lisière du centre-ville, apprécié des routards et des budgets serrés. 🚐 TV 🍴 P 🏊

DARWIN : *Carlton Hotel* $$$ 197
The Esplanade, NT 0800. [(08) 8980 0800. FAX (08) 8980 0888. Le plus bel hôtel de luxe de Darwin donne sur Esplanade Gardens et offre une vue superbe du port. 🚐 24 TV 🍴 & P 🍴 🏊

DARWIN : *Marrakai Luxury All-Suites* $$$ 30
93 Smith St, NT 0800. [(08) 8982 3711. FAX (08) 8981 9283. Pour un séjour prolongé dans le luxe, ces appartements meublés possèdent un équipement de grande qualité. 🚐 TV 🍴 P 🏊

DARWIN : *MGM Grand Darwin* $$$ 96
Gilruth Ave, The Gardens, NT 0800. [(08) 8943 8888. FAX (08) 8943 8999. L'hôtel-casino dispose d'appartements de luxe et de grandes chambres bien équipées avec vue de la baie. 🚐 24 TV 🍴 & P 🍴 🏊

DARWIN : *Rydges Plaza Hotel* $$$ 233
32 Mitchell St, NT 0800. [(08) 8982 0000. FAX (08) 8981 1765. Cet hôtel moderne cinq étoiles au centre-ville offre des chambres avec vue du port. 🚐 24 TV 🍴 & P 🍴 🏊

DARWIN : *Novotel Atrium Darwin* $$$$ 140
100 The Esplanade, NT 0800. [(08) 8941 0755. FAX (08) 8981 9025. Construit autour d'un atrium de verre qui abrite une forêt tropicale, l'hôtel est connu pour ses soirées typiques du *bush*. 🚐 24 TV 🍴 & P 🏊

HOWARD SPRINGS : *Melaleuca Homestead* $ 4
163 Melaleuca Rd, NT 0835. [(08) 8983 2736. Hôtel au milieu du *bush* est proche des étangs de Howard Springs. 🚐 🍴 P

KAKADU NATIONAL PARK : *Kakadu Lodge and Caravan Park* $$ 41
Jabiru Drive, Jabiru, NT 0886. [(08) 8979 2422. FAX (08) 8979 2254. Hébergement économique en dortoir. En général, chambre à quatre couchettes pour les familles. 🍴 P 🏊

KAKADU NATIONAL PARK : *Gagadju Crocodile Hotel* $$$$ 110
Flinders St, Jabiru, NT 0886. [(08) 8979 2800. FAX (08) 8979 2707. Hôtel construit en forme de crocodile, on entre par la mâchoire ! Tous les agréments d'un grand hôtel. 🚐 TV 🍴 & P 🏊

KATHERINE : *Springvale Homestead Tourist Park* $ 37
Shadforth Rd, NT 0850. [(08) 8972 1355. FAX (08) 8972 3201. Hébergement de type motel sur la belle Katherine River. Canoë et natation avec les Aborigènes dans les eaux fraîches de la rivière. 🚐 🍴 P 🏊

KATHERINE : *Knotts Crossing Resort* $$ 125
1475 Cameron St, NT 0850. [(08) 8972 2511. FAX (08) 8972 2628. Cette *resort* touristique bien équipée propose des chambres économiques avec possibilité de cuisiner. 🚐 TV 🍴 & P 🏊

LE RED CENTRE

ALICE SPRINGS : *Desert Rose Inn* $ 75
15 Railway Terrace, NT 0870. [(08) 8952 1411. FAX (08) 8952 3232. Ce motel proche du centre donne sur les MacDonnell Ranges. 🚐 TV 🍴 & P 🏊

Légende des symboles, voir rabat de couverture

Les **prix** correspondent à une nuit en chambre double, service et taxes compris.

$ moins de 100 \$A
$$ de 100 à 150 \$A
$$$ de 150 à 200 \$A
$$$$ de 200 à 250 \$A
$$$$$ plus de 250 \$A

RESTAURANT
Sauf indication contraire, le restaurant ou la salle à manger accueille d'autres clients que les hôtes.
ÉQUIPEMENTS ENFANTS
Berceaux, lits d'enfants et baby-sitting disponibles. Certains établissements proposent des menus pour enfants et possèdent des chaises hautes.
JARDIN OU TERRASSE
Hôtel possédant un jardin, une cour intérieure ou une terrasse. Souvent, possibilité de manger dehors.
PISCINE
Hôtel doté d'une piscine couverte ou à ciel ouvert, ou de *spas* à l'usage des hôtes.

	Prix	NOMBRE DE CHAMBRES	RESTAURANT	ÉQUIPEMENTS ENFANTS	JARDIN OU TERRASSE	PISCINE
ALICE SPRINGS : *Melanka Motel* 94 Todd St, NT 0870. ((08) 8952 2233. FAX (08) 8952 2890. Fréquenté par une clientèle internationale, cet hôtel économique offre un environnement propre et confortable, sans fioritures. ▣ P ▨	$	170	●		●	
ALICE SPRINGS : *The Territory Inn* Leichhardt Terrace, NT 0870. ((08) 8952 2066. FAX (08) 8952 7829. Renommé pour son ambiance décontractée et chaleureuse, ce motel a six chambres équipées pour les voyageurs handicapés. ▦ TV ▣ & P ▨	$$	108	●	●	●	
ALICE SPRINGS : *Vista Hotel* Stephens Rd, NT 0870. ((08) 8952 6100. FAX (08) 8952 1988. Au pied des MacDonnell Orientales. La plupart des chambres offrent une vue spectaculaire. ▦ TV ▣ & P ▨	$$	140	●		●	●
ALICE SPRINGS : *Alice Springs Resort* 34 Stott Terrace, NT 0870. ((1 800) 805 055. FAX (08) 8953 0995. Cet hôtel central au bord de la Todd River possède de bons équipements, notamment une piscine chauffée. ▦ TV ▣ P ▨	$$$	144	●			●
ALICE SPRINGS : *Mercure Inn Diplomat* Angle de Gregory Terrace et Hartley St, NT 0870. ((08) 8952 8977. FAX (08) 8953 0225. Toutes les chambres de cet hôtel du centre-ville tenu par ses propriétaires s'ouvrent sur un balcon ou sur le jardin. ▦ TV ▣ & P ▨	$$$	81			●	●
ALICE SPRINGS : *Rydges Plaza Hotel* Barrett Drive, NT 0870. ((08) 8950 8000. FAX (08) 8952 3822. Le meilleur hôtel d'Alice Springs, situé sur la rive est de la Todd River, à 1,5 km seulement de la ville. ▦ 24 TV ▣ & P ▨ ▨	$$$$	235	●		●	●
ROSS RIVER : *Ross River Homestead* Ross Hwy, NT 0871. ((08) 8956 9711. FAX (08) 8956 9823. Halte importante pour les touristes qui se rendent sur les sites des MacDonnell Orientales, cette demeure rurale est proche de Trephina Gorge. Promenades à dos de chameau et safaris nocturnes. ▦ ▣ P ▨	$	78	●		●	●
TENNANT CREEK : *Eldorado Motor Inn* Paterson St, Stuart Hwy, NT 0860. ((08) 8962 2402. FAX (08) 8962 3034. Carrefour pour les voyageurs qui font le tour de l'Australie par la route, ce motel accueillant possède plusieurs suites familiales. ▦ TV ▣ & P ▨	$	78	●		●	●
WATARRKA NATIONAL PARK : *Kings Canyon Resort* Luritja Rd, NT 0872. ((08) 8956 7442. FAX (08) 8956 7410. L'unique hébergement de Kings Canyon offre un vaste choix d'options : dortoirs pour les routards, terrains de camping et caravaning, le tout dans une étendue désertique. ▦ TV ▣ & P ▨	$$$$	128	●		●	●
YULARA : *Desert Gardens Hotel* Yulara Drive, NT 0872. ((08) 9339 1040. FAX (08) 9332 4555. Ce luxueux hôtel quatre étoiles a 60 chambres avec vue sur Uluru. Il est proche du parc national *(p. 278-281)*. ▦ TV ▣ P ▨	$$$$$	160	●		●	●
YULARA : *Outback Pioneer Hotel* Yulara Drive, NT 0872. ((08) 9339 1040. FAX (08) 9332 4555. Avec ses douze charmants bungalows rustiques, cet hôtel décontracté de style champêtre s'adresse aux familles. ▦ TV ▣ & P ▨	$$$$$	137	●		●	●
YULARA : *Sails in the Desert Hotel* Yulara Drive, NT 0872. ((08) 9339 1040. FAX (08) 9332 4555. Cet hôtel de luxe est très recherché : le jardin indigène est primé et les chambres ont vue sur Uluru. ▦ TV ▣ & P ▨	$$$$$	224	●		●	●

Perth et le Southwest

Albany : *Flinders Park Lodge* Angle de Lower King Rd et Harbour Rd, WA 6330. ☎ *(08) 9844 7062.* [FAX] *(08) 9844 8044.* Cette jolie pension se trouve sur un terrain paysager avec une excellente vue d'Oyster Harbour. 🛏 [P] 💳	$	8	●		●	
Bunbury : *The Rose Hotel* Victoria St, WA 6230. ☎ *(08) 9721 4533.* [FAX] *(08) 9721 8285* Cet hôtel victorien, qui est un des bâtiments historiques les mieux préservés du centre-ville, a conservé l'opulence et les excentricités du XIXe siècle. ▤ ♿ [P] 💳	$	25	●			
Busselton : *Prospect Villa* 1 Pries Ave, WA 6280. ☎ *0417 099 307.* [FAX] *(08) 9752 2273.* À côté de Geographe Bay, ce *bed-and-breakfast* à deux étages de 1855 a un style champêtre. [TV] [P] 💳	$	4			●	
Denmark : *The Peppermints* Happy Valley Rd, WA 6333. ☎ *(08) 9840 9305.* [FAX] *(08) 9840 9305.* Une bonne base pour explorer la région. La ferme a une chambre *bed-and-breakfast* et deux cottages sur ses terres. 🛏 ♿ [P]	$	3			●	
Fremantle : *Fremantle Hotel* Angle de High St et Cliff St, WA 6160. ☎ *(08) 9430 4300.* [FAX] *(08) 9335 2636.* Cet hôtel connu installé dans un des nombreux édifices victoriens du port marie confort moderne et antiquités. [TV] [P] 💳	$	35			●	
Fremantle : *"Fothergills" of Fremantle* 20-22 Ord St, WA 6160. ☎ *(08) 9335 6784.* [FAX] *(08) 9430 7789.* Élégante maison de ville en calcaire de 1892, avec vue de l'océan et joli jardin. Les chambres sont meublées d'antiquités. 🛏 [P] 💳	$$	6		■	●	
Fremantle : *Esplanade Hotel* Angle de Marine Terrace et Essex St, WA 6160. ☎ *(08) 9432 4000.* [FAX] *(08) 9432 4836.* Ce luxueux hôtel de chaîne au cœur de Fremantle offre un large éventail de services : un sauna, trois *spas* en plein air, un terrain de jeux pour les enfants et des bicyclettes à louer. 🛏 [24] [TV] ▤ ♿ [P] 🍸 💳	$$$	259	●	■	●	■
Hyden : *Hyden Wave Rock Hotel* 2 Lynch St, WA 6359. ☎ *(08) 9880 5052.* [FAX] *(08) 9880 5041.* Ce séduisant hôtel trois étoiles du RAC, proche du célèbre Wave Rock *(p. 310)*, est décoré de jarrah naturel et de boiseries. [P] 💳	$	58	●		●	■
Kalgoorlie : *York Hotel* 259 Hannan St, WA 6430. ☎ *(08) 9021 2337.* [FAX] *(08) 9021 2337.* Cet hôtel a été construit à l'époque de la ruée vers l'or *(p. 310)*. L'intérieur du XIXe siècle a été soigneusement préservé. [P] 💳	$	20	●			
Margaret River : *The Grange on Farrelly* Farrelly St, WA 6285. ☎ *(08) 9757 3177.* [FAX] *(08) 9757 3076.* Sur les terres de l'ancienne Davies Homestead construite en 1885. Chambres de style cottage avec lits à baldaquins et meubles de style victorien. 🛏 ▤ [TV] ♿ [P] 💳	$$	29	●	■	●	
Margaret River : *Gilgara Homestead* 300 Caves Rd, WA 6285. ☎ *(08) 9757 2705.* [FAX] *(08) 9757 3259.* Au cœur de la région viticole de Margaret River, cette réplique d'une demeure de 1870 propose un hébergement primé. 🛏 [P] 💳	$$$	6			●	
Norseman : *Norseman Hotel* Angle de Robert St et Talbot St, WA 6443. ☎ *(08) 9039 1023.* [FAX] *(08) 9039 1503.* Cet hôtel de style colonial à deux étages, offrant un confort de base, est situé au centre de Norseman. Petit déjeuner compris. [P] 💳	$	25	●		●	
Northam : *Shamrock Hotel & Mitchell House* 112 Fitzgerald St, WA 6401. ☎ *(08) 9622 1092.* [FAX] *(08) 9622 5707.* Cet hôtel historique offre 14 suites avec *spa* et 4 chambres *bed-and-breakfast* dans l'élégante Mitchell House. 🛏 [TV] ▤ [P] 💳	$$	18	●		●	
Pemberton : *Karri Valley Resort* Vasse Hwy, WA 6260. ☎ *(08) 9776 2020.* [FAX] *(08) 9776 2012.* Située au milieu des forêts de karri de Pemberton, cette *resort* offre un hébergement attrayant en motel, chalet ou caravane. 🛏 ♿ [P] 💳	$$$	68	●	■	●	

Légende des symboles, voir rabat de couverture

Les **prix** correspondent à une nuit en chambre double, service et taxes compris.

$ moins de 100 \$A
$$ de 100 à 150 \$A
$$$ de 150 à 200 \$A
$$$$ de 200 à 250 \$A
$$$$$ plus de 250 \$A

RESTAURANT
Sauf indication contraire, le restaurant ou la salle à manger accueille d'autres clients que les hôtes.
ÉQUIPEMENTS ENFANTS
Berceaux, lits d'enfants et baby-sitting disponibles. Certains établissements proposent des menus pour enfants et possèdent des chaises hautes.
JARDIN OU TERRASSE
Hôtel possédant un jardin, une cour intérieure ou une terrasse. Souvent, possibilité de manger dehors.
PISCINE
Hôtel doté d'une piscine couverte ou à ciel ouvert, ou de *spas* à l'usage des hôtes.

	NOMBRE DE CHAMBRES	RESTAURANT	ÉQUIPEMENTS ENFANTS	JARDIN OU TERRASSE	PISCINE
PERTH : *Rose & Crown Hotel* @ rcrown@iinet.net.au — 105 Swan St, Guildford, WA 6055. (08) 9279 8444. FAX (08) 9377 1628. Le plus vieil hôtel en activité d'Australie-Occidentale. Hébergement en motel à côté d'un superbe bâtiment victorien. **$**	32	●	▪	●	▪
PERTH : *Criterion Hotel* — 560 Hay St, WA 6000. (08) 9325 5155. FAX (08) 9325 4176. Ce bâtiment Art déco unique au centre-ville fut entièrement rénové en 1996. Le prix comprend le petit déjeuner. **$$**	69	●			
PERTH : *Miss Maud Swedish Hotel* — 97 Murray St, WA 6000. (08) 9325 3900. FAX (08) 9221 3225. Petit déjeuner traditionnel de type *smorgasbord* dans cet élégant *bed-and-breakfast*. Peintures murales et meubles en pin. **$$**	52	●			
PERTH : *Sullivan's Hotel* — 166 Mounts Bay Rd, WA 6000. (08) 9321 8022. FAX (08) 9481 6762. Petit hôtel tenu par ses propriétaires, proche du beau Kings Park *(p. 298)*. Ambiance amicale et sans prétention. **$$**	71	●	▪	●	▪
PERTH : *Rendezvous Observation City Hotel* — The Esplanade, Scarborough Beach, WA 6019. (08) 9340 5555. FAX (08) 9245 1345. Cet hôtel moderne est situé sur Scarborough Beach. De nombreuses chambres ont vue de l'océan. **$$$**	333	●		●	▪
PERTH : *Burswood International Resort Casino* — Great Eastern Hwy, Burswood, WA 6100. (08) 9362 7777. FAX (08) 9470 2553. Cette *resort* de luxe est située sur la Swan River avec parc et superbes vues de la ville. **$$$$$**	414	●	▪	●	▪
ROTTNEST ISLAND : *Rottnest Lodge Resort* — Rottnest Island, WA 6161. (08) 9292 5161. FAX (08) 9292 5158. Une occasion rare de séjourner dans les cellules du Quod, une prison du XIXᵉ siècle pour les détenus aborigènes *(p. 300)*. Les cellules ont toutes les commodités d'une chambre d'hôtel moderne. **$$**	80	●		●	
YORK : *Imperial Hotel* — 83 Avon Terrace, WA 6302. (08) 9641 1010. FAX (08) 9641 2201. Avec son charme d'antan et son joli jardin, cet hôtel victorien situé dans la ville historique d'York est un lieu de séjour séduisant. **$**	18	●		●	

LE NORD DE PERTH

	NOMBRE DE CHAMBRES	RESTAURANT	ÉQUIPEMENTS ENFANTS	JARDIN OU TERRASSE	PISCINE
BROOME : *Mangrove Hotel* — Carnarvon St, WA 6725. (08) 9192 1303. FAX (08) 9193 5169. Situé dans de beaux jardins, cet hôtel accueillant proche du Chinatown de Broome offre une vue de Roebuck Bay. **$$**	69	●	▪	●	▪
BROOME : *Cable Beach Intercontinental Resort* — Cable Beach Rd, WA 6725. (08) 9192 0400. FAX (08) 9192 2249. Cette *resort* de luxe qui donne sur la fameuse Cable Beach de Broome propose studios, bungalows et suites. **$$$$**	267	●		●	▪
CARNARVON : *Fascine Lodge* — 1002 David Brand Drive, WA 6701. (08) 9941 2411. FAX (08) 9941 2491. Plusieurs unités confortables autour d'un patio et d'une piscine. Seul le rez-de-chaussée est accessible aux handicapés. *limité.* **$$**	61	●		●	▪
DAMPIER : *Mercure Dampier* — The Esplanade, WA 6713. (08) 9183 1222. FAX (08) 9183 1028. À 50 m seulement de la plage, le Mercure Dampier propose trois suites familiales équipées, idéales pour les touristes avec des enfants. **$$**	63	●	▪	●	▪

DENHAM : *Heritage Resort Hotel* $$ 27
Angle de Knight Terrace et Durlacher St, WA 6537. ((08) 9948 1133. FAX (08)
9948 1134. Hôtel familial abordable au bord de l'océan. Situation idéale
pour partir en excursion à Shark Bay (p. 318-319).

EXMOUTH : *Exmouth Cape Tourist Village* $ 65
Truscott Crescent, WA 6707. ((08) 9949 1101. FAX (08) 9949 1402.
Chalets à prix raisonnables, terrain de camping et caravaning. Parmi
les services, offre de bicyclettes et de jeeps.

FITZROY CROSSING : *Fitzroy River Lodge* $$ 40
Great Northern Hwy, WA 6765. ((08) 9191 5141. FAX (08) 9191 5142.
Au milieu d'un terrain de 20 ha dans le Kimberley, cet élevage de
l'Outback propose chambres, cottages et caravanes.

GERALDTON : *Best Western Hospitality Inn* $ 55
Cathedral Ave, WA 6530. ((08) 9921 1422. FAX (08) 9921 1239.
Cet hôtel de chaîne proche du centre de Geraldton propose
également quelques appartements.

KALBARRI : *Kalbarri Beach Resort* $$ 80
Clotworthy St, WA 6536. ((08) 9937 1061. FAX (08) 9937 1323.
Appartements modernes et indépendants de deux chambres. Pour
partir explorer le Kalbarri National Park.

MONKEY MIA : *Monkey Mia Dolphin Resort* $$$ 44
Monkey Mia Rd, Shark Bay, WA 6537. ((08) 9948 1320. FAX (08) 9948 1034.
Sur la plage même, à côté de l'endroit où les dauphins viennent
se nourrir, cette *resort* est idéale pour observer ces cétacés.

MOUNT HART : *Mount Hart Homestead* $ 7
Par Gibb River Rd, WA 6536. ((08) 9191 4645. FAX (08) 9191 4645.
Hôtel tranquille situé dans la King Leopold Mountain Range, au cœur
du Kimberley. Petit déjeuner et dîner compris.

NEW NORCIA : *Monastery Guesthouse* $ 15
WA 6509. ((08) 9654 8002. FAX (08) 9654 8097.
Dans ce paisible monastère bénédictin, le gîte et le couvert sont
gratuits mais un don d'environ 40 $A par personne et par jour est
suggéré pour participer aux frais d'entretien.

NEW NORCIA : *New Norcia Hotel* $ 17
Great Northern Hwy, WA 6509. ((08) 9654 8034. FAX (08) 9654 8011.
Construit en 1927, le New Norcia a un majestueux escalier central et
du mobilier d'époque. Les équipements sportifs comptent un terrain
de golf et d'excellents courts de tennis.

ROEBOURNE : *Victoria Hotel* $ 54
7 Roe St, WA 6718. ((08) 9182 1001. FAX (08) 9182 1046.
Logement en motel dans cet hôtel propre mais au confort élémentaire,
installé dans un bâtiment victorien très orné.

ADÉLAÏDE ET LE SOUTHEAST

ADÉLAÏDE : *Tiffins on the Park* $$ 54
176 Greenhill Rd, Parkside, SA 5063. ((08) 8271 0444. FAX (08) 8272 8675.
À deux pas de la place principale d'Adélaïde, au milieu de rues
bordées d'arbres.

ADÉLAÏDE : *Chifley on South Terrace* $$$ 96
226 South Terrace, SA 5000. ((08) 8223 4355. FAX (08) 8232 5997.
En plein centre-ville. Toutes les chambres donnent sur le beau South
Parklands ou sur la piscine et les jardins.

ADÉLAÏDE : *Hilton Adelaide* $$$ 380
233 Victoria Square, SA 5000. ((08) 8217 2000. FAX (08) 8217 2001.
Tout ce que vous attendez d'un hôtel Hilton situé près du Central Market,
le centre-ville et le quartier des restaurants.

ADÉLAÏDE : *North Adelaide Heritage Accommodation* $$$ 12
109 Glen Osmond St, Eastwood, SA 5063. ((08) 8272 1355. FAX (08) 8272 1355.
Le choix entre 17 suites et des chalets restaurés, parsemés dans la
banlieue d'Adélaïde. *limité*.

Légende des symboles, voir rabat de couverture

Les **prix** correspondent à une nuit en chambre double, service et taxes compris.

$ moins de 100 \$A
$$ de 100 à 150 \$A
$$$ de 150 à 200 \$A
$$$$ de 200 à 250 \$A
$$$$$ plus de 250 \$A

RESTAURANT
Sauf indication contraire, le restaurant ou la salle à manger accueille d'autres clients que les hôtes.
ÉQUIPEMENTS ENFANTS
Berceaux, lits d'enfants et baby-sitting disponibles. Certains établissements proposent des menus pour enfants et possèdent des chaises hautes.
JARDIN OU TERRASSE
Hôtel possédant un jardin, une cour intérieure ou une terrasse. Souvent, possibilité de manger dehors.
PISCINE
Hôtel doté d'une piscine couverte ou à ciel ouvert, ou de *spas* à l'usage des hôtes.

	NOMBRE DE CHAMBRES	RESTAURANT	ÉQUIPEMENTS ENFANTS	JARDIN OU TERRASSE	PISCINE
ADÉLAÏDE : *Novotel on Hindley, Adelaide* $$$$ 65 Hindley St, SA 5000. (08) 8231 5552. FAX (08) 8237 3800. Une oasis de calme dans Hindley Street, le cœur de la vie nocturne d'Adélaïde.	178	●	■		■
ADÉLAÏDE : *Hyatt Regency* $$$$$ North Terrace, SA 5000. (08) 8231 1234. FAX (08) 8238 2392. Voisin du casino d'Adélaïde, cet hôtel de luxe est typique de la chaîne Hyatt. La plupart des chambres ont une vue spectaculaire de la ville.	367	●	■		■
ADÉLAÏDE : *Stamford Plaza Hotel* $$$$$ 150 North Terrace, SA 5000. (08) 8461 1111. FAX (08) 8231 7572. Les chambres bien aménagées ont vue soit de la ville soit des espaces verts en direction d'Adélaïde nord.	335	●	■		■
ANGASTON : *Collingrove Homestead* $$$ Eden Valley Rd, SA 5353. (08) 8564 2061. FAX (08) 8564 3600. Dans ce manoir des années 1850, propriété du National Trust, on séjourne dans les logements des domestiques.	5			●	
COONAWARRA : *Chardonnay Lodge* $$ Riddoch Hwy, SA 5263. (08) 8736 3309. FAX (08) 8736 3383. Au milieu des vignobles de Coonawarra, cette *lodge* propose des chambres spacieuses et un bon restaurant.	24	●	■		■
GLENELG : *Stamford Grand Hotel* $$$$$ Moseley Square, SA 5045. (08) 8376 1222. FAX (08) 8376 1111. Proche des excellents aménagements de la meilleure plage des environs d'Adélaïde. Toutes les chambres ont vue sur la mer ou sur les Adelaide Hills.	241	●	■		■
HAHNDORF : *The Old Mill Motel* $$ 98 Main Rd, SA 5245. (08) 8388 7888. FAX (08) 8388 7242. La minoterie de 1854 a été en partie incorporée à cet hôtel dans la plus vieille ville allemande d'Australie *(p. 344)*.	32	●	■		
KANGAROO ISLAND : *Ozone Seafront Hotel* $$ The Foreshore, Kingscote, SA 5223. (08) 8553 2011. FAX (08) 8553 2249. Cet hôtel accueillant et confortable se trouve sur les rochers où les pingouins nichent tous les soirs.	36	●			
KANGAROO ISLAND : *Wisteria Lodge Motel* $$ 7 Cygnet Rd, Kingscote, SA 5223. (08) 8553 2707. FAX (08) 8553 2200. De toutes les chambres, vue de la mer depuis un balcon ou un patio. La plage aménagée est idéale pour la promenade à pied.	20	●	■	●	■
KANGAROO ISLAND : *Wanderer's Rest* $$$ Bayview Rd, American River, SA 5221. (08) 8553 7140. FAX (08) 8553 7282. Avec une vue panoramique de l'American River, l'hôtel permet de profiter des plaisirs du *bush*.	9	●			
LYNDOCH : *Barossa Park Motel* $ Barossa Valley Hwy, SA 5351. (08) 8524 4268. FAX (08) 8524 4725. Ce motel situé à l'entrée de la région viticole de la Barossa Valley *(p. 348-349)* organise des visites quotidiennes du château et de ses collections d'œuvres d'art ainsi que des dégustations de vins.	34	●	■	●	
MARANANGA : *The Hermitage of Marananga* $$$ Angle de Seppeltsfield Rd et Stonewell Rd, SA 5355. (08) 8562 2722. FAX (08) 8562 3133. Au cœur de la région viticole de la Barossa Valley. Les suites de luxe disposent toutes d'un patio privé.	10	●	■	●	■

MOUNT GAMBIER : *Lakes Resort* $$ 40
17 Lakes Terrace West, SA 5290. 🄲 *(08) 8725 5755.* ℻ *(08) 8723 2710.*
Sur les pentes du volcan éteint. Vaste choix d'hébergement, de la
chambre économique à l'appartement de luxe. 🛏 📺 🍽 🅿 🍸 🏊

MYLOR : *Warrawong Sanctuary* $$$ 15
Angle de Stock Rd et William Rd, SA 5153. 🄲 *(08) 8370 9197.* ℻ *(08) 8370
8332.* Séjours dans des tentes luxueuses en plein cœur de la réserve
naturelle *(p. 344).* Le prix inclut un dîner de trois plats au restaurant, des
randonnées guidées et le petit déjeuner complet à l'anglaise. 🛏 🍽 🅿 🏊

PADTHAWAY : *Padthaway Estate Homestead* $$$ 6
Riddoch Hwy, SA 5271. 🄲 *(08) 8765 5039.* ℻ *(08) 8765 5097.*
Luxueuse pension dans une demeure de 1882. Isolée dans la
campagne, elle est idéale pour les amateurs de calme. 🅿 🏊

ROBE : *Robe House* $ 3
Hagen St, SA 5276. 🄲 *(08) 8768 2770.* ℻ *(08) 8768 2770.*
La plus vieille maison de la ville, construite en 1847, abrite maintenant
trois appartements équipés et confortables. 🛏 📺 🅿 🏊

STIRLING : *Thorngrove Manor* $$$$ 6
2 Glenside Lane, SA 5152. 🄲 *(08) 8339 6748.* ℻ *(08) 8370 9950.*
Dans le calme des Adelaide Hills, cette folie hérissée de tours accorde
la priorité à l'intimité et au bien-être. 🛏 🕓 📺 ♿ 🅿 🏊

TANUNDA : *Barossa Weintal Resort* $ 40
Murray St, SA 5352. 🄲 *(08) 8563 2303.* ℻ *(08) 8563 2279.*
Situé au centre de Tanunda, dans la Barossa Valley *(p. 348-349).* Idéal
pour accéder à tous les domaines viticoles. 🛏 📺 🍽 ♿ 🅿 🏊

VICTOR HARBOR : *Whaler's Inn* $$ 14
The Bluff, Encounter Bay, SA 5211. 🄲 *(08) 8552 4400.* ℻ *(08) 8552 4240.*
Chaque appartement de trois chambres en duplex a une cuisine
entièrement équipée et un double *spa* donnant sur une cour privée.
La vue embrasse Encounter Bay. 🛏 📺 🍽 ♿ 🅿 🏊

LES PÉNINSULES D'YORKE ET D'EYRE

ARKAROOLA : *Arkaroola Resort* $ 63
Arkaroola, SA 5732. 🄲 *(08) 8648 4848.* ℻ *(08) 8648 4846.* La plus grande
resort des Flinders Ranges offre un vaste choix d'hébergement. Vols
touristiques et excursions en 4 × 4. 🛏 🍽 🅿 🏊

AUBURN : *Rising Sun Hotel* $ 10
Main North Rd, SA 5451. 🄲 *(08) 8849 2015.* ℻ *(08) 8849 2266.*
Chambres et suites aménagées dans des écuries victoriennes dans cet
hôtel situé à l'entrée de la Clare Valley. 🛏 📺 ♿ 🅿 🏊

BLINMAN : *Blinman Hotel* $ 16
Main St, SA 5730. 🄲 *(08) 8648 4867.* ℻ *(08) 8648 4621.*
Au cœur des Flinders Ranges, proche des principaux sites. Bar
fréquenté par les habitants du voisinage. 🛏 🍽 ♿ 🅿 🏊

BURRA : *Burra Heritage Cottages* $$ 6
Tivers Row, 8-18 Truro St, SA 5417. 🄲 *(08) 8892 2461.* ℻ *(08) 8892 2461.*
Spacieux cottages de pierre de 1856, avec feux de bois et radios à
l'ancienne. Télévision sur demande. 🛏 ♿ 🅿 🏊

CLARE : *Clare Valley Motel* $ 33
74a Main North Rd, SA 5453. 🄲 *(08) 8842 2799.* ℻ *(08) 8842 3121.*
Base paisible mais centrale pour explorer les domaines viticoles et les
autres curiosités de la région. 🛏 📺 🍽 🅿 🏊

COOBER PEDY : *The Underground Motel* $ 8
Catacomb Rd, SA 5723. 🄲 *(08) 8672 5324.* ℻ *(08) 8672 5911.*
La fraîcheur des chambres troglodytiques est indispensable l'été dans la
chaleur torride de cette ville de l'Outback *(p. 360).* De la véranda,
admirez les couchers de soleil spectaculaires sur le désert. 🛏 📺 🅿 🏊

COOBER PEDY : *Desert Cave Hotel* $$$ 50
Hutchinson St, SA 5723. 🄲 *(08) 8672 5688.* ℻ *(08) 8672 5198.*
Luxueux hôtel troglodytique *(p. 360),* avec magasins, bars et
restaurants creusés dans le sol. 🛏 📺 🍽 ♿ 🅿 🍸 🏊

	NOMBRE DE CHAMBRES	RESTAURANT	ÉQUIPEMENTS ENFANTS	JARDIN OU TERRASSE	PISCINE

Les **prix** correspondent à une nuit en chambre double, service et taxes compris.

$ moins de 100 $A
$$ de 100 à 150 $A
$$$ de 150 à 200 $A
$$$$ de 200 à 250 $A
$$$$$ plus de 250 $A

RESTAURANT
Sauf indication contraire, le restaurant ou la salle à manger accueille d'autres clients que les hôtes.
ÉQUIPEMENTS ENFANTS
Berceaux, lits d'enfants et baby-sitting disponibles. Certains établissements proposent des menus pour enfants et possèdent des chaises hautes.
JARDIN OU TERRASSE
Hôtel possédant un jardin, une cour intérieure ou une terrasse. Souvent, possibilité de manger dehors.
PISCINE
Hôtel doté d'une piscine couverte ou à ciel ouvert, ou de *spas* à l'usage des hôtes.

EDITHBURGH : *The Anchorage Motel* $	11		■	●	
25 O'Halloran Parade, SA 5583. (08) 8852 6262. FAX (08) 8852 6147. Logements d'une et deux chambres sur la plage près de la jetée. Les passionnés de pêche et de voile disposent de tables pour nettoyer les poissons et de matériel pour laver les bateaux.					
MINTARO : *Martindale Hall* $$	9	●			
Mintaro, SA 5415. (08) 8843 9088. FAX (08) 8843 9082. Vivez au quotidien dans la plus belle demeure d'Australie-Méridionale, dîners cérémonieux servis par un maître d'hôtel.					
PORT LINCOLN : *Blue Seas Motel* $	15		■		
7 Gloucester Terrace, SA 5606. (08) 8682 3022. FAX (08) 8682 6932. Au cœur de Port Lincoln, ce motel donne sur Boston Bay. Il est proche des aménagements et curiosités touristiques.					
PORT LINCOLN : *Lincoln Cove Apartments* $$	3			●	
Bridge Crescent, SA 5606. (08) 8683 0495. FAX (08) 8683 0495. Appartements de trois chambres équipés de *spas*, lave-vaisselle et services de blanchissage. Séjour minimum : deux nuits.					
RAWNSLEY PARK : *Rawnsley Park Cabins* $	19		■		
Hawker-Wilpena Rd, SA 5434. (08) 8648 0030. FAX (08) 8648 0013. Dans de beaux paysages à la base de Rawnsley Bluff. Équitation et randonnées dans le *bush* à l'entrée du parc.					
WHYALLA : *Alexander Motor Inn* $	40	●	■		■
99 Playford Ave, SA 5600. (08) 8645 9488. FAX (08) 8645 2211. Chambres individuelles et suites de deux chambres. Le restaurant propose un menu spécial aux résidents *(p. 516)*.					
WILPENA : *Wilpena Pound Resort* $$	60	●	■	●	■
Wilpena, SA 5434. (08) 8648 0004. FAX (08) 8648 0028. Les terrains paysagers contrastent avec l'environnement souvent rude. Randonnées dans la brousse et excursions en 4 × 4.					

MELBOURNE

ALBERT PARK : *Hotel Victoria* $$	28	●			
123 Beaconsfield Parade, VIC 3004. **Plan 2 D5.** (03) 9690 3666. FAX (03) 9699 9570. Cet hôtel restauré de 1888 offre une vue spectaculaire de la baie de Melbourne, notamment depuis les chambres d'angle.					
ALBERT PARK : *Carlton Crest Hotel* $$$	374	●	■		■
65 Queens Rd, VIC 3004. **Plan 3 B5.** (03) 9529 4300. FAX (03) 9521 3111. Chambres spacieuses dont certaines ont vue du lac d'Albert Park. L'hôtel, proche des arrêts de bus, est bien situé.					
ALBERT PARK : *Park Royal on St Kilda Road* $$$$$	220	●	■	●	■
562 St Kilda Rd, VIC 3004. **Plan 2 D5.** (03) 9529 8888. FAX (03) 9525 1242. St Kilda Road est un boulevard qui relie la ville à la plage. Les chambres ont vue de la ville ou du parc.					
CARLTON : *Downtowner on Lygon* $$$	98	●	■		■
66 Lygon St, VIC 3053. **Plan 1 C1.** (03) 9663 5555. FAX (03) 9662 3308. Hébergement de qualité dans un motel commodément situé sur le tronçon animé de Lygon Street *(p. 387)*.					
CENTRE-VILLE : *Centra Melbourne* $$$	384	●	■		■
Angle de Flinders St et Spencer St, VIC 3005. **Plan 1 C4.** (03) 9629 5111. FAX (03) 9629 5624. Au bord de la Yarra River, proche de Southgate, de l'Arts Centre et autres centres d'intérêt.					

CENTRE-VILLE : *Victoria Hotel* $$$ | 468
215 Little Collins St, VIC 3000. **Plan** 2 D3. █ *(03) 9653 0441.* FAX *(03) 9650 9678.* Cet hôtel construit en 1880 offre des chambres économiques, à proximité des théâtres, restaurants et magasins. █ █ █ TV █ P █ █

CENTRE-VILLE : *All Seasons Crossley* $$$$ | 89
51 Little Bourke St, VIC 3000. **Plan** 1 B2. █ *(03) 9639 1639.* FAX *(03) 9639 0566.* Service exceptionnel pour hommes d'affaires et touristes. Chambres spacieuses. █ TV █ P █ █

CENTRE-VILLE : *Novotel Melbourne On Collins* $$$$ | 323
270 Collins St, VIC 3000. **Plan** 1 C3. █ *(03) 9667 5800.* FAX *(03) 9667 5805.* L'hôtel le plus central de Melbourne a des chambres spacieuses qui donnent sur Collins Street. █ 24 TV █ █ P █ █

CENTRE-VILLE : *Rockman's Regency* $$$$ | 214
Angle de Exhibition St et Lonsdale St, VIC 3000. **Plan** 2 D2. █ *(03) 9662 3900.* FAX *(03) 9663 4297.* Fréquenté par le monde du théâtre. Chambres et suites aménagées avec élégance. █ 24 TV █ █ P █ █ █

CENTRE-VILLE : *Adelphi* $$$$$ | 34
187 Flinders Lane, VIC 3000. **Plan** 2 D3. █ *(03) 9650 7555.* FAX *(03) 9650 2710.* Petit hôtel de luxe connu pour son esthétique novatrice et son restaurant en sous-sol *(p. 517).* █ 24 TV █ █ P █ █ █

CENTRE-VILLE : *Grand Hyatt* $$$$$ | 547
123 Collins St, VIC 3000. **Plan** 2 D3. █ *(03) 9657 1234.* FAX *(03) 9650 3491.* Cet hôtel de luxe de la chaîne Hyatt est à quelques minutes à pied de la plupart des boutiques élégantes de la ville. █ 24 TV █ █ P █ █ █

CENTRE-VILLE : *Grand Mercure* $$$$$ | 58
321 Flinders Lane, VIC 3000. **Plan** 2 D3. █ *(03) 9629 4088.* FAX *(03) 9629 4066.* Toutes les suites ont une ambiance intime et opulente. Les appartements de luxe donnent sur une cour-jardin. █ 24 TV █ █ P █ █ █

CENTRE-VILLE : *Hotel Lindrum* $$$$$ | 214
26 Flinders St, VIC 3000. **Plan** 2 D3. █ *(03) 9668 1111.* FAX *(03) 9668 1199.* Un hôtel chic offrant des chambres sophistiquées. Le décor est minimaliste mais confortable. █ TV █ █ █

CENTRE-VILLE : *Le Meridien at Rialto* $$$$$ | 242
495 Collins St, VIC 3000. **Plan** 1 B4. █ *(03) 9620 9111.* FAX *(03) 9614 1219.* L'hôtel dissimule derrière une façade historique un décor intérieur moderne. █ 24 TV █ █ P █ █ █

CENTRE-VILLE : *Oakford Gordon Place* $$$$$ | 82
24 Little Bourke St, VIC 3000. **Plan** 1 B2. █ *(03) 9663 2888.* FAX *(03) 9639 1537.* Ce *boutique hotel* historique propose des studios et des appartements de luxe. █ TV █ P █ █

CENTRE-VILLE : *Rydges Melbourne* $$$$$ | 363
186 Exhibition St, VIC 3000. **Plan** 2 D2. █ *(03) 9662 0511.* FAX *(03) 9663 6988.* Hôtel élégant au cœur du quartier des théâtres, avec des suites de luxe pour ceux qui veulent se faire choyer. █ 24 TV █ █ P █ █

CENTRE-VILLE : *Seville Park Suites* $$$$$ | 144
333 Exhibition St, VIC 3000. **Plan** 2 D2. █ *(03) 9663 3333.* FAX *(03) 9663 8811.* Cet hôtel moderne, proche du quartier des théâtres et de Chinatown, propose des suites d'une et deux chambres. █ TV █ █ P █ █

CENTRE-VILLE : *Hotel Sofitel Melbourne* $$$$$ | 363
25 Collins St, VIC 3000. **Plan** 2 D3. █ *(03) 9653 0000.* FAX *(03) 9650 4261.* L'hôtel occupe les étages supérieurs d'un vieux bâtiment avec des chambres qui ont toutes une belle vue. █ 24 TV █ █ P █ █ █

CENTRE-VILLE : *Stamford Plaza Melbourne* $$$$$ | 283
111 Little Collins St, VIC 3000. **Plan** 2 D3. █ *(03) 9659 1000.* FAX *(03) 9659 0999.* Foyer distingué, tours jumelles et atrium. Les suites élégantes disposent d'une cuisine entièrement équipée. █ 24 TV █ █ P █ █ █

CENTRE-VILLE : *The Windsor* $$$$$ | 180
103 Spring St, VIC 3000. **Plan** 2 D2. █ *(03) 9633 6000.* FAX *(03) 9633 6001.* Ce somptueux hôtel victorien est une institution à Melbourne. Charme et luxe d'un cinq étoiles. █ 24 TV █ █ P █ █ █

Les **prix** correspondent à une nuit en chambre double, service et taxes compris. $ moins de 100 $A $$ de 100 à 150 $A $$$ de 150 à 200 $A $$$$ de 200 à 250 $A $$$$$ plus de 250 $A	**RESTAURANT** Sauf indication contraire, le restaurant ou la salle à manger accueille d'autres clients que les hôtes. **ÉQUIPEMENTS ENFANTS** Berceaux, lits d'enfants et baby-sitting disponibles. Certains établissements proposent des menus pour enfants et possèdent des chaises hautes. **JARDIN OU TERRASSE** Hôtel possédant un jardin, une cour intérieure ou une terrasse. Souvent, possibilité de manger dehors. **PISCINE** Hôtel doté d'une piscine couverte ou à ciel ouvert, ou de *spas* à l'usage des hôtes.	NOMBRE DE CHAMBRES	RESTAURANT	ÉQUIPEMENTS ENFANTS	JARDIN OU TERRASSE	PISCINE
EAST MELBOURNE : *Georgian Court*　$$ 21-25 George St, VIC 3002. [(03) 9419 6353. FAX (03) 9416 0895. Style *bed-and-breakfast* traditionnel pour cette grande maison georgienne dans le quartier historique d'East Melbourne. TV P ▤ ◪		31		▦		
EAST MELBOURNE : *Magnolia Court Boutique Hotel*　$$$ 101 Powlett St, VIC 3002. [(03) 9419 4222. FAX (03) 9416 0841. L'hôtel tenu par ses propriétaires se situe dans une résidence des années 1850 au sein d'un quartier verdoyant. ⊟ TV ▤ P ◪		26		▦	●	
EAST MELBOURNE : *Hilton on the Park*　$$$$ 192 Wellington Parade, VIC 3002. [(03) 9419 2000. FAX (03) 9419 2001. Cet hôtel cinq étoiles établi de longue date donne sur les Fitzroy Gardens. À quelques minutes à pied du centre-ville. ⊟ 24 TV ▤ ⓺ P ▥ ⚡ ◪		405	●	▦		▦
FITZROY : *Royal Gardens Quest Inn*　$$$$ 8 Royal Lane, VIC 3065. **Plan 2 D1.** [(03) 9419 9888. FAX (03) 9416 0451. Situé dans un des quartiers cosmopolites du nord de Melbourne, à côté des Carlton Gardens. Grande variété d'appartements. ⊟ TV P ◪		70			●	▦
RICHMOND : *Rydges Riverwalk*　$$$ 649 Bridge Rd, VIC 3121. **Plan 4 D3.** [(03) 9246 1200. FAX (03) 9246 1222. Cet endroit agréable à l'écart du centre-ville a vue de la Yarra River. Il s'adresse aux amateurs de calme. ⊟ 24 TV ▤ ⓺ P ◪		94	●	▦		
ST KILDA : *Boutique Hotel Tolarno*　$$ 42 Fitzroy St, VIC 3182. **Plan 5 B4.** [(03) 9537 0200. FAX (03) 9534 7800. Au cœur du quartier des cafés de St Kilda, un hôtel art déco restauré qui nourrit plus spécialement les artistes. ⊟ TV ▤ ◪		31	●	▦		
ST KILDA : *Novotel St Kilda*　$$$ 16 The Esplanade, VIC 3182. **Plan 5 B5.** [(03) 9525 5522. FAX (03) 9525 5678. Proche de la ville mais ambiance de station balnéaire. Certaines chambres ont vue de la baie. ⊟ 24 TV ▤ ⓺ P ▥ ◪		202	●	▦		▦
ST KILDA : *Robinsons by the Sea*　$$$ 335 Beaconsfield Pde, VIC 3182. **Plan 5 B5.** [(03) 9534 2683. FAX (03) 9534 2683. Le premier *bed-and-breakfast* de la ville avec une terrasse victorienne face à la plage, près des cafés et restaurants de la Fitzroy St. ⊟ TV ⚡ ◪		202			●	
SOUTHBANK : *Crown Towers*　$$$$$ 8 Whiteman St, VIC 3006. **Plan 1 B5.** [(03) 9292 6666. FAX (03) 9292 6600. Les chambres luxueuses, meublées de riches soieries et de boiseries chaudes ont vue de la ville ou de la baie. ⊟ 24 TV ▤ ⓺ P ▥ ⚡ ◪		480	●	▦	●	▦
SOUTHBANK : *Sheraton Towers Southgate*　$$$$$ 1 Southgate St, VIC 3006. **Plan 1 C4.** [(03) 9696 3100. FAX (03) 9626 4110. Cet hôtel moderne mais d'une élégance toute victorienne se trouve sur la rive sud de la Yarra River. ⊟ 24 TV ▤ ⓺ P ▥ ⚡ ◪		386	●	▦		▦
SOUTH YARRA : *The Tilba*　$$$ 30 West Toorak Rd, VIC 3141. **Plan 4 D5.** [(03) 9867 8844. FAX (03) 9867 6567. Charmante demeure victorienne pourvue de mobilier d'époque et d'antiquités. Accès facile au centre-ville. ⊟ TV ▤ P ⚡ ◪		18			●	
SOUTH YARRA : *The Hotel Como*　$$$$$ 630 Chapel St, VIC 3141. **Plan 4 E5.** [(03) 9824 0400. FAX (03) 9824 1263. Situé dans la rue des cafés élégants de South Yarra, cet hôtel est fréquenté par les artistes et les sportifs. Transport gratuit en limousine jusqu'au centre-ville. ⊟ 24 TV ▤ ⓺ P ▥ ◪		107	●	▦	●	▦

LE VICTORIA OCCIDENTAL

APOLLO BAY : *Greenacres Country House by the Sea* $$ 26
Great Ocean Rd, VIC 3233. ((03) 5237 6309. FAX (03) 5237 6891.
Le charme d'antan allié aux équipements modernes. L'hôtel est à
quelques minutes à pied d'Apollo Bay.

APOLLO BAY : *Claerwen Retreat* $$$ 8
Tuxion Rd, VIC 3233. ((03) 5237 7064. FAX (03) 5237 7054.
Cette retraite luxueuse surplombe la côte au milieu de terres riches en
flore et en faune. Entièrement non-fumeurs.

APOLLO BAY : *Whitecrest Holiday Retreat* $$$ 11
5230 Great Ocean Rd, VIC 3221. ((03) 5237 0228. FAX (03) 5237 0245.
Pour un week-end romantique. Toutes les chambres ont une
cheminée et une vue imprenable de l'océan.

APOLLO BAY : *Chris's Beacon Point Restaurant & Villas* $$$$ 6
280 Skenes Creek Rd, VIC 3233. ((03) 5237 6411. FAX (03) 5237 6930.
Lieu idéal pour une escapade de week-end, situé dans le *bush* sur une
hauteur. Vue de l'océan et excellent restaurant *(p. 519)*.

BALLARAT : *Craig's Royal Hotel* $ 43
10 Lydiard St South, VIC 3350. ((03) 5331 1377. FAX (03) 5331 7103.
Somptueux hôtel de l'époque de la ruée vers l'or, en plein centre de
Ballarat, proche de Lydiard Street *(p. 424)*.

BALLARAT : *Ansonia* $$ 20
32 Lydiard St South, VIC 3350. ((03) 5332 4678. FAX (03) 5332 4698.
Hôtel de style rustique tenu par ses propriétaires dans un bâtiment
des années 1870 rénové. Bibliothèque et salon.

BALLARAT : *Ballarat Heritage Homestay* $$$ 5
PO Box 1360, VIC 3354. ((03) 5332 8296. FAX (03) 5331 3358.
Toutes les commodités de la vie moderne dans quatre cottages
victoriens et Belle Époque proches de Ballarat.

BENDIGO : *Greystanes Manor* $$ 7
57 Queen St, VIC 3550. ((03) 5442 2466. FAX (03) 5442 2447.
Proche des principales curiosités, ce petit hôtel victorien a des
chambres décorées d'antiquités et un bon restaurant.

BENDIGO : *Shamrock Hotel* $$ 30
Angle de Pall Mall St et Williamson St, VIC 3552. ((03) 5443 0333. FAX (03)
5442 4494. Les chambres de cet hôtel central, de la chaîne Heritage,
construit en 1897, donnent sur la rue principale.

DAYLESFORD : *Central Springs Inn* $$ 26
Angle de Camp St et Howe St, VIC 3460. ((03) 5348 3134. FAX (03) 5348
3967. Au cœur de Daylesford, l'hôtel offre spas, feux de
cheminée, des chambres familiales et suites ainsi qu'un
restaurant.

DAYLESFORD : *Lake House* $$$$ 33
3 King St, VIC 3460. ((03) 5348 3329. FAX (03) 5348 3995.
Retraite primée, idéale pour le week-end. Les chambres élégantes ont
vue du pittoresque Lake Daylesford.

DUNKELD : *Southern Grampians Cottages* $ 9
Victoria Valley Rd, VIC 3294. ((03) 5577 2457. FAX (03) 5577 2489.
Cabanes en rondins au milieu d'un paysage de montagne
spectaculaire. Base idéale pour randonner dans le *bush*.

ECHUCA : *Echuca Gardens* $$ 3
103 Mitchell St, VIC 3564. ((03) 5480 6522.
Dans le quartier du port, bâtiment des années 1860 restauré avec feux
de bois et *spa* dans la plupart des chambres.

ECHUCA : *Echuca's River Gallery Inn* $$$ 8
578 High St, VIC 3564. ((03) 5480 6902. FAX (03) 5480 6902.
Bâtiment des années 1860 restauré dans le port, à côté de la Murray
River. Feux de bois et *spa* dans la plupart des chambres.

Légende des symboles, voir rabat de couverture

Les **prix** correspondent à une nuit en chambre double, service et taxes compris.

$ moins de 100 \$A
$$ de 100 à 150 \$A
$$$ de 150 à 200 \$A
$$$$ de 200 à 250 \$A
$$$$$ plus de 250 \$A

RESTAURANT
Sauf indication contraire, le restaurant ou la salle à manger accueille d'autres clients que les hôtes.
ÉQUIPEMENTS ENFANTS
Berceaux, lits d'enfants et baby-sitting disponibles. Certains établissements proposent des menus pour enfants et possèdent des chaises hautes.
JARDIN OU TERRASSE
Hôtel possédant un jardin, une cour intérieure ou une terrasse. Souvent, possibilité de manger dehors.
PISCINE
Hôtel doté d'une piscine couverte ou à ciel ouvert, ou de *spas* à l'usage des hôtes.

	NOMBRE DE CHAMBRES	RESTAURANT	ÉQUIPEMENTS ENFANTS	JARDIN OU TERRASSE	PISCINE
GEELONG : *Lilydale House Home Hosting* $$ 100 Dog Rocks Rd, VIC 3221. (03) 5276 1302. FAX (03) 5276 1026. Proche de la Great Ocean Road (*p. 418-419*), cette propriété située sur 80 ha de *bush* se distingue par son accueil chaleureux.	3		■	●	■
KYNETON : *Kyneton Country House* $$ 66 Jennings St, VIC 3444. (03) 5422 3556. FAX (03) 5422 3556. Propriété de 1862 restaurée, chambres romantiques et vues à flanc de coteau. Proche du Mount Macedon et de Hanging Rock.	4			●	
LORNE : *Stanmorr* $$$ 64 Otway St, VIC 3232. (03) 5289 1530. FAX (03) 5289 2805. Maison victorienne prisée des habitants de Melbourne qui viennent y passer le week-end. Chambres d'époque.	6			●	
LORNE : *Cumberland Lorne Resort* $$$$ 150-178 Mountjoy Parade, VIC 3232. (03) 5289 2400. FAX (03) 5289 2256. Les appartements dotés d'un salon, d'une cuisine, d'un *spa* et d'un balcon donnent sur l'océan.	99	●	■	●	■
MALDON : *Heritage Cottages of Maldon* $$ 4 High St, VIC 3463. (03) 5475 1094. FAX (03) 5475 1880. Onze cottages des années 1850 restaurés, avec feu de cheminée l'hiver et jolis jardins, situés à Maldon et dans les environs.	11		■	●	
MILDURA : *Grand Hotel* $ Seventh St, VIC 3502. (03) 5023 0511. FAX (03) 5022 1801. Au cœur de Mildura, cet hôtel très prisé offre un choix de chambres et de suites de luxe, certaines avec vue de la rivière.	104	●	■	●	■
OCEAN GROVE : *Ti-Tree Village* $$ 34 Orton St, VIC 3226. (03) 5255 4433. FAX (03) 5255 4433. Douze cottages indépendants au cœur de séduisants jardins, proches de la plage et à 5 mn de la Great Ocean Road.	16			●	
PORT FAIRY : *Seacombe House Motor Inn* $$ 22 Sackville St, VIC 3284. (03) 5568 1082. FAX (03) 5566 2323. Motel moderne et chalets de 1847 au centre d'une ville de vacances et de pêche.	18			●	
PORTLAND : *Victoria House* $$ 5-7 Tyers St, VIC 3305. (03) 5521 7577. FAX (03) 5523 6300. Ce bâtiment de 1853 se trouve dans un jardin pittoresque. La maison est proche de la plage, des magasins et des domaines viticoles.	8		■	●	
QUEENSCLIFF : *Mietta's Queenscliff Hotel* $$$$ 16 Gellibrand St, VIC 3225. (03) 5258 1066. FAX (03) 5258 1899. Certaines chambres de cet hôtel victorien donnent sur Port Phillip Bay. Le restaurant est très réputé (*p. 520*).	21	●		●	
QUEENSCLIFF : *Vue Grand* $$$$ 46 Hesse St, VIC 3225. (03) 5258 1544. FAX (03) 5258 3471. Cet hôtel au décor chargé et restauré a retrouvé sa splendeur victorienne d'origine. Il se trouve au centre du vieux Queenscliff.	32	●	■	●	■
WARRNAMBOOL : *Manor Gums* $$$ Shady's Lane, Mailors Flat, VIC 3275. (03) 5565 4410. FAX (03) 5565 4409. *Bed-and-breakfast* tenu par ses propriétaires, proche du centre-ville et du centre d'observation des baleines à Logans Beach (*p. 418*).	4			●	

LE VICTORIA ORIENTAL

BAIRNSDALE : *Riversleigh Country Hotel* $$ 20
1 Nicholson St, VIC 3875. ((03) 5152 6966. FAX (03) 5152 4413.
Deux manoirs victoriens restaurés ont été convertis pour offrir vingt
chambres luxueuses dans ce centre régional du Gippsland *(p. 434-435)*, donnant sur la Mitchell River. 🛏 TV & P 🏊 🍴

BEECHWORTH : *Finches of Beechworth* $$$ 6
3 Finch St, VIC 3747. ((03) 5728 2655. FAX (03) 5728 2656.
Belle demeure de 1880 avec un jardin clos de style anglais au centre
d'une ville historique. 🛏 P 🏊 🍴

DANDENONG RANGES : *Penrith Country Retreat* $$$ 6
1411-1413 Mt Dandenong Tourist Rd, Mt Dandenong, VIC 3767. ((03) 9751
2391. FAX (03) 9751 2391. Vieux jardins à l'anglaise, détente, atmosphère
romantique, feux de bois et luxe. 🛏 TV 🍴 P 🍴

DINNER PLAIN : *Crystal Creek Resort* $$$ 13
Big Muster Drive, VIC 3898. ((03) 5159 6422. FAX (03) 5159 6500.
Spectaculaire *resort* d'hiver et d'été offrant des suites et des chalets.
Ski, randonnées en montagne et balades à cheval. 🛏 TV & P 🍴

EILDON : *Eucalypt Ridge* $$$$$ 4
Skyline Rd, VIC 3713. ((03) 5774 2033. FAX (03) 5774 2610.
Excellente cuisine dans cette petite pension. Ski nautique gratuit.
Enfants non admis. Entièrement non-fumeurs. 🛏 🏊 🍴 P 🍴

FALLS CREEK : *The Falls Creek Hotel* $$$$$ 24
Ski Bowl, VIC 3699. ((03) 5758 3282. FAX (03) 5758 3296.
D'excellentes pistes de ski passent juste devant le motel. Location de
skis l'hiver. Demi-tarif l'été. 🛏 TV P *seulement l'été.* 🍴

GIPPSLAND LAKES : *Wattle Point Holiday Retreat* $ 10
200 Wattle Point Rd, Wattle Point, VIC 3875. ((03) 5157 7517. FAX (03) 5157
7517. Pour séjourner dans des petites *lodges* en bois, en pleine nature,
au bord du lac. Profitez du bassin d'eau minérale en plein air.
🛏 TV 🌊 P 🏊 🍴

LAKES ENTRANCE : *Emmanuel Holiday Apartments* $$ 8
90 Marine Parade, VIC 3909. ((03) 5155 2600. FAX (03) 5155 2401.
Les appartement sont adaptés aux routards comme aux familles car ils
sont proches de la plage et ont vue du lac. 🛏 TV 🍴 & P 🏊 🍴

MANSFIELD : *Mansfield Valley Motor Inn* $ 23
Maroondah Hwy, VIC 3722. ((03) 5775 1300. FAX (03) 5775 1693.
Proche des stations de ski, le motel est près du centre historique de la
ville. Bonne base pour explorer la région. 🛏 TV 🍴 & P 🏊 🍴

MANSFIELD : *Howqua Dale Gourmet Retreat* $$$$$ 6
Howqua River Rd, VIC 3722. ((03) 5777 3503. FAX (03) 5777 3896.
Tenu par deux chefs renommés, le Howqua Dale est une auberge
primée au bord de la Howqua River. 🛏 P 🏊 🍴

MORNINGTON PENINSULA : *Carmel's Bed and Breakfast* $$ 6
142 Ocean Beach Rd, Sorrento, VIC 3943. ((03) 5984 3512. FAX (03) 5984
0146. Pension décontractée en bord de mer, avec des appartements
équipés. Idéal pour les vacances d'hiver et d'été. 🛏 TV P 🍴

MORNINGTON PENINSULA : *Peppers Delgany* $$$$$ 34
Point Nepean Rd, Portsea, VIC 3944. ((03) 5984 4000. FAX (03) 5984 4022.
Cette demeure classée du National Trust propose des chambres et des
restaurants de luxe. 🛏 TV 🍴 & P 🏊🍴

MOUNT BUFFALO : *Mount Buffalo Chalet* $$$$ 97
Mount Buffalo National Park, VIC 3745. ((03) 5755 1500. FAX (03) 5755
1892. Idéal pour les sports d'hiver et d'été, ce chalet qui surplombe
l'Ovens Valley offre une vue magnifique. Pension complète.
P 🍴 🏊 🍴

MOUNT BULLER : *Mount Buller Chalet Hotel* $$$$$ 65
Mount Buller Village, VIC 3723. ((03) 5777 6566. FAX (03) 5777 6455.
Toutes les chambres de cette station de ski ont une vue majestueuse
sur les Victorian Alps. 🛏 24 TV & P *été seulement.* 🍴 🍴

Légende des symboles, voir rabat de couverture

Les **prix** correspondent à une nuit en chambre double, service et taxes compris.

$ moins de 100 $A
$$ de 100 à 150 $A
$$$ de 150 à 200 $A
$$$$ de 200 à 250 $A
$$$$$ plus de 250 $A

RESTAURANT
Sauf indication contraire, le restaurant ou la salle à manger accueille d'autres clients que les hôtes.
ÉQUIPEMENTS ENFANTS
Berceaux, lits d'enfants et baby-sitting disponibles. Certains établissements proposent des menus pour enfants et possèdent des chaises hautes.
JARDIN OU TERRASSE
Hôtel possédant un jardin, une cour intérieure ou une terrasse. Souvent, possibilité de manger dehors.
PISCINE
Hôtel doté d'une piscine couverte ou à ciel ouvert, ou de *spas* à l'usage des hôtes.

Établissement	Prix	NOMBRE DE CHAMBRES	RESTAURANT	ÉQUIPEMENTS ENFANTS	JARDIN OU TERRASSE	PISCINE
PHILLIP ISLAND : *Narrabeen Gourmet Guest House* 16 Steele St, Cowes, VIC 3922. (03) 5952 2062. FAX (03) 5952 3670. Pour une escapade romantique et gastronomique le temps d'un week-end. Les enfants ne sont pas admis.	$$	5	●		●	
PHILLIP ISLAND : *Rothsaye on Lovers Walk Bed-and-Breakfast* 2 Roy Court, Cowes, VIC 3922. (03) 5952 2057. FAX (03) 5952 2057. Trois cottages face à une plage de baignade et proche de la ville principale de Cowe. Les enfants ne sont pas admis.	$$	3			●	
RUTHERGLEN : *Ophir Estate* Stillards Lane, VIC 3685. (02) 6032 8920. FAX (02) 6032 9911. Dans un élevage d'émeus et d'élans de la région viticole du Victoria, chambres en pension complète ou cottage privé.	$$$	14	●	▦	●	
SOUTH GIPPSLAND : *Waratah Park Country House* Thomson Rd, Waratah Bay, VIC 3959. (03) 5683 2575. FAX (03) 5683 2275. Construite sur une ferme en activité, cette retraite rustique surplombe le littoral. Le dîner est inclus dans le forfait de luxe.	$$$	6	●		●	
WILSONS PROMONTORY : *Tidal River Cottages* National Parks Service, Tidal River, VIC 3690. (03) 5680 9500. FAX (03) 5680 9516. C'est le seul hébergement, excepté le camping dans le *bush*, du Wilson's Promontory National Park.	$$	30		▦		
YARRA VALLEY : *Sanctuary House Motel* Badger Creek Rd, Healesville, VIC 3777. (03) 5962 5148. FAX (03) 5962 5392. Excellente cuisine familiale dans cette retraite du *bush* proche du Healesville Wildlife Sanctuary (p. 433).	$	12	●		●	●
YARRA VALLEY : *The Yarra Glen Grand Hotel* Bell St, Yarra Glen, VIC 3775. (03) 9730 1230. FAX (03) 9730 1124. L'imposant Grand Hotel domine la petite ville de Yarra Glen et ses vignobles. À partir de l'hôtel, on peut visiter les meilleurs domaines viticoles du Victoria (p. 370-371).	$$	10	●	▦		
LA TASMANIE						
BICHENO : *Bicheno Gaol Cottages* Angle de James St et Burgess St, TAS 7215. (03) 6375 1430. FAX (03) 6375 1866. Le Gaol House est le plus vieil édifice de cette station balnéaire. À quelques minutes à pied des principaux sites.	$$	3			●	
BRUNY ISLAND : *Morella Island Retreats* 46 Adventure Bay Rd, TAS 7150. (03) 6293 1131. FAX (03) 6293 1137. Trois cottages à thème dans une pépinière à l'isthme de Bruny Island, avec une vue époustouflante.	$$$	4	●	▦	●	
BURNIE : *The Duck House* 26 Queen St, TAS 7320. (03) 6431 1712. FAX (03) 6431 1712. Un cottage du début du XXᵉ siècle, avec une agréable véranda, un salon, une cuisine et des provisions pour un petit déjeuner maison.	$$	2		▦		
COLES BAY : *Freycinet Lodge* Freycinet National Park, TAS 7215. (03) 6257 0101. FAX (03) 6257 0278. *Lodge* primée, accueillante et écologique, au bout de Hazards Beach, avec pour toile de fond la chaîne des Hazards.	$$$	60	●	▦	●	
CRADLE MOUNTAIN : *Cradle Mountain Lodge* Cradle Mountain Rd, TAS 7306. (03) 6492 1303. FAX (03) 6492 1309. Ce refuge confortable offre un hébergement alpin élémentaire dans la *lodge* ou dans les bungalows en rondins.	$$$	98	●	▦	●	

DEVONPORT : *Birchmore Bed and Breakfast* $$ 6
8-10 Oldaker St, TAS 7310. ☎ (03) 6423 1336. FAX (03) 6423 1338.
Pension de luxe avec des suites au mobilier classique, pour une ou
deux personnes. Le petit déjeuner est servi dans la serre.
⛌ TV ♿ P ⇄ 🍴

HOBART : *Avon Court Apartments* $$$ 8
4 Colville St, Battery Point, TAS 7004. ☎ (03) 6223 4837. FAX (03) 6223 7207.
Studios et deux-pièces complètement indépendants dans le quartier
historique de Battery Point. ⛌ TV ♿ P ⇄ 🍴

HOBART : *Colonial Battery Point Manor* $$$ 10
13 Cromwell St, Battery Point, TAS 7004. ☎ (03) 6224 0888. FAX (03) 6224
2254. Cette pension cinq étoiles, au mobilier victorien traditionnel,
jouit d'une vue magnifique sur la marina. ⛌ TV ♿ P ⇄ 🍴

HOBART : *Corinda's Cottage* $$$ 3
17 Glebe St, Glebe, TAS 7000. ☎ (03) 6234 1590. FAX (03) 6234 2744.
Ce cottage de pierre, dans les jardins d'une demeure victorienne,
abritait jadis les logements des domestiques. ⛌ TV P ⇄ 🍴

HOBART : *Lenna of Hobart* $$$ 50
20 Runnymede St, Battery Point, TAS 7004. ☎ (03) 6232 3900. FAX (03) 6224
0112. Hôtel victorien, à deux pas de Salamanca Place. ⛌ TV P ⇄ 🍴

LAUNCESTON : *Alice's Cottages and Spa Hideaway* $$$ 11
129 Balfour St, TAS 7250. ☎ (03) 6334 2231. FAX (03) 6334 2696.
Cottages des années 1840 meublés sur le thème d'*Alice au pays des
merveilles*. Provisions pour le petit déjeuner. ⛌ TV P ⇄ 🍴

LAUNCESTON : *Colonial Motor Inn* $$$ 64
Motel quatre étoiles dans le cœur historique de Launceston. Tout le
confort et deux restaurants offrant un service international aux
hommes d'affaires et touristes. ⛌ TV P ⇄ 🍴

LAUNCESTON : *Country Club Casino* $$$$ 104
Prospect Vale, TAS 7140. ☎ (03) 6335 5777. FAX (03) 6335 5706.
Cet hôtel de luxe, à 5 km au sud de la ville, est idéal pour un séjour
de détente, avec des tables de jeux sur place. ⛌ TV ☰ P ⇄ 🍴

LONGFORD : *The Racecourse Inn* $$ 5
114 Marlborough St, TAS 7301. ☎ (03) 6391 2352. FAX (03) 6391 2430.
Auberge georgienne restaurée à la lisière de cette ville historique.
Pour explorer la campagne du nord de l'île. ⛌ TV ☰ P ⇄ 🍴

NEW NORFOLK : *Glen Dhu Country Retreat* $$ 2
Glen Dhu Rd, Molesworth, TAS 7140. ☎ (03) 6261 4443. FAX (03) 6261 4443.
Ces deux cottages de cueilleurs de houblon, sont proches
de la Derwent Valley et du Mount Field National Park. ⛌ TV ♿ P

NEW NORFOLK : *Tynwald Willow Bend Estate* $$ 7
Hobart Rd, TAS 7140. ☎ (03) 6261 2667. FAX (03) 6261 2040.
Ce cottage de pierre qui donne sur la Lachlan River et la Derwent
River fait partie d'une ancienne minoterie. ⛌ TV P 🍴

RICHMOND : *Hatcher's Manor* $$$ 8
75 Prossers Rd, TAS 7025. ☎ (03) 6260 2622. FAX (03) 6260 2744.
Pour une escapade de luxe à la campagne en couple ou en famille.
L'hôtel est entouré de jardins et d'un lac privé. ⛌ TV ☰ ♿ P ⇄ 🍴

ROSS : *Colonial Cottages of Ross* $$ 4
Church St, TAS 7209. ☎ (03) 6381 5354. FAX (03) 6343 6005.
Décorés de meubles en pin et d'antiquités, ces cottages appartiennent
à la ville historique de Ross depuis les années 1840. ⛌ P 🍴

STANLEY : *Gateforth Cottages* $$ 14
Black River, TAS 7321. ☎ (03) 6458 3230. FAX (03) 6458 3237.
Ces cottages font partie du groupe Tasmania Country Cottages. Ils
donnent sur le détroit de Bass et ses plages tranquilles. ⛌ TV P ⇄ 🍴

STRAHAN : *Franklin Manor* $$$ 18
The Esplanade, TAS 7468. ☎ (03) 6471 7311. FAX (03) 6471 7267.
Cette vieille maison de capitaine du port est aujourd'hui un manoir
accueillant qui donne sur Macquarie Harbour. ⛌ TV ⇄ P ⇄ 🍴

Légende des symboles, voir rabat de couverture

RESTAURANTS

Ces vingt dernières années, une cuisine spécifique a été élaborée en Australie et la nourriture contemporaine, souvent d'inspiration méditerranéenne ou asiatique, est omniprésente. La profusion des restaurants ethniques reflète le caractère multiculturel de la population australienne. Toutes les cuisines, de l'algérienne à la zambienne, sont présentes, notamment dans les grandes villes. Un repas ne saurait être complet sans un verre de vin ou de bière locale *(p. 496-497).*

Pour une formule plus économique, choisissez un des nombreux restaurants affichant le sigle *BYO* (apportez le vôtre). Ces restaurants n'ont pas de licence leur permettant de servir de l'alcool, aussi les clients apportent-ils leur propre vin (paiement d'un droit de bouchon minime).

**Crabe à
la chinoise**

**Le restaurant Marco Polo
du Conrad à Brisbane *(p. 505)***

LES TYPES DE RESTAURANTS

Les grandes villes offrent un large choix de restaurants. Établissements huppés, bistrots, cafés et pubs élégants sont adaptés à tous les budgets et proposent de la grande cuisine ou de simples en-cas. D'excellents restaurants existent dans les nombreuses régions viticoles et souvent dans les domaines vinicoles mêmes *(p. 32-33).*

Les prix sont très variables ; ils sont parfois plus élevés à Sydney, mais ils sont dans l'ensemble inférieurs, à Melbourne et dans les autres grandes destinations touristiques, aux prix pratiqués par des établissements comparables en Europe et aux États-Unis. La note dans un restaurant haut de gamme de Melbourne ou Sydney ayant pour chef une célébrité tournera autour de 100 $A par personne, avec une bouteille de vin pour la table Dans un petit restaurant *BYO* ou asiatique, elle sera inférieure à 30 $A par personne. Un repas au comptoir dans un pub ou une cafétéria ne devrait pas dépasser 10 $A par personne.

Depuis peu, les restaurants utilisent de plus en plus une cour, un jardin ou un boulevard pour installer des tables en plein air, ce qui permet aux clients de profiter du temps clément du pays.

HEURES DES REPAS ET RÉSERVATIONS

Dans la plupart des restaurants, le déjeuner est servi de 12 h 30 à 15 h et le dîner de 18 h 30 à 22 h 30. De nombreux établissements, notamment les bistrots et les cafés des grandes villes, ont des horaires plus élastiques : ils ouvrent pour le petit déjeuner et ferment tard. Les restaurants économiques et ethniques ferment souvent un peu plus tôt, vers 21 h 30, en fonction de la demande. La plupart des établissements ouvrent sept jours sur sept, 365 jours par an. Mieux vaut se renseigner au préalable auprès de chaque restaurant, notamment en dehors des grandes villes. Il est recommandé de réserver par téléphone.

PRIX ET POURBOIRES

La plupart des restaurants australiens acceptent les principales cartes de crédit. Une taxe (GST) est ajoutée à l'addition mais le pourboire n'est pas obligatoire. En reconnaissance d'un service exceptionnel ou d'un repas particulièrement savoureux, une petite gratification est toujours appréciée. Son montant est laissé à l'appréciation du client mais un pourboire correspondant à 10 % du total de la note est en

Skillogalee Winery and Restaurant dans la Clare Valley *(p. 516)*

Le populaire Fez Café à Darlinghurst, Sydney *(p. 499)*

général considéré comme généreux. On peut le laisser en espèces sur la table à la fin du repas ou l'ajouter à la note si l'on règle par chèque ou carte de crédit.

Façade de la brasserie Café Capri à Darwin *(p. 509)*

LES ENFANTS

Rares sont les restaurants qui refusent les enfants, mais ceux-ci doivent être sages. Les restaurants proposent souvent chaises hautes et menus spéciaux. Les chaînes de hamburgers et les restaurants italiens ou asiatiques sont les plus économiques.

ACCÈS EN FAUTEUIL ROULANT

Encouragés par la législation des différents États, la plupart des restaurants disposent d'un accès spécial pour les fauteuils roulants et de toilettes accessibles.

LES VÉGÉTARIENS

Un plat ou un choix de plats végétariens est normalement proposé dans tous les restaurants, surtout dans les régions riches en produits du terroir. Les grandes villes ont des établissements végétariens spécialisés. Pour de plus amples renseignements, voir la colonne des spécialités végétariennes *(p. 498-523)*.

L'ALCOOL ET LES BOISSONS ALCOOLISÉES

Un restaurant *licensed* détient une licence qui lui permet de vendre de l'alcool. En Australie, la carte des vins est remarquable et met généralement en vedette les crus de l'État ou de la région concernée *(p. 32-33)*. Le vin se vend à la bouteille, à la carafe ou au verre. Il s'accompagne d'un bon choix de bières, cidres et alcools.

Les restaurants *BYO*, qui n'ont pas le droit de vendre de l'alcool, sont populaires et permettent aux clients d'apporter leur propre vin, alors que la bière n'est généralement pas admise. L'eau du robinet est parfaitement saine mais les Australiens préfèrent souvent boire de l'eau en bouteille, plate ou gazeuse. Les jus de fruits frais sont également très prisés *(p. 496-497)*.

LA TENUE VESTIMENTAIRE

Les restaurants australiens n'imposent quasiment jamais une tenue particulière, mais certains restaurants haut de gamme peuvent exiger le port de la cravate le soir. La plupart des établissements, y compris les cafés sur la plage, peuvent refuser des clients vêtus d'une tenue de plage.

Dans l'ensemble, les Australiens adoptent une tenue sportive mais chic pour une sortie au restaurant.

FUMEURS ET NON-FUMEURS

Il est interdit de fumer dans les restaurants et cafés ailleurs qu'aux tables à l'extérieur sous peine d'amendes. En revanche, l'interdiction de fumer s'applique rarement aux pubs traditionnels.

Le Café Provincial au cœur de Fitzroy à Melbourne *(p. 518)*

Que manger en Australie

Tourte au steak avec sauce tomate

L'Australie élabore sa propre cuisine depuis les années soixante-dix. Des chefs créatifs marient les ingrédients locaux aux saveurs de l'Europe, de l'Asie et du Proche-Orient pour concocter des plats authentiquement australiens.

Chaque région a ses spécialités : huîtres sauvages, miel et agneau de Nouvelle-Galles du Sud, huile d'olive d'Australie-Méridionale, saumon de Tasmanie, produits laitiers du Victoria, fruits exotiques du Queensland et fromages d'Australie-Occidentale, sans oublier le barbecue !

Miel d'eucalyptus
Les abeilles importées semblent adorer les eucalyptus. Le miel de dirca, de couleur claire, est celui qui a le goût le plus fort.

Quartiers de pomme de terre
Enrobées d'un assaisonnement épicé puis frites en deux étapes, ces variantes de la modeste frite sont servies avec de la crème aigre et une sauce au piment.

Yum Cha
Le banquet chinois est composé de dim sum, petits raviolis fourrés de viande, poisson ou légumes, cuits à la vapeur.

Focaccia
Ce sandwich à l'italienne se compose de salade et de tranches de viande entre deux tranches grillées de pain plat.

Meze libanais
Tout un assortiment d'entrées : mousses de légumes frais et secs, légumes marinés et grillés et petits pâtés fourrés.

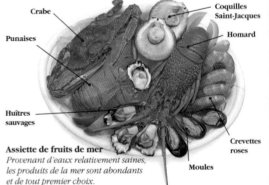

Crabe — Punaises — Huîtres sauvages — Coquilles Saint-Jacques — Homard — Crevettes roses — Moules

Assiette de fruits de mer
Provenant d'eaux relativement saines, les produits de la mer sont abondants et de tout premier choix.

Salade mixte
La salade, servie ici avec de la feta et des légumes grillés, est très appréciée.

Filet de kangourou
Le filet de kangourou, pauvre en matières grasses, est en général servi saignant.

Curry vert à la thaï
La variété au poulet est la plus populaire mais il existe une savoureuse version végétarienne.

Brochettes

Ailes de
poulet

Petits
calamars

Filet de bœuf grillé
*Le bœuf australien, enveloppé
ici dans de l'écorce d'arbre, est
servi avec des légumes de saison.*

Barbecue
*Viandes, volailles et fruits de mer frais comme le petit
calamar sont grillés au feu de bois sur un barbecue et
accompagnés en général de pain et de salade verte.*

Langoustines
Appelées aussi yabbies, *elles
constituent un plat principal
servi sur un lit de légumes verts
avec une sauce de type aïoli.*

Colin
*Ce poisson de haute mer a la
consistance de la viande et une
saveur douce. Il est souvent servi
sous forme de darne épaisse.*

Filet d'agneau
*Tranches épaisses et tendres
d'agneau grillé servies sur une
salade de roquette et de mange-
tout frais. Plat idéal pour l'été.*

Gâteau à la ricotta
Les rosella buds *(baies sauvages)
accompagnent de nombreux
desserts.*

Pavlova
*Ce dessert à la meringue est
nappé de crème fraîche et de
fruits d'été.*

Glace aux baie assorties
*Des glaces maison sont
souvent servies avec des fruits
de saison.*

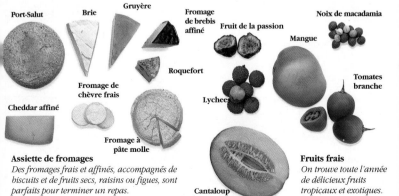

Port-Salut

Brie

Gruyère

Fromage
de brebis
affiné

Fruit de la passion

Noix de macadamia

Mangue

Roquefort

Fromage de
chèvre frais

Tomates
branche

Cheddar affiné

Lychees

Fromage à
pâte molle

Cantaloup

Assiette de fromages
*Des fromages frais et affinés, accompagnés de
biscuits et de fruits secs, raisins ou figues, sont
parfaits pour terminer un repas.*

Fruits frais
*On trouve toute l'année
de délicieux fruits
tropicaux et exotiques.*

Que boire en Australie

Semillon Chardonnay

Selon une vieille plaisanterie, un repas australien de sept plats, c'est une tourte à la viande et un pack de six bières. Il est vrai que les Australiens adorent leur bière, mais aujourd'hui ils apprécient aussi certains des meilleurs vins du monde *(p. 32-33)*, vendus à des prix avantageux. On estime qu'il existe 10 000 vins australiens différents sur le marché. Les Australiens peuvent choisir parmi des dizaines d'eaux en bouteille et de jus de fruits frais et savourer une limonade alcoolisée à base de citron et une boisson alcoolisée à base de rhubarbe.

VINS MOUSSEUX

Pinot noir Chardonnay

Les viticulteurs australiens utilisent trois cépages classiques de Champagne - le chardonnay, le pinot noir et le pinot meunier - pour fabriquer des vins mousseux renommés et dont certains ne coûtent que quelques dollars. Le chiraz rouge est utilisé uniquement pour faire un bourgogne pétillant original et apprécié.

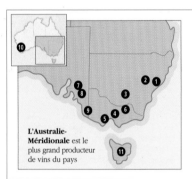

L'Australie-Méridionale est le plus grand producteur de vins du pays

LES PRINCIPALES RÉGIONS VITICOLES

1. Hunter Valley
2. Mudgee
3. Riverina
4. Yarra Valley
5. Geelong
6. Nord-est du Victoria
7. Clare Valley
8. Barossa Valley et Adelaide Hills
9. Coonawarra et Padthaway
10. Margaret River
11. Tasmanie

Grange-hermitage

VINS BLANCS

Quand les Australiens adoptèrent les vins de table dans les années soixante et soixante-dix, ils choisirent un vin doux, de type moselle – riesling et gewurtztraminer. Ils apprécièrent ensuite des vins plus secs comme le semillon, le sauvignon blanc et le chardonnay, le meilleur cépage blanc du monde, puis se délectèrent des vins vieillis au tonneau. Aujourd'hui d'autres variétés comme la marsanne ont été plantées avec succès. Les viticulteurs australiens utilisent aussi le *botrytis cinera* ou pourriture noble, pour faire de succulents vins de dessert. Les muscat et les tokay du Victoria sont aussi de niveau international *(p. 371)*.

Rhine Riesling **Botrytis Semillon**

Vendanges manuelles dans la Hunter Valley au nord de Sydney

Le cépage chardonnay *donne de riches tons de miel à de nombreux vins australiens excellents.*

CÉPAGE	MEILLEURES RÉGIONS	MEILLEURS PRODUCTEURS
Chardonnay	Barossa Valley	Penfold's, Peter Lehmann
	Hunter Valley	Rosemount Estate, Tyrrell's
	Yarra Valley	Coldstream Hills, St Hubert's
Riesling	Barossa Valley	Leo Buring, Orlando
(Rhine Riesling)	Clare Valley	Petaluma, Grosset
Semillon	Hunter Valley	McWilliam's, Rothbury Estate
Semillon Chardonnay	Margaret River	Leeuwin, Evans & Tate
	Hunter Valley	Rosemount Estate
Semillon (dessert)	Riverina	De Bortoli
Muscat/Tokay	Nord-est du Victoria	Bailey's, Campbell's, Morris

**Vignobles du Leeuwin
Estate, Margaret River**

VINS ROUGES

En Australie, le rouge de référence est le grange-hermitage, créé par le regretté Max Schubert, négociant en vins, dans les années cinquante. Il préférait les vins nécessitant un vieillissement de dix ans au minimum. Wolf Blass, un viticulteur plus moderne, a prôné en revanche les vins « à boire tout de suite ». Les viticulteurs mélangent souvent des vins de différents États et régions. Les rouges légers que l'on peut servir légèrement rafraîchis ont été introduits récemment.

Shiraz **Pinot noir**

CÉPAGE	MEILLEURES RÉGIONS	MEILLEURS PRODUCTEURS
Cabernet sauvignon	Barossa Valley	Henschke, Penfold's, Wolf Blass
	Coonawarra	Bowen Estate, Lindeman's, Rouge Homme, Wynn's
	Margaret River	Leeuwin Estate, Vasse Felix
Shiraz (Hermitage)	Barossa Valley	Henschke, Penfold's, Wolf Blass
	Hunter Valley	Brokenwood, Lindeman's
	Margaret River	Cape Mentelle
Pinot noir	Geelong	Bannockburn, Scotchman's Hill
	Hunter Valley	Rothbury Estate
	Yarra Valley	Coldstream Hills, Diamond Valley
Cabernet shiraz	Barossa Valley	Penfold's, Wolf Blass
	Coonawarra	Leconfield, Lindeman's, Mildara
	Margaret River	Cape Mentelle

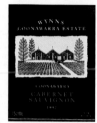

Le cabernet sauvignon *de la région de Coonawarra est un cépage rouge de qualité très prisé.*

BIÈRES

**Tooheys Cascade
Red Bitter Premium Lager**

Les principales bières australiennes sont l'ale ou la lager fermentées en cuve qui se boivent glacées. La bière très forte a un taux d'alcool d'environ 4,8 %, la bière moyenne d'environ 3,5 % et les bières « légères » de moins de 3 %. La filtration à froid remplace de plus en plus la traditionnelle stérilisation à chaud. Parmi les centaines de bonnes bières blondes et brunes figurent la James Boag et la Cascade de Tasmanie, la Castlemaine XXXX (prononcez « forex ») du Queensland, la Fosters et la Melbourne Bitter du Victoria, la Toohey de la Nouvelle-Galles du Sud et la Sparkling Ale de Cooper, appelée sur place la « soupe folle » d'Australie-Méridionale. Les mordus de véritable ale doivent chercher une brasserie artisanale, il en existe dans toute l'Australie. Pour commander une bière, annoncez la taille du verre et le nom de la marque.

BOISSONS ALCOOLISÉES

Les distilleurs australiens produisent de bons rhums bruns et blancs à partir des plantations de canne à sucre du Queensland *(p. 238)*. Les marques les plus connues sont Bundaberg et Beenleigh. Le cépage australien sert aussi de base à des cognacs à prix avantageux. Les marques les plus connues sont St Agnes et Hardy's.

**Rhum
Bundaberg**

AUTRES BOISSONS

Avec un climat qui oscille entre le tropical et l'alpin, l'Australie a toute l'année des fruits frais pour la fabrication de jus. Ses pommes servent à faire du cidre. Une foule d'eaux minérales plates et gazeuses et autres eaux en bouteille alimentent aujourd'hui un marché d'environ 200 millions de litres par an. Hepburn Spa, Deep Spring et Mount Franklin sont distribués dans tout le pays. Le café est également très prisé.

Café crème

Café latte

**Poire et
kiwi frappés**

**Délice de
banane**

**Jus de
fraise**

Choisir un restaurant

Classés par régions, en commençant par Sydney, les établissements de cette sélection ont été choisis dans une large gamme de prix pour la qualité de leur cuisine, leur bon rapport qualité-prix ou l'attrait de leur situation. Les onglets de couleur correspondent à ceux utilisés dans les chapitres consacrés aux différentes régions.

	TABLES À L'EXTÉRIEUR	SPÉCIALITÉS VÉGÉTARIENNES	BAR OU BAR À COCKTAILS	MENUS À PRIX FIXES	ENFANTS BIENVENUS
SYDNEY					
BONDI BEACH : *Ravesi's on Bondi Beach* $$$$ Angle de Campbell Parade et Hall St, NSW 2026. ((02) 9365 4422. Installés à un balcon sur l'océan, vous dégusterez du *fish and chips* (poisson pané et frites) à l'aïoli suivi de mangue flambée. ⟷ ⟷ ⟷	■	●			■
BOTANIC GARDENS ET THE DOMAIN : *Botanic Gardens Restaurant* $$$$ Mrs Macquaries Rd, NSW 2000. **Plan 2 D4.** ((02) 9241 2419. Le charmant balcon domine les Royal Botanic Gardens *(p. 102-103)*. Cet établissement ouvert à midi sert une cuisine d'inspiration nettement méditerranéenne. ● *soir.* ⟷ ⟷	■	●			■
CENTRE-VILLE : *Casa Asturiana* $$ 77 Liverpool St, NSW 2000. **Plan 4 E3.** ((02) 9264 1010. Les tapas sont le principal attrait de ce restaurant. Spécialités de calamars et de sardines. ● *sam. et lun. midi.* ⟷ *limité.* ⟷		●			
CENTRE-VILLE : *Grand Taverna* $$ Sir John Young Hotel, 557 George St, NSW 2000. **Plan 4 E3.** ((02) 9267 3608. Ce bistrot et pub populaire sert des plats espagnols traditionnels comme les crevettes, les calamars et la paella. ● *dim.* ⟷ ⟷	■		■		
CENTRE-VILLE : *Criterion Brasserie* $$$ Niveau hall, MLC Centre, Martin Pl, NSW 2000. **Plan 1 B4.** ((02) 9233 1234. Un décor chic s'ajoute au service familial libanais à l'ancienne. La spécialité maison est l'assiette de *meze.* ⟷ ⟷ ● *lun. midi, sam. midi, dim.*	■	●			
CENTRE-VILLE : *Il Edna's Table* $$$$ 204 Clarence St, NSW 2000. **Plan 1 B4.** ((02) 9231 1400. Cette carte originale de l'Outback annonce des plats comme la truite enveloppée de *ky choy* et d'écorce d'arbre, servie avec l'aïoli à la tomate du *bush* local. ● *lun. soir, sam. midi, dim. soir.* ⟷ ⟷ ⟷	■	●		●	
CENTRE-VILLE : *Banc* $$$$$ 53 Martin Place, NSW 2000. **Plan 1 B4.** ((02) 9233 5300. Logé de façon somptueuse dans une ancienne banque, la cuisine de Banc est ouvertement d'inspiration française et servie avec élégance. ● *midi, dim.* ⟷ ▼ ⟷			■		
CENTRE-VILLE : *Forty One* $$$$$ Niveau 41, Chifley Tower, Chifley Square, NSW 2000. **Plan 1 B4.** ((02) 9221 2500. Vue impressionnante du port de Sydney. Le restaurant sert des plats français avec des influences asiatiques. ● *sam. midi, dim. soir.* ⟷ ⟷ ▼ ⟷		●		●	
DARLING HARBOUR : *Golden Century* $$ 393-399 Sussex St, NSW 2000. **Plan 4 E4.** ((02) 9212 3901. Ici les clients choisissent poissons et crustacés vivants dans un aquarium et décident avec le serveur de la façon de les accommoder. ⟷ ⟷		●			
DARLING HARBOUR : *Golden Harbour* $$ 31-33 Dixon St, NSW 2000. **Plan 4 D3.** ((02) 9212 5987. Les queues pour le *yum cha* peuvent serpenter jusque dans la rue mais les superbes petits raviolis justifient l'attente. ⟷		●		●	
DARLING HARBOUR : *Silver Spring* $$ Sydney Central, angle de Hay et Pitt sts, NSW 2000. **Plan 4 E4.** ((02) 9211 2232. Les serveurs communiquent par talkie-walkie en installant les clients dans ce restaurant trépidant. *Yum cha* et spécialités cantonaises. ⟷ ⟷ ⟷		●			
DARLING HARBOUR : *Kamogawa* $$$$ 1er étage, 177 Sussex St, NSW 2000. **Plan 1 A5.** ((02) 9299 5533. Une clientèle en majorité japonaise vient déguster des menus *kaiseki* (de 7 à 12 plats) dans des salles avec *tatami.* ● *midi, sam.-lun.* ⟷		●			

Catégories de prix pour un repas de trois plats, une demi-bouteille de vin de la maison, taxes et service compris.
$ moins de 25 $A
$$ de 25 à 35 $A
$$$ de 35 à 50 $A
$$$$ de 50 à 70 $A
$$$$$ plus de 70 $A

TABLES À L'EXTÉRIEUR
Tables dans un patio ou sur une terrasse.
SPÉCIALITÉS VÉGÉTARIENNES
La carte propose un choix de plats végétariens.
BAR OU BAR À COCKTAILS
Possibilité de boire un verre ailleurs qu'à table dans le restaurant.
MENUS À PRIX FIXES
Menu au prix intéressant, généralement de trois plats, proposé au déjeuner et/ou au dîner.
ENFANTS BIENVENUS
Portions réduites et/ou chaises hautes disponibles.

Restaurant	Prix	Tables à l'extérieur	Spécialités végétariennes	Bar ou bar à cocktails	Menus à prix fixes	Enfants bienvenus
KINGS CROSS ET DARLINGHURST : *No Names* 1er étage, 81 Stanley St, NSW 2010. **Plan 5 A1.** ☎ *(02) 9360 4711.* Bien qu'elle n'ait pas d'enseigne, cette excellente cantine à spaghettis est facile à trouver. Il suffit de chercher la queue. 🍾	$		●		●	■
KINGS CROSS ET DARLINGHURST : *Fez Café* 247 Victoria St, NSW 2010. **Plan 5 B1.** ☎ *(02) 9360 9581.* Le menu moyen-oriental commence par une assiette de hors-d'œuvres à la turque et de légumes au vinaigre suivie de tagines marocains. 🚭 💳	$$	■	●			
KINGS CROSS ET DARLINGHURST : *Fishface* 132 Darlinghurst Rd, NSW 2010. **Plan 5 B1.** ☎ *(02) 9332 4803.* Dans ce minuscule café, le menu change tous les jours. Le meilleur rapport qualité-prix de Sydney pour les produits de la mer. ● *midi.* 🚭 🍾	$$	■	●			
KINGS CROSS ET DARLINGHURST : *JuJu's* 320 Kingsgate Shopping Ctre, NSW 2011. ☎ *(02) 9357 7100.* La cuisine japonaise, appréciées par les étudiants japonais, est servie dans une salle à manger traditionnelle. ● *midi, lun.* ▤ 🚭 💳	$$		●			
KINGS CROSS ET DARLINGHURST : *Oh! Calcutta!* 251 Victoria St, NSW 2010. **Plan 5 B2.** ☎ *(02) 9360 3650.* La carte couvre tout le Moyen-Orient et le sous-continent indien ; goûtez le *mantu* afghan (raviolis vapeur) fourré d'agneau haché et de céleri. ● *sam.-jeu. midi.* 🚭 🍾 💳	$$		●			
KINGS CROSS ET DARLINGHURST : *The Edge* 60 Riley St, NSW 2010. **Plan 5 A1.** ☎ *(02) 9360 1372.* Cette réplique d'une brasserie française des années trente a des sols en bois et des bars en marbre. Délicieuses pizzas au feu de bois. ● *lun.* 🚭 💳	$$$	■	●	■		
KINGS CROSS ET DARLINGHURST : *Macleay Street Bistro* 73a Macleay St, NSW 2011. **Plan 2 E5.** ☎ *(02) 9358 4891.* Le menu français s'harmonise avec la vie jadis bohème de Kings Cross. Le week-end, arrivez tôt pour avoir une table. ● *midi.* 🍾 💳	$$$	■	●			
KINGS CROSS ET DARLINGHURST : *Mezzaluna* 123 Victoria St, NSW 2011. **Plan 2 E5.** ☎ *(02) 9357 1988.* Le meilleur de la cuisine de l'Italie du Nord, d'excellents vins et de magnifiques vues sur les toits de la ville. À ne pas manquer. ● *sam. midi, dim.* ♿ 🍷 💳	$$$$	■	●			
KINGS CROSS ET DARLINGHURST : *Otto* The Wharf, 6 Cowper Wharf Rd, Woolloomoolloo, NSW 2011. **Plan 2 D5.** ☎ *(02) 9368 7488.* La cuisine *alto-trattoria* de cet endroit est très goûteuse. Son bar à l'extérieur est l'un des plus chics au bord de l'eau. ● *lun.* 🚭 💳	$$$$	■	●	■		
KINGS CROSS ET DARLINGHURST : *Beppi's* Angle de Stanley St et Yurong St, NSW 2010. **Plan 4 F3.** ☎ *(02) 9360 4558.* Ouvert en 1956, Beppi's est toujours le meilleur sanctuaire de la cuisine et des vins italiens. Excellent service. ● *sam. midi, dim.* ♿ 🍷 💳	$$$$$		●			
KINGS CROSS ET DARLINGHURST : *Tetsuya's* 529 Kent St, NSW 2011. **Plan 1 A2.** ☎ *(02) 9267 2900.* Dans l'un des meilleurs restaurants de Sydney, la cuisine franco-japonaise est préparée par le chef de renom Tetsuya Wakada. Le menu de 12 plats pour le dîner change tous les jours. ● *dim., lun. ; midi mar.-jeu.* ▤ ♿ 🚭 🍷 💳	$$$$$		●		●	
MANLY : *Armstrong's Manly* Manly Wharf, NSW 2095. ☎ *(02) 9976 3835.* La vue du port, l'atmosphère détendue et les succulents fruits de mer font de ce dîner une expérience inoubliable à Sydney. ♿ 💳	$$$	■	●			■

Légende des symboles, voir rabat de couverture

	TABLES À L'EXTÉRIEUR	SPÉCIALITÉS VÉGÉTARIENNES	BAR OU BAR À COCKTAILS	MENUS À PRIX FIXES	ENFANTS BIENVENUS

Catégories de prix pour un repas de trois plats, une demi-bouteille de vin de la maison, taxes et service compris.
$ moins de 25 $A
$$ de 25 à 35 $A
$$$ de 35 à 50 $A
$$$$ de 50 à 70 $A
$$$$$ plus de 70 $A

TABLES À L'EXTÉRIEUR
Tables dans un patio ou sur une terrasse.
SPÉCIALITÉS VÉGÉTARIENNES
La carte propose un choix de plats végétariens.
BAR OU BAR À COCKTAILS
Possibilité de boire un verre ailleurs qu'à table dans le restaurant.
MENUS À PRIX FIXES
Menu au prix intéressant, généralement de trois plats, proposé au déjeuner et/ou au dîner.
ENFANTS BIENVENUS
Portions réduites et/ou chaises hautes disponibles.

	TABLES À L'EXTÉRIEUR	SPÉCIALITÉS VÉGÉTARIENNES	BAR OU BAR À COCKTAILS	MENUS À PRIX FIXES	ENFANTS BIENVENUS
MANLY : *Le Kiosk* $$$$ — 1 Marine Parade, Shelly Beach, NSW 2095. (02) 9977 4122. Ce cottage de grès propose d'excellentes assiettes de fruits de mer et des vins blancs australiens bouquetés.	■	●			
PADDINGTON : *Lucio's* $$$ — 47 Windsor St, NSW 2021. **Plan 6 D3.** (02) 9380 5996. Téléphonez la veille pour commander la spécialité maison, le *pesce al sale* (poisson au four à la croûte au sel) dans cette institution célèbre pour sa carte haut de gamme de l'Italie du Nord. ● dim.					
PADDINGTON : *Lulu* $$$ — 257 Oxford St, NSW 2025. (02) 9380 6888. Luke Mangan cuisine dans ce néo-bistro intime et boisé. Le foie de volaille saisi avec des betteraves est délicieux. ● midi lun.-jeu.			●	●	
PADDINGTON : *Claude's* $$$$$ — 10 Oxford St, Woollahra, NSW 2025. **Plan 6 D4.** (02) 9331 2325. Discrétion et excellent service sont proverbiaux chez Claude qui est renommé pour le talent de son chef, Tim Pak Poy. ● dim., lun.				●	
PARRAMATTA : *Barnaby's Riverside* $$ — 66 Phillip St, NSW 2150. (02) 9633 3777. La carte marie les influences asiatique, méditerranéenne et nord-africaine. Ne manquez pas les grosses frites « buffalo ». ● dim. soir.	■	●		●	■
PARRAMATTA : *Courtney's Brasserie* $$$$ — 2 Horwood Place, NSW 2150. (02) 9635 3288. Ce bâtiment de brique construit par les détenus était le mess des officiers en 1830. ● dim., sam. midi.	■	●			■
LES ROCKS ET CIRCULAR QUAY : *ECQ* $$$ — Quay Grand Hotel, East Circular Quay, NSW 2000. **Plan 1 B3.** (02) 9256 4022. Sans parler de la bonne cuisine – champagne et huîtres ou une simple salade caesar – la vue du port va attirer votre attention.		●			
LES ROCKS ET CIRCULAR QUAY : *The Wharf Restaurant* $$$ — Pier 4, Hickson Rd, Millers Point, NSW 2000. **Plan 1 A1.** (02) 9250 1761. Situé au bout du quai, il offre de belles vues du port et une bonne nourriture simple : pâtes, risotto et produits de la mer. ● dim.	■	●			
LES ROCKS ET CIRCULAR QUAY : *Aria* $$$$$ — 19/2 Circular Quay East, NSW 2000. **Plan 1 C3.** (02) 9252 2555. Matthew Moran sert une excellente cuisine moderne d'Australie dans une salle à manger avec vue sur le port. Le *snapper* à la poêle avec des crevettes *colcannon* est à recommander. ● midi, dim.		●			
LES ROCKS ET CIRCULAR QUAY : *Bel Mondo* $$$$$ — Niveau 3, Argyle Dept Store, 18-24 Argyle St, NSW 2000. **Plan 1 B2.** (02) 9241 3700. La carte de l'Italie du Nord et la vue de l'Opéra de Sydney *(p. 80-81)* sont à ne pas manquer.	■	●		●	
LES ROCKS ET CIRCULAR QUAY : *Bennelong Restaurant* $$$$$ — Sydney Opera House, Bennelong Point, NSW 2000. **Plan 1 C2.** (02) 9250 7578. Situé dans une des coques de l'Opéra. Menus pour dîner avant ou après le spectacle. ● midi, dim.		●	■		
LES ROCKS ET CIRCULAR QUAY : *Rockpool* $$$$$ — 107 George St, NSW 2000. **Plan 1 B3.** (02) 9252 1888. Le bar branché à l'entrée du restaurant donne le ton. La cuisine met l'accent sur les produits de la mer. ● sam. midi, dim.			■		

DES BLUE MOUNTAINS À BYRON BAY

ARMIDALE : *Jitterbug Mood* $$$
115 Rusden St, NSW 2350. ((02) 6772 3022.
Il est conseillé de réserver dans cet établissement prisé. Ambiance intime et cuisine vraiment multiculturelle. ● *midi, dim. et lun. soir.* 🔆 ⅋ ⎘

BALLINA : *Shelley's on the Beach* $
Shelley Beach Rd, NSW 2478. ((02) 6686 9844.
Ce café de plage propose de succulents fruits de mer, prix raisonnables, ambiance décontractée et vue sur l'océan. ● *soir.* ⎘

BLACKHEATH : *Vulcans Café* $$
33 Govetts Leap Rd, NSW 2785. ((02) 4787 6899.
Phillip Searle, le chef de Sydney, sert un excellent bœuf suivi d'une glace multicolore. ● *lun.-jeu.* 🔆 ⅋ ⎘

BLACKHEATH : *Glenella Guesthouse* $$$
56 Govetts Leap Rd, NSW 2785. ((02) 4787 8352.
Cette vénérable pension *(p. 468)* propose des plats australiens contemporains à base de kangourou. 🍴 ⎘

BLACKHEATH : *Cleopatra Guesthouse and Restaurant* $$$$$
118 Cleopatra St, NSW 2785. ((02) 4787 8456.
Le chef Dany Chouet a remporté de nombreux prix pour sa cuisine franco-australienne qui propose des soupes de poisson et de sensationnels desserts. ● *lun.-sam. midi.* ⎘

BROKEN HILL : *Alfresco* $
397 Argent St, NSW 2880. ((08) 8087 5599.
Avec ses longues heures d'ouverture et sa carte abordable – pizzas, crêpes, pâtes et steaks –, ce café animé est idéal pour les voyageurs. ⅋ ⎘

BYRON BAY : *Toscani's Ristorante* $$
Angle de Jonson St et Marvel St, NSW 2481. ((02) 6685 7320.
Ce café-restaurant propose une remarquable cuisine italienne contemporaine à des prix adaptés à tous les budgets. ⅋ 🍴 ⎘

BYRON BAY : *Raving Prawn Restaurant* $$$
Feros Arcade, Johnson St, NSW 2481. ((02) 6685 6737.
Malgré son décor peu avenant, ce restaurant tient une excellente carte de fruits de mer, souvent renouvelée. ● *dim. et lun., mar.-sam. midi.* 🔆 ⅋ ⎘

COFFS HARBOUR : *Crossroads Café* $
1/5 Vernon St, NSW 2450. ((02) 6651 6441.
Idéal pour les amateurs de hamburgers, petits pains et hot dogs. Décor années cinquante avec boxes à l'américaine. ⅋

COFFS HARBOUR : *Star Anise Restaurant* $$$
93 Grafton St, NSW 2450. ((02) 6651 1033.
L'excellente carte change chaque semaine dans ce restaurant. Les délicieux desserts sont difficiles à refuser. ● *dim.-mar., sam. midi.* 🔆 🔆 ⎘

KATOOMBA : *Darleys* $$$$
Lillianfels, Lillianfels Ave, Katoomba, NSW 2780. ((02) 4780 1200.
Installé dans une élégante maison du XIXe siècle, le Darleys utilise des produits locaux : truite, champignons sauvages, etc. ● *lun. et mar.* 🍴 ⎘

LEURA : *Silk's Brasserie* $$$$
128 The Mall, NSW 2780. ((02) 4784 2534.
Les chefs Laurent Cambon et David Waddington préparent une nourriture de montagne avec des techniques modernes dans leur restaurant très coté. Silk's a remporté le prix American Express du meilleur restaurant de la région ouest. ⅋ 🍴 ⎘

NEWCASTLE : *Tongue 'n Groove* $
196 Union St, The Junction, NSW 2300. ((02) 4940 8133.
Prisé par les habitants du quartier, cet établissement sert une nourriture australienne contemporaine. Très bonne musique. ⎘

NEWCASTLE : *View Factory Arts-Café* $
Angle de Scott St et Telford St, NSW 2300. ((02) 4929 4580.
Cette brasserie chic du front de mer tire un excellent parti des produits de la mer locaux pour ses plats créatifs. ● *lun., mar.-dim. midi.* ⎘

Légende des symboles, voir rabat de couverture

| | | Catégories de prix pour un repas de trois plats, une demi-bouteille de vin de la maison, taxes et service compris. | TABLES À L'EXTÉRIEUR | SPÉCIALITÉS VÉGÉTARIENNES | BAR OU BAR À COCKTAILS | MENUS À PRIX FIXES | ENFANTS BIENVENUS |

Catégories de prix pour un repas de trois plats, une demi-bouteille de vin de la maison, taxes et service compris.
- $ moins de 25 $A
- $$ de 25 à 35 $A
- $$$ de 35 à 50 $A
- $$$$ de 50 à 70 $A
- $$$$$ plus de 70 $A

TABLES À L'EXTÉRIEUR
Tables dans un patio ou sur une terrasse.
SPÉCIALITÉS VÉGÉTARIENNES
La carte propose un choix de plats végétariens.
BAR OU BAR À COCKTAILS
Possibilité de boire un verre ailleurs qu'à table dans le restaurant.
MENUS À PRIX FIXES
Menu au prix intéressant, de trois plats, proposé au déjeuner et/ou au dîner.
ENFANTS BIENVENUS
Portions réduites et/ou chaises hautes disponibles.

	$	T.E.	S.V.	B.	M.	E.B.
NEWCASTLE : *Fat Olive Bistro* 54 Beaumont St, Hamilton, NSW 2303. (02) 4940 8668. On dîne dans la fraîcheur de la véranda en savourant une excellente cuisine française et italienne. sam.-lun. midi, lun. soir.	$$$	▪	●	▪		
NEWCASTLE : *Scratchley's on the Wharf Restaurant* 200 Wharf Rd, NSW 2300. (02) 4929 1111. Ce restaurant du front de mer se targue de proposer les meilleurs fruits de mer, steaks et plats de poulet de la ville. Vue superbe.	$$$	▪	●			▪
NEWCASTLE : *Seaspray Restaurant* Noah's on the Beach, angle de Shortland Esplanade et Zaara St, NSW 2300. (02) 4929 5181. Sur les quais, le Seaspray propose en mai et juin un menu spécial « migration des baleines » : on peut voir le départ des baleines à partir des fenêtres du restaurant.	$$$		●	▪		▪
POKOLBIN : *Chez Pok at Peppers* Peppers Guesthouse, Ekerts Rd, NSW 2320. (02) 4998 7596. Ce restaurant maintes fois primé propose une cuisine australienne d'inspiration européenne et asiatique.	$$$	▪	●	▪		▪
POKOLBIN : *Casuarina Restaurant* Hermitage Rd, NSW 2320. (02) 4998 7888. Ce restaurant établi de longue date, entouré de vignobles, sert une cuisine méditerranéenne. Spécialités flambées. lun.-ven. midi.	$$$	▪	●			▪
POKOLBIN : *Robert's at Pepper Tree* Halls Rd, NSW 2320. (02) 4998 7330. Ce charmant restaurant installé dans un cottage en bois de gommier de 1876 classé propose une cuisine régionale d'inspiration française.	$$$$	▪		▪		▪
PORT MACQUARIE : *Harpo's* 4 Flynn St, Flynn's Beach, NSW 2444. (02) 6583 1401. Des souvenirs des Marx Brothers décorent cet établissement qui sert des plats australiens, classiques, steaks, crevettes, etc. midi, dim. et lun.	$$	▪	●	▪	●	▪
PORT STEPHENS : *Merretts at the Anchorage* Corlette Point Rd, NSW 2315. (02) 4984 2555. Set right on the water, there is no better place to sample the local seafood prepared with Asian influences.	$$$	▪		▪		
WAGGA WAGGA : *Indian Tavern Tandoori Restaurant* 176 Baylis St, NSW 2650. (02) 6921 3121. Ce restaurant indien sert des plats raffinés. Goûtez le poulet parfumé au beurre de noix de cajou. midi.	$$		●			▪

LA SOUTH COAST ET LES SNOWY MOUNTAINS

	$	T.E.	S.V.	B.	M.	E.B.
BATEMANS BAY : *Starfish Deli* Boutique 1-2, Promenade Plaza, Clyde St, NSW 2536. (02) 4472 4880. Ce bistrot haut de gamme qui donne sur les eaux noires de la Clyde River sert d'excellentes pizzas au feu de bois, des pâtes et des huîtres.	$	▪	●	▪		▪
BERRIMA : *The White Horse Inn* Market Place, NSW 2577. (02) 4877 1204. Construit comme auberge en bord de route en 1832, le White Horse sert des repas substantiels mais sophistiqués. Logements disponibles.	$$$	▪			▪	●
BRAIDWOOD : *Doncaster Inn Guesthouse* Wilson St, NSW 2622. (02) 4842 2356. Dans ce couvent aménagé, on dégustera une excellente cuisine française à base de produits locaux. midi, lun.-jeu. et dim. soir. limité.	$$		●		●	

EDEN : *Eden Fishermen's Club* $
Imlay St, NSW 2551. [(02) 6496 1577.
Ce caverneux établissement met l'accent sur la quantité mais le thon,
les langoustines et les crevettes locales sont également délicieux.
♫ ✇

GOULBURN : *Benton's Rimbolin* $$$
380 Auburn St, NSW 2580. [(02) 4821 7633.
Dans la journée, c'est un café gastronomique ; le soir, c'est un
restaurant raffiné. ● *lun. et mar. soir.* ⤢ ♿ ♫ ✇

GOULBURN : *Willow Vale Mill Restaurant and Guesthouse* $$$
Willowvale Mill, Laggan via Crookwell, NSW 2583. [(02) 4837 3319.
Le chef Graham Liney, qui cultive également les pommes de terre, sert
des repas de saison originaux et consistants. ✇

NOWRA : *The Boatshed Restaurant* $$$
Wharf Rd, NSW 2541. [(02) 4421 2419.
Au bord de la Shoalhaven River, le restaurant sert des produits de la
mer locaux. Réservation indispensable le week-end. ● *lun., mar.-jeu.
soir.* ✇

SNOWY MOUNTAINS : *Duffers Ridge Restaurant* $$$
Novotel Lake Crackenback Resort, Alpine Way par Jindabyne, NSW 2627.
[(02) 6456 2960. DCe restaurant donne sur le lac argenté et les
montagnes environnantes. La carte internationale et australienne
contemporaine propose fondues, kangourou et truite.
♿ ♟ ✇

SOUTHERN HIGHLANDS : *Blue Cockerel Bistro* $$
95 Hume Hwy, Mittagong, NSW 2575. [(02) 4872 1677.
Le chef Martial Cosyn propose des produits locaux ; baies, asperges et
plats de viande. ● *midi, dim., lun.* ✇

SOUTHERN HIGHLANDS : *Milton Park* $$$$
Horderns Rd, Bowral, NSW 2576. [(02) 4861 1522.
Cadre élégant, cuisine australienne contemporaine d'inspiration
européenne et asiatique. Réservation conseillée *(p. 470).* ♿ ♟ ✇

TILBA TILBA : *Valley Country Home* $$$$
Guluga Track, NSW 2546. [(02) 4473 7405.
Le chef formé en Suisse cuisine une soupe épaisse aux fruits de mer
(chowder), de la longe de veau et de la ratatouille fraîche.
⤢ ♿ ♟ ✇

ULLADULLA : *Cookaburra's* $$$
Boutique 2, 10 Wason St, NSW 2539. [(02) 4454 1443.
Produits de la mer locaux pêchés par la flottille à Ulladulla, viandes
rouges et plats de poulet. ● *jeu. soir.* ⤢ ✇

WOLLONGONG : *Due Mezzi* $$$
233 Princes Hwy, Bulli, NSW 2516. [(02) 4283 5405.
Dans ce restaurant éclectique, le chef Lorenzo Pagnan confectionne
aussi bien la salade de poulet à l'égyptienne que les sèches grillées.
● *lun.-mer., jeu.-sam. midi, dim. soir.* ⤢ ♿ *limité.* ✇

CANBERRA ET L'ACT

CANBERRA : *Taj Mahal* $
39 Northbourne Ave, Canberra City, ACT 2601. [(02) 6247 6528.
Ce restaurant bruyant sert une cuisine indienne délicieuse et bon
marché. Le poulet tandoori est chaudement recommandé. ● *sam. midi,
dim. midi.* ✇

CANBERRA : *Timmy's Kitchen* $
Manuka Village Centre, Furneaux St, Manuka, ACT 2603.
[(02) 6295 6537. Ce minuscule restaurant chinois sert une cuisine du
Sud-Est asiatique savoureuse et bon marché. À ne pas manquer.
⤢ ✇

CANBERRA : *Sufficient Grounds Café* $$
High Court of Australia, Parkes Place, Parkes, ACT 2600. [(02) 6270 6828.
Dans l'édifice de verre de la High Court, cet élégant restaurant permet
de déjeuner en profitant de la vue sur le lac. ● *soir, sam., dim.* ♿ ✇

Légende des symboles, voir rabat de couverture

Catégories de prix pour un repas de trois plats, une demi-bouteille de vin de la maison, taxes et service compris. $ moins de 25 \$A · $$ de 25 à 35 \$A · $$$ de 35 à 50 \$A · $$$$ de 50 à 70 \$A · $$$$$ plus de 70 \$A	**TABLES À L'EXTÉRIEUR** Tables dans un patio ou sur une terrasse. **SPÉCIALITÉS VÉGÉTARIENNES** La carte propose un choix de plats végétariens. **BAR OU BAR À COCKTAILS** Possibilité de boire un verre ailleurs qu'à table dans le restaurant. **MENUS À PRIX FIXES** Menu au prix intéressant, généralement de trois plats, proposé au déjeuner et/ou au dîner. **ENFANTS BIENVENUS** Portions réduites et/ou chaises hautes disponibles.	TABLES À L'EXTÉRIEUR	SPÉCIALITÉS VÉGÉTARIENNES	BAR OU BAR À COCKTAILS	MENUS À PRIX FIXES	ENFANTS BIENVENUS

Restaurant	Prix	Tables à l'extérieur	Spécialités végétariennes	Bar ou bar à cocktails	Menus à prix fixes	Enfants bienvenus
CANBERRA : *Ruby Chinese Restaurant* 18–20 Woolley St, Dickson, ACT 2602. (02) 6249 8849. Ruby's a la fascinante réputation d'être le rendez-vous des espions de toute nationalité. Spécialisé dans les produits de la mer vivants, il se trouve au cœur de l'unique rue « chinoise » de Canberra.	$$		●	■	●	
CANBERRA : *Tosolini's* Bailey's Corner, angle de London Circuit et East Row, Canberra City, ACT 2600. (02) 6247 4317. C'est l'endroit où il faut être vu dans les milieux jeunes et branchés. La nourriture est bon marché et cosmopolite et le café passe pour le meilleur de la ville.	$$	■				
CANBERRA : *Tu Tu Tango* 124 Bunda St, Canberra City, ACT 2600. (02) 6257 7100. Le mariage des cuisines californienne et du Grand Sud a donné naissance à la carte primée du Tu Tu Tango.	$$	■	●	■		
CANBERRA : *The Boat House by the Lake* Grevillea Park, Menindee Drive, Barton, ACT 2600. (02) 6273 5500. Situé sur la rive nord du lac Burley Griffin, le Boat House offre des vues saisissantes sur les principaux points de repère de Canberra. Carte internationale. ● dim., sam. midi.	$$$	■	●	■		
CANBERRA : *Cavalier Carousel Restaurant* Red Hill Lookout, Red Hill, ACT 2603. (02) 6273 1808. C'est une véritable institution à Canberra. Cuisine internationale fortement influencée par la France. Vues fantastiques. ● dim.	$$$				■	●
CANBERRA : *The Chairman and Yip* 108 Bunda St, Canberra City, ACT 2601. (02) 6248 7109. Ce restaurant chinois déchaîne l'enthousiasme des critiques gastronomiques. La carte est légère, fraîche et novatrice. ● sam. midi.	$$$	■	●	■		
CANBERRA : *Hill Station Restaurant* 51 Sheppard St, Hume, ACT 2620. (02) 6260 1393. Cette ancienne ferme d'élevage de moutons isolée, transformée en un charmant restaurant, sert une cuisine rustique sophistiquée. Réservation nécessaire. ○ sam. et dim. midi, ven. et sam. soir.	$$$	■			■	●
CANBERRA : *The Lobby Restaurant* King George Terrace, Parkes, ACT 2600. (02) 6273 1563. Les hommes politiques apprécient sa cuisine australienne contemporaine. Proche du Parlement. ○ midi lun.-ven., soir mar.-sam.	$$$				■	
CANBERRA : *The Republic* 20 Allara St, Canberra City, ACT 2600. (02) 6247 1717. L'ambiance est bruyante et colorée et la carte australienne contemporaine légère et raffinée est intéressante. ○ midi mar.-ven, soir lun.-sam.	$$$	■	●	■	●	
CANBERRA : *Rosso Restaurant* Palmerston Lane, Manuka, ACT 2603. (02) 6295 6703. Ce petit restaurant sert des plats d'influence japonaise et européenne dans une ambiance intime. ● dim.	$$$			■		
CANBERRA : *Fringe Benefits* 54 Marcus Clarke St, Canberra City, ACT 2601. (02) 6247 4042. Le nom s'inspire de la loi des années quatre-vingt stipulant que les déjeuners d'affaires ne sont plus déductibles des impôts. Somptueuse cuisine australienne contemporaine exotique. ● sam. midi, dim.	$$$$	■		■		

CANBERRA : *The Oak Room* $$$$
Hyatt Hotel, Commonwealth Ave, Yarralumla, ACT 2600. ((02) 6270 1234.
Le restaurant le plus huppé de Canberra sert une cuisine australienne
contemporaine primée. ● *dim., lun.* 🔥 📋 🖼

QUEANBEYAN : *Byrne's Mill* $$$
58 Collett St, Queanbeyan, ACT 2620. ((02) 6297 8283.
Dans un moulin historique classé. Plusieurs prix culinaires pour
une nouvelle cuisine aventureuse. ○ *midi mar.-ven., soir mar.-sam.*
📋 🖼

BRISBANE

BREAKFAST CREEK : *Breakfast Creek Hotel* $$
2 Kingsford Smith Drive, QLD 4010. ((07) 3262 5988.
Institution depuis sa construction en 1889. C'est l'endroit idéal pour
un barbecue australien typique – on peut même choisir son steak. 🖼

CENTRE-VILLE : *Pancakes at the Manor* $
18 Charlotte St, QLD 4000. ((07) 3221 6433.
Cet établissement sans prétention s'abrite dans une vieille église
rénovée. Steak, salade, hamburger ou crêpe gastronomique à toute
heure. 🖼

CENTRE-VILLE : *E'cco* $$$
Angle de Adelaide St and Boundary St, QLD 4000. ((07) 3831 8344.
Dans un ancien entrepôt de thé. L'accent est mis sur les produits de
qualité et les saveurs appétissantes. ● *dim. et lun., sam. midi.* 🖼

CENTRE-VILLE : *Indigo* $$$
695 Brunswick St, QLD 4005. ((07) 3254 0275.
Avec une bonne équipe dans les cuisines, la nourriture ici est simple,
moderne, australienne et très savoureuse. Essayez les crevettes
géantes enrobées de *won ton*. 🔥 🖼

CENTRE-VILLE : *Marco Polo* $$$
Niveau 2, Conrad International Treasury Casino, William St, QLD 4000.
((07) 3306 8888. Ce restaurant haut de gamme sert une cuisine
« Orient-Occident ». Une trouvaille originale : la carte est inspirée des
voyages de Marco Polo en Asie. ● *midi.* 🔥 📋 🖼

CENTRE-VILLE : *Parklands* $$$
Rydges South Bank, Glenelg St,QLD 4101. ((07) 3364 0844.
Le restaurant de Rydges South Bank Hotel fait surtout dans les
grillades et les fruits de mer dans une ambiance décontractée. Il y a
un buffet de fruits de mer les vendredi et samedi soirs. ● *dim.*
🔥 📋 🖼

CENTRE-VILLE : *Shingle Inn* $$$
254 Edward St, QLD 4000. ((07) 3221 9039.
Inauguré dans les années trente, il rappelle le style de cette époque
raffinée. Le pavlova est délicieux. ● *dim.* 🔥

CENTRE-VILLE : *Customs House Brasserie* $$$$
399 Queen Street, QLD 4000. ((07) 3365 8999.
Élégant café dans un bâtiment historique donnant sur le fleuve.
Cuisine australienne fraîche et pleine d'imagination. ● *dim. et lun. soir*
🔥 🖼

CENTRE-VILLE : *Il Centro* $$$$
Eagle St Pier, QLD 4000. ((07) 3221 6090.
Restaurant italien haut de gamme avec vue du fleuve. La salle élégante
est disposée autour d'une grande cuisine sans cloison.
🔥 🖼

CENTRE-VILLE : *Philip Johnson at Victoria's* $$$$
Niveau 6 Hilton Hotel, 190 Elizabeth St, QLD 4000. ((07) 3231 3195.
Ce remarquable restaurant est entre les mains d'un maestro culinaire
local, Philip Johnson, connu d'E'cco. 🔥 🖼

CENTRE-VILLE : *Tables at Toowong* $$$$
85 Miskin St, QLD 4066. ((07) 3371 4558.
Lauréat d'un prix du meilleur restaurant. Cuisine exceptionnelle
appréciée des célébrités. ● *mar.-sam. midi.* 🖼

Légende des symboles, voir rabat de couverture

Catégories de prix pour un repas de trois plats, une demi-bouteille de vin de la maison, taxes et service compris.
$ moins de 25 $A
$$ de 25 à 35 $A
$$$ de 35 à 50 $A
$$$$ de 50 à 70 $A
$$$$$ plus de 70 $A

Tables à l'extérieur
Tables dans un patio ou sur une terrasse.
Spécialités végétariennes
La carte propose un choix de plats végétariens.
Bar ou bar à cocktails
Possibilité de boire un verre ailleurs qu'à table dans le restaurant.
Menus à prix fixes
Menu au prix intéressant, généralement de trois plats, proposé au déjeuner et/ou au dîner.
Enfants bienvenus
Portions réduites et/ou chaises hautes disponibles.

Restaurant	Tables à l'extérieur	Spécialités végétariennes	Bar ou bar à cocktails	Menus à prix fixes	Enfants bienvenus
Centre-ville : *Michael's Riverside Restaurant* $$$$$ Riverside Centre, 123 Eagle St, QLD 4000. ☎ (07) 3832 5522. Ce restaurant qui porte la griffe du restaurateur Michael Platsis propose une nourriture de choix et ménage de superbes vues. ● *sam. midi, dim.* ♿ 💳	■	●	■		■
Centre-ville : *Pier Nine* $$$$$ Eagle Street Pier, QLD 4000. ☎ *(07) 3229 2194.* Trois fois primé par l'American Express, ce restaurant spécialisé dans les produits de la mer est une des meilleures tables de Brisbane. ♿ 💳	■	●			■
Centre-ville : *Siggi's at the Port Office* $$$$$ Angle de Edward St et Margaret St, QLD 4000. ☎ (07) 3221 4555. Situé dans un ancien bureau portuaire restauré, c'est l'un des plus élégants restaurants de Brisbane. Cuisine française métissée d'influences australiennes contemporaines. ● *soir mar. et sam.* ♿ 🍷 💳		●	■	●	
Fortitude Valley : *Giardinetto* $$$ 366 Brunswick St, QLD 4006. ☎ *(07) 3252 4750.* Les murs de ce restaurant douillet s'ornent des œuvres d'artistes locaux. Délicieux *risotto marinara*. ● *mar.-ven. midi.* ♿ 💳	■	●	■		■
Hamilton : *Bretts Wharf Seafood Restaurant* $$$ 449 Kingsford Smith Drive, QLD 4007. ☎ (07) 3868 1717. On embrasse la silhouette de la ville depuis l'autre rive du fleuve tout en dégustant d'excellents fruits de mer. ♿ 💳	■	●	■		■
Milton : *La Dolce Vita Café and Restaurant* $$$$ 20 Park Rd, QLD 4064. ☎ (07) 3368 3805. C'est l'un des nombreux établissements « café society » de Brisbane. Focaccias et pizzas pour un déjeuner décontracté et bon marché. ♿ ♫ 💳	■	●			
Milton : *Ryans's Riverfront Seafood Restaurant* $$$$ Angle de Coronation Drive and Park Rd, QLD 4064. ☎ (07) 3368 1200. Des fruits de mer d'une excellente fraîcheur servis dans un bâtiment classé avec vue sur la rivière. 🍾 🍷 💳		●	■		■
Mount Coot-tha : *Kuta Cafe* $ Sir Samuel Griffith Drive, QLD 4066. ☎ (07) 3369 9922. Vous mangerez dans une ambiance décontractée en profitant de la vue du Mount Coot-tha. ♿ 💳	■				
Mount Coot-tha : *Mount Coot-tha Summit* $$$$$ Sir Samuel Griffith Drive, QLD 4066. ☎ (07) 3369 9922. Ce restaurant à la carte offre des vues époustouflantes de Brisbane à Moreton Bay, de jour comme de nuit. ♿ 💳	■	●	■	●	■
Newstead : *Breakfast Creek Wharf* $$ 192 Breakfast Creek Rd, QLD 4006. ☎ (07) 3252 2451. Au centre du décor du restaurant, la réplique du bateau de l'explorateur John Oxley. Excellents produits de la mer. ♿ 💳	■	●	■		■
AU SUD DE TOWNSVILLE					
Boreen Point : *The Jetty* $$$$ 1 Boreen Pole, QLD 4680. ☎ *(07) 5485 3167.* Situé au bord de l'eau, ce restaurant est fameux pour la fraîcheur de ses produits locaux. ♿ 💳		●		●	■
Gladstone : *Swaggies Australian Restaurant* $$$ 56 Goondoon St, QLD 4680. ☎ *(07) 4972 1653.* Lauréat du prix du meilleur restaurant du Queensland central, Flinders est renommé pour son chili et son crabe à la vapeur. ● *sam. et dim. midi.* ♿ 💳		●	■		■

GLADSTONE : *Flinders Seafood Restaurant* $$$$$
Angle de Oaks Lane et Flinders Parade, QLD 4680. ☎ (07) 4972 8322.
Lauréat du prix du meilleur restaurant du Queensland central, Flinders
est renommé pour son chili et son crabe à la vapeur. 🖾

MACKAY : *Fratini on the Waterfront* $$$
8 River St, QLD 4740. ☎ (07) 4957 8131.
La terrasse qui donne sur le fleuve offre un cadre idyllique. À la carte,
repas légers ou barramundi entier cuit au four. ● *sam. midi, dim.*
🖾🖾

NOOSA HEADS : *Berardo's* $$$$$
Hastings St, QLD 4567. ☎ (07) 5447 5666.
One of Noosa Head's most popular eateries, this tapas and café bar is
ideal for casual eating. The seafood platter is a favourite. ● *midi.*
🖾🖾

NOOSA HEADS : *Riva* $$$$$
The Wharf, Quamby Pl, Noosa Sound, QLD 4567. ☎ (07) 5449 2440.
Au bord de la Noosa River, ce restaurant se spécialise en fruits de mer,
préparés de façon méditerranéenne. ● *dim. soir.* 🖾

NOOSA HEADS : *Season* $$$$$
25 Hastings St, QLD 4567. ☎ (07) 5447 3747.
Une cuisine moderne, australienne, servie dans une atmosphère
décontractée. La carte s'étend des fruits de mer et pâtes aux volailles
et gibiers, et leur citronnade est un délice. Les enfants sont les
bienvenus. 🖾🖾🖾

NOOSA HEADS : *Saltwater* $$$$$$$
8 Hastings St, QLD 4567. ☎ (07) 5447 2234.
Ce restaurant élégant, spécialisé dans les produits de la mer, est un
des meilleurs de Noosa Heads. Salle de restaurant sur le toit. 🖾

ROCKHAMPTON : *Le Bistro on Quay* $$$
194 Quay St, QLD 4700. ☎ (07) 4922 2019.
La carte étendue propose des plats de bœuf, de porc et des produits
de la mer. ● *sam. et dim. midi.* 🖾🖾

LE QUEENSLAND DU NORD

CAIRNS : *Barnacle Bill's Seafood Inn* $$$$$
65 The Esplanade, QLD 4870. ☎ (07) 4051 2241.
Restaurant de poissons réputé pour la qualité de la cuisine et du
service. Goûtez le jambalaya chaud ou le poisson poêlé. ● *midi.*
🖾🖾

CAIRNS : *Kani's* $$$$$
59 The Esplanade, QLD 4870. ☎ (07) 4051 1550.
Kani's met l'accent sur les produits de la mer mais l'excellente carte
propose également de délicieux steaks. ● *midi.* 🖾

CAIRNS : *Red Ochre Grill* $$$$$
Angle de Shields St et Sheridan St, QLD 4870. ☎ (07) 4051 0100.
Idéal pour goûter la nourriture du *bush* australien avec une note
moderne. Le four au feu de bois d'eucalyptus donne une saveur
unique à la viande, surtout au kangourou. 🖾🖾

CAIRNS : *Tawny's* $$$$$
Marlin Parade, QLD 4870. ☎ (07) 4051 1722.
Le meilleur restaurant de produits de la mer de Cairns. Situation idéale
sur le front de mer. ● *midi.* 🖾🖾

CHARLEVILLE : *Outback Restaurant* $$$
Mulga Country Motor Inn, Cunnamulla Rd, QLD 4470. ☎ (07) 4654 3255.
Agréable restaurant entouré d'un jardin avec une piscine en contrebas.
Cuisine australienne et internationale. ● *dim., lun.-sam. midi.*
🖾🖾

CLONCURRY : *Gidgee Bar and Grill* $$$
Matilda Hwy, QLD 4824. ☎ (07) 4742 1599.
Spécialités de bœuf et de produits de la mer locaux expédiés tout frais
par avion du golfe de Carpentarie. ● *midi.*
🖾🖾

Légende des symboles, voir rabat de couverture

	TABLES À L'EXTÉRIEUR	SPÉCIALITÉS VÉGÉTARIENNES	BAR OU BAR À COCKTAILS	MENUS À PRIX FIXES	ENFANTS BIENVENUS

Catégories de prix pour un repas de trois plats, une demi-bouteille de vin de la maison, taxes et service compris.
$ moins de 25 $A
$$ de 25 à 35 $A
$$$ de 35 à 50 $A
$$$$ de 50 à 70 $A
$$$$$ plus de 70 $A

TABLES À L'EXTÉRIEUR
Tables dans un patio ou sur une terrasse.
SPÉCIALITÉS VÉGÉTARIENNES
La carte propose un choix de plats végétariens.
BAR OU BAR À COCKTAILS
Possibilité de boire un verre ailleurs qu'à table dans le restaurant.
MENUS À PRIX FIXES
Menu au prix intéressant, généralement de trois plats, proposé au déjeuner et/ou au dîner.
ENFANTS BIENVENUS
Portions réduites et/ou chaises hautes disponibles.

	TABLES À L'EXTÉRIEUR	SPÉCIALITÉS VÉGÉTARIENNES	BAR OU BAR À COCKTAILS	MENUS À PRIX FIXES	ENFANTS BIENVENUS
CUNNAMULLA : *Warrego Hotel/Motel* **$$** 9 Louise St, QLD 4490. (07) 4655 1737. Agréable salle à manger dans un pub de campagne typique. Fréquentée le soir par les habitants du voisinage.	■	●	■	●	■
DAINTREE : *Jacanas Restaurant* **$$** Daintree Village, QLD 4873. (07) 4098 6146. Ce restaurant accueillant qui domine la Daintree River tire un bon parti des barramundis répandus dans la région.	■	●			■
LONGREACH : *Jolly Jumbuck Restaurant* **$$$** Jumbuck Motel, Sir Hudson Fysh Drive, QLD 4730. (07) 4658 1799. Ce bon restaurant de motel sert une large sélection de plats. ● *dim.,* *lun.-sam. midi.*	■	●	■		■
McKINLAY : *Walkabout Creek Hotel* **$$** Matilda Hwy, QLD 4823. (07) 4746 8424. A servi de décor au film *Crocodile Dundee*. Bonne cuisine familiale alliée à l'hospitalité australienne du patron.	■	●	■		●
MOUNT ISA : *The Buffalo Club* **$** 102 Camooweal St, QLD 4825. (07) 4743 2365. Avec un restaurant, un café et trois bars, le Club est réputé pour l'ambiance formidable et l'aimable service. Excellente cuisine avec steaks au barbecue et *barramundi.*		●	■	●	■
MOUNT ISA : *Mercure* **$$$** Le Mercure Hotel, Marian St, QLD 4825. (07) 4743 3024. Very up-market for an Outback restaurant, the food ranges from steak to lobster. ● *dim.-lun. midi.*		●	■		■
PORT DOUGLAS : *Lime Restaurant* **$$$** 38 Macrossan St, QLD 4871. (07) 4099 6536. Les crabes sont un favori dans ce restaurant qui cuisine les produits locaux avec une influence asiatique.		●	■	●	■
PORT DOUGLAS : *On the Inlet* **$$$** 3 Inlet St, QLD 4871. (07) 4099 5255. Spécialité de délicieux *fish and chips* et de produits de la mer frais pêchés. Idéal pour un déjeuner décontracté, un dîner au coucher du soleil ou pour un simple verre accompagné d'un bol de crevettes.	■	●	■	●	■
PORT DOUGLAS : *Salsa Bar and Grill* **$$$** Wharf St, QLD 4871. (07) 4099 4922. Servant une cuisine australienne avec une influence tex-mex, ce restaurant est apprécié par les touristes et les gens du coin.	■	●	■	●	■
PORT DOUGLAS : *La Marina Ristorante Italiano* **$$$$** Marina Mirage, Wharf Rd, QLD 4871. (07) 4099 5548. Renommé pour ses pâtes faites maison et ses somptueux desserts, La Marina a remporté le prix du restaurant de l'année décerné par la Queensland Tourism and Travel Corporation.	■	●		●	■
PORT DOUGLAS : *Catalina* **$$$$$** 22 Wharf St, QLD 4871. (07) 4099 5287. Vous dînerez dans le jardin sous les étoiles et dégusterez un crabe entier, des langoustines ou des huîtres fraîches. ● *lun.*	■	●	■		■
WINTON : *The Winton Club* **$** Vindex St, QLD 4735. (07) 4657 1488. Le Winton Club gère un restaurant chinois d'un bon rapport qualité-prix ; la carte propose aussi quelques plats australiens.		●	■		■

DARWIN ET LE TOP END

DARWIN : *Rumpoles* $
Supreme Court Complex, State Square, Bennett St, NT 0800. 〔 *(08) 8941 1513.* Si vous aimez les décors monumentaux, vous apprécierez le rafraîchissant café Rumpoles. ● *sam. et dim. midi, soir.* 占

DARWIN : *Speakers Corner Café* $
Rez-de-chaussée, Parliament House, NT 0800. 〔 *(08) 8981 4833.* Déjeunez à côté des politiciens et des bureaucrates du Territoire du Nord dans un cadre décontracté, dans l'enceinte du Parlement, tout en profitant de la vue du port de Darwin. ● *sam. et dim. midi, soir.* 占

DARWIN : *Café Bella* $$
40 Progress Drive, Nightcliff, NT 0810. 〔 *(08) 8948 2773.* Détendez-vous dans le cadre tropical ombragé de ce café de plein air tout simple, idéal pour un rapide café ou un repas léger. 占 🗐

DARWIN : *The Magic Wok* $$
48 Cavanagh St (dans immeuble GPO), NT 0810. 〔 *(08) 8981 3332.* Faites votre sélection parmi les légumes frais, les viandes et les sauces et passez ensuite aux chefs du wok pour la cuisson. ● *sam. et dim. midi.* 🗐

DARWIN : *Twilight on Lindsay* $$
2 Lindsay St, NT 0800. 〔 *(08) 8981 8631.* Dans les jardins d'une demeure historique, ce café, frais et confortable, sert une cuisine moderne australienne. ● *dim., sam.-mar. midi.* 占 🍷 🗐 🗐

DARWIN : *Café Capri* $$$
37 Knuckey St, NT 0800. 〔 *(08) 8981 0010.* Ce restaurant moderne de style brasserie possède un décor élégant. Excellente cuisine australo-méditerranéenne. 占 🗐

DARWIN : *Charlie's Restaurant* $$$
Angle de Knuckey St et Austin Lane, NT 0800. 〔 *(08) 8981 3298.* Une institution de Darwin où l'on se réunit tous les vendredis pour un long déjeuner. La carte propose de bonnes pâtes maison. 🍷 🗐

DARWIN : *Cornucopia Museum Café* $$$
Museum et Art Gallery du Terr. du Nord, Conacher St, Fanny Bay, NT 0820. 〔 *(08) 8981 1002.* Apprécié pour le brunch dominical, ce café propose aussi du barramundi et du kangourou. ● *ven. et sam. midi.* 占 🍷 🗐

DARWIN : *Crustaceans on the Wharf* $$$
Stokes Hill Wharf, NT 0800. 〔 *(08) 8981 8658.* Excellents fruits de mer servis à l'extérieur où on profite de la brise pendant la saison sèche. 🎵 🗐

DARWIN : *Dragon Court* $$$
MGM Grand Darwin, Gilruth Ave, Mindil Beach, NT 0810. 〔 *(08) 8943 8888.* Ce restaurant chinois primé sert de l'ormeau, des langoustines vivantes et la soupe d'aileron de requin. ● *lun. et mar.* 占 🍷 🗐

DARWIN : *La Chaumiere* $$$$
13 Shepherd St, NT 0800. 〔 *(08) 8981 2879.* Situé dans une vieille maison, cet élégant restaurant familial offre une cuisine française traditionnelle et un excellent service. ● *dim.* 🚫 🍷 🗐

KAKADU : *Frontier Kakadu Lodge Poolside Bistro* $
Kakadu Frontier Lodge, Jabiru, NT 0886. 〔 *(08) 8979 2422.* Mangez au bord de la piscine de la *lodge (p. 477).* Nourriture simple mais le barramundi et le steak sont excellents. ● *midi (saisonnier).*

KAKADU : *Gagadju Crocodile Hotel Restaurant* $$$
Gagadju Crocodile Hotel, Flinders St, Jabiru, NT 0886. 〔 *(08) 8979 2800.* Le restaurant de cet hôtel en forme de crocodile *(p. 477)* sert une nourriture australienne contemporaine ; crocodile et barramundi. 占 🗐

KATHERINE : *Aussie's Bistro* $
Katherine Hotel, Angle de Katherine Tce et Giles St, NT 0850. 〔 *(08) 8972 1622.* Allez-y pour goûter un repas typique de pub australien. Parmi les plats principaux, steak, barramundi et kangourou arrosés de bière locale. 占

Legende des symboles, voir rabat de couverture

Catégories de prix pour un repas de trois plats, une demi-bouteille de vin de la maison, taxes et service compris.
$ moins de 25 $A
$$ de 25 à 35 $A
$$$ de 35 à 50 $A
$$$$ de 50 à 70 $A
$$$$$ plus de 70 $A

TABLES À L'EXTÉRIEUR
Tables dans un patio ou sur une terrasse.
SPÉCIALITÉS VÉGÉTARIENNES
La carte propose un choix de plats végétariens.
BAR OU BAR À COCKTAILS
Possibilité de boire un verre ailleurs qu'à table dans le restaurant.
MENUS À PRIX FIXES
Menu au prix intéressant, généralement de trois plats, proposé au déjeuner et/ou au dîner.
ENFANTS BIENVENUS
Portions réduites et/ou chaises hautes disponibles.

	Prix	TABLES À L'EXTÉRIEUR	SPÉCIALITÉS VÉGÉTARIENNES	BAR OU BAR À COCKTAILS	MENUS À PRIX FIXES	ENFANTS BIENVENUS
KATHERINE : *Nitmiluk National Park Visitor's Centre Bistro* Nitmiluk National Park, NT 0850. (08) 8972 1253. Ce bistrot sert des plats légers et modernes qu'on savoure en contemplant de la terrasse le coucher de soleil. déc.-mars.	$$	■	●	■		■

LE RED CENTRE

	Prix	TABLES À L'EXTÉRIEUR	SPÉCIALITÉS VÉGÉTARIENNES	BAR OU BAR À COCKTAILS	MENUS À PRIX FIXES	ENFANTS BIENVENUS
ALICE SPRINGS : *Bar Doppio* Boutique 2, Fan Arcade, Todd Mall, NT 0870. (08) 8952 6525. La cuisine est surtout végétarienne et d'inspiration méditerranéenne. Les plats les plus typiques sont les boulettes de riz et le tofu mariné. soir.	$	■	●		●	
ALICE SPRINGS : *International Travellers Café* Annies Place, 4 Traeger Ave, NT 0870. (08) 8952 1588. Carte considérable s'étendant des plats méditerranéens et *barramundi* aux steaks de kangourou et légumes au curry.	$	■	●	■	●	■
ALICE SPRINGS : *Kings Restaurant* Lasseters Casino, 93 Barrett Drive, NT 0870. (08) 8950 7734. Le Kings est connu pour son buffet de trois plats à prix fixe mais on peut aussi manger à la carte. Cuisine internationale.	$		●	●	●	■
ALICE SPRINGS : *Swingers Café* 71 Gregory Terrace, NT 0870. (08) 8952 9291. L'ambiance gaie et décontractée est en harmonie avec les plats australiens contemporains. dim., lun.-sam. soir. limité.	$	■	●			■
ALICE SPRINGS : *Ristorante Puccini* Ansett Building, Todd Mall, NT 0870. (08) 8953 0935. La cuisine essentiellement italienne a remporté de nombreux prix et met l'accent sur les produits de la mer. Spécialité de pâtes et de *marron* frais (sorte de langoustine). dim., lun.-sam. midi.	$$		●	●	●	■
ALICE SPRINGS : *Bojangles Saloon and Restaurant* 80 Todd St, NT 0870. (08) 8952 2873. Le Bojangles met l'accent sur les viandes du Territoire du Nord comme le buffle, l'émeu, le chameau et le kangourou.	$$$		●	●	●	■
ALICE SPRINGS : *Oscar's Café Restaurant* Cinema Complex, Todd Mall, NT 0870. (08) 8953 0930. Carte européenne avec des plats italiens, portugais et espagnols. L'accent est mis sur les produits de la mer. Réservation recommandée.	$$$	■	●	●	●	■
ALICE SPRINGS : *The Overlanders Steakhouse* 72 Hartley St, NT 0870. (08) 8952 2159. Réputé pour ses énormes *drovers blowout* (gueuleton de conducteur de bestiaux) à base de buffle, crocodile, barramundi, chameau, kangourou et émeu.	$$$		●	■	●	■
ROSS RIVER : *Ross River Homestead* Ross Hwy, NT 0871. (08) 8956 9711. Des plats australiens substantiels sont servis en portions généreuses dans la maison de maître. Logements disponibles (p. 478).	$$	■	●	■	●	■
WATARRKA : *Carmichael's* Kings Canyon Resort, Luritja Rd, Watarrka National Park, NT 0872. (08) 8956 7442. Des vues époustouflantes du canyon avec le choix entre le buffet, un repas à la carte ou un barbecue.	$$$		●	■	●	■
YULARA : *Bough House Restaurant* Outback Pioneer Hotel, Yulara Drive, NT 0872. (08) 8956 2170. Le restaurant de l'hôtel Outback Pioneer (p. 478) est réputé pour ses grillades et son buffet.	$$	■	●	■	●	■

YULARA : *Rockpool Restaurant* $\$\$\$
Sails in the Desert Hotel, Yulara Drive, NT 0872. 🎧 *(08) 8956 2200.*
Le Rockpool qui donne sur la piscine de l'hôtel *(p. 478)* met l'accent
sur les plats thaïs. ● *midi.* 🔥 🍷 🗺

YULARA : *Kuniya Room* $\$\$\$\$
Sails in the Desert Hotel, Yulara Drive, NT 0872. 🎧 *(08) 8956 2200.*
C'est la meilleure table de Yulara. Cuisine australienne contemporaine
métissée d'influences internationales. ● *midi.* 🍷 🗺

PERTH ET LE SOUTHWEST

ALBANY : *Kooka's Restaurant* $\$\$\$
204 Stirling Terrace, WA 6330. 🎧 *(08) 9841 5889.*
Ce beau restaurant sert une nourriture australienne contemporaine
métissée d'influences française et indienne. ● *dim. et lun., sam. midi.* 🗺 🗺

BUNBURY : *Alexander's Bistro* $\$\$\$
Lord Forrest Hotel, Symmons St, WA 6230. 🎧 *(08) 9721 9966.*
Ce vaste restaurant élégant et décontracté attire une clientèle cosmopolite.
Repas légers d'inspiration méditerranéenne. 🔥 🎵 🍷 🗺

BUSSELTON : *Newtown House* $\$\$\$
Bussell Hwy, Vasse, WA 6280. 🎧 *(08) 9755 4485.*
La carte du Newtown House utilise des produits locaux frais. Parmi
les spécialités : *yabbies* (langoustines), raviolis aux poireaux et cailles
sautées avec gâteau de risotto. ● *dim.-lun.* 🗺 🔥 🗺

COWARAMUP : *Cellar Café* $\$\$
Cullen Winery, Caves Rd, WA 6284. 🎧 *(08) 9755 5656.*
Ce café de domaine viticole sert de délicieux déjeuners légers
d'inspiration rustique. ● *soir.* 🔥 🍷 🗺

FREMANTLE : *The George Street Café* $\$
73 George Street, WA 6160. 🎧 *(08) 9339 6352.*
Cet accueillant café propose une excellente nourriture végétarienne et
de délicieux desserts. 🗺

FREMANTLE : *Benny's Bar and Café* $\$\$
10 South Terrace, WA 6160. 🎧 *(08) 9433 1333.*
Dîners de style méditerranéens, du léger en-cas au menu complet.
Musique live les vendredi et samedi soirs. 🗺

FREMANTLE : *Sicilian Café and Restaurant* $\$\$\$
47 Mews Rd, WA 6160. 🎧 *(08) 9430 7024.*
Ce restaurant italien, avec vue sur mer, est réputé pour son ambiance
familiale et ses portions généreuses. 🗺

KALGOORLIE : *Basil's on Hannan* $\$\$
268 Hannan St, WA 6430. 🎧 *(08) 9021 7832.*
Le restaurant sert une très bonne cuisine méditerranéenne mais est
surtout réputé pour ses desserts. 🗺 🔥 🗺

KALGOORLIE : *Star Bistro* $\$\$
The Star and Garter Hotel, 497 Hannan St, WA 6430. 🎧 *(08) 9026 3399.*
Le plat commandé inclus une salade du buffet. Tentez leurs spécialisés,
les plats indigènes comme le chameau, le kangourou et la truite
saumonée. 🔥 P 🗺

MARGARET RIVER : *Marron Farm Café* $\$\$
Wickham Rd, Witchcliffe, WA 6286. 🎧 *(08) 9757 6279.*
Café situé dans un élevage de *marron* du sud-ouest. Ce mets délicat
proche de la langoustine figure en bonne place sur la carte. ● *ven.* 🗺

MARGARET RIVER : *The Grange on Farrelly* $\$\$\$
Farrelly St, WA 6285. 🎧 *(08) 9757 3177.*
Le 1885, qui est l'un des meilleurs restaurants d'Australie-Occidentale,
utilise des produits régionaux frais pour créer des plats novateurs
présentés avec talent. Logements disponibles *(p. 479).* 🔥 🍷 🗺

MARGARET RIVER : *Leeuwin Estate Winery Restaurant* $\$\$\$\$
Leeuwin Estate Winery, Stevens Rd, WA 6825. 🎧 *(08) 9757 6253.*
Voisin du Leeuwin Estate Winery *(p. 32),* ce restaurant propose une
carte de choix composée de plats simples. 🔥 🍷 🗺

Légende des symboles, voir rabat de couverture

<table>
<tr><td rowspan="2">

Catégories de prix pour un repas de trois plats, une demi-bouteille de vin de la maison, taxes et service compris.
$ moins de 25 \$A
$$ de 25 à 35 \$A
$$$ de 35 à 50 \$A
$$$$ de 50 à 70 \$A
$$$$$ plus de 70 \$A
</td><td colspan="5">

TABLES À L'EXTÉRIEUR
Tables dans un patio ou sur une terrasse.
SPÉCIALITÉS VÉGÉTARIENNES
La carte propose un choix de plats végétariens.
BAR OU BAR À COCKTAILS
Possibilité de boire un verre ailleurs qu'à table dans le restaurant.
MENUS À PRIX FIXES
Menu au prix intéressant, généralement de trois plats, proposé au déjeuner et/ou au dîner.
ENFANTS BIENVENUS
Portions réduites et/ou chaises hautes disponibles.
</td></tr>
<tr>
<td>TABLES À L'EXTÉRIEUR</td>
<td>SPÉCIALITÉS VÉGÉTARIENNES</td>
<td>BAR OU BAR À COCKTAILS</td>
<td>MENUS À PRIX FIXES</td>
<td>ENFANTS BIENVENUS</td>
</tr>
</table>

	Tables à l'extérieur	Spécialités végétariennes	Bar ou bar à cocktails	Menus à prix fixes	Enfants bienvenus
MUNDARING : *The Loose Box* $$$ 6825 Great Eastern Hwy, WA 6073. (*(08) 9295 1787.* Plusieurs fois primés, ce restaurant sert une carte saisonnière utilisant les meilleurs produits locaux, parfois de son propre jardin.	▣	●	▣	●	▣
PEMBERTON : *Gloucester Ridge Café* $$$ Gloucester Ridge Vineyard, Burma Rd, WA 6260. (*(08) 9776 1035.* Cet élégant restaurant offre une cuisine australienne de qualité et met l'accent sur les produits locaux frais accompagnés des vins de ses propres vignes.	▣	●	▣	●	▣
PERTH : *Canton Restaurant* $$ 532 Hay St, WA 6000. (*(08) 9325 8865.* Ouvert en 1965, c'est un des plus vieux restaurants chinois de Perth. Spécialité de banquets.		●	▣	●	
PERTH : *The Moon* $$ 323 William St, Northbridge, WA 6000. (*(08) 9328 7474.* Ce café branché ouvert tard le soir sert des repas légers et des en-cas. Délicieuses pâtes et remarquable salade César. ● *midi.*	▣	▣	▣		▣
PERTH : *Level 1 Bar and Grill* $$$ 778 Hay St, WA 6000. (*(08) 9321 9141.* Situé en face du théâtre de Sa Majesté. Les clients sont invités à commencer leur repas avant la représentation et à revenir pour le dessert après le spectacle.		●	▣	●	
PERTH : *Jetty's Restaurant* $$ Sorrento Quay, Hillary's Boat Harbour, WA 6000. (*(08) 9448 9066.* Surplombant l'eau avec de vues magnifiques, ce restaurant familial propose le *smorgasbord* pour le petit déjeuner, le déjeuner et le dîner.	▣	▣	▣		▣
PERTH : *Romany* $$$ 188 William St, WA 6000. (*(08) 9328 8042.* Ce restaurant italien serait le plus vieux de Perth. Les portions sont généreuses et les prix raisonnables.		●	▣	●	▣
PERTH : *Valentino's Restaurant* $$$ 27 Lake St, Northbridge, WA 6000. (*(08) 9328 2177.* Cuisine italienne et d'influence asiatique. La spécialisé du chef est le plateau de fruits de mer.	▣	●			
PERTH : *C Restaurant* $$$$ 33ᵉ étage, 44 St George's Terrace, Perth WA 6000. (*(08) 9325 4844.* Perché à 180 m au-dessus du sol, ce restaurant tournant ménage aux clients d'excellentes vues sur la ville. ● *sam. et dim. midi.*		●	▣	●	
PERTH : *The Moorings Café on the Jetty* $$$$ Old Perth Port, Barrack St Jetty, WA 6000. (*(08) 9325 4575.* Perché sur la jetée avec des vues fabuleuses sur l'autre rive de la Swan River. Spécialités australiennes comme le filet de kangourou servi avec une sauce à la groseille et au poivre noir.	▣	●			▣
ROTTNEST ISLAND : *Vlamingh's* $$$ Rottnest Hotel, Bedford Ave, WA 6161. (*(08) 9292 5011.* Le Brolly's appartient à l'hôtel Rottnest. Belles vues du village de Thomson Bay. Cuisine internationale, notamment un délicieux curry à la thaïe et tout un choix de poissons locaux.	▣	●	▣		▣
WILLYABRUP : *Flutes* $$$ Brookland Valley Vineyard, Caves Rd, WA 6284. (*(08) 9755 6250.* Ce célèbre restaurant de campagne sert une cuisine australienne métissée d'influences asiatiques et méditerranéennes.	▣	●		●	▣

YORK : *Craig's 1853 Bistro* Castle Hotel, 97 Avon Terrace, WA 6302. ☎ *(08) 9641 1007.* Bon rapport qualité-prix dans ce bistrot qui appartient à l'hôtel Castle du XIXe siècle. Excellent buffet de salades. ♿ 💳	$$	■	●	■		■
YORK : *Settlers House* 125 Avon Terrace, WA 6302. ☎ *(08) 9641 1096.* Bel édifice de style colonial dans une cour verdoyante. Les repas sont servis toute la journée. Le petit déjeuner est copieux. 💳	$$	■	●	■		■
LE NORD DE PERTH						
BROOME : *Chin's Restaurant* 7 Hammersley St, WA 6725. ☎ *(08) 9192 1466.* Au centre du Chinatown historique de Broome *(p. 322)*, le Chin's est le meilleur restaurant chinois du quartier. ● *midi.* 💳	$$		●		●	■
BROOME : *The Tides Garden Restaurant* Mangrove Hotel, 120 Carnarvon St, WA 6725. ☎ *(08) 9192 1303.* Ce restaurant agréable propose de dîner à l'extérieur avec vue sur la baie. Les steaks et les fruits de mer sont recommandés. ♿ 💳	$$	■		■	●	■
BROOME : *Lord Mac's* Cable Beach Intercontinental Resort, Cable Beach Rd, WA 6725. ☎ *(08) 9192 0400.* Le principal restaurant de la station propose un buffet à prix fixe ou des repas à la carte dans un beau cadre tropical. ♿ 🎵 🍷 💳	$$$	■		■	●	■
CARNARVON : *Dragon Pearl Chinese Restaurant* 17 Francis St, WA 6701. ☎ *(08) 9941 1941.* Seul restaurant indépendant de Carnarvon, le Dragon Pearl propose des plats chinois (sur place ou à emporter). ● *lun.* ♿ 💳	$$		●	■	●	■
DENHAM : *The Old Pearler Restaurant* 71 Knight Terrace, WA 6537. ☎ *(08) 9948 1373.* Ce petit restaurant sans prétention du bord de mer sert des produits de la mer, *snapper* grillé (sorte de bar) et des écrevisses. 🚭 💳	$$	■				■
EXMOUTH : *The Whaler's Restaurant* 5 Kennedy St, WA 6707. ☎ *(08) 9949 2416.* Ce restaurant en plein air propose des repas légers et des en-cas. Au dîner, carte composée de poissons et fruits de mer locaux frais pêchés. ♿ 💳	$$$	■	●			■
GERALDTON : *Beach Break Seafood and Steakhouse* 166 Chapman Rd, WA 6530. ☎ *(08) 9964 3382.* Restaurant décontracté spécialisé dans les fruits de mer et les poissons. Clientèle en majorité locale. ● *midi.* ♿ 💳	$$	■		■		■
KALBARRI : *Zuytdorp Restaurant* Angle de Grey St et Clotworthy St, WA 6536. ☎ *(08) 9937 2222.* Restaurant apprécié pour son *smorgasbord* à prix fixe et pour ses menus enfants dont le prix est fonction de l'âge de l'enfant. ● *midi.* ♿ 🍷 💳	$$$		●	■	●	■
MONKEY MIA : *The Bough Shed Restaurant* Shark Bay, WA 6537. ☎ *(08) 9948 1171.* Joli restaurant de plage proche de l'endroit où l'on nourrit les dauphins *(p. 319)*. Repas servis toute la journée. ♿ 💳	$$$	■	●	■		■
NEW NORCIA : *Salvado's Restaurant* Monastery Roadhouse, Great Northern Hwy, WA 6509. ☎ *(08) 9654 8020.* Ce relais routier de base sert des repas bon marché. La carte propose les fameux pains de New Norcia cuits à la boulangerie du monastère et vendus maintenant dans toute l'Australie-Occidentale. ♿ 💳	$		●			■
ADÉLAÏDE ET LE SOUTHEAST						
ADÉLAÏDE : *Café Paesano* 100 O'Connell St, North Adelaide, SA 5006. ☎ *(08) 8239 0655.* Avec ses tables sur le trottoir, ce café bruyant évoque l'Italie d'où est originaire le propriétaire. Solide cuisine familiale sans prétention. ♿ 💳	$	■	●			■
ADÉLAÏDE : *Stanley's Great Aussie Fish Café* 76 Gouger St, SA 5000. ☎ *(08) 8410 0909.* Restaurant très animé, spécialisé dans les fruits de mer frais accommodés avec simplicité. ♿ 💳	$	■		■	●	■

Légende des symboles, voir rabat de couverture

Catégories de prix pour un repas de trois plats, une demi-bouteille de vin de la maison, taxes et service compris.
$ moins de 25 $A
$$ de 25 à 35 $A
$$$ de 35 à 50 $A
$$$$ de 50 à 70 $A
$$$$$ plus de 70 $A

TABLES À L'EXTÉRIEUR
Tables dans un patio ou sur une terrasse.
SPÉCIALITÉS VÉGÉTARIENNES
La carte propose un choix de plats végétariens.
BAR OU BAR À COCKTAILS
Possibilité de boire un verre ailleurs qu'à table dans le restaurant.
MENUS À PRIX FIXES
Menu au prix intéressant, généralement de trois plats, proposé au déjeuner et/ou au dîner.
ENFANTS BIENVENUS
Portions réduites et/ou chaises hautes disponibles.

	Prix	TABLES À L'EXTÉRIEUR	SPÉCIALITÉS VÉGÉTARIENNES	BAR OU BAR À COCKTAILS	MENUS À PRIX FIXES	ENFANTS BIENVENUS
ADÉLAÏDE : *Alphutte* — 242 Pulteney St, SA 5000. (08) 8223 4717. Version contemporaine du chalet alpin suisse traditionnel. La nourriture est également suisse ; spécialité de fondue. ● *sam. et dim.*	$$			■		■
ADÉLAÏDE : *Jasmin Restaurant* — 31 Hindmarsh Square, SA 5000. (08) 8223 7837. D'authentiques plats indiens à base de produits locaux comme le barramundi, la chèvre et le kangourou. ● *dim. et lun., mar.-ven. soir.*	$$	■	●		●	
ADÉLAÏDE : *Le Zinc* — 41 Gouger St, SA 5000. (08) 8223 4717. Bonne cuisine française servie simplement mais bien dans ce bar à vin-restaurant. ● *dim. et lun.*	$$	■		■		
ADÉLAÏDE : *Jolleys Boathouse* — Jolleys Lane, SA 5000. (08) 8223 2891. Dans un ancien hangar à bateaux au bord de la rivière Torrens. Carte contemporaine. ● *dim. soir.*	$$$	■	●			■
ADÉLAÏDE : *Nediz Tu* — 170 Hutt St, SA 5000. (08) 8223 2618. Ce restaurant a la réputation méritée de marier les influences européennes et asiatiques avec les produits locaux frais. ● *dim. et lun.*	$$$	■	●		●	■
ADÉLAÏDE : *The Oxford* — 101 O'Connell St, North Adelaide, SA 5006. (08) 8267 2652. L'Oxford a une ambiance minimaliste. La nourriture contemporaine est servie avec beaucoup d'élégance. ● *sam. midi, dim. soir.*	$$$	■		■	●	
ADÉLAÏDE : *Universal Wine Bar* — 285 Rundle St, SA 5000. (08) 8232 5000. Ce bistrot moderne offre une cuisine australienne et une excellente carte des vins. ● *dim.*	$$$	■	●	■		■
ADÉLAÏDE : *Shiki Restaurant* — Hyatt Regency Hotel, North Terrace, SA 5000. (08) 8231 1234. Ce restaurant japonais de type *teppanyaki* comprend cinq bars à *teppan* et un bar à *tempura*. ● *midi, dim. et lun. soir.*	$$$		●	■		
ADÉLAÏDE : *The Grange Restaurant* — Hilton International Hotel, 233 Victoria Square, SA 5000. (08) 8217 2000. Le célèbre chef Cheong Liew marie les saveurs de l'Asie et les techniques culinaires traditionnelles. ● *midi, dim. et lun. soir.*	$$$$$		●	■	●	
BARMERA : *Bonneyview Winery Restaurant* — Sturt Hwy, SA 5345. (08) 8588 2279. L'établissement tenu par ses propriétaires fait partie d'un domaine viticole. Déjeuners dans un cadre agréable. ● *dim.-ven. soir.*	$$	■			●	■
BRIDGEWATER : *Bridgewater Mill* — Mount Barker Rd, SA 5155. (08) 8339 3422. Ce restaurant marie les techniques européennes et asiatiques avec les ingrédients locaux frais. ● *lun.-mer. midi, soir.*	$$$	■		■		
COONAWARRA : *Chardonnay Lodge Restaurant* — Riddoch Hwy, SA 5263. (08) 8736 3309. Cuisine régionale avec des influences françaises. Chambres à la *lodge* voisine (p. 482).	$$$		●	■		■

COONAWARRA : *The Hermitage*　　　　　　　　　　　$$$
Riddoch Hwy, SA 5263. 〖 *(08) 8737 2122.*
Situé au milieu des vignobles de Coonawarra, l'Hermitage sert un
choix toujours renouvelé de plats régionaux audacieux. 🔾 ♟ 🗒

CRAFERS : *The Summit*　　　　　　　　　　　　　$$
Mount Lofty Summit Rd, SA 5152. 〖 *(08) 8339 2600.*
Ce restaurant se trouve au sommet de la montagne la plus élevée
d'Adélaïde. Décor moderne et élégant, à l'instar de la carte.

KANGAROO ISLAND : *The Old Post Office Restaurant*　　$$
Penneshaw, SA 5222. 〖 *(08) 8553 1063.*
La carte change régulièrement pour profiter des produits de saison,
cependant l'influence thaïe est évidente et l'accent est mis sur les
produits de la mer. ● *midi, mar. et mer. soir.* 🔾 🗒

MARANANGA : *The Hermitage of Marananga*　　　　　$$$
Angle de Seppeltsfield Rd et Stonewell Rd, SA 5355. 〖 *(08) 8562 2722.*
On choisit de dîner aux chandelles avec l'argenterie ou en plein air
au milieu des vignes. Cuisine exceptionnelle. 🔾 ♟ 🗒

PADTHAWAY : *Padthaway Estate Homestead*　　　　$$$
Riddoch Hwy, SA 5271. 〖 *(08) 8765 5039.*
Dîners élégants dans cette demeure victorienne à deux étages de
1882. Logements disponibles *(p. 483)*. ● *midi, mar.-mer. soir.* ♟ 🗒

ROBE : *Gray Masts*　　　　　　　　　　　　　　$$$
1 Smillie St, SA 5276. 〖 *(08) 8768 2203.*
Le chef de ce restaurant de port de pêche marie les produits de la mer
avec ceux de la terre. ● *août ; mar. et mer. (juin-août).* 🗒

SECOND VALLEY : *Leonards Mill Restaurant*　　　　$$$
Cape Jervis Rd, SA 5204. 〖 *(08) 8598 4184.*
Moulin historique, vieux de 150 ans, restauré avec soin et converti en
restaurant chaleureux et accueillant. Bon rapport qualité-prix. 🔾 ♟ 🗒

LES PÉNINSULES D'YORKE ET D'EYRE

ARKAROOLA : *Native Pine Restaurant*　　　　　　　$$
Arkaroola Village, SA 5732.
Situé dans la réserve naturelle d'Arkaroola *(p. 361)*, ce restaurant
propose une carte limitée mais appétissante où figure le kangourou
à la sauce cantonaise. Barbecues à côté du restaurant. 🗒

AUBURN : *Rising Sun Hotel Restaurant*　　　　　　$$
Main North Rd, SA 5451. 〖 *(08) 8849 2015.*
L'hôtel Rising Sun *(p. 483)* propose une carte étendue. Les repas sont
servis soit dans le salon soit dans la salle à manger. ♟ 🗒

BLINMAN : *Blinman Hotel Restaurant*　　　　　　　$
Main St, SA 5730. 〖 *(08) 8648 4867.*
Ce pub à la campagne offre un vaste choix et la nourriture y est
excellente. Logements disponibles *(p. 483)*. 🔾 🗒

CLARE : *Brice Hill Vineyard Restaurant*　　　　　　$$
Main North Rd, SA 5453. 〖 *(08) 8842 1796.*
Ce restaurant à flanc de coteau offre de belles vues de la vallée, une
carte étendue pour le dîner et des déjeuners légers. ● *lun. et mar.* 🗒

CLARE : *Clarevale Restaurant*　　　　　　　　　　$$
15 Lennon St, SA 5453. 〖 *(08) 8842 1222.*
Cette ancienne remise pour voitures à chevaux de 1878 abrite un
restaurant accueillant et décontracté. Spécialité de steak grillé au feu
de bois. Aire de jeux et vidéo pour les enfants. ● *lun.-jeu.* 🔾 ♟ 🗒

COOBER PEDY : *Umberto's*　　　　　　　　　　　$$$
Desert Cave Hotel, Hutchinson St, SA 5723. 〖 *(08) 8672 5688.*
Cadre élégant dans une ville de l'Outback. Carte variée et originale. Goûtez en
entrée la crêpe au basilic à l'émeu fumé et à la crème fraîche. ● *midi.* 🔾 ♟ 🗒

EDITHBURGH : *Sails Seafood and Steak Restaurant*　　$
Troubridge Hotel, Blanche St, SA 5583. 〖 *(08) 8852 6013.*
Un nom révélateur pour une cuisine simple, fraîche et substantielle.
Le poisson est pêché régulièrement à proximité de l'hôtel. 🔾 🗒

Catégories de prix pour un repas de trois plats, une demi-bouteille de vin de la maison, taxes et service compris.	**TABLES À L'EXTÉRIEUR** Tables dans un patio ou sur une terrasse.				
$ moins de 25 \$A	**SPÉCIALITÉS VÉGÉTARIENNES** La carte propose un choix de plats végétariens.				
$$ de 25 à 35 \$A	**BAR OU BAR À COCKTAILS** Possibilité de boire un verre ailleurs qu'à table dans le restaurant.				
$$$ de 35 à 50 \$A	**MENUS À PRIX FIXES** Menu au prix intéressant, généralement de trois plats, proposé au déjeuner et/ou au dîner.				
$$$$ de 50 à 70 \$A	**ENFANTS BIENVENUS** Portions réduites et/ou chaises hautes disponibles.				

	TABLES À L'EXTÉRIEUR	SPÉCIALITÉS VÉGÉTARIENNES	BAR OU BAR À COCKTAILS	MENUS À PRIX FIXES	ENFANTS BIENVENUS
HAWKER : *Old Ghan Restaurant* $$ Old Railway Station, SA 5434. (08) 8648 4176. Situé dans l'ancienne gare ferroviaire de l'Old Ghan *(p. 361)*, ce restaurant s'occupe particulièrement bien des enfants. ● *lun. et mar.*		●	■	●	■
MINTARO : *Mintaro Mews* $$$ Burra St, SA 5415. (08) 8843 9001. Spécialités : fromage de brebis à la menthe grillé et canard avec glaçage au porto et à la baie poivrée *(pepperberry)*. ● *midi, mer. soir.* ●	■		■		
PORT LINCOLN : *Bugs Restaurant* $ Harwill Court, SA 5606. (08) 8682 6244. Ce bistrot propose pâtes, steaks, plats de veau, produits de la mer et des soupes bien chaudes l'hiver. Excellent rapport qualité-prix.	■	●			■
PORT LINCOLN : *Country Garden Bistro* $$ 10 Tasman Terrace, SA 5606. (08) 8682 1197. Ce restaurant populaire sert des steaks et des poissons de qualité, pêchés le jour même et bien accommodés. ● *midi, dim. soir.*		●	■		
PORT VINCENT : *Gerimia's* $$ Marine Parade, SA 5581. (08) 8853 7021. Restaurant étonnamment bon dans cette ville de pêcheurs. Poissons locaux et excellent canard rôti. ● *midi, lun. et mar. soir (nov.-juin).*			■		■
QUORN : *Old Willows Brewery Restaurant* $$ Port Augusta Rd, Pichi Richi Pass, SA 5433. (08) 8648 6391. Dans la Willows Brewery de 1880 merveilleusement restaurée, cuisine australienne novatrice avec notamment un hors-d'œuvre au crocodile et une tourte à la cantonaise en dessert. ● *lun. et mar.*	■	●	■	●	■
SEVENHILL : *Skillogalee Winery and Restaurant* $$ Trevarrick Rd, Via Clare, SA 5453. (08) 8843 4311. Cuisine simple mais excellente avec feu de cheminée l'hiver et dîner dans la véranda au printemps. ● *soir.*	■				
WHYALLA : *Alexander Motor Inn Restaurant* $$ 99 Playford Ave, SA 5600. (08) 8645 9488. Carte éclectique : escargots, crevettes indiennes, agneau de Mongolie, huîtres locales et filet de kangourou. ● *midi,*		●	■	●	■
MELBOURNE					
ALBERT PARK : *The Point* $$$$ Aquatic Drive, VIC 3206. **Plan** 5 A2. (03) 9682 5544. Cet élégant restaurant au bord du lac d'Albert Park est spécialisé dans la cuisine australienne contemporaine. Magnifiques vues de la ville.	■	●	■		
CARLTON : *Abla's* $$ 109 Elgin St, VIC 3053. **Plan** 1 C1. (03) 9347 0006. La meilleure cuisine libanaise de Melbourne. Menus fixes les vendredi et samedi soirs. ● *sam.-mer. midi, dim. soir.*		●		●	
CARLTON : *Jimmy Watson's* $$$ 333 Lygon St, VIC 3053. **Plan** 1 C1. (03) 9347 3985. Dans ce restaurant très coté, la cuisine est internationale. Bar à vins au sous-sol. ● *dim., lun. soir.*	■		■		
CARLTON : *Toofey's Seafood Restaurant* $$$$ 162 Elgin St, VIC 3123. **Plan** 1 C1. (03) 9347 9838. Ce restaurant est considéré comme la meilleure table de produits de la mer de Melbourne. Glaces maison. ● *lun., sam. et dim. midi.*					

CENTRE-VILLE : *Café K* $\$\$$
35 Little Bourke St, VIC 3000. **Plan** 1 C3. (03) 9639 0414.
Ce café populaire sert une bonne cuisine australo-méditerranéenne
dans un cadre élégant et à des prix abordables. ● *sam. midi, dim.*

CENTRE-VILLE : *Nudel Bar* $\$\$$
76 Bourke St, VIC 3000. **Plan** 1 C3. (03) 9662 9100.
Des nouilles de toutes les formes et tailles – chaudes, froides, fines,
épaisses et savoureuses – couvrant toutes les cuisines.

CENTRE-VILLE : *Il Solito Posto* $\$\$\$$
Au sous-sol, 113 Collins St, VIC 3000. **Plan** 2 D3. (03) 9654 4466.
Au rez-de-chaussée de cet endroit élégant, un bar trépidant et
populaire sert des repas légers. Le restaurant rustique en sous-sol
propose des plats plus substantiels de l'Italie du Nord. ● *dim.*

CENTRE-VILLE : *Kuni's* $\$\$\$$
56 Little Bourke St, VIC 3000. **Plan** 1 C3. (03) 9663 7243.
Ce restaurant japonais sert une nourriture délicieuse au bar à sushi ou
dans la salle à manger. ● *sam. midi, dim.*

CENTRE-VILLE : *Madam Fang* $\$\$\$$
27–29 Crossley St, VIC 3000. **Plan** 1 C3. (03) 9663 3199.
Cuisine australienne contemporaine d'inspiration asiatique comme
les roulés à l'avocat en beignet. ● *sam. midi, dim.*

CENTRE-VILLE : *The European* $\$\$\$\$$
161 Spring St, VIC 3000. (03) 9654 0811.
Ce café-restaurant chic est parfait pour un café, un apéritif avant
le théâtre ou un dîner assis. Le bar au premier est un des meilleurs de
la ville.

CENTRE-VILLE : *ezard at Adelphi* $\$\$\$\$$
187 Flinders Lane, VIC 3000. **Plan** 2 D3. (03) 9639 6811.
Au sous-sol ultramoderne de l'hotel Adelphi *(p. 485)*, une excellente
cuisine de bistrot est servie du petit matin jusqu'en fin de soirée.

CENTRE-VILLE : *Flower Drum* $\$\$\$\$\$$
17 Market Lane, VIC 3000. **Plan** 1 C2. (03) 9662 3655.
Le meilleur restaurant chinois de Melbourne sert du canard laqué et
des plats cantonais traditionnels. ● *dim. midi.*

CENTRE-VILLE : *Grossi Florentino* $\$\$\$\$\$$
80 Bourke St, VIC 3000. **Plan** 1 B3. (03) 9662 1811.
Élégance à l'ancienne faite de boiseries et de peintures murales. Très
bonne cuisine italienne traditionnelle. ● *dim.*

CENTRE-VILLE : *Langton's Restaurant and Wine Bar* $\$\$\$\$\$$
61 Flinders Lane, VIC 3000. (03) 9663 0222.
Un point de rencontre sophistiqué, apprécié des professions libérales et
des célébrités du coin, qui viennent ici pour la cuisine moderne
européenne. ● *sam. midi, dim. et lun.*

CENTRE-VILLE : *Marchetti's Latin* $\$\$\$\$\$$
55 Lonsdale St, VIC 3000. **Plan** 1 C2. (03) 9662 1985.
Ce restaurant italien réputé depuis longtemps sert des calamars épicés
et des raviolis fourrés au potiron. ● *sam. et dim. midi.*

CENTRE-VILLE : *Mask of China* $\$\$\$\$\$$
115–117 Little Bourke St, VIC 3000. **Plan** 1 C3. (03) 9662 2116.
Élégant restaurant chinois haut de gamme avec une carte étendue et
variée. Les plats d'aileron de requin sont particulièrement réputés.
● *sam. midi.*

COLLINGWOOD : *Jim's Greek Tavern* $\$$
32 Johnston St, VIC 3066. (03) 9419 3827.
L'ambiance chaleureuse et pleine de vie attire les gens de Melbourne
depuis 25 ans. Carte classique avec *dips*, fruits de mer et viande
grillée.

FITZROY : *The Vegie Bar* $\$$
380 Brunswick St, VIC 3065. **Plan** 2 E1. (03) 9417 6935.
Jus de fruits frais, vins bios et plats végétariens du monde entier
caractérise ce café animé.

Légende des symboles, voir rabat de couverture

			TABLES À L'EXTÉRIEUR	SPÉCIALITÉS VÉGÉTARIENNES	BAR OU BAR À COCKTAILS	MENUS À PRIX FIXES	ENFANTS BIENVENUS

Catégories de prix pour un repas de trois plats, une demi-bouteille de vin de la maison, taxes et service compris.
$ moins de 25 $A
$$ de 25 à 35 $A
$$$ de 35 à 50 $A
$$$$ de 50 à 70 $A
$$$$$ plus de 70 $A

TABLES À L'EXTÉRIEUR
Tables dans un patio ou sur une terrasse.
SPÉCIALITÉS VÉGÉTARIENNES
La carte propose un choix de plats végétariens.
BAR OU BAR À COCKTAILS
Possibilité de boire un verre ailleurs qu'à table dans le restaurant.
MENUS À PRIX FIXES
Menu au prix intéressant, proposé au déjeuner et/ou au dîner.
ENFANTS BIENVENUS
Portions réduites et/ou chaises hautes disponibles.

Établissement	Prix	Tables à l'extérieur	Spécialités végétariennes	Bar ou bar à cocktails	Menus à prix fixes	Enfants bienvenus
FITZROY : *Mario's Café* 303 Brunswick St, VIC 3065. **Plan 2 E1.** (03) 9417 3343. La bonne cuisine italienne est rehaussée par les nappes blanches, un service de qualité et un excellent café.	$$	■	●			
FITZROY : *Café Provincial* 299 Brunswick St, VIC 3065. **Plan 2 E1.** (03) 9417 2228. Ce café bohème bruyant installé dans un pub rénové sert une cuisine française et italienne bon marché. Plats de kangourou.	$$$	■	●	■		
FITZROY : *Guernica* 257 Brunswick St, VIC 3065. **Plan 2 E1.** (03) 9416 0969. Cuisine exceptionnelle de style méditerranéen – goûtez les fameuses sardines avec une sauce aux cacahuètes, à la menthe et au chili.	$$$$		●			
KEW : *Beate's Restaurant* Studley Park Boathouse, Boathouse Rd, VIC 3101. (03) 9853 1828. À l'étage d'un hangar à bateaux de 1863 avec de magnifiques vues de la Yarra River. Produits locaux frais. ● dim.-mar., sam. midi. Ouvert t.l.j. en été.	$$$$		●			■
RICHMOND : *Vlado's* 61 Bridge Rd, VIC 3121. **Plan 4 D1.** (03) 9428 5833. Ce grill-room établi de longue date s'adresse aux amateurs de viande qui aiment les gros steaks. ● sam. midi, dim.	$$$$$					
ST KILDA : *Café di Stasio* 31 Fitzroy St, VIC 3182. **Plan 5 B4.** (03) 9525 3999. Ce restaurant sophistiqué et animé sert des plats italiens contemporains. Goûtez le *malta gliati* (pâtes à la chapelure avec calamars et chicorée) ou le petit barramundi sans arêtes.	$$$$	■	●	■	●	
ST KILDA : *The Stokehouse* 30 Jacka Boulevard, VIC 3182. **Plan 5 B5.** (03) 9525 5555. Situé en bordure de la plage. Excellents produits de la mer à l'étage. Bistrot de type *fish and chips* au sous-sol.	$$$$	■	●	■		■
SOUTHBANK : *Blakes* Rez-de-chausséel, Southgate, VIC 3006. (03) 9699 4100. Ce restaurant populaire sert une cuisine australienne contemporaine d'inspiration asiatique. Vue sur la Yarra River.	$$$$	■				
SOUTHBANK : *Walter's Wine Bar* Niveau 3 Southgate, VIC 3006. **Plan 1 C4.** (03) 9690 9211. Avec sa vue sur la Yarra River, c'est un endroit idéal pour déjeuner, dîner ou souper tranquillement en plein air.	$$$$	■	●	■		
SOUTH MELBOURNE : *The Isthmus of Kra* 50 Park St, VIC 3205. (03) 9690 3688. La cuisine thaïe contemporaine est la spécialité de ce restaurant primé, avec des plats tentants comme les huîtres à la sauce piquante au citron vert et les raviolis au poulet. ● sam. et dim. midi.	$$$$	■	●	■	●	
SOUTH MELBOURNE : *O'Connell's* Angle de Montague St et Coventry St, VIC 3205. (03) 9699 9600. Cet ancien pub abrite un restaurant élégant, spécialités contemporaines du Proche-Orient et d'Afrique du nord. ● sam. midi, dim., lun. soir.	$$$$	■	●	■		
SOUTH MELBOURNE : *Colonial Tramcar Restaurant* Arrêt du tram 125, Normanby Rd, VIC 3025. (03) 9696 4000. L'unique restaurant du monde installé dans un tramway mobile sert une cuisine internationale d'inspiration australienne. Réservation indispensable.	$$$$$				●	

SOUTH YARRA : *Caffe e Cucina* $$$$
581 Chapel St, VIC 3141. **Plan 4 E5.** (03) 9827 4139.
Ce café italien trépidant qui rappelle Rome et Milan sert des
spécialités novatrices comme la glace au parmesan. ● *dim.*

SOUTH YARRA : *France-Soir* $$$$
11 Toorak Rd, VIC 3141. **Plan 4 E5.** (03) 9866 8569.
Vous dégusterez dans ce restaurant français établi de longue date des
« classiques » de la cuisine française.

SOUTH YARRA : *Lynch's* $$$$$
133 Domain Rd, VIC 3141. **Plan 3 C4.** (03) 9866 5627.
Ce charmant restaurant a été joliment remis à neuf. Cuisine
internationale d'inspiration asiatique. ● *sam. midi, dim.*

WINDSOR : *Jacques Reymond Restaurant* $$$$$
78 Williams Rd, VIC 3181. **Plan 6 F3.** (03) 9525 2178.
Situé dans une élégante villa du XIXe siècle, ce restaurant sert
d'excellents plats australiens contemporains d'inspiration française,
gibier et produits de la mer. ● *sam. midi, dim. et lun.*

LE VICTORIA OCCIDENTAL

APOLLO BAY : *Buff's Bistro* $$
51–53 Great Ocean Rd, VIC 3233. (03) 5237 6403.
Ce bistrot de style taverne, animé et moderne, sert une cuisine
méditerranéenne qui met l'accent sur les produits de la mer.

APOLLO BAY : *Chris's Beacon Point Restaurant & Villas* $$$$
280 Skenes Creek Rd, VIC 3233. (03) 5237 6411.
Le chef Chris Talihmanidis marie les saveurs méditerranéennes et les
produits locaux. Parmi les spécialités figurent la soupe de fruits de mer
à la grecque *(kakavia)* et les écrevisses grillées au feu de bois.

APOLLO BAY : *Whitecrest* $$$$
5230 Great Ocean Rd, Wongarra, VIC 3221. (03) 5237 0228.
Dans ce restaurant accueillant, les vins accompagnent une carte qui
s'inspire des principale cuisines mondiales. ● *midi, mar. et mer. soir.*

BALLARAT : *Europa Café* $$$
411 Sturt St, VIC 3350. (03) 5331 2486.
Cet élégant bistrot et bar sert une cuisine italienne et australienne
contemporaine. ● *dim.-mer. soir.*

BALLARAT : *L'espresso* $$$
417 Sturt St, VIC 3350. (03) 5333 1789.
Ce restaurant populaire sert une cuisine australienne contemporaine
d'inspiration italienne comme le risotto et les pâtes. ● *dim.-mer. soir.*

BALLARAT : *Ansonia* $$$$
32 Lydiard St South, VIC 3350. (03) 5332 4678.
Restaurant contemporain dans le cœur historique de Ballarat
(p. 424-425). Carte australienne d'inspiration méditerranéenne.

BENDIGO : *Bazzani* $$$$
Howard Place, VIC 3550. (03) 5441 3777.
Élégant restaurant dans un édifice classé des années 1880. Cuisine
australienne et italienne métissée d'influences asiatiques.

BENDIGO : *Whirrakee* $$$$
17 View Point, VIC 3550. (03) 5441 5557.
Dans ce restaurant accueillant, les vins accompagnent une carte qui s'inspire
des principales cuisines mondiales. ● *sam.-mar. midi, dim. et lun. soir.*

CASTLEMAINE : *Globe Garden Restaurant* $$$$$
81 Forest St, VIC 3450. (03) 5470 5055.
Abrité dans un pub des années 1850 aménagé, le Globe a une salle à
manger élégante qui donne sur une cour-jardin. Bonne nourriture
contemporaine. ● *lun. et mar., mer.-sam. midi.*

DAYLESFORD : *Frangos & Frangos* $$$$
82 Vincent St, VIC 3460. (03) 5348 2363.
Cuisine grecque servie dans un vieux pub de campagne. Choisssez
entre le café décontracté et le restaurant plus formel.

Légende des symboles, voir rabat de couverture

	TABLES À L'EXTÉRIEUR	SPÉCIALITÉS VÉGÉTARIENNES	BAR OU BAR À COCKTAILS	MENUS À PRIX FIXES	ENFANTS BIENVENUS

Catégories de prix pour un repas de trois plats, une demi-bouteille de vin de la maison, taxes et service compris.

ⓢ moins de 25 $A
ⓢⓢ de 25 à 35 $A
ⓢⓢⓢ de 35 à 50 $A
ⓢⓢⓢⓢ de 50 à 70 $A
ⓢⓢⓢⓢⓢ plus de 70 $A

TABLES À L'EXTÉRIEUR
Tables dans un patio ou sur une terrasse.
SPÉCIALITÉS VÉGÉTARIENNES
La carte propose un choix de plats végétariens.
BAR OU BAR À COCKTAILS
Possibilité de boire un verre ailleurs qu'à table dans le restaurant.
MENUS À PRIX FIXES
Menu au prix intéressant, proposé au déjeuner et/ou au dîner.
ENFANTS BIENVENUS
Portions réduites et/ou chaises hautes disponibles.

DAYLESFORD : *Lake House*   ⓢⓢⓢⓢ
King St, VIC 3460. 📞 *(03) 5348 3329.*
Tout ce qui figure à la carte de la première retraite gastronomique du Victoria – pâtisseries, charcuteries, confitures et chocolats - est préparé dans la cuisine. Belle vue sur le lac Daylesford. ♿ 🍷 🌿

ECHUCA : *Echuca Cock 'n' Bull Restaurant*   ⓢⓢⓢ
17–21 Warren St, VIC 3564. 📞 *(03) 5480 6988.*
Situé dans un hôtel de 1869 restauré, le restaurant sert des plats internationaux de choix. ● *dim. et lun., mar.-sam. midi.* ♿ 🌿

GEELONG : *Café Botticelli*   ⓢⓢ
Boutique 9, 111 Pakington St, VIC 3218. 📞 *(03) 5229 8292.*
Le Botticelli est un lieu accueillant au décor éclectique. Cuisine méditerranéenne simple, paella aux fruits de mer, assiette de tapas et gnocchi à la roquette et au basilic. ● *dim.* ♿ 🌿

GEELONG : *Le Parisien*   ⓢⓢⓢⓢ
15 Eastern Beach Rd, VIC 3218. 📞 *(03) 5229 3110.*
Ce restaurant français sert un carré d'agneau au fromage de chèvre et du poulet farci au saumon fumé. 🌿

LORNE : *Kosta's Taverna*   ⓢⓢⓢⓢ
48 Mountjoy Parade, VIC 3232. 📞 *(03) 5289 1883.*
Ce restaurant animé sert une cuisine australienne contemporaine avec une influence grecque très nette. ● *mar. (mai-nov.)* 🎵 🌿

MILDURA : *Ziggy's Café*   ⓢⓢ
145 Eighth St, VIC 3500. 📞 *(03) 5023 2626.*
Ce café populaire propose des plats de qualité bon marché. Cuisine méditerranéenne et australienne. ● *lun.* ♿ 🌿

MILDURA : *Stefano's Restaurant*   ⓢⓢⓢⓢⓢ
Mildura Grand Hotel Resort, Seventh St, VIC 3500. 📞 *(03) 5023 0511.*
Dans les caves du Grand Hotel de la fin du XIXᵉ siècle. Plats italiens à base de produits locaux. ● *midi, dim. soir.* 🍷 🌿

MOONAMBEL : *Warrenmang Vineyard Resort*   ⓢⓢⓢⓢ
Mountain Creek Rd, VIC 3478. 📞 *(03) 5467 2233.*
Un hôtel remarquable, situé au cœur du Victoria dans la région viticole des Pyrenees ou la carte régionale compte sur la bonne qualité des produits locaux. Le dîner est un menu de 5 plats à prix fixe. 🍷 🌿

PORT FAIRY : *Merrijig Inn*   ⓢⓢⓢ
1 Campbell St, VIC 3284. 📞 *(03) 5568 2324.*
Dans une auberge georgienne de 1841, spécialités du *bush* australien, plats méditerranéens et produits de la mer locaux.
● *midi.* ♿ 🌿

QUEENSCLIFF : *Mietta's Queenscliff Hotel*   ⓢⓢⓢⓢ
16 Gellibrand St, VIC 3225. 📞 *(03) 5258 1066.*
Dîner mémorable dans la grandiose salle à manger éclairée aux chandelles de cet hôtel victorien restauré. 🍷 🌿

QUEENSCLIFF : *Vue Grand*   ⓢⓢⓢⓢ
46 Hesse St, VIC 3225. 📞 *(03) 5258 1544.*
Restaurant très prisé dans une salle à manger du XIXᵉ siècle rénovée. Carte internationale avec des plats originaux comme la caille aux épices et l'autruche avec une sauce au miel et au vinaigre.
♿ 🌿

WARRNAMBOOL : *Freshwater Café* $$$
78 Liebig St, VIC 3280. (03) 5561 3188.
Fruits de mer tels que huîtres de Tasmanie et crabs *blue swimmer* sont
les spécialités de ce restaurant contemporain.
lun.-mer. midi.

LE VICTORIA ORIENTAL

BAIRNSDALE : *Riversleigh Country Hotel* $$$$
I Nicholson St, VIC 3747. (03) 5152 6966.
Des saveurs italiennes et asiatiques dominent la carte dans ce
restaurant estimé, logé dans une pension victorienne restaurée.
dim., sam.-mar. midi.

BEECHWORTH : *The Bank* $$$$
86 Ford St, VIC 3747. (03) 5728 2223.
Cette vieille banque d'Australasie qui conservait jadis l'or de la ruée
vers l'or du Victoria *(p. 50-51)* accueille aujourd'hui des dîners aux
chandelles. Spécialités de bœuf et de truite de la région. lun.-sam.
midi l'hiver, lun.-jeu. midi l'été.

BRIGHT : *Caffe Bacco* $$
24 Anderson St, VIC 3741. (03) 5750 1711.
Ce café-bar à vins décontracté sert des plats légers de style italien
utilisant les meilleurs produits du coin. Les gâteaux et le café sont
particulièrement bons. lun.-mer. midi, lun.et mar. soir.

BRIGHT : *Simone's* $$$
Ovens Valley Motor Inn, Angle de Great Alpine Way Rd et Ashwood Ave, VIC
3741. (03) 5755 2022. Le Simone's sert une cuisine italienne
traditionnelle sans pareil, gnocchi maison et *osso buco*.
midi.

DANDENONG RANGES : *Wild Oak Café* $$
232 Ridge Rd, Mount Dandenong, VIC 3767. (03) 9751 2033.
Le cadre décontracté permet d'assister à la fabrication du pain, des
plats principaux et des desserts.

DANDENONG RANGES : *Sacrebleu!* $$$
232 Mount Dandenong Tourist Rd, Olinda, VIC. (03) 9751 2520.
Ce petit resto dans la périphérie de Melbourne sert la soupe à
l'oignon, des steaks frites et quelques séduisants plats des colonies
françaises en Indochine et Afrique du Nord.

MILAWA : *The Epicurean Centre* $$$
Brown Bros Winery, Bobinawarrah Rd, off Snow Rd, VIC 3678.
(03) 5720 5540.
Ce grand pavillon appartient au domaine viticole des Brown Bros
(p. 370). Produits de la région. soir.

MORNINGTON PENINSULA : *Arthurs* $$$$
Arthurs Seat Scenic Rd, Arthurs Seat, Dromana, VIC 3936.
(03) 5981 4444.
Dans un cadre magnifique dominant la péninsule, ce bistrot de
vignoble sert des dîners sans prétention. lun.-ven. midi, dim.-jeu. soir ;
lun. et mar. midi, dim.-mar. soir vacances scol.

MORNINGTON PENINSULA : *Castle at Delgany* $$$$$
Peppers Delgany, Point Nepean Rd, Portsea, VIC 3944.
(03) 5984 4000.
Crabes, coquilles Saint-Jacques, *snapper* et merlan ; plats d'agneau
et de veau australiens *(p. 489)*.

MOUNT BULLER : *Pension Grimus* $$$$
149 Breathtaker Rd, VIC 3723. (03) 5777 6396.
Ce chalet alpin de style européen propose des plats autrichiens et
un choix de schnaps. saisonnier.

NAGAMBIE : *Michelton Restaurant* $$$
Mitchellstown Rd, près de Goulburn Valley Hwy, VIC 3608.
(03) 5794 2388.
Restaurant moderne et spacieux au milieu d'un vignoble avec vue sur
la Goulburn River qui sert une cuisine régionale avec une carte des
vins du domaine assortie aux plats. soir.

Légende des symboles, voir rabat de couverture

Catégories de prix pour un repas de trois plats, une demi-bouteille de vin de la maison, taxes et service compris.
$ moins de 25 $A
$$ de 25 à 35 $A
$$$ de 35 à 50 $A
$$$$ de 50 à 70 $A
$$$$$ plus de 70 $A

TABLES À L'EXTÉRIEUR
Tables dans un patio ou sur une terrasse.
SPÉCIALITÉS VÉGÉTARIENNES
La carte propose un choix de plats végétariens.
BAR OU BAR À COCKTAILS
Possibilité de boire un verre ailleurs qu'à table dans le restaurant.
MENUS À PRIX FIXES
Menu au prix intéressant, généralement de trois plats, proposé au déjeuner et/ou au dîner.
ENFANTS BIENVENUS
Portions réduites et/ou chaises hautes disponibles.

	TABLES À L'EXTÉRIEUR	SPÉCIALITÉS VÉGÉTARIENNES	BAR OU BAR À COCKTAILS	MENUS À PRIX FIXES	ENFANTS BIENVENUS
PHILLIP ISLAND : *The Jetty Restaurant* $$$	■	●			■
WANGARATTA : *The Vine Hotel* $$$	■	●	■		
YARRA VALLEY : *Eleonore's at Chateau Yering* $$$$					■
YARRA VALLEY : *Fergusson of Yarra Glen* $$$$			■	●	
YARRA VALLEY : *De Bertoli Winery and Restaurant* $$$$	■			●	
COLES BAY : *Freycinet Lodge* $$$$	■	●	■		■
CRADLE MOUNTAIN : *Highland Restaurant* $$$$	■	●	■		
CRADLE VALLEY : *Lemonthyme Lodge* $$$$		●	■		
HOBART : *The Fish Bar* $$				●	■
HOBART : *Blue Skies* $$$	■	●			■
HOBART : *Da Angelo Ristorante* $$$		●			■

PHILLIP ISLAND : *The Jetty Restaurant* $$$
11–13 The Esplanade, Cowes, VIC 3922. (*(03) 5952 2060.*
Principal restaurant de produits de la mer de l'île, le Jetty sert homard, ormeau et autres fruits de mer locaux. ● *lun.-ven. midi hors saison.* ✦ *limité.* ✉

WANGARATTA : *The Vine Hotel* $$$
Detour Rd, VIC 3677. (*(03) 5721 2605.*
Le chef Dennis Mifsud marie les ingrédients asiatiques aux traditions culinaires de Malte. ● *dim.-mar., mer.-sam. midi.* ▯ ✉

YARRA VALLEY : *Eleonore's at Chateau Yering* $$$$
Melba Hwy, Yering, VIC 3777. (*(03) 9237 3333.*
À une heure de Melbourne, Eleonore's offre un cadre spacieux et formel dans une demeure victorienne de la région viticole de Yarra Valley. La cuisine est européenne. Un café ouvre tous les jours.
● *lun.-ven.* ▯ ✉

YARRA VALLEY : *Fergusson of Yarra Glen* $$$$
Wills Rd, Yarra Glen, VIC 3775. (*(03) 5965 2237.*
Ce restaurant populaire appartenant au domaine viticole de Fergusson allie cadre rustique et bonne cuisine. Ambiance conviviale.
● *soir, sauf sur rendez-vous.* ✦ ▯ ♫ ✉

YARRA VALLEY : *De Bertoli Winery and Restaurant* $$$$
Pinnacle Lane, Dixons Creek, VIC 3775. (*(03) 5965 2271.*
Le restaurant qui a vue sur les vignobles sert une cuisine italienne, pâtes faites maison. ● *dim.-ven. soir.* ▯ ✉

LA TASMANIE

COLES BAY : *Freycinet Lodge* $$$$
Freycinet National Park, TAS 7215. (*(03) 6257 0101.*
L'établissement dépouillé mais luxueux se dresse contre l'éblouissant littoral. Richardsons Bistro ouvre pour le petit déjeuner et le déjeuner alors que Bay Restaurant, plus stricte, sert le dîner. ✦ ✉

CRADLE MOUNTAIN : *Highland Restaurant* $$$$
Cradle Mountain Lodge, Cradle Mountain, TAS 7306. (*(03) 6492 1303.*
Vins excellents de Tasmanie et cuisine moderne d'Australie sont les spécialités de ce restaurant raffiné situé à l'orée du parc national.
✦ ✉

CRADLE VALLEY : *Lemonthyme Lodge* $$$$
Dolcoah Rd, près de Cradle Mountain Rd, Moina, TAS 7306. (*(03) 6492 1112.*
On dînera dans la plus grande « cabane en rondins » de l'hémisphère Sud en savourant la délicieuse cuisine rustique de la Tasmanie. ✉

HOBART : *The Fish Bar* $$
50 King St, Sandy Bay, TAS 7005. (*(03) 6234 5961.*
On y savoure les meilleurs produits de la mer de Tasmanie, cuisinés avec simplicité, marinés ou grillés. ✉

HOBART : *Blue Skies* $$$
Rez-de-chaussée, Murray Street Pier, TAS 7000. (*(03) 6224 3747.*
L'emplacement du Blue Skies sur les quais a inspiré son décor marin. Ses plats de poissons figurent parmi les plus novateurs de la ville. ✉

HOBART : *Da Angelo Ristorante* $$$
47 Hampden Rd, Battery Point, TAS 7004. (*(03) 6223 7011.*
Ce petit coin d'Italie situé dans le quartier de Battery Point éclairé au gaz sert pâtes, pizzas et glaces maison. Réservez à l'avance. ● *midi.* ✉

HOBART : *Drunken Admiral* $$$
17–19 Hunter Street, Old Wharf, TAS 7000. ((03) 6234 1903.
Le restaurant de marins le plus caractéristique de la Tasmanie sert du poisson
frais selon des recettes traditionnelles et internationales. ● *midi.*

HOBART : *Kelleys* $$$
5 Knopwood St, Battery Point, TAS 7004. ((03) 6224 7225.
Lauréat du prix Australian Gold Plate. Produits de la mer frais et vins
de Tasmanie, rehaussés par des vues saisissantes de la baie.
● *midi sam. et dim.*

HOBART : *Mit Zitrone* $$$
333 Elizabeth Street, TAS 7000. ((03) 6234 8113.
L'atmosphère chaleureuse et animée a fait de ce restaurant un favori
permanent en ville. entrez pour un café ou des gâteaux, formidables,
ou pour un plat de la carte inventive. ● *dim. et lun.*

HOBART : *Rockerfellers* $$$
11 Morrison St, TAS 7000. ((03) 6234 3490.
Tapas espagnoles et autres plats internationaux sont offerts dans ce café-
restaurant apprécié par les jeunes. ● *midi sam. et dim.*

HOBART : *The Point* $$$$
Wrest Point, 410 Sandy Bay Rd, TAS 7000. ((03) 6221 1719.
Ce restaurant tournant, premier casino d'Australie, offre des vues
superbes. Une carte internationale pour une clientèle variée. ● *sam.
midi, dim.*

HOBART : *Prossers On The Beach* $$$$
Beach Road, Long Point, Sandy Bay, TAS 7005. ((03) 6225 2276.
Installé dans un abri à canots donnant sur la plage la plus populaire
de Hobart, ce restaurant est spécialisé dans les produits de la mer.
● *sam.-mar. midi, dim.*

LAUDERDALE : *Eating on the Edge* $$$
13 North Terrace, TAS 7021. ((03) 6248 7707.
Ce restaurant de plage décontracté sert de bons produits de la mer,
des salades et des pâtisseries. ● *lun.-jeu. midi.*

LAUNCESTON : *Pepper Berry Café* $$
91 George Street, TAS 7250. ((03) 6334 4589.
Cette baie poivrée *(pepperberry)* du *bush* de Tasmanie est utilisée dans
tous les plats – muffins, glaces ou poisson. ● *dim., lun. et mar. soir
(hiver).*

LAUNCESTON : *Stillwater River* $$$$
Ritchies Mill, 2 Bridge Rd, TAS 7250. ((03) 6331 4153.
Situé sur les rives de la Tamar River, ce café-restaurant offre tout, d'un
petit déjeuner matinal et le déjeuner en passant par l'apéritif au grand
dîner.

LAUNCESTON : *Fee and Mee* $$$$
190 Charles St, TAS 7250. ((03) 6331 3195.
Le meilleur restaurant de la Tasmanie se trouve dans une élégante
maison géorgienne et propose une cuisine exquise et inventive
accompagnée de vins locaux sélectionnés. ● *midi, dim. soir.*

RICHMOND : *Prospect House* $$$
1384 Richmond Rd, TAS, 7025. ((03) 6260 2207.
Une bonne nourriture est servie dans ce manoir georgien à
l'atmosphère élégante. Logements disponibles. ● *lun. et mar. midi.*

SHEFFIELD : *Weindorfers* $$$
Gowrie Park, TAS 7306. ((03) 6491 1385.
En souvenir de Gustav Weindorfer *(p. 455)*, le Little Weindorfers sert
de généreuses portions de plats autrichiens faits maison. ● *août et
sept.*

STRAHAN : *Franklin Manor* $$$$
The Esplanade, TAS 7468. ((03) 6471 7311.
Une carte des vins primée est seulement un des atouts de ce restaurant
élégant. Une cuisine moderne avec des produits de Tasmanie. ● *midi.*

FAIRE DES ACHATS EN AUSTRALIE

Les souvenirs courants du type porte-monnaie en koala ou boomerang en plastique ne sont pas les seuls articles à rapporter d'Australie. Les magasins touristiques proposent des articles de bonne qualité, parfois introuvables dans d'autres pays. Dans chaque capitale d'État, notamment à Sydney *(p.128-131)* et Melbourne *(p. 398-399)*, des quartiers commerçants et des marchés de rue offrent un vaste choix de magasins. Les vins et

**Enseigne colorée
à Margaret River**

les spécialités gastronomiques ont la vedette et on trouve un grand choix d'articles à des prix raisonnables. Les stylistes australiens contemporains traitent les conventions avec une irrévérence salutaire – leurs articles de maison et leur vêtements sont en vente dans les quartiers commerçants du centre. En zone rurale, les articles originaux fabriqués par les artisans locaux sont intéressants. Comptez 10 % de taxe (GST) sur le prix annoncé.

Devant un éventaire au Mindil Beach Sunset Markets de Darwin *(p. 264)*

HEURES D'OUVERTURE

En semaine, les heures d'ouverture sont de 9 h à 17 h 30, du lundi au vendredi, avec en général une nocturne le jeudi ou le vendredi jusqu'à 21 h. Les horaires du week-end sont très variables. La déréglementation permet à de nombreux magasins d'ouvrir le samedi et le dimanche, surtout dans les villes, mais à la campagne les magasins ferment à 13 h le samedi. Dans les villes et les banlieues, de nombreux supermarchés sont ouverts 24 h sur 24. Les librairies et autres commerces spécialisés du centre-ville ferment tard, vers 22 h.

MODES DE PAIEMENT

Nombre d'établissements acceptent les cartes bancaires, en général au-dessus d'un montant minimum. Pour utiliser les

chèques de voyage, il faut présenter une pièce d'identité, un passeport en cours de validité ou un permis de conduire. Les chèques personnels sont acceptés dans les grands magasins sur présentation d'une pièce d'identité. L'argent liquide reste le mode de paiement préféré des commerçants.

DROITS ET REMBOURSEMENTS

Les lois sur les droits des consommateurs varient légèrement d'un État à l'autre. En cas de problème, consultez la rubrique *Consumer* dans les pages info au début des Pages Blanches de l'annuaire téléphonique. Si les articles achetés sont défectueux, le client a droit au remboursement intégral. Si vous regrettez votre achat, vous pourrez toujours essayer de vous faire rembourser mais

vous devrez probablement vous contenter d'un avoir ou d'un échange. En règle générale, plus le magasin est grand, plus vous êtes protégé.

ACHATS TYPIQUES

Les objets d'art aborigène sont en vente dans les galeries gérées par les communautés dans le Territoire du Nord et dans les bonnes galeries spécialisées en ville. Prenez le temps de parler de l'œuvre avec l'auteur ou le vendeur car la signification spirituelle et culturelle est étroitement liée à l'esthétique. Vous apprécierez d'autant plus votre œuvre d'art que vous aurez compris les intentions de l'artiste. Ces objets uniques sont coûteux, ne vous laissez pas abuser par des imitations bon marché.

Shopping à London Court, la rue de style Tudor de Perth *(p. 296)*

Objets artisanaux, marché du dimanche de Kingston Bus Depot à Canberra

L'Australie assure 95 % de la production mondiale d'opales. La qualité est très variable, aussi est-il bon de comparer avant d'acheter. On trouve facilement des opales dans les magasins hors taxes. Sur présentation du passeport, on pourra aussi vous déduire la taxe sur les produits de luxe dans d'autres magasins.

Les vêtements de l'Outback représentent une industrie spécialisée. La plupart des articles sont très solides et certains sont très à la mode. On trouve les chapeaux Akubra, les chaussures RM Williams et les pardessus Driza-bone dans les magasins de camping et les surplus de l'armée où ils sont moins chers que dans les magasins destinés aux touristes.

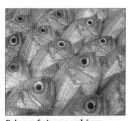

Poissons frais au marché aux poissons de Wollongong (p. 178)

MARCHÉS

Un grand marché central de produits alimentaires existe dans la plupart des villes et plusieurs petits marchés locaux ont lieu pendant le week-end. Les marchés d'alimentation des villes offre un choix extraordinaire de produits frais et bon marché. Les spécialités locales sont les fromages, les olives et les fruits originaux. Le Queen Victoria Market à Melbourne (p. 378) et le Central Market d'Adélaïde (p. 338) méritent une visite. Des marchés locaux comme ceux de Paddington à Sydney (p. 121) et de Salamanca Place à Hobart (p. 448) offrent un choix éclectique et intéressant de vêtements et d'objets artisanaux de fabrication locale. Uniques en leur genre, les Mindil Beach Sunset Markets de Darwin marient restaurants, magasins et distractions dans un cadre tropical spectaculaire (p. 264).

GRANDS MAGASINS

Les grands magasins représentent le haut de gamme des chaînes de commerces et proposent des marchandises de qualité. Les plus connus sont Myer, David Jones et Grace Brothers (p. 398). On y trouve la haute couture locale et étrangère, les grandes marques de cosmétiques et toutes sortes de meubles et d'articles pour la maison. Les prix, compétitifs, sont souvent alignés sur ceux que pratiquent les magasins plus bas de gamme pour les mêmes articles. Leurs services clientèle sont excellents.

QUARTIERS COMMERÇANTS

Le centre-ville étant envahi par les géants du commerce de détail, de nombreuses petites boutiques intéressantes ont émigré vers les quartiers animés à mi-chemin du centre et de la banlieue. Boutiques de jeunes stylistes, librairies spécialisées, ateliers d'artisanat et galeries d'art voisinent avec les épiceries, cafés, restaurants et bars. Certains de ces quartiers sont haut de gamme, d'autres sont attachés à leurs racines bohèmes. Le mélange des influences culturelles – juives, italiennes, libanaises, vietnamiennes par exemple – est frappant et varie selon la région et la ville. Dans chaque ville, les centres d'information touristique vous indiqueront les meilleurs quartiers.

Infusions en vente au Chinatown de Brisbane (p. 218)

HORS DE LA VILLE

Faire des achats en zone rurale est une entreprise aléatoire. Dans certaines régions, le choix d'articles courants est limité et les prix beaucoup plus élevés qu'en ville. Pourtant certains magasins d'occasion poussiéreux vendent des babioles rares à des prix ridiculement bas. Des petites boutiques et des galeries d'artisanat proposent des articles originaux.

Bel intérieur carrelé d'une galerie marchande à Adélaïde

SÉJOURS À THÈMES
ET ACTIVITÉS DE PLEIN AIR

Pour bien profiter d'un voyage dans un pays aussi vaste et aussi varié que l'Australie, un séjour à thème est une excellente idée. S'intéresser à un sujet, acquérir de nouvelles aptitudes ou étudier l'environnement sont des expériences très gratifiantes. On peut choisir dans une large sélection d'organismes spécialisés. Si vous venez

Annonce d'une promenade en bateau à fond de verre

de l'étranger, adressez-vous d'abord à l'Australian Tourism Commission de votre pays ou à votre agence de voyages. Une fois dans le pays, adressez-vous aux bureaux de tourisme des États *(p. 535)* pour obtenir des conseils sérieux, effectuer des réservations auprès de compagnies fiables et demander des renseignements aux associations locales.

Randonnée dans le *bush* au Namadgi National Park dans l'ACT *(p. 199)*

RANDONNÉE
DANS LE *BUSH*

Les parcs nationaux sont l'endroit idéal pour randonner dans le *bush* australien ; les sentiers sont balisés et les guides vous donnent de précieux conseils. Ces parcs sont gérés par les États qui ont chacun un service central d'information. Consultez la rubrique *National Parks* dans les pages info au début de l'annuaire téléphonique.

On peut louer l'équipement nécessaire dans les magasins de camping en ville et à la campagne. Si l'on envisage une longue randonnée, il est bon de se joindre à un groupe pour bénéficier des connaissances d'un guide sur la flore et la faune locales et pour accéder à des zones désertiques reculées. Les meilleures régions pour la randonnée sont Cradle Mountain en Tasmanie *(p. 455),* les MacDonnell Ranges dans le Territoire du

Nord *(p. 276)* et les Blue Mountains en Nouvelle-Galles du Sud *(p. 162-165).*

À BICYCLETTE

Avec ses longues routes pratiquement désertes, souvent sans une colline en vue, il n'est pas étonnant que l'Australie soit si appréciée des randonneurs à bicyclette. Les visiteurs peuvent apporter leur propre vélo mais interrogez votre compagnie aérienne. Trains et autocars transportent les vélos à condition qu'ils soient démontés. Pour louer un vélo en Australie, consultez la rubrique *Bicycles* dans les Pages Jaunes. Le port du casque est partout obligatoire. On peut en louer ou en acheter un à bas prix.

Nombre de cyclistes voyagent plusieurs jours en campant en cours de route ; d'autres établissent un itinéraire de façon à s'arrêter dans une ville pour bénéficier d'un lit confortable et d'un repas. Les régions viticoles d'Australie-Méridionale *(p. 330-331),* la Great Ocean Road au Victoria *(p. 418-419)* et la quasi-totalité de la Tasmanie *(p. 444-459)* sont idéales pour le cyclisme.

Les associations australiennes de cyclotourisme organisent régulièrement des circuits auxquels tout le monde peut s'inscrire. Elles assurent l'hébergement, les repas et l'assistance technique. La plupart d'entre elles étant à but non lucratif, les prix sont en général modérés. **Bicycle New South Wales** fournit une brochure des publications consacrées au cyclotourisme en Australie.

À bicyclette autour du lac de Canberra

SPORTS D'AVENTURE

Un bon entraînement est indispensable à la pratique des sports d'aventure mais les débutants sont les bienvenus. Voyagistes spécialisés et associations *(p. 529)* proposent un choix d'activités, du stage d'un jour à l'excursion de deux semaines.

La descente en rappel, le canyoning, l'escalade et la spéléologie sont très pratiquées dans les Blue Mountains, la Mecque des passionnés de ces sports. Naracoorte en Australie-Méridionale *(p. 347)* est fabuleux pour la spéléologie, et le Grampians National Park dans le Victoria *(p. 417)* attire un grand nombre de praticiens du rappel et de l'escalade.

Escalade du Wilsons Promontary dans le Victoria *(p. 434)*

GOLF

L'Australie compte 150 terrains de golf et 1 580 clubs de golf. De nombreux clubs sont affiliés à des clubs étrangers dont ils accueillent les membres ; informez-vous auprès de votre club. De nombreuses villes ont aussi des terrains de golf municipaux.

Les terrains australiens sont d'excellente qualité et Melbourne possède deux des trente meilleurs golfs du monde, le Royal Melbourne et le Kingston Heath. Une partie de golf coûte de 20 à 250 \$A. Contactez l'**Australian Golf Union** pour plus de renseignements.

Promenade à dos de chameau sur Cable Beach à Broome *(p. 322)*

À LA DÉCOUVERTE DU PATRIMOINE DES ABORIGÈNES

Cette découverte peut être la visite d'une galerie d'art aborigène ou une exploration de plusieurs jours en terre d'Arnhem ou au Kakadu National Park dans le Territoire du Nord *(p. 268-269)* en compagnie d'un guide australien. Le Territoire du Nord, qui possède le plus fort pourcentage de terres et d'habitants aborigènes, offre le plus grand nombre d'activités. Les thèmes des activités sont variés : la nourriture traditionnelle du *bush*, la chasse, l'art rupestre et la culture aborigène.

Ces excursions sont surout l'occasion d'admirer les remarquables paysages australiens sous un angle différent car la spiritualité aborigène est étroitement liée à la terre. De plus, certaines excursions touchent les régions les plus reculées d'Australie et traversent des terres aborigènes qui ne sont habituellement accessibles qu'aux membres des communautés locales.

RANDONNÉE À DOS DE CHAMEAU

Le chameau est un moyen de transport précieux dans l'Outback depuis que les caravanes dirigées par les Afghans ont transporté les marchandises à travers le désert australien, des années 1840 à la construction de la voie ferrée. Vous pouvez essayer la balade d'une heure ou un treckking de deux semaines (nourriture et hébergement compris). Alice Springs *(p. 274-275)* est le point de départ le plus fréquent mais des circuits sont proposés dans tout le pays.

CIRCUITS AÉRIENS

Les circuits aériens offrent des vues panoramiques extraordinaires et conviennent aux voyageurs désirant parcourir de grandes distances rapidement. Les safaris aériens, avec escale aux principaux sites, sont populaires dans l'Outback. Pour les vols charter vers l'Antarctique, le territoire le plus étendu de l'Australie, contactez **Croydon Travel.**

Hydravion amarré à Rose Bay à Sydney et prêt pour un vol touristique

Pêche

Vu ses avantages naturels, il n'est pas étonnant que l'Australie compte près de quatre millions de passionnés de la pêche. De vastes océans, 12 000 km de côtes et un réseau fluvial étendu alliés à un climat fantastique font du continent le paradis des pêcheurs.

La pêche au barramundi dans les rivières reculées du Territoire du Nord et la pêche aux espèces comme le marlin noir et le thon à nageoires jaunes au large des côtes tropicales d'Australie sont des expériences uniques. Il faut se joindre à un groupe car ces activités exigent une connaissance approfondie du terrain. Les organisateurs fournissent souvent le matériel.

Les rivières de Tasmanie sont réputées pour leur excellente pêche à la truite. Les estuaires et les plages des États du Sud – par exemple la Fleurieu Peninsula en Australie-Méridionale (*p. 342-343*) – regorgent d'espèces comme la brème et le saumon. Il est facile de louer un petit bateau et on peut acheter ou louer l'attirail de pêche dans les ports aux quatre coins du pays. Dans chaque État, un département dispose d'un service dédié à la pêche dont le personnel donne d'excellentes informations sur les emplacements, les restrictions et les questions de sécurité. Consultez la météo et observez les mises en garde contre les coins dangereux, notamment les plate-formes rocheuses.

Canoë sur la Roper River dans le Territoire du Nord (*p. 260-261*)

Publicité murale pour un loueur de bateaux

Écotourisme

Ce concept touristique relativement neuf a pour origine des activités aussi vieilles que l'ornithologie et l'examen des fleurs sauvages. Il englobe plusieurs activités mais est surtout axé sur l'observation et la conservation du patrimoine naturel. Les organisateurs profitent de l'énorme richesse naturelle de l'Australie pour offrir une gamme fabuleuse d'activités basées sur la nature : observation de la flore et de la faune (baleines, oiseaux et dauphins notamment), promenades dans la nature, expéditions de trekking et rafting vers des régions reculées et sauvages.

Les visiteurs peuvent séjourner dans des *resorts* gérées selon des principes strictement « verts », écologiques, situées en général dans les environnements les plus précieux. Adressez-vous à l'**Ecotourism Association of Australia** pour obtenir des renseignements sur les organisateurs de circuits et les publications.

Sports nautiques

L'Australie est une destination idéale pour la plongée sous-marine, avec comme principal centre, la Grande Barrière de Corail (*p. 204-209*). On peut combiner des vacances sur le récif avec des leçons de plongée dans l'une des nombreuses et excellentes écoles de la région. La plongée se pratique partout en Australie, citons notamment Rottnest Island (*p. 300-301*), Esperance (*p. 311*) en Australie-Occidentale et la très belle zone inscrite au Patrimoine mondial (World Heritage Area) de Lord Howe Island au large de la Nouvelle-Galles du Sud.

Les amateurs de canoë peuvent pagayer paisiblement dans un bateau de location sur un lac en ville ou entreprendre une passionnante aventure en kayak en haute mer. Ce sport d'un prix raisonnable se pratique dans tout le pays. Les endroits les plus prisés sont la Murray River (*p. 347*), le port de Sydney (*p. 136-137*) et les rivières des parcs nationaux.

Le rafting en eau vive (descente de torrents en canot pneumatique) est un sport apprécié des amoureux du plein air qui peuvent facilement tenter l'expérience quel que soit leur niveau. Les novices essaieront un

Voile dans le Gippsland Lakes Coastal Park (*p. 434*)

parcours facile d'une journée avec un moniteur. Les confirmés s'attaqueront à un circuit de deux semaines sur la Franklin-Gordon River en Tasmanie *(p. 456)*, le paradis du rafting.

Les longues étendues de littoral vierge, les baies et ports reculés, les récifs tropicaux et les îles désertes ravissent les passionnés de voile. Les croisières avec skipper sont les plus courantes mais on peut également louer un bateau sans équipage. Il faut dans ce cas prouver au loueur que l'on est un marin expérimenté. Les splendeurs tropicales des Whitsunday Islands au Queensland *(p. 208)* sont à voir. Les marins apprécient aussi Pittwater dans la Nouvelle-Galles du Sud et la Gold Coast du Queensland *(p. 230-231)*.

L'Australie est renommée dans le monde entier pour ses plages exceptionnelles, propices au surf *(p. 34-35)*.

SKI

La saison du ski va de juin à septembre. Les pistes de ski se cantonnent aux Alpes du Victoria *(p. 436)*, aux montagnes de la Nouvelle-Galles du Sud et à deux petites stations en Tasmanie *(p. 457)*. Les équipements sont excellents mais les pistes sont parfois bondées pendant les vacances scolaires et les ponts.

Les environs des stations d'altitude sont idéales pour le ski de fond. Les skieurs peuvent apprécier la flore et

Ski sur Eagle Ridge à Mount Hotham dans les Victorian Alps

la faune alpines rares de l'Australie et admirer de vastes panoramas spectaculaires.

MANIFESTATIONS SPORTIVES

L'Australie reçoit des visiteurs venus tout spécialement pour des manifestations sportives comme les prochains Jeux olympiques de l'an 2000 à Sydney *(p. 138-139)*. Mieux vaut réserver tôt car on s'arrache les billets. Les championnats réguliers sont l'Australian Tennis Open, la Melbourne Cup et le Grand Prix automobile qui se déroulent à Melbourne ainsi que l'International Test (finale internationale de cricket) et l'Australian Open de golf qui ont lieu tous les ans dans un État différent *(p. 36-39)*. Le Rugby League (jeu à treize) et l'Australian Rules (football australien) sont les sports favoris des spectateurs.

CARNET D'ADRESSES

CLUBS ET ASSOCIATIONS

Australian Golf Union
153-155 Cecil St,
South Melbourne, VIC 3205.
(03) 9699 7944.

Australian Parachute Federation
PO Box 144,
Deakin West, ACT 2600.
(02) 6281 6830.

Australian Yachting Federation
33 Peel St,
Kirribilli, NSW 2061.
(02) 9922 4333.

Bicycle New South Wales
GPO Box 272,
Sydney, NSW 2001.
(02) 9283 5200.

Ecotourism Association of Australia
PO Box 268, Brisbane, QLD 4001.
(07) 3229 5550.

Gliding Federation of Australia
Building 130, Wirraway Rd,
Essendon Airport, VIC 3041.
(03) 9379 7411.

New South Wales Ski Association
PO Box 733, Glebe,
NSW 2037.
(02) 9552 2701.

Skiing Australia
Mail Bag 6, 120 Collins St,
Melbourne, VIC 3000.
(03) 9650 8666.

ORGANISATEURS DE VOYAGES

Adventure Associates
PO Box 612, Bondi Junction, NSW
1355. *(02) 9389 7466.*

Croydon Travel
34 Main St, Croydon, VIC 3136.
(03) 9725 8555.

Peregrine Adventures
258 Lonsdale St, Melbourne,
VIC 3000. *(03) 9662 2700.*

STA Travel
224 Faraday St, Carlton,
VIC 3053. *(03) 9347 6911.*

World Expeditions
3rd Floor, 441 Kent St, Sydney,
NSW 2000. *(02) 9264 3366.*

La grande finale de l'Australian Football League à Melbourne

Renseignements pratiques

L'AUSTRALIE MODE D'EMPLOI

L'Australie n'est devenue une grande destination touristique que très récemment et les services proposés aux visiteurs ont connu un développement rapide. C'est un pays sûr et accueillant où le touriste ne rencontre guère de problème. Hébergements et restaurants *(p. 462-523)* sont de niveau international, les transports en commun sont omniprésents *(p. 544-551)*, de

Enseigne d'un aquarium

même que les centres d'information touristique. Les pages suivantes donnent des informations utiles : le chapitre Santé et Sécurité *(p. 536-537)* recommande un certain nombre de précautions, les pages Banques et Monnaie *(p. 538-539)* répondent à toutes les questions financières essentielles et une section porte sur le téléphone et les services postaux *(p. 540-541)*.

Piste de ski à Falls Creek dans le Victoria oriental

QUAND PARTIR

La moitié nord du pays, située en zone tropicale, connaît les saisons « humide » et « sèche » *(p. 40-41)*. La saison sèche, de mai à octobre, est considérée comme le meilleur moment pour visiter cette région. Pendant la saison humide, la chaleur est très forte et de nombreuses zones sont inaccessibles à cause des inondations. Pourtant c'est l'époque où certains endroits comme le Kakadu National Park *(p. 268-269)* sont particulièrement spectaculaires.

La moitié sud du continent est tempérée et les saisons y sont inversées par rapport à celles de l'Europe et de l'Amérique du Nord. Le Victoria et la Tasmanie peuvent être légèrement nuageux et humides l'hiver mais ils sont très doux en automne. Le long littoral sud est une destination touristique populaire pendant les mois d'été – le climat est chaud

avec une brise légère. L'été, évitez l'Outback car les températures peuvent être extrêmes. La haute saison pour le ski dans les Alpes du Victoria dure de juin à septembre *(p. 436)*. Les États d'Australie-Méridionale et d'Australie-Occidentale sont superbes de septembre à décembre.

VISAS

Les visiteurs doivent être munis d'un passeport valide au-delà de la durée prévue du séjour et d'un visa délivré dans leur pays d'origine. Adressez-vous à l'agence de voyage, la compagnie aérienne ou l'ambassade d'Australie (quatre semaines minimum pour la réponse). Une attestation du billet de retour et de fonds suffisants pour le séjour sont demandés. Une fois en Australie, on peut faire prolonger son visa en s'adressant au **Department**

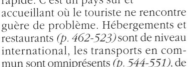

Panneau d'information touristique

of Immigration, mais les visas de tourisme sont rarement prorogés au-delà d'un an.

INFORMATIONS TOURISTIQUES

L'**Australian Tourist Commission** est l'organisme de tourisme principal mais chaque État a ses propres services. Dans les capitales, les centres de tourisme sont les meilleurs conseillers en matière de circuits spéciaux et de réservation. Il y a des kiosques d'information dans les aéroports, sites touristiques et centres commerciaux. Dans les petites villes, les bureaux de tourisme sont abrités dans les épiceries, les galeries d'art ou les stations-service qui affichent le logo bleu et blanc. Dans les régions reculées, les centres d'accueil des parcs nationaux donnent de bonnes informations.

Kiosque d'informations touristiques, gare centrale de Sydney

Montagnes russes au Seaworld Theme Park sur la Gold Coast du Queensland *(p. 231)*

HORAIRES D'OUVERTURE ET DROITS D'ADMISSION

La plupart des grands sites touristiques sont ouverts 7 jours sur 7. Dans les petites villes, les galeries d'art et les sites sont souvent fermés en début de semaine. Comparés à l'Europe, les droits d'admission sont modérés et l'entrée est parfois gratuite. Les exceptions sont les grandes expositions itinérantes dans les musées, les zoos, les parcs à thème et les attractions spéciales comme Sovereign Hill à Ballarat *(p. 423)*. Privilégiez les jours de semaine car les Australiens se disputent les places le week-end.

SAVOIR-VIVRE

La société australienne est relativement décontractée mais quelques règles tacites doivent être respectées par les visiteurs. Évitez de boire et de manger dans les transports en commun, taxis, magasins et musées. Les Australiens s'habillent de façon sportive et décontractée, surtout l'été quand il fait très chaud, mais certains bars et restaurants exigent le port de la chemise pour les hommes et interdisent les jeans et les chaussures de sport. La baignade seins nus est tolérée sur de nombreuses plages.

Le pourboire est facultatif mais il est d'usage de laisser dans un restaurant 10 % du montant de la note pour un bon service et quelques dollars aux chauffeurs de taxis, porteurs et barmen.

Il est interdit de fumer dans les bâtiments publics, cafés et restaurants, transports en commun, taxis et dans la plupart des magasins. Interrogez hôtels et restaurants au moment de la réservation.

VISITEURS HANDICAPÉS

Dans l'ensemble, les infrastructures publiques, hôtels, restaurants, sites touristiques, cinémas, théâtres, aéroports, centre commerciaux, sont adaptées aux visiteurs handicapés.

Les transports en commun posent souvent un problème aux fauteuils roulants mais la plupart des États aménagent leurs véhicules pour en faciliter l'accès. Contactez la direction des transports des États ou les centres d'information touristique et les bureaux municipaux qui proposent cartes et plans avec les sites accessibles aux fauteuils roulants.

Une des organisations les plus utiles pour les visiteurs handicapés est le **National Information Communication Awareness Network (NICAN)** à Canberra. Cette base de données qui couvre l'ensemble du territoire donne des informations sur les équipements des différentes régions ; elle dispose aussi de la liste des nombreuses publications destinées spécifiquement aux visiteurs handicapés.

La Circular Quay Station à Sydney est accessible aux visiteurs handicapés

LES FUSEAUX HORAIRES EN AUSTRALIE

L'Australie s'étend sur trois fuseaux horaires : Western Standard Time (ouest), Central Standard Time (centre) et Eastern Central Time (est). L'est du pays a deux heures d'avance sur l'ouest et le centre une heure et demie. L'heure d'été est observée en Nouvelle-Galles du Sud et dans l'ACT, au Victoria et en Australie-Méridionale, d'octobre à mars, ce qui ajoute une heure au décalage horaire.

Ville et État	Heures + GMT
Adélaïde (AM)	+ 9,5
Brisbane (QLD)	+ 10
Canberra (ACT)	+ 10
Darwin (TN)	+ 9,5
Hobart (TAS)	+ 10
Melbourne (VIC)	+ 10
Perth (AO)	+ 8
Sydney (NGS)	+ 10

Des étudiants en vacances explorent les paysages australiens

ENFANTS

Avec ses belles plages de sable, sa faune et sa flore abondantes, ses grands espaces et ses possibilités d'aventures, l'Australie est une destination idéale pour les enfants. La plupart des hôtels acceptent les enfants et fournissent berceaux, chaises hautes et parfois baby-sitting. Certains petits *bed-and-breakfast* annoncent qu'ils n'acceptent pas les enfants.

En général, les enfants sont bienvenus dans les restaurants et on leur offre des portions réduites, mais mieux vaut interroger les établissements les plus haut de gamme. Les grands magasins dans les villes et les principaux sites touristiques sont normalement équipés d'une nurserie et de tables à langer.

Les parents qui voyagent avec de jeunes enfants bénéficient de nombreuses réductions quand ils prennent l'avion, le car, le train et le bateau *(p. 542-551)*.

En voiture, les enfants de moins de quatre ans doivent occuper des sièges auto aux normes de sécurité australiennes, mais de nombreux véhicules ne sont pas équipés en série. Vous devez vous procurer ce matériel avant d'entreprendre un voyage. **Hire for Babe** loue sièges, poussettes et porte-bébé, livrés aux aéroports et aux hôtels. Dans les grandes villes, les loueurs de voitures fournissent des véhicules équipés de sièges auto pour une somme modique.

ÉTUDIANTS

La carte internationale d'étudiant (ISIC) est à la disposition de tous les étudiants à temps complet aux quatre coins du monde. Elle doit être achetée dans le pays d'origine auprès d'une association de voyages pour étudiants. Elle n'est délivrée en Australie qu'aux étudiants inscrits dans un établissement australien.

Carte internationale d'étudiant

La carte donne droit à des réductions sur les vols internationaux et à 25 % sur les vols intérieurs *(p. 542-545)*. Les étudiants bénéficient de 15 % de réduction sur les voyages en autocar *(p. 547)* et de tarifs réduits dans les cinémas, musées, galeries d'art et la plupart des sites touristiques.

VISITES GUIDÉES ET EXCURSIONS

C'est une autre manière, souvent confortable, d'explorer les sites, qui permet au visiteur de découvrir le pays en profondeur. On trouve tout – des tours en bus, balades en Harley Davidson, promenades commentées dans la nature, croisières au port et descentes de rivières aux aventures aériennes en montgolfière, hydravion ou hélicoptère.

Les célèbres marsupiaux d'Australie ne sont pas toujours sauvages

JOURNAUX, TÉLÉVISION ET RADIO

Les deux quotidiens nationaux sont *The Australian,* un excellent journal d'information, sérieux et respecté, qui traite l'actualité nationale et internationale, et l'*Australian Financial Review* spécialisé dans les affaires économiques internationales. *Bulletin* et *Time* sont les principaux hebdomadaires d'actualités internationales. *Bulletin* est réputé pour ses excellents articles sur les arts et les médias. Les grands quotidiens et magazines étrangers sont disponibles dans les capitales des États dont chacune a aussi son propre quotidien et souvent un journal de petit format.

L'Australian Broadcasting Corporation (ABC) est une chaîne de télévision nationale qui traite l'actualité et diffuse émissions pour enfants et pièces de théâtre locales et internationales de qualité. Par ailleurs, la Corporation possède ses propres stations de radio sur les ondes AM et FM avec tout un choix

Logo de la chaîne de télévision ABC

d'émissions – actualités, informations rurales pour les agriculteurs, commentaires artistiques, musique moderne et classique, émissions féminines de type magazine – et la chaîne Triple J, populaire dans tout le pays auprès des personnes de moins de 30 ans. SBS (Special Broadcasting Service), l'autre réseau national de télévision, s'adresse aux nombreuses cultures du pays avec des émissions de radio et de télévision en langues étrangères. L'Australie compte également trois chaînes commerciales de télévision, Channels 7, 9 et 10, offrent tout un choix de feuilletons, actualités, émissions sportives, jeux et divertissements divers.

Les capitales des États ont de nombreuses stations locales de radio FM et AM dont les programmes sont donnés par les quotidiens locaux. Ces stations s'intéressent aux affaires sociales et culturelles du voisinage.

Dans l'ensemble, toutes les émissions australiennes sont d'un excellent niveau.

APPAREILS ÉLECTRIQUES

Le courant électrique est d'un voltage de 240-250 volts. Les prises ont deux ou trois fiches. De nombreux hôtels sont équipés de prises pour rasoirs en 110 volts et de sèche-cheveux, mais un adaptateur pour les prises à deux ou trois fiches plates est nécessaire pour les autres appareils.

Prise australienne standard

TABLEAU DE CONVERSION

Système britannique
1 inch = 2,54 centimètres
1 foot = 30 centimètres
1 mile = 1,6 kilomètre
1 ounce = 28 grammes
1 pound = 454 grammes
1 pint = 0,6 litre
1 gallon = 4,6 litres

Système métrique
1 centimètre = 0,4 inch
1 mètre = 3 feets, 3 inches
1 kilomètre = 0,6 mile
1 gramme = 0,04 ounce
1 kilogramme = 2,2 pounds
1 litre = 1,8 pint

IMMIGRATION

Department of Immigration
Chan St, Belconnen, ACT 2617.
📞 (02) 6264 1111.

VISITEURS HANDICAPÉS

NICAN
PO Box 407, Curtin, ACT 2605.
📞 1 800 806 769.

ÉQUIPEMENTS ENFANTS

Hire for Babe
4 Larken Ave, Baulkham Hills, NSW 2153.
📞 (02) 9838 4789.

INFORMATIONS TOURISTIQUES

France
📞 01 41 91 38 61.
Belgique
📞 (02) 714 3199.
Suisse
📞 (01) 838 5330.
États-Unis et Canada
Suite 1920,
2049 Century Park East,
Los Angeles, CA 90067.
📞 (310) 229 4870.
W www.australia.com

BUREAUX DE TOURISME DES ÉTATS

ACT
330 Northbourne Ave, Dickson, ACT2602.
📞 (02) 6205 0044.
W www.canberratourism. com.au

Nouvelle-Galles du Sud
106 George St, Sydney, NSW 2000.
📞 13 20 77.
W www.tourism.nsw.gov.au

Territoire du Nord
38 Mitchell St, Darwin, NT 0800.
📞 (08) 8981 4300.
W www.nttc.com.au
Gregory Terrace, Alice Springs, NT 0870.
📞 (08) 8952 5800.

Queensland
243 Edward St, Brisbane, QLD 4001.
📞 (07) 3874 2800
Angle de Grafton St et Hartley St, Cairns, QLD 4870.
📞 (07) 4051 3588.

Australie-Méridionale
18 King William St, Adélaïde, SA 5000.
📞 1300 655 276.
W www.tourism.sa.gov.au

Tasmanie
20 Elizabeth St, Hobart, TAS 7000.
📞 (03) 6230 8235.
W www.tourism.tas.gov.au

Australie-Occidentale
469 Wellington St, Perth, WA 6000.
📞 1300 361 351.
W www.westernaustralia. net

Victoria
Town Hall, angle de Swanston St et Little Collins St, Melbourne, VIC 3000. **Plan** 1 C2.
📞 13 28 42.

Santé et sécurité

Enseigne d'un parc national

Son faible taux de criminalité fait de l'Australie une destination touristique sûre. La police est très présente dans toutes les capitales des États et les petites villes ont au moins un policier. En revanche, le climat et l'environnement imposent aux visiteurs de respecter certaines règles de sécurité quand ils se rendent dans des régions reculées ou quand ils vont à la plage. En cas de problème, appelez un des services nationaux d'urgence dont les numéros figurent dans l'annuaire téléphonique.

Voiture de police

Camion de pompiers

Ambulance

SÉCURITÉ DES BIENS

Laissez objets de valeur et documents importants dans le coffre de votre hôtel. Ne transportez pas des sommes importantes en liquide mais préférez les chèques de voyage, moyen de paiement plus sûr. Photocopiez les documents importants en cas de perte ou de vol éventuels.

Méfiez-vous des pickpockets dans les lieux publics fréquentés par les foules. Ils opèrent surtout dans les grandes attractions touristiques, plages, marchés, terrains de sport et transports en commun aux heures de pointe.

Ne mettez jamais votre portefeuille dans une poche extérieure où il sera une cible facile. Fermez bien vos sacs et portez-les en bandoulière de même que vos appareils photo. Si vous avez une voiture, stationnez dans les rues éclairées et passantes. Verrouillez le véhicule et ne laissez pas en évidence des objets de valeur.

SÉCURITÉ DES PERSONNES

Il n'existe pas vraiment de quartier mal famé dans les villes australiennes. Les quartiers « rouges » sont parfois sordides, mais comme ils sont animés et surveillés, ils sont plus sûrs que n'importe quelle rue de banlieue le soir. L'autobus (et le tramway à Melbourne) est considéré comme un moyen de transport sûr le soir. Si vous prenez le train, n'oubliez pas qu'il n'y a plus de personnel

Auxiliaire d'ambulance

dans les gares après la fermeture, surtout dans les banlieues. Montez dans le wagon le plus proche du conducteur. Les taxis sont sûrs et efficaces pour se déplacer tard le soir. L'auto-stop est formellement déconseillé à tous et présente un réel danger pour les femmes.

Les visiteurs sont souvent étonnés de l'heure précoce de fermeture dans les villes de campagne. Il est conseillé d'arriver à destination avant la tombée de la nuit et d'éviter d'errer à la recherche d'une chambre ou d'un repas la nuit venue. Dans la plupart des régions, les voyageurs sont extrêmement bien accueillis, mais dans les régions reculées ils se font remarquer et constituent donc des cibles potentielles pour des personnes mal intentionnées.

SOINS MÉDICAUX

Les services médicaux australiens figurent parmi les meilleurs du monde. Des conventions passées avec certains pays prévoient que leurs ressortissants bénéficient gratuitement des soins médicaux et hospitaliers assurés par Medicare, le régime australien de Sécurité sociale. Mais ni la France, ni la Belgique, ni la Suisse ne bénéficient de ces conventions et les ressortissants devront payer des frais médicaux prohibitifs. Il faut donc contracter une

Ranger d'un parc national

Policier

Pompier

assurance médicale appropriée avant le départ.

Partout dans le pays, faites le 000 pour appeler une ambulance. La plupart des hôpitaux publics ont un service d'urgence, mais pour les soins non urgents il y a parfois de longues files d'attente. Dans les grandes villes, les centres médicaux sont ouverts 24 heures sur 24. Consultez dans les Pages Jaunes locales la rubrique *Medical Practitioners*.

Dans les capitales des États, des cabinets dentaires assurent les soins d'urgence. Appelez l'**Australian Dental Association** pour les urgences dentaires et pour obtenir la liste des praticiens de votre région.

Pharmacie à Sydney

PHARMACIES

Les pharmacies sont nombreuses dans les villes et les banlieues mais parfois rares dans les régions reculées. Toutes les pharmacies ont en stock les médicaments en vente libre comme les analgésiques et divers articles – cosmétiques, produits de toilette, crèmes solaires et produits pour bébés. Dans la plupart des pharmacies, vous recevrez gracieusement des conseils sur les affections mineures, mais pour être honorées les ordonnances étrangères doivent être avalisées par un médecin australien.

Dans les grandes villes, demandez à votre hôtel et aux hôpitaux l'adresse des pharmacies de garde.

RISQUES NATURELS

Attention au soleil ! Les rayons ultraviolets sont très intenses, même par temps couvert. Utilisez en permanence un écran solaire indice 15 minimum. Portez des lunettes de soleil et un chapeau et évitez le soleil entre 10 h et 14 h.

Dans les zones fréquentées, les maîtres nageurs patrouillent sur les plages et les drapeaux rouge et jaune indiquent les lieux où la baignade est sûre. Mais de vastes étendues non surveillées sont soumises à des courants dangereux. En cas de doute, évitez de vous baigner.

Ne sous-estimez jamais le *bush* australien. Même dans les régions fréquentées, les marcheurs peuvent s'égarer. Le personnel des parcs nationaux vous donnera des cartes et de précieux conseils et prendra note de l'itinéraire de votre excursion. Emportez une trousse à pharmacie, de la nourriture, de l'eau et des vêtements supplémentaires. Souvent, les températures chutent au coucher du soleil.

Certains animaux sont extrêmement venimeux. Le risque de morsure est faible mais des précautions élémentaires s'imposent : portez de bonnes chaussures et soyez vigilant. En cas de morsure de serpent, restez calme en attendant les secours. Essayez d'identifier l'espèce par la taille et la couleur pour pouvoir utiliser le contrepoison adéquat. Les crocodiles sont des animaux fascinants mais dangereux. Dans le nord du continent, respectez les avertissements et renseignez-vous avant de vous baigner dans des zones reculées et non surveillées. Les guêpes de mer sont répandues dans les eaux tropicales d'octobre à mai. Elles sont difficiles à voir et leur piqûre est extrêmement dangereuse. Une fois encore, respectez les panneaux.

Logo des parcs de Tasmanie

Les incendies dans le *bush* sont une réalité. Si vous partez camper, appelez la **Country Fire Authority** pour connaître les consignes. L'interdiction totale de faire du feu n'est pas rare pendant la saison chaude et sèche. Évitez les zones à haut risque et composez le 000 en cas d'urgence incendie.

Panneau signalant un courant sous-marin dangereux (*rip*)

Banques et monnaie

D es agences des banques nationales, régionales et parfois étrangères se trouvent dans les quartiers d'affaires au centre des capitales des États. Les centres commerciaux des banlieues et les villes de campagne abritent au moins une agence d'une grande banque australienne. Les banques offrent en général le taux de change le plus avantageux ; on peut aussi changer de l'argent dans les bureaux de change, certains grands magasins et les hôtels. Il n'existe aucune restriction sur l'importation et l'exportation de devises, mais les montants en espèces supérieurs à 10 000 $A doivent être déclarés à la douane à l'entrée et à la sortie.

Logos de banques

LES BANQUES

L es horaires d'ouverture sont en général de 9 h 30 à 16 h du lundi au jeudi et de 9 h 30 à 17 h le vendredi. En dehors de ces horaires, plusieurs transactions peuvent être traitées auprès des guichets automatiques.

Les taux de change sont affichés dans la vitrine ou le hall des banques principales.

LES CHÈQUES DE VOYAGE

L es chèques de voyage en dollars australiens des grands organismes comme Thomas Cook et American Express sont acceptés (sur présentation d'un passeport) dans les principaux magasins, mais pas toujours chez les petits détaillants. Dans les grandes villes, les chèques en devises étrangères s'échangent dans les grandes banques, bureaux de change et hôtels de standing. Les banques prennent une

faible commission. Westpac Bank échange les chèques en dollars australiens sans commission ; ANZ, la National Bank et la Commonwealth Bank prélèvent une somme modique.

LES CARTES BANCAIRES

L es principales cartes bancaires internationales sont largement acceptées en Australie. Celles des grands réseaux comme VISA, MasterCard, Diners Club et American Express permettent de réserver et de régler notes d'hôtels, billets d'avion, locations de voiture, excursions et places de spectacle. Les cartes sont acceptées dans la plupart des restaurants et magasins où les logos correspondants sont affichés sur la porte et le comptoir et permettent d'effectuer des retraits aux distributeurs automatiques de billets de nombreuses banques.

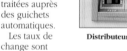

Distributeur de billets

Les cartes bancaires sont très pratiques pour effectuer des réservations téléphoniques et elles évitent de transporter du liquide. Elles peuvent s'avérer très utiles en cas d'urgence ou de retour précipité.

Si l'on se rend dans des régions reculées, notamment dans l'Outback, il faut toujours avoir un peu d'argent liquide sur soi car les petits magasins et les cafés n'acceptent pas toujours les cartes bancaires.

LES DISTRIBUTEURS AUTOMATIQUES DE BILLETS ET LE PAIEMENT ÉLECTRONIQUE

O n trouve des distributeurs automatiques de billets (*automatic teller machine* ou *ATM*) dans de nombreuses banques, quartiers commerçants et secteurs touristiques. On peut en général accéder à un compte étranger à partir d'un *ATM* grâce à une carte bancaire reliée au réseau.

La carte bancaire permet d'effectuer des paiements électroniques (système *EFTPOS*) : les dépenses sont réglées avec la carte et le montant est automatiquement débité sur le compte bancaire. Dans nombre de magasins, les clients peuvent retirer des espèces, à condition d'effectuer un achat. C'est un service utile si la ville où l'on se trouve n'a pas d'*ATM*.

LES BUREAUX DE CHANGE

L es bureaux de change sont nombreux dans les villes grandes et moyennes, surtout quand elles sont touristiques. Ils ouvrent en général du lundi au samedi de 9 h à 17 h 30. Certaines agences ouvrent aussi le dimanche.

Leurs horaires étant plus étendus que ceux des banques, ils sont pratiques mais leur commission est en général plus élevée.

CARNET D'ADRESSES

CHANGE

American Express
📞 1300 139 060.

Commonwealth Bank
📞 (02) 9312 0944 (renseignements généraux) ; (02) 9312 0945 (renseignements concernant le change).

Thomas Cook
📞 1800 801 002.

MONNAIE

La monnaie australienne est le dollar australien ($A) divisé en 100 cents (c). Le système décimal est en vigueur depuis 1966.

Il arrive que les prix comportent des cents mais comme les pièces de 1c et 2c ne sont plus en circulation, le montant à payer est arrondi aux 5c supérieurs ou inférieurs.

Il peut être difficile de changer les billets de 50 et 100 $A ; évitez de les utiliser dans les petits magasins et les cafés et surtout pour régler une course de taxi. Si vous n'avez pas de monnaie, précisez-le au chauffeur avant le début de la course pour éviter les malentendus. Sinon, arrivé à destination, vous devrez peut-être chercher de la monnaie au magasin ou au distributeur le plus proche.

Pour renforcer la sécurité et prolonger leur durée de vie, tous les billets de banque australiens sont maintenant plastifiés.

Les billets

Les billets de banque australiens valent 5, 10, 20, 50 et 100 $A. Deux types de billets sont en circulation : les anciens billets qui ont toujours cours et les billets plastifiés de même couleur.

Billet de 100 dollars (100 $A)

Billet de 50 dollars (50 $A)

Billet de 20 dollars (20 $A)

Billet de 10 dollars (10 $A)

Billet de 5 dollars (5 $A)

5 cents (5c) 10 cents (10c)

20 cents (20c)

50 cents (50c)

1 dollar (1 $A)

2 dollars (2 $A)

Les pièces

Les pièces en circulation en Australie valent 5, 10, 20, 50c, 1 et 2 $A. Plusieurs types de pièces de 50c sont en circulation ; elles ont toutes la même taille et la même forme mais sont ornées d'images différentes. Les pièces de 10 et 20c sont utiles pour les appels téléphoniques locaux (p. 540-541).

Le téléphone

L es téléphones publics fonctionnent correctement. Ils sont nombreux dans les rues des grandes villes et des villes de campagne, ainsi que dans les cafés, magasins, bureaux de poste, édifices publics, gares et stations-service. Une télécarte évite d'avoir à chercher de la monnaie. Ne passez pas des appels depuis votre chambre car les hôtels fixent leurs propres tarifs, mais préférez le téléphone public dans le hall de l'hôtel.

Utilisateur de téléphone portable

LES TÉLÉPHONES PUBLICS

L a majorité des publiphones acceptent les pièces et les télécartes mais certains ne fonctionnent qu'avec ces dernières et avec les cartes bancaires. Les télécartes sont en vente chez les marchands de journaux et les nombreux revendeurs affichant le logo Telstra bleu et orange.

Bien que leur forme et leur couleur varient légèrement, tous les publiphones comportent un combiné à main et un clavier de 12 touches, un mode d'emploi (en anglais), une liste des numéros utiles et des annuaires.

Publiphones

LE PRIX DES COMMUNICATIONS

L es appels locaux coûtent 40 cents sans limitation de durée. La zone « locale » étant variable, demandez à **Telstra** les prix exacts. Composez le 1222 (appel gratuit) pour demander le prix des appels longue distance et internationaux. Si l'on utilise une carte, téléphonique ou bancaire, le tarif minimum débité est de 1,20 $A. Les appels longue distance sont meilleur marché si l'on se passe des services de l'opérateur. Les appels aux heures creuses sont plus économiques. Les trois tranches horaires sont les suivantes, par ordre croissant de coût : tarif de nuit du

samedi 18 h au lundi 8 h, et tous les jours de 22 h à 8 h ; tarif réduit du lundi au vendredi de 18 h à 22 h ; tarif de jour du lundi au samedi de 8 h à 18 h.

LES TÉLÉPHONES MOBILES

O n peut louer un mobile pour une courte durée mais les appels sont coûteux, même les appels locaux sont facturés au tarif STD (longue distance en automatique).

Téléphoner en conduisant est illégal et passible d'une amende élevée. Les endroits reculés ne sont pas reliés au réseau.

LES SERVICES DE TÉLÉCOPIE

D e nombreux bureaux de poste proposent des services de télécopie et beaucoup d'ateliers de photocopie enverront ou recevront vos fax. Consultez les Pages Jaunes à la rubrique *Facsimile and Telex Communication Services.*

Les bureaux de poste pratiquent un tarif à la page, dégressif à partir de la deuxième page. Si vous n'êtes pas sûr du numéro de votre destinataire, vous pouvez faxer le document au bureau de poste le plus proche qui le transmettra par courrier à la bonne adresse.

LES ANNUAIRES TÉLÉPHONIQUES

C haque ville et région d'Australie a deux annuaires téléphoniques : les Pages Blanches et les Pages Jaunes. Les Pages Blanches comprennent la liste des

UTILISER UN PUBLIPHONE À PIÈCES OU À TÉLÉCARTE

1 Décrochez le combiné et attendez la tonalité.

2 Insérez les pièces ou une télécarte Telstra.

3 Composez le numéro et attendez la communication.

5 Raccrochez à la fin de la conversation et retirez votre carte ou récupérez les pièces inutilisées.

4 L'écran affiche le montant de votre crédit. Quand celui-ci est épuisé, vous êtes averti par un bip. Insérez alors des pièces ou une nouvelle carte.

6 À la fin de la communication, la télécarte est rendue avec un petit trou qui indique approximativement le crédit restant.

Les télécartes
Elles sont vendues à différents prix : 5 $A, 10 $A, 20 $A et 50 $A.

abonnés (particuliers et professionnels) classés alphabétiquement ainsi que les services d'urgence. Les Pages Jaunes rassemblent les professionnels classés par rubriques.

NUMÉROS UTILES

Telstra Mobile Sales
☎ 13 18 00.

LE BON NUMÉRO

• Pour appeler l'Australie de la France, la Belgique ou la Suisse, composez le 0061, puis le code d'accès régional et le numéro.
• Pour appeler l'Australie du Canada, composez le 011 61, puis le code d'accès régional et le numéro.
• Pour un appel automatique longue distance (STD) en Australie, composez le code d'accès régional suivi du numéro.
• Pour un appel automatique à l'étranger (ISD), composez le **0011** suivi du code d'accès du pays (France 33, Belgique 32, Suisse 41, Canada 1) et le numéro complet sans le premier zéro.
• Renseignements avec communications automatiques locales et nationales : **12456.**
• Renseignements locaux et nationaux : **12455.**
• PCV ou paiement par une tierce personne : **12550.**
• Appels nationaux et internationaux par un opérateur : **1234.**
• Renseignements sur le prix des appels : **1222.**
• Rappel immédiat pour indication du prix des appels internationaux : **0012.**
• Les numéros commençant par **1800** sont des numéros verts.
• Les numéros commençant par **13** sont facturés au tarif local.
• Les numéros commençant par **014, 015, 018, 019, 040,** ou **041** sont ceux de téléphones mobiles ou de voiture.
• Numéros des services d'urgence *(p. 537).*

Les services postaux

Logo de la poste

Les bureaux de poste ouvrent en semaine de 9 h à 17 h et certains le samedi matin, consultez l'**Australia Post Customer Service.** De nombreux bureaux de poste offrent un large éventail de services comme la poste restante et le courrier électronique. Dans les villes de campagne, c'est souvent l'épicerie générale qui fait office de bureau de poste.

Facteur australien

ENVOYER DU COURRIER

Un courrier pour l'Australie au tarif normal *(first class)* arrive de un à cinq jours après son envoi, en fonction de la distance. Précisez bien le code postal pour éviter les retards de livraison.

Express Post garantit la distribution le lendemain dans certaines régions d'Australie ; il faut acheter les enveloppes spéciales jaunes et blanches vendues dans les bureaux de poste. Le courrier par avion

Étiquettes pour le courrier étranger

Timbres pour le courrier local

Timbres ornés de lieux touristiques

mettra entre cinq et dix jours pour atteindre son destinataire. Il existe deux services express internationaux : EMS International Courier assure une livraison en deux à trois jours dans presque tous les pays ; Express Post International en quatre à cinq jours.

Boîtes aux lettres

BOÎTES AUX LETTRES

Les boîtes aux lettres rouges sont destinées au service normal, les jaunes sont réservées au courrier express. Les deux types de boîtes se trouvent à de nombreux carrefours et devant les bureaux de poste. En l'absence de boîte jaune, allez à la poste et déposez votre courrier express au guichet.

POSTE RESTANTE

Vous pouvez recevoir du courrier en poste restante dans tous les bureaux de poste d'Australie. Les lettres doivent porter l'adresse clairement libellée et la mention « poste restante ». Pour retirer le courrier, il faut présenter une pièce d'identité.

NUMÉRO UTILE

Australia Post Customer Service Centre
☎ 13 13 18.

ALLER EN AUSTRALIE ET Y CIRCULER

On peut gagner l'Australie par bateau mais la plupart des visiteurs s'y rendent en avion. À l'intérieur du pays, l'avion reste le mode de transport le plus fréquent pour les longs parcours mais d'autres formules permettent de prendre davantage son temps et d'admirer les paysages. Le réseau ferroviaire national relie toutes les grandes villes et

L'Airport Express va au centre de Sydney

les autocars assurent des services réguliers vers les provinces et les campagnes. Si vous avez du temps, l'automobile est un excellent choix. Le bateau s'adresse à ceux qui veulent visiter les îles australiennes comme la Tasmanie, mais des services réguliers sont assurés à destination d'autres îles comme Rottnest Island au large de la côte d'Australie-Occidentale *(p. 300-301)*.

Un vol international Qantas arrive à Sydney

LES TRANSPORTS AÉRIENS

L'Australie est desservie par 50 compagnies aériennes internationales. La compagnie australienne **Qantas** a un réseau mondial et assure le plus grand nombre de vols vers l'Australie. **Air New Zealand,** Qantas et **United Airlines** ont des vols réguliers en provenance des États-Unis. Les grands transporteurs asiatiques et européens desservent la ligne Europe-Asie-Australie, **British Airways** et **Thai Airways** par Bangkok, **Swissair, Singapore Airlines** et **Air France** par Singapour, **Cathay Pacific** par Hongkong et **Japan Airlines** par Tokyo ou Osaka. Pour les Canadiens le **Canadian Airlines** assure la correspondance avec les vols Qantas à Hawaii.

LES VOLS INTERNATIONAUX

Les vols Europe-Australie durent 22 heures ou parfois plus de 30 heures avec les attentes. Pensez à choisir vos vols en fonction des décalages horaires, il vaut mieux arriver l'après-midi, pour lutter plus facilement contre le décalage horaire.

L'Australie a plusieurs aéroports internationaux, ceux de Sydney et Melbourne accueillent des vols en provenance du monde entier.

Sydney est parfois saturé et Melbourne serait l'un des meilleurs du monde. Qantas assure un vol direct Paris-Sydney et des vols à destination de Melbourne, Perth, Brisbane et Adélaïde *via* Londres ou Francfort ; Swissair assure un vol Zurich-Sydney *via* Singapour. De Bruxelles et Genève, on peut se rendre à Sydney *via* Londres, Francfort ou Rome. Hobart reçoit des vols en provenance de Nouvelle-Zélande l'été. Il existe des vols directs Adélaïde-Singapour et Adélaïde-Europe *via* Sydney ou Melbourne. Sur la côte Ouest, Perth reçoit les vols en provenance d'Afrique et d'Asie et les vols directs en provenance du Royaume-Uni. Darwin, Brisbane et Cairns sont surtout reliées à l'Asie mais il y a quelques correspondances pour l'Europe.

AÉROPORT	RENSEIGNEMENTS
Sydney	☎ *(02) 9667 9111*
Melbourne	☎ *(03) 9297 1600*
Brisbane	☎ *(07) 3406 3190*
Cairns	☎ *(07) 4052 9703*
Perth	☎ *(08) 9478 8888*
Adélaïde	☎ *(08) 8308 9211*
Darwin	☎ *(08) 8920 1805*
Hobart	☎ *(03) 6216 1600*

Un 747 de Singapore Airlines décolle à l'aéroport de Perth

LES TARIFS AÉRIENS

L es billets pour l'Australie sont onéreux, surtout en décembre qui est la haute saison. La période janvier-avril est un peu moins chère. En basse saison, les compagnies proposent des tarifs APEX inférieurs de 30 à 40 % aux tarifs économiques (p. 544). Les réservations sont fermes et des pénalités sont prévues en cas d'annulation. Les billets tour du monde sont avantageux.

Pour une réservation de dernière minute, consultez les soldeurs car ils reçoivent régulièrement des invendus des compagnies aériennes (réservations fermes).

À L'AÉROPORT

A vant d'atterrir, vous recevrez un formulaire de douane à remplir. À l'arrivée, vous présenterez ce formulaire et votre passeport à la police des frontières (p. 532). Il faudra jeter les produits alimentaires que vous pourriez avoir avec vous. Vous pourrez ensuite récupérer vos bagages et si vous n'avez rien à déclarer, vous rendre directement dans le hall principal de l'aéroport.

Si les grands aéroports offrent de meilleures prestations, la plupart sont bien équipés en magasins, poste et infirmerie. On peut louer une voiture et changer de l'argent dans tous les aéroports. Taxis et autobus vous conduiront au centre-ville.

Panneau des comptoirs d'enregistrement à Sydney

Les correspondances avec les vols intérieurs sont en général réservées à l'achat du billet international. À Melbourne, les lignes intérieures et internationales sont regroupées dans le même terminal mais les terminaux sont souvent différents et parfois éloignés. Des navettes relient gratuitement les terminaux.

DISTANCE CENTRE-VILLE-AÉROPORT	PRIX DE LA COURSE EN TAXI $A	NAVETTE CENTRE-VILLE-AÉROPORT
9 km	25 $A	30 mn
22 km	30 $A	30 mn
15 km	25 $A	30 mn
6 km	10 $A	10 mn
15 km	26 $A	25 mn
6 km	17 $A	15 mn
6 km	15 $A	15 mn
22 km	25 $A	20-30 mn

Les vols intérieurs

L'avion est le moyen de transport le plus fréquent sur les longues distances et il est de loin le plus pratique pour parcourir un pays aussi étendu, surtout quand on dispose d'un temps limité. Les deux principaux transporteurs nationaux, **Qantas** et **Ansett,** assurent les lignes les plus fréquentées entre les États et une foule de petites compagnies desservent l'intérieur des États et les lieux reculés. Les tarifs sont élevés, mais l'éventail des réductions disponibles dans cette industrie déréglementée et la concurrence agressive vous éviteront probablement de payer plein tarif, à condition de planifier vos déplacements à l'avance. Il existe aussi des circuits aériens spéciaux et spectaculaires vers des curiosités éloignées ou difficiles d'accès *(p. 527).*

Un avion d'Ansett à l'aéroport de Yulara près d'Uluru *(p. 281)*

Minuscule terminal pour les vols intérieurs à Birdsville

LES LIGNES ET LES COMPAGNIES AÉRIENNES

L e réseau aérien est étendu mais relativement rationnel. Organiser son itinéraire vers les points les plus reculés ne devrait pas poser de problème. Des vols directs relient la plupart des grandes villes comme Sydney-Darwin ou Melbourne-Perth. Mais pour les petites villes vous devrez passer par la capitale de l'État pour atteindre votre destination. Les petites compagnies aériennes qui assurent les lignes peu fréquentées étant le plus souvent affiliées soit à Qantas soit à Ansett, on peut réserver par l'intermédiaire de ces gros transporteurs.

LES RÉDUCTIONS POUR LES VOYAGEURS ÉTRANGERS

L es vols intérieurs à prix réduit étant souvent proposés dans le cadre d'un forfait international, consultez votre agent de voyage avant de quitter votre pays. Une fois en Australie, Ansett et Qantas accordent aux voyageurs étrangers des réductions immédiates de l'ordre de 25 à 40 %. Il faut présenter une attestation de résidence à l'étranger au moment de la réservation. Différents types de forfaits *(pass)* permettent d'effectuer un certain nombre de vols aller pour un prix fixé d'avance. On peut se déplacer dans le pays sans avoir à prendre les vols aller-retour qui sont normalement onéreux. Quand on achète ces forfaits à l'étranger, il faut parfois payer la moitié avant le départ et le solde à la réservation des vols. Évitez dans ce cas d'acheter trop de billets pour le cas où vous changeriez d'avis. Les forfaits sont flexibles mais comportent des contraintes.

LES TARIFS APEX

L es tarifs APEX *(Advance Purchase Excursion - voyage payé à l'avance)* s'appliquent souvent aux billets aller-retour et offrent jusqu'à 55 % de réduction par rapport au plein tarif en classe économique. Ces billets ne sont pas remboursables mais on peut modifier les réservations. En règle générale, plus vous réservez tôt, plus le rabais est important. Vous devrez en général séjourner sur place un samedi soir. Guettez les tarifs très bas et exceptionnels annoncés aux périodes peu chargées de l'année, en général sur les lignes fréquentées comme

Un avion sur la piste voisine du port à Hamilton Island *(p. 208)*

Melbourne-Sydney. Ces billets offrent très peu de flexibilité : les vols doivent ainsi être effectués obligatoirement à certaines dates.

Comparez les offres de Qantas et Ansett. Sur les vols intérieurs, le prix des billets enfants est toujours le même.

LA FORMULE AVION PLUS VOITURE

Une excellente façon de visiter l'Australie est d'aller en avion jusqu'à un certain point puis de continuer en voiture. La prise en charge et la remise du véhicule loué peuvent s'effectuer à des endroits différents : on peut par exemple rouler de Sydney à Brisbane, y prendre l'avion pour Alice Springs et là louer une autre voiture. Ansett et Qantas ayant des accords avec Avis et Hertz respectivement, les loueurs proposent des réductions à leurs clients *(p. 548)*.

File d'attente des taxis à l'arrivée des vols intérieurs

LES LIMITATIONS DE BAGAGES

Sur les vols intérieurs, les passagers en classe économique peuvent enregistrer un bagage de 32 kg maximum. Sur les vols Ansett, les enfants âgés de moins de trois ans ont droit à un bagage. Qantas demande 10 \$A par bagage mais si le vol n'est pas trop chargé, le transport est gratuit. Les limitations concernant les bagages à main sont strictement respectées. Les objets personnels, cannes,

QANTAS
Logo de Qantas

caméras, sacs à main, porte-documents et manteaux sont pesés comme bagages à main autorisés.

L'ENREGISTREMENT

Les compagnies aériennes invitent les passagers à enregistrer au minimum 30 mn avant le décollage. Appelez la compagnie pour vous assurer que le vol n'a pas de retard. Attention ! Descendez au bon terminal car de nombreux terminaux pour les vols intérieurs et internationaux ne se trouvent pas au même endroit.

CARNET D'ADRESSES

VOLS INTÉRIEURS

Ansett Australia
Réservations
13 13 00.

Qantas Airways
Réservations
13 13 13.

RÉSEAU AÉRIEN DE L'AUSTRALIE

Les vols intérieurs couvrent de très longues distances, le vol Sydney-Perth fait 3 400 km et dure cinq heures. Le vol Adélaïde-Darwin parcourt 2 600 km et dure trois heures et demie.

0 500 km

Darwin · Gove · Weipa · Katherine · Kununurra · Broome · Tennant Creek · Cairns · QUEENSLAND · Townsville · Hamilton Island · Karratha · Port Hedland · NORTHERN TERRITORY · Proserpine · Mount Isa · Mackay · Parraburdoo · Longreach · Rockhampton · WESTERN AUSTRALIA · Alice Springs · Bundaberg · Yulara (Uluru) · Birdsville · Brisbane · Coolangatta · SOUTH AUSTRALIA · Kalgoorlie · NOUVELLE-GALLES DU SUD ET ACT · Armidale · Coffs Harbour · Perth · Broken Hill · Dubbo · Port Macquarie · Newcastle · Wagga Wagga · Sydney · CANBERRA · Adelaide · VICTORIA · Cooma · Melbourne · Devonport · Launceston · Hobart · TASMANIA

Circuler en train et en autocar

Le continent australien ne dispose pas d'un réseau ferroviaire étendu. Avec sa faible population, le pays n'a jamais pu financer un important réseau de chemin de fer et le nombre des services a même diminué au cours des dernières décennies. Plusieurs possibilités s'offrent cependant aux passionnés du rail. On peut encore faire en Australie quelques magnifiques voyages en train et les villes de la côte Est sont reliées par des services réguliers. Le train est également un moyen de sortir rapidement du centre-ville. L'autocar dessert les grands centres et les avant-postes reculés.

La gare ferroviaire Mass Transit à Perth

LE RÉSEAU FERROVIAIRE AUSTRALIEN

Les chemins de fer australiens sont gérés par les États. **Countrylink** est un organisme fédéral. Le changement de personnel aux frontières des États révèle aux passagers le cloisonnement du système.

Le train coûte moins cher que l'avion mais le trajet dure longtemps : 13h30 sur Sydney-Brisbane et 10h30 sur Sydney-Melbourne.

L'avenir du rail est incertain dans les États. Très onéreux, il est de plus en plus souvent remplacé par des autocars gérés par l'État sur les lignes peu fréquentées.

Les États sont chargés d'assurer l'accès à la majorité des régions. Aussi, en l'absence de réseau ferroviaire, en Tasmanie par exemple, des services d'autocars efficaces et bon marché assurent-ils la relève. Le Queensland a toutefois augmenté ses services ferroviaires touristiques.

LES VOYAGES EXCEPTIONNELS

En Australie, les voyages en train sont exceptionnels parce qu'ils permettent d'admirer des paysages extraordinaires. Le confort est excellent et le luxe des wagons rappelle la grande époque du voyage en train.

L'itinéraire de l'*Indian Pacific* couvre en trois jours les 4 352 km qui séparent Sydney de Perth. La traversée de la Nullarbor Plain *(p. 311),* qui représente 478 km, fait partie de la voie ferrée rectiligne la

plus longue du monde.

Le légendaire chemin de fer du *Ghan* relie Adélaïde à Alice Springs. Il faut deux jours pour parcourir les 1 559 km qui offrent de sensationnels paysages désertiques.

Trois lignes différentes couvrent les 1 681 km qui séparent Brisbane de Cairns : le *Queenslander,* le *Sunlander* et le *Spirit of the Tropics.* Un autre parcours au Queensland à bord du *Gulflander* traverse sur 152 km des régions extrêmement reculées de l'Australie.

L'*Overland* (Melbourne-Adélaïde) et les rapides *XPT* (Brisbane-Sydney-Melbourne) sont des liaisons plus utilitaires.

LES CLASSES

Trois classes sont disponibles sur la plupart des lignes entre États. Les trains de nuit comme Melbourne-Adélaïde ou Sydney-Melbourne offrent des wagons-lits de 1re classe et des places assises de 1re et 2e classes. L'*Indian Pacific,* le *Ghan* et différents trains du Queensland proposent également des couchettes de 2e classe. Sur les longs parcours, tous les trains ont un service de restauration.

Le service auto-train permet de voyager avec sa voiture mais il est onéreux ; nous vous conseillons de louer un véhicule sur place.

BILLETS ET RÉSERVATIONS

On peut réserver des places de train dans les agences de voyage, les gares ou en téléphonant au numéro vert central de Rail Australia.

Le chemin de fer Indian Pacific relie Sydney à Perth

La gare routière des Greyhound à Sydney

Plusieurs types de forfaits sont proposés aux visiteurs étrangers. L'*Austrail Pass* permet de voyager dans toute l'Australie, y compris sur les services métropolitains, pendant un certain nombre de jours consécutifs – 14, 21 ou 30. Avec l'*Austrail Flexipass,* on peut circuler de 8 à 29 jours à n'importe quelle date sur une période de six mois.

Les tarifs ferroviaires normaux sont élevés mais des réductions allant jusqu'à 40 % s'appliquent aux réservations effectuées à l'avance.

EN AUTOCAR

En Australie, l'autocar est bon marché, efficace et sûr. Les deux principales compagnies, **Greyhound Pioneer** et **McCafferty's,** font des forfaits qui abaissent considérablement le prix d'un long voyage. Le *Greyhound Aussie Explorer Pass* couvre 12 itinéraires présélectionnés alors que l'*Aussie Kilometre* est plus flexible. Avec le *McCafferty's Coast and Centre Pass* on peut, en partant de Cairns, descendre la côte Est de l'Australie et

remonter vers Uluru et Alice Springs, mais au prix de journées entières sur la route et de nuits passées à dormir assis.

D'autres compagnies opérant au niveau local sont recommandées pour se rendre sur des sites particuliers et dans les parcs nationaux. Les organismes d'information touristique de chaque État vous indiqueront les itinéraires desservis par les différents caristes (p. 535).

PRINCIPALES LIAISONS EN TRAIN ET EN AUTOCAR

En Australie, on peut combiner les itinéraires ferroviaires et routiers pour arriver à destination.

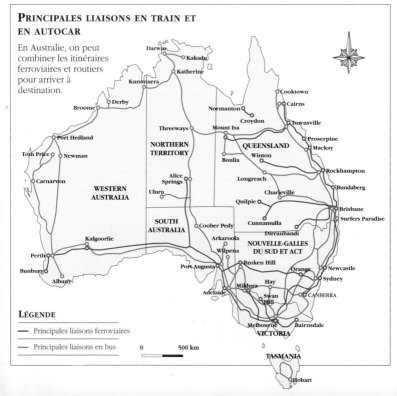

LÉGENDE

—— Principales liaisons ferroviaires

—— Principales liaisons en bus

0   500 km

Circuler en voiture et en tout-terrain

Panneau de la Great Ocean Rd

La location de voiture est conseillée pour visiter l'Australie. Il existe d'autres moyens de transport dans les villes et entre les villes de campagne, mais dans une zone rurale ou dans une petite localité, il est parfois impossible d'explorer la région autrement qu'à pied ou en voyage organisé. L'automobiliste peut parcourir des régions comme les vignobles d'Australie-Méridionale (p. 330-331), les Southern Highlands de la Nouvelle-Galles du Sud (p. 178-179) et la Great Ocean Road dans le Victoria (p. 434-435), et peut tenter l'expérience du voyage dans l'Outback sur des routes quasi désertes.

Traversée des Pinnacles dans le Nambung National Park (p. 316)

LES PERMIS DE CONDUIRE

Pour conduire en Australie, il suffit d'avoir un permis de conduire en anglais et la preuve de son statut de touriste. Si votre permis n'est pas en anglais, procurez-vous un permis international dans votre pays. La loi exige que l'on ait son permis sur soi quand on est au volant.

LOCATION DE VOITURES

On peut louer une voiture n'importe où en Australie. On peut la prendre à l'aéroport à l'arrivée ou demander qu'elle soit livrée à l'hôtel. Les grandes sociétés comme **Avis, Budget, Hertz** et **Thrifty** ont un réseau national, ce qui est un avantage si l'on compte effectuer plusieurs trajets dans le pays. Demandez à votre agent de voyage avant le départ si votre billet d'avion vous donne droit à des réductions ou à des offres spéciales avion-voiture.

Les prix vont de 55 $A environ par jour pour une petite voiture à 100 $A par jour pour un plus gros véhicule. La location d'un 4 × 4 est toujours plus coûteuse ; les tarifs tournent autour de 120 $A et sont plus élevés dans les régions reculées où la demande est forte. On peut abaisser les tarifs journaliers en louant pour une plus longue période (trois jours minimum) ou avec un kilométrage limité. Le forfait journalier inclut normalement 100 km par jour auxquels s'ajoutent les kilomètres supplémentaires. Cette formule n'est valable que si l'on reste en ville. Les petites sociétés locales proposent des tarifs très intéressants, parfois 25 $A par jour seulement, mais lisez soigneusement le texte imprimé en petits caractères. Souvent le prix ne comprend pas les suppléments qui sont inclus d'office chez les grandes sociétés. Si vous voyagez avec des enfants, vérifiez que la voiture est équipée de sièges auto aux normes de sécurité (p. 534).

Les cartes bancaires sont le moyen de paiement le plus courant. Si vous réglez en espèces, vous devrez normalement payer la totalité de la location plus une caution à la prise en charge du véhicule.

LES ASSURANCES

Pour votre tranquillité d'esprit, il est bon d'opter pour l'assurance tous risques quand vous louez une voiture. L'assurance aux tiers, vol et incendie est automatiquement incluse dans le prix de la location, de même que l'assurance dégâts accidentels au véhicule loué. Vous devrez payer un supplément pour réduction de franchise. Une prime de 7 $A par jour minimum permet de ramener la franchise de 700 $A environ à 100 $A, ce qui est plus rassurant. Cette option n'est en général proposée que par les grandes sociétés. L'assurance dommages corporels peut être superflue si vous êtes déjà

Société de location de voitures et camionnettes à Sydney

couvert par votre assurance personnelle. Les véhicules 4 × 4 sont soumis à une franchise d'environ 4 000 $A qui, pour une prime de 20 $A par jour, peut descendre à 1 000 $A qui est le montant minimum. Vous ne serez plus assuré si vous sortez des routes, quel que soit le type de véhicule. Des majorations s'appliquent aux conducteurs de moins de 25 ans. Il faut avoir 21 ans minimum pour louer un véhicule.

Station-service à Sydney

LES CARBURANTS

L'essence est bon marché dans les agglomérations – moitié moins chère qu'en Europe – mais très chère dans les régions reculées. Elle se vend au litre. On trouve l'essence plombée, la sans plomb ordinaire, la sans plomb super et le gasoil. De nombreuses stations-service sont en self-service. La plupart sont reliées à un réseau de paiement électronique (*p. 538*) et acceptent les principales cartes bancaires.

LE CODE DE LA ROUTE

Les Australiens roulent à gauche et, sauf indication contraire, la priorité est toujours à droite. Efforcez-vous de vous garer sur le côté de la route quand vous entendez une sirène. La vitesse est limitée à 60 km/h en agglomération et à 100-110 km/h sur les principales routes nationales. Le port de la ceinture de sécurité est obligatoire pour le conducteur et les passagers. La conduite en état d'ivresse

est sévèrement punie en Australie. Le taux légal d'alcoolémie est inférieur ou égal à 0, 05 %. Si vous avez ce taux lors d'un accident, votre assurance peut être invalidée. En zone rurale, la police est aussi vigilante qu'en ville.

Tout accident entraînant des dommages corporels doit être signalé à la police dans les 24 heures. En Australie-Occidentale, tous les accidents doivent être déclarés et il est conseillé de faire de même dans les autres États si les dégâts matériels sont importants. Demandez toujours à l'autre automobiliste les coordonnées de son assurance. N'admettez jamais votre responsabilité – mieux vaut raconter à la police sa version des faits et la laisser décider.

Deux arrêtés s'appliquent à la ville de Melbourne pour dégager les voies de tramways : en premier lieu, les automobilistes doivent stopper derrière un tramway à l'arrêt pour laisser descendre les passagers ; ensuite, à certains carrefours, les automobilistes qui veulent tourner à droite doivent serrer à gauche puis effectuer un virage à grand rayon (*p. 402-403*). Ces intersections sont clairement signalées.

L'ÉTAT DES ROUTES

Vu les distances à couvrir, le réseau routier australien est remarquable. La plupart des itinéraires principaux comportent des tronçons de nationales à plusieurs voies. Les autres itinéraires sont assurés en majorité par des nationales à deux voies, bien asphaltées et bien signalisées. Il subsiste des chemins non macadamisés en zone rurale mais ils sont rarement incontournables, sauf dans les régions particulièrement reculées. Les routes à péage sont limitées au voisinage immédiat des grandes villes comme le Western Motorway qui couvre une partie de

l'itinéraire Sydney-Blue Mountains. Melbourne a un réseau complexe de routes à péage, actuellement en cours de construction.

Les stations-service sont nombreuses sur les itinéraires fréquentés mais parfois très espacées dans l'Outback. Les animaux qui traversent les nationales à la campagne constituent un grave danger, propre à l'Australie. Le risque augmente considérablement la nuit venue quand les mammifères nocturnes comme les kangourous et les wallabies sortent pour se nourrir. Les automobilistes ont souvent du mal à les voir.

« **Attention aux kangourous** »

ASSISTANCE DÉPANNAGE

Les sociétés de location de voitures assistent leurs véhicules en cas de panne et peuvent fournir une voiture de remplacement. Les automobile-clubs des États dépannent leurs membres dans tout le pays. Leurs principaux bureaux vendent des cartes et des guides et sont une excellente source de renseignements sur le code de la route, l'état des routes et la conduite dans l'Outback. Les membres des automobile-clubs de Grande-Bretagne, du Canada et des États-Unis peuvent profiter des services offerts par leurs homologues australiens.

Véhicule de la Royal Automobile Association à Adélaïde

Arrivée par le sud sur le Harbour Bridge à Sydney

CONDUIRE EN VILLE

Si vous envisagez de conduire dans une ville, un bon plan est indispensable. Essayez d'éviter les heures de pointe (7 h 30-9 h 30 et 16 h 30-19 h 30). Des informations sur la circulation sont diffusées par les stations de radio.

Plus la ville est grande, plus il est difficile de stationner au centre-ville. Des panneaux indiquent clairement les zones de parcmètres où le stationnement est payant et limité à une heure ou deux aux heures de bureau. Pensez à avoir des pièces pour les parcmètres. Dans de nombreuses zones, le stationnement est interdit à certains moments de la journée et les véhicules sont enlevés par la fourrière en cas d'infraction. Il faut alors appeler la police pour savoir où le véhicule a été emporté. On trouve des parkings au centre-ville et aux alentours. Vérifiez les tarifs avant de vous garer.

CONDUIRE DANS L'OUTBACK

Dans certaines zones, les routes sont suffisamment bonnes pour accueillir les véhicules classiques mais un 4 × 4 est indispensable pour aller dans des coins sauvages et reculés. Renseignez-vous auprès des automobile-clubs et des centres d'information touristique.

Il faut respecter un certain nombre de règles élémentaires de sécurité. Établissez votre itinéraire et emportez des cartes mises à jour. Si vous voyagez dans des secteurs reculés, communiquez à la police locale vos heures estimées de départ et d'arrivée. Vérifiez l'état de la route avant le départ et prévoyez beaucoup d'eau et de nourriture. Assurez-vous que vous savez où trouver du carburant. En cas de panne mécanique ou de panne d'essence, restez près de votre véhicule car il vous protège des éléments. Si vous n'arrivez pas à l'heure prévue, une équipe de secours sera envoyée à votre recherche.

L'**Australian Council of the Royal Flying Doctor Service** (**RFDS** ou service des docteurs volants) donne des conseils de sécurité pour les voyages dans l'Outback. Certaines bases du RFDS louent des radios munies d'un bouton spécial pour les appels d'urgence.

N'endommagez pas la flore et la faune indigènes. Restez sur les voies pour véhicules, emportez un réchaud et du carburant pour ne pas allumer de feu et ramassez tous vos détritus. Informez-vous sur les frontières des terres aborigènes et des parcs nationaux et laissez les barrières comme vous les trouvez, ouvertes ou fermées.

CARNET D'ADRESSES

COMPAGNIES DE LOCATION DE VOITURES

Avis
📞 13 63 33.

Budget
📞 13 27 27.

Hertz
📞 13 30 39.

Thrifty
📞 1300 367 227.

AUTOMOBILE-CLUBS

Nouvelle-Galles du Sud et ACT
National Road and Motorist's Association (NRMA).
📞 13 11 11.

Territoire du Nord
Automobile Association of NT Inc (AANT).
📞 (08) 8981 3837.

Queensland
Royal Automobile Club of Queensland (RACQ).
📞 13 19 05.

Australie-Méridionale
Royal Automobile Association of SA Inc (RAA).
📞 (08) 8202 4600.

Tasmanie
Royal Automobile Club of Tasmania (RACT).
📞 (03) 6232 6300.

Victoria
Royal Automobile Club of Victoria (RACV).
📞 13 19 55.

Australie-Occidentale
Royal Automobile Club of WA Inc (RAC).
📞 (08) 9421 4444.

CONDUIRE DANS L'OUTBACK

Australian Council of the Royal Flying Doctor Service
📞 (02) 9299 5766.

En 4 × 4 sur la Gibb River Road dans le Kimberley

Circuler en *ferry-boat* et en paquebot de croisière

Pour une île-continent, l'Australie offre étonnamment peu de croisières touristiques. L'itinéraire principal relie Melbourne à la Tasmanie. Sinon, les *ferry-boats* circulent entre le continent et des îles comme Rottnest Island en Australie-Occidentale *(p. 300-301)* et Fraser Island au large de la côte du Queensland *(p. 234)*. En revanche, beaucoup de croisières sont organisées sur les voies navigables locales. Les gros paquebots sont concentrés sur la zone Pacifique.

Le navire de croisière *Queen Elizabeth II* amarré à Sydney

EN BATEAU

L'idéal pour une arrivée en Australie est d'entrer dans le port de Sydney à bord d'un paquebot. Mais les croisières sont onéreuses et les services vers l'Australie très limités. Au départ des États-Unis ou de l'Europe, il faudra peut-être attendre le prochain tour du monde sur les navires de **P&O** ou de **Cunard Line.** On peut aussi aller en avion jusqu'à une ville d'Asie comme Hong-Kong et y embarquer sur un navire de **Princess Cruises.** Sydney est le port d'escale principal de la plupart des paquebots de croisière.

LES *FERRY-BOATS* POUR LA TASMANIE

Le *Spirit of Tasmania* prend un peu plus de 14 heures pour traverser le détroit de Bass entre Melbourne et l'île-État de Tasmanie. Il part à 18h, du lundi au samedi, en alternance de Port Melbourne et de Devonport. Le navire dispose de toutes les

catégories d'hébergement, de la simple couchette aux appartements de première classe. Il y a plusieurs restaurants et boutiques, une piscine et des distractions pour les enfants. Les tarifs sont raisonnables pour la qualité offerte – une cabine double coûte 440 \$A aller-retour pour un couple en basse saison.

LIAISONS MARITIMES ENTRE LES ÎLES

Un *ferry-boat* de la Sealink relie Cape Jervis, au sud d'Adélaïde, à Kangaroo Island *(p. 346)*. En Australie-Occidentale, des *ferry-boats* circulent régulièrement entre Rottnest Island et Perth. De nombreux services relient le continent et les îles de la Grande Barrière de corail *(p. 208)*. Une ligne relie Seisia, Cape York et Thursday Island *(p. 244)*. Contactez le **Queensland Government Travel Centre.**

CARNET D'ADRESSES

COMPAGNIES MARITIMES

P & O
Sydney.
☎ 13 24 69.
Southampton, UK.
☎ (01703) 534 200.

Princess Cruises
San Francisco, USA.
☎ (001 415) 781 1169.

Cunard Line
New York, USA.
☎ (1 800) 221 4770.
Southampton, UK.
☎ (023) 8063 4166.

Sealink
Kangaroo Island.
☎ 13 13 01.

Spirit of Tasmania
Hobart.
☎ 13 20 10.

RENSEIGNEMENTS MARITIMES

Queensland Travel Centre
243 Edward St, Brisbane.
☎ 13 18 01.

RIVIÈRES ET PORTS

Certaines rivières, comme la Hawkesbury River en Nouvelle-Galles du Sud et la Murray River qui traverse la Nouvelle-Galles du Sud, le Victoria et l'Australie-Méridionale peuvent se parcourir en péniche. Il existe des promenades dans les ports de Darwin et de Sydney, des croisières sur la Swan River à Perth et la Yarra River à Melbourne. Renseignez-vous auprès des autorités touristiques des États *(p. 535)*.

Le *ferry-boat* pour Rottnest Island

Index

Les numéros de page en **gras** renvoient aux principales entrées.

Le meilleur de l'Australie
Organisez votre voyage !

Vols Europe - Australie
Vols et transports intérieurs

Hébergements

Voyages à la carte

Australie
A L A   C A R T E

Remerciements

L'éditeur remercie les organismes, les institutions et les particuliers suivants dont la contribution a permis la préparation de cet ouvrage.

CONSULTANT
Helen Duffy est éditeur et auteur. Depuis 1992, elle a dirigé et participé à plusieurs publications touristiques sur l'Australie.

AUTEURS
Louise Bostock Lang est auteur et éditeur. Elle a participé à la rédaction de plusieurs guides Voir et publié quatre autres livres.
Jan Bowen est auteur et chroniqueur touristique à la radio et à la télévision. Elle a écrit plusieurs récits de voyage, entre autres *The Queensland Experience*.
Paul Kloeden vit à Adélaïde. Écrivain indépendant et historien, il est l'auteur d'articles touristiques et d'études du patrimoine pour le compte du gouvernement.
Jacinta le Plaistrier est journaliste, poète et librettiste et elle vit à Melbourne. Elle a écrit des articles touristiques pour de nombreuses publications australiennes.
Sue Neales est une journaliste australienne lauréate de plusieurs prix. Ses articles touristiques ont paru dans les grands journaux et magazines australiens.
Ingrid Ohlsson est un écrivain de Melbourne. Elle a participé à plusieurs publications touristiques australiennes.
Tamara Thiessen est un écrivain et photographe tasmanien indépendant. Elle est spécialisée dans le tourisme.

AUTRES COLLABORATEURS
Tony Baker, Libby Lester.

PHOTOGRAPHIES D'APPOINT
Simon Blackall, DK Studio, Geoff Dunn, Jean-Paul Ferrero, Jean-Marc La Roque, Michael Nicholson, Alan Williams.

RECHERCHES CARTOGRAPHIQUES
Lovell Johns Ltd, Oxford, UK ; ERA-Maptec Ltd, Dublin, Irlande.

LECTEUR
Sam Merrell.

RESPONSABLE DE L'INDEX
Hilary Bird.

COLLABORATION ARTISTIQUE ET ÉDITORIALE
Rosemary Bailey, Hanna Bolus, Sue Callister, Wendy Canning, Lucinda Cooke, Bronwen Davies, Stephanie Driver, Jonathan Elphick, Fay Franklin, Gail Jones, Christine Keilty, Esther Labi, Maite Lantaron, Ciaran McIntyre, Claudine Meissner, John Miles, Tania Monkton, Gloria Nykl, Michael Palmer, Manisha Patel, Luise Roberts, Mark Sayers, Adrian Tristram, Lynda Tyson.

AVEC LE CONCOURS SPÉCIAL DE :
Sue Bickers, Perth ; Craig Ebbett, Perth ; Peter Edge, Met. Office, Londres ; Chrissie Goldrick, The Image Library, State Library of NSW ; Cathy Goodwin, Queensland Art Gallery ; Megan Howat, International Media & Trade Visits Coordinator, WA Tourist Commission ; John Hunter et Fiona Marr, CALM, Perth ; Vere Kenny, Auscape International ; Selena MacLaren, SOCOG ; Greg Miles, Kakadu National Park ; Ian Miller, Auslig ; Gary Newton, Perth ; Murray Robbins, Perth ; Ron Ryan, Coo-ee Historical Picture Library ; Craig Sambell et Jill Jones, GBRMPA ; Norma Scott, Australian Picture Library ; Andrew Watts, QASCO ; et tous les offices de tourisme des États et les services des parcs nationaux.

AUTORISATION DE PHOTOGRAPHIER
L'éditeur remercie les responsables qui ont autorisé des prises de vues dans leur établissement : Art Gallery of WA ; Australian Museum ; National Gallery of Australia ; Australian War Memorial ; Ayers House ; Department of Conservation and Land Management (WA) ; Department of Environment and Natural Resources (Adélaïde) ; Department of Environment (Queensland) ; Government House (Melbourne) ; Hermannsburg Historic Precinct ; Jondaryan Woolshed Historical Museum ; Museum and Art Gallery of NT ; Museum of WA ; National Gallery of Victoria ; National Maritime Museum ; National Museum of Australia ; National Parks and Wildlife Services (tous les États) ; National Trust of Australia (tous les États) ; Parliament House (Melbourne) ; Port Arthur Historic Site ; Powerhouse Museum ; Rottnest Island Authority ; Royal Flying Doctor Service of NT ; administrateurs du Shrine of Remembrance (Victoria) ; South Australian Museum ; *Spirit of Tasmania* ; Supreme Court (Melbourne), Tandanya National Aboriginal Cultural Institute Inc ; Victoria Arts Centre Trust ; WA Maritime Museum ; et tous les autres établissements trop nombreux pour être tous cités.

CRÉDIT PHOTOGRAPHIQUE
hg = en haut à gauche ; hcg = en haut au centre à gauche ; h = en haut ; hc = en haut au centre ; hcd = en haut au centre à droite ; hd = en haut à droite ; chg = au centre en haut à gauche ; ch = au centre en haut ; chd = au centre en haut à droite ; cg = au centre à gauche ; c = au centre ; cd = au centre à droite ; cbg = au centre en bas à gauche ; cb = au centre en bas ; cbd = au centre en bas à droite ; bg = en bas à gauche ; bcg = en bas au centre à gauche ; b = en bas ; bc = en bas au centre à gauche ; b = en bas ; bc = en bas au

centre ; bcd = en bas au centre à droite ; bd = en bas à droite ; bgh = en bas à gauche en haut ; bch = en bas au centre en haut ; bdh = en bas à droite en haut ; bgb = en bas à gauche en bas ; bcb = en bas au centre en bas ; bdb = en bas à droite en bas ; hcd = en haut au centre à droite ; hcg = en haut au centre à gauche ; hdb = en haut à droite en bas ; bh = en bas en haut ; dh = à droite en haut ; g = à gauche ; d = à droite.

Les œuvres d'art ont été reproduites avec l'aimable autorisation des organismes suivants :

Goanna Dreaming, 1996 © Michael Tommy Jabanardi 339g ; *Ngalyod and Ngalkunburriyaymi,* Namerredje Guymala, v. 1975, Pigments naturels sur écorce, The National Museum (Canberra) ©1978 Aboriginal Artists Agency Limited 13c.

L'éditeur exprime également sa reconnaissance aux particuliers, sociétés et bibliothèques qui ont autorisé la reproduction de leurs photographies : ALLSPORT : 529b, 38h ; ARDEA LONDON LTD : © D Parer & E Parer Cook 208hd ; © Ron and Valerie Taylor 208chg ; ART GALLERY OF NSW : © Ms Stephenson-Meere 1996, *Australian Beach Pattern* 1940, Charles Meere (1890 - 1961) huile sur toile, 91,5 × 122 cm, 61hg ; © The Cazneau Family 1996, *Bridge Pattern,* Harold Cazneaux (1890 - 1961), épreuve argentique, 29,6 × 21,4 cm, don de la famille Cazneaux, 1975, 68bc (d) ; © Lady Drysdale 1996 *Sofala* 1947, Russell Drysdale (1912-1981), huile sur toile sur Isorel, 71,7 × 93,1 cm 106hd ; *Sunbaker* 1937, Max Dupain, épreuve. argentique, 38,3 × 43,7 cm, 106ch ; *Madonna and Child With Infant St John The Baptist* v. 1541, Domenico Beccafumi, huile sur panneau de bois 92 × 69 cm, 106cbg ; © Tiwi Design Executive 1996, *Pukumnai Grave Posts, Melville Island* 1958, divers artistes, pigments naturels sur bois, 165,1 × 29,2 cm, don du Dr Stuart Scougall 1959, 107h ; © DACS 1996, *Nu dans un rocking-chair* 1956, Pablo Picasso (1881 - 1973), huile sur toile, 195 × 130 cm, 107ch ; acquisition de l'Art Gallery of NSW Foundation 1990, *A Pair of Tomb Guardian Figures,* fin du VIᵉ siècle après J.-C., auteur inconnu (Chine), terre cuite avec traces de pigments rouge et orange, 93 × 82 cm, 107cbd ; *The Golden Fleece - Shearing at Newstead* 1894, Tom Roberts, huile sur toile 104 × 158,7 cm, 107b ; © Estate of Francis Bacon, *Study for Self Portrait* 1976, Francis Bacon (1901 - 1992), huile et pastel sur toile, 198 × 147,5 cm, 108hd ; *Interior With Wardrobe Mirror* 1955, huile sur toile sur carton 91,4 × 73,7cm, 108chg ; © Wendy and Arkie Whitely 1996, *The Balcony 2* 1975, Brett Whitely (1939 - 1992), huile sur toile, 203,5 × 364,5 cm, 108b ; © ASSOCIATED PRESS, LONDRES : 55h ; AUSCAPE INTERNATIONAL : 35cd ; © Kathie Atkinson 22cbg ; © Nicholas Birks 336bg ; © Donna Browning 260bd ; © John

Cancalosi 21cbg, 237bg ; © Kevin Deacon 21cd ; © Jean-Paul Ferrero 2 - 3, 19b, 20h, 22chg, 151cbd, 153hdb, bh, 229, 234cg, 250 - 251, 252cb, 255h, 280cg, 443h, bdh, 460 - 461 ; © Jeff & Sandra Foott 21bd ; © Brett Gregory 162b, 442bg ; © Dennis Harding 23b, 440 - 441, 444 ; © Andrew Henley 36dh ; © Matt Jones 269chd, b ; © Mike Langford 23cbd ; © Wayne Lawler 153cd ; © Geoffrey Lea 445b ; © Darren Leal 20bd, 235h, 236h, 237cd ; © Reg Morrison 20bch, 234cd, 442hd, 443cg ; © Jean-Marc La Roque 14h, 20cd, 23cd, 24-25c, 173h, 230chg, 231cb, 253bd, 272g, 362-363, 368h, 369h, cb, 377chg, 416cd, 418h, cg, 420h, 532cg ; © Jamie Plaza Van Roon 20bg, 21cg, 153h, cb, 226 ; © Becca Saunders 21cb ; © Gary Steer 24hg ; AUSTRALIAN BROADCASTING CORPORATION : 535h ; AUSTRALIAN MUSEUM : www.austmus.gov.au : 26 cg, 90 chg, 90 cbg, 91 cbd ; AUSTRALIAN PICTURE LIBRARY : 14c, 150cbg, 544cg, 546b, 547h ; Adelaide Freelance 359b ; Douglas Baglin 43ch ; John Baker 17hd, 165h, 170bh, 241h, 421hd ; JP & ES Baker 152b, 174, 459chd ; John Carnemolla 11h, 25cbd, 34g, 35chd, 36cbg, 37h, g, 39cd, 138b, 150cg, 176h, 202chg, 254hd, 256cg, 326cb, 343h, 357h, 358bg, 364cg, 543c, 544b ; Sean Davey 34 - 35c ; R. Eastwood 458hd ; Flying Photos 534b ; Evan Gillis 359h ; Owen Hughes 245b ; S & B Kendrick 327b, 346h ; Ian Kenins 389h ; Craig La Motte 203b ; Michael Lees 417b ; Gary Lewis 36h ; Lightstorm 180b, 352b, 353c, 453cb ; Johnathan Marks 177cd, 418cbd ; Aureo Martelli 163chd ; David May 203h ; Leo Meier 23h, 242cg, 244h, 255cbg ; PhotoIndex 249b ; Fritz Prenzel 418b, 432b ; Dereck Roff 36b ; Stephen Sanders 348b ; Peter Solness 34hd ; Oliver Strewe 28cg, 29hd ; Neale Winter 360b ; Gerry Withom 163h ; AUSTRALIAN WAR MEMORIAL : 193c.

© MERVYN BISHOP : 55cb ; GREG BARRETT, THE AUSTRALIAN CHAMBER ORCHESTRA : 129b ; BARTEL PHOTO LIBRARY : 165b ; BILL BACHMAN : 22h, 24cg, 27c, 29hg, 39h, b, 157b, 159h, 202cbg, 237bd, 248b, 266h, 267c, b, 268bg, 279b, 288b, 319cbd, 327bdh, 428, 436hd ; BRIDGEMAN ART LIBRARY Londres/New York : *Kangaroo Dreaming with Rainbow Serpent,* 1992 (acrylique) Michael Nelson Tjakamarra (né v. 1949), Corbally Stourton Contemporary Art, Londres © Aboriginal Artists Agency Ltd 8 - 9 ; *Bush Plum Dreaming* 1991 (acrylique) par Clifford Possum Tjapaltjarri (né v. 1932), Corbally Stourton Contemporary Art, Londres © Aboriginal Artists Agency Ltd 29cd ; *Men's Dreaming* 1990 (acrylique) par Clifford Possum Tjapaltjarri (né v.1932), Corbally Stourton Contemporary Art, Londres © Aboriginal Artists Agency Ltd 26c ; *Kelly in Spring,* 1956 (ripolin sur planche) par Sidney Nolan (1917 - 1992), Arts Council, Londres © Lady Mary Nolan 30bg ; National Maritime Museum, Londres 45bgh (d) ; British Museum 47chd ; Mitchell Library, State Library of NSW

50hd, bg, 51hg ; National Library of Australia 46hd (d), 49hg, cb, 50 - 51c ; *Bush Tucker Dreaming*, 1991 (acrylique) par Gladys Napanangka (née v. 1920) Corbally Stourton Contemporary Art, Londres, © Aboriginal Artists Agency Ltd 255cd ; *The Ashes*, 1883 (The Urn) Marylebone Cricket Club, Londres, 426b ; BRITSTOCK-IFA/GOTTSCHALK : 252ch ; GRANT BURGE WINES PTY LTD : 348b.

CANBERRA TOURISM : 183b, 526c ; CENTREPOINT MANAGEMENT : 87bd ; CEPHAS PICTURE LIBRARY : Andy Christodolo 155h, 324-325, 330bgh, 331c, 370chg ; Chris Davis 326cg ; Mick Rock 15h, 32cg, 154hg, cg, 155cd, 166hd, chg, 33bd, 331c, 333b, 348cbg, cbg, 349hd, 371h, ch, b ; BRUCE COLEMAN LTD : John Cancalosi 65b ; Alain Compost 329hg ; Francisco Futil 64hd ; Hans Reinhard 328bcg ; Rod Williams 329bg ; COLORIFIC : 27h ; Bill Angove 255b, 285c ; Bill Bachman 249h, 258, 351, 389b ; Penny Tweedie 257h, 259b ; Patrick Ward 227b ; COO-EE HISTORICAL PICTURE LIBRARY : 9c, 28-29c, 29b, 30hg, 31cd, 45h, 46b, 47bh, 48bdh, 52cd, 53cbg, 149c, 201c, 251c, 283c, 325c, 423cd, 424b, 441c, 443bg, 457c, 461c, 531c ; SYLVIA CORDAIY PHOTO LIBRARY LTD : © John Farmer 326bg ; Nick Rains 288c, 361h.

DIXON GALLERIES, STATE LIBRARY OF NSW : 76hd ; © DOMAINE CHANDON, AUSTRALIA : 433c ; © KEN DONE : © DW STOCK PICTURE LIBRARY : 180hd ; P. Brunotte 549b ; M French 548b.

MARY EVANS PICTURE LIBRARY : 57ch.

FAIRFAX PHOTO LIBRARY : 54cbg, bcb, 77bdh, 138 chg, 161bd (d), 264bd ; Ken James : 129hd ; McNeil 116b.

RONALD GRANT ARCHIVE : Buena Vista 17b ; Universal 31b ; © GREAT BARRIER REEF MARINE PARK AUTHORITY : 207h, 209h, cd ; Photo : S Browne 207bg ; Photo : W Craik 204b ; Photo : N Collins 204chg ; Photo : L Zell 205b, 206ch.

ROBERT HARDING PICTURE LIBRARY : 282-283, 367h, 543h ; © Rolf Richardson 290 ; © Nick Servian 332, 550h ; C Moore Hardy : 128bd ; HOOD COLLECTION, STATE LIBRARY OF NSW : 77bg ; HORIZON : © Andris Apse 271b ; HUTCHISON LIBRARY : © R. Ian Lloyd 12, 530-531 ; © Sarah Murray 546c.

IMAGES COLOUR LIBRARY : 22b, 203ch, 279h, 281b ; THE IMAGE LIBRARY, STATE LIBRARY OF NSW : 30hd, 32b, 44hg, cb, 45c, 48bgh, 51cbd, 54h, 341bd.

Ali Kayn : 384 chg ; © DR RUTH KERR (Commissariat Stores, Brisbane) 214bg. FRANK LANE PICTURE LIBRARY - Images de la Nature : 20cbg, 207bd, 328hgtl ; © Tom & Pam Gardner 21bc, 329bcd ; © David Hosking 21hd, 329hd, cb ;

© E & D Hosking 329cbd, 443chd, cb ; © M Hollings 328cbd ; © Gerard Lacz 153bd ; © Silvestris 208hg, 442hg ; © Martin Withers 162ch, 328cbg ; LEISURE RAIL, RAIL AUSTRALIA : 546hg ; LOCHMAN TRANSPARENCIES : © Bill Belson 315d ; © Wade Hughes 288h ; © Jiri Lochman 299h, 300cg ; © Marie Lochman 285hc, 301h ; © Dennis Sarson 295cd ; © Len Stewart 295b.

© GREG MILES (ENVIRONMENTAL MEDIA) : 268bd ; © MIRROR AUSTRALIAN TELEGRAPH PUBLICATIONS : 54cd ; MITCHELL LIBRARY, STATE LIBRARY OF NSW : 44bgb ; 46-47c, 48b, 64hg, 77chd, 104c, 105h ; MUSEUM OF CONTEMPORARY ART, SYDNEY : Tony Dhanyula, *Nyoka (Mud Crabs)* v. 1984, ocres et polymères synthétiques sur écorce, legs de J.W. Power, acquis en 1984, Ramingining Collection, 60cg.

COLLECTION OF THE NATIONAL GALLERY OF AUSTRALIA, CANBERRA : Tom Roberts, *In a corner in a Macintyre* 1895, huile sur toile, 73,4 × 88,0 cm, 194cg ; Margaret Preston, *The Native Fuscia* 1925, gravure sur papier, 44,8 × 28,2 cm, 194cb ; Aristide Maillol, *La Montagne* 1937, plomb, 167,4 (h) × 193,0 (l) × 82,3 (p) cm 194b ; artiste inconnu de la période de Kamakura, Japon, *Prince Shotoku praying to the Buddha* v. 1300, bois, plâtre et laque, hauteur 48,2cm, 195hg ; © ARS, NY and DACS, Londres 1997, Jackson Pollock, *Blue Poles* 1952, huile, émail et peinture aluminium sur toile, 212,0 × 489,0 cm, 195chd ; © Bula'bula Arts, Raminging Artists, Raminginging, Central Arnhem Land, NT, *The Aboriginal Memorial* 1998, pigments naturels sur bois : assemblage de 200 cercueils pratiqués dans des rondins creux, hauteur 40 à 327 cm, acquis avec des fonds fournis par les droits d'admission au musée et commandé en 1987, 195cd ; NATIONAL LIBRARY OF AUSTRALIA : 31h, 42, 45bdh (original en possession du WA Museum), 48ch, 49chd, 51chd, 52hg, 189bd ; collection Rex nan Kivell 45cbd, b, 47cbd ; ES Theodore, Campaign Director, ALP State of NSW, Trades Hall 52cbg ; NATIONAL MARITIME MUSEUM, SYDNEY : 47hg, 93chd, 96hg, cbg, 97hg, bc ; NATURE FOCUS : H & J Bestel 442cg ; Rob Blakers 442bd ; John Fields 64b ; Dave Watts 442cd ; Babs & Bert Wells 279chd, 328bd ; © Australian Museum 26hg, 328hd, Carl Bento 60 chg ; NATIONAL MUSEUM OF AUSTRALIA : © Australia-China Friendship Society, *The Harvest of Endurance Scroll*. Le rouleau comprend 18 segments, encre et couleurs sur papier, monté sur soie et papier 197h, *Untitled* de Charlie Alyungurra, 1970 pigments sur plaque de stuc 197c, *The Mermaid Coffin* de Gaynor Peaty, 197b ; NATIONAL TRUST OF AUSTRALIA : © Christopher Groenhout 396cg, 397hg, b ; NATURAL HISTORY PHOTOGRAPHIC AGENCY : © A.N.T 20cg, 153ch, 205h, 287bg, bd, 328hd, cd, 442chd, cb, 446h ; © Patrick Faggot 240 ; © Pavel German 278hg ;

© Martin Harvey 21ch ; © Ralph & Daphne Keller 286bch ; © Norbert Wu 206hg ; PETER NEWARK'S HISTORICAL PICTURES : 25cd, 46cbg, 363ch ; TOURISM NSW : 170cg, cb ; NORTHERN TERRITORY LIBRARY : 256-257c, 257cbd ; Percy Brown Collection 256bd ; N Gleeson Collection 256hd ; NUCOLORVUE PRODUCTIONS PTY LTD : 49b

Photographies avec l'aimable autorisation du Comité olympique de coordination : 139 chg ; photo : Karl Carlstrom 139 cbg ; © OPEN SPACES PHOTOGRAPHY : photo : Andrew Barnes 429b ; photo : Glen Tempest 350, 527cg, 529h ; © OUTBACK PHOTOGRAPHICS, NT : Steve Strike 1994 280hd ; Steve Strike 1995 281c ; OXFORD SCIENTIFIC FILMS : © Mantis Wildlife Films 286cg ; © Babs & Bert Wells 286cbg.

PARLIAMENT HOUSE : The Hon Max Willis, RFD, ED, LLB, MLC, Président, Conseil législatif, Parlement de la NGS. The Hon J Murray, député, Speaker, Assemblée législative, Parlement de la NGS. Croquis original de l'artiste pour le tableau historique à l'huile d'Algernon Talmage, RA, *The Founding of Australia*. Aimablement prêté au Parlement de la NGS par M. Arthur Chard d'Adélaïde, 78h ; PHOTO INDEX : 55 b, 284cbg, 285hd, b, 286h, bg, bd, 286-287c, 294bgh, 299b, 300hd, 302b, 305cd, 311h, c, b ; © PHOTOTONE COLONIAL LIBRARY : 51b ; PICTOR INTERNATIONAL : 210, 346b ; PLANET EARTH PICTURES : © Gary Bell 200 - 201, 204hg, 206hd, b, 207c ; © Daryl Torkler 137b ; © Norbert Wu 355b ; © POLYGRAM/PICTORIAL PRESS 25h ; POWERHOUSE MUSEUM, reproduit avec l'aimable autorisation des administrateurs du Museum of Applied Arts and Sciences, Sydney : 46hg, 50hg, 53bgb, 60hg, bd ; © SUSANNA PRICE 417hd

QANTAS : 52bdb, 545ch ; COLLECTION OF THE QUEENSLAND ART GALLERY : R Godfrey Rivers, *Under the Jacaranda*, 1903, huile sur toile, 220h ; Russell Drysdale, *Bushfire* 1944, huile et encre sur toile sur plaque de stuc, 62 × 77 cm, don du Capt Neil McEacharn par l'intermédiaire de CL Baker 1954, 220c ; © Succession Picasso/DACS 1997, Pablo Picasso, *La Belle Hollandaise* 1905, gouache sur carton monté sur bois, 77 × 66,3 cm, acquis en 1959 avec des fonds fournis par le major Harold de Vahl Rubin, 220cbg ; Rupert Bunny, *Bathers* 1906, huile sur toile, 229,2 × 250 cm, acquis en 1988, 221h ; William Robinson, *William and Shirley, Flora and Fauna* 1985, huile sur toile, Gallery Foundation, 221b ; © QUEENSLAND BALLET : 220b ; JOHN OXLEY LIBRARY, STATE LIBRARY OF QUEENSLAND : 234bd ; QUEENSLAND TRAVEL AND TOURIST CORPORATION : 33h, 202b, 230bg

SAND HILLS VINEYARD : 154chd ; SCIENCE CENTRE (BRISBANE) : 214cbg ; © SKYSCANS/Photographe : David Hancock 257cd, b ; SOUTHLIGHT PHOTO AGENCY : © Milton Wordley 327c, 330h, cbd, 331bd ; SPECTRUM COLOUR LIBRARY : 24b, 26b, 37cbd, 231cd, 254hg, 278-279c, 327hg, 361b, 544h ; © TONY STONE IMAGES : 310 ; Doug Armand 270 ; Gary John Norman 35h ; Fritz Prenzel 13b, 18 - 19c, 223h ; Robin Smith 38b, 159b, 175b ; Oliver Strewe 20cbd ; Penny Tweedie 27b ; Ken Wilson 54 bd ; CHARLES STURT UNIVERSITY WINERY : 154b ; SYDNEY FILM FESTIVAL : 130c ; SYDNEY HARBOUR FORESHORE AUTHORITY : 69hg, 73ch, 92bc, 93chd, 93bg ; SYDNEY JEWISH MUSEUM : 61bd ; SYDNEY OPERA HOUSE TRUST : 80hd, chg, cbg, b, 81h, cbd, bg ; Photographie avec l'aimable autorisation du Comité d'organisation des Jeux olympiques de Sydney (SOCOG) : 139h.

STATE LIBRARY OF TASMANIA : 47hdb ; TENTERFIELD DISTRICT & VISITORS'INFORMATION : 151hg ; TOURISM TASMANIA : 459cd ; TRIP & ARTDIRECTORS PHOTOGRAPHIC LIBRARY : Eric Smith 25bg, 198b, 437b ; D Silvestris 342b.

NATIONAL GALLERY OF VICTORIA : © Ann M Mills 1996, *The Bridge in Curve*, Grace Cossington Smith 1930, 77hg ; TOURISM VICTORIA : 397hd.

AVEC L'AIMABLE AUTORISATION DE WATERMARK PRESS (SYDNEY) : 53h ; © WILDLIGHT PHOTO AGENCY : Ellen Camm 151hd ; Greg Hard 34hg ; Carolyn Jones 211b, 365chd ; Tom Keating 289cd, cbd ; Mark Lang 148 - 149, 168h ; Philip Quirk 15b, 17cg, 35b, 173b, 162hg, 313b ; Sean Santos 172b ; Grenville Turner 171cd, 289h, bd ; WORLD PICTURES : 18h, 19h, 56-57, 192c, 209b, 242b, 243h, 293d, 430g.

ZEFA : 18cg, 459h.

Première page de garde : Photographies spéciales sauf : AUSCAPE INTERNATIONAL : © Dennis Harding dbc ; © Jamie Plaza Van Roon dhcd ; AUSTRALIAN PICTURE LIBRARY : JP & ES Baker Dcbd ; © Bill Bachman gbd ; COLORIFIC/BILL BACHMAN : dhg ; ROBERT HARDING PICTURE LIBRARY : © Rolf Richardson ghg ; © Nick Servian gcbg ; NHPA : © Patrick Faggot dhcg ; © OPEN SPACES PHOTOGRAPHY : Glen Tempest gcg ; © PICTOR INTERNATIONAL : dhd ; TONY STONE IMAGES : Doug Armand ghd.

COUVERTURE :
Photographies spéciales sauf © SYLVIA CORDAIY PHOTO LIBRARY : Photo Nick Rains Page 1h ; AUSTRALIAN PICTURE LIBRARY : Sean Davey Page 1chg ; Spine FLPA © T & P Gardener h ; NHPA © ANT Page 1c ; © WILDLIGHT PHOTO AGENCY : Philip Quirk Page 4hg.

L'Australie avec THAI ? C'est logique !

Australie, nouvel Eldorado ? Sans exagérer, il faut reconnaître que c'est aujourd'hui une des rares terres d'opportunités restant dans le monde. Et qui plus est, facilement accessible à tous ceux dont l'esprit d'entreprise est fortement développé et qui ont encore la flamme des vrais pionniers. Comment y aller ? Très logiquement avec Thai Airways International, une compagnie particulièrement bien placée sur cette destination. Jugez plutôt !

Depuis Paris, des liaisons quotidiennes et très pratiques.

Chaque jour, un Boeing 747-400 de la THAI part de Paris et arrive à Bangkok le lendemain matin à 6 h 30. Depuis Bangkok, halte idéale située à mi-chemin entre la capitale française et l'Australie, THAI propose deux vols quotidiens vers Sydney. Un premier vol en correspondance immédiate ou, si vous le préférez, vous pouvez couper votre voyage et vous relaxer quelques heures à Bangkok avant de repartir vers Sydney en fin d'après-midi. Les autres grands pôles d'attraction économiques australiens sont également desservis : quotidiennement pour Melbourne, plusieurs fois par semaine pour Perth et Brisbane. Enfin, une liaison vers Auckland est aussi proposée chaque jour. Au départ de Bangkok, THAI propose 24 vols hebdomadaires vers l'Australasie en Boeing 777 ou Airbus 330.

Le service THAI : légendaire et authentique !

Royal First Class ou Royal Executive Class, voyager avec THAI, c'est découvrir ou redécouvrir un service d'exception. Confort des sièges, spécialement étudiés pour le travail ou la détente. Raffinement des repas, accompagnés de vins de haute qualité. Multiplicité des programmes vidéo. Sans oublier toutes les possibilités offertes, lors de leur halte à l'aéroport de Bangkok, à ceux qui veulent se détendre lors de leur correspondance, envoyer des fax, se connecter sur Internet, ou parcourir la presse, dans les salons exclusifs THAI.

Voyager loin mérite récompense !

Les passagers qui ont choisi les lignes de THAI bénéficient naturellement des avantages attachés au programme de fidélité Royal Orchid Plus. Gain de miles, pouvant être convertis sur toutes les compagnies aériennes membres du réseau mondial Star Alliance, privilèges à bord, mise à disposition de salons spéciaux : autant de récompenses offertes aux fidèles passagers de THAI.

Vous voulez découvrir l'Australie ou vos affaires vous y conduisent déjà ? Alors choisissez THAI, logiquement !

JMP Consultants

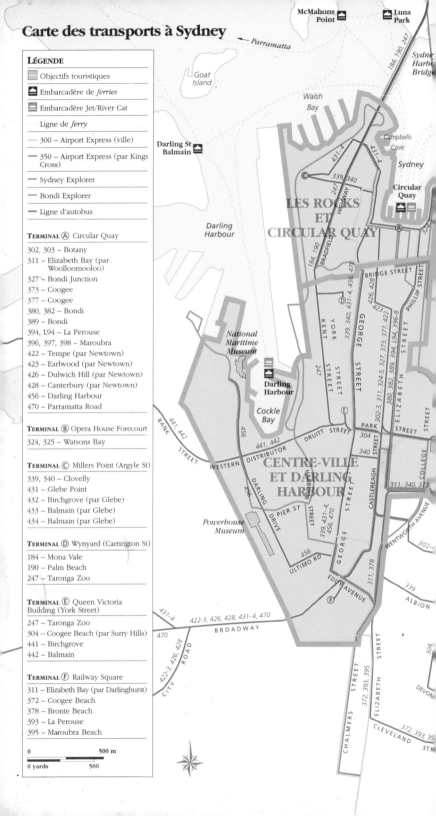

Carte des transports à Sydney

McMahons Point

Luna Park

← Parramatta

Goat Island

Darling St Balmain

Walsh Bay

Sydney Harb Bridg

Campbells Cove

Sydney

LÉGENDE

- Objectifs touristiques
- Embarcadère de *ferries*
- Embarcadère Jet/River Cat
- Ligne de *ferry*
- 300 – Airport Express (ville)
- 350 – Airport Express (par Kings Cross)
- Sydney Explorer
- Bondi Explorer
- Ligne d'autobus

TERMINAL Ⓐ Circular Quay

302, 303 – Botany
311 – Elizabeth Bay (par Woolloomooloo)
327 – Bondi Junction
373 – Coogee
377 – Coogee
380, 382 – Bondi
389 – Bondi
394, L94 – La Perouse
396, 397, 398 – Maroubra
422 – Tempe (par Newtown)
423 – Earlwood (par Newtown)
426 – Dulwich Hill (par Newtown)
428 – Canterbury (par Newtown)
456 – Darling Harbour
470 – Parramatta Road

TERMINAL Ⓑ Opera House Forecourt

324, 325 – Watsons Bay

TERMINAL Ⓒ Millers Point (Argyle St)

339, 340 – Clovelly
431 – Glebe Point
432 – Birchgrove (par Glebe)
433 – Balmain (par Glebe)
434 – Balmain (par Glebe)

TERMINAL Ⓓ Wynyard (Carrington St)

184 – Mona Vale
190 – Palm Beach
247 – Taronga Zoo

TERMINAL Ⓔ Queen Victoria Building (York Street)

247 – Taronga Zoo
304 – Coogee Beach (par Surry Hills)
441 – Birchgrove
442 – Balmain

TERMINAL Ⓕ Railway Square

311 – Elizabeth Bay (par Darlinghurst)
372 – Coogee Beach
378 – Bronte Beach
393 – La Perouse
395 – Maroubra Beach

0 _____ 500 m
0 yards _____ 500

Circular Quay

LES ROCKS ET CIRCULAR QUAY

Darling Harbour

BRIDGE STREET

GEORGE STREET

YORK STREET

KENT STREET

PHILLIP STREET

ELIZABETH STREET

National Maritime Museum

Darling Harbour

Cockle Bay

PARK STREET

DRUITT STREET

WESTERN DISTRIBUTOR

BANK STREET

CENTRE-VILLE ET DARLING HARBOUR

CASTLEREAGH STREET

COLLEGE STREET

WENTWORTH AVENUE

ALBION

Powerhouse Museum

PIER ST

DARLING DRIVE

ULTIMO RD

GEORGE STREET

EDDY AVENUE

BROADWAY

CITY ROAD

CHALMERS STREET

ELIZABETH STREET

CLEVELAND STR

DEVON